本書出版得到國家古籍整理出版專項經費資助
全國高等院校古籍整理工作委員會規劃項目

# 文獻通考

〔宋〕馬端臨 著
上海師範大學古籍研究所
華東師範大學古籍研究所 點校

第一册

田賦 錢幣
户口 職役
征榷 市糴

中華書局

宋鄱陽　馬　端臨　貴與　著

# 田賦考

明蘄陽　馮　天馭　應房　校刊

堯遭洪水天下分絶使禹平水土別九州冀州厥土白壤（無塊曰壤）厥田惟中中（田第五）厥賦上上錯（賦第一錯謂雜出第二之賦）兖州厥土黑墳（色黑而墳起）厥田惟中下（第六）厥賦貞（貞正也州第九賦正與九相當）作十有三載乃同（治水十三年乃有賦法與他州同）青州厥土白墳厥田惟上下（第三）厥賦中上（第四）徐州厥土赤埴墳（土黏曰埴）厥田惟上中（第二）厥賦中中（第五）揚州厥土惟塗泥（地泉濕）厥田惟下下（第九）厥賦下上上錯（第七雜出第六）荆州厥土惟塗泥厥田惟下中（第八）厥賦上下（第三）豫州厥土惟壤下土墳壚（高者壤下者壚壚疏也）厥田惟中上（第四）厥賦錯上中（第二雜出第一）梁州厥土青黎（色青黑沃壤也）厥田惟下上（第七）厥賦下中三錯（第八雜出第七第九三等）雍州厥土黃壤厥田上上（第一）厥賦中下（第六）九州之地定墾者九百一



書影二　明嘉靖年間馮天馭刻本文獻通考

# 文獻通考卷第一

鄱陽馬端臨貴與著

## 田賦考一

### 歷代田賦之制

堯遭洪水，天下分絶，使禹平水土，别九州。冀州厥土白壤（無塊曰壤）厥田惟中中（田第五）厥賦上上錯（賦第一錯，謂雜出第二之賦）兖州厥土黑墳（色黑而墳起）厥田惟中下（第六）厥賦貞（貞，正也。州第九，賦正與九相當）作十有三載乃同（治水十三年乃有賦法，與他州同）青州厥土白墳，厥田惟上下（第三）厥賦中上（第四）徐州厥土赤埴墳（土黏曰埴）厥田惟上中（第二）厥賦中中（第五）揚州厥土惟塗泥（地泉濕）



書影三　清乾隆十二年武英殿刻本文獻通考

# 前言

文獻通考，三百四十八卷，馬端臨撰。馬端臨，字貴與，宋理宗寶祐二年（一二五四）生於饒州樂平縣（今江西樂平）。其父馬廷鸞曾任史館校勘、國史院編修、實録院檢討，官至右丞相兼樞密使，因與賈似道不和，辭位還鄉，家居十七年，專意著述，據宋史本傳和樂平縣志載，著有六經集傳、語孟會編、楚辭補記、洙泗裔編、讀莊筆記、張氏祝氏皇極觀物外編、咸淳遺老集、儀禮本經疏自序、讀史旬編等，是一位關心時政，熟研經史的飽學之士。馬端臨幼承父訓，以蔭補承事郎，咸淳九年（一二七三）漕試第一，後隨父返里，曾任慈湖書院、柯山書院山長，台州儒學教授。他在文獻通考中記有「先公曰」二十多處，雖是陳述其父的議論看法，却也説明馬端臨「業紹箕裘，家藏墳索，插架之收儲，趨庭之問答」的環境和氣氛，使他受益很多，他的學識、著述，是有家學淵源的。

馬端臨在文獻通考自序中説：詩、書、春秋之後，惟太史公號稱良史。太史公作「紀傳以述理亂興衰，八書以述典章經制」，「自班孟堅而後，斷代爲史，無會通因仍之道，讀者病之」。馬端臨主張「會通因仍之道」的通史，不贊成斷代爲史。司馬光作資治通鑑，將一千三百餘年的歷史「萃爲一書」，雖是通史，却「詳於理亂興衰，而略於典章經制」，還是不能令人滿意。他進一步説：「理亂興衰，不相因者也」，「典章經制，實相因者也」，其不相因者猶有通鑑，「而其本相因者，顧無其書，獨非後學之所宜究心乎！」人們從這裏已經看出馬端臨這位「後學」撰作典章經制通史的志趣和捨我其誰的氣概了。

馬端臨又説：「唐杜岐公始作通典，肇自上古，以至唐之天寶……天寶以後蓋闕焉」，且又「節目之間，未爲明備」，「去取之際，頗欠精審」，令人不無遺憾。通典雖是制度通史，可以效法其體要，但要補其缺憾，在它的基礎上加以完善。馬端臨是朝着這個方向努力的，他將通典食貨典，擴展爲田賦、錢幣、户口、職役、征榷、市糴、土貢、國用八考；又將選舉典分成選舉、學校二考；禮典則分立爲郊社、宗廟、王禮三考。禮、樂、兵、刑、輿地、四裔六考，俱效通典之成規。「天寶以前，則增益其事迹之所未備，離析其門類之所未詳；自天寶以後，至宋嘉定之末，則續而成之」。經籍、帝系、封建、象緯、物異五考，「則通典元未有論述，而採摭諸書以成之者也」。最後撰成二十四考，三百四十八卷，起上古，終宋寧宗嘉定末年的典制通史文獻通考。

通考「凡叙事則本之經史，而參之以歷代會要，以及百家傳記之書，信而有證者從之，乖異傳疑者不録，所謂『文』也。凡論事則先取當時臣僚之奏疏，次及近代諸儒之評論，以至名流之燕談、稗官之紀録，凡一話一言可以訂典故之得失，證史傳之是非者，則採而録之，所謂『獻』也。其載諸史傳之紀録而可疑，稽諸先儒之論辨而未當者，研精覃思，悠然有得，則竊著己意，附其後焉。……而其每門著述之成規，考訂之新意，各以小序詳之」。文獻通考之命名由此，也是編撰體式上的一種創新，該書編排版式也與此一致，如職役考：

叙事始於黄帝經土設井，經周秦而下歷代制度演變，最後詳載兩宋役法之爭和差役、免役、義役内容，均是頂格書寫，是謂「文」。

論事載歷代臣僚奏疏、議論，均是低一格書寫，是謂「獻」。

馬端臨闡述自己觀點的文字，則以按語形式寫於最後，並以低二格書寫，這可稱之爲「考」。

職役考全篇貫穿着「會通因仍」精神，就是闡述自己觀點的按語也是如此。他在闡明古代鄉職爲「庶人之在官者也」之後，寫道：「王荆公謂免役之法合於周官，所謂府史、胥徒，王制所謂庶人在官者。然不知府史、胥徒，蓋服役於比、閭、族、黨之官者也。蘇文忠公謂自楊炎定兩税之後，租、調與庸兩税既兼之矣，今兩税如故，奈何復欲取庸錢？然不知唐之所謂庸，乃征徭之身役，而非鄉職之謂也。二公蓋亦習聞當時差役之名，但見當時差役之賤，故立論如此，然實則誤舉以爲比也。」這個「按」語提示人們，王安石不明古代服役鄉職者官也；蘇東坡也没有弄清楚「身役」與「鄉職」的不同，二人「誤舉以爲比也」。我們今天使用文獻通考，比之宋會要輯稿、宋史各志，最方便而易於解疑釋惑之處，確與通考的「會通因仍」特點密切相關。它也啓示我們，閱讀通考的「叙事」和「論事」文字，也應當注意典章制度在歷史發展長河中的變化，既要注意當時之「名」，也要審視它的實際内容。而馬氏所加「按」語，也頗富啓發性。

通考所據資料，大體可分爲三。杜佑通典之文多爲通考襲用，甚至通典引文中的缺誤之處，通考亦未釐正，此其一；馬端臨接續通典天寶以後的内容，主要依據唐書、五代史，宋國史中的志書部分和會要等書籍，此其二；馬端臨補撰的五考，基本採自歷代正史諸志、宋國史志、會要和一些私家文集、重要筆記等，此其三。全書内容系統豐富，而尤以宋代居多，約佔半數以上。從資料價值角度來説，通典的價值主要在唐，而通考的價值在宋。通考所據資料當是宋代及其以前的版本寫本，有些資料今天已難尋覓，或是今存之本内容已缺。鄧廣銘師在著名的大作北宋政治改革家王安石第二章第二節四項崇尚法治中，引用了王安石寫給宋神宗的奏疏中的幾句文字：「臣以爲有司議罪，惟當守法，情理輕重，則敕許奏裁。若有司輒得捨法以論罪，則法亂于下，人無所措手足矣。」（人民出版社一九九七年十月第一版八七頁）鄧師於此引文後加注指出：「此奏疏只見於文獻通考刑考（九），現傳兩種王安石文集俱失收。」於此可見通考資料價值之一斑，編王安石全集者，可多此一奏疏了。我們在校勘宋史各志時，也從通考中獲益頗多。雖然通考也存在一些可議之疵，我們在點校它的過程中，發現的訛、舛、衍、脱之處確實不少，有一些是該書流傳中的板刻之誤，有一些則是馬氏撰作時的疏忽、錯誤。經籍考是馬端臨新增加的一個大考，却又用力不多，七十六卷書，主要取自晁公武郡齋讀書志和陳振孫直齋書録解題兩書，又有失誤之處。但要綜合長短優劣，四庫全書總目在指陳各考不足之處後説：通考「大抵門類既多，卷繁帙重，未免取彼失此，然其條分縷析，使稽古者可以按類而考。又其所載宋制最詳，多宋史各志所未備，案語亦多能貫穿古今，折衷至當，雖稍遜通典之簡嚴，而詳贍實爲過之，非鄭樵通志所及也」。這一評論較爲公允。

通考初刻於元泰定帝泰定元年（一三二四），版存杭州西湖書院。十一年後的至元元年（一三三五），江浙等處儒學提舉余謙看到通考的板刻錯訛太多，派人重加校正，三年後的至元四年（一三三八）

校畢，次年再度刻板流行。初刻的泰定本現已不存，泰定遞修本字多漫漶，多處挖版未補，閲讀不便。傳世的元後至元五年余謙補修本是最早最完整的刻本，此後各本無不脱胎於此本。除余謙補修本外，主要版本還有明正德年間的慎獨齋刻本、嘉靖年間馮天馭刻本、萬曆年間司禮監刻本、清乾隆年間武英殿刻本、同治年間崇仁謝氏刻本、廣州學海堂刻本、浙江書局刻本等。此外，近代又有一九三六年商務印書館萬有文庫之十通本等。

這次點校文獻通考，以乾隆十二年（一七四七）武英殿校刊本爲底本，以余謙補修本（簡稱元本）、慎獨齋本（簡稱慎本）、馮天馭本（簡稱馮本）、光緒二十二年浙江書局（簡稱局本）刻本爲校本，并查閲通考所用的其他書籍，吸收近人校勘成果，凡校正訛誤之處，於卷末寫出校勘記。由於通考各考自有特點，所以在全書統一體例之下，容許各考有一定靈活性。有關點校的具體做法，請參見本書點校凡例。

裴汝誠

二〇一〇年十一月

# 點校凡例

## 校勘

一、用乾隆十二年武英殿校刊本爲底本。

二、用元後至元五年余謙補修本（簡稱元本）、明正德年間慎獨齋本（簡稱慎本）、嘉靖年間馮天馭本（簡稱馮本）、光緒二十二年浙江書局刻本（簡稱局本）爲通校本。

三、以校正文字的訛、舛、衍、脱为主，對史實出入不校，修飾性文字不校。

四、避諱字，屬避清諱者，如「玄」作「元」，「胤」作「允」等，首見時改回、出校，餘皆徑改。

五、對通考所據之書儘量查對。

六、對中華書局版二十四史、通典等書中的校勘記，前人和近人的校勘成果儘量吸收。

七、異體字一般不改，對一些不常見的異體字及不合規範的俗體字，改爲規範的繁體字，不出校。

八、凡改動底本之處，一律出校。但一望而知的版刻錯誤，如「己」誤作「巳」，則徑改，不出校，但亦須謹慎判斷。

九、校勘記置於每卷卷末。

## 標點符號

一、凡習慣上已用作某一人的專稱，如太史公，標專名綫；「先公」、「先帝」等雖確指某人，亦不加專名綫。

二、官名不加專名綫，但官名前有姓氏者，如岳少保之類，則姓氏和官名連標。如官名在前，姓氏在後，則官名不標，只標姓名，如少保岳飛。

三、官名中帶有地名時，只標地名，如「渡遼將軍」。

四、既是地名，又是官名的名詞，如京兆尹、左馮翊、右扶風，作官名時不標，作地名時則標。

五、既是人名，又是星名，如耀魄寶，作星名時不標專名綫，作人名時則加專名綫。

六、既是朝代名，又是書名，如「天文志莫詳於晉、隋」。這裏「晉」爲「晉書」，「隋」爲「隋書」，當加書名綫，而不能加專名綫。

七、凡屬地名，不論所指地域大小，從州郡到鄉、里、坊、巷，宫殿名稱，一律加專名綫。

八、凡習慣上有大致範圍的地區，雖非行政區劃，亦加專名綫，如「山東」、「河北」、「江右」、「嶺外」一類。「河上」、「淮上」，只標「河」、「淮」。

九、「江」、「河」，確指「長江」、「黄河」時加專名綫，否則不標。

十、朝代、國名，一律加專名綫。如「成周」、「東周」、「兩漢」、「漢家」、「隋朝」、「有唐」、「宋室」之類，則兩字連標。

十一、爵名與人名之間斷開，如同安郡王楊沂中。

十二、廟號與謚號連標，如太祖啟運立極英武睿文神德聖功至明大孝皇帝。

十三、特稱只加引號，不加專名綫，如「宗爺爺」、「没角牛」。

十四、凡辭語並列容易引起誤解的則加頓號分開。如「初御明堂，班朔、布政」。

十五、雖屬名詞並列而不致引起誤解者則可不加頓號。如「日月星辰」、「天地」、「嶽瀆」。

十六、凡層次繁複的並列名詞則從簡處理。如「以夏竦知涇州兼涇原秦鳳路沿邊安撫使、涇原路馬步軍都總管，范雍兼鄜延環慶路沿邊經略安撫使、鄜延路馬步軍都總管」。

十七、凡句子中的並列部分都用頓號反而層次不清時，則酌情將有的頓號改作逗號。如「二月丁亥，以夏守贇爲宣徽南院使，陝西騎軍都總管、經略安撫使」。此句的「宣徽南院使」下若用頓號，則「陝西騎軍都總管」與「經略安撫使」並列，不能表明此「經略安撫使」爲陝西之經略安撫使；如「陝西騎軍都總管」下不加頓號，則又使「騎軍都總管、經略安撫使」混淆不清，故於「宣徽南院使」下改用逗號。

十八、「知」、「兼」、「領」等字不作爲官名之一部分者，其前不加頓號。如「范成大罷參政，以資政殿學士知婺州」。又如「梁克家自參知政事除右丞相兼樞密使」。

十九、凡啓示下文的概括語或標題，都加冒號，不用逗號。

二十、凡馬端臨所寫的按語，只在「按」字下加冒號，不再加引號。

二十一、引文中有單引號和雙引號時，先單引號，後雙引號。

## 分段

保持原版式具體作法如下：

原刊頂格者，首行低二格，轉行頂格；

原刊低一格者，首行低三格，轉行低一格；

原刊低二格者，首行低四格，轉行低二格。

# 御製重刻文獻通考序

朕允儒臣之請，校刊三通，通典既竣，即以文獻通考付之剞劂。是書曾蒙皇祖聖祖仁皇帝命禮臣補訂殘缺，御製序文，梓行宇內。顧簡帙緐重，年久不無漫漶，今悉仿十三經、二十二史成式刊訂，蓋於是家有其書矣。朕惟會通古今，該洽載籍，薈萃源流，綜統同異，莫善於通考之書。其考覈精審，持論平正，上下數千年，貫穿二十五代，於制度張弛之迹、是非得失之林，固已燦然具備矣。夫帝王之治天下也，有不敝之道，無不敝之法。綱常倫理，萬世相因者也；忠敬質文，隨時損益者也。法久則必變，所以通之者必監於前代，以爲之折衷。大哉我聖祖之序曰：「有治人，無治法，師古者，師其意，不師其迹。」誠體此意而因其可因，損益其所當革，因時以制宜，理得而事舉，則是編也，誠考據之資，可以羽翼經史，裨益治道，豈淺鮮也哉！是爲序。

乾隆戊辰冬十二月。

# 自序

昔荀卿子曰："欲觀聖王之迹，則於其粲然者矣，後王是也。君子審後王之道，而論於百王之前，若端拜而議。"然則考制度，審憲章，博聞而强識之，固通儒事也。詩、書、春秋之後，惟太史公號稱良史，作爲紀、傳、書、表，紀、傳以述理亂興衰，八書以述典章經制，後之執筆操簡牘者，卒不易其體。然自班孟堅而後，斷代爲史，無會通因仍之道，讀者病之。至司馬温公作通鑑，取千三百餘年之事迹，十七史之紀述，萃爲一書，然後學者開卷之餘，古今咸在。然公之書詳於理亂興衰而略於典章經制，非公之智有所不逮也，編簡浩如烟埃，著述自有體要，其勢不能以兩得也。

竊嘗以爲理亂興衰，不相因者也，晉之得國異乎漢，隋之喪邦殊乎唐，代各有史，自足以該一代之始終，無以參稽互察爲也。典章經制，實相因者也。殷因夏，周因殷，繼周者之損益，百世可知，聖人蓋已預言之矣。爰自秦漢以至唐宋，禮樂兵刑之制，賦斂選舉之規，以至官名之更張，地理之沿革，雖其終不能以盡同，而其初亦不能以遽異。如漢之朝儀、官制，本秦規也；唐之府衛、租庸，本周制也。其變通張弛之故，非融會錯綜，原始要終而推尋之，固未易言也。其不相因者，猶有温公之成書，而其本相因者，顧無其書，獨非後學之所宜究心乎！

唐杜岐公始作通典，肇自上古，以至唐之天寶，凡歷代因革之故，粲然可考。其後，宋白嘗續其書，至周顯德，近代魏了翁又作國朝通典。然宋之書成而傳習者少，魏嘗屬稿而未成書，今行於世者獨杜公之書耳，天寶以後蓋闕焉。有如杜書綱領宏大，考訂該洽，固無以議爲也。然時有古今，述有詳略，則夫節目之間，未爲明備；而去取之際頗欠精審，不無遺憾焉。蓋古者因田制賦，賦乃米粟之屬，非可析之於田制之外也。古者任土作貢，貢乃包篚之屬，非可雜之於稅法之中也。乃若敘選舉則秀、孝與銓選不分，敘典禮則經文與傳注相汩，敘兵則盡遺賦調之規而姑及成敗之迹。諸如此類，寧免小疵。至於天文、五行、藝文，歷代史各有志，而通典無述焉。馬、班二史各有諸侯王、列侯表，范曄東漢書以後無之，然歷代封建王侯未嘗廢也。王溥作唐及五代會要，首立帝系一門，以敘各帝歷年之久近，傳授之始末，次及后妃、皇子、公主之名氏封爵，後之編會要者倣之，而唐以前則無其書。凡是二者，蓋歷代之統紀，典章係焉，而杜書亦復不及，則亦未爲集著述之大成也。

愚自蚤歲，蓋嘗有志於綴緝，顧百憂薰心，三餘少暇，吹竽已濫，汲綆不修，豈復敢以斯文自詭？昔夫子言夏、殷之禮而深慨「文獻之不足徵」，釋之者曰：「文，典籍也；獻，賢者也。」生乎千百載之後，而欲尚論千百載之前，非史傳之實録具存，何以稽考？儒先之緒言未遠，足資討論，雖聖人亦不能臆爲之說也。竊伏自念：業紹箕裘，家藏墳索，插架之收儲，趨庭之問答，其於文獻蓋庶幾焉。嘗恐一旦散軼失墜，無以屬來哲，是以忘其固陋，輒加考評，旁搜遠紹，門分彙別：曰田賦，曰錢幣，曰户口，曰職役，曰征榷，曰市糴，曰土貢，曰國用，曰選舉，曰學校，曰職官，曰郊社，曰宗廟，曰王禮，曰樂，曰兵，曰刑，曰輿地，曰四裔，俱倣通典之成規。自天寶以前，則增益其事迹之所未備，離析其門類之所未詳；自天寶以後至宋嘉定之末，則續而成之。曰經籍，曰帝系，曰封建，曰象緯，曰物異，則通典元未有論述，而採摭諸書以成之者也。

凡叙事則本之經史，而參之以歷代會要，以及百家傳記之書，信而有證者從之，乖異傳疑者不録，所謂「文」也。凡論事則先取當時臣僚之奏疏，次及近代諸儒之評論，以至名流之燕談、稗官之紀録，凡一話一言可以訂典故之得失，證史傳之是非者，則採而録之，所謂「獻」也。其載諸史傳之紀録而可疑，稽諸先儒之論辨而未當者，研精覃思，悠然有得，則竊著己意，附其後焉，命其書曰文獻通考，爲門二十有四，卷三百四十有八，而其每門著述之成規，考訂之新意，各以小序詳之。

昔江淹有言：「修史之難，無出於志。」誠以志者，憲章之所繫，非老於典故者不能爲也。陳壽號善叙述，李延壽亦稱究悉舊事，然所著二史，俱有紀傳而獨不克作志，重其事也。况上下數千年，貫串二十五代，而欲以末學陋識，操觚竄定其間，雖復窮老盡氣，劌目鉥心，亦何所發明？聊輯見聞，以備遺忘耳！後之君子儻能芟削繁蕪，增廣闕略，矜其仰屋之勤，而俾免於覆車之愧，庶有志於經邦稽古者或可考焉。

古之帝王未嘗以天下自私也，故天子之地千里，公、侯皆方百里，伯七十里，子、男五十里，而王畿之内復有公卿大夫采地禄邑，各私其土，子其人，而子孫世守之。其土壤之肥磽，生齒之登耗，視之如其家，不煩考覈而姦僞無所容，故其時天下之田悉屬於官。民仰給於官者也，故受田於官，食其力而輸其賦，仰事俯育，一視同仁，而無甚貧甚富之民，此三代之制也。秦始以宇内自私，一人獨運於其上，而守宰之任驟更數易，視其地如傳舍，而閭里之情僞，雖賢且智者不能周知也。守宰之遷除，其歲月有限，而田土之還受，其姦敝無窮，故秦漢以來，官不復可授田，遂爲庶人之私有，亦其勢然也。雖其間如元魏之泰和、李唐之貞觀，稍欲復三代之規，然不久而其制遂隳者，蓋以不封建而井田不可復行故也。三代而上，天下非天子所得私也，秦廢封建，而始以天下奉一人矣。三代以上，田産非庶人所得私也，秦廢井田，而始捐田産以予百姓矣。秦於其當與者取之，所當取者與之，然所襲既久，反古實難。欲復封建，是自割裂其土宇以啓紛争；欲復井田，是强奪民之田畝以召怨讟。書生之論所以不可行也。隨田之在民者税之，而不復問其多寡，始於商鞅。隨民之有田者税之，而不復視其丁中，始於楊炎。三代井田之良法壞於鞅，唐租庸調之良法壞於炎。二人之事，君子所羞稱，而後之爲國者莫不一遵其法，一或變之，則反至於煩擾無稽，而國與民俱受其病，則以古今異宜故也。作田賦考第一，叙歷代因田制賦之規，而以水利、屯田、官田附焉，凡七卷。

生民所資，曰衣與食；物之無關於衣食而實適於用者，曰珠玉、五金。先王以爲衣食之具未足以周民用也，於是以適用之物作爲貨幣以權之，故上古之世，以珠玉爲上幣，黄金爲中幣，刀、布爲下幣。刀、布即古錢之名。然珠玉、黄金爲世難得之貨，至若權輕重，通貧富，而可以通行者，惟銅而已，故九府圜法自周以來未之有改也。然古者俗朴而用簡，故錢有餘；後世俗侈而用糜，故錢不足。於是錢之直日輕，錢之數日多，數多而直輕，則其致遠也難。自唐以來始制爲飛券、鈔引之屬，以通商賈之厚齎貿易者，其法蓋執券、引以取錢，而非以券、引爲錢也。宋慶曆以來，蜀始有交子；建炎以來，東南始有會子。自交、會既行，而始直以楮爲錢矣。夫珠玉、黄金，可貴之物也，銅雖無足貴，而適用之物也。以其可貴且適用者制幣而通行，古人之意也。至於以楮爲幣，則始以無用爲用矣。舉方尺腐敗之券，而足以奔走一世，寒藉以衣，饑藉以食，貧藉以富，蓋未之有。然銅重而楮輕，鼓鑄繁難而印造簡易，今捨其重且難者，而用其輕且易者，而又下免犯銅之禁，上無搜銅之苛，亦一便也。作錢幣考第二，凡二卷。

古者户口少而皆才智之人，後世生齒繁而多窳惰之輩。鈞是人也，古之人，方其爲士，則道問學；及其爲農，則力稼穡；及其爲兵，則善戰陣。投之所向，無不如意。是以千里之邦，萬家之聚，皆足以世守其國而扞城其民，民衆則其國强，民寡則其國弱，蓋當時國之與立者，民也。光嶽既分，風氣日漓，民生其間，才益乏而智益劣。士拘於文墨，而授之介胄則慚；農安於犁鋤，而問之刀筆則廢。以至九流、百工、釋老之徒，食土之毛者，日以繁夥，其肩摩袂接，三孱不足以滿隅者，總總也，於是民之多寡，不足爲國之盛衰。官既無藉於民之材，而徒欲多爲之法，以征其身，户調、口賦日增月益，上之人厭棄賤薄，不倚民爲重，而民益窮苦憔悴，祗以身爲累矣。作户口考第三，叙歷代户口之數與其賦役，而以奴婢、占役附焉，凡二卷。

役民者官也，役於官者民也。郡有守，縣有令，鄉有長，里有正，其位不同而皆役民者也。在軍旅則執干戈，興土木則親畚鍤，調征行則負羈絏，以至追胥、力作之任，其事不同而皆役於官者也。役民者逸，役於官者勞，其理則然。然則鄉長、里正非役也，後世乃虐用其民，爲鄉長、里正者，不勝誅求之苛，各萌避免之意，而始命之曰户役矣。唐、宋而後，下之任户役者其費日重，上之議户役者其制日詳，於是曰差，曰僱，曰義，紛紜雜襲，而法出姦生莫能禁止。噫！成周之里宰、黨長，皆有禄秩之命官，兩漢之三老、嗇夫，皆有譽望之名士，蓋後世之任户役者也，曷嘗凌暴之至此極乎！作職役考第四，叙歷代役法之詳，而以復除附焉，凡二卷。

征榷之途有二：一曰山澤，茶、鹽、坑冶是也；二曰關市，酒酤、征商是也。羞言利者，則曰縣官當食租衣税而已，而欲與民庶争貨殖之利，非王者之事也。善言利者，則曰山海天地之藏，而豪强擅之，關市貨物之聚，而商賈擅之，取之於豪强、商賈，以助國家之經費，而毋專仰給於百姓之賦税，是崇本抑末之意，乃經國之遠圖也。自是説立，而後之加詳於征榷者莫不以藉口，征之不已，則併其利源奪之，官自煑鹽、酤酒、採茶、鑄鐵，以至市易之屬。利源日廣，利額日重，官既不能自辦，而豪强、商賈之徒又不可復擅，然既以立爲課額，則有司者不任其虧減，於是又爲均派之法。或計口而課鹽錢，或望户而榷酒酤，或於民之有田者計其頃畝，令於賦税之時帶納，以求及額，而征榷遍於天下矣。蓋昔之榷利，曰取之豪强、商賈之徒以優農民，及其久也，則農民不獲豪强、商賈之利，而代受豪强、商賈之榷。有識者知其苛横，而國計所需，不可止也。作征榷考第五，首叙歷代征商之法，鹽鐵始於齊，則次之；榷酤始於漢，榷茶始於唐，則又次之；雜征斂者，若津渡、間架之屬，以至漢之告緡，唐之率貸，宋之經總制錢，皆衰世一切之法也，又次之，凡六卷。

市者，商賈之事也。古之帝王，其物貨取之任土所貢而有餘，未有國家而市物者也。而市之説則昉於周官之泉府，後世因之，曰均輸，曰市易，曰和買，皆以泉府藉口者也。糴者，民庶之事。古之帝王，其米粟取之什一所賦而有餘，未有國家而糴粟者也。而糴之説則昉於齊桓公、魏文侯之平糴，後世因之，曰常平，曰義倉，曰和糴，皆以平糴藉口者也。然泉府與平糴之立法也，皆所以便民。方其滯於民用也，則官買之、糴之；及其適於民用也，則官賣之、糶之。蓋懋遷有無，曲爲貧民之地，初未嘗有一毫征利富國之意。然沿襲既久，古意寖失。其市物也，亦諉曰権蓄賈居貨待價之謀，及其久也，則官自效商賈之爲，而指爲富國之術矣。其糴粟也，亦諉曰救貧民穀賤錢荒之弊，及其久也，則官未嘗有及民之惠，而徒利積粟之入矣。至其極弊，則名曰和買、和糴，而强配數目，不給價直，鞭笞取足，視同常賦。蓋古人恤民之事，後世反藉以厲民，不可不究其顛末也。作市糴考第六，凡二卷。

禹貢，八州皆有貢物，而冀州獨無之；甸服有米粟之輸，而餘四服俱無之。説者以爲王畿之外，八州俱以田賦所當供者市易所貢之物，故不輸粟。然則土貢即租税也。漢唐以來，任土所貢，無代無之，著之令甲，猶曰當其租入。然叔季之世，務爲苛横，往往租自租而貢自貢矣。至於珍禽、奇獸、袞服、異味，或荒淫之君降旨取索，或姦諂之臣希意創貢，往往有出於經常之外者。甚至指留官賦，陰增民輸，而命之曰「羨餘」，以供貢奉，上下相蒙，苟悦其名，而於百姓則重困矣。作土貢考第七，凡一卷。

賈山至言曰：「昔者，周蓋千八百國，以九州之民養千八百國之君，君有餘財，民有餘力，而頌聲作。秦皇帝以千八百國之民自養，力罷不能勝其役，財盡而不能勝其求。一君之身耳，所自養者馳騁弋獵之娱，天下弗能供也。」然則國之廢興，非財也，財少而國延，財多而國促，其效可睹矣。然自周官六典有太府，又有玉府〔一〕、内府，且有「惟王不會」之説，後之爲國者因之。兩漢財賦曰大農者，國家之帑藏也，曰少府、曰水衡者，人主之私蓄也。唐既有轉運、度支，而復有瓊林、大盈；宋既有户部、三司，而復有封椿、内藏。於是天下之財，其歸於上者，復有公私。恭儉賢主，常捐内帑以濟軍國之用，故民裕而其祚昌；淫侈僻王，至糜外府以供耳目之娱，故財匱而其民怨。此又歷代制國用者龜鑑也。作國用考第八，敘歷代財計首末，而以漕運、賑恤、蠲貸附焉，凡五卷。

古之用人，德行爲首，才能次之。虞朝載采，亦有九德，周家賓興，考其德行，於才不屑屑也。兩漢以來，刺史、守、相得以專辟召之權；魏晉而後，九品中正得以司人物之柄。皆考之以里閈之毁譽，而試之以曹掾之職業，然後俾之入備王官〔二〕，以階清顯。蓋其爲法，雖有愧於古人德行之舉，而猶可以得才能之士也。至於隋，而州郡僚屬皆命於銓曹，搢紳發軔悉由於科目。自以銓曹署官，而所按者資格而已，於是勘籍小吏得以司升沉之權；自以科目取士，而所試者詞章而已，於是操觚末技得以階榮進之路。夫其始進也，試之以操觚末技，而專主於詞章；其既仕也，付之於勘籍小吏，而專校其資格，於是選賢與能之意，無復存者矣。然此二法者，歷數百年而不可以復更，一或更之則蕩無法度，而僥濫者愈不可澄汰，亦獨何哉？又古人之取士，蓋將以官之。三代之時，法制雖簡，而考核本明，毁譽既公，而賢愚自判。往往當時士之被舉者，未有不入官，初非有二途也。降及後世，巧僞日甚，而法令亦滋多，遂以科目爲取士之途，銓選爲舉官之途，二者各自爲防閑檢柅之法。至唐則以試士屬之禮部，試吏屬之吏部，於是科目之法、銓選之法，日新月異，不相爲謀。蓋有舉於禮部而不得官者，不舉於禮部而得官者，而士之所以進身之塗轍亦復不一，不可比而同之也。於是立舉士、舉官兩門以該之。作選舉考第九，凡十二卷。

古之教者，家有塾，黨有庠，術有序，國有學，所謂學校，至不一也。然惟國學有司樂、司成，專主教事，而州、閭、鄉、黨之學，則未聞有司職教之任者。及考周禮地官：黨正各掌其黨之政令教治，孟月屬民而讀法，祭祀則以禮屬民；州長掌其州之教治政令，考其德行道藝，糾其過惡而勸戒之。然後知黨正即一黨之師也，州長即一州之師也，以至下之爲比長、閭胥，上之爲鄉、遂大夫，莫不皆然。蓋古之爲吏者，其德行道藝，俱足以爲人之師表，故發政施令，無非教也。以至使民興賢，出使長之；使民興能，入使治之。蓋役之則爲民，教之則爲士，官之則爲吏，鈞是人也。秦漢以來，儒與吏始異趨，政與教始殊途。於是曰郡守，曰縣令，則吏所以治其民；曰博士官，曰文學掾，則師所以教其弟子。二者漠然不相爲謀，所用非所教，所教非所用。士方其從學也，曰習讀；及進而登仕版，則棄其詩書禮樂之舊習，而從事乎簿書期會之新規。古人有言曰：「吾聞學而後入政，未聞以政學者。」後之爲吏者，皆以政學者也。自其以政學，則儒者之學術皆筌蹄也，國家之學宮皆芻狗也，民何由而見先王之治哉？又況榮途捷徑，旁午雜出，蓋未嘗由學而升者滔滔也。於是所謂學者，姑視爲粉飾太平之一事，而庸人俗吏直以爲無益於興衰理亂之故矣。作學校考第十，叙歷代學校之制，及祠祭褒贈先聖先師之首末，幸學養老之儀，而郡國鄉黨之學附見焉，凡七卷。

古者因事設官，量能授職，無清濁之殊，無内外之别，無文武之異，何也？唐虞之時，禹宅揆，契掌教，皋陶明刑，伯夷典禮，羲和掌曆，夔典樂，益作虞，垂共工，蓋精而論道經邦，粗而飭財辨器，其位皆公卿也，其人皆聖賢也。後之居位臨民者，則自詭以清高，而下視曲藝多能之流；其執技事上者，則自安於鄙俗，而難語以輔世長民之事。於是審音、治曆、醫祝之流，特設其官以處之，謂之雜流，擯不得與搢紳伍，而官之清濁始分矣。昔在成周，設官分職，綴衣、趣馬，俱籲俊之流，宮伯、内宰，盡興賢之侶。逮夫漢代，此意猶存，故以儒者爲侍中，以賢士備郎署。如周昌、袁盎、汲黯、孔安國之徒，得以出入宫禁，陪侍晏私，陳誼格非，拾遺補過。其才能卓異者，至爲公卿將相，爲國家任大事，霍光、張安世是也。中漢以來，此意不存，於是非閹豎嬖倖〔三〕，不得以日侍宫庭，而賢能搢紳，特以之備員表著。漢有宫中、府中之分，唐有南司、北司之黨，職掌不相爲謀，品流亦復殊異，而官之内外始分矣。古者文以經邦，武以撥亂，其在大臣，則出可以將，入可以相；其在小臣，則簪筆可以待問，荷戈可以前驅。後世人才日衰，不供器使，司文墨者不能知戰陣，被介胄者不復識簡編，於是官人者制爲左右兩選，而官之文武始分矣。至於有侍中、給事中之官，而未嘗司宫禁之事，是名内而實外也。唐以來以侍中爲三公官，以處勳臣，又以給事中爲封駁之官，皆以外庭之臣爲之，並不預宫中之事。有太尉、司馬之官，而未嘗司兵戎之事，是名武而實文也。太尉，漢承秦以爲三公，然猶掌武事也。唐以後亦爲三公。宋時，吕夷簡、王旦、韓琦官皆至太尉，非武臣也。大司馬，周官掌兵，至漢元、成以後爲三公，亞於司徒，乃後來執政之任，亦非武臣也。太常有卿佐而未嘗審音樂，將作有監貳而未嘗諳營繕，不過爲儒臣養望之官，是名濁而實清也。尚書令在漢爲司牘小吏，而後世則爲大臣所不敢當之穹官；校尉在漢爲兵師要職，而後世則爲武弁所不齒之冗秩。尚書令，漢初其秩至卑，銅章青綬，主宫禁文書而已，至唐則爲三省長官。高祖入長安時，太宗以秦王爲之，後郭子儀以勳位當拜，以太宗曾爲之，辭不敢受，自後至宋，無敢拜此官者。漢八校尉領禁衛諸軍，皆尊顯之官，宰相之罷政者至爲城門校尉。又司隸校尉督察三輔，彈劾公卿，其權至雄尊。護羌校尉、護烏桓校尉皆領重兵鎮方面，乃大帥之職。至宋時，校尉、副尉爲武職初階，不入品從，至爲冗賤〔四〕。蓋官之名同而古今之崇卑懸絶如此。參稽互考，曲暢旁通，而因革之故可以類推。作職官考第十一，首叙官制次序、官數，内官則自公師宰相而下，外官則自州牧郡守而下，以至散官、禄秩、品從之詳，凡二十一卷。

郊特牲曰：「禮之所尊，尊其義也。失其義，陳其數，祝、史之事也。故其數可陳也，其義難知也。」荀卿子曰：「不知其義，謹守其數，慎不敢損益，父子相傳，以持王公。是故三代雖亡，治法猶存，是官人百吏之所以取禄秩也。」然則義者，祭之理也；數者，祭之儀也。古者人習於禮，故家國之祭祀，其品節儀文，祝、史、有司皆能知之，然其義則非儒宗講師不能明也。周衰禮廢，而其儀亡矣。秦漢以來，諸儒口耳所授，簡册所載，特能言其義理而已，戴記是也。儀禮所言，止於卿士大夫之禮；六典所載，特以其有關於職掌者則言之，而國之大祀，蓋未有能知其品節儀文者。漢鄭康成深於禮學，作爲傳註，頗能補經之所未備，然以讖緯之言而釋經，以秦漢之事而擬三代，此其所以舛也。蓋古者郊與明堂之祀，祭天而已，秦漢始有五帝、泰一之祠，而以古者郊祀、明堂之禮禮之，蓋出於方士不經之説。而鄭注禮經二祭，曰天曰帝，或以爲靈威仰，或以爲耀魄寶〔五〕，襲方士緯書之荒誕，而不知其非。夫禮莫先於祭，祭莫重於天，而天之名義且乖異如此，則其他節目注釋雖復博贍，不知其果得禮經之意否乎。王肅諸儒雖引正論以力排之，然魏、晉以來祀天之禮，嘗參酌王、鄭二説而迭用之，竟不能偏廢也。至於禘、祫之節，宗祧之數，禮經之明文無所稽據，而注家之聚訟莫適折衷，其叢雜牴牾，與郊祀之説無以異也。近世三山信齋楊氏得考亭、勉齋之遺文奥義，著爲祭禮一書，詞義正大，考訂精核，足爲千載不刊之典。然其所述一本經文，不復以注疏之説攙補，故經之所不及者，則闊略不接續。杜氏通典之書，有祭禮則參用經註之文，兩存王、鄭之説，雖通暢易曉，而不如楊氏之純正。今並録其説，次及歷代祭祀禮儀本末，而唐開元、宋政和二禮書中所載諸祀儀注併詳著焉。作郊祀考第十二，以叙古今天神地祇之祀，首郊，次明堂，次后土，次雩，次五帝，次日月、星辰、寒暑，次六宗、四方，次社稷、山川，次封禪，次高禖，次八蜡，次五祀，次耤田祭先農，次親蠶祭先蠶，次祈禳，次告祭，而後以雜祠、淫祠終焉，凡二十三卷。作宗廟考第十三，以叙古今人鬼之祀，首國家宗廟，次時享，次祫、禘，次功臣配享，次祠先代君臣，次諸侯宗廟，而以大夫、士庶宗廟時享終焉，凡十五卷。

古者經禮、禮儀皆曰三百，蓋無有能知其節目之詳者矣。然總其凡有五，曰吉、凶、軍、賓、嘉；舉其大有六，曰冠、昏、喪、祭、鄉、相見，此先王制禮之略也。秦漢而後，因革不同：有古有而今無者，如大射、聘禮、士相見、鄉飲酒、投壺之類是也；有古無而今有者，如聖節、上壽、上尊號、拜表之類是也；有其事通乎古今而後世未嘗制爲一定之禮者，若臣庶以下冠、昏、喪、祭是也。凡若是者，皆本無沿革，不煩紀録，而通乎古今而代有因革者，惟國家祭祀、學校、選舉，以至朝儀、巡狩、田獵、冠冕、服章、圭璧、符璽、車旗、鹵簿及凶禮之國恤耳。今除國祀、學校、選舉已有專門外，朝儀已下則總謂之「王禮」，而備著歷代之事迹焉。蓋本晦庵儀禮經傳通解，所謂王朝之禮也。其本無沿革者，若古禮則經傳所載，先儒所述，自有專書可以尋求，毋庸贅叙，若今禮則雖不能無失，而議禮制度又非書生所得預聞也，是以亦不復措辭焉。作王禮考第十四，凡二十二卷。

記曰：「聲音之道，與政通矣。故審樂以知政。」蓋言樂之正哇，有關於時之理亂也。然自三代以後，號爲歷年多，施澤久，而民安樂之者，漢唐與宋。漢莫盛於文景之時，然至孝武時河間獻王始獻雅樂，天子下太樂官，常存肄之〔六〕，歲時以備數，然不常御，常御及郊廟皆非雅聲，至哀帝時始罷鄭聲，用雅樂，而漢之運祚且移於王莽矣。唐莫盛於貞觀、開元之時，然所用者多教坊俗樂，太常閲工人常肄習之，其不可教者乃習雅樂，然則其所謂樂者可知矣。宋莫盛於天聖、景祐之時，然當時胡瑗、李照、阮逸、范鎮之徒，拳拳以律吕未諧，聲音未正爲憂，而卒不克更置，至政和時始製大晟樂，自謂古雅，而宋之土宇且陷入女真矣〔七〕。蓋古者因樂以觀政，而後世則方其發政施仁之時未暇制樂，及其承平之後，綱紀法度皆已具舉，敵國外患皆已銷亡，君相他無所施爲，學士大夫他無所論説，然後始及制樂，樂既成而政已秕，國已衰矣。昔隋開皇中制樂，用何妥之説而擯萬寶常之議。及樂成，寶常聽之，泫然曰：「樂聲淫厲而哀，不久天下將盡。」噫！使當時一用寶常之議，能救隋之亡乎？然寶常雖不能制樂以保隋之長存，而猶能聽樂而知隋之必亡，其宿悟神解，亦有過人者。竊嘗以爲，世之興衰理亂固未必由樂，然若欲議樂，必如師曠、州鳩、萬寶常、王令言之徒。其自得之妙，豈有法之可傳者？而後之君子，乃欲强爲議論，究律吕於黍之縱横，求正哇於聲之清濁；或證之以殘缺斷爛之簡編、埋没銷蝕之尺量，而自謂得之，何異刻舟、覆蕉、叩槃、捫燭之爲？愚固不知其説也。作樂考第十五，首叙歷代樂制，次律吕制度，次八音之屬，各分雅部、胡部、俗部，以盡古今樂器之本末，次樂縣，次樂歌，次樂舞，次散樂、鼓吹，而以徹樂終焉，凡十五卷。

按周官小司徒：「五人爲伍，五伍爲兩，四兩爲卒，五卒爲旅，五旅爲師，五師爲軍。上地家七人，可任也者家三人，中地家六人，可任也者二家五人，下地家五人，可任也者家二人。」此教練之數也。司馬法：「地方一里爲井，四井爲邑，四邑爲邱，四邱爲甸，甸六十四井，有戎馬四匹、兵車一乘、牛十二頭、甲士三人、卒七十二人。」此調發之數也。教練則不厭其多，故凡食土之毛者，除老弱不任事之外，家家使之爲兵，人人使之知兵，故雖至小之國，勝兵萬數可指顧而集也。調發則不厭其簡，甸六十四井，爲五百一十二家，而所調者止七十五人，是六家調發共出一人也。每甸姑通以中地二家五人計之，五百一十二家可任者一千二百八十人，而所調者止七十五人，是十六次調發方及一人也。教練必多，則人皆習於兵革；調發必簡，則人不疲於征戰。此古者用兵制勝之道也。後世士自爲士，農自爲農，工商末技自爲工商末技，凡此四民者平時不識甲兵爲何物，而所謂兵者乃出於四民之外，故爲兵者甚寡，知兵者甚少，一有征戰，則盡數驅之以當鋒刃，無有休息之期，甚則以未嘗訓練之民而使之戰，是棄民也。唐宋以來，始專用募兵，於是兵與民判然爲二途，諉曰教養於平時而驅用於一旦。然其季世，則兵數愈多而驕悍而劣弱，爲害不淺，不惟足以疲國力，而反足以促國祚矣。作兵考第十六，首叙歷代兵制，次禁衛及郡國之兵，次教閱之制，次車戰、舟師、馬政、軍器，凡十三卷。

昔漢陳咸言：「爲人議法，當依於輕，雖有百金之利，慎無與人重比。」蓋漢承秦法，過於嚴酷，重以武、宣之君，張、趙之臣，淫刑喜殺，習以爲常，咸之言蓋有激也。竊嘗以爲劓、刵、椓、黥，蚩尤之刑也，而唐虞遵之；收孥、赤族，亡秦之法也，而漢魏以來遵之。以賢聖之君而不免襲亂虐之制，由是觀之，咸言尤爲可味也。漢文除肉刑，善矣，而以髡笞代之。髡法過輕，而略無懲創；笞法過重，而至於死亡。其後乃去笞而獨用髡，減死罪一等即止於髡鉗，進髡鉗一等即入於死，而深文酷吏務從重比，故死刑不勝其衆。魏晉以來病之，然不知減笞數而使之不死，乃徒欲復肉刑以全其生，肉刑卒不可復，遂獨以髡鉗爲生刑。所欲活者傅生議，於是傷人者或折腰體而纔翦其毛髮；所欲陷者與死比，於是犯罪者既已刑殺而復誅其宗親。輕重失宜，莫此爲甚。及隋唐以來，始制五刑，曰笞、杖、徒、流、死。此五者即有虞所謂鞭、朴、流宅，雖聖人復起，不可偏廢也。若夫苟慕輕刑之名，而不恤惠姦之患，殺人者不死，傷人者不刑，俾無辜罹毒虐者，抱沉冤而莫伸，而舞文利賕賄者，無後患之可惕，則亦非聖人明刑弼教之本意也。作刑考第十七，首刑制，次徒流，次詳讞，次贖刑，赦宥，凡十二卷。

昔秦燔經籍而獨存醫藥、卜筮、種樹之書，學者抱恨終古。然以今考之，易與春秋二經首末具存。詩亡其六篇，或以爲笙詩元無其辭，是詩亦未嘗亡也。禮本無成書，戴記雜出漢儒所編，儀禮十七篇及六典最晚出，六典僅亡冬官，然其書純駁相半，其存亡未足爲經之疵也。獨虞夏商周之書，亡其四十六篇耳。然則秦所燔，除書之外，俱未嘗亡也。若醫藥、卜筮、種樹之書，當時雖未嘗廢錮，而並無一卷流傳至今者，以此見聖經賢傳終古不朽，而小道異端雖存必亡，初不以世主之好惡爲之興廢也。漢、隋、唐、宋之史俱有藝文志，然漢志所載之書，以隋志考之，十已亡其六七，以宋志考之，隋唐亦復如是，豈亦秦爲之厄哉？昌黎公所謂爲之也易，則其傳之也不遠，豈不信然。夫書之傳者已鮮，傳而能蓄者加鮮，蓄而能閱者尤加鮮焉。宋皇祐時，命名儒王堯臣等作崇文總目，記館閣所儲之書而論列於其下方，然止及經、史而亦多缺略，子、集則但有其名目而已。近世昭德晁氏公武有讀書記，直齋陳氏振孫有書録解題，皆聚其家藏之書而評之。今所録先以四代史志列其目，其存於近世而可考者，則採諸家書目所評，并旁搜史傳、文集、雜説、詩話，凡議論所及，可以紀其著作之本末，考其流傳之真僞，訂其文理之純駁者，則具載焉，俾覽之者如入群玉之府，而閱木天之藏。不特有其書者，稍加研窮，即可以洞究旨趣；雖無其書者，味茲題品，亦可粗窺端倪，蓋殫見洽聞之一也。作經籍考第十八，經之類十有三，史之類十有四，子之類二十有二，集之類六，凡七十六卷。

昔太史公言：「儒者斷其義，馳説者騁其辭，不務綜其始終。」蓋譏世之學者以空言著書，而歷代統系無所考訂也。於是作爲三代世表，自黄帝以下譜之。然五帝之事遠矣，而遷必欲詳其世次，按圖而索，往往牴牾，故歐陽公復譏其不能缺所不知，而務多聞以爲勝。然自三代以後，至於近世，史牒所載，昭然可考，始學者童而習之，屈伸指而得其大概，至其傳世歷年之延促，枝分派别之遠近，猝然而問，雖華顛鉅儒不能以遽對，則以無統系之書故也。今倣王溥唐及五代會要之體，首叙帝王之姓氏出處，及其享國之期、改元之數，以及各代之始終，次及后妃、皇子、公主、皇族，其可考者悉著於篇，而歷代所以尊崇之禮、册命之儀，并附見焉。作帝系考第十九，凡十卷。

封建莫知其所從始也。禹塗山之會，號稱萬國；湯受命時，凡三千國；周定五等之封，凡千七百七十三國，至春秋之時，見於經傳者僅一百六十五國，而蠻夷戎狄亦在其中。蓋古之國至多，後之國日寡，國多則土宜促，國少則地宜曠，而夷考其故則不然。試以殷周上世言之〔八〕，殷契至成湯八遷，史以爲自商而砥石，自砥石而復居商，又自商而亳。周棄至文王亦屢遷，史以爲自邰而豳，自豳而岐，自岐而豐。夫湯七十里之國也，文王百里之國也。然以所遷之地考之，蓋有出於七十里、百里之外者矣。又如泰伯之爲吴，鬻繹之爲楚，箕子之爲朝鮮，其初不過自屏於荒裔之地，而其後因以有國傳世。竊意古之諸侯者，雖曰受封於天子，然亦由其行義德化足以孚信於一方，人心翕然歸之，故其子孫因之，遂君其地；或有災否，則轉徙他之，而人心歸之不能釋去，故隨其所居，皆成都邑。蓋古之帝王未嘗以天下爲己私，而古之諸侯亦未嘗視封内爲己物，上下之際，均一至公，非如後世分疆畫土，争城争地，必若是其截然也。秦既滅六國，舉宇内而郡縣之，尺土一民始皆視爲己有，再傳而後，劉、項與群雄共裂其地而分王之。高祖既誅項氏之後，凡當時諸侯王之自立者，與爲項氏所立者，皆擊滅之，然後裂土以封韓、彭、英、盧、張、吴之屬，蓋自是非漢之功臣不得王矣。逮數年之後，反者九起，異姓諸侯王多已夷滅，於是悉取其地以王子弟親屬，如荆、吴、齊、楚、淮南之類，蓋自是非漢之同姓不得王矣。然一再傳而後，賈誼、晁錯之徒，拳拳有諸侯强大之慮，以爲親者無分地而疏者偪天子，必爲子孫之憂。於是或分其國，或削其地，其負强而動如七國者，則六師移之。蓋西漢之封建，其初則剿滅異代所封，而以畀其功臣；繼而剿滅異姓諸侯，而以畀其同宗；又繼而剿滅疏屬劉氏王，而以畀其子孫，蓋檢制益密而猜防益深矣。昔湯、武雖以征伐取天下，然商惟十一征，周惟滅國者五十，其餘諸侯皆襲前代所封，未聞盡以宇内易置而封其私人。周雖大封同姓，然文昭武穆之邦，與國咸休，亦未聞成康而後，復畏文武之族偪而必欲夷滅之，以建置己之子孫也。愚嘗謂必有公天下之心而後可以行封建。自其出於公心，則選賢與能，而小大相維之勢，足以綿千載；自其出於私心，則忌疏畏偪，而上下相猜之形，不能以一朝居矣。景武之後，令諸侯王不得治民補吏，於是諸侯雖有君國子民之名，不過食其邑入而已，土地甲兵不可得而擅矣。然則漢雖懲秦之弊，復行封建，然爲人上者苟慕美名〔九〕，而實無唐虞三代之公心，爲諸侯者既獲裂土，則遽欲效春秋、戰國之餘習，故不久而遂廢。逮漢之亡，議者以爲乏藩屏之助，而成孤立之勢。然愚又嘗夷考歷代之故，魏文帝忌其諸弟，帝子受封有同幽縶，再傳之後，主勢稍弱，司馬氏父子即攘臂取之，曾無顧憚。晉武封國至多，宗藩强壯，俱自得以領兵卒、置官屬，可謂懲魏之弊矣，然八王首難，阻兵安忍，反以召五胡之釁。宋、齊皇子俱童孺當方面，名爲藩鎮，而實受制於典籤、長史之手，每一易主，則前帝之子孫殲焉，而運祚卒以不永。梁武享國最久，諸子孫皆以盛年雄材出爲邦伯，專制一方，可謂懲宋、齊之弊矣，然諸王擁兵，捐置君父，卒不能止侯景之難。然則魏、宋、齊疏忌骨肉，固以取亡，而晉、梁崇獎宗藩，亦不能救亂。於是封建之得失不可復議，而王綰、李斯、陸士衡、柳宗元輩所論之是非，亦不可得而偏廢矣。今所論著，三皇而後至春秋之前，國名之見於經傳而事迹可考者略著之，如共工、防風氏，以至邶、鄘、樊、檜之類是也。春秋十二列國，既有太史世家詳其事迹，不復贅叙，姑紀其世代歷年而已。若諸小國之事迹，見於春秋三傳、雜記者，則倣世家之例，叙其梗概，郳、莒、許、滕以下是也。漢初諸侯王、王子侯、功臣外戚恩澤侯，則悉本馬、班二史年表，東漢以後無年表可據，則採摭諸傳，各訂其受封傳授之本末而備著焉。列侯不世襲始於唐，親王不世襲始於宋，則姑志其始受封者之名氏而已。作封建考第二十，凡十八卷。

昔三代之時，俱有太史，其所職掌者，察天文、記時政，蓋合占候、紀載之事，以一人司之。漢時太史公掌天官，不治民，而紬史記、金匱、石室之書，猶是任也。至宣帝時，以其官爲令，行太史公文書，其修撰之職以他官領之，於是太史之官唯知占候而已。蓋必二任合而爲一，則象緯有變，紀録無遺，斯可以考一代天文運行之常變，而推其休祥。然二任之隳廢離隔，不相爲謀，蓋已久矣。昔春秋日食不書日，而史氏以爲官失之，可見當時掌占候與司紀載者各爲一人，故疏略如此。又嘗考之，春秋二百四十二年，而日食三十六；自魯定公十五年至漢高帝之三年，其間二百九十三年，而搜考史傳，書日食凡七而已，然則遺缺不書者多矣。自漢而後，史録具在，天下一家之時，紀載者遞相沿襲，無以知其得失也。及南北分裂之後，國各有史，今考之：南自宋武帝永初元年至陳後主禎明二年，北自魏明元帝泰常五年至隋文帝開皇八年〔一〇〕，此一百六十九年之間，南史所書日食僅三十六，而北史所書乃七十九，其間年歲之相合者纔二十七，又有年合而月不合者。夫同此一蒼旻也，食於北者其數過倍於南，理之所必無者，而又日月不相脗合，豈天有二日乎？蓋史氏之差謬牴牾，其失大矣。懸象著明，莫大乎日月，雖庸奴舉目可知，而所書薄蝕之謬且如此，則星辰之遲留、伏逆、陵犯、往來，其所紀述，豈足憑乎？按：漢哀帝以日無精光、邪氣連昏之事問待詔李尋，而尋所對具言其故。光武以建武五年召嚴光入禁中共卧，而太史奏客星犯帝座。二事見於李尋、嚴光傳中，而以漢志考之，終哀帝時不言日無精光之事，光武建武五年亦不言客星事，亦可證其疏略也。姑述故事，廣異聞耳。天文志莫詳於晉、隋，至丹元子之步天歌，尤爲簡明。宋兩朝史志言諸星去極之遠近，中興史志採近世諸儒之論，亦多前史所未發，故擇其尤明暢有味者具列於篇。作象緯考第二十一，首三垣、二十八宿之星名、度數，次天漢起没，次日月、五星行度，次七曜之變，次雲氣，凡十七卷。

記曰：「國家將興，必有禎祥。國家將亡，必有妖孽。」蓋天地之間，有妖必有祥，因其氣之所感，而證應隨之。自伏勝作五行傳，班孟堅而下踵其説，附以各代證應爲五行志，始言妖而不言祥。然則陰陽五行之氣，獨能爲妖孽而不能爲禎祥乎？其亦不達理矣。雖然，妖祥之説固未易言也。治世則鳳凰見，故有虞之時有來儀之祥，然漢桓帝元嘉之初、靈帝光和之際，鳳凰亦屢見矣，而桓、靈非治安之時也。誅殺過當，其應爲恒寒，故秦始皇時有四月雨雪之異，然漢文帝之四年，亦以六月雨雪矣，而漢文帝非淫刑之主也。斬蛇夜哭，在秦則爲妖，在漢則爲祥，而概謂之龍蛇之孽可乎？僵樹蟲文，在漢昭帝則爲妖，在宣帝則爲祥，而概謂之木不曲直可乎？前史於此不得其説，於是穿鑿附會，强求證應而罙有所不通。竊嘗以爲物之反常者，異也，其祥則爲鳳凰、麒麟、甘露、醴泉、慶雲、芝草，其妖則山崩、川竭、水涌、地震、豕禍、魚孽。妖祥不同，然皆反常而罕見者，均謂之異可也，故今取歷代史五行志所書，并旁搜諸史本紀及傳記中所載祥瑞，隨其朋類，附入各門，不曰妖，不曰祥，而總名之曰「物異」。如恒雨、恒暘、恒燠、恒寒、恒風、水潦、火災之屬，俱妖也，不可言祥，故仍前史之舊名。至如魏晉時魚集武庫屋上，前史所謂「魚孽」也；若周武王之白魚入舟，則祥而非孽，然妖祥雖殊，而其爲異一爾，故均謂之「魚異」。秦孝公時馬生人，前史所謂「馬禍」也；若伏羲之龍馬負圖，則祥而非禍，然妖祥雖殊，而其爲異亦一爾，故均謂之「馬異」。其餘鳥獸、昆蟲、草木、金石，以至童謡、詩讖之屬，前史謂之羽蟲、毛蟲、龍蛇之孽，或曰「詩妖」、「華孽」，今所述皆並載妖祥，故不曰妖，不曰孽，而均以「異」名之，其豕禍、鼠妖，則無祥可述，故亦仍前史之舊名。至於木不曲直者，木失其常性而爲妖，如桑穀共生之類是也，若雨木冰，乃寒氣脅木而成冰，其咎不在木也，而劉向以雨木冰爲木不曲直；「華孽」者，花失其常性而爲妖，如冬桃李華之類是也，若冰花乃冰有異而結花，其咎不在花也，而唐志以冰花爲「華孽」；二者俱失其倫類，今革而正之，俱以入「恒寒門」，附「雨雹」之後。又前志以鼠妖爲「青眚」、「青祥」，物自動爲「木沴金」，物自壞爲「金沴木」，其説俱後學所未諭，今以「鼠妖」、「青眚」各自爲一門，而自動、自壞直以其事名之，庶覽者易曉云。作物異考第二十二，凡二十卷。

昔堯時禹别九州，至舜分爲十二州，周職方復分爲九州而又與禹異。漢承秦分天下爲郡、國，而復以十三州統之。晉時分州爲十九，自晉以後，爲州寖多，所統寖狹，且建治之地亦不一所。姑以揚州言之，自漢以來，或治歷陽，或治壽春，或治曲阿，或治合肥，或治建業，而唐始治廣陵。至南北分裂之後，務爲夸大，僑置諸州，以會稽爲東揚，京口爲南徐，廣陵爲南兗，歷陽爲南豫，歷城爲南冀，襄陽爲南雍。魯郡在禹迹爲徐州，而漢則屬豫州所領；陳留在禹迹爲豫州，而晉則屬兗州所領。離析磔裂，循名失實，而禹迹之九州寖不復可考矣。夾漈鄭氏曰：「州縣之設，有時而更；山川之形〔二〕，千古不易。故禹貢分州，必以山川定疆界，使兗州可移，而濟、河之兗州不可移；梁州可遷，而華陽、黑水之梁州不可遷。故禹貢爲萬世不易之書。後之作史者主於郡縣，故州縣移易，其書遂廢矣。」善哉言也！杜氏通典亦以歷代郡縣析於禹九州之中。今所論著，九州則以禹迹所統爲準，沿而下之，府、州、軍、監則以宋朝所置爲準，泝而上之，而備歷代之沿革焉。至冀之幽、朔，雍之銀、夏，南粤之交趾，元未嘗入宋之職方者，則以唐郡爲準，追考前代，以補其缺。而於每州總論之下，復各爲一圖，先以春秋時諸國之可考者分八九州，次則及秦、漢、晉、隋、唐、宋所分郡縣，考其地理，悉以附禹九州之下，而漢以來各州刺史、州牧所領之郡，其不合禹九州者悉改而正之。作輿地考第二十三，凡九卷。

昔先王疆理天下，制立五服，所謂蠻夷戎狄，其在要、荒之內，九州之中者，則被之聲教，疆以戎索。唐、虞、三代之際，其詳不可得而知矣，春秋所録，如蠻則荆、舒之屬也〔二〕，夷則萊夷之屬也，戎則山戎、北戎、陸渾、赤騶之屬也〔三〕，狄則赤狄、白狄、皋落、鮮虞之屬也。載之經傳，如齊桓之所攘，魏絳之所和，其種類雖曰戎狄，而皆錯處於華地，故不容不有以制服而羈縻之。至於沙磧之濱、瘴海之外，固未嘗窮兵黷武，絶大漠，踰懸度，必欲郡縣其部落，衣冠其旃毳，以震耀當時，而誇示後世也。秦始皇既并六國，始北却匈奴，南取百粤。至漢武帝時，東并朝鮮，西收甘、凉，南闢交趾、珠厓，北斥朔方、河南，以至車師、大宛、夜郎、昆明之屬，俱遣信使，賫重賄，招來而羈置之，俾得通於上國，窺其廣大，割齊民以附夷狄，弊所恃以事無用。自是之後，世謹梯航，歷代載記所叙，其風氣之差殊，習俗之詭異，可考而索，至其世代傳授之詳，則固不能以備知也。作四裔考第二十四，凡二十五卷。

## 校勘記

〔一〕又有玉府　「玉」原作「王」。按周禮玉府「玉府掌王之金玉玩好兵器」，本書卷二三國用一叙事有玉府，與此處文義合，據改。

〔二〕然後俾之入備王官　「官」原作「宫」，據文義改。

〔三〕於是非閹竪嬖倖　「竪」，局本作「宦」。

〔四〕至爲冗賤　「賤」，局本作「盛」。

〔五〕或以爲靈威仰或以爲耀魄寶　「靈威」二字原倒，「魄」原作「靈」，據周禮大宗伯疏乙改。

〔六〕常存肄之　「肄」原誤作「隸」，據漢書卷二二禮樂志改。

〔七〕而宋之士字且陷入女真矣　「女真」原作「女貞」，據元本、慎本、馮本、局本改。

〔八〕試以殷周上世言之　「上」原作「土」，據文義改。

〔九〕然爲人上者苟慕美名　「慕」原作「暴」，據元本、慎本、馮本、局本改。

〔一〇〕北自魏明元帝泰常五年至隋文帝開皇八年　「元」字原脱。按「泰常」爲北魏明元帝年號，見魏書卷三太宗紀，泰常五年爲宋武帝永初元年，與此處記述相符，據補。

〔一一〕山川之形　「形」原作「秀」，據通志卷四〇地理略一改。

〔一二〕如蠻則荆舒之屬也　「則」原作「夷」，據下文云「夷則」、「戎則」、「狄則」云云，此當作「蠻則」云云，據改。

〔一三〕赤駒之屬也　「赤駒」，本書卷二六四封建五狄作「駒支」。

# 抄白

皇帝聖旨裏：饒州路達魯花赤總管府、承奉江浙等處行中書省掾史周仁榮承行劄付，近據本路申准弘文輔道粹德真人關，欽奉聖旨節該：行法籙、有本事的好人，教尋訪將來者。今訪至本路，竊見樂平州儒人馬端臨，前宋宰相碧梧先生之子，知前代之典章，識當時之體要。以所見聞著成一書，名曰文獻通考，凡二十四類，三百四十八卷，天文、地理、禮樂、兵刑、財用、貢賦、官職、選舉、學校、經籍、郊祀、封建、户口、征役之屬，可謂濟世之儒，有用之學。解到繕寫文獻通考三百四十八卷，并序目共計六十八册。得此，送據江浙儒司校勘得堪以傳授，移准中書省咨來。咨饒州路申准弘文輔道粹德真人關，樂平州儒人馬端臨著成書，曰文獻通考，凡二十四類，三百四十八卷，治國安民，可謂濟世之儒。令人繕寫成帙，官爲鏤板，以廣其傳。得此，行據本路繕寫完備，計六十八册，校勘無差。本省今將文獻通考隨此發去，咨請照驗。准此，送據禮部呈翰林國史院，考校得馬端臨所著文獻通考凡二十四類，三百四十八卷，纂集古今，浩汗該博，殫極精力，用志良勤，有益後學。如蒙准呈，移咨本省於贍學錢糧内刻板印行，相應具呈照詳。得此，都省咨請依上刊印施行。准此，省府仰照驗依上施行，仍委自總管段通議提調，選能書儒人真楷謄寫，就令馬端臨校勘無差，於本路概管贍學錢糧内，計料合用紙板工價，兩平顧買刊印，具依准申省。奉此，照得近承江浙等處行中書省劄付，欽奉聖旨節該：王真人根底與五箇鋪馬，教直南田地裏名山去處，尋訪行法籙、有本事的好人，有呵，交各處官司，依著在先世祖皇帝時分起發好人的體例與氣力起發上來，欽此。除欽遵外，延祐五年十二月十八日，准弘文輔道粹德真人關，尋訪至饒州路，據本路儒學狀，申准本路楊教授關該，竊見本路樂平州儒人馬端臨，前宋宰相碧梧先生之子，昨蒙都省咨發，再任衢州路柯山書院山長，見類各路儒學教授選內，即目閑居聽除。本儒行履端純，詞章雅麗，家傳鼎鼐之譜，幼繙館閣之儲，知前代之典章，識當世之體要，以所見聞著爲成書，名曰文獻通考，凡二十四類，三百四十八卷，天文、地理、禮樂、兵刑、財用、貢賦、官職、選舉、學校、經籍、郊祀、封建、户口、征役之屬，凡於治道有關者，無不彪分彙列，井井有條，治國安民，特舉而措之耳。此可謂濟世之儒、有用之學。其書，本儒用心二十餘年，卷帙繁多，非可卒致。今先將所定序目一本繳連前去，盍爲轉申上司，令人繕寫成帙，校勘完備，官爲鏤板，以廣其傳，非惟不負本儒平生所學，抑且於世教有所補益，關請施行。准此，行據本路儒學申，令儒人馬端臨謄寫到所譔文獻通考序目一樣三本，裝褙完備，内將二本繳申省府并集賢院照詳外，將一本關發弘文輔道粹德真人收管，又准關文該於江浙行省計稟得上項文集，已行劄付貴路謄寫成帙，解省去訖。關請將文獻通考謄寫成帙，校勘無差，裝褙發來呈院。准此，行下儒學依上謄寫呈解。延祐六年七月十二日，承奉省府劄付，繕寫成帙，校勘無差解省。奉此，行下本州，委自同知竇承直提調，禮請馬端臨繕寫到文獻通考三百四十八卷，并序目共計六十八册，校正無誤，裝褙完備。本路具解差人齎赴省府投呈去後，今奉前因，照得本路元解文獻通考六十八册，雖奉省府劄付咨發都省，轉發翰林國史院考校得馬端臨所著文獻通考用志良勤，有益後學，令本路總管段通議提調，選能書儒人謄寫刊印，別不見發元解校勘過的本文籍。爲此，總府除已關請總管段通議依奉省府劄付所行提調外，合下仰照驗，速爲差委有俸人員，禮請馬端臨親齎所著文獻通考的本文籍，赴路謄寫校勘刊印施行。須至指揮。

右下樂平州，准此。

至治二年六月　日

# 進文獻通考表

臣壽衍言：臣於延祐四年七月恭奉聖旨，給賜驛傳，令臣壽衍尋訪道行之士者。臣竊謂野有遺賢，非弓旌而莫致；朝能信道，必簡册之是稽。爰竭愚衷，用干聖聽。欽惟皇帝陛下，勵精圖治，虚己待人。一視同仁，若神堯之御下；九功惟叙，體大禹之協中。陰陽順而風雨時，禮樂興而刑罰中。是皆陛下本乎清净，臻兹太平，下至飛潛動植之微，均被鼓舞甄陶之化。使指所及，雖蒭蕘之言必詢；人才之難，由杞梓之朽弗棄。是以采儒流之著述，庶幾益聖主之謀猷。

臣伏睹饒州路樂平州儒人馬端臨，乃故宋丞相廷鸞之子，嘗著述文獻通考三百四十八卷，總二十四類，其書與唐杜佑通典相爲出入。杜書肇自隆古以至唐之天寶，今馬氏所著，天寶以前者視杜氏加詳焉，天寶以後至宋寧宗者又足以補杜氏之闕。其二十四類，類各有考：一曰田賦，二曰錢幣，三曰户口，四曰職役，五曰征榷，六曰市糴，七曰土貢，八曰國用，九曰選舉，十曰學校，十一曰職官，十二曰郊社，十三曰宗廟，十四曰王禮，十五曰樂，十六曰兵，十七曰刑，十八曰經籍，十九曰帝系，二十曰封建，二十一曰象緯，二十二曰物異，二十三曰輿地，二十四曰四裔。其議論則本諸經史而可據，其制度則會之典禮而可行。思惟所作之勤勞，恐致斯文之隱没，謹謄書於楮墨，遠進達於蓬萊，幸垂乙夜之觀，快睹五星之聚。臣壽衍冒犯天威，無任戰兢惶懼屏營之至。臣壽衍誠惶誠恐，頓首頓首。謹言。

延祐六年四月　日弘文輔道粹德真人臣王壽衍上表

# 目録

卷五十三　職官考七



卷五十四　職官考八

卷五十五　職官考九

卷五十六　職官考十

卷五十八　職官考十二

卷五十九　職官考十三

卷六十　職官考十四

卷六十一　職官考十五



卷六十二　職官考十六

卷六十三　職官考十七

## 卷六十四　職官考十八

## 卷二百六十三　封建考四

卷二百六十四　封建考五



卷二百六十五　封建考六

## 卷三百十七　輿地考三

卷三百十八　輿地考四

卷三百十九　輿地考五

## 卷三百二十　輿地考六

卷三百二十一　輿地考七

卷三百二十二　輿地考八

卷三百二十三　輿地考九

卷三百二十四　四裔考一

卷三百二十五　四裔考二



卷三百二十六　四裔考三



卷三百二十七　四裔考四



卷三百二十八　四裔考五

卷三百三十二　四裔考九

## 卷三百三十九　四裔考十六

卷三百四十　四裔考十七



卷三百四十一　四裔考十八



卷三百四十二　四裔考十九

卷三百四十八　四裔考二十五

# 卷一　田賦考一

## 歷代田賦之制

堯遭洪水，天下分絶，使禹平水土，别九州。冀州，厥土白壤，無塊曰壤。厥田惟中中，田第五。厥賦上上錯。賦，第一。錯謂雜出第二之賦。兖州，厥土黑墳，色黑而墳起。厥田惟中下，第六。厥賦貞，貞，正也。州第九，賦正與九相當。作十有三載乃同。治水十三年乃有賦法，與他州同。青州，厥土白墳，厥田惟上下，第三。厥賦中上。第四。徐州，厥土赤埴墳，土黏曰埴。厥田惟上中，第二。厥賦中中。第五。揚州，厥土惟塗泥，地泉濕。厥田惟下下，第九。厥賦下上上錯。第七，雜出第六。荆州，厥土惟塗泥，厥田惟下中，第八。厥賦上下。第三。豫州，厥土惟壤，下土墳壚，高者壤，下者壚。壚，疏也。厥田惟中上，第四。厥賦錯上中。第二，雜出第一。梁州，厥土青黎，色青黑，沃壤也。厥田惟下上，第七。厥賦下中三錯。第八，雜出第七、第九三等。雍州，厥土黄壤，厥田上上，第一。厥賦中下。第六。九州之地，定墾者九百一十萬八千二十頃。

孔氏曰：「田下而賦上者，人功修也。田上而賦下者，人功少也。」

三山林氏曰：「三代取於民之法不同，而皆不出什一之數。既不出什一之數，而乃有九等之差者，蓋九州地有廣狹，民有多寡，其賦税所入之總數自有不同，不可以田之高下而準之。計其所入之總數，而多寡比較，有此九等。冀州之賦比九州爲最多，故爲上上。兖州之賦比九州爲最少，故爲下下。其餘七州皆然。非取於民之時有此九等之輕重也。」

五百里甸服：爲天子服理田。百里賦納總，禾本全曰總。二百里納銍，刈禾曰銍。三百里納秸服，半藁去皮曰秸。服，事也。納總、銍、秸之外，又使之服輸將之事。四百里粟，五百里米。量其地之遠近，而爲納賦之輕重精粗。

唐、虞法制簡略，不可得而詳，其見於書者如此。

夏后氏五十而貢，殷人七十而助。

朱子集注曰：「夏時一夫受田五十畝，而每夫計其五畝之入以爲貢。商人始爲井田之制，以六百三十畝之地畫爲九區，區七十畝，中爲公田，其外八家各授一區，但借其力以助耕公田，而不復稅其私田。」

周文王在岐，今扶風郡岐山縣。用平土之法，以爲治人之道，地著爲本，地著謂安土。故建司馬法：「六尺爲步，步百爲畝，畝百爲夫，夫三爲屋，屋三爲井，井十爲通，通十爲成，成十爲終，終十爲同，同方百里，同十爲封，封十爲畿，畿方千里。故丘有戎馬一匹〔一〕，牛三頭，甸有戎馬四匹，兵車一乘，牛十二頭，甲士三人，步卒七十二人。一同百里，提封萬井，戎馬四百匹，車百乘，此卿大夫采地之大者，是謂百乘之家。一封三百六十六里，提封十萬井，定出賦六萬四千井，戎馬四千匹，車千乘，此諸侯之大者，謂之千乘之國。天子之畿内，方千里，提封百萬井，定出賦六十四萬井，戎馬四萬匹，兵車萬乘，戎卒七十二萬人〔二〕，故曰萬乘之主。」

按：孟子言文王之治岐，耕者九一，即司馬法也。然自卿大夫采地推而至於諸侯、天子者，恐是商之末造，法制隳弛，故文王因而修明之，非謂在岐之時，自立千里之畿，提封百萬之井，奄有萬乘之兵車也。

周人百畝而徹。其實皆什一也。

朱子集注曰：「周時一夫授田百畝，鄉、遂用貢法，十夫有溝；都、鄙用助法，八家同井。耕則通力而作，收則計畝而分，故謂之徹。其實皆什一也。貢法固以十分之一爲常數，惟助法乃是九一，而商制不可考。周制則公田百畝中以二十畝爲廬舍，一夫所耕公田實計十畝，通私田百畝爲十一分，取其一，蓋又輕於什一矣。竊料商制亦當似此，而以十四畝爲廬舍，一夫實耕公田七畝，是亦什一也。」

遂人：凡治野，夫間有遂，遂上有徑；十夫有溝，溝上有畛；百夫有洫，洫上有涂；千夫有澮，澮上有道；萬夫有川，川上有路，以達於畿。十夫，二鄰之田。百夫，一酇之田。千夫，二鄙之田。萬夫，四縣之田。遂、溝、洫、澮皆所以通水於川也。遂廣深各二尺，溝倍之，洫倍溝，澮廣二尋，深二仞。徑、畛、涂、道、路，皆所以通車徒於國都也。徑容牛馬，畛容大車，涂容乘車一軌，道容二軌，路容三軌。萬夫者方三十三里少半里，九而方一同，以南畝圖之，則遂從溝橫，洫從澮橫，九澮而川周其外焉。去山林、陵麓、川澤、溝瀆、城郭、宮室、涂巷三分之制，其餘如此，以至於畿，則中雖有都鄙，遂人盡主其地。

右鄭注，以爲此鄉、遂用溝洫之法也，用之近郊鄉、遂。

匠人：爲溝洫，主通利田間之水道。耜廣五寸，二耜爲耦。一耦之伐，廣尺、深尺，謂之甽。田首倍之，廣二尺、深二尺，謂之遂。古者耜一金，兩人併發之。其壟中曰甽，甽上曰伐，伐之言發也。甽，畎也。今之耜，岐頭兩金，象古之耦也。田，一夫之所佃百畝，方百步也。遂者，夫間小溝，遂上亦有徑。九夫爲井，井間廣四尺、深四尺，謂之溝；方十里爲成，成間廣八尺、深八尺，謂之洫；方百里爲同，同間廣二尋、深二仞，謂之澮，專達於川。井者，方一里，九夫所治之田也。采地制井田異於鄉、遂及公邑。三夫爲屋，屋，具也。一井之中三屋，九夫，三三相具以出賦稅，共治溝也。方十里爲成，成中容一甸，甸方八里，出田稅，緣邊一里治洫。方百里爲同，同中容四都，六十四成，方八十里〔三〕，出田稅，緣邊十里治澮。

右鄭注，以爲此都、鄙用井田之法也，用之野外縣都。

陳及之曰：「周制井田之法，通行於天下，安有內外之異哉？遂人言『十夫有溝』，以一直度之也。凡十夫之田之首，必有一溝以瀉水。以方度之，則方一里之地所容者九夫，其間廣四尺、深四尺謂之溝，則方一里之內凡四溝矣。兩旁各一溝，中間二溝。遂人云『百夫有洫』，是百夫之地相連屬，而同以一洫瀉水。以方度之，則方十里之成所容者九百夫，其間廣八尺、深八尺謂之洫，則方十里之內凡四洫矣。兩旁各一洫，中間二洫，至於澮亦然。若川則非人力所能爲，故匠人不爲川，而云兩山之間必有川焉。遂人『萬夫有川』，亦大約言之耳。大概甽水瀉於溝，溝水瀉於洫，洫水瀉於澮，澮水瀉於川，其縱横因地勢之便利，遂人、匠人以大意言之。遂人以長言之，故曰以達於畿。匠人以方言之，故止一同耳。」又曰：「遂人所言者，積數也。匠人所言者，方法也。積數則計其所有者言之，方法則積其所圍之內名之，其實一制也。」

朱子語録曰：「溝洫以十爲數，井田以九爲數，决不可合。近世諸儒論田制，乃欲混井田、溝洫爲一，則不可行。鄭氏注分作兩項，却是。」

永嘉陳氏曰：「鄉、遂用貢法，遂人是也。都、鄙用助法，匠人是也。按遂人云『百夫有洫』，『十夫有溝』，即不見得包溝、洫在內。若是在內，當云百夫、十夫之間矣。匠人溝、洫却在內，故以間言。方十里者，以開方法計之，爲九百夫。方百里者，以開方法計之，爲九萬夫〔四〕。遂人、匠人兩處各是一法。朱子總其説，謂貢法十夫有溝，助法八家同井，其言簡而盡矣，但不知其必分二法者何故。竊意鄉、遂之地，在近郊遠郊之間，六軍之所從出，必是平原曠野，可畫爲萬夫之田，有溝有洫，又有途路，方圓可以如圖。蓋萬夫之地所占不多，以井田一同法約之，止有九分之一，故以徑法攤算，逐一見其子數。若都、鄙之地謂之甸、稍、縣、都，乃公卿大夫之采地，包山林陵麓在內，難用溝洫法整齊分畫，故逐處畫爲井田，雖有溝、洫不能如圖，故但言在其間。其地綿亘，一同之地爲萬夫者九，故以徑法紐算，但止言其母數。」

按：自孟子有「野九一而助，國中什一使自賦」之説，其後鄭康成注周禮，以爲周家之制，鄉、遂用貢法，遂人所謂「十夫有溝」是也；都、鄙用助法，匠人所謂「九夫爲井」是也，自是兩法。晦庵以爲遂人以十爲數，匠人以九爲數，決不可合，以鄭氏分注作兩項爲是，而近世諸儒合爲一法爲非。然愚嘗考之：孟子所謂「野九一」者乃授田之制，「國中什一」者乃取民之制。蓋助有公田，故其數必拘於九，八居四旁爲私，而一居其中爲公，是爲九夫，多與少皆不可行。若貢則無公田，孟子之什一，特言其取之之數。遂人之十夫，特姑舉成數以言之耳。若九夫自有九夫之貢法，十一夫自有十一夫之貢法，初不必拘以十數而後可行貢法也。今徒見匠人有九夫爲井之文，而謂遂人所謂十夫有溝者亦是以十爲數，則似太拘。蓋自遂而達於溝，自溝而達於洫，自洫而達於澮，自澮而達於川，此二法之所以同也。行助法之地，必須以平地之田分畫作九夫，中爲公田，而八夫之私田環之，列如井字，整如棋局，所謂溝洫者，直欲限田之多少，而爲之疆界。行貢法之地，則無問高原下隰，截長補短，每夫授之百畝，所謂溝洫者，不過隨地之高下，而爲之蓄洩。此二法之所以異也。是以匠人言遂必曰二尺，言溝必曰四尺，言洫必曰八尺，言澮必曰二尋，蓋以平原曠野之地，畫九夫之田以爲井，各自其九以至於同，其間所謂遂、溝、洫、澮者，隘則不足以蓄水，而廣則又至於妨田，故必有一定之尺寸，不可踰也。若遂人止言夫間有遂，十夫有溝，百夫有洫，千夫有澮，蓋是山谷藪澤之間，隨地爲田，横斜廣狹皆可墾闢，故溝洫亦不言其尺寸。所謂「夫間有遂，遂上有徑」，以至「萬夫有川，川上有路」云者，姑約略言之，大意謂路之下即爲水溝，水溝之下即爲田耳。非若匠人之田，必拘以九夫，而其溝洫之必拘以若干尺也。訂義所載永嘉陳氏謂遂人十夫有溝，是以直度之，匠人九夫爲井，是以方言之。又謂遂人所言者積數，匠人所言者方法，想亦有此意，但其説欠詳明耳。然鄉、遂附郭之地，必是平衍沃饒，可以分畫，宜行助法，而反行貢法；都、鄙野外之地，必是有山谷之險峻，溪澗之阻隔，難以分畫，宜行貢法，而反行助法。何也？蓋助法九取其一，似重於貢，然地有肥磽，歲有豐凶，民不過任其耕耨之事，而所輸盡公田之粟，則所取雖多，而民無預。貢法十取其一，似輕於助，然立爲一定之規，以樂歲之數而必欲取盈於凶歉之年，至稱貸而益之，則所取雖寡，而民已病矣。此龍子所以言莫善於助，莫不善於貢也。鄉、遂迫近王城，豐凶易察，故可行貢法；都、鄙僻在遐方，情僞難知，故止行助法。此又先王之微意也。然鄉、遂之地少，都、鄙之地多，則行貢法之地必少，而行助法之地必多。至魯宣公始稅畝，杜氏注以爲公無恩信於民，民不肯盡力於公田，故履踐案行，擇其善畝好穀者稅取之。蓋是時公田所收必是不給於用，而爲此横斂。孟子曰：「詩云：『雨我公田，遂及我私。』惟助爲有公田。由此觀之，雖周亦助也。」則是孟子之時，助法之廢已久，盡胥而爲貢法矣。孟子特因詩中兩語，而想像成周之助法耳。自助法盡廢，胥而爲貢法，於是民所耕者私田，所輸者公租。田之豐歉靡常，而賦之額數已定。限以十一，民猶病之，况過取於十一之外乎！

大司徒：凡造都、鄙，制其地域而封溝之，以其室數制之。不易之地家百畝，一易之地家二百畝，再易之地家三百畝。不易之地，歲種之，地美，故家百畝。一易之地，休一歲乃復種，地薄，故家二百畝。再易之地，休二歲乃復種，故家三百畝。

遂人：辨其野之土，上地、中地、下地，以頒田里。上地，夫一廛，田百畝，萊五十畝，餘夫亦如之。中地，夫一廛，田百畝，萊百畝，餘夫亦如之。下地，夫一廛，田百畝，萊二百畝，餘夫亦如之。萊，謂休不耕者。廛，居也。揚子雲有田一廛，謂百畝之居。孟子所云「五畝之宅，樹之以桑」者是也。

小司徒：乃均土地，以稽其人民而周知其數。上地家七人，可任也者家三人。中地家六人，可任也者二家五人。下地家五人，可任也者家二人。一家男女七人以上，則授之以上地，所養者衆也。男女五人以下，則授之下地，所養者寡也。有夫有婦，然後爲家，可任矣。見力役門。

王制：制農田百畝，百畝之糞，上農夫食九人，其次食八人，其次食七人，其次食六人；下農夫食五人。庶人在官者，其禄以是爲差也。孟子答北宫錡同。朱子集注：一夫一婦佃田百畝，加之以糞，糞多而力勤者爲上農，其所收可供九人。其次用力不齊，故有此五等。庶人在官者，其受禄不同，亦有此五等也。王制「糞」作「分」。注疏引周禮小司徒「上地家七人」解此段。按小司徒言上地、中地、下地，以田之肥瘠言之。王制言上農、次農、下農，以人之勤怠言之，當如集注云。

右按周家授田之制，但如大司徒、遂人之説，則是田肥者少授之，田瘠者多授之；如小司徒之説，則口衆者授之肥田，口少者授之瘠田；如王制、孟子之説，則一夫定以百畝爲率，而良農食多，惰農食少。三者不同。

西漢食貨志：聖王量能授事，四民陳力受職。民受田，上田夫百畝，中田夫二百畝，下田夫三百畝。歲耕種者爲不易，上田；休一歲者爲一易，中田；休二歲者爲再易，下田。三歲更耕之，自爰其處。爰，於也。更，謂三歲即改與別家佃，以均厚薄。農民户人已受田，其家衆男爲餘夫，亦以口授田如比。比，同也。士、工、商家受田，五口當農夫一人，口二十畝。此謂平土可以爲法者也。若山林、藪澤、原陵、淳鹵之地，淳，盡也。澤鹵之田不生。各以肥磽多少爲差。民年二十受田，六十歸田。七十以上，上所養也；十歲以下，上所長也；十一以上，上所强也。勉强勸之以集事。

按：此言受田之法，與大司徒、遂人所言略同，但言餘夫受田如此。孟子言餘夫二十五畝。集注：年十六別受田二十五畝，俟其壯有室，然後更受百畝之田。則此二十五畝者，十六以後、十九以前所受也。

載師：掌任土之法，以物地事授地職，而待其政令。任土者，任其力勢所能生育，且以制貢賦也。物，物色之，以知其所宜之事而授農牧衡虞，使職之。以廛里任國中之地，以場圃任園地，以宅田、士田、賈田任近郊之地，以官田、牛田、賞田、牧田任遠郊之地，以公邑之田任甸地，以家邑之田任稍地，以小都之田任縣地，以大都之田任畺地。廛里，若今邑居里〔五〕。廛，民居之區域也〔六〕。里，居也。圃，樹果蓏之屬。宅田，致仕之家所受田。士田，圭田也。賈田，在市賈人其家所受田也。官田，庶人在官者其家所受田也。牛田、牧田，畜牧者之家所受之田也。賞田，賞賜之田。公邑，謂六遂餘地，天子使大夫治之，自此以外皆然。家邑，大夫之采地；小都，卿之采地；大都，王子弟所食邑也〔七〕。畺，五百里，王畿界也。皆言任者，地之形實不方平如圖，受田邑者遠近不得盡如制，其所生育賦貢，取正於是耳。凡任地，國宅無征，園廛二十而一，近郊十一，遠郊二十而三，甸、稍、縣、都皆無過十二。唯其漆林之征二十而五。征，税也。國宅，凡官所有宮室，吏所治者也。

鄭氏曰：「周税輕近而重遠，近者多役也。園、廛亦輕之者〔八〕，廛無穀，園少利也。」

山齋易氏曰：「孟子之説，十一之法通乎三代，今考載師所言任地，則不止十一而已，毋乃非周人之徹法歟！鄭氏惑焉，蓋誤認載師爲任民之法，而不知其爲任地之法也。嘗考載師之職，以宅田、士田、賈田任近郊之地，故曰近郊十一；以官田、牛田、賞田、牧田任遠郊之地，故曰遠郊二十而三；若公邑之田，則六遂之餘地，家、稍、小都、大都之田，則三等之采地，故曰甸、稍、縣、都皆無過十二。是六者皆以田賦之十一者取於民，又以其一分爲十分，各酌其輕重，而以其十一、十二、二十而三者輸之於天子，此皆任地之賦也。知任地之法異乎任民之法，則成周十一之徹法可考矣。」

載師：凡宅不毛者有里布，凡田不耕者出屋粟，凡民無職事者出夫家之征。不毛，不樹桑麻。布，帛也。宅不毛者，罰以一里二十五家之布。空田者，罰以一屋三家之税。民無職事者，出夫税，百畝之税；家税，出士徒車輦給徭役。趙商問田不耕罰宜重，乃止三夫之税粟；宅不毛罰宜輕，乃以二十五家之布，未達輕重之差，鄭答語亦不明。閭師：凡庶民不畜者祭無牲，不耕者祭無盛，不樹者無椁，不蠶者不帛，不績者不衰。

按：周家立此法，以警游惰之民。所謂里布、屋粟、夫家之征，蓋倍蓰而取，以困之也，所謂無牲、無盛、無椁、不帛、不衰，蓋禁其合用以辱之也，其爲示罰一也。然所罰之里布、屋粟，國用曷常仰給於此？鄭氏注謂以共吉凶二服及喪器，誤矣。至孟子言廛無夫里之布，則知戰國時以成周所以罰游惰者爲經常之征斂矣。是無罪而受罰也，可乎？甚至王介甫遂欲舉此例以役坊郭之民。夫古人五畝之宅與田皆受之於官，是以不毛者罰之，後世官何嘗以宅地場圃給民，而欲舉此比乎？

魯宣公十五年，初税畝。宣公無恩信於民，民不肯盡力於公田，故履踐案行〔九〕，擇其善畝好穀者税取之。

左氏傳曰：「非禮也，穀出不過藉，謂公田借民力耕之，税不過此。以豐財也。」

公羊傳曰：「譏始履畝而税也。古者什一而藉，什一者，天下之中正也，什一行而頌聲作矣。」

穀梁傳曰：「私田稼不善則非吏，非，責也。吏，田畯也。言吏急民，使不得營私田。公田稼不善則非民。民勤私也。初税畝者，非公之去公田而履畝十取一也，以公之與民爲已悉矣。」悉謂盡其力。

魯成公元年，作丘甲。周禮：九夫爲井，四井爲邑，四邑爲丘。丘十六井，出戎馬一匹，牛三頭。四丘爲甸，甸六十四井，出長轂一乘，戎馬四匹，牛十二頭〔一〇〕，甲士三人，步卒七十二人。此甸所賦。今魯使丘出之，譏重斂。

左氏傳曰：「爲齊難故。」

魯哀公十二年，用田賦。杜預注左傳：「丘賦之法，因其田財，通出馬一匹、牛三頭，今欲別其田及家財，各自爲賦，故名田賦。」何休注公羊傳：「田，謂一井之田。賦者，斂取其財也。言用田賦者，若今漢家斂民錢以田爲率矣。不言井者，城郭里巷亦有井，嫌悉賦之。禮，稅民公田，不過什一。軍賦十井，不過一乘。哀公外慕强兵，空盡國儲，故復用田賦過什一。」

左傳：「季孫欲以田賦，使冉有訪諸仲尼。仲尼不對，而私於冉有曰：『君子之行也度於禮，施取於厚，事舉其中，斂從其薄。如是，則以丘亦足矣。丘，十六井，出戎馬一匹，牛三頭，是賦之常法。若不度於禮，而貪冒無厭〔一一〕，則雖以田賦，將又不足。且子季孫若欲行而法，則周公之典在；若欲苟而行，又何訪焉？』不聽。」

國語：「仲尼不對，而私於冉有曰：『先王制土，籍田以力，而砥其遠近；賦里以入，而量其有無；任力以夫，而議其老幼。於是乎有鰥、寡、孤、疾，有軍旅之出則徵之，無則已。言無軍旅則不征鰥、寡、孤、疾之賦。其歲收，田一井出稯禾、秉芻、缶米，不是過也。此有軍旅之歲所征。缶，庾也，十六斗曰庾。十庾曰秉。秉，二百四十斗〔一二〕。四秉曰筥，十筥曰稯，稯六百四十斛。先王以爲足。若子季孫欲其法也，則有周公之籍；若欲犯法，則苟而賦，又何訪焉〔一三〕？』」

按：四井爲邑，四邑爲丘，四丘爲甸，甸六十四井，成公以甸賦取之於丘，已是四倍於先王之時。今詳夫子答語，如左傳所載，似是以井賦取之於丘，田乃一井之田，注見上。則又十六倍於成公之時，未應如是其酷。如國語所載，是以軍旅之賦施之平時，則只是每井加賦，而未必盡及一丘之數。此杜、何二公所註，所以有別賦家財及引漢歛民錢爲喻之説也。

哀公問於有若曰：「年饑，用不足，如之何？」對曰：「盍徹乎？」公曰：「二，吾猶不足，如之何其徹也？」有若曰：「百姓足，君孰與不足；百姓不足，君孰與足？」二，謂已收公田之租，又履私田之畝，十取其一。公又問於孔子，孔子曰：「薄賦歛則人富。」公曰：「若是，寡人貧矣。」對曰：「豈弟君子，人之父母。未見子富而父貧也。」

滕文公使畢戰問井地，孟子曰：「夫仁政必自經界始。經界不正，井地不均，穀禄不平，是故暴君汙吏必慢其經界。經界既正，分田制禄可坐而定也。夫滕壤地褊小，將爲君子焉？將爲野人焉？無君子莫治野人，無野人莫養君子。請野九一而助，國中什一使自賦。卿以下必有圭田，圭田五十畝，餘夫二十五畝。死徙無出鄉，鄉田同井，出入相友，守望相助，疾病相扶持，則百姓親睦。方里而井，井九百畝，其中爲公田，八家皆私百畝，同養公田，公事畢，然後敢治私事，所以別野人也。此其大略也。若夫潤澤之，則在君與子矣。」

朱子集注曰：「經界謂治地分田，經畫其溝塗封植之界也。此法不修，則田無定分，而豪强得以兼并，故井地不均；賦無定法，而貪暴得以多取，故穀禄不平。野，郊外都、鄙之地。九一而助，爲公田而行助法也。國中，郊門之内，鄉、遂之地也。田不井授，但爲溝洫，使什而自賦其一，蓋用貢法也。周所謂徹法蓋如此。當戰國時，非惟助法不行，其貢亦不止什一矣。圭田，世禄常制之外又有此田，以奉祭祀，所以厚君子。不言世禄，滕已行之，但此未備。餘夫年十六授此田，在百畝之外，所以厚野人。『方里而井』以下，乃周之助法。上言野及國中二法，此獨詳於治野者，國中貢法當時已行，但取之過於什一耳。」

魏文侯時，租賦增倍於常，或有賀者。文侯曰：「今户口不加而租賦歲倍，此由課多也。譬如彼治治，令大則薄，令小則厚，治人亦如之。夫貪其賦税不愛人，是虞人反裘而負薪也。徒惜其毛，而不知皮盡而毛無所傅。」李悝爲魏文侯作盡地力之教，以爲地方百里，提封九萬頃，除山澤、邑居三分去一，爲田六百萬畝。治田勤謹〔一四〕，則畝益三升，臣瓚曰：「當言三斗，謂治田勤則畝加三斗也。」不勤，則損亦如之。地方百里之增減，輒爲粟百八十萬石矣。

秦孝公十二年，初爲賦。納商鞅説，開阡陌，制貢賦之法。餘見平糴門。

杜氏通典曰：「秦孝公用商鞅，鞅以三晉地狹人貧，秦地廣人寡，故草不盡墾，地利不盡出。於是誘三晉之人，利其田宅，復三代無知兵事，而務本於内，而使秦人應敵於外。故廢井田〔一五〕，制阡陌，任其所耕，不限多少。數年之間，國富兵强，天下無敵。」

吴氏曰：「井田受之於公，毋得粥賣，故王制曰『田里不粥』。秦開阡陌，遂得賣買。又戰得甲首者益田宅，五甲首而隸役五家，兼并之患自此起。民田多者以千畝爲畔，無復限制矣。」

朱子開阡陌辯曰：「漢志言秦廢井田，開阡陌。説者之意，皆以開爲開置之開，言秦廢井田而始置阡陌也。故白居易云：『人稀土曠者，宜修阡陌；户繁鄉狹者，則復井田。』蓋亦以阡陌爲秦制，井田爲古法。此恐皆未得其事之實也。按阡陌者，舊説以爲田間之道，蓋因田之疆畔，制其廣狹，辨其縱横，以通人物之往來，即周禮所謂遂上之徑、溝上之畛、洫上之涂、澮上之道也。然風俗通云：『南北曰阡，東西曰陌。』又云：『河南以東西爲阡，南北爲陌。』二説不同。今以遂人田畝、夫家之數考之，則當以後説爲正。蓋陌之爲言百也，遂洫從，而徑涂亦從，則遂間百畝，洫間百夫，而徑涂爲陌矣；阡之爲言千也，溝澮横，而畛道亦横，則溝間千畝，澮間千夫，而畛道爲阡矣。阡陌之名由此而得。至於萬夫有川，而川上之路周於其外，與夫匠人井田之制，遂、溝、洫、澮亦皆四周，則阡陌之名疑亦因其横從而得之也。然遂廣二尺，溝四尺，洫八尺，澮二尋，則丈有六尺矣。徑容牛馬，畛容大車，涂容乘車一軌，道二軌，路三軌，則幾二丈矣。此其水陸占地不得爲田者頗多，先王之意，非不惜而虚棄之也，所以正經界，止侵争，時蓄洩，備水旱，爲永久之計，有不得不然者，其意深矣。商君以其急刻之心，行苟且之政，但見田爲阡陌所束，而耕者限於百畝，則病其人力之不盡；但見阡陌之占地太廣，而不得爲田者多，則病其地利之有遺。又當世衰法壞之時，則其歸授之際，必不免有煩擾欺隱之姦，而阡陌之地切近民田，又必有陰據以自私，而税不入於公上者。是以一旦奮然不顧，盡開阡陌，悉除禁限，而聽民兼并買賣，以盡人力；墾闢棄地，悉爲田疇，而不使其有尺寸之遺，以盡地利；使民有田即爲永業，而不復歸授，以絶煩擾欺隱之姦；使地皆爲田，而田皆出税，以覈陰據自私之幸。此其爲計，正猶楊炎疾浮户之弊〔一六〕，而遂破租庸以爲兩税，蓋一時之害雖除，而千古聖賢傳授精微之意於此盡矣。故秦紀、鞅傳皆云：『爲田開阡陌封疆，而賦税平。』

蔡澤亦曰：『決裂阡陌，以静生民之業，而一其俗。』詳味其言，則所謂開者，乃破壞剗削之意，而非創置建立之名；所謂阡陌，乃三代井田之舊，而非秦之所置矣〔一七〕。所謂『賦税平』者，以無欺隱竊據之姦也；所謂『静生民之業』者，以無歸授取予之煩也。以是數者合而證之，其理可見，而蔡澤之言尤爲明白。且先王疆理天下，均以予民，故其田間之道有經有緯，不得無法。若秦既除井授之制矣，則隨地爲田，隨田爲路，尖斜屈曲無所不可，又何必取其東西南北之正以爲阡陌，而後可以通往來哉？此又以物情事理推之，而益見其説之無疑者。或乃以漢世獨有阡陌之名，而疑其出於秦之所置。殊不知秦之所開亦其曠僻，而非通路者耳。若其適當衝要，而便於往來，則亦豈得而盡廢之哉？但必稍侵削之，不復使如先王之舊耳。或者又以董仲舒言富者連阡陌，而請限民名田。疑田制之壞由於阡陌，此亦非也。蓋曰富者一家兼有千夫、百夫之田耳。至於所謂商賈無農夫之苦，有阡陌之得，亦以千夫、百夫之收而言。蓋當是時去古未遠，此名尚在，而遺迹猶有可考者，顧一時君臣乃不能推尋講究而修復之耳，豈不可惜也哉！」

始皇三十一年，使黔首自實田。

通典曰：「夏之貢，殷之助，周之徹，皆十而取一，蓋因地而税。秦則不然，舍地而税人，故地數未盈，其税必備。是以貧者避賦役而逃逸，富者務兼并而自若。加以内興工作，外攘夷狄，收大半之賦，發閭左之戍，竭天下之資財以奉其政，猶未足以贍其欲也。二世承之不變，海内潰叛。」

按：秦壞井田之後，任民所耕，不計多少，已無所稽考，以爲賦斂之厚薄。其後遂舍地而税人，則其繆尤甚矣。是年，始令黔首自實田以定賦，通典所言，其是年以前所行歟？

秦田租、口賦、鹽鐵之利二十倍於古〔一八〕，或耕豪民之田，見稅十五。言貧人無田，而耕墾豪富家之田，十分之中以五輸田主也。漢興，循而未改。

漢興，天下既定，高祖約法省禁，輕田租，十五而稅一，量吏祿，度官用，以賦於民。

惠帝即位，減田租，復十五稅一。漢初十五稅一，中間廢，今復之也。

文帝十二年，詔賜天下民租之半。

鼂錯說上曰：「堯、禹有九年之水，湯有七年之旱，而國無捐瘠者，以蓄積多而備先具也。今海內爲一，土地人民之衆不避湯、禹，加以亡天災水旱，而蓄積未及者〔一九〕，何也？地有遺利，民有餘力，生穀之土未盡墾，山澤之利未盡出也，游食之民未盡歸農也。民貧則姦邪生，貧生於不足，不足生於不農，不農則不地著，不地著則離鄉輕家不能禁也。今農夫五口之家，其服役者不下二人，能耕者不過百畝，百畝之收不過百石。春耕夏耘，秋穫冬藏，伐薪樵，治官府，給繇役，四時之間無日休息。又私自送往迎來，弔死問疾，養孤長幼在其中。勤苦如此，尚復被水旱之災，急政暴賦，賦斂不時，朝令而暮改，於是有賣田宅、鬻子孫以償責者矣。方今之道，欲民務農，在於貴粟；貴粟之道，在於使民以粟爲賞罰。今募天下入粟縣官，得以拜爵除罪。如此，則富人有爵，農民有財，粟有所渫。夫能入粟以受爵，皆有餘者也。取有餘以供君上，則貧民之賦可損。」上從其言，令民入粟邊拜爵各有差。錯復言邊食足支五歲，可令入粟郡縣；郡縣足支一歲以上，可時赦勿收農民租。上從之，詔賜民田租之半。

十三年，除民之田租。

詔曰：「農，天下之本，務莫大焉。今勤身從事，而有租稅之賦，是謂本末無以異也。其於勸農之道未備。其除田之租稅。」

致堂胡氏曰：「漢至文帝時〔二〇〕，封國漸衆，諸侯王自食其地，王府所入寡矣。又與匈奴和親，歲致金繒；復數爲邊患〔二一〕，天子親將出擊；復因河決，有築塞勞費，大司農財用宜不致充溢。而文帝在位，十二年即賜民歲半租，次年遂除之。然則何以足用乎？蓋文帝恭儉，百金之費亦不苟用，宫闈是效，流傳國都，莫有奢侈之習，如之何不富？其財蓋不可勝用矣。然後知導諛逢惡者，納君於荒淫，取之盡錙銖，用之如泥沙，至於財竭，下畔而上亡，其罪可勝誅哉！」

按：文帝時，賈誼、鼂錯皆以積貯未備爲可痛惜，説帝募民入粟拜爵。曾未幾而邊食可支五歲，郡縣可支一歲，遂能盡蠲田之税租者，蓋當時務末者多，農賤賈貴，一以爵誘之，則盡驅而之南畝。所謂爲之者衆則財常足，雖帝恭儉所致，亦勸勵之有方也。

景帝元年，詔曰：「間者歲比不登，民多乏食，夭絶天年，朕甚痛之。郡國或磽陿，無所農桑繫畜；或地饒廣，薦草莽，水泉利，而不得徙。其議民欲徙寬大地者，聽之。」

二年，令民半出田租，三十而稅一。

先公曰：「文帝除民田租稅，後十三年至景帝二年，始令民再出田租，三十而稅一。文帝恭儉節用，而民租不收者至十餘年，此豈後世可及！」

武帝元狩元年，遣謁者勸種宿麥。

董仲舒說上曰：「春秋他穀不書，至於麥禾不成，則書之，以此見聖人於五穀最重麥禾。今關中俗不好種麥，是歲失春秋之所重，而損生民之具也。願陛下詔大司農，使關中民益種宿麥，毋令後時。」上從之。仲舒又說上曰：「秦用商鞅之法，改帝王之制，除井田，民得賣買，富者田連阡陌，貧者無立錐之地。漢興，循而未改。古井田法雖難猝行，宜少近古，限民名田，以贍不足，名田，占田也。名爲立限，不使富者過制，則貧弱之家可足也。塞并兼之路，然後可善治也。」竟不能用。

元鼎六年，上曰：「左、右內史地，名山川源甚衆，內史地，謂京兆、扶風。細民未知其利。今內史稻田租挈重，挈，苦計反，收田租之約令也。不與郡同，郡，謂四方諸郡。其議減。令吏民勉盡地利，平繇行水，勿失其時。」

元封四年，祠后土，賜三縣及楊氏無出今年租賦〔三〕。

五年，修封禪，所幸縣無出今年租賦。

天漢三年，修封泰山，行所過無出田租。

帝末年悔征伐之事，乃封丞相田千秋爲富民侯。下詔曰：「方今之務，在於力農。」以趙過爲搜粟都尉。過能爲代田，田一畝三甽，甽，壟也，或作畎。歲代處，故曰代田，代，易也。古法也。后稷始甽田，以二耜爲耦，併兩耜而耕。廣尺深尺曰甽，長終畝。一畝三甽，一夫三百甽，而播種於甽中。苗生葉以上，稍耨隴草，因隤其土，以附苗根。故其詩曰：「或耘或耔，黍稷儗儗。」耘，除草也。耔，附根也。言苗稍壯，每耨輒附根，比盛暑，隴盡而根深，能風與旱，能作耐。故儗儗而盛也。其耕耘下種田器，皆有便巧。率十二夫爲田，一井一屋，故畝五頃，九夫爲井，三夫爲屋。夫百畝，於古爲十二頃。古百步爲畝，漢時二百四十步爲畝，古千二百畝，則得今五頃也。用耦犂，二牛三人，一歲之收，常過縵田畝一斛以上〔二三〕，縵田，謂不爲甽者〔二四〕，音莫幹反。善者倍之。善爲甽者，又過縵田一斛以上。過使教田太常、三輔，太常主諸陵，有民，故亦課田種。大農置工巧奴與從事，爲作田器。二千石遣令長、三老、力田及里父老善田者受田器，學耕種養苗狀。民或苦少牛，無以趨澤，趨讀曰趣，及也。澤，雨之潤澤。故平都令光教過以人輓犂。過奏光以爲丞，光，史失其姓。教民相與傭輓犂。率多人者田日三十畝，少者十三畝，以故田多墾闢。過試以離宮卒田其宮壖而緣反。地，離宮，別處之宮，非天子所常居也。壖，餘也。宮壖地，謂外垣之內，內垣之外。守離宮卒，閑而無事，因令於壖地爲田。課得穀皆多其旁田畝一斛以上。令命家田三輔公田。令離宮卒教其家田公田也。又教邊郡及居延城。居延，張掖縣。是後邊城、河東、弘農、三輔、太常民皆便代田，用力少而得穀多〔二五〕。至孝昭時，流民稍還，田野墾闢，頗有蓄積。

石林葉氏曰：「世多言耕用牛始漢趙過，以爲易『服牛乘馬，引重致遠』，牛馬之用蓋同，初不以耕也。故華山、桃林之事，武王以休兵並言，而周官凡農政無有及牛者。此理未必然。孔子弟子冉伯牛、司馬牛皆名『耕』，若非用於耕，則何取於牛乎？漢書趙過傳但云：『畝五頃用耦耕，二牛三人。其後民或苦少牛，平都令光乃教過以人輓犂。』由是言之，蓋古耕而不犂，後世變爲犂法。耦用人，犂用牛，過特爲之增損其數耳，非用牛自過始也。耦與犂皆耕事，故通言之。孔子言『犂牛之子騂且角』，則孔子時固已用犂，此二氏所以爲字也。」

昭帝始元元年，詔毋令民出今年田租。

始元六年，令民得以律占租。武帝時，賦斂煩多，律外而取之，今始復舊。

元鳳六年〔二六〕，令三輔、太常郡得以菽粟當賦。謂聽以菽粟當錢物也。

宣帝本始元年，鳳凰集膠東、千乘，赦天下租稅勿收。

三年，詔郡國傷旱甚者，民毋出租賦。

四年，詔被地震傷壞甚者，勿收租賦。

元康二年，詔郡國被災甚者，毋出今年租賦。

神爵元年，上行幸甘泉、河東，行所過毋出田租。

甘露二年，鳳凰集新蔡，毋出今年租。

元帝初元元年，令郡國被災害甚者，毋出租賦。

二年，郡國被地動災甚者，毋出租賦。

永光元年，幸甘泉，所過毋出租賦。

成帝建始元年，郡國被災什四以上，毋收田租。

鴻嘉四年，郡國被災害什四以上，民貲不滿三萬，勿收租賦。

孝成帝時，張禹占鄭、白之渠四百餘頃，他人兼并者類此，而人彌困。孝哀即位，師丹建言：「古之聖王莫不設井田，然後治乃可平。孝文皇帝承周、秦兵革之後，天下空虛，故務勸農桑，帥以節儉，民始充實，未有兼并之害，故不爲民田及奴婢爲限。今累世承平，豪富吏民貲數鉅萬，而貧弱逾困。蓋君子爲政，貴因循而重改作，所以可改者，將以救急也。亦未可詳，宜略爲限。」天子下其議。丞相孔光、大司空何武奏請：「諸侯王、列侯皆得名田國中。列侯在長安，公主名田縣道，及關内侯、吏民名田皆無過三十頃。諸侯王奴婢二百人，列侯、公主百人，關内侯、吏民三十人。期盡三年，犯者没入官。」時田宅、奴婢賈爲減賤，丁、傅用事，董賢隆貴，皆不便也。詔書且須後，遂寢不行。

哀帝即位，令水所傷縣邑，及他國郡災害什四以上，民貲不滿十萬，皆無出今年租賦。

平帝元始二年，天下民貲不滿二萬，及被災之郡不滿十萬，勿收租税。

漢提封田一萬萬四千五百一十三萬六千四百五頃，提封者，大舉其封疆也。其一萬萬二百五十二萬八千八百八十九頃，邑居、道路、山川、陵澤群不可墾，其三千二百二十九萬九百四十七頃可墾不可墾，定墾田八百二十七萬五千五百三十六頃，漢極盛矣。據元始二年户千二百二十三萬三千，每户合得田六十七畝百四十六步有奇。

王莽篡位，下令曰：「古者設井田，則國給人富而頌聲作。秦爲無道，壞聖制，廢井田，是以兼并起，貪鄙生，强者規田以千數，弱者曾無立錐之居。漢氏減輕田租，三十而税一，而豪民侵凌，分田劫假。分田，謂貧者無田而取富人田耕種，共分其所收。假，如貧人賃富人之田。劫者，富人劫奪其税，欺凌之也。厥名三十，實什税五也。富者驕而爲邪，貧者窮而爲姦，俱陷於辜，刑用不錯。今更名天下田曰『王田』，奴婢曰『私屬』，皆不得賣買〔二七〕。其男口不過八而田滿一井者，分餘田與九族、鄉黨。」犯令，法至死，制度又不定，吏緣爲姦，天下謷謷然，陷刑者衆。後三歲，莽知民愁，下詔諸食王田及私屬皆得賣買〔二八〕，勿拘以法。然刑罰深刻，他政誖亂，用度不足，數賦横斂，民愈貧困。

荀悦論曰：「古者什一而税，以爲天下之中正也。今漢氏或百一而税，可謂鮮矣。然豪强富人占田逾侈〔二九〕，輸其賦大半。官家之惠，優於三代；豪强之暴，酷於亡秦。是上惠不通，威福分於豪强也。文帝不正其本，而務除租税，適足以資豪强也。且夫井田之制，不宜於人衆之時，田廣人寡，苟爲可也。然欲廢之於寡，立之於衆，土地布列在豪强，卒而革之，並有怨心，則生紛亂，制度難行。由是觀之，若高祖初定天下，光武中興之後，人衆稀少，立之易矣。既未悉備井田之法，宜以口數占田，爲之立限，人得耕種，不得賣買，以贍貧弱，以防兼并，且爲制度張本，不亦善乎！」

老泉蘇氏曰：「周之時用井田。井田廢，田非耕者之所有，而有田者不耕也。耕者之田資於富民，富民之家，地大業廣，阡陌連接，募召浮客，分耕其中，鞭笞驅役，視以奴僕，安坐四顧，指麾於其間。而役屬之民，夏爲之耨，秋爲之穫，無有一人違其節度以嬉，而田之所入，己得其半，耕者得其半。有田者一人，而耕者十人，是以田主日累其半以至於富强，耕者日食其半以至於窮餓而無告。夫使耕者至於窮餓，而不耕不穫者坐而食富强之利，猶且不可，而況富强之民輸租於縣官，而不免於怨嘆嗟憤。何則？彼以其半而供縣官之税，不若周之民以其全力而供其上之税也〔三〇〕。周之什一，以其全力而供什一之税也。使其半供什一之税，猶用十二之税然也。況今之税，又非特止於什一而已，則宜乎其怨嘆嗟憤之不免也。噫！貧民耕而不免於飢，富民坐而飽且嬉又不免於怨，其弊皆起於廢井田。井田復，則貧民有田以耕，穀食粟米不分於富民，可以無饑；富民不得多占田以錮貧民，其勢不耕則無所得食，以地之全力供縣官之税，又可以無怨。是以天下之士争言復井田。

既又有言者曰：『奪富民之田以與無田之民，則富民不服，此必生亂。如乘大亂之後，土曠而人稀，可以一舉而就。高祖之滅秦，光武之承漢，可爲而不爲，以是爲恨。』吾又以爲不然。今雖使富民皆奉其田而歸諸公〔三一〕，乞爲井田，其勢亦不可得。何則？井田之制，九夫爲井，井間有溝；四井爲邑，四邑爲丘，四丘爲甸；甸方八里，旁加一里爲一成，成間有洫，其地百井而方十里；四甸爲縣，四縣爲都，四都方八十里，旁加十里爲一同，同間有澮，其地萬井而方百里。百里之間，爲澮者一，爲洫者百，爲溝者萬，既爲井田，又必兼備溝洫。溝洫之制〔三二〕，夫間有遂，遂上有徑；十夫有溝，溝上有畛；百夫有洫，洫上有涂；千夫有澮，澮上有道；萬夫有川，川上有路。萬夫之地，蓋三十二里有半，而其間爲川、爲路者一，爲澮、爲道者九，爲洫、爲涂者百，爲溝、爲畛者千，爲遂、爲徑者萬。此二者非塞溪壑、平澗谷、夷丘陵、破墳墓、壞廬舍、徙城郭、易疆隴不可爲也。縱使盡能得平原曠野，而遂規畫於其中，亦當驅天下之人，竭天下之糧，窮數百年專力於此，不治他事，而後可以望天下之地盡爲井田，盡爲溝洫，已而又爲民作屋廬於其中，以安其居而後可。吁，亦已迂矣！井田成，而民之死其骨已朽矣。古者井田之興，其必始於唐、虞之世乎！井田之法起於黃帝，事見鄉黨門。非唐、虞之世，則周之世無以成井田。唐、虞啟之，至於夏、商，稍稍葺治，至周而大備。周公承之，因遂申定其制度，疏整其疆界，非一日而遽能如此也，其所由來者漸矣。夫井田雖不可爲，而其實便於今。今誠有能爲近井田者而用之，則亦可以蘇民矣乎！聞之董生曰：『井田雖難卒行，宜少近古，限民名田，以贍不足。』名田之説蓋出於此。而後世未有行者，非以不便民也，懼民不肯損其田以入吾法，而遂因此以爲變也。孔光、何武曰：『吏民名田，毋過三十頃，期盡三年，而犯者没入官。』夫三十頃之田，周民三十夫之田也。縱不能盡如周制，一人而兼三十夫之田，亦已過矣。而期之三年，是又迫蹙平民，使自壞其業，非人情，難用。吾欲少爲之限而不奪其田，嘗已過吾限者，但使後之人不敢多占田以過吾限耳。要之數世，富者之子孫或不能保其地以復於貧，而彼嘗已過吾限者散而入於他人矣，或者子孫出而分之，已無幾矣。如此，則富民所占者少，而餘地多，則貧民易取以爲業，不爲人所役屬，各食其地之全利，利不分於人，而樂輸官。夫端坐於朝廷，下令於天下，不驚民，不動衆，不用井田之制，而獲井田之利，雖周之井田，何以遠過於此哉！」

水心葉氏進卷曰：「今之言愛民者，臣知其説矣。俗吏見近事，儒者好遠謀。故小者欲抑奪兼并之家，以寬細民，而大者則欲復古井田之制，使其民皆得其利。夫抑兼并之術，吏之强敏，有必行之於州縣者矣。而井田之制，百年之間，士方且相與按圖而畫之，轉以相授，而自嫌其迂，未敢有以告於上者，雖告亦莫之聽也。夫二説者，其爲論雖可通，而皆非有益於當世。爲治之道，終不在此。且不得天下之田盡在官，則不可以爲井，而臣以爲雖得天下之田盡在官，文、武、周公復出而治天下，亦不必爲井。何者？其爲法瑣細煩密，非今天下之所能爲。昔者，自黄帝至於成周，天子所自治者皆是一國之地，是以尺寸步畝可歷見於鄉遂之中，而置官師〔三〕，役民夫，正疆界，治溝洫，終歲辛苦以井田爲事；而諸侯亦各自治其國，百世不移。故井田之法可頒於天下。然江、漢以南，濰、淄以東，其不能爲者不强使也。今天下爲一國，雖有郡縣吏，皆總於上，率二三歲一代，其間大吏有不能一歲半歲而代去者，是將使誰爲之乎？就使爲之，非少假十數歲不能定也。此十數歲之內，天下將不暇耕乎？井田之制雖先廢於商鞅，而後諸侯封建絶，然封建既絶，井田雖在亦不可獨存矣，故井田、封建相待而行者也。夫畎、遂、溝、洫，環田而爲之，間田而疏之，要以爲人力備盡，望之而可觀，而得粟之多寡，則無異於後世。且大陂長堰，因山爲源；鍾固流潦，視時决之。法簡而易周，力少而用博。使後世之治無愧於三代，則爲田之利，使民自養於中，亦獨何異於古！故後世之所以爲不如三代者，罪在於不能使天下無貧民耳，不在於田之必爲井、不爲井也。夫已遠者不追，已廢者難因。今故堰遺陂，在百年之外瀦防衆流，即之渺然瀰漫千頃者，如其湮淤絶滅尚不可求，而况井田遠在數千載之上，今其阡陌連亘，墟聚遷改，蓋欲求商鞅之所變且不可得矣。孔、孟生衰周之時，井田雖不治，而其大略具在，勤勤以經界爲意，嘆息先王之良法廢壞於暴君汙吏之手。後之儒者乃欲以耳目之所不聞不見之遺言，顧從而效之，亦咨嗟嘆息以爲不可廢，豈不難乎！井田既然矣，今俗吏欲抑兼并，破富人以扶貧弱者，意則善矣，此可隨時施之於其所治耳，非上之所恃以爲治也。夫州縣獄訟繁多，終日之力不能勝，大半爲富人役耳。是以吏不勝忿，常欲起而誅之。縣官不幸而失養民之權，轉歸於富人，其積非一世也。小民之無田者，假田於富人；得田而無以爲耕，借貸於富人〔三四〕；歲時有急，求於富人；其甚者傭作奴婢，歸於富人；游手末作，俳優技藝，傳食於富人；而又上當官輸，雜出無數；吏常有非時之責，無以應上命，常取具於富人。然則富人者，州縣之本，上下之所賴也。富人爲天子養小民，又供上用，雖厚取赢以自封殖，計其勤勞，亦略相當矣。廼其豪暴過甚，兼取無已者，吏當教戒之；不可教戒，隨事而治之，使之自改則止矣。不宜豫置疾惡於其心，苟欲以立威取名也。夫人主既未能自養小民，而吏先以破壞富人爲事，徒使其客主相怨，有不安之心，此非善爲治者也。故臣以爲儒者復井田之學可罷，而俗吏抑兼并富人之意可損。因時施智，觀世立法。誠使制度定於上，十年之後無甚富甚貧之民，兼并不抑而自已，使天下速得生養之利，此天子與其群臣當汲汲爲之。不然，古井田終不可行，今之制度又不復立，虚談相眩，上下乖忤，俗吏以卑爲實，儒者以高爲名，天下何從而治哉！」

按：自秦廢井田之後，後之君子每慨嘆世主不能復三代之法，以利其民，而使豪强坐擅兼并之利，其説固正矣。至於斟酌古今，究竟利病，則莫如老泉、水心二公之論最爲確實。愚又因水心之論而廣之曰：「井田未易言也。周制：凡授田，不易之地家百畝，一易之地二百畝，再易之地三百畝，則田土之肥瘠所當周知也。上地家七人，中地家六人，下地家五人，則民口之衆寡所當周知也。上農夫食九人，其次食八人，其次食七人，則其民務農之勤怠又所當周知也。農民每户授田百畝，其家衆男爲餘夫，年十六則别受二十五畝，士工商受田，五口乃當農夫一人，每口受二十畝，則其民之或長，或少，或爲士，或爲商，或爲工又所當周知也。爲人上者必能備知閭里之利病，詳悉如此，然後授受之際可以無弊。蓋古之帝王分土而治，外而公、侯、伯、子、男，内而孤卿、大夫，所治不過百里之地，皆世其土，子其人。於是取其田疇而伍之，經界正，井地均，穀禄平，貪夫豪民不能肆力以違法制，汙吏黠胥不能舞文以亂簿書。至春秋之世，諸侯用兵争强，以相侵奪，列國不過數十，土地寖廣。然又皆爲世卿、强大夫所裂，如魯則季氏之費、孟氏之成，晉則欒氏之曲沃、趙氏之晉陽，亦皆世有其地。又如邾、莒、滕、薛之類，亦皆數百年之國，而土地不過五七十里，小國寡民，法制易立。竊意當時有國者授其民以百畝之田，壯而畀，老而歸，不過如後世大富之家，以其祖父所世有之田授之佃客。程其勤惰以爲予奪，較其豐凶以爲收貸，其東阡西陌之利病，皆其少壯之所習聞，雖無俟乎考覈，而姦弊自無所容矣。降及戰國，大邦凡七，而么麽之能自存者無幾。諸侯之地愈廣，人愈衆，雖時君所尚者用兵争强，未嘗以百姓爲念，然井田之法未全廢也，而其弊已不可勝言，故孟子有『今也制民之産，仰不足以事父母，俯不足以畜妻子』之説，又有暴君汙吏慢其經界之説，可以見當時未嘗不授田。而諸侯之地廣人衆，考覈難施，故法制隳弛，而姦弊滋多也。至秦人盡廢井田，任民所耕，不計多少，而隨其所占之田以制賦。蔡澤言『商君決裂井田，廢壞阡陌，以静百姓之業，而一其志』。夫曰『静』曰『一』，則可見周授田之制，至秦時必是擾亂無章，輕重不均矣。晦庵語録亦謂：「因蔡澤此語，可見周制至秦不能無弊。」漢既承秦，而卒不能復三代井田之法，何也？蓋守令之遷除，其歲月有限；而田土之還授，其姦弊無窮。雖慈祥如龔、黄、召、杜，精明如趙、張、三王，既不久於其政，則豈能悉知其土地民俗之所宜，如周人授田之法乎？則不過受成於吏手，安保其無弊？後世蓋有争田之訟，歷數十年而不决者矣。况官授人以田，而欲其均平乎！杜君卿曰：『降秦以後，阡陌既敝，又爲隱覈。隱覈在乎權宜，權宜憑乎簿書，簿書既廣，必藉衆功，藉衆功則政由群吏，由群吏則人無所信矣。夫行不信之法，委政於衆多之胥，欲紀人事之衆寡，明地利之多少，雖申、商督刑，撓首總算，不可得而詳矣。』其説可謂切中秦漢以後之病。然撰其本原，皆由乎地廣人衆，罷侯置守，不私其土，世其官之所致也。是以晉太康時，雖有男子一人占田七十畝之制，而史不詳言其還受之法。未幾，五胡雲擾，則已無所究詰。直至魏孝文始行均田，然其立法之大概，亦不過因田之在民者而均之，不能盡如三代之制。一傳而後，政已圮亂。齊、周、隋因之，得失無以大相遠。唐太宗口分、世業之制，亦多踵後魏之法，且聽其買賣而爲之限。至永徽而後，則兼并如故矣。蓋自秦至今，千四百餘年，其間能行授田、均田之法者，自元魏孝文至唐初纔二百年，而其制盡隳矣。何三代貢、助、徹之法千餘年而不變也？蓋有封建足以維持井田故也。三代而上，天下非天子之所得私也；秦廢封建，而始以天下奉一人矣。三代而上，田産非庶人所得私也；秦廢井田，而始捐田産以與百姓矣。秦於其所當予者取之，所當取者予之〔三五〕，然沿襲既久，反古實難。欲復封建，是自割裂其土宇，以啟紛争；欲復井田，是强奪民之田産以召怨讟，書生之論所以不可行也。」

## 校勘記

〔一〕故丘有戎馬一匹　「丘」原作「邱」，清人避孔子諱改，今改回，此後徑改，不再出校。

〔二〕戎卒七十二萬人　「二」字原脱，據元本、慎本及通典卷一食貨典一補。

〔三〕方八十里　「方」上原衍「成」字，據周禮匠人注删。

〔四〕爲九萬夫　「九」字原脱，據陳埴木鐘集卷七井田溝洫之法補。

〔五〕廛里若今邑居里　按周禮載師注：「廛里者，若今云邑里居矣。」阮元校：「岳本、嘉靖本作『邑居里』。按當作『若今云邑居矣』，『里』衍文，下云『民之邑居在都城者』可證。」

〔六〕廛民居之區域也　「廛」字原脱，據周禮載師注補。

〔七〕大都王子弟所食邑也　「大都」二字原脱，據周禮載師注補。

〔八〕園廛亦輕之者　「之」原作「輕」，據周禮載師注改。

〔九〕故履踐案行　「故」字原脱，據元本、慎本、馮本補。

〔一〇〕牛十二頭　「二」字原脱，據元本、慎本、馮本補。

〔一一〕若不度於禮而貪冒無厭　「於」字原脱，據元本、慎本、馮本及左傳哀公十一年補。

〔一二〕秉二百四十斗　「秉」字原脱，據國語卷五魯語下注補。

〔一三〕又何訪焉　「訪」原作「妨」，據元本、慎本、馮本、局本及國語卷五魯語下改。

〔一四〕治田勤謹　「謹」字原脱，據元本、慎本、馮本及漢書卷二四上食貨志上補。

〔一五〕故廢井田　「廢」原作「齊」，據元本、慎本、馮本、局本及通典卷一食貨典一改。

〔一六〕正猶楊炎疾浮户之弊　「猶」原作「與」，據朱文公文集卷七二開阡陌辯改。

〔一七〕而非秦之所置矣　「置」原作「制」，據朱文公文集卷七二開阡陌辯改。

〔一八〕秦田租口賦鹽鐵之利二十倍於古　「古」原作「官」，據漢書卷二四上食貨志上改。

〔一九〕而蓄積未及者　「者」字原脱，據漢書卷二四上食貨志上補。

〔二〇〕漢至文帝時　「至」原作「志」，據元本、慎本、馮本及讀史管見卷一改。

〔二一〕復數爲邊患　「復」原作「後」，據讀史管見卷一改。

〔二二〕賜三縣及楊氏無出今年租賦　「三」原作「二」，據漢書卷六武帝紀及册府元龜卷四八九邦計部蠲復一改。

〔二三〕常過縵田畞一斛以上　「常」原作「當」，據元本、慎本、馮本、局本及漢書卷二四上食貨志上改。

〔二四〕謂不爲甽者　「爲」字原脱，據漢書卷二四上食貨志上顔師古注補。

〔二五〕用力少而得穀多　「力」字原脱，據馮本、局本及漢書卷二四上食貨志上補。

〔二六〕元鳳六年　「六」原作「二」，據漢書卷七昭帝紀及册府元龜卷四八七邦計部賦税一改。

〔二七〕皆不得賣買　「賣買」二字原倒，據漢書卷二四上食貨志上乙正。

〔二八〕下詔諸食王田及私屬皆得賣買　「買」字原脱，據漢書卷二四上食貨志上補。

〔二九〕然豪强富人占田逾侈　「富」字原脱，據前漢紀卷八文帝紀補。

〔三〇〕不若周之民以其全力而供其上之税也　下「其」字原脱，據嘉祐集卷五田制補。

〔三一〕今雖使富民皆奉其田而歸諸公　「皆」字原脱，據嘉祐集卷五田制補。

〔三二〕溝洫之制　「溝洫」二字原脱，據嘉祐集卷五田制補。

〔三三〕而置官師　「師」原作「帥」，據元本、慎本、馮本及葉適集水心别集卷二民事下改。

〔三四〕借貸於富人　「借」原作「偕」，據元本、慎本、馮本、局本及葉適集水心别集卷二民事下改。

〔三五〕秦於其所當予者取之所當取者予之　「予者取之所當」六字原脱，據慎本、馮本及本書馬端臨自序補。

# 卷二　田賦考二

## 歷代田賦之制

王莽末，天下旱蝗，黄金一斤易粟一斛。至光武建武二年，野穀旅生，麻菽尤盛，野蠶成繭，被於山阜，人收其利。至五年，野穀漸少，田畝益廣焉。

建武六年十二月，詔曰：「頃者師旅未解，用度不足，故行什一之税。今軍士屯田，糧儲差積，其令郡國收見田租，三十而税一，如舊制。」

建武十五年，詔州郡檢覆墾田。

帝以天下墾田多不以實自占，又户口年紀互相增減，乃下詔州郡檢覆。於是刺史、太守多爲詐巧，苟以度田爲名，聚民田中，并度廬屋里落，民遮道啼呼，或優饒豪右，侵刻羸弱。時諸郡各遣使奏事，帝見陳留吏牘上有書，視之云：「潁川、弘農可問，河南、南陽不可問。」帝詰吏由趣，吏不肯伏，抵言於長壽街得之。帝怒。時東海公陽年十二，侍側，曰：「吏受郡敕，當欲以墾田相方耳。河南帝城多近臣，南陽帝鄉多近親，田宅踰制，不可爲準。」帝令虎賁將詰問吏，吏乃首服。十六年，河南尹張伋及諸郡守十餘人皆坐度田不實〔一〕，下獄死。

章帝建初三年，詔度田爲三品。

秦彭爲山陽太守，興起稻田數千頃，每於農月親度頃畝，分别肥瘠，差爲三品，各立文簿，藏之鄉縣。於是姦吏跼蹐，無所容詐。乃上言：宜令天下齊同其制。詔書以其所立條式頒令三府，並下州縣。

詔以布帛爲租。

時穀貴，縣官給用不足。尚書張林上言：「穀所以貴，由錢賤故也。可盡封錢，一取布帛爲租，以通天下之用。」從之。

和帝元興元年〔二〕，墾田七百三十二萬一百七十頃八十畝百四十步。

安帝延光四年，墾田六百九十四萬二千八百九十二頃三十三畝八十五步〔三〕。

元初元年〔四〕，詔除三輔三歲田租、更賦、口算。

順帝建康元年，墾田六百八十九萬六千二百七十一頃五十六畝一百九十四步。據建康元年户九百九十四萬六千九百九十，每户合得田七十畝有奇。

冲帝永嘉元年，墾田六百九十五萬七千六百七十六頃二十畝百有八步。

質帝本初元年，墾田六百九十三萬一百二十三頃三十八畝。

桓帝延熹八年，初令郡國有田者，畝斂税錢〔五〕。畝十錢也。

按：章帝時，以穀貴，乃封錢以布帛爲租，則錢帛蓋嘗迭用矣。此所謂畝斂税錢，乃出於常賦三十取一之外，今所謂稅錢始此。

靈帝中平二年，稅天下田，畝十錢，又名修宮錢。

帝欲鑄銅人，而國用不足，乃詔調民田，畝稅十錢。陸康上疏曰：「哀公增賦而孔子非之，豈有取奪民物以營無用之銅人，捐捨聖戒，自蹈亡國之法哉！」

仲長統昌言曰：「今欲張太平之紀綱，立至化之基址，齊民財之豐寡，正風俗之奢儉，非井田實莫由也。今當限夫田以斷兼并，去末作以一本業。通肥饒之率，計稼穡之入。令畝收三斛，斛取一斗，未爲甚多。一歲之間則有數年之儲，雖興非法之役，恣奢侈之欲，廣愛幸之賜，猶未能盡也。不循古法，規爲輕稅，及至一方有警，一面被災，未逮三年，校計蹇短，坐視戰士之蔬食，立望餓殍之滿道，如之何爲君行此政也！二十稅一，名之曰貊，況三十稅一乎！夫薄吏祿以豐軍用，緣於秦征諸侯，續以四夷，漢承其業，遂不改更，危國亂家，此之由也。今田無常主，民無常居，吏食日稟，班祿未定，可爲法制，畫一定科，租稅什一，更賦如舊。今者，土廣人稀，中地未墾；雖然，猶當限以大家，勿令過制。其地有草者，盡曰官田，力堪農事，乃聽受之。若聽其自取，後必爲姦也。」

崔寔政論曰：「昔聖人分口耕耦，地各相副。今青、徐、兗、冀，人稠土狹，不足相供。而三輔左右及凉、幽州，內附近郡，皆土曠人稀，厥田宜稼，悉不墾發。今宜遵故事，徙貧人不能自業者於寬地，此亦開草闢土，振人之術也。」

魏武初平袁氏，以定鄴都，令收田租畝粟四升，戶絹二疋而綿二斤，餘皆不得擅興，藏強賦弱。

吴孫權黄武五年，陸遜以所在少穀，表令諸將增廣農畝。權報曰：「甚善。今孤父子親自受田，車中八牛以爲四耦，雖未及古人，亦欲與衆均等其勞也。」

晉武帝平吴之後，置户調之式：丁男之户，歲輸絹三疋，綿三斤，女及次丁男爲户者半輸。其諸邊郡或三分之二，遠者三分之一。夷人輸賨。在公反。布，户一疋，遠者或一丈。男子一人占地七十畝，女子三十畝，其外丁男課田五十畝，丁女二十畝，次丁男半之，女則不課。男女年十六以上至六十爲正丁，十五以下至十三、六十一以上至六十五爲次丁，十二以下、六十六以上爲老小，不事。遠夷不課田者輸義米，户三斛，遠者五斗，極遠者輸算錢，人二十八文。又限王公田宅及品官占田。見職田門。

按：兩漢之制，三十而稅一者，田賦也；二十始傅，人出一算者，户口之賦也。今晉法如此，則似合二賦而爲一。然男子一人占田七十畝，丁男課田五十畝，則無無田之户矣，此户調所以可行歟！

元帝爲晉王，課督農功，詔二千石長吏以入穀多少爲殿最。其非宿衛要任，皆宜赴農，使軍各自佃作，即以爲廩。

太興元年，詔曰：「徐、揚二州土宜三麥，可督令熯地，投秋下種。至夏而熟，繼新故之交，相以周濟，所益甚大。」後軍將軍應詹表曰：「一夫不耕，天下必有受其饑者。而軍興已來，征戰運漕，朝廷、宗廟、百官用度，既已殷廣，下及工商、流寓、童僕不親農桑而游食者，以十萬計。不思開立美利，而望國足人給，豈不難哉！間者流人奔東吴，東吴今儉，皆已還反。江西良田曠廢未久，火耕水耨，爲功差易。

宜簡流人，興復農官，功勞報賞，皆如魏氏故事。一年中與百姓，二年分税，三年計賦税，以使之公私兼濟，則倉盈庾溢，可計日而待也。」

成帝咸和五年，始度百姓田，取十分之一，率畝税米三升。是後頻年水旱，田税不至。咸康初，算田税米，空懸五十餘萬斛，尚書諸曹以下免官。

哀帝即位，乃減田租，畝收二升。

孝武帝太元二年，除度定田收租之制，王公以下口税三斛，唯蠲在身之役。八年，又增税米，口五石。

按：晉制，子男一人授田七十畝，以畝收三升計之，當口税二斛一斗；以畝收二升計之，當口税一斛四斗。今除度定田收租之制，而口税二斛增至五石，則賦頗重矣，豈所謂公王以下云者，又非泛泛授田之百姓歟？當考。

前燕慕容皝以牧牛給貧家，田於苑中，公收其八，二分入私。有牛而無地者，亦田苑中，公收其七，三分入私。記室封裕諫曰：「魏晉雖道消之世，猶削百姓不至於七八。持官牛田者，官得六分，百姓得四分，私牛而官田者，與官中分。臣猶曰非明王之道，而況增乎！」

蜀李雄賦丁歲穀三斛，女丁半之，調絹不過數丈，綿數兩，事少役稀，百姓富實。

宋文帝元嘉中，始興太守徐豁上言：「武吏年滿十六，課米六十斛。」事見丁口門。

宋孝武帝大明初，山陰縣人多田少，孔靈符表請徙無貲之家於餘姚、鄮、莫侯反。鄞三縣，墾起湖田。

帝令公卿博議，咸曰：「夫訓農修政，有國所同。土著之人，習翫日久，如京師無田，不聞徙居他縣。山陰豪族富室，頃畝不少，貧者肆力，非爲無處。又緣湖居人，魚鴨爲業，小人習始既難，勸之未易。遠廢之疇，方翦荆棘，率課窮乏，其事彌難。」帝違衆議，徙人並成良業。

齊高帝初，竟陵王子良上表言：「宋武帝時，遣臺使督郡縣，或尺布之逋，曲以當疋；百錢餘税，且增爲千。故下實作尚方〔六〕，寄繫東冶。百姓駭迫，不堪其命。恣意贓賄，無人敢言。貧薄禮輕〔七〕，即生謗讟。愚謂凡諸檢課，宜停遣使，明下符旨，審定期限，如有違越，隨事糾坐，則政有恒典，人無怨咨。」

子良又啟曰：「今所在穀價雖和，室家饑嗛苦簟反。縑纊雖賤，駢門躶質。而守宰務在裒刻，圍桑品屋，以准貲課。致令斬樹發瓦，以充重賦，破人財産〔八〕，要利一時。東郡使人，年無常限，郡縣相承，准令上直。每至州臺使命，切求縣急，乃有畏失嚴期，自殘軀命，亦有斬絶手足，以避徭役。守令不務先富人，而唯言益國，豈有人貧於下而國富於上邪？又泉鑄歲遠，類多翦鑿，江東大錢，十不一在。公家所受，必須輪郭完全〔九〕。遂買本一千，加子七百，尤求請無地。且錢布相半，爲制永久，或聞長宰須令輸錢，進違舊科，退容姦利，欲人康泰，其可得乎！」又啟曰：「諸賦税所應納錢，不限小大，但令所在兼折布帛，若雜物是軍國所須者，聽隨價准直，不必盡令送錢。於公不虧其用，在私實荷其渥。昔晉氏初遷，江左草創，絹布所直，十倍於今，賦調多少，因時增減。永初中，官布一疋，直錢一千，而人所輸，聽爲九百。漸及元嘉，物價轉賤，私貨則疋直六百，官受則疋准五百。所以每欲優人，必爲降落。今入官好布，疋下百餘，其四人所送，尤依舊制。昔爲刻上，今爲刻下，甿庶空儉，豈不由之。救人拯弊，莫過減賦。略其目前小利，取其長久大益，無患人貲不殷，國用不阜也。」

自東晉寓居江左，百姓南奔者，並謂之「僑人」，往往散居，無有土著。而江南之俗，火耕水耨，土地卑濕，無有蓄積之貲。諸蠻陬俚洞，霑沐王化者，各隨輕重收財物，以裨國用。又嶺外酋帥，因生口、翡翠、明珠、犀象之饒，雄於鄉曲者，朝廷多因而署之，以收其利〔一〇〕。歷宋、齊、梁、陳，皆因而不改。其軍國所須雜物，隨土所出，臨時折課市取，乃無恒法定令。列州郡縣，制其任土所出，以爲徵賦。其無貫之人，不樂州縣編者，爲浮浪人，樂輸亦無定數任量，唯所輸終優於正課焉。都下人多爲諸王公貴人左右、佃客、典計、衣食客之類，皆無課役。見品官占户門。

後魏明元帝永興中〔一一〕，頻有水旱。神瑞二年，又不熟，於是分簡尤貧者就食山東。敕有司勸課田農。自是人皆力勤，歲數豐穰，畜牧滋息。

景穆帝初爲太子監國〔一二〕，曾令有司課畿内之人，使無牛家以人牛力相貿，墾植鋤耨。其有牛家與無牛家一人種田二十畝，償以耘鋤功七畝〔一三〕，如是爲差。至與老少無牛家種田七畝，老少者償以鋤功二畝。皆以五口下貧家爲率。各列家别口數、所種頃畝，明立簿目。所種於地首標題姓名，以辨播殖之功。

魏令：每調，一夫一婦帛一疋，粟一石。人年十五以上未娶者〔一四〕，四人出一夫一婦之調；奴任耕、婢任績者，八口當未娶者四；耕牛二十頭當奴婢八〔一五〕。其麻布之鄉，一夫一婦布一疋，下至牛〔一六〕，以此爲降。大率十疋中五疋爲公調，二疋爲調外費，三疋爲内外百官俸。

孝文延興三年〔一七〕，詔州郡人十丁取一以充行，户收租五十石，以備軍糧〔一八〕。太和八年，始准古班百官之禄，以品第各有差。先是，天下户以九品混通，户調帛二疋、絮二斤、絲一斤〔一九〕、粟二十石。又人帛一疋二丈，委之州庫，以供調外之費。至是，户增帛三疋、粟二石九斗，以爲官司之禄。復增調外帛滿二疋，所調各隨其土所出。其司、冀、雍、華、定、相、蔡〔二〇〕、洛、荆河〔二一〕、懷、兖、陜、徐、青、齊、濟、南河〔二二〕、東兖〔二三〕、東徐等州，貢綿絹及絲，其餘郡縣少桑蠶處，以麻布充。

孝明帝時，張普惠上疏曰〔二四〕：「伏聞尚書奏復綠麻之調，遵先皇之令軌，復高祖之舊典。仰惟高祖廢大斗，去長尺，改重秤，所以愛百姓，從薄賦。知軍國須綿麻之用〔二五〕，故立幅度之規，億兆荷輕賦之饒，不但於綿麻而已，故歌舞以供其賦，奔走以役其勤，天子信於上，億兆樂於下。自兹以降，漸漸長闊，百姓怨嗟，聞於朝野。宰輔不尋其本，知天下之怨綿麻，不察其幅廣、度長、秤重、斗大，革其所弊，存其可存，而特放綿麻之調，以悦天下之心。此所謂悦之不以道，愚臣所以未悦者也。尚書既知國少綿麻，不惟法度之翻易，人言之可畏，便欲去天下之大信，棄已行之成詔，遵前之非，遂後之失，奏求還復綿麻，以充國用。不思庫中大有綿麻，而群官共竊利之〔二六〕。臣以爲於理未盡。何者？今官人請調度，造衣物，必量度，絹布疋有丈尺之盈，猶不計其廣〔二七〕，綠綿斤兩兼百銖之賸，未聞依律罪州郡者。若一疋之濫，一斤之惡，則鞭户主，連及三長，此所謂教人以貪也。今百官請俸，祇樂其長闊，并欲厚重，無復准極。得長闊厚重者，便云其州能調，絹布精闊且長，横發美稱，以亂視聽，此百司所以仰負聖明者也。今若必復綿麻，謂宜先令四海知其所由，明立嚴禁，復本幅度，新綿麻之典，依太和之稅。其在庫絹布并及絲綿不依典制者，請遣一尚書與太府卿、左右藏令，依今官度、官秤，計其斤兩廣長，折給請俸之人。總常俸之數〔二八〕，年俸所出，以布綿麻〔二九〕，亦應周其一歲之用。使天下知二聖之心，愛人惜法如此，則高祖之軌中興於神龜〔三〇〕，明明慈信昭布於無窮，孰不幸甚。」正光後，國用不足，乃先折天下六年租調而徵之，百姓怨苦。

孝文太和元年，詔曰：「去年牛疫，死傷大半〔三一〕，今東作既興，人須肆業。有牛者加勤於常歲，無牛者倍傭於餘年。一夫治田四十畝，中男二十畝。無令人有餘力，地有遺利。」

時李安世上疏曰：「臣聞量地畫野〔三二〕，經國大式，邑地相參，致治之本。井稅之興，其來日久，田萊之數，制之以限。蓋欲使土不曠功，人罔遊力。雄擅之家，不獨膏腴之美；單陋之夫，亦有頃畝之分。竊見州縣之人，或因年儉流移，棄賣田地，漂居異鄉，事涉數代。三長既立，始返舊墟，廬井荒涼，桑榆改植。事已歷遠，易生假冒，强宗豪族，肆其侵凌，遠認魏晉之家，近引親舊之驗。年載稍久，鄉老所惑，群證雖多，莫可取據。各附親知，互有長短，兩證徒具，聽者猶疑，爭訟遷延，連紀不判。良疇委而不開，柔桑枯而不採，欲令家豐歲儲，人給資用，其可得乎！愚謂今雖桑井難復，宜各均量，審其經術，令分藝有准，力業相稱。細人獲資生之利，豪右靡餘地之盈。無私之澤，乃播均於兆庶，如阜如山，可有積於比户矣。又所爭之田，宜限年斷，事久難明，悉屬今主。然後虛詐之人，絶於覬覦，守分之士，免於凌奪。」帝深納之，均田之制始於此矣。九年，下詔均給天下人田：諸男夫十五以上，受露田四十畝，不栽樹者謂之露田。婦人二十畝，奴婢依良。丁牛一頭受田三十畝，限止四牛。所授之田率倍之，三易之田再倍之〔三三〕，以供耕休及還受之盈縮。人年及課則受田，老免及身没則還田，奴婢、牛隨有無以還受。諸桑田不在還受之限，但通入倍田分〔三四〕。於分雖盈，没則還田〔三五〕，不得以充露田之數，不足者以露田充倍。諸初受田者，男夫一人給田二十畝，課蒔餘，種桑五十樹，棗五株，榆三根。非桑之土，夫給一畝，依法課蒔榆、棗，奴各依良。限三年種畢，不畢，奪其不畢之地。於桑、榆地分雜蒔餘果及多種桑、榆者不禁〔三六〕。諸應還之田，不得種桑榆棗果，種者以違令論，地入還分。諸桑田皆爲代業，身終不還，恒從見口。有盈者無受無還，不足者受種如法。盈者得賣其盈，不足者得買所不足。不得賣其分，亦不得買過所足。諸麻布之土，男夫及課，别給麻田十畝，婦人五畝，奴婢依良，皆從還受之法。諸有舉户老小殘疾無受田者，年十一已上及疾者，各受以半夫田。年逾七十者不還所受。寡婦守制者，雖免課亦授婦田。諸還受人田，恒以正月。若始受田而身亡，及賣買奴婢、牛者，皆至明年正月乃得還受。諸土廣人稀之處，隨力所及，官借人種蒔。後有來居者，依法封授。諸地狹之處，有進丁受田而不樂遷者，則以其家桑田爲正田分，又不足不給倍田，又不足家内人别減分。無桑之鄉，准此爲法。樂遷者聽逐空荒，不限異州他郡，唯不聽避勞就逸。其地足之處，不得無故而移。諸人有新居者，三口給地一畝，以爲居室，奴婢五口給一畝。男女十五以上，因其地分，口課種菜五分畝之一。諸一人之分，正從正，倍從倍，不得隔越他畔。進丁受田者，恒從所近。若同時俱受，先貧後富。再倍之田〔三七〕，放此爲法。諸遠流配謫、無子孫及户絶者，墟宅、桑榆盡爲公田，以供授受。授受之次，給其所親，未給之間，亦借其所親。諸宰人之官，各隨近給公田〔三八〕：刺史十五頃，太守十頃，治中、別駕各八頃，縣令、郡丞六頃。更代相付。賣者坐如律。

按：夾漈鄭氏言：「井田廢七百年，至後魏孝文始納李安世之言，行均田之法。然晉武帝時，男子一人占田七十畝，女子三十畝，丁男課田五十畝，丁女二十畝，次丁男半之，女則不課，則亦非始於後魏也。但史不書其還受之法，無由考其詳耳。或謂井田之廢已久，驟行均田，奪有餘以予不足，必致煩擾，以興怨讟，不知後魏何以能行。然觀其立法，所受者露田，諸桑田不在還受之限。意桑田必是人户世業，是以栽植桑榆其上，而露田不栽樹，則似所種者皆荒閑無主之田。又諸遠流配謫、無子孫及户絶者〔三九〕，墟宅、桑榆盡爲公田，以供授受，則固非盡奪富者之田以予貧人也。又令有盈者無受不還，不足者受種如法；盈者得賣其盈，不足者得買所不足；不得賣其分，亦不得買過所足。是令其從便買賣，以合均給之數，則又非强奪之以爲公田，而授無田之人，與王莽所行異矣，此所以稍久而無弊歟！」

孝明孝昌二年冬，税京師田租畝五升，借賃公田者畝一斗。

莊帝即位〔四〇〕，因人貧富，爲租輸三等九品之制，千里内納粟，千里外納米，上三品户入京師，中三品入他州要倉，下三品入本州。

静帝天平初，諸州調絹不依舊式。興和三年，各班海内，悉以四十尺爲度，天下利焉。元象、興和之中，頻歲大穰，穀斛至九錢。法網寬弛，百姓多離舊居，闕於徭賦矣。

齊神武秉政，乃命孫騰、高崇之分責無籍之户〔四一〕，得六十餘萬，於是僑居者各勒還本屬〔四二〕，是後租調之入有加焉。及侯景背叛，河南之地困於兵革。尋而景亂梁，乃命行臺辛術略有淮南之地。其新附州縣，羈縻輕稅而已。

北齊給授田令，仍依魏朝。每年十月普令轉授，成丁而授，老而退，不聽賣易。

文宣天保八年，議徙冀、定、瀛無田之人，謂之樂遷，於幽州寬鄉以處之。始立九等之户，富者稅其錢，貧者役其力。

文宣以修創臺殿〔四三〕，所役甚廣，并兼户口，益多隱漏。舊制，未娶者輸半牀租調。有妻者輸一牀，無者輸半牀。陽翟一郡，户至數萬，籍多無妻。有司劾之，帝以爲生事，不許。由是姦欺尤甚，户口租調，十亡六七。

河清三年詔：每歲春月，各依鄉土早晚〔四四〕，課人農桑。自春及秋，男子十五以上，皆布田畝〔四五〕。蠶桑之月，婦女十五以上，皆營蠶桑。孟冬，刺史聽審教之優劣，定殿最之科品。人有人力無牛，或有牛無人力者，須令相便，皆得納種。使地無遺利，人無游手。又令男子率以十八受田，輸租調，二十充兵，六十免力役，六十六退田，免租調。京城四面諸方之外，三十里内爲公田。受公田者，三縣代遷户執事官一品以下，逮於羽林虎賁，各有差。其外畿郡，華人官第一品以下，羽林虎賁以上，各有差。執事及百姓請墾田者，名爲永業。奴婢受田者，親王止三百人，嗣王二百人，第二品嗣王以下及庶姓王百五十人，正三品以上及皇宗百人，七品以上八十人，八品以下至庶人六十人〔四六〕。奴婢限外不給田者，皆不輸。其方百里外及州人，一夫受露田八十畝，婦人四十畝，奴婢依良人，限數與在京百官同〔四七〕。丁牛一頭受田六十畝，限止四牛。每丁給永業二十畝，爲桑田。其田中種桑五十根，榆三根，棗五根，不在還受之限。非此田者，悉入還受之分〔四八〕。土不宜桑者，給麻田，如桑田法。奴婢各准良人之半。

時定令：率人一牀，調絹一疋，綿八兩，凡十斤綿中折一斤作絲，墾租二石，義租五斗。奴婢各准良人之半。牛調二尺〔四九〕，墾租一斗，義米五升。墾租送臺，義租納郡，以備水旱。墾租皆依貧富爲三梟。其賦税常調，則少者直出上户，中者及中户，多者及下户。上梟輸遠處，中梟輸次遠，下梟輸當州倉。三年一校〔五〇〕。租入臺者，五百里内輸粟，五百里外輸米。入州鎮者輸粟。人欲輸錢者，准上絹收錢。武平之後，權幸賜予無限，乃料境内六等富人，調令出錢。

後周文帝霸政之初，創置六官。司均掌田里之政令。凡人口十以上宅五畝，口七以上宅四畝，口五以上宅三畝。有室者田百四十畝，丁者田百畝。

周制：司賦掌賦均之政令。凡人自十八至六十四，與輕疾者，皆賦之。有室者，歲不過絹一疋，綿八兩，粟五斛；丁者半之。其非桑土，有室者，布一疋，麻十斤；丁者又半之。豐年則全賦，中年半之，下年一之，皆以時徵焉。若艱凶札，則不徵其賦。

隋文帝令，自諸王以下至都督，皆給永業田，各有差。其丁男、中男永業露田，皆遵後齊之制。並課樹以桑榆及棗。其田宅率三口給一畝，京官又給職分田。詳見職田門。

開皇九年，任墾田千九百四十萬四千二百六十七頃。開皇中，户總八百九十萬七千五百三十六。按定墾之數，每户合墾田二頃餘也。開皇十二年，文帝以天下户口歲增，京輔及三河地少而人衆，衣食不給，議者咸欲徙就寬鄉。帝乃發使四出，均天下之田。其狹鄉，每丁纔至二十畝，老少又少焉。至大業中，天下墾田五千五百八十五萬四千四十頃。按其時有戶八百九十萬七千五百三十六〔五一〕，則每戶合得墾田五頃餘，恐本史之非實。

水心葉氏曰：「齊自河清始有受田之制，其君驕麤甚矣，然尚如此；周亦有司均掌田里之政，以其時田皆在官故也。今田不在官久矣，往事無復論，然遂以爲皆不當在官，必以其民自買者爲正，雖官偶有者亦效民賣之，此又偏也。」

淳熙間，有賣官田之令，故水心云然。

隋文帝依周制，役丁爲十二番，匠則六番。丁男一牀，租粟三石。桑土調以絹絁，麻土調以布。絹絁以疋，加綿三兩；布以端，加麻三斤。單丁及僕隸各半之。有品爵及孝子、順孫、義夫、節婦，並免課役。開皇三年，減十二番每歲爲二十日役〔五二〕，減調絹一疋爲二丈。

初，蘇威父綽在西魏，世以國用不足，爲征稅之法，頗稱爲重。既而嘆曰：「今所爲正如張弓，非平世也。後之君子，誰能弛乎！」威聞其言，每以爲己任。至是，威爲納言，奏減賦役，務從輕典，帝悉從之。

開皇九年，帝以江表初平，給復十年，自餘諸州並免當年租賦。

十年五月，以宇內無事，益寬徭賦，百姓年五十者，輸庸停役〔五三〕。通鑑作「免役收庸」。

十二年，詔河北、河東今年田租，三分減一，兵減半，功調全免。

煬帝即位，戶口益多，府庫盈溢，乃除婦人及奴婢、部曲之課。其後將事遼、碣，增置軍府，掃地爲兵，租賦之入益減，征伐巡幸，無時休息，天下怨叛，以至於亡。

唐武德二年制：每丁租二石，絹二疋，綿三兩，自茲之外，不得横有調斂。

武德六年，令天下户量其貲産，定爲三等。至九年，詔天下户三等，未盡升降，宜爲九等。餘見鄉役門。

七年，始定均田賦税。凡天下丁男十八以上者給田一頃，篤疾、廢疾給田四十畝〔五四〕，寡妻、妾三十畝，若爲户者加二十畝，皆以二十畝爲永業，其餘爲口分。永業之田，樹以榆、桑、棗及所宜之木。田多可以足其人者爲寬鄉，少者爲狹鄉，狹鄉授田減寬鄉之半，其地有薄厚，歲一易者倍授之，寬鄉三易者不倍授。工商者，寬鄉減半，狹鄉不給。凡庶人徙鄉及貧無以葬者，得賣世業田。自狹鄉而徙寬鄉者，得并賣口分田，已賣者不復授。死者收之，以授無田者。凡收授皆以歲十月，授田先貧及有課役者。凡田，鄉有餘以給比鄉，縣有餘以給比縣，州有餘以給比州。凡授田者，丁歲輸粟二石謂之租。丁隨鄉所出，歲輸絹綾絁各二丈，布加五之一；輸綾絹絁者，兼調綿三兩〔五五〕，輸布者，麻三斤，謂之調。用人之力，歲二十日，閏加二日，不役者日爲絹三尺，謂之庸。有事而加役二十五日者免調，三十日租、調皆免，通正役並不過五十日。免課役及課户見復除門。若嶺南諸州則税米，上户一石二斗，次户八斗，下户六斗。夷獠之户皆從半輸。蕃人内附者，上户丁税錢十文，次户五文，下户免之。附經二年者，上户丁輸羊二口，次户一口，下户三户共一口。凡水旱蟲蝗爲災，十分損四分以上免租，損六以上免租調，損七以上課役俱免。

右此租、庸、調徵科之數，依杜佑通典及王溥唐會要所載。陸宣公奏議及資治通鑑所言，皆同新唐書食貨志，以爲每丁輸粟二斛，稻三斛。調則歲輸絹二疋，綾絁各二丈，布加五之一，綿三兩，麻三斤。非蠶鄉則輸銀十四兩。疑太重，今不取。

諸買地者，不得過本制〔五六〕，雖居狹鄉，亦聽依寬制，其賣者不得更請。凡賣買，皆須經官，年終彼此除附。若無文牒輒賣買，財没不追，地還本主。諸工商，永業、口分田各減半給之，在狹鄉者並不給。因王事落外蕃不還，有親屬同居，其身分之地，六年乃追，還日仍給。身死王事者，子孫雖未成丁，勿追身分田。戰傷廢疾，不追減，終身。諸田不得貼賃及質。若從遠役外任，無人守業者，聽貼賃及質。官人永業田〔五七〕、賜田，欲賣及貼賃者，不在禁限。諸給口分田，務從便近，不得隔越。若州縣改易，及他境犬牙相接者，聽依舊受。其城居之人，本縣無田，聽隔縣受。

通典曰：「雖有此制，開元、天寶以來，法令弛壞，并兼之弊，有踰漢成哀之間。」

致堂胡氏曰：「古者制民之産，是度其丁户之衆寡而授之田也。無世而無在官之田，不特唐初也，係上之人肯給與不肯給耳。苟有制民常産抑富恤貧之意，則必括民之無田者而給之田，其富而逾制者，必有限之之法，收之之漸也。若無此意，則以民之犯法而没田爲公家之利，與百姓爲市而貿之，甚則以爲價不售而復奪之，又甚則强其親屬鄰里高價而買之，而民之貧、之富、之利、之病皆不概於心，惟鬻田得直、重斂得税斯已矣。自後魏、齊、周以來，莫如唐之租庸調法最善，然不能百年，爲苟簡者所變，可勝惜哉！食禄之家毋得與民争利，此以廉耻待士大夫之美政也。古之時，用人稱其官，則久而不徙，或終其身及其子孫，禄有常賜，故仕則不稼，有馬乘則不察鷄豚，家伐冰則不畜牛羊，當是時而與民爭利，斯可責矣。後世用人不慎，升黜無常，朝饗太倉，暮而家食。苟非固窮之君子甘於菽水，彼仰有事，俯有育，若不經營生理，又何以能存？盧懷慎爲丞相，及其死也〔五八〕，惟有一奴，自鬻以辦喪事，况其餘哉！以理論之，凡士而既仕者，即當視其品而給之田；進而任使，則有禄以酬其品；置而不用，則有田以資其生。惟大譴大呵，不在原宥之例，然後收其田里。如此，則不得與民爭利之法可行，而廉耻之風益勸矣。」

水心葉氏曰：「自古天下之田無不在官，民未嘗得私有之。但强者力多，却能兼并衆人之利以爲富，弱者無力，不能自耕其所有之田，以至轉徙流蕩。故先王之政，設田官以授天下之田，貧富强弱無以相過，使各有其田得以自耕，故天下無甚貧甚富之民。至成周時，其法極備，雖周禮地官所載，其間不能無牽合抵捂處，要其大略亦可見。周公治周，授田之制，先治天下之田以爲井，井爲疆界，歲歲用人力修治之，溝洫畎澮皆有定數。疆界既定，人無緣得占田。其間田有弱者、游手者不耕，却無强民貪并之害。後來井田不修，隄防浸失，毁壞絶滅。至商鞅用秦，已不復有井田之舊，於是開阡陌。漢志曰：「東西曰阡，南北曰陌。」阡陌既開，天下之田却簡直易見，看耕得多少，惟恐人無力以耕之。故秦、漢之際有豪强兼并之患，富者田連阡陌，而貧者無立錐之地。雖然如此，猶不明説在民，但官不得治，故民得自侵占，而貧者插手不得，不得不去而爲游手，轉而爲末業。終漢之世，以文景之恭儉愛民，武帝之修立法度，宣帝之勵精爲治，却不知其本不如此，但能下勸農之詔，輕減田租，以來天下之民。如董仲舒、師丹雖建議欲限天下之田，其制度又却與三代不合。當時但問墾田幾畝，全不知是誰田，又不知天下之民皆可以得田而耕之。光武中興，亦只是問天下度田多少，當時以度田不實，長吏坐死者無數。至於漢亡，三國並立，民既死於兵革之餘，未至繁息，天下皆爲曠土，未及富盛，而天下大亂。雖當時天下之田既不在官，然亦終不在民。以爲在官，則官無人收管；以爲在民，則又無簿籍契券，但隨其力之所能至而耕之。元魏稍立田制，至於北齊、後周皆相承授民田，其初亦未嘗無法度，但末年推行不到頭，其法度亦是空立。唐興，只因元魏、北齊制度而損益之，其度田之法，闊一步、長二百四十步爲畝，百畝爲頃，一夫受田一頃。周制乃是百步爲畝，唐却是二倍有餘，此一項制度與成周不合。八十畝爲口分，二十畝爲世業。是一家之田，口分須據下來人數占田多少。周制八家皆私百畝，唐制若子弟多，則占田愈多，此又一項與成周不合。所謂田多可以足其人者爲寬鄉，少者爲狹鄉，狹鄉之田減寬鄉之半，其地有厚薄〔五九〕，歲一易者倍授之，寬鄉三易者不倍授，工商者寬鄉減半，狹鄉不給，亦與周制不同。先王建國，只是有分土，孟子曰：「公、侯皆方百里，伯七十里，子、男五十里。」無分民，但付人以百里之地，任其自治。蓋治之有倫，則地雖不足，民有餘，孟子所謂「天下之農皆悦而願耕於王之野」者是也。苟不能治，或德不足以懷柔，民不心悦而至，則地雖多，而民反少。孟子載梁惠王所謂「寡人之民不加多」者是也。唐既止用守令爲治，則分田之時不當先論寬鄉狹鄉，當以土論，不當以人論。今却寬鄉自得多，狹鄉自得少，自狹鄉徙寬鄉者又得并賣口分、永業而去。成周之制，雖是授田與民，其間水旱之不時，凶荒之不常，上又賑貸救恤，使之可以相補助，而不至匱乏。若唐但知授田而已，而無補助之法，縱立義倉賑給之名，而既令自賣其田，便自無恤民之實矣。周之制最不容民遷徙，惟有罪則徙之。記王制：「命國之右鄉，簡不帥教者移之左；命國之左鄉，簡不帥教者移之右；不變，移之郊；不變，移之遂；不變，屏之遠方，終身不齒。」唐却容他自遷徙，并得自賣所分之田。方授田之初，其制已自不可久，又許之自賣，民始有契約文書，而得以私自賣易。故唐之比前世，其法雖爲粗立，然先王之法亦自此大壞矣。後世但知貞觀之法〔六○〕，執之以爲據，故公田始變爲私田，而田終不可改。蓋緣他立賣田之法，所以必至此。田制既壞，至於今，官私遂各自立境界，民有没入官者，則封固之，時或召賣，不容民自籍。所謂私田，官執其契券，以各征其直。要知田制所以壞，乃是唐世使民得自賣其田始。前世雖不立法，其田不在官，亦不在民。唐世雖有公田之名，而有私田之實。其後兵革既起，征斂煩重，遂雜取於民。遠近異法，内外異制。民得自有其田而公賣之，天下紛紛，遂相兼并，故不得不變而爲兩稅，要知其弊實出於此。」

水心言唐方使民得立券自賣其田，而田遂爲私田，此説恐亦未深考。如蕭何買民田自汙；貢禹有田一百五十畝，被召之日，賣其百畝以供車馬。則自漢以來，民得以自買賣田土矣。蓋自秦開阡陌之後，田即爲庶人所擅，然亦惟富者貴者可得之。富者有貲可以買田，貴者有力可以占田，而耕田之夫率屬役於富貴者也。王翦爲大將，請美田宅甚衆，又請善田者五人。可以見其時田雖在民，官未嘗有授田之法，而權貴之人亦可以勢取之，所謂善田則屬役者也。蘇秦曰：「使我洛陽有田二頃，安能復佩六國相印？」蓋秦既不能躬耕，又無貲可以買田，又無權勢可以得田，宜其貧困無賴也。

# 校勘記

〔一〕河南尹張伋及諸郡守十餘人皆坐度田不實　「皆」字原脱，據元本、慎本、馮本補。

〔二〕和帝元興元年　「元興」原作「永興」，據後漢書郡國志五注引應劭漢官儀、册府元龜卷四九五邦計部田制改。

〔三〕墾田六百九十四萬二千八百九十二頃三十三畝八十五步　「九十二頃」，册府元龜卷四九五邦計部田制作「九十頃」。「三十三畝」，後漢書郡國志五注引應劭漢官儀作「一十三畝」。

〔四〕元初元年　按漢安帝年號元初在延光之前，依本書文例，本條當在上條之前。

〔五〕畝斂稅錢　「斂稅」二字原倒，據後漢書卷七桓帝紀、册府元龜卷四八七邦計部賦稅一乙正，下同。

〔六〕故下貲作尚方　南齊書卷四〇竟陵文宣王子良傳作「或誑應貲作尚方」。

〔七〕貧薄禮輕　「貧」，元本、慎本、馮本作「貲」。南齊書卷四〇竟陵文宣王子良傳本句作「禮輕貨薄」。

〔八〕破人財產　「財」原作「販」，據南齊書卷四〇竟陵文宣王子良傳改。

〔九〕必須輪郭完全　「完全」二字原脱，據南齊書卷四〇竟陵文宣王子良傳補。

〔一〇〕以收其利　「以」字原脱，據隋書卷二四食貨志、通典卷五食貨典五補。

〔一一〕後魏明元帝永興中　「元」字原脱，按永興爲北魏明元帝年號，永興中頻年水旱，神瑞二年分簡尤貧者就食山東事，見魏書卷一一〇食貨志，據補。

〔一二〕景穆帝初爲太子監國　「景穆」原作「太武」，按太武帝未曾爲太子監國，爲太子監國者乃太武帝長子景穆帝拓拔晃，見魏書卷四下世祖紀下，據改。

〔一三〕償以耘鋤功七畝　「耘」原作「新」，據通典卷一食貨典一、册府元龜卷四九五邦計部田制改。

〔一四〕人年十五以上未娶者　「五」原作「三」，據馮本及魏書卷一一〇食貨志、册府元龜卷四八七邦計部賦税一改。

〔一五〕耕牛二十頭當奴婢八　「二」字原脱，據魏書卷一一〇食貨志、册府元龜卷四八七邦計部賦税一補。

〔一六〕下至牛　「牛」原作「半」，據魏書卷一一〇食貨志、册府元龜卷四八七邦計部賦税一改。

〔一七〕孝文延興三年　「三」原作「四」，據魏書卷七上高祖紀上、册府元龜卷四八七邦計部賦税一改。

〔一八〕以備軍糧　「軍」原作「年」，據魏書卷七上高祖紀上、册府元龜卷四八七邦計部賦税一改。

〔一九〕絲一斤　三字原脱，據魏書卷七上高祖紀上、魏書卷一一〇食貨志補。

〔二〇〕蔡　馮本作「秦」。魏書卷一一〇食貨志作「泰」。

〔二一〕荆河　指代豫州，通典避唐代宗諱改，本書沿用通典之文，未曾回改。

〔二二〕南河　指代南豫州，通典避唐代宗諱改，本書沿用通典之文，未曾回改。

〔二三〕東兖　二字原脱，據魏書卷一一〇食貨志補。

〔二四〕張普惠上疏曰　「惠」字原脱，據魏書卷七八張普惠傳、通典卷五食貨典五補。

〔二五〕知軍國須綿麻之用　「知」原作「和」，據元本、慎本及魏書卷七八張普惠傳、通典卷五食貨典五改。「須」原作「雖」，據魏書卷七八張普惠傳、通典卷五食貨典五改。

〔二六〕而群官共竊利之　「群」原作「郡」，據魏書卷七八張普惠傳、資治通鑑卷一四八梁紀四天監十七年四月丁酉條改。又同二書無「利」字。

〔二七〕猶不計其廣　「猶」原作「尤」，據魏書卷七八張普惠傳、通典卷五食貨典五改。

〔二八〕總常俸之數　「總」原作「均」，據魏書卷七八張普惠傳、通典卷五食貨典五改。
〔二九〕以布綿麻　「布」原作「市」，據魏書卷七八張普惠傳改。
〔三〇〕則高祖之軌中興於神龜　「軌」原作「執」，據魏書卷七八張普惠傳改。
〔三一〕死傷大半　「傷」字原脱，據魏書卷七上高祖紀上補。
〔三二〕臣聞量地畫野　「地」原作「人」，據魏書卷五三李安世傳、册府元龜卷四九五邦計部田制改。
〔三三〕三易之田再倍之　「三」原作「二」，據元本、慎本、馮本及魏書卷一一〇食貨志、册府元龜卷四九五邦計部田制改。
〔三四〕但通入倍田分　「入」原作「人」，「田分」二字原倒，據元本、慎本、馮本及魏書卷一一〇食貨志改乙。
〔三五〕没則還田　四字原脱，據魏書卷一一〇食貨志補。
〔三六〕依法課蒔榆棗奴各依良限三年種畢不畢奪其不畢之地於桑榆地分雜蒔餘果及多種桑榆者不禁　「榆棗奴各依良限三年種畢不畢奪其不畢之地於桑榆地分雜蒔」二十六字原脱，據魏書卷一一〇食貨志、册府元龜卷四九五邦計部田制補。
〔三七〕再倍之田　「再」下原衍「從」字，據魏書卷一一〇食貨志、册府元龜卷四九五邦計部田制删。
〔三八〕各隨近給公田　「近」原作「所」，據通典卷一九職官典一、册府元龜卷五〇五邦計部俸禄改。
〔三九〕又諸遠流配謫無子孫及户絶者　「又」原作「必」，據元本、慎本、馮本改。
〔四〇〕莊帝即位　按魏書卷一一〇食貨志記此下所叙納租之制乃顯祖獻文帝時事，通考誤繫於孝莊帝名下。
〔四一〕乃命孫騰高崇之分責無籍之户　高崇之即高隆之，通典避唐玄宗諱改，本書沿用通典之文，未曾回改。

〔四二〕於是僑居者各勒還本屬　「屬」字原脱，據隋書卷二四食貨志、册府元龜卷四八六邦計部户籍補。

〔四三〕文宣以修創臺殿　「文宣」原作「武成」，據北齊書卷四文宣帝紀、隋書卷二四食貨志改。

〔四四〕各依鄉土早晚　「早晚」原作「立税」，據隋書卷二四食貨志、册府元龜卷四九五邦計部田制改。

〔四五〕皆布田畝　「皆」下原衍「營蠶桑孟冬」五字，據隋書卷二四食貨志、册府元龜卷四九五邦計部田制删。

〔四六〕八品以下至庶人六十人　「下」原作「上」，據隋書卷二四食貨志、册府元龜卷四九五邦計部田制改。

〔四七〕限數與在京百官同　「與」下原衍「者」字，據隋書卷二四食貨志、册府元龜卷四九五邦計部田制删。

〔四八〕其田中種桑五十根榆三根棗五根不在還受之限非此田者悉入還受之分　「中種桑五十根榆三根棗五根不在還受之限非此田者悉」二十三字原脱，據隋書卷二四食貨志、册府元龜卷四九五邦計部田制補。

〔四九〕牛調二尺　「尺」原作「丈」，據隋書卷二四食貨志改。

〔五〇〕三年一校　「校」原作「授」，據隋書卷二四食貨志、册府元龜卷四八七邦計部賦税一改。

〔五一〕按其時有户八百九十萬七千五百三十六　「三」，隋書卷二九地理志上作「四」，册府元龜卷四九五邦計部田制作「二」。

〔五二〕減十二番每歲爲二十日役　「二十日役」原作「三十日役」，據隋書卷二四食貨志改。

〔五三〕輸庸停役　「役」，隋書卷二四食貨志作「防」。

〔五四〕篤疾廢疾給田四十畝　「四」字原脱，據元本、慎本、馮本及舊唐書卷四八食貨志上、新唐書卷五一食貨志一、唐會要卷八三租税上補。

〔五五〕輸綾絹絁者兼調綿三兩　「輸綾絹絁者兼調」七字原脱，「三」原作「二」，據舊唐書卷四八食貨志上、唐會要卷八三祖稅上補改。

〔五六〕不得過本制　「本」原作「半」，據通典卷二食貨典二、册府元龜卷四九五邦計部田制改。

〔五七〕官人永業田　「永」原作「守」，據通典卷二食貨典二、册府元龜卷四九五邦計部田制改。

〔五八〕及其死也　「及」字原脱，據讀史管見卷一七補。

〔五九〕其地有厚薄　「地」原作「他」，據上文武德七年均田令及新唐書卷五一食貨志一改。

〔六〇〕後世但知貞觀之法　「法」原作「治」，據元本、慎本、馮本改。

# 卷三　田賦考三

## 歷代田賦之制

玄宗開元八年〔一〕，頒庸調法於天下。

是時天下户未嘗升降，監察御史宇文融獻策，括籍外羨田、逃户，自占者給復五年，每丁税錢千五百。以攝御史分行括實。陽翟尉皇甫憬上書，言其不可。帝方任融，乃貶憬爲盈川尉。諸道所括得客户八十餘萬，田亦稱是。州縣希旨，張虚數，以正田爲羨，編户爲客，歲終籍錢數百萬緡。

沙隨程氏曰：「按唐令文，授田每年十月一日，里正預造簿，縣令總集應退應授之人，對共給授。謂如里正管百丁，田萬畝。立法之意，欲百家仰事俯育，不致困乏耳。因制租、調以禄君子，而養民之意爲多。律文脱户者有禁，漏口者有禁，浮浪者有禁，占田違限者有禁，官司應授田而不授、應課農桑而不課者有禁，但使後世謹守高祖、太宗之法，其爲治豈易量哉！中間法度廢弛，凡史臣所記時弊，皆州縣不舉行法度耳。時天下有户八百萬，而浮客乃至八十萬，此融之論所以立也。使融檢括剩田以授客户，責成守令不收限外之賦，雖古之賢臣何以加諸？雖有不善，其振業小民，審修舊法，所得多矣。故杜佑作理道要訣，稱融之功。當是時，姚崇、宋璟、張九齡輩皆在，豈雷同默默者邪！故唐人後亦思之。然陸贄稱租調法曰：『不校閱而衆寡可知，是故一丁之授田，決不可令輸兩丁之賦。非若兩税，鄉司能開闔走弄於其間也。』史臣曰：『州縣希融旨，空張其數，務多其獲。』蓋與陸贄之説背馳，豈史臣未稽其實邪？」

開元十六年，詔每三歲以九等定籍。

先是，揚州租、調以錢，嶺南以米，安南以絲，益州以羅、紬、綾、絹供春綵。因詔江南以布代租，凡庸、調、租、資課，皆任土所宜，以江、淮轉輸有河、洛之艱。而關中蠶桑少，菽麥常賤，乃命庸、調、資課皆以米，凶年樂輸布絹者從之。河南、北不通運州，租皆以絹，代關中調、課〔二〕，詔度支減轉運。

天寶五載，詔貧不能自濟者，每鄉免三十丁租、庸。

天寶中，應受田一千四百三十萬三千八百六十二頃十三畝。

按：十四年有户八百九十萬餘，計定墾之數，每户合得一頃六十餘畝。至建中初，分遣黜陟使按比墾田田數，都得百十餘萬畝。

代宗寶應元年，租庸使元載以江、淮雖經兵荒，其民比諸道猶有貲産，乃按籍舉八年租調之違負及逋逃者，計其大數而徵之，擇豪吏爲縣令而督之。不問負之有無，貲之高下，察民有粟帛者發徒圍之，籍其所有而中分之，甚者十取八九，謂之「白著」。有不服者，嚴刑以威之。民有蓄穀十斛者，則重足以待命，或相聚山林爲群盗，縣不能制。盗袁晁起浙東，攻陷諸郡，衆近二十萬，經二年，李光弼討平之。

廣德元年，詔一户三丁者免一丁，庸、調、地税依舊〔三〕。凡畝税二升，男子二十五爲成丁，五十五爲老，以優民。

大曆元年，詔天下苗一畝税錢十五，市輕貨給百官手力課。以國用急，不及秋，苗方青則徵之，號「青苗錢」。又有「地頭錢」，畝二十，通名青苗錢。又詔上都秋税分二等，上等畝税一斗，下等六升，荒田畝税二升。五年，始定法：夏，上田畝税六升，下田畝四升；秋，上田畝税五升，下田畝三升，荒田如故〔四〕，青苗錢畝加一倍，而地頭錢不在焉。

大曆四年，敕：「天下及王公以下，今後宜準度支長行旨條，每年税錢：上上户四千文，上中户三千五百，上下户三千，中上户二千五百，中中户二千，中下户千五百，下上户一千，下中户七百，下下户五百文。其見任官，一品準上上户税，九品準下下户税，餘品並準依此户等税〔五〕。若一户數處任官，亦每處依品納税。其内外官，仍據正員及占額内闕者税，其試及同正員文武官，不在税限。百姓有邸店、行鋪及爐冶，應准式合加本户二等税者，依此税數勘責徵納。其寄莊户，准舊例從八等户税，寄住户從九等户税，比類百姓，事恐不均〔六〕，宜遞加一等税。其諸色浮客及權時寄住户等〔七〕，無問有官無官，亦在所爲兩等收税，稍殷有者准八等户税，餘准九等户税。如數處有莊田，亦每處税。諸道將士莊田，既緣防禦勤勞，不可同百姓例，並一切從九等輸税〔八〕。」

按：以錢輸税而不以穀帛，以資力定税而不問身丁，人皆以爲行兩税以後之弊，今觀此，則由來久矣。

德宗時，楊炎爲相，遂作兩税法。夏輸無過六月，秋輸無過十一月，置兩税使以總之。凡百役之費，先度其數，而賦於人，量出制入。户無主、客，以見居爲簿；人無丁、中，以貧富爲差。不居處而行商者，在所州縣稅三十之一，度所取與居者均，使無僥利，其租庸雜徭悉省，而丁額不廢。其田畝之稅，以大曆十四年墾田之數爲定，而均收之。遣黜陟使按諸道丁産等級，免鰥寡惸獨不濟者，敢加斂以枉法論。舊户三百八十萬五千〔九〕，使者按得主户三百八十萬，客户三十萬。天下之民，不土斷而地著，不更版籍而得其虛實。歲斂錢二千五十餘萬緡、米四百萬斛以供外，錢九百五十餘萬緡、米千六百餘萬斛以供京師。天下便之。

租庸調法以人丁爲本，開元後久不爲版籍，法度廢弊。丁口轉死，田畝换易，貧富升降，悉非向時，而户部歲以空文上之。又戍邊者蠲其租庸，六歲免歸。玄宗事夷狄，戍者多死，邊將諱不以聞，故貫籍不除。天寶中，王鉷爲户口使，務聚斂，以其籍存而丁不在，是隱課不出，乃按舊籍，除當免者，積三十年，責其租庸，人苦無告，法遂大弊。至德後，天下兵起，人口凋耗，版圖空虛，賦斂之司莫相統攝，紀綱大壞，王賦所入無幾。科斂凡數百名，廢者不削，重者不去，吏因其苛，蠶食於人。富人多丁者以宦、學、釋、老得免，貧人無所入則丁存，故課免於上，而賦增於下。是以天下殘瘁，蕩爲浮人，鄉居土著者，百不四五。炎疾其弊，乃請爲兩稅法，以一其制。議者以爲租、庸、調，高祖、太宗之法，不可輕改，而帝方任炎，乃行之。自是吏姦無所容，輕重之權始歸朝廷矣。

沙隨程氏曰：「開元中，豪弱相併，宇文融修舊法，收羡田以招徠浮户，而分業之。今炎創以新意，而兼并者不復追正，貧弱者不復田業，姑定額取稅而已，始與孟子之論悖。而史臣詆融而稱炎，可謂淺近矣。贄稱融取隱户剩田以中主欲，夫隱户而不出，剩田而不取，則高祖、太宗之法廢矣，流亡浮寄者，何以振業之乎？使賢者當炎之地，宜用融之善，以修舊法，以革時弊；去融之不善，務爲簡易，責成守令，而不收籍外之税，俾高祖、太宗之法弊而復新。户口既增，租調自廣，此陸贄之論諄復而發者，如斯而已也。且天寶盛時，户八百餘萬。兵亂之後，至是三百餘萬。既曰土著者百無四五，是主户十五餘萬，浮客二百八十餘萬也，宜無是理。既不復授田，雖以見居爲簿，何益乎？」

按：宇文融、楊炎皆以革弊自任，融則守高祖、太宗之法，炎則變高祖、太宗之法。然融守法而人病之，則以其逼脅州縣，妄增逃羨以爲功也。炎變法而人安之，則以其隨順人情，姑視貧富以制賦也。融當承平之時，簿書尚可稽考，乃不能爲熟議緩行之規；炎當離亂之後，版籍既已隳廢，故不容不爲權時施宜之舉。今必優融而劣炎，則爲不當於事情矣。

建中三年，詔增天下税錢，每緡二百。朱滔、王武俊、田悦合縱而叛，國用不給。淮南節度使陳少游增其本道税錢，因詔天下皆增之。

貞元八年，劍南節度使韋皋又增税十二，以增給官吏。

貞元四年，詔天下兩税審等第高下，三年一定户。

自初定兩税，貨重錢輕，乃計錢而輸綾絹。既而物價愈下，所納愈多，絹疋爲錢三千二百，其後一疋爲錢一千六百，輸一者過二。雖賦不增舊，而民愈困矣。度支以税物頒諸司，皆增本價爲虛估給之〔一〇〕，而繆以濫惡督州縣剥價，謂之「折納」〔一一〕。復有「進奉」、「宣索」之名，改科役曰「召雇」，率配曰

「和市」，以巧避微文，比大曆之數再倍。又癘疫水旱，户口減耗，刺史析户，張虚數以寬責。逃死闕税，取於居者，一室空而四鄰亦盡。户版不緝，無浮游之禁。州縣行小惠以傾誘鄰境，新收者優假之，唯安居不遷之民，賦役日重。

帝以問宰相陸贄，贄上疏請釐革其甚害者，大略有六。其一曰：「國家賦役之法，曰租、曰調、曰庸。其取法遠，其斂財均，其域人固。有田則有租，有家則有調，有身則有庸。天下法制均一，雖轉徙莫容其姦，故人無摇心。天寶之季，海内波蕩，版圖墮於避地，賦法壞於奉軍。賦役舊法，行之百年，人以爲便。兵興，供億不常，誅求隳制，此時弊，非法弊也。時有弊而未理，法無弊而已更。兩税新制，竭耗編甿，日日滋甚。陛下初即位，宜損上益下，嗇用節財，而摘郡邑，驗簿書，州取大曆中一年科率多者爲兩税定法，此總無名之暴賦而立常規也。夫財之所生，必因人力。兩税以資産爲宗，不以丁身爲本，資産少者税輕，多者税重。不知有藏於襟懷囊篋，物貴而人莫窺者；有場圃、囷倉，直輕而衆以爲富者；有流通蓄息之貨，數寡而日收其贏者；有廬舍器用，價高而終歲利寡者。計估算緡，失平長僞，挾輕費轉徙者脱徭税，敦本業者困斂求。此誘之爲姦，驅之避役也。今徭賦輕重相百，而以舊爲準，重處流亡益多，輕處歸附益衆。有流亡則攤出，已重者愈重；有歸附則散出，已輕者愈輕。人嬰其弊。願詔有司與宰相量年支，有不急者罷之，廣費者節之。軍興加税，諸道權宜所增，皆可停。税物估賈，宜視月平，至京與色樣符者，不得虚稱折估。有濫惡，罪官吏，勿督百姓。每道以知兩税判官一人與度支參計户數，量土地沃瘠、物産多少爲二等，州等下者配錢少，高者配錢多，不變法而逋逃漸息矣。」其二曰：「播殖非力不成，故先王定賦以布、麻、繒、纊、百穀，勉人功也。又懼物失貴賤之平，交易難準，乃定貨泉以節輕重。蓋爲國之利權，守之在官，不以任下。然則穀帛，人所爲也；錢貨，官所爲也。人所爲者，租税取焉；官所爲者，賦斂捨焉。國朝著令，租出穀，庸出絹，調出繒、纊、布、麻，曷嘗禁人鑄錢而以錢爲賦？今兩税效算緡之末法，估資産爲差，以錢穀定税，折供雜物，歲目頗殊。所供非所業，所業非所供，增價以市所無，減價以貨所有。耕織之力有限，而物價貴賤無常。初定兩税，萬錢爲絹三疋，價貴而數不多，及給軍裝，計數不計價，此税少國用不充也。近者萬錢爲絹六疋，價賤而數加，計口蠶織不殊，而所輸倍，此供税多而人力不給也。宜令有司，復初定兩税之歲絹布定估〔二二〕，爲布帛之數，復庸、調舊制，隨土所宜，各修家技。物甚賤，所出不加；物甚貴，所入不減。且經費所資，在錢者獨月俸、資課，以錢數多少給布，廣鑄而禁用銅器，則錢不乏。有糴鹽以入直〔二三〕，榷酒以納資，何慮無所給哉！」其三曰：「廉使奏吏之能者有四科：一曰户口增加，二曰田野墾闢，三曰税錢長數，四曰率辦先期。夫貴户口增加，詭情以誘姦浮，苛法以析親族，所誘者將議薄征則遽散，所析者不勝重税則又亡，有州縣破傷之病。貴田野墾闢，然農夫不增而墾田欲廣，誘以墾殖荒田，限年免租，新畝雖闢，舊畲蕪矣，及至免租年滿，復爲汙萊，有稼穡不增之病。貴税錢長數，重困疲羸，捶骨瀝髓，苟媚聚斂之司，有不恤人之病。貴率辦先期，作威殘人，絲不容織，粟不暇舂，貧者奔迸，有不恕物之病。四病繇考覈不切事情之過。驗之以實，則租賦所加，固有受其損者，此州若增客户，彼郡必減居人。增處邀賞而税數加，減處懼罪而税數不降。國家設考課之法，非欲崇聚斂也。宜命有司詳考課績，州税有定，徭役有等，覆實然後報户部。若人益阜實，税額有餘，據户均減十三爲上課，減二次之，減一又次之。若流亡多，加税見户者，殿亦如之。民納税以去歲輸數爲常，罷據額所率者。增闢勿益租，廢耕不降數。定户之際，視雜産以校之。田既有常租，則不宜復入兩税。如此，不督課而人人樂耕矣。」其四曰：「明君不厚所資而害所養，故先人事而借其暇力，家給然後斂餘財。今督收促迫，蠶事方興而輸縑，農功未艾而斂穀，有者急賣而耗半直，無者求假費倍。定兩税之初，期約未詳，屬征役多故，率先限以收。宜定税期，隨風俗時候，務於紓人。」其五曰：「頃師旅亟興，官司所儲，唯給軍食，凶荒不暇賑救。人小乏則取息利，大乏則鬻田廬。斂穫始畢，執契行貸，饑歲室家相棄，乞爲奴僕，猶莫之售，或縊死道途。天災流行，四方代有。税茶錢積户部者，宜計諸道户口均之。穀麥熟則平糴〔一四〕，亦以義倉爲名，主以巡院。時稔傷農，則優價廣糴，穀貴而止；小歉則借貸〔一五〕。循環斂散，使聚穀幸災者無以牟大利。」其六曰：「古者，百畝地號一夫，蓋一夫授田不得過百畝，欲使人不廢業，田無曠耕。今富者萬畝，貧者無容足之居，依託強家，爲其私屬，終歲服勞，常患不充。有田之家坐食租税，京畿田畝税五升，而私家收租畝一石，官取一，私取十，穡者安得足食？宜爲占田條限〔一六〕，裁租價，損有餘，優不足，此安富恤窮之善經，不可捨也。」贄言雖切，以讒逐，事無施行者。

河南尹齊抗復論其弊，以爲：「陛下行兩税，督納有時〔一七〕，貪暴無所容姦，二十年間，府庫充牣。但定税之初，錢輕貨重，故陛下以錢爲税。今錢重貨輕，若更爲税名〔一八〕，以就其輕，其利有六：吏絶其姦，一也；人用不擾，二也；静而獲利，三也；用不乏錢，四也；不勞而易知，五也；農桑自勸，六也。

百姓本出布帛，而税反配錢，至輸時復取布帛，更爲三估計折，州縣升降成姦。若直定布帛，無估可折。蓋以錢爲税，則人力竭而有司不之覺，今兩税出於農人，農人所有，唯布帛而已。用布帛處多，用錢處少，又有鼓鑄以助國計，何必取於農人哉？」疏入，亦不報。

東萊吕氏曰：「賦役之制自禹貢始可見，禹貢既定九州之田賦，以九州之土地，爲九州之土貢。説者以謂有九州之土貢，然後以田賦之當供者，市易所貢之物。考之於經，蓋自有證。何者？甸服百里賦納總，至於五百里米，自五百里之外，其餘四服米不運之京師，必以所當輸者上貢於天子〔一九〕。以此知當時貢、賦一事，所以冀州在王畿甸服之内，全不叙土貢，正緣已輸粟米。以此相參考，亦自有證。蓋當時寓兵於農，所謂貢賦，不過郊廟賓客之奉，都無養兵之費，故取之於畿甸而足。自大略而言之，三代皆沿此制，夏后氏五十而貢，商人七十而助，周人百畝而徹。三代之賦略相當，周官所載，九畿之貢而已。九州之貢所謂出者半〔二〇〕，或三之一，或四之一；或以半輸王府，或以三之一輸王府〔二一〕，或以四之一輸王府。所謂土貢未必能當貢賦之半，留之於諸侯之國，以待王室之用，皆是三代經常之法。所謂弼成五服，至於五千，州十有二師，説者以爲二千五百人爲師，亦是一時權時之役。所謂經常之役，用民之力，歲不過三日，豳詩所謂『我稼既同，上入執宫功』皆是，經常之役法如此。用兵軍役寓之井賦乘馬之法，無事則爲農，有事則征役。至漢有所謂材官，踐更、過更、卒更三等之制，當時有干戈之征。及至魏晉，有户調之名，凡有户者出布帛，有田者出租賦。後魏亦謂之户調，在後魏以一夫一婦出帛一疋，在北齊則有一牀半牀之制，已娶者則一牀，未娶者則半牀。當時有户調之名，然役法尚存古制。但至南北朝，增三代之三日至於四十五日。自漢至南北朝，其賦役之法如此。至唐高祖立租庸調之法，承襲三代、漢、魏、南北朝之制〔三〕，雖或重或輕，要之規摹尚不失舊。德宗時，楊炎爲相，以户籍隱漏，徵求煩多，變而爲兩税之法。兩税之法既立，三代之制皆不復見。然而兩税在德宗一時之間雖號爲整辦，然取大曆中科徭最多以爲數，雖曰自所税之外並不取之於民，其後如間架，如借商，如除陌，取於民者不一，楊炎所以爲千古之罪人。大抵田制雖商鞅亂之於戰國，而租税猶有歷代之典制，惟兩税之法立，古制然後掃地。要得復古，田制不定，縱得薄斂如漢文帝之復田租，荀悦論豪民收民之資，惟能惠有田之民，不能惠無田之民。田制不定，雖欲復古，其道無由。兵制不復古，民既出税賦，又出養兵之費，上之人雖欲權減，兵又不可不養。兵制不定，此意亦無由而成。要之寓兵於農，賦役方始定。」

按：自秦廢井田之制，隳什一之法，任民所耕，不計多少，於是始舍地而税人，征賦二十倍於古。漢高祖始理田租，十五而税一，其後遂至三十而税一，皆是度田而税之。然漢時亦有税人之法。按漢高祖四年，初爲算賦，注：民十五以上至六十五出賦錢，人百二十爲一算，七歲至十五出口賦，人錢二十，此每歲所出也。然至文帝時，即令丁男三歲而一事，賦四十，則是算賦減其三之二；且三歲方徵一次，則成丁者一歲所賦不過十三錢有奇，其賦甚輕。至昭、宣帝以後，又時有減免。蓋漢時官未嘗有授田、限田之法，是以豪强田連阡陌，而貧弱無置錐之地，故田税隨占田多寡爲之厚薄，而人税則無分貧富。然所税每歲不過十三錢有奇耳。至魏武初平袁紹，乃令田每畝輸粟四升，又每户輸絹二疋、綿二斤，則户口之賦始重矣。晉武帝又增而爲絹三疋、綿三斤，其賦益重。然晉制男子一人占田七十畝，女子及丁男丁女占田皆有差，則出此户賦者亦皆有田之人，非鑿空而税之，宜其重於漢也。自是相承，户税皆重。然至元魏而均田之法大行，齊、周、隋、唐因之。賦税沿革微有不同，史文簡略，不能詳知，然大概計畝而税之令少，計户而税之令多。然其時户户授田，則雖不必履畝論税，只逐户賦之，則田税在其中矣。至唐始分爲租、庸、調，田則出粟稻爲租，身與户則出絹布綾綿諸物爲庸、調〔三〕。然口分、世業，每人爲田一頃，則亦不殊元魏以來之法，而所謂租、庸、調者，皆此受田一頃之人所出也。中葉以後，法制隳弛。田畝之在人者，不能禁其賣易，官授田之法盡廢，則向之所謂輸庸、調者，多無田之人矣。乃欲按籍而徵之，令其與豪富兼并者一例出賦可乎？又况遭安史之亂，丁口流離轉徙，版籍徒有空文，豈堪按以爲額？蓋當大亂之後，人口死徙虚耗，豈復承平之舊？其不可轉移失陷者，獨田畝耳。然則視大曆十四年墾田之數以定兩税之法，雖非經國之遠圖，乃救弊之良法也。但立法之初，不任土所宜，輸其所有，乃計綾帛而輸錢。既而物價愈下，所納愈多，遂至輸一者過二，重爲民困。此乃掊刻之吏所爲，非法之不善也。陸宣公與齊抗所言固爲切當，然必欲復租、庸、調之法，必先復口分、世業之法，均天下之田，使貧富等而後可，若不能均田，則兩税乃不可易之法矣。又歷代口賦，皆視丁、中以爲厚薄。然人之貧富不齊，由來久矣。今有幼未成丁，而承襲世資，家累千金者，乃薄賦之；又有年齒已壯，而身居窮約，家無置錐者，乃厚賦之，豈不背繆？今兩税之法，人無丁、中，以貧富爲差，尤爲的當。宣公所謂：「計估算緡，失平長僞，挾輕費轉徙者脱徭税，敦本業不遷者困斂求，乃誘之爲姦，敺之避役。」此亦是有司奉行者不明不公之過，非法之弊。蓋力田務本與商賈逐末，皆足以致富。雖曰逐末者易於脱免，務本者困於徵求，然所困猶富人也，不猶愈於庸調之法不變，不問貧富，而一概按元籍徵之乎？蓋賦税必視田畝，乃古今不可易之法，三代之貢、助、徹，亦只視田而賦之，未嘗别有户口之賦。蓋雖授人以田，而未嘗别有户賦者，三代也；不授人以田，而輕其户賦者，兩漢也。因授田之名，而重其户賦，田之授否不常，而賦之重者已不可復輕，遂至重爲民病，則自魏至唐之中葉是也。自兩税之法行，而此弊革矣，豈可以其出於楊炎而少之乎？

又按：古今户口之數，三代以前姑勿論。史所載西漢極盛之數，爲孝平元始二年，人户千二百二十三萬三千〔三〕。東漢極盛之時，爲桓帝永壽三年，户千六十七萬七千九百六十。此通典所載之數，據東漢書郡國志，計户一千六百七萬九百六，則多通典五百八十三萬有奇，是又盛於前漢矣。三國鼎峙之時，合其户數不能滿百二十萬，昔人以爲纔及盛漢時南陽、汝南兩郡之數。蓋戰争分裂，户口虚耗，十不存一，固宜其然。然晉太康時，九州攸同，不可謂非承平時矣，而爲户只二百四十五萬九千八百。自是而南北分裂，運祚短促者，固難稽據，姑指其極盛者計之，則宋文帝元嘉以後，户九十萬六千八百有奇；魏孝文遷洛之後，只五百餘萬，則混南北言之，纔六百萬。隋混一之後，至大業二年，户八百九十萬七千有奇；唐天寶之初，户八百三十四萬八千有奇。隋唐土地不殊兩漢，而户口極盛之時，纔及其三之二，何也？蓋兩漢時，户賦輕，故當時郡國所上户口版籍，其數必實；自魏晉以來，户口之賦頓重，則版籍容有隱漏不實，固其勢也。南北分裂之時，版籍尤爲不明，或稱僑寄，或冒勳閥，或以三五十户爲一户，苟避科役，是以户數彌少。隋唐混一之後，生齒宜日富，休養生息莫如開皇、貞觀之間，考覈之詳莫如天寶，而户數終不能大盛。且天寶十四載所上户，總八百九十一萬四千七百九，而不課户至有三百五十六萬五千五百。夫不課者，鰥寡、廢疾、奴婢及品官有蔭者皆是也。然天下户口，豈容鰥寡、廢疾、品官居其三之一有奇乎？是必有説矣。然則以户口定賦，非特不能均貧富，而適以長姦僞矣。又按漢元始時，定墾田八百二十七萬五百三十六頃〔二五〕，計每户合得田六十七畝百四十六步有奇；隋開皇時墾田千九百四十萬四千二百六十七頃，計每户合得田二頃有餘。夫均此宇宙也，田日加於前，户日削於舊，何也？蓋一定而不可易者田也，是以亂離之後容有荒蕪，而頃畝猶在；可損可益者户也，是以虚耗之餘，並緣爲弊，而版籍難憑。杜氏通典以爲我國家自武德初至天寶末，凡百三十八年，可以比崇漢室，而人户纔比於隋氏，蓋有司不以經國馭遠爲意，法令不行，所在隱漏之甚。其説是矣，然不知庸、調之征愈增，則户口之數愈減，乃魏晉以來之通病，不特唐爲然也。漢之時，户口之賦本輕，至孝宣時又行蠲減，且令流徙者復其賦，故膠東相王成遂僞上流民自占者八萬餘口以徼顯賞。若如魏、晉以後之户賦，則一郡豈敢僞占八萬口，以貽無窮之逋負乎？陸宣公又言：「先王制賦入，必以丁夫爲本，無求於力分之外，無貸於力分之内。故不以務穡增其税，不以輟稼減其租，則播種多；不以殖産厚其征，不以流寓免其調，則地著固；不以飾勵重其役，不以窳怠蠲其庸，則功力勤。如是，故人安其居，盡其力。」此雖名言，然物之不齊，物之情也。

均是人也，而才藝有智愚之不同；均營生也，而時運有屯亨之或異。蓋有起窮約而能自致千金，其餘力且足以及他人者；亦有蒙故業而不能保一簪，一身猶以爲累者，雖聖人不能比而同之也。然則以田定賦，以家之厚薄爲科斂之輕重，雖非盛世事，而救時之策不容不然，未宜遽非也。

貞元三年，時歲事豐稔，上因畋入民趙光奇家，問：「百姓樂乎？」對曰：「不樂。」上曰：「時豐，何故不樂？」對曰：「詔令不信，前云兩稅之外悉無他徭，今非稅而誅求者殆過於稅，詔書優恤，徒空文耳。」憲宗末年，度支、鹽鐵與諸道貢獻尤甚，有助軍及平賊賀禮、上尊號賀物。穆宗即位，一切罷之，兩稅外加率一錢以枉法贓論。然務姑息，賞賜諸軍不可勝紀，用不能節。

自建中定兩稅而物輕錢重，民以爲患，至穆宗時四十年。當時爲絹二疋半者爲八疋，大率加三倍。豪家大商積錢以逐輕重，故農人日困，末業日增。帝亦以貨輕錢重，民困而用不充，詔百官議革其弊。議者多請重挾銅之律，户部尚書楊於陵言：「大曆以前，淄青、太原、魏博雜鉛鐵以通時用，嶺南雜以金、銀、丹砂、象齒，今一用泉貨，故錢不足。今宜使天下兩稅、榷酒、鹽利、上供及留州、送使錢，悉輸以布帛穀粟，則人寬於所求，然後出内府之積，收市廛之滯，廣山鑄之數，限邊裔之出，禁私家之積，則貨日重而錢日輕矣。」宰相善其議。由是兩稅、上供、留州皆易以布帛、絲纊，租、庸、課、調不計錢而納布帛，惟鹽酒本以榷率計錢，與兩稅異，不可去錢。

時貨輕錢重，而留州、送使〔二六〕，所在長吏又降省估使就實估，以自封殖，而重賦於人。裴垍爲相，奏請天下留州、送使物，一切令就省估，其所在觀察使仍以其所莅之郡租賦自給，若不足，方許徵於支郡，其諸州送使額，變爲上供，故疲人稍息肩。

會昌元年，敕：「今後州縣所徵科斛斗，一切依額爲定，不得隨年檢責。數外如有荒閑陂澤山原，百姓有人力能墾闢耕種，州縣不得輒問所收苗子，五年不在税限，五年之外依例納税。於一鄉之中，先填貧户欠闕，如無欠闕，則均減衆户合徵斛斗，但令不失元額，不得隨田加率。仍委本道觀察使每年收成之時，具管内墾田頃畝及合徵斛斗數〔二七〕，分析聞奏。數外有剩納人户斛斗，刺史以下重加懲貶。」

大中二年，制：「諸州府縣等納税，祇合先差優長户車牛，近者多是權要富豪悉請留縣輸納，致使貧單之人却須雇脚搬載。今後其留縣並須先饒貧下不支濟户，如有違越，官吏重加科殿。」

四年，制：「百姓兩税之外，不許分外更有差率，委御史臺糾察。其所徵兩税疋段等物，並留州、留使錢物，納疋段虚實估價及見錢，從前皆有定制。如聞近日或有於虚估疋段數内實徵，估物及其間分數，亦不盡依敕條，宜委長吏切守〔二八〕，如有違越，必議科懲。又青苗兩税本繫田土，地既屬人，税合隨去。從前赦令，累有申明，豪富之家尚不恭守。以後州縣覺察，如有此比，須議痛懲，地勒還主，不理價直。」

按：兩税不徵粟帛而徵錢，吏得爲姦以病民〔二九〕。穆宗時嘗復舊制徵粟帛矣，今復有此令，豈又嘗變易邪？計貨徵錢，必有估直，而估乃有虚實之異。舞文如此，今禁其於定制外多科，固不若仍復粟帛之徵，則自不能多求於定數之外也。

昭宗末，諸道多不上供，惟山南東道節度使趙匡凝與其弟荆南留後匡明委輸不絶。詳見國用門。

光啟三年，張全義爲河南尹。初，東都經黄巢之亂，遺民聚爲三城以相保，繼以秦宗權、孫儒殘暴，僅存壞垣而已。全義初至，白骨蔽地，荆棘彌望，居民不滿百户。全義麾下纔百餘人，乃於麾下選可使者十八人，命曰「屯將」，人給一旗一榜，於舊十八縣中令招農户自耕種，流民漸歸。又選可使者十八人，命曰「屯副」，民之來者綏撫之，除殺人者死，餘但加杖，無重刑，無租税，歸者漸衆。又選諳書計者十八人，命曰「屯判官」。不一二年，每屯户至數千，於農隙選壯者教之戰陣，以禦寇盜。關市之賦，迨於無籍。刑寬事簡，遠近趨之如市。五年之後，諸縣户口率皆歸復，桑麻蔚然，野無曠土，其勝兵大縣至七千人，小縣不減二千人，乃奏置令佐以治之。全義明察，人不能欺，爲政寬簡，出見田疇美者，輒下馬與僚佐共觀之，召田主勞以酒食。有蠶麥善收者，或親至其家，悉呼出老幼，賜以茶綵衣物。民間言張公不喜聲伎，見之未嘗笑，獨見佳麥良繭則笑耳。有田荒穢者，則集衆杖之。或訴以乏人牛，則召鄰里責之曰：「彼誠乏人牛，何不助之？」由是鄰里有無相助，比户有積蓄，在洛四十年，遂成富庶。

　　按：唐末盜賊之亂，振古所未有，洛陽四戰之地，受禍尤酷。全義本出群盜〔三〇〕，乃能勸農力本，生聚教誨，使荒墟爲富實。觀其規畫，雖五季之君號爲有志於民者所不如也。賢哉！

後唐莊宗即位，推恩天下，除百姓田租，放諸場務課利欠負者。而租庸使孔謙悉違詔督理，更制括田竿尺，盡率州使公廨錢。天下怨苦，民多流亡，租税日少。

　　容齋洪氏隨筆曰：「朱梁之惡，最爲歐陽公五代史記所斥詈，然輕賦一事，舊史取之，而新書不爲拈出。其語云：『梁祖之開國也，屬黄巢大亂之餘，以夷門一鎮，外嚴烽候，内辟汙萊，厲以耕桑，薄其租賦，士雖苦戰，民則樂輸，二紀之間，俄成霸業。及末帝與莊宗對壘於河上，河南之民雖困於輦運，亦未至流亡，其義無他，蓋賦斂輕而丘園可戀也。及莊宗平定梁室，任吏人孔謙爲租庸使，峻法以剝下，厚斂以奉上，民産雖竭，軍食尚虧，加以兵革，因以饑饉，不三四年，以致顛隕，其義無他，蓋賦役重而寰區失望故也。』予以事考之，此論誠然，有國家者之龜鑑也。資治通鑑亦不載此一節。」

吴徐知誥爲淮南帥，以宋齊丘爲謀主。先是，吴有丁口錢，又計畝輸錢，民甚病之。齊丘以爲錢非耕桑所得，使民輸錢，是教之棄本逐末也，請蠲丁口錢〔三一〕，自餘税悉收穀帛，紬絹疋直千錢者，税三十。知誥從之，由是曠土盡闢，國以富强。

容齋洪氏隨筆曰：「自用兵以來，民間以見錢紐納税直，既爲不堪，然於其中所謂和買折帛，尤爲名不正而斂最重。偶閲大中祥符間太常博士許載著吴唐拾遺録，所載多諸書未有者。其勸農桑一篇正云：『吴順義年中，差官興版簿〔三二〕，定租税，厥田上上者，每一頃税錢二貫一百文，中田一頃税錢一貫八百，下田一頃千五百，皆足陌見錢，如見錢不足，許依市價折以金銀。並計丁口課調，亦科錢。宋齊丘時爲員外郎，上策乞虛擡時價，而折紬、絹、綿本色，曰：『江淮之地，唐季以來戰争之所，今兵革乍息，黎甿始安，而必率以見錢，折以金銀，此非民耕鑿可得也。必興販以求之，是爲教民棄本逐末耳。』是時絹每疋市價五百文，紬六百文，綿每兩十五文，齊丘請絹每疋擡爲一貫七百，紬爲二貫四百，綿爲四十文，皆足錢，丁口課調，亦請蠲除。朝議喧然沮之，謂虧損官錢，萬數不少。

齊丘致書於徐知誥曰：『明公總百官，理大國，督民見錢與金銀，求國富庶，所謂擁篲救火，撓水求清，欲火滅水清可得乎〔三三〕？』知誥得書，曰：『此勸農上策也。』即行之。自是不十年間，野無閑田，桑無隙地，自吳變唐，自唐歸宋，民到於今受其賜。齊丘之事美矣。徐知誥亟聽而行之，可謂賢輔相。而九國志齊丘傳中略不書，資治通鑑亦佚此事。今之君子爲國，唯知浚民以益利，豈不有靦於偏閏之臣乎！」

同光三年，敕：「魏府小菉豆税，每畝減收三升。城内店宅園圃，比來無税，頃因僞命，遂有配征。後來以所徵物色，添助軍裝衣賜，將令通濟，宜示矜蠲。今據緊慢去處〔三四〕，於見輸税絲上，每兩作三等，酌量納錢，貴與充本迴圖，收市軍裝衣賜，其絲仍與除放〔三五〕。」

吏部尚書李琪上疏曰：「臣聞古人有言：穀者人之司命，地者穀之所生，人者君之所理。有其穀則國力備，定其地則人食足，察其人則徭役均。知此三者〔三六〕，爲國之急務也。軒黄以前，不可詳記，自堯堙洪水，禹作司空，於是辯九等之田，收什一之税，其時户口一千三百餘萬，定墾田約九百二十萬頃，爲太平之盛。及殷革夏命，重立田制，每私田十畝，種公田一畝，水旱同之，亦什一之義也。洎周室立井田之法，大約百里之國，提封萬井，出車百乘，戎馬四百匹〔三七〕，畿内兵車萬乘，馬四萬匹。以田法論之，亦什一之制也。故當成、康之時，比堯、舜之朝，户口更增二十餘萬，非他術也，蓋三代之前，皆量入以爲出，計農以立軍，雖逢水旱之災，而有凶荒之備。降及秦、漢，重税工商，急關市之征，倍舟車之算，人口既以減耗，古制猶復兼行，按此時户口尚有一千二百餘萬，墾土亦一千八百萬餘頃。

至乎三國並興，兩晉之後，則農夫少於軍衆，戰馬多於耕牛，供軍須奪於農糧，秣馬必侵於牛草，於是天下户口，祇有二百四十餘萬。洎隋文之代，與漢比崇，及煬帝之年，又三分去一〔三八〕。唐太宗文皇帝以四夷初定，百姓未豐，延訪群臣，各陳所見，惟魏徵獨勸文皇力行王道。由是輕徭薄賦，不奪農時，進賢良，悦忠直，天下粟斗直兩錢。自貞觀至於開元，將及九百萬户，五千三百萬口，墾田一千四百萬頃，比之近古，又多增加。是知救人瘼者，以重斂爲病源〔三九〕，料兵食者，以惠農爲軍政〔四〇〕。仲尼云：『百姓足，君孰與不足？』臣之此言，是魏徵所以勸文皇也，伏惟深留宸鑒。如以六軍方闕，未可輕徭，兩税之餘，猶須重斂，則但不以折納爲事，一切以本色輸官，又不以紐配爲名〔四一〕，止以正税加納，則天下幸甚！」敕：「本朝徵科唯有兩税，至於折納，比不施爲。宜依李琪所論，應逐税合納錢物斛斗及鹽錢等，宜令租庸司指揮，並準元徵本色輸納，不得改更，若合有移改，即須具事由聞奏。」

按：同光三年，是爲莊宗既滅梁、蜀之後，驕侈自恣，賞賚無節，倉廩空虚，軍民咨怨，孔謙復行剋剥之政，民力重困，而國用不支，將以危亡之時也。然則琪言雖美，詔敕雖再，祇虚文耳。以此疏叙述歷代勸農、寬征、生聚之事，辭簡而義備，故録之。

明年，以軍食不足，敕河南尹預借夏秋税，民不聊生。

明宗天成元年，赦節文：「應納夏秋税子，先有省耗，每斗一升，今後祇納正税數，不量省耗。」

二年，敕：「率土黎甿，並輸王税，逐年生計，祇在春時。深虞所在之方，無知之輩不自增修産業，輒便攪擾鄉鄰，既撓公門，須嚴定制。自今後凡關論認桑土，二月一日後，州縣不得受狀。十月務開，方許論對，準格據理斷割。」

三年，敕：「應三京、鄴都、諸道州府鄉村人户〔四二〕，自今年七月後，於夏秋田苗上每畝納麴錢五文足陌〔四三〕。」

長興二年，人户每田畝納農器錢一文五分〔四四〕。

四年五月五日〔四五〕，户部奏：「三京、鄴都、諸道州府，逐年所徵夏秋税租兼鹽麴折徵，諸般錢穀等起徵，條流如後：

四十七處節候常早，大小麥、穬麥、豌豆，五月十五日起徵，八月一日納足。正税、疋帛錢、鞋、地頭、榷麴、蠶鹽及諸色折科〔四六〕，六月五日起徵，至八月二十日納足。河南府、華州、耀、陝、絳、鄭、孟、懷、陳、齊、棣、延、兖、沂、徐、宿、汝、申、安、滑、濮、澶〔四七〕、襄、均、房、雍、許、邢〔四八〕、洺、磁、唐、隨〔四九〕、鄧、蔡、同、鄆、魏、汴、潁〔五〇〕、復〔五一〕、鄜、宋、亳、蒲等州。二十三處節候差晚，隨本處與立兩等期限〔五二〕。一十六處較晚〔五三〕，大小麥、穬麥、豌豆六月一日起徵，至八月十五日納足。正税、疋帛錢、鞋、地頭、榷麴、蠶鹽及諸色折科，六月十日起徵，至八月二十五日納足。幽、定、鎮、滄、晉、隰、慈、密、青、鄧〔五四〕、淄、萊、邠、寧、慶、衍。七處節候尤晚，大小麥、豌豆六月十日起徵，至九月納足。正税、疋帛錢、鞋、榷麴錢等〔五五〕，六月二十日起徵，至九月納足〔五六〕。并、潞、澤、應、威塞軍、大同軍、振武軍。其月，敕：「百姓今年夏苗，委人户自通供手狀，具頃畝多少〔五七〕，五家爲保，委無隱漏，攢連狀送本州具帳送省，州縣不得差人檢括，如人隱欺，許令陳告，其田並令倍徵。」

長興二年六月，敕：「委諸道觀察使，屬縣於每村定有力人户充村長。與村人議，有力人户出剩田苗，補貧下不迨頃畝〔五八〕。自肯者即據狀徵收，有詞者即排段檢括。自今年起爲定額。有經災沴及逐年逋處，不在此限。」

三年十二月，三司奏：「諸道上供稅物，充兵士衣賜不足，其天下所納斛斗及錢，除支贍外，請依時估折納綾羅絹帛。」從之。

長興元年〔五九〕，敕：「天下州府受納秆草，每束納一文足〔六〇〕，一百束納枸子四莖，充積年供使，棗鍼一莖充稕場院。其草并柴蒿，一束納錢一文〔六一〕。其細絹絁布綾羅〔六二〕，每疋納錢一十二文足〔六三〕。絲綿紬綫麻布等〔六四〕，每一十兩納耗半兩。鞋每量納錢一文足。見錢每貫納七文足。省庫收納上件錢物，元條流：見錢每貫納二文足，絲綿紬子每一百兩納耗一兩〔六五〕，其諸色疋段並無加耗。」二年，敕：「今後諸州府所納秆草，每二十束別納加耗一束，充場司耗折。」

潞王清泰元年，劉昫命判官鉤考窮覈積年逋欠之數〔六六〕，姦吏利其徵責匄取，故存之。昫具奏其狀，且請察其可徵者急督之，必無可償者悉蠲之。韓昭胤極言其便〔六七〕，乃詔：「長興以前户部及諸道逋租三百三十八萬，虛煩簿籍，咸蠲免勿徵。」貧民大悦，而三司悉怨之。

致堂胡氏曰：「胥吏利於督租，固小人常情也。長民者士大夫也，不恤百姓，而以胥吏所利者爲生財之術，無窮之源，則於胥吏何責焉！前代著令曰：『凡言放稅者，不得過四分，每有水旱，許訴災傷，或下赦令盡蠲之。』而有司徵督如故。農氓不諭，乃有『黄紙放、白紙催』之謡，蓋不知令甲之文也。是則赦令行一時之恩，以收人心；令甲著永久之制，恐失財賦。陰行虐政，陽行惠澤，豈先王之用心哉！三司吏不肯釋除逋負，非獨其利在焉，亦以在上之意，吝於與而嚴於取也。此百姓膏肓之病也。明宗能蠲二百萬緡，潞王能蠲三百萬石，豈非衰亂之時盛德之事哉？」

## 校勘記

〔一〕玄宗　「玄」原作「元」，清人避聖祖玄燁諱改，今改回。此後徑改，不再出校。

〔二〕代關中調課　「調」原作「庸」，據舊唐書卷四八食貨志上、唐會要卷八三租稅上、册府元龜卷四八七邦計部賦稅一改。

〔三〕庸調地稅依舊　「調」原作「稅」，據舊唐書卷四八食貨志上、唐會要卷八三租稅上、册府元龜卷四八七邦計部賦稅一改。

〔四〕荒田如故　「故」原作「此」，據新唐書卷五一食貨志一改。

〔五〕餘品並準依此户等稅　「依此」二字原倒，據舊唐書卷四八食貨志上、唐會要卷八三租稅上、册府元龜卷四八七邦計部賦稅一乙正。

〔六〕事恐不均　「恐」原作「從」，據舊唐書卷四八食貨志上、唐會要卷八三租稅上、册府元龜卷四八七邦計部賦稅一改。

〔七〕其諸色浮客及權時寄住户等　「户等」原作「田者」，據唐會要卷八三租税上、册府元龜卷四八七邦計部賦税一改。

〔八〕並一切從九等輸税　「一切」二字原脱，據舊唐書卷四八食貨志上、唐會要卷八三租税上、册府元龜卷四八七邦計部賦税一補。

〔九〕舊户三百八十萬五千　「户」原作「制」，據元本、慎本、馮本及新唐書卷五二食貨志二改。

〔一〇〕皆增本價爲虚估給之　「增」原作「折」，據新唐書卷五二食貨志二改。

〔一一〕謂之折納　「折」原作「增」，據新唐書卷五二食貨志二改。

〔一二〕復初定兩税之歲絹布定估　「定」原作「疋」，據元本、慎本、馮本及新唐書卷五二食貨志二、陸宣文翰苑集卷二二均節賦税恤百姓六條改。

〔一三〕有糴鹽以入直　「糴」原作「糶」，據陸宣文翰苑集卷二二均節賦税恤百姓六條改。

〔一四〕穀麥熟則平糴　「糴」原作「糶」，據新唐書卷五二食貨志二、陸宣文翰苑集卷二二均節賦税恤百姓六條改。

〔一五〕小歉則借貸　「歉」原作「斂」，據新唐書卷五二食貨志二、陸宣文翰苑集卷二二均節賦税恤百姓六條改。

〔一六〕宜爲占田條限　「占田」原作「定」，據新唐書卷五二食貨志二、陸宣文翰苑集卷二二均節賦税恤百姓六條改。

〔一七〕督納有時　「督」原作「課」，據新唐書卷五二食貨志二改。

〔一八〕若更爲税名　「爲」原作「有」，據新唐書卷五二食貨志二改。

〔一九〕必以所當輸者上貢於天子　「上」原作「土」，據馮本及歷代制度詳説卷三賦税改。

〔二〇〕九州之貢所謂出者半　按周禮大司徒「諸公之地，封疆方五百里，其食者半；諸侯之地，封疆方四百里，其食者參之一；諸伯之地，封疆方三百里，其食者參之一；諸子之地，封疆方二百里，其食者四之一」。注：「玄謂其食者半，參之一，四之一者」云云，與此處所述者合，疑「出」爲「食」之誤。

〔二一〕或以三之一輸王府　「三」原作「二」，據馮本及歷代制度詳説卷三賦税改。

〔二二〕承襲三代漢魏南北朝之制　「朝」字原脱，據上文補。

〔二三〕身與户則出絹布綾綿諸物爲庸調　「綿」原作「錦」，據元本、慎本、馮本及舊唐書卷四八食貨志上、新唐書卷五一食貨志一改。

〔二四〕人户千二百二十三萬三千　「二百」原作「一百」，據漢書卷二八下地理志下、通典卷七食貨典七、册府元龜卷四八六邦計部户籍改。

〔二五〕定墾田八百二十七萬五百三十六頃　「五百」原作「五千」，據漢書卷二八下地理志下、通典卷一食貨典一、册府元龜卷四九五邦計部田制改。

〔二六〕而留州送使　「而」原作「與」，據舊唐書卷一四八、新唐書卷一六九裴垍傳改。

〔二七〕具管内墾田頃畝及合徵斛斗數　「斛」原作「科」，據元本、慎本、馮本及唐會要卷八四租税下改。

〔二八〕宜委長吏切守　「切」原作「郡」，據唐會要卷八四租税下、册府元龜卷四八八邦計部賦税二改。

〔二九〕吏得爲姦以病民　「吏」原作「更」，據元本、慎本、馮本改。

〔三〇〕全義本出群盜　「群」原作「郡」，據元本、慎本、馮本改。

〔三一〕請蠲丁口錢　「丁」原作「人」，據資治通鑑卷二七〇後梁紀五均王貞明四年七月壬申條改。

〔三二〕差官興版簿　「版」原作「販」，據容齋續筆卷一六宋齊丘條改。

〔三三〕欲火滅水清可得乎　「滅」原作「減」，據元本、慎本、馮本、局本及容齋續筆卷一六宋齊丘條改。

〔三四〕今據緊慢去處　「今」原作「令」，據元本、慎本、馮本及舊五代史卷一四六食貨志改。

〔三五〕其絲仍與除放　「仍」原作「永」，據舊五代史卷一四六食貨志改。

〔三六〕知此三者　「知」原作「如」，據元本、慎本、馮本及舊五代史卷五八李琪傳改。

〔三七〕出車百乘戎馬四百匹　二「百」字原皆作「千」，據漢書卷二三刑法志、舊五代史卷五八李琪傳改。

〔三八〕又三分去一　「一」原作「二」，據舊五代史卷五八李琪傳改。

〔三九〕以重斂爲病源　「以」原作「必」，據元本、慎本、馮本及舊五代史卷五八李琪傳、五代會要卷二五租稅改。

〔四〇〕以惠農爲軍政　「農」原作「能」，據舊五代史卷五八李琪傳改。

〔四一〕又不以紐配爲名　「紐」原作「細」，據舊五代史卷五八李琪傳、五代會要卷二五租稅改。

〔四二〕應三京鄴都諸道州府鄉村人户　「鄉」原作「縣」，據元本、慎本、馮本及本書卷一七征榷考四改。

〔四三〕於夏秋田苗上每畝納麴錢五文足陌　元本、慎本、馮本皆於本句下有注文「詳見榷酤門」五字。

〔四四〕人户每田畝納農器錢一文五分　元本、慎本、馮本皆於本句下有注文「詳見榷鐵門」五字。

〔四五〕四年五月五日　按舊五代史卷一四六食貨志及五代會要卷二五租稅記「户部奏」云云，爲天成四年事；册府元龜卷四八八邦計部賦稅二，則爲長興元年事。依本書文例，本條當在上條「長興二年」云云之前。

〔四六〕正稅疋帛錢鞋地頭榷麴蠶鹽及諸色折科　「榷」原作「權」，據馮本及五代會要卷二五租稅改。下同。

〔四七〕澶　册府元龜卷四八八邦計部賦稅二，此下有「商」字。

〔四八〕邢　册府元龜卷四八八邦計部賦税二，此下有「鄧」字。

〔四九〕隨　原作「隋」，據五代會要卷二五租税改。

〔五〇〕潁　原作「穎」，據馮本及五代會要卷二五租税、册府元龜卷四八八邦計部賦税二改。

〔五一〕復　册府元龜卷四八八邦計部賦税二，此下有「曹」字。

〔五二〕隨本處與立兩等期限　五代會要卷二五租税，本句下有注文「二十三處州郡未見」八字。

〔五三〕一十六處較晚　「較」原作「校」，據五代會要卷二五租税、册府元龜卷四八八邦計部賦税二改。

〔五四〕鄧　册府元龜卷四八八邦計部賦税二作「登」，疑是。

〔五五〕正税疋帛錢鞋榷麴錢等　「鞋」下原衍「地」字，據五代會要卷二五租税、册府元龜卷四八八邦計部賦税二删。

〔五六〕至九月納足　「至」字原脱，據五代會要卷二五租税、册府元龜卷四八八邦計部賦税二補。

〔五七〕委人户自通供手狀具頃畝多少　「通供」二字原倒，「具」原作「其」，據舊五代史卷一四六食貨志、五代會要卷二五租税乙改。

〔五八〕補貧下不迨頃畝　「迨」原作「追」，據元本、慎本、馮本及舊五代史卷一四六食貨志、册府元龜卷四八八邦計部賦税二改。

〔五九〕長興元年　「元」原作「九」，據册府元龜卷四八八邦計部賦税二改。

〔六〇〕每束納一文足　「納」原作「約」，據五代會要卷二五租税、册府元龜卷四八八邦計部賦税二改。

〔六一〕一束納錢一文　「納錢一文」四字原脱，據五代會要卷二五租税補。

〔六二〕其細絹絁布綾羅　「細」原作「納」，據册府元龜卷四八八邦計部賦税二改。

〔六三〕每疋納錢一十二文足　「一」字原脱，據五代會要卷二五租税、册府元龜卷四八八邦計部賦税二補。

〔六四〕絲綿紬綫麻布等　「布」原作「皮」，據册府元龜卷四八八邦計部賦税二改。

〔六五〕絲綿紬子每一百兩納耗一兩　「紬」原作「納」，據五代會要卷二五租税、册府元龜卷四八八邦計部賦税二改。

〔六六〕劉昫命判官鉤考窮覈積年逋欠之數　元本、慎本、馮本作「以劉昫判三司，昫命判官高延賞鉤考窮覈積年逋欠之數」。

〔六七〕韓昭胤極言其便　「胤」原作「允」，據元本、慎本、馮本改。按「允」，清人避世宗胤禛諱改，此後徑改，不再出校。

# 卷四　田賦考四

## 歷代田賦之制

晉天福四年，敕：「應諸道節度使、刺史，不得擅加賦役及於縣邑别立監徵。所納田租，委人户自量自概。」

吴越王錢弘佐年十四即位，問倉吏：「今畜積幾何？」對曰：「十年。」王曰：「然則軍食足矣，可以寬吾民。」乃令復其境内税三年。

致堂胡氏曰：「錢氏當五代時，不廢中國貢獻，又有四鄰之交，史氏乃謂：『自武穆王鏐常重斂以事奢侈〔一〕，下至魚鷄卵鷇，必家至而日取。每笞一人以責其負，則諸案吏各持簿立於庭，凡一簿所負，唱其多少，量爲笞數，已，則以次唱而笞之，少者猶積數十〔二〕，多至百餘，人不堪其苦。』信斯言也，是取之盡錙銖，用之如泥沙，安得倉廩有十年之積，而又復境内三年之税，則其養民亦厚矣。故以史所載，則錢氏宜先亡，而享國最久，何也？是故司馬氏記弘佐復税之事，而五代史不載；歐陽公記錢氏重斂之虐，而通鑑不取，其虚實有證矣。」

吴徐知誥用歙人汪台符之策，括定田賦，每正苗一斛，别輸三斗，官授鹽二斤〔三〕，謂之「鹽米」。

入倉則有「蘼米」。

吴氏能改齋漫録曰：「今所在輸秋苗，一斛之外，則別納『鹽米』三斗，亦始於五代史南唐耳。江南野史：李先主世括定田産，自正斛上別輸三斗，於官廩受鹽二斤，謂之『鹽米』，百姓便之。及周世宗克淮南，鹽貨遂艱，官無可支，至今輸之，猶有定制，此事與太宗朝和買絹無異。」余考東齋記事載夏秋沿納之物〔四〕，如鹽鈔之類，名件頗碎，慶曆中，有司建議併合歸一名，以省帙鈔。程文簡公爲三司使，獨以爲仍舊爲便。若没其舊名，異日不知，或再敷鹽麴，則致重複。此亦善慮者也。

宋咸淳六年，江東饒州樂平縣士民白劄子陳：「恭惟公朝勤恤民隱，比年以來，寬恩屢下，有如郊禋則預放明年之租，秋苗則痛除斛面之取，快活條貫，誠前所無，惠至渥也。今有五代以來所未蠲之苛政，四海之内所未有之暴賦，而獨於小邑不得免焉。倘不引首一鳴，是疲民永無蘇醒之期矣。竊見五季暴政所興，江東、西釀酒則有『麴引錢』，食鹽則輸『鹽米』，供軍須則有『鞋錢』，入倉庫則有『蘼錢』。宋有天下，承平百年，除苛解嬈〔五〕，麴、鹽、鞋、蘼之征，一切削去。獨鹽、蘼米一項，諸路皆無，而江東獨有之；江東諸郡皆無，而饒州獨有之；饒州六邑皆無，而樂平獨有之。照得本州元起催苗額十有八萬，此正數也。樂平正苗二萬七千五百餘石，每石加『鹽米』四斗、『蘼米』二斗八升二合，於是一石正苗，非三石不可了納。夫所謂正苗者，隷之上供，籍之綱解，顆粒不敢言蠲減者也。加鹽、蘼米者，上供綱解未嘗取諸此，徒以利郡縣而已。夫均爲王土，而使此邑獨受横斂，豈理也哉！士民懷此，欲陳久矣。徒以前此版籍不明，苗額失陷，政復哀籲，必遭沮格。今推排成矣，租額登矣，正賦之毫髮不遺者，民既不敢虧官，則加賦之苦樂不均者，官稍捐以予民，宜無不可。且此項重斂，利歸州郡，害在閭閻，其於朝廷綱解，曾無損益。用敢合詞控告，欲望特賜指揮，行下本州，契勘樂平每年輸納鹽、蔆米一項，詣實供申，從朝廷斟酌蠲減施行。」

右鹽、蔆米爲南唐横賦，藝祖平南唐，首命樊知古將漕江南，訪求民瘼，而樊非其人，訖不能建明蠲除。繼而運使陳靖言之於祥符間，提舉劉誼言之於元豐間，蓋南唐正賦之外，所取不一，宋因之，名曰「沿納」，鹽、蔆米其一也。在後沿納之賦多從蠲減，至中興後，内翰洪公、敷文魏公又嘗言之，則專指鹽、蔆米而言。而此米獨饒州有之，而饒州所徵，則樂平獨重。洪、魏以鄉寓公知之爲詳，言之亦懇切，而未有中主其事者，遂抑不復行。先公丁卯居憂，時與郡士李君士會討究本末，戊辰入覲，繼登揆席，諷李拉邑之士友請於郡，俾郡上其事，而久之未有發喙者。先公乃自草白劄子，作士民所陳，徑自朝省下本州契勘。而郡守回申，止欲少作豁除，具文塞責。蓋此米雖不係上供綱解，而州縣經費所仰，故郡難其事。先公却回元奏，俾從實再申。守知不可拒，乃再詣實申上，即進呈，奉旨蠲除。蓋自晉天福時創例，至是凡三百一十四年而始除云。據吴虎臣能改齋漫録稱，今所在有之。虎臣此書，作於紹興間，則知南渡後此賦之未減者，非獨饒州而已。而洪、魏二公則謂獨饒有此，當考。此宋咸淳年間事，通考所載，本不及咸淳，但欲見此項蠲除之難，故述其本末，附創法之後。

漢隱帝時，三司使王章聚斂刻急。舊制，田税每斛更輸二升〔六〕，謂之「雀鼠耗」，章始令更輸二斗，謂之「省耗」。舊錢出入皆以八十爲陌，章始令入者八十，出者七十七，謂之「省陌」。

致堂胡氏曰：「百姓輸税足，雀鼠耗蠹倉廩，乃有司之責，而亦使百姓償之，斂税重矣。然稱之曰『雀鼠耗』，尚爲有名，章乃使十倍而償。十、百、千、萬，有定數矣。以八十爲百，既非定數，然出入皆然，尚爲均一，章乃於出者特收其三。省耗不已，於是有一斛之税，又取其三斛者。省陌不已，於是有一千之省，又取其頭子者。故曰作法於貪，敝將若何！章以此佐國用於一時，信號爲能臣，然國所以興而遂亡，身所以貴而遂殺者〔七〕，乃自於此。故言利之臣，自以謂時之不可少我，而不知人之不多我也，可不戒哉！」

周廣順二年，敕：「約每歲民間所輸牛皮〔八〕，三分減二，計田十頃，税取一皮，餘聽民自用及買賣，惟禁賣於鄰國。」先是，兵興以來，禁民私賣牛皮，悉令輸官受直〔九〕。唐明宗之世，有司止償以鹽。晉天福中，并鹽不給。漢法，犯牛皮一寸抵死。然民間日用，實不可無，帝素知其弊，至是，李穀建議均於田畝，公私便之。

顯德二年，敕：「應自前及今後，有逃户莊田，許人請射承佃，供納租税。如三周年内本户來歸業者，其桑土不以荒熟，并莊園交還一半；五周年内歸業者，三分交還一分〔一〇〕；其承佃户自出力蓋造到屋舍，及栽種樹木園圃，並不在交還之限。如五周年後歸業者，莊田除本户墳塋外，不在交付，如有荒廢桑土，承佃户自來無力佃蒔，祇仰交割與歸業户佃蒔。其近北諸州陷番人户來歸業者：五周年内，三分交還二分；十周年内，還一半；十五周年内，三分還一分；此外不在交還之限。應有冒佃逃户物業不納租税者，其本户歸業之時，不計年限，並許總認。」

洪氏容齋隨筆曰：「國朝當五季衰亂之後，隨宜損益，然一時設施，固亦有可采取。」今觀周世宗顯德二年射佃逃田詔敕〔一〕，其旨明白，人人可曉，非若今之令式文書盈几閣，爲猾吏舞文之具，故有捨去物業三五十年，妄人詐稱逃户子孫，以錢買吏而奪見佃者，爲可嘆也。

三年，宣三司指揮諸道州府，今後夏税以六月一日起徵，秋税以十月一日起徵〔二〕，永爲定例。又敕：「舊制，織造絁、紬、絹、布、綾、羅、錦、綺、紗、縠等，幅闊二尺。起來年後，並須及二尺五分，不得夾帶粉藥〔三〕。宜令諸道州府，來年所納官絹，每疋須及十二兩；其絁、紬只要夾密停匀，不定斤兩；其納官紬、絹，依舊長四十二尺。」

洪氏容齋隨筆曰：「今之税絹，尺度長短闊狹、斤兩輕重，頗本於此。」

顯德四年，敕節文：「諸道州府所管屬縣，每年夏税徵科了畢，多是却追縣典，上州會末文鈔，因兹科配斂掠。宜令今後科徵了足日，仰本州但取倉場庫務納欠文鈔，如無異同，不在更追官典。諸道州官管内縣鎮，每有追催公事，自前多差衙前、使院職員及散從、步奏官。今後如是常程，追催公事，祇令府望知後承受遞送，不得更差專人，若要切公事及軍期，不在此限。」

按：五季離亂之時，世主所尚者，用兵争强而已。其間唐明宗、周世宗粗爲有志於愛民重農者。有如農務未開而受理詞訟，徵科既足而追會科斂，皆官吏姦貪之情，爲閭里隱微之害。而天成、顯德之詔敕，丁寧禁切之，於倥傯日不暇給之時，而能及此，可謂仁矣。

顯德五年，賜諸道均田詔，曰：「朕以干戈既弭，寰海漸寧，言念地征，罕臻藝極，須議並行均定，所冀求適輕重。卿受任方隅，深窮治本，必能副寡昧平分之意，察鄉閭致弊之源，明示條章，用分寄任。竚聆集事，允屬推公〔四〕。」乃命左散騎常侍艾穎等三十四人使諸州檢定民租。

先時，上因覽元稹長慶集，見在同州時所上均田表，因令製素成圖，直考其事，以便觀覽，遍賜諸道，議均定民租。至是，乃詔行之。

宋太祖皇帝建隆二年，遣使度民田。周末，遣使度田不實，至是，上精擇其人，仍加戒飭。未幾，館陶令坐括田不實，杖流海島，人始知畏。

五代以來，常檢視見墾田，以定歲租。吏緣爲姦，稅不均適，由是百姓失業，田多荒萊。上憫之，乃詔禁止，許民闢土，州縣無得檢括，止以見佃爲額。

止齋陳氏曰：「按孔氏闕里誌云：先是，歷代以聖人之後，不預庸調，至周顯德中遣使均田，遂抑爲編户。又按：太平興國中，遣左補闕王永、太僕寺丞高象先均福建田稅，歲蠲僞閩錢五千三百二十一貫、米七萬一千四百餘石。用知周朝均田，孔氏抑爲編户，本朝至蠲僞閩之斂以數千萬計，以其政之寬猛，足以卜其受命之長短矣。」

又命課民種樹，每縣定民籍爲五等，第一等種雜樹百，每等減二十爲差，桑棗半之，令、佐春秋巡視。宣州言州境無隙地種蒔，慮不應詔旨。乃令諸州隨風土廣狹，不宜課藝者，不須責課。太平興國二年，又禁伐桑棗爲薪。

遣使監輸民租，懲五代藩鎮重斂之弊。閻式等坐監輸增羨貶杖，常盈倉吏以多入民租棄市。

建隆四年，詔令逐縣每年造形勢門内户夏、秋税數文帳，内頑猾逋欠者，須於限内前半月了足。係見任文武職官及州縣勢要人户。雍熙四年，又詔形勢户納租於三限前半月足。

詔諸州勿得追縣吏會末。即周顯德四年所禁。

令諸州受民租籍，不得稱分、毫、合、勺、銖、釐、絲、忽，錢必成文，絹帛成尺，粟成升，絲綿成兩，薪蒿成束，金銀成錢。

詔曰：「自頃兵荒，人民流徙，州縣未嘗檢覆，親鄰代輸其租。自今民有逃亡者，本州具户籍頃畝以聞，即檢視之。」

乾德四年，詔曰：「出納之吝，謂之有司。倘規致於羨餘，必深務於掊克。知光化軍張全操上言：『三司令諸處倉場主吏，有羨餘粟及萬石、芻五萬束以上者，上其名，請行賞典。』此苟非倍納民租，私減軍食，何以致之？宜追寢其事，勿頒行。除官所定正耗外，嚴加止絶。」

大中祥符八年，復詔禁諸倉羨餘。

開寶三年，詔諸州府兩税所科物，非土地所宜者，不得抑配。

六年，詔諸倉場受納所收頭子錢，一半納官，一半公用，令監司與知州、通判同支使。頭子錢納官始於此。

止齋陳氏曰：「是歲，令川峽人户，兩税以上輸納錢帛，每貫收七文，每疋收十文，絲綿一兩、茶一斤、秆草一束各一文。頭子錢數始略見於此。」

謹按：咸平三年十月，三司權判孫冕等奏：「天下諸夏秋税斛斗收倉耗例，并夏秋税斛斗、疋帛諸般物色等收頭子錢，遍令檢尋，不見元定宣敕。」又按：後唐天成二年，户部奏：「苗子一布袋，令納錢八文，三文倉司喫食補襯。」長興元年，見錢每貫七文，秆草每束一文盤纏，其所收與開寶數同，則頭子舊有之，至此稍條約之耳。康定元年三月〔一五〕，三司劄子，除利、益、梓、夔四路外，餘路自今頭子錢並令納官。頭子錢盡納官始於此。熙寧二年十月，提舉河北常平廣惠倉皮公弼請今來給納，欲每貫、石收五文足。諸路依此。則給納並收頭子錢始於此。政和四年四月，湖南轉運司奏，應給應係省錢物，許每貫、石、疋、兩各收頭子錢五文，乞專充補助。直達綱之費增收錢始於此。自增收之請，起宣和六年閏三月，發運判官盧宗原欲於淮、浙、江、湖、廣、福九路應出納錢物，每一月交收頭子錢一文，充糴本。靖康元年罷。紹興五年四月，總制司狀：「賦入之利，莫大於雜税、茶鹽出納之間，若每貫增頭子錢五文，有益於國計。」專切措置財用所看詳：「係省錢物，依節次指揮，每貫共收二十三文省，一十文作經制起發。今相度將雜税出納，每貫見收錢上增作二十三文足〔一六〕。除漕司并州縣舊得一十三文省，經制一十文省，餘入總制窠名。」十年七月，應官司收支錢物，量添頭子錢每貫一十文足。至紹興十年，諸司錢物不復分别，並每貫收四十三文矣。乾道元年十月，復添收一十文足，至今爲定制。

八年，詔今後民輸税，紬不滿半疋〔一七〕、絹不滿疋者，許計丈尺納價錢，毋得以三户、五户聚合成疋，送納煩擾。

三月，詔曰：「中國每租二十石，輸牛革一，準千錢。西川尚存僞制，牛驢死者，革盡輸官，宜蠲去之，每民租二百石輸牛革一，準錢千五百〔一八〕。」

太平興國二年，江南西路轉運使上言：「諸州蠶桑素少，而金價頗低。今折税，絹估小而傷民，金估高而傷官〔一九〕。金上等舊估兩十千，今請估八千；絹上等舊估疋一千，今請估一千三百，餘以次增損。」從之。

景德五年，知袁州何蒙上言，本州二税請以金折納。上曰：「若是，則盡廢耕農矣。」不許。

端拱元年，詔納二税於各路元限外，可並加一月限。元限見後唐天成四年〔二〇〕。或值閏月，其田蠶亦有早晚，令有司臨時奏裁。納租，官吏以限外欠數差定其罰。

淳化元年，詔江南、兩浙承僞制重賦流亡田廢者，宜令諸州籍頃畝之數，均其賦，減十分之三，以爲定制。召游民勸其耕種，給復五年，州縣厚慰撫之。

淳化四年，詔曰：「户口之數，悉載於版圖；軍國所資，咸出於租調。近年賦税減耗，簿書糾紛，州縣之吏非其人，土地之宜不盡出，小民固以多辟，下吏緣而爲姦，乃有匿比舍而稱逃亡，挾他名而冒耕墾，征役不均於苦樂，收斂未適於輕重。宜示詢求，以究情僞。令諸路知州、通判〔二一〕，限詔到具如何均平賦税，招輯流亡，惠恤鰥窮，窒塞姦倖，及民間未便等事，限一月附疾置以聞。」

先時，知封丘縣竇玭上言：「畿甸民苦税重，兄弟既壯乃析居，其田畝聚税於一家，即棄去。縣案所棄地除其租，已而匿他舍及冒名佃作。願一切勘責。」上頗聞其弊，乃賞擢玭，俾案察京畿諸縣田租。玭專務苛刻，以求課最，民實逃亡者，亦搜索於鄰里親戚家，益造新籍，甚爲煩擾，凡數月，罷之。

五年，宋、亳諸州牛多死，官借錢令市牛。有太子中允武允成獻踏犁，不用牛，以人力運之。詔依其制造成以給，民甚賴之。

五月，詔曰：「作坊工官造弓弩用牛筋，歲取於民，吏督甚急，或殺耕牛供官，非務農重穀之意。自今後官造弓弩，其縱理用牛筋，他悉以羊馬筋代之。」

至道元年，除兖州歲課民輸黄蒭、荆子、茭芰十六萬四千八百圍，因令諸道轉運使，檢案部内無名配率如此類者以聞，當悉蠲之〔二二〕。

六月，詔曰：「近歲以來，天災相繼，民多轉徙，田卒汙萊，招誘雖勤，逋逃未復，宜申勸課之旨，更示蠲復之恩。應州縣曠土，並許民請佃爲永業，仍蠲三歲租，三歲外輸三分之一。州縣官吏勸民墾田之數，悉書於印紙，以俟旌賞。」

開封府言：「京畿十四縣，自今年二月以前，民逃者一萬二百八十五户。訪聞多有坐家申逃，及買逃户桑土，不盡輸税，以本户挾佃詭名，妄破官租，及侵耕冒佃，近居遥佃，妄稱逃户，并以己租妄保於逃籍者。」詔殿中丞王用和等十四人分行檢視，限一月，許其首露，不復收所隱之税。詔下，歸業者甚衆。

二年，以陳靖爲勸農使。

靖時爲直史館，上言曰：「謹按天下土田，除江淮、湖湘、浙右、隴蜀、河東等處，地里夐遠，雖加勸督，未能遽獲其利。古者强幹弱枝之法，必先富實於内。今京畿周環三二十州〔二三〕，幅員數千里，地之墾者十纔一二〔二四〕，税之入者又十無五六。復有匿里舍而稱逃亡，棄耕農而事游惰。逃亡既衆，則賦税歲減而國用不充，斂收科率，無所不行矣。游惰既衆，則地利歲削而民食不足，寇盗殺傷，無所不至矣。臣望擇大臣一人有深識遠略者，兼領大司農事，典領於中；又於郎官中選才智通明、能撫民役衆者爲副〔二五〕，執事於外。皆自京東、京西擇其膏腴未耕之處，申以勸課。臣又嘗奉使四方，深見民田之利害，汙萊極目，膏腴坐廢，亦加詢問，頗得其由，皆詔書累下，許民復業，蠲其租調，寬以歲時，然鄉縣之間，擾之尤甚。每一户歸業，則刺報所由。朝耕尺寸之田，暮入差徭之籍，追胥責問，繼踵而來，雖蒙蠲其常租，實無補於捐瘠〔二六〕。況民之流徙，始由貧困，或避私債，或逃公税。亦既亡遯，則鄉里檢其資財，至於室廬、什器、桑棗、材木，咸計其直，或鄉官用以輸税，或債主取以償逋，生計蕩然，還無所詣，以兹浮蕩，絶意歸耕。如授臣斯任，則望備以閑曠之田，廣募游惰之輩，誘之耕墾，未計賦税，許令别置版圖，便宜從事。耕桑之外，更課令益種雜木蔬果，孳畜羊犬鷄豚。給授桑土，潛擬井田，營造室居，使立保伍，逮於養生送死之具，慶弔問饋之資，咸俾經營，並立條制〔二七〕。俟至三五年間，生計成立，戀家懷土，即計户定征，量田輸税，以司農新附之名籍，合計府舊收之簿書，斯實敦本化人之宏略也〔二八〕。若民力有不足，官借緡錢，或以市餱糧，或以營耕具。凡此給受，委於司農，比及秋成，乃令償直，依時價折估〔二九〕，納之於倉，以成數關白户部〔三〇〕。」上覽之喜，謂宰相曰：「靖此奏甚有理，可舉而行之，正朕之本意。」因召對獎諭，令條對以聞。靖又言：「逃民復業及浮客請佃者，委農官勘驗，以給授田土，收附版籍，州縣未得議其差役。其乏糧種、耕牛者，令司農以官錢給借。其田驗肥瘠爲三品：上田人授百畝，中田百五十畝，下田二百畝，並五年後收其租，亦只計百畝，十收其二。其室廬、蔬韭及桑棗、榆柳種藝之地，每户及十丁者給百五十畝，七丁者百畝，五丁七十畝，三丁五十畝，二丁三十畝。除桑功五年後計其租，餘悉蠲。令常參官於幕職州縣中各舉所知一人堪任司農丞者，分授諸州通判，即領農田之務。又慮司農官屬分下諸州，或張皇紛擾，其事難成，望許臣領三五官吏於近甸寬鄉設法招攜，俟規畫既定，四方游民必盡麇至，乃可推而行之。」呂端曰：「靖所立田制，多改舊法，又大費資用，望以其狀付有司詳議。」乃詔鹽鐵使陳恕等共議，請如靖之奏。乃詔以靖爲勸農使，按行陳、許、蔡、潁、襄、鄧、唐、汝等州〔三〕，勸民墾田，以大理寺丞皇甫選、光禄寺丞何亮副之。選、亮上言功難成，願罷其事。上志在勉農，猶詔靖經度。未幾，三司以爲費官錢多，萬一水旱，恐遂散失，其事遂寢。

按靖所言，與元魏孝文時李安世之策略同，皆是官取荒閑無主之田以授民。但安世則倣井田，立還授之法，而此則有授無還，又欲官給牛、種等物貸之，而五年後，方收其租，責其償，此所以費多而難行。然前乎此，有至道元年之詔；後乎此，咸平二年之詔。至道之詔，勸誘之詞意懇切；咸平之詔，關防之規畫詳明。雖不必如靖所言張官置吏，計口給田，多費官錢，而自足以收勸農之效矣。

真宗咸平二年，詔曰：「前許民户請佃荒田，未定賦税，如聞拋棄本業，一向請射荒田。宜令兩京諸路曉示，應從來無田税者，方許請射係官荒土及遠年落業荒田，候及五年，官中依前敕，於十分內定税二分爲永額。如見在莊田土窄，願於側近請射，及舊有莊産，後來逃移，已被别人請佃，礙敕無路歸業者，亦許請射，州縣别置籍抄上〔三二〕，逐季聞奏。其官中放收要用田土〔三三〕，及係帳逃户莊園、有主荒田，不得誤有給付。如拋本業，抱税東西，改易姓名，妄求請射者，即押歸本貫勘斷。請田户長吏常切安撫〔三四〕，不得攪擾。」

咸平六年，廣西轉運使馮璡上言：「廉、横、賓、白州民田雖耕墾，未嘗輸送，已命官檢括，令盡出常租。」上曰：「遐方之人，宜省徭賦。」亟命停罷。

大中祥符元年，詔：「版籍之廣，賦調方興，尚慮有司有循舊式，資一時之經費，俾鄰郡以均輸。況稼穡之屢登，宜庶民之從便，宜蠲力役，用示朝恩。應諸路今年夏税賦，止於本州軍輸納〔三五〕。」又詔：「河北罷兵，其諸州賦税，止於本處送納。」

詔：「夏税，諸州軍所納大小麥，納外殘欠，許以秋色斛斗折納。」

四年，詔諸州所須繁碎物輒便以正税折科者皆罷〔三六〕。

大中祥符五年，上以江、淮、兩浙路稍旱即水田不登，乃遣使就福建取占城稻三萬斛，分給三路爲種，擇民田之高仰者蒔之。蓋旱稻也。内出種法，令轉運司揭榜示民。其稻比中國者穗長而無芒，粒差小，不擇地而生。

六年，知濱州吕夷簡請免税河北農器。詔諸路農器悉免輸算〔三七〕。

天禧四年，詔諸路提點刑獄朝臣爲勸農使、使臣爲副使，取民籍視其差等，不如式者懲革之。勸恤農民，以時耕墾，招集逃散，檢括陷稅，凡農田事悉領焉。自景德中置勸農之名，然無職局，至是，始置局案，鑄印給之。

開寶末，天下墾田二百九十五萬三千三百二十頃六十畝〔三八〕。

至道二年，墾田三百一十二萬五千二百五十一頃二十五畝。

天禧五年，墾田五百二十四萬七千五百八十四頃三十二畝。

大凡租稅有穀、帛、金鐵、物産四類。穀之品七：一曰粟，二曰稻，三曰麥，四曰黍，五曰穄，六曰菽，七曰雜子。粟之品七：曰粟、小粟、粱穀、䊹〔三九〕、床粟、秫米、黄米。稻之品四：秔米、糯米、水穀、旱稻。麥之品七：曰小麥、大麥、青稞麥、䴵麥、青麥、白麥、蕎麥。黍之品三：曰黍、蜀黍、稻黍。穄之品三：曰穄、秫穄、糜穄。菽之品十六：曰豌豆、大豆、小豆、緑豆、紅豆、白豆、青豆、褐豆、赤豆、黄豆、胡豆、落豆、元豆、蕇豆、巢豆、雜豆。雜子之品九：曰脂麻床子、稗子、黄麻子、蘇子、苜蓿子、萊子、荏子、草子。布帛絲綿之品十：一曰羅，二曰綾，三曰絹，四曰紗，五曰絁，六曰紬，七曰雜折，八曰絲綫，九曰綿，十曰布葛。金鐵之品四：一曰金，二曰銀，三曰鐵、鑞，四曰銅、鐵錢。物産之品六：一曰六畜，二曰齒革、翎毛，三曰茶鹽，四曰竹木、麻草、芻萊〔四〇〕，五曰果藥、油紙、薪炭、漆蠟，六曰雜物。六畜之品三：曰馬、羊、猪。齒革、翎毛之品七：曰象牙，麂皮，鹿皮，牛皮，狨，鵝翎、雜翎。竹之品四：曰筓竹、箭簳竹、箬葉、蘆蕟。木之品三：曰桑、橘、楮皮。麻之品五：曰青麻、白麻、黄麻、冬、苧麻。草之品五：曰紫蘇、茭、紫草、紅花、雜草。芻之品四：曰草、稻草、穰、茭草。油之品三：曰大油、桐油、魚油。紙之品五：曰大灰紙、三抄紙、芻紙、小紙、皮紙。薪之品三：曰木柴、蒿柴、草柴。雜物之品十：曰白膠、香桐子、麻鞋、版瓦、堵笪、甆器、苫蔫、麻剪、藍淀、草薦。至道末，歲收穀二千一百七十萬七千餘石，錢四百六十五萬六千餘貫，絹一百六十二萬五千餘疋，絁、紬二十七萬三千餘疋，布二十八萬二千餘疋，絲綫一百四十一萬餘兩，綿五百一十七萬餘兩，茶四十九萬餘斤，芻茭三千餘萬圍，蒿二百六十八萬餘圍，薪二十八萬餘束，炭五十三萬餘秤，鵝翎、雜翎六十二萬餘莖，箭幹八十九萬餘隻，黄鐵三十萬餘斤，此皆踰十萬之數者，他物不復紀。天禧末所收：穀增一百七萬五千餘石，錢增二百七十萬八千餘貫，絹減一萬餘疋，絁、紬減九萬二千餘匹，絲綫減五十萬五千餘兩，布增五萬六千餘疋，綿減一百一十七萬五千餘兩，茶增一百一十七萬八千餘斤，芻茭減一千一百萬五十餘圍，蒿減一百萬餘圍，炭減五十萬四千餘秤，鵝翎、雜翎增一十二萬九千餘莖，箭幹增四十七萬餘隻，黄鐵增五萬餘斤。又鞋八十一萬六千餘量，麻皮三十九萬七千餘斤，鹽五十七萬七千餘石，紙十二萬三千餘幅，蘆蓆二十六萬餘張。大率名物約此，其折變及移輸比壤者，視當時所須焉。

歲賦其類有五〔四一〕：曰公田之賦，官莊、屯田、營田賦民耕而收其租者是也；曰民田之賦，百姓各得專之者是也；曰城郭之賦，宅稅、地稅之類是也；曰雜變之賦，牛革、蠶鹽、食鹽之類，隨其所出，變而輸之者是也；曰丁口之賦，計丁率米是也。其輸有常處，而以有餘補不足，則移此輸彼，移近輸遠，謂之「支移」。其入有常物，而一時所須，則變而取之，使其直輕重相當，謂之「折變」。其輸之遲速，視收成早暮，而寬爲之期。夏有至十月，秋有至明年二月者，所以紓民力也。自祖宗承五代之亂，王師所至，首務去民疾苦，無名苛細之斂，剗革幾盡，尺縑斗粟，無所增益，一遇水旱徭役，則蠲除倚閣，殆無虛歲，倚閣者後或歲凶，亦輒蠲之。而又田制不立，甽畝轉易，丁口隱漏，兼并僞冒者未嘗考按，故賦入之利，視古爲薄。丁謂嘗曰「二十而税一者有之，三十而税二者有之」，蓋謂此也。

乾興元年十一月，時仁宗已即位，未改元。詔限田：公卿以下毋過三十頃，衙前將吏應復役者毋過十五頃，止於一州之内。而任事者以爲不便，尋廢。詳見差役門。又禁近臣置别業京師，又禁寺觀毋得市田。天聖初，詔民流積十年者，其田聽人耕，三年而後收賦，減舊額之半。後又詔流民能自復者，賦亦如之。既而又與流民期，百日復業〔四二〕，蠲賦役，五年減舊賦十之八。期盡不至，聽他人得耕。

時天下生齒日蕃，田野多闢。獨京西唐、鄧間尚多曠土，唐州閑田尤多，入草莽者十八九，或請徙户實之，或議以卒屯田，或請廢爲縣。嘉祐中，趙尚寬守唐州，勸課勞來，歲餘，流民自歸及自他所至者二千餘户，引水溉田或數萬頃。詔增秩賜錢，留再任。

寶元中，詔諸州旬上雨雪，著爲令。

皇祐中，作寶岐殿於苑中，每歲詔輔臣觀刈穀麥，罕復出郊矣。

皇祐中，墾田二百二十八萬餘頃。

治平中，四百四十萬餘頃〔四三〕。

皇祐、治平，三司皆有會計録，其間相去不及二十年，而墾田之數增倍。以治平數視天禧則猶不及，而叙治平録者，以爲此特計其賦租以知頃畝之數，而賦租所不加者十居其七，率而計之，則天下墾田無慮三千餘萬頃矣。蓋祖宗重擾民，未嘗窮按，故莫得其實，姑著其可見者如此。治平中，廢田見於籍者猶四十八萬餘頃。景祐時，諫官王素言：「天下田賦輕重不等，請均定。」而歐陽修亦言：「祕書丞孫琳嘗往洺州肥鄉縣，與大理寺丞郭諮以千步方田法括定民田〔四四〕，願召二人者。」三司亦以爲然，且請於亳、壽、蔡、汝四州擇尤不均者均之。於是遣諮蔡州。諮首括一縣，得田二萬六千九百三十餘頃，均其賦於民。既而諮言州縣多逃田，未可盡括，朝廷亦重勞人，遂罷。

自郭諮均税之法罷，論者謂朝廷徒恤一時之勞，而失經遠之慮。至皇祐中，天下墾田視景德增四十一萬七千餘頃，而歲入九穀乃減七十一萬八千餘石，蓋田賦不均，故其弊如此。其後田京知滄州，均無棣田，蔡挺知博州，均聊城、高唐田。歲增賦穀帛之類，無棣總千一百五十二，聊城、高唐總萬四千八百四十七。既而或言滄州民以爲不便，詔如舊。嘉祐時，復詔均定，命三司使包拯與呂居簡、吴中復總之，繼以命張掞、呂公弼，乃遣官分行諸路，而祕書丞高本在遣中，獨以爲不可均。已而復罷，纔均數郡田而已。

天聖時，貝州言：「民析居者，例加税，謂之『罰税』，他州無此比，請除之。」詔可。自是州縣有言税之無名若苛細者，所蠲甚衆。

自唐以來，民計田輸賦外〔四五〕，增取他物，復折爲賦，所謂「雜變之賦」也，亦謂之「沿納」，而名品煩細，其類不一。官司歲附帳籍，並緣侵擾，民以爲患。明道中，因詔三司，「沿納」物以類并合。於是三司請悉除諸名品，併爲一物，夏秋歲入，第分粗細二色，百姓便之。

凡歲賦，穀以石計，錢以緡計，帛以疋計，金銀、絲綿以兩計，藁秸、薪蒸以圍計，他物各以其數計〔四六〕。皇祐中比景德之數，增四百四十一萬八千六百六十五，治平中又增一千四百一十七萬九千三百六十四。

其以赦令蠲除，以便百姓，若逃移、户絶不追者，景德中總六百八十二萬九千七百，皇祐中三十三萬八千四百五十七，治平中一千二百二十九萬八千七百。每歲以災害蠲減者，又不在此，蓋不可悉數云。

神宗熙寧元年，京西轉運使謝景温言：「在法，請田户五年内，凡科役皆免。今汝州四縣，如有客户不過一二年，便爲舊户糾決，與之同役，以此即又逃竄，田土多荒，乞仍舊法五年内無差科。」從之。

初，趙尚寬、高賦爲唐州守，流民自占者衆，凡百畝起税四畝而已。税輕而民樂輸，境内無曠土。至是，轉運司以土闢税百畝增至二十畝。御史翟思言〔四七〕，恐再致轉徙，宜戒飭使者〔四八〕，量加以寬民。詔從之。

唐、鄧、襄、汝州，自治平以後，開墾歲增，然未定税額。元豐中，乃以所墾新田差爲五等輸。元祐元年罷之，大觀三年復元豐法，俄又罷之。

二年，分遣諸路常平官，使專領農田水利事。應吏民能知土地種植之法，陂塘、圩埠、堤堰、溝洫之利害者，皆得自言，行之有效，隨功利大小酬賞〔四九〕。

六年，司農寺請立勸民種桑法，天下民種桑柘，毋得增賦。先時，河東户等以桑之多寡爲高下〔五〇〕，故植桑者少，蠶織益微。至和中，詔罷之。時又立法勸民栽桑，有不趍令，則倣屋粟、里布爲之罰，民以爲病。既而詔罷之。

五年，重修定方田法。八月，詔司農寺以方田均税條約并式頒之天下〔五一〕。以東西南北各千步，當四十一頃六十六畝一百六十步爲一方，歲以九月，縣委令、佐分地計量，隨陂原平澤而定其地，因赤淤黑壚而辯其色。方量畢，以地及色參定肥瘠而分五等，以定税則。至明年三月畢，揭以示民，一季無訟，即書户帖，連莊帳付之，以爲地符。均税之法，縣各以其祖額税數爲限〔五二〕，舊嘗取蹙零，如米不及十合而收爲升，絹不滿十分而收爲寸之類，今不得用其數均攤增展，致溢舊額，凡越額增數皆禁之。若瘠鹵不毛，及衆所食利山林、陂塘、路溝、墳墓，皆不立税。凡田方之角，立土爲埄，植其野之所宜木以封表之。有方帳，有莊帳，有甲帖，有户帖，其分煙析生、典賣割移，官給契，縣置簿，皆以今所方之田爲正。令既具，乃以濟州鉅野尉王曼爲指教官，先自京東路行之，諸路倣焉。六年，詔土色分五等，疑未盡，下郡縣物其土宜，多爲等，以期均當，勿拘以五。七年，詔從鄧潤甫之請，京東十七州選官四員，各主其方，分行郡縣，各以三年爲任。又詔每方差大甲頭二人、小甲頭三人，同集方户，令各認步畝，方田官驗地色，各勒甲頭、方户同定。詔災傷路分權罷。司農寺言：「乞下諸路及開封府界，除秋田災傷三分以上縣權罷外，餘候農隙。」河北西路提舉司言，乞通一縣災傷不及一分勿罷。

元豐元年，詔：「京東東路民訴方田未實，其先擇詞訟最多一縣，據各等第，酌中立税，候事畢無訟，即案以次縣施行。」

五年，開封府言：「方田法，取税之最不均縣先行，即一州而及五縣，歲不過兩縣。今府界十九縣，準此行之，十年乃定。請歲方五縣。」從之。其後必歲稔農隙乃行，而縣多山林者或行或否。

七年，京東東路提舉常平等事燕若古言：「沂、登、密、青州田訟最多，乞擇三五縣先方田。」詔候豐歲推行。

八年，帝知官吏奉行多致騷擾，詔罷方田。天下之田已方而見於籍者，至是二百四十八萬四千三百四十有九頃云。

五年，都水使者范子淵奏：「自大名抵乾寧〔五三〕，跨十五州，河徙地凡七千頃，乞募人耕植。」從之。先是，中書言：「黄河北流，今已淤斷，恩、冀下流，退皆田土，頃畝必多。深慮權豪横占，及舊地主未歸，乞詔河北轉運司，候朝廷專差朝臣同司職官同立標識，方許受狀，定租給授。」

天下總四京一十八路，田四百六十一萬六千五百五十六頃，内民田四百五十五萬三千一百六十三頃六十一畝，官田六萬三千三百九十三頃。

右此元豐間天下墾田之數，比治平時所增者二十餘萬頃。按：前代混一之時，漢元始定墾田八百二十七萬五百餘頃〔五四〕，隋開皇時墾田一千九百四十萬四千餘頃，唐天寶時應受田一千四百三十萬八千餘頃〔五五〕，其數比之宋朝或一倍，或三倍，或四倍有餘。雖曰宋之土宇北不得幽、薊，西不得靈、夏，南不得交趾，然三方之在版圖，亦半爲邊障屯戍之地，墾田未必多，未應倍蓰於中州之地。然則其故何也？按：治平會計録謂田數特計其賦租以知其頃畝，而賦租所不加者十居其七，率而計之，則天下墾田無慮三千餘萬頃。蓋祖宗重擾民，未嘗窮按，故莫得其實。又按：食貨志言天下荒田未墾者多，京西唐、鄧尤甚〔五六〕，至治平、熙寧間，相繼開墾，然凡百畝之田〔五七〕，起税止四畝，欲增至二十畝，則言者以爲民間苦賦重，再至轉徙，遂不增。以是觀之，則田之無賦税者，又不止於十之七而已。蓋田數之在官者，雖劣於前代，而遺利之在民多矣，此仁厚之澤所以度漢唐歟！

二税：熙寧十年見催額五千二百一萬一千二十九貫、石、疋、斤、兩、領、團、條、角、竿。

夏税一千六百九十六萬二千六百九十五貫、疋等：内銀三萬一千九百四十兩，錢三百八十五萬二千八百一十七貫，斛斗三百四十三萬五千七百八十五石，疋帛二百五十四萬一千三百疋，絲綿五百八十四萬四千八百六十一兩。雜色茶、鹽、蜜、麴、麩、麵、椒、黄蠟、黄蘗、甘草、油子、菜子、藍、紙、苧麻、楠木、柴、茆、鐵、地灰、紅花、麻皮、鞋、板、瓦。百二十五萬五千九百九十二斤、兩、石、角、筒、秤、張、塌、條、檐、團、束、量、口。

秋税三千五百四萬八千三百三十四貫、匹等：内銀二萬八千一百九十七兩，錢一百七十三萬三千二貫，斛斗一千四百四十五萬一千四百七十二石，疋帛一十三萬一千二十三疋，綿五千四百九十五兩，草一千六百七十五萬四千八百四十四束。雜色茶、鹽、酥、蜜、青鹽、麴、油、椒、漆、蠟、棗、苧麻、柿子、木板、瓦、麻皮、柴、炭、蒿、茅、茭、草、蒲席、鐵、翎毛、竹、木、蘆蕟、鞋。一百九十四萬四千三百一斤、兩、石、口、根、束、領、莖、條、竿、隻、檐、量。

開封府界田一十一萬三千三百三十一頃六十七畝，官田五百一十六頃六十四畝，見催額四百五萬五千八十七貫、石、疋、兩、束、量。夏税九十九萬八千九百二十四貫、石、疋、兩、束、量。秋税三百五萬六千一百六十三貫、石、束、斤、量、兩。

京東路田二十五萬八千二百八十四頃六十畝，官田八千九百九頃一畝，見催額三百萬九百一貫、疋、兩、石、束、量。夏税一百五十五萬五千八百八十貫、疋、兩、石。秋税一百四十四萬五千二十一貫、石、束、量。

京西路田二十萬五千六百二十六頃三十八畝，官田七千二百八頃八十八畝，見催額四百六萬三千八百七十貫、石、疋、兩、量、角、束。夏税一百四十四萬九百三十二貫、石、疋、兩、量、角、箇。秋税二百六十二萬二千九百三十八貫、石、疋、束、量、兩、箇。

河北路田二十六萬九千五百六十頃八畝，官田九千五百六頃四十八畝，見催額九百一十五萬二千貫、石、疋、兩、量、斤、束、端〔五八〕。夏税一百三十九萬三千九百八十三貫、石、疋、兩、量、斤。秋税七百七十五萬八千一百七貫、疋、石、斤、束。

陝府西路田四十四萬五千二百九十八頃三十八畝，官田一千八百五頃二十二畝，見催額五百八十萬五千一百一十四貫、石、疋、端、兩、斗、量、口、斤、根、束。夏税一百一十一萬一百五貫、石、疋、端、兩、斗、量、口、斤。秋税四百六十九萬五千九貫、石、疋、端、量、束、斤、口、根。

河東路田十萬二千二百六十七頃三十畝，官田九千四百三十九頃三十畝，見催額二百三十七萬二千一百八十七貫、石、疋、量、兩、斤、束。夏税四十萬三千三百九十五貫、疋、石、兩、量。秋税一百九十六萬八千七百九十二貫、石、疋、量、兩、斤、束。

淮南路田九十六萬八千六百八十四頃二十畝，官田四千八百八十七頃一十三畝，見催額四百二十二萬三千七百八十四貫、石、疋、兩、斤、秤、角、量、領、束。夏税二百五十五萬八千二百四十九貫、石、疋、兩、斤、秤、角、量。秋税一百六十六萬五千五百二十五貫、石、疋、束、領、量。

兩浙路田三十六萬二千四百七十七頃五十六畝，官田九百六十四頃四十二畝，見催額四百七十九萬九千一百二十二貫、石、疋、兩、領。夏稅二百七十九萬七百六十七貫、石、疋、兩。秋稅二百萬八千三百五十五貫、石、疋、領。

江南東路田四十二萬一千六百四頃四十七畝，官田七千八百四十四頃三十一畝，見催額三百九十六萬三千一百六十九貫、石、疋、兩、斤、束、領。夏稅二百萬四千九百四十七貫、石、疋、兩、斤。秋稅一百九十五萬八千二百二十二貫、石、束、疋、領、斤。

江南西路田四十五萬四百六十六頃八十九畝，官田一千七百六十四頃五十七畝，見催額二百二十二萬六百二十五貫、疋、石、兩、斤、領〔五九〕。夏稅七十四萬八千七百二十八貫、疋、石、兩、斤。秋稅一百四十七萬一千九百三十七貫、石、斤、領。

荊湖南路田三十二萬四千二百六十七頃九十六畝，官田七千七百七十二頃五十九畝，見催額一百八十一萬六千六百一十二貫、石、疋、串、斤、束、莖、兩。夏稅四十四萬八千三百六十四貫、石、疋、兩、串、斤。秋稅一百三十六萬八千二百四十八貫、石、疋、斤、束、莖。

荊湖北路田二十五萬八千九百八十一頃二十九畝，官田九百三頃七十八畝，見催額一百七十五萬六千七十八貫、石、疋、兩、張、量、塌、條、束、斤、領、竿、隻〔六〇〕。夏稅五十一萬五千二百七貫、石、疋、兩、張、量、塌、條。秋稅一百三十六萬八千二百四十八貫、石、疋、斤、束、莖。

福建路田一十一萬九百一十四頃五十三畝，官田五頃三十七畝，見催額一百一萬六百五十貫、石、疋、斤〔六一〕。夏稅一十八萬六千二百九十二貫、石、疋、斤。秋稅八十四萬四千三百五十八貫、石。

成都府路田二十一萬六千六十二頃五十八畝〔六二〕，官田六十五頃一十九畝，見催額九十二萬六千七百三十二貫、石、疋、兩、張、斤、擔。夏税七萬五千八百貫、石、疋、兩、張、斤。秋税八十五萬九百三十二貫、石、疋、束、斤、擔。

梓州路田爲山崖，難計頃畝，見催額八十三萬四千一百八十七貫、石、疋、兩、斤、擔、束、量〔六三〕。夏税二十三萬八千九百八十三貫、石、疋、兩、斤、擔。秋税五十九萬三千二百四貫、石、疋、束、量、斤、擔。

利州路田一萬一千七百八十一頃五畝，官田一千九十九頃八十四畝，見催額六十六萬五千三百六貫、石、疋、兩、斤、束等。夏税一十八萬六千七百二十四貫、石、疋、兩、斤。秋税四十七萬八千五百八十二貫、石、疋、束、斤。

夔州路田二千二百四十四頃九十七畝，官田二百二十三畝，見催額一十四萬一千一百八十二貫、石、疋、兩、團、斤、角、束〔六四〕。夏税七萬四千二百九貫、石、疋、兩、團、斤、角。秋税六萬六千八百七十三貫、石、疋、束。

廣南東路田三萬一千一百八十五頃一十八畝，官田二百七十頃七十二畝，見催額七十六萬五千七百一十五貫、疋、斤、石。夏税一十三萬五千七百六十四貫、疋、斤。秋税六十二萬九千九百五十一貫、石。

廣南西路田一百二十四頃五十二畝，官田四百二十七頃二十八畝，見催額四十三萬八千六百一十八貫、石、斤、束、領。夏税九萬五千三百四十二貫、石、斤。秋税三十四萬三千二百七十六貫、石、束、領、斤。

右以上係元豐間檢正中書户房公事畢仲衍投進中書備對内所述天下四京一十八路墾田并夏、秋二税見催額數目，國朝會要及四朝食貨志並不曾登載如此詳密，故録於此。

## 校勘記

〔一〕自武穆王鏐常重斂以事奢侈　「常」下原衍「理」字，據讀史管見卷二九、新五代史卷六七吴越世家删。

〔二〕少者猶積數十　「十」字原脱，據讀史管見卷二九、新五代史卷六七吴越世家補。

〔三〕官授鹽二斤　「二」原作「一」，據馮本及下文改。

〔四〕余考東齋記事載夏秋沿納之物　「齋」原作「齊」，據馮本改。

〔五〕除苛解蹺　「蹺」原作「饒」，據元本、慎本改。

〔六〕田税每斛更輸二升　「升」原作「斗」，據舊五代史卷一〇七王章傳、資治通鑑卷二八九後漢紀四乾祐三年十一月甲子條改。

〔七〕身所以貴而遂殺者　「遂」原作「自」，據讀史管見卷二九改。

〔八〕約每歲民間所輸牛皮　「輸」原作「收」，據資治通鑑卷二九一後周紀二廣順二年十一月癸酉條改。

〔九〕悉令輸官受直　「官」原作「國」，據資治通鑑卷二九一後周紀二廣順二年十一月癸酉條改。

〔一〇〕五周年内歸業者三分交還一分　十三字原脱，據五代會要卷二五逃户、册府元龜卷四九五邦計部田制補。

〔一一〕今觀周世宗顯德二年射佃逃田詔敕　「二」原作「三」，據容齋三筆卷九射佃逃田改。

〔一二〕秋税以十月一日起徵　「以」原作「至」，據資治通鑑卷二九三後周紀四顯德三年冬十月丙子條、册府元龜卷四八八邦計部賦税二改。

〔一三〕不得夾帶粉藥　六字原脱，據五代會要卷二五雜録、册府元龜卷五〇四邦計部絲帛補。

〔一四〕允屬推公 「推」原作「惟」，據元本、慎本、馮本及五代會要卷二五租税、册府元龜卷四九五邦計部田制改。

〔一五〕康定元年三月 「康定」二字原倒，按宋無「定康」年號，惟仁宗曾以康定紀年。本文叙事在真宗咸平與神宗熙寧之間，其爲仁宗時事無疑，故乙正。

〔一六〕每貫見收錢上增作二十三文足 「見收」二字原倒，據元本、慎本、馮本乙正。

〔一七〕紬不滿半疋 「不滿半疋」四字原脱，據宋史卷一七四食貨志上二、宋會要食貨七〇之三至七〇之四補。

〔一八〕每民租二百石輸牛革一準錢千五百 據續資治通鑑長編（以下簡稱長編）卷一三開寶五年三月乙酉條，「二百」作「二十」，無「千」字。疑本條失書「開寶五年」紀年。

〔一九〕金估高而傷官 「官」原作「金」，據宋史卷一七四食貨志上二改。

〔二〇〕元限見後唐天成四年 「四」字原脱，據舊五代史卷一四六食貨志、五代會要卷二五租税補。

〔二一〕令諸路知州通判 「令」原作「今」，據文義改。

〔二二〕當悉蠲之 「當」字原脱，據長編卷三七至道元年二月丁酉條補。

〔二三〕今京畿周環三二十州 「三二十州」，宋史卷一七三食貨志上一作「二十三州」。

〔二四〕地之墾者十纔一二 「十纔一二」，宋史卷一七三食貨志上一、長編卷四〇至道二年七月庚申條作「十纔二三」。

〔二五〕能撫民役衆者爲副 「民」原作「字」，據長編卷四〇至道二年七月庚申條改。

〔二六〕實無補於捐瘠 「捐瘠」原作「損益」，據宋史卷一七三食貨志上一、長編卷四〇至道二年七月庚申條改。

〔二七〕並立條制 「立」原作「令」，據宋史卷一七三食貨志上一、長編卷四〇至道二年七月庚申條改。

〔二八〕斯實敦本化人之宏略也 「略」原作「量」，據元本、慎本、馮本及長編卷四〇至道二年七月庚申條改。

〔二九〕依時價折估　「價」字原脱，據宋史卷一七三食貨志上一、長編卷四〇至道二年七月庚申條補。

〔三〇〕以成數關白户部　「關」原作「開」，據宋史卷一七三食貨志上一、長編卷四〇至道二年七月庚申條改。

〔三一〕按行陳許蔡潁襄鄧唐汝等州　「潁」原作「穎」，據局本及宋史卷一七三食貨志上一、長編卷四〇至道二年七月庚申條改。

〔三二〕州縣別置籍抄上　「上」原作「土」，據元本、慎本、馮本及宋會要食貨一之一七改。

〔三三〕其官中放收要用田土　「收」字在此難解，疑爲「牧」字之誤。

〔三四〕請田户長吏常切安撫　「長吏」二字原倒，據宋會要食貨一之一七乙正。

〔三五〕止於本州軍輸納　「納」字原脱，據宋會要食貨七〇之六、長編卷六九大中祥符元年五月庚辰條補。

〔三六〕詔諸州所須繁碎物輒便以正税折科者皆罷　「輒」原作「折」，據宋會要食貨七〇之六改。「科」原作「斛」，據元本、慎本、馮本改。

〔三七〕詔諸路農器悉免輸算　「詔」字原脱，據宋會要食貨一之一八、長編卷八一大中祥符六年七月癸卯條補。

〔三八〕天下墾田二百九十五萬三千三百二十頃六十畝　「三千」，宋史卷一七三食貨志上一作「二千」。

〔三九〕鰜　宋會要食貨七〇之一此下有一空格。

〔四〇〕四曰竹木麻草芻萊　「萊」原作「菜」，據宋史卷一七四食貨志上二改。

〔四一〕歲賦其類有五　「賦」原作「時」，據元本、慎本、馮本及宋史卷一七四食貨志上二改。

〔四二〕百日復業　「日」原作「司」，據宋史卷一七三食貨志上一改。

〔四三〕四百四十萬餘頃　「萬餘」二字原倒，據宋史卷一七三食貨志上一乙正。

〔四四〕與大理寺丞郭諮以千步方田法括定民田　「民」原作「名」，據宋史卷一七四食貨志上二改。

〔四五〕民計田輸賦外　「田」原作「曰」，據元本、慎本、馮本及宋史卷一七四食貨志上二改。

〔四六〕他物各以其數計　「計」字原脱，據宋史卷一七四食貨志上二補。

〔四七〕御史翟思言　「思」原作「恩」，據宋史卷一七四食貨志上二改。

〔四八〕宜戒飭使者　「飭」原作「飾」，「使者」二字原脱，據宋史卷一七四食貨志上二改補。

〔四九〕隨功利大小酬賞　「功利」二字原脱，據宋史卷一七三食貨志上一補。

〔五〇〕河東户等以桑之多寡爲高下　「户等」二字原倒，據宋會要職官四二之三、長編卷一八〇至和二年七月丁巳條乙正。

〔五一〕詔司農寺以方田均税條約并式頒之天下　「寺」及「方田」三字原脱，據長編卷二三七熙寧五年八月末條補。

〔五二〕縣各以其祖額税數爲限　「祖」原作「租」，據元本及皇朝編年綱目備要卷一九改。

〔五三〕自大名抵乾寧　「名」原作「明」，據宋史卷一七三食貨志上一改。

〔五四〕漢元始定墾田八百二十七萬五百餘頃　「五百」原作「五千」據馮本及本書卷一田賦考一、通典卷一食貨典一改。

〔五五〕唐天寶時應受田一千四百三十萬八千餘頃　通典卷二食貨典二、册府元龜卷四九五邦計部田制作「天寶中應受田一千四百三十萬三千八百六十二頃十三畝」。

〔五六〕京西唐鄧尤甚　「西」原作「襄」，據宋史卷一七三食貨志上一改。

〔五七〕然凡百畝之田　「田」原作「内」，據元本、慎本、馮本改。

〔五八〕見催額九百一十五萬二千貫石疋兩量斤束端　據注文夏税與秋税相加數爲九百一十五萬二千九十。

〔五九〕見催額二百二十二萬六百二十五貫疋石兩斤領　據注文夏税與秋税相加數爲二百二十二萬六百六十五。

〔六〇〕見催額一百七十五萬六千七十八貫石疋兩張量塌條束斤領竿隻　據注文夏税與秋税相加數爲一百八十八萬三千四百五十五。

〔六一〕見催額一百一萬六百五十貫石疋斤　據注文夏税與秋税相加數爲一百三萬六百五十。

〔六二〕成都府路田二十一萬六千六十二頃五十八畝　「府」字原脱，按宋無「成都路」而有成都府路，見宋史卷八九地理志五，此處顯脱「府」字，據補。

〔六三〕見催額八十三萬四千一百八十七貫石疋兩斤擔束量　據注文夏税與秋税相加數爲八十三萬二千一百八十七。

〔六四〕見催額一十四萬一千一百八十二貫石疋兩團斤角束　據注文夏税與秋税相加數爲一十四萬一千八十二。

# 卷五　田賦考五

## 歷代田賦之制

哲宗元祐初，御史論陝西轉運使呂大中假支移之名〔一〕，實令農户斗輸脚錢十八〔二〕，百姓苦之。乃下提刑司體量，均其輕重之等：以税賦户籍在第一、第二等者支移三百里〔三〕，第三等、第四等二百里，第五等一百里。不願支移而願輸道里脚錢者，亦酌度分爲三，各從其便焉。

六年，用有司議，河東助軍糧草，支移無得踰三百里〔四〕。災傷五分以上，免其折變。

紹聖元年，臣僚言：「元祐敕，典賣田宅，遍問四鄰，乃於貧而急售者有害。乞用熙寧、元豐法，不問鄰以便之。應問鄰者，止問本宗有服親，及墓田相去百户内與所斷田宅接者，仍限日以節其遲。」宋初，亦有問親鄰之法。

徽宗崇寧三年，宰臣蔡京等請復行方田，從之。推行自京西、河北兩路始〔五〕。

四年，尚書省言：「諸妄説方田條法，扇惑愚民，致賤價賣斷田業，或毀伐桑柘者，杖以曉衆。」從之。監察御史宋聖寵言：「元豐方田之法，廢且二十年，猾吏毀去案籍，豪民毀壞埄界，乞按視補葺。」詔行下。

七月，詔：「方田路分，令提舉司視税最不均縣，每州歲方一縣或兩縣，遇災傷權罷。」知開封府太康縣李百宗上言：「州縣官吏有苟簡懷異之人，往往以本縣豐熟妄爲災傷，以避推行。或有好進之徒，以人户實被災傷妄爲豐熟，務要邀求恩賞，殊不能體朝廷使民之美意。乞覺察禁治。」從之。

五年，詔：「諸路見行方田，切慮民間被方不均，公吏騷擾乞取難禁，除已方外權罷。」

大觀二年，詔復行方田。

四年，詔：「去歲諸路災傷，應已經方量而高下失當，見有陳訴，未爲畢事，合依，已命權罷〔六〕。其賦税，依未方時舊則輸納。」又詔：「方田官吏非特妄增田税，又兼不食之山而方之，俾出芻草之直，民户因此廢業失所。監司其推原本制，悉加改正，毋失其舊。」

政和三年〔七〕，河北西路提舉常平司奏：「所在地色極多，不下百數，及至均税，不過十等。第一等雖出十分之税，地土肥壤，尚以爲輕；第十等只均一分，多是瘠鹵，出税雖少，猶以爲重。若不入等，而依條只收柴蒿錢，每頃不過百錢至五百。既收入等，但可耕之地便有一分之税，其間下色之地與柴蒿之地不相遠，乃一例每畝均税一分，上輕下重，故人户不無詞訴。欲乞依條據土色分外，只將第十等之地再分上、中、下三等，折畝均數。謂如第十等地，每十畝合折第一等一畝，即第十等内上等依元數，中等以十五畝，下等以二十畝折地一畝之類是也。」詔諸路概行其法。

五月，臣僚上言：「朝廷推行方田之初，外路官吏不遵詔令，輒於舊管税額之外增出税數，號爲『蹙剩』，其多有一邑之間及數萬者。欲望下逐路提舉司，將應有增税縣分，並依近降指揮，重行方量，依條均定税數，不得於元額外别有增損。」詔令提刑司體量詣實聞奏〔八〕。

大觀二年，詔：「天下租賦科撥支折，當先富後貧，自近及遠。乃者漕臣失職，有不均之患，民或受害，其定爲令。」所謂支移，視地遠近，遞遷有無，以便邊餉，内郡罕用焉。間有移用〔九〕，則任民以所費多寡自擇，故或輸本色於支移之地，或輸脚費於所居之邑。折變之法，納月初旬估中價折準，仍視歲豐凶定物之低昂，俾官吏毋得私其輕重〔一〇〕。

初，京西舊不支移，崇寧中，將漕者忽令民曰：「支移所宜同也，今特免；若地里脚錢則宜輸。」自是歲以爲常。脚錢之費，斗爲錢五十六，比元豐既當正歲之數，而反覆紐折，數倍於昔。農民至鬻牛易産猶不能繼，漕司乃用是取辦理之譽，言者極論其害。政和元年〔一一〕，遂詔支移而所輸地里脚錢不及斗者，免之。尋詔五等户税不及斗者，支移皆免。

重和間，言者謂：「物有豐匱，價有低昂，估豐賤之物，俾民輸送，折價既賤，輸官必多，則公私之利〔一二〕。而州縣之吏，但計一方所乏，不計物之有無，責民所無，其費無量〔一三〕。至於支移，徙豐就歉，理則宜然。豪民贓吏，故徙歉以就豐，挾輕貨以賤價輸官，其利自倍。而下貧之户各免支移，估直既高，更益脚費，視富户反重。因之逋負，困於追胥。又非法折變，既以絹折錢，又以錢折麥。以絹較錢，錢倍於絹；以錢較麥，麥倍於錢〔一四〕。展轉增加，民無所訴。」前後奏請，帝必爲之申禁且定法，而有司終不承惻怛之意焉。

宣和元年，臣僚言：「方田以均天下之税，神考良法，陛下推行，今十年，告成者六路，可謂緩而不迫矣。御史臺受訴，乃有二百餘畝方爲二十畝者，有二頃九十六畝方爲七十畝者〔一五〕，虔州之瑞金是也。有租税一十三錢而增至二貫二百者，有租税二十七錢則增至一貫四百五十者，虔之會昌是也。蓋方量官憚於跋履，並不躬親，而行纏拍峰〔一六〕，驗定土色，一任之胥吏。望詔常平使者密行檢察，若未按舉，他時有訴不平，則明加貶黜改正。」詔令諸路提刑司體問。

二年，詔罷諸路方田。又詔：「自今諸司毋得起請方田。諸路未方田縣分已方量，賦役不以有無論訴，悉如舊額輸税。民因方田而逃移歸業者，逋欠並放。」

高宗紹興元年，江西、湖南安撫大使朱勝非言〔一七〕：「民間之病，正税外科敷煩重。税米一斛有輸至五六斛，税錢一緡有輸及七八緡者〔一八〕，和糴與正税等，而未嘗支錢。他皆類此。」又言：「輸苗請以限前聽民從便納早占米充支用。」從之。江東帥臣李光言：「廣德縣秋苗舊納水陽鎮，鄉民憚遠。乞每一石貼三斗七升充脚剩，就本軍送納。自是立爲年額。」詔蠲其半。

六年，殿中侍御史周祕言：「昨朝廷展放淮南税限，聞州縣有收撮課子之例，夏則撮麥，秋則撮穀。又有助軍米、借牛租，名色不一〔一九〕，往往取至四五分。重斂如此，乃以愛惜民力欺朝廷，使百姓虚被放免之惠。蓋税賦則所取少而有限，收撮則所取多而無時，今欲信朝廷寬恤之令，寬百姓輸納之力，除已立定課子合官私中分外，餘宜一切禁止。」權發遣淮南兩路張成憲言：「還業之人税額未定，乞據實種頃畝權納課子二年〔二〇〕。」並從之。

七年〔二一〕，知揚州鼂公武言：「朝廷以沿淮荒殘，未行租税，民復業與創户者，雖阡陌相望，懼後來税重，聞之官者十纔見一二〔二二〕。昔晚唐民務稼穡則增其租，故播種少；吴越民墾荒田而不加税，故無曠土。望詔兩淮更不增賦，庶民知勸。」詔可。

二十年，用右正言章厦奏〔二三〕，詔州縣收納二税出剩數並附赤歷，無得撥歸公使庫。

二十三年〔二四〕，張守帥江西，奏請蠲積欠預和買、和糴，上欲行之，時秦檜爲相，方損度支爲月進〔二五〕，且日虞四方財用之不至，怒而不行。是時，兩浙州縣合納綿、紬，税絹、茶絹，雜錢、白米六色，皆以市價折錢，却别科米麥，有一畝地納四五斗者。京西根括隱田，增添租米，加重於舊。湖南有土户錢、折絁錢、醋息錢、麴引錢，名色不一。曹泳爲户部侍郎，又責荆南已蠲口賦二十餘萬緡甚急。檜晚年怒不可測，而泳其親黨，凶焰熾然。蓋自檜再相，密諭諸路暗增民税七八，嘗建言：國家經費，惟仰二税，間乞蠲免，理宜禁絶。雖經界之行，或謂但求括摘漏税，亦無實惠及民，故民力重困，饑死者衆，皆檜之爲也。

紹興三年，户部言：「人户抛棄田産，已詔三年外許人請射，十年内雖已請射及撥充職田者，並聽理認歸業，官司占田不還，許越訴。如孤幼兒女及親屬依例合得財産之人，委守令面問來歷，取索契照。如無契照，勾勒耆保鄰佐照證得實，即時給付，或僞冒指占者論如律。如州縣沮抑，及奉行不虔，隱匿曉示，委監司按治。」從之。

紹興二年，工部侍郎李擢言：「平江府東南有逃田，湖浸相連，塍岸久廢，歲失四萬三千餘斛。乞招誘流民疏導耕墾，其不可即工者蠲其額。又郡民之陷虜者，棄田三萬六千餘頃，皆掌以舊佃户，諸縣已立定租課，許以二年歸業。圭田瘠薄，民以舊籍爲病，願除其不可耕之田，損其已定過多之額。」後皆次第行之。此經界張本也。

十二年，左司員外郎李椿年言經界不正十害：一、侵耕失税；二、推割不行；三、衙前及坊場户虚供抵當〔二六〕；四、鄉司走弄税名；五、詭名寄産；六、兵火後税籍不信〔二七〕，争訟日起；七、倚閣不實；八、州縣隱賦多，公私俱困；九、豪猾户自陳，税籍不實〔二八〕；十、逃田税偏重，人無肯售。經界正則害可轉爲利。且言：「平江歲入，昔七十萬斛有畸，今按籍雖三十萬斛〔二九〕，然實入纔二十萬斛耳。詢之土人，皆欺隱也。望考按覈實，自平江始，然後施之天下，則經界正而仁政行矣。」椿年嘗知寧國縣，宣諭使劉大中薦其練習民事，稽考税額，各有條理。五年秋九月召對，椿年奏：「州縣不治，在不得人，若於二税稍加措置，不至失陷〔三〇〕，用度自足。」尋通判洪州，又還浙東提舉〔三一〕。八年春三月，三省奏：「台州有匿名書，稱椿年刻薄等事，欲率衆作過。」上曰：「兵火以來，官物多失陷，既差官檢察，若稍留心，便生誣毁，此必州縣吏所爲。萬一作過，當遣兵剿殺。」後卒無事。至是，乃建此議。上謂宰執曰：「椿年之論，頗有條理。」秦檜曰：「其説簡易可行。」程克俊曰：「比年百姓避役，止緣經界不正，行之，乃公私之利。」翌日甲午，以椿年爲兩浙運副，專委措置經界。椿年條畫來上，請先往平江諸縣，朱熹所謂「先自其家田上量起」者是也。俟其就緒，即往諸州，要在均平，爲民除害，更不增税額。如水鄉秋收後妄稱廢田者，許人告；陂塘塍埂之壞於水者，官借錢以修之；縣令、丞之才短者聽易。置圖寫墟畝，選官按覆，令各户各鄉造砧基簿，仍示民以賞罰，開諭禁防，靡不周盡。吏取財者論如法。

詔：「人户田産多有契書，而今來不上砧基簿者皆没官。」又詔：「州縣租税簿籍，令轉運司降樣行下，真謹書寫。如細小草書，官吏各科罪。其簿限一日改正，有欺弊者依本法。」並用椿年請也。

初，椿年置經界局於平江府，守臣周葵問之曰：「公今欲均賦邪，或遂增税也？」椿年曰：「何敢增税。」葵曰：「苟不欲增，胡爲言本州七十萬斛？」椿年曰：「當用圖經三十萬斛爲準。」倉部員外郎王循友言：「國家平昔漕江、淮、荆、浙六路之粟六百二十餘萬，加以和糴，而近歲上供纔二百八十餘萬。兩浙膏腴沃衍，無不耕之土，較之舊額，亦虧五十萬石。此蓋税籍欺隱，豪强詭挾所致。比漕臣建議正經界，朝廷從之，望敕諸路漕臣各根檢税籍。」

十四年，椿年權户部侍郎，仍舊措置經界。十二月，椿年以母憂罷，兩浙運副王鈇權户部侍郎〔三〕，措置經界。

十七年，李椿年再權户部侍郎，專一措置經界。自椿年去位，有司稍罷其所施行者，及是免喪還朝，復言：「兩浙經界已畢者四十縣，其未行處，若止令人户結甲，慮形勢之家尚有欺隱，乞依舊圖畫造簿，本所差官覆實。先了而民無争訟者推賞，弛慢不職者劾奏。」皆從之。椿年又言：「已打量及用砧基簿計四十縣，乞結絶。其餘未打量及不曾用砧基簿，止令結甲縣分，欲展期一月，許人户首實。昨已起新税，依額理納，俟打量寬剩畝角，即行均減，更不增添税額。仍令都内人各書諳實狀，遇有兩争，即對換産税。」並詔可。

十九年，詔：「汀、漳、泉三州據見今耕種田畝收納二税，未耕種者權行倚閣。」昉行經界法於諸路，而劇盜何白旗擾汀、漳諸郡，故有是旨。然汀在深山窮谷中，兵火之餘，舊籍無有存者，豪民漏稅，常賦十失五六，郡邑無以支吾，於是計口科鹽，大爲民害。是年冬十一月，經界之事始畢。

初，朝廷以淮東西、京西、湖北四路被邊，姑仍其舊，又漳、汀、泉三州未畢行。明年，詔瓊州、萬安昌化吉陽軍海外土産瘠薄，已免經界，其稅額悉如舊。又瀘南帥臣馮檝抗疏論不便，於是瀘叙州、長寧軍並免，渠果州、廣安軍既行亦復罷。自餘諸路州縣皆次第有成。二十一年，前權發遣臨江軍王伯淮代還〔三三〕，言：「本州倚郭清江縣修德鄉有稅錢四十餘貫，苗米四百餘石，人煙、田産並在筠州高安縣新豐鄉〔三四〕。上項苗稅，在經界法謂之『寫佃』，在鄉村謂之『包套』。經界既定，兩縣隨産認稅，於是清江有稅無田，高安有田無稅，清江不免以無田之稅增均於元額之田，高安即以無稅之田減均於元額之稅，是高安得偏輕之利，清江得偏重之害矣。謹按：國朝淳化癸巳歲，詔建臨江軍，取筠之瀟灘鎮爲清江縣，割高安之建安、修德兩鄉隸之。新豐與修德接壤，故有交鄉寫佃之弊，乞究實改正。」詔委轉運盧奎措置。

受納稅限　建炎四年，右諫議大夫黎確言：「近歲貪吏至與專庫分利，凡民户自詣官輸納夏稅〔三五〕，和買縑帛等，往往多端沮抑，不堪留滯之苦，則委之攬納之家而去。民有倍稱之出，官受濫惡之物。」詔物帛非紕疏濫惡，官吏過有抑退者，許越訴。

紹興三年，詔：「江、浙諸州縣帛及折帛錢，並以七月中旬到行在。不足者，守、貳竄黜。」用户部請也。四年，右司諫劉大中言：「契勘租稅條限，係五月半起催，八月半納畢，災傷放免，不盡者限一月。

祖宗以來，未之有改。今户部令七月終以前數足，迫促太甚。納畢者，人户送納到官之期也；起發數足者，諸州團併起發到行在之期也。且以道里遠近酌中言之，吉州陸路到臨安二十八程，水程倍之。若依此，則須五六月納足，豈不大段迫促？今户部不過以大禮賞格未足，上動朝廷，不知本部平時所管何事！平時蠹耗，未嘗講究；平時失陷，未嘗稽考；乃臨時畫旨促限，變亂祖宗舊制，全不恤民。夫祀所以爲民祈福也，迫取物帛，反爲民害，有傷和氣，有累聖德。」詔展限一月。二十五年，户部看詳，令文思院造一石斛斗，用火印，下諸轉運司，依式製造，付州縣行用輸納，庶免吏胥輕重其手，重爲民病。

紹興十年〔三六〕，臣僚言：「賦税之輸，止憑鈔旁爲信，穀以升，帛以尺，錢自一文以往，必具四鈔受納，親用團印：曰『户鈔』，則付人户收執；曰『縣鈔』，則關縣司銷籍；曰『監鈔』，則納監官掌之〔三七〕；曰『住鈔』，則倉庫藏之，所以防僞冒、備毁失也。今所在監、住二鈔廢不復用，而縣司亦不即據鈔銷簿，方且藏匿以要賂。望申嚴法令，戒監司、郡守檢察受納官司，凡户、縣、監、住四鈔皆存留，以備互照。」從之。

三十二年〔三八〕，詔：「諸縣人户已納税租鈔，和、預買紬絹之類同。不即銷簿者，當職官吏並科罪。人户賫出户鈔，不爲照使，抑令重納者，以違制論，不以赦原。著爲令。」

紹興二十六年，户部言：「今年人户畸零租税，欲令依法折納價錢，如願與别户合鈔送納本色者聽。」初，秦檜畫旨，不得合零就整。至是，鍾世明權侍郎，恐奉行抵捂擾民，乃奏行之。

預借　建炎四年，上初自海道回蹕，夏五月壬寅，用江浙制置司隨軍轉運劉濛議，於民間預借秋科苗米。壬子，御史沈與求奏罷之。

紹興五年，詔預借民户和買紬絹二分，止輸見緡，毋得抑納金銀。每千除頭子錢外，縻費毋過十文。

十九年，詔禁止鎮江府預借苗米。

支移折變　紹興二年，左司諫吴表臣言：「諸州折變有至數倍者，請今後並以中價紐估〔三九〕。」詔違法漕、憲各罰銅十斤。三年，詔婺州額上供羅並權折價錢，以州人言每歲輸納兩數太重故也。令二廣人户税租合支移者，量地里遠近遞趲，無得過三百里。四年，起西川布估錢〔四〇〕。初，成都崇慶府、彭漢邛州、永康軍六郡，自天聖間官以三百錢市布一疋，民甚便之，後不復予錢。至是，宣撫司又令民間每疋輸估錢三引，歲七十萬疋，估錢二百餘萬引。慶元初，累減至一百三十餘萬引。六年，右諫議大夫趙霈言：「岳州自版籍不存，不以田畝收税，惟種一石作七畝科敷，而反覆紐折，有至數十倍者。」詔本路憲臣體究改正。十年，明堂赦：「諸路州縣人户合納田税免收頭子、市利、船脚等錢。」十一年，臣僚言：「昨詔折帛錢以十分爲率，紬折二分，絹折三分，綿折五分，所以寬民力也。今州縣乃盡令折錢，却低價收買〔四一〕，以取出剩。民户積欠許逐年隨税帶納，今州縣乃一併督輸。乞詔有司禁約。」十八年，知蘄州吕延年代還，言：「五季時，江南李氏暴斂害民，江西一路税苗數外倍借三分，以應軍須。本朝官司名爲『沿納』，蓋謂事非創立，特循沿李氏舊法也。積歲既久，又以此項錢米支移折變，里巷之民，怨聲猶在。乞量與裁定，仍將沿納錢米免支移折變。」二十八年，右正言朱倬奏：「福建米斗折納八百有畸，倍於廣右；近饒州樂平縣亦科四百五十，恐别郡承風，有虧仁政。欲依祖宗折科法，合納初定實價，耗費共不得過百錢，非緊急無得折科。」從之。孝宗淳熙三年，劉邦翰、林樞奏：「湖北州縣請佃官田，未歸業人户見耕田，期以一年自陳，分三限起税；不實，許人告。」

臣僚言：「湖北人户廣占官田〔四二〕，量輸官賦，似爲過優，此議者所以開陳告之門，而欲從實起税也。不思朝廷往日經界，獨兩淮、京西、湖北仍舊。蓋以四路被邊，土廣人稀，誘之使耕，猶懼不至，若復履畝而税，孰肯遠徙力耕，以供公上之賦哉〔四三〕？今湖北惟鼎、澧地接湖南〔四四〕，墾田猶多，自荆南、安、復、岳、鄂、漢、沔，汙萊彌望猶昔，户口稀少，且非土著，皆江南狹鄉百姓，老耄携幼，遠來請佃，所籍田畝寬而税賦輕也。若立限陳首，誘人告訐，恐於公家無一毫之補，而良民有無窮之擾矣。且當誘以開耕，不宜恐以增税。使田疇盡闢，歲收滋廣，一遇豐稔年歲，平糴以實邊〔四五〕，則漕運所省亦博。望依紹興十六年詔旨，以十分爲率，每年增額一分，或不願開耕，即許退佃。期限稍寬，取之有漸，遠民安業，一路幸甚！」

浙西提舉顔師魯奏：「今鄉民間於閑曠磽确之地，積日累月，墾成田圍，用力甚勤，或未能以自陳起税，爲人告首，即以盗耕罪之，給半充賞，其何以勸力田者哉？」上曰：「農民開墾曠土，豈可以盗耕之法治之！可止令打量起税。」

七年夏，大旱。知南康軍朱熹應詔上封事言：「今日民間特以税重爲害，正緣二税之入，朝廷盡取以供軍，州縣無復贏餘，不免於二税之外别作名色巧取。今民貧賦重，惟有覈兵籍，廣屯田，練民兵，乃可以漸省列屯坐食之兵，稍損州縣供軍之數。使州縣事力漸舒，然後可以禁其苛斂，責其寬恤，庶幾窮困之民得保生業，無流徙之患。」

隆興元年，詔：「應人户拋下田屋，如有歸者依舊主，業已請佃者即時推還，出二十年無人歸認，依户絕法。」

又詔：「貧乏下户，或因賦税，或因饑饉逃亡，官司即時籍其田土，致令不復歸業。令州縣申嚴赦文五年之限〔四六〕，應歸業者即給還。」

受納税限　紹興三十二年，詔：「州縣受納秋苗〔四七〕，官吏並緣多收加耗，規圖濫數，肆爲奸欺，虚印文鈔給與人户，民間相傳，謂之『白鈔』。方時艱虞，用度未足，欲減常賦而未能，豈忍使貪贓之徒重爲民蠹？今後違犯官吏並坐重典，仍没其家。」此孝宗即位初詔。

乾道七年，修受納苗米縱吏乞取法，受納官比犯人減一等，州縣長官不覺察，同罪。

淳熙四年，執政奏：「往年諫官論州縣先期趣辦催科之弊，而户部長、貳執奏不行，謂遞年四月五日合到行在折帛錢〔四八〕，共六十一萬貫〔四九〕，指擬支遣，若不預催，恐致缺課。」上曰：「既是違法病民，朝廷須作措置，安可置而不問？」次日，奏：「户部每年八月於南庫借六十萬緡應副支遣，次年正月至三月撥還。今若移此六十萬緡於四月上旬支借，則户部自無缺用〔五〇〕，可以禁止預催之弊。」上喜曰：「如此措置，不過移後就前，却得民力少寬，於公私俱便。」乃詔諸路州縣並依條限催理二税，違者劾奏。十三年，趙汝愚守成都，民當輸納，使自概量，各持羨米去，民甚便之。

淳熙十一年，詔：「受納綿並依法：夏税重十二兩，和買重十一兩，毋得過行揀擇。如有紕疏糊藥合退者，勿用油墨印，違許越訴。」

受納稅糧　十二年，臣僚言：「州郡取民無制，其尤害民者，改鈔一事也。縣以新鈔輸之州，州改爲舊鈔以受之。夫一歲止有一歲之財賦，一政止有一政之財賦，顧乃今歲所輸，改以補去歲之虧，甚者以補數歲之缺；後政所輸，改以償前政之欠，甚者以償累政之欠。而廣右有此弊，而江、浙此弊尤甚也。伏乞禁戢州郡，今後毋得改鈔。」詔付户部。

光宗紹熙元年，祕書監楊萬里上言：「民輸苗則以二斛輸一斛；稅絹則正絹外有和買，而官未嘗給直〔五一〕，又以絹估直而倍折其錢。舊稅畝一錢輸免役一錢，今歲增其額，不知所止。既一倍其粟，數倍其帛，又數倍其錢〔五二〕，而又有月樁錢〔五三〕、板帳錢，不知幾倍於祖宗之舊，又幾倍於漢、唐之制乎。此猶東南之賦可知者也，至於蜀賦之額外無名者，不得而知也。陛下欲薄賦斂，當節用度，而後財可積，國可足，然後賦可減，民可富，邦可寧。不然，臣未知其所終也！」

時金主璟新立，萬里迓使客於淮，聞其蠲民間房園地基錢，罷鄉村官酒坊，減鹽價，又除田租一年，竊仁義以誑誘中原之民，使虛譽達於吾境，故因轉對而有是奏。

臣僚言：「今州縣守令皆以財賦爲先，不以民事爲意。上供有常額，而以出剩爲能；省限有定期，而以先期爲辦；斛、斗、升、合所以准租，而對量加耗；尺、寸、銖、兩所以均稅，而展取畸零。不求羨餘之獻，則爲乾没之謀，民財既竭，民心亦怨，饑寒迫之，不去爲盜者鮮矣！」

紹熙元年〔五四〕，臣僚言：「諸路逃絶田産，自經界以來，今四十年，未聞一丁一户復業。夏秋官課，州責之縣，縣責之保、正長，其爲擾甚大。鄉村父老謂當春時布種，無一畝一角不耕之地。望下諸路縣道，勒令鄉胥指定逃田坐落，就令見耕種人請佃輸官。」從之。

知漳州朱熹奏言：「經界最爲民間莫大之利，紹興已推行處，圖籍尚存，田税可考，貧富得實，訴訟不繁，公私兩便。獨漳、泉、汀三州未行，細民業去税存，不勝其苦，而州縣坐失常賦，日朘月削，安可底止！臣不敢先一身之勞佚，而後一州之利病，切獨任其必可行也。然行之詳則足爲一定之法，行之略則適滋他日之弊，故必推擇官吏，委任責成；打量畝步，算計精確；攢造圖帳，費從官給；隨産均税，特許過鄉通縣均紐〔五五〕，庶幾百里之内，輕重齊同。本州有産田，有官田，有職田，有學田，有常租課田，名色不一，税租輕重亦各不同。比來吏緣爲姦，實佃者或申逃閣，無田者反遭俵寄。今欲每田一畝隨九等高下定計産錢幾文，而總合一州諸色税租錢米之數，以産錢爲母，每一文納米幾何錢幾何〔五六〕，只就一倉一庫受納。既輸之後，却照元額分隸爲省計，爲職田，爲學糧，爲常平，各撥入諸色倉庫。除二税簿外，每三年鄉造一簿，縣造都簿，通載田畝産錢實數，送州印押，付縣收管，民有交易，對行批鑿，則版圖一定，而民業有經矣。又有廢寺閒田爲人侵占，許本州召人承買，不惟田業有歸，亦免税賦失陷，又合韓愈氏『人其人，廬其居』之遺意。但此法之行，貧民下户皆所深喜，然不能自達其情；豪家猾吏實所不樂，皆善爲辭説，以惑群聽；賢士大夫之喜安静、厭紛擾者，又或不深察而望風沮怯，此則不能無慮。今已仲秋，向去農隙只有兩月，乞即詔監司州郡施行。」又貽書宰輔云：「經界事講究巨細本末，不敢不盡，規畫措置，十已八九。蓋以本州田税不均，州縣既失經常之入，至取所不應取之財，以足歲計，如縣科罰，州賣鹽之類是也。上下莫能相正，窮民受害，有不忍聞。若不經界，實無措手。」先是，漳、泉二州被命相度，而泉州操兩可之説，朝廷疑焉。著作郎黄艾輪對，又言之，且云：「今日以天下之大，公卿百官之衆，商量一經界，累年而不成，大於此者若之何！」上乃諭輔臣令先行於漳州。明年春，詔漕臣陳公亮同熹協力奉行，南方地暖，農務既興，非其時也。熹猶冀嗣歲可行，益加講究，每謂：「經界半年可了，以半年之勞，而革數百年之弊，向後亦須五十年未壞，合令四縣作四樓以貯簿籍，州作一樓以貯四縣圖帳。」條畫既備，徧榜郡境，細民知其不擾而利於己，莫不鼓舞，而貴家豪右占田隱税、侵漁貧弱者，胥爲異論以摇之，至有進狀言不便者，前詔遂格。閲兩月，熹請祠去，尋命持湖南使者節，猶以經界不行自劾，議者惜之。

預借　乾道三年，知常州錢建入對，奏：「縣令佐、税役、鄉胥，陪貼錢物，至借貸税户，暗銷官物，洎監司、州郡催督，又貼大胥以緩之，所以版曹財賦每每不足，其患起於細微，而所侵蠹甚大。」上然之。

淳熙十六年，兩浙轉運使耿秉奏，宜興縣預借今年、明年折帛錢共三萬一千二百餘貫，望與除豁。詔令封樁庫照數支還會子，付本縣理還，今後再有預借，并知、通坐之。又詔令南庫支還户部所借江山縣折帛錢，其諸縣預借，並令各州措置補還，庶絶其弊。

嘉定五年，臣僚言：「預借非法也。頑民、豪户易預借之名，而以寄庫爲説。當催夏絹，則曰有錢在官；及督秋苗，則曰未曾倒折。所寄者一半，而所逋者亦一半。今預借之弊在在有之，而江西特甚，乞嚴切禁止。預借之弊除，而輸納之名正〔五七〕。」從之。

臣僚言〔五八〕：「四川州縣二税積欠，其弊在吏。如去年預借今年秋科，今年預借明年夏科，有給鈔而不銷簿者，有盜印鈔而匿財者，有私立領據而官不受理者〔五九〕，有公吏攬取而不歸公上者。一遇赦恩，吏之罪釋然，而民之憂如故。乞下諸路遵守條約，毋得預借。」詔制、總兩司覺察。

四川宣撫虞允文言〔六〇〕：「州縣預借人户税賦，合於總領所樁管，添造錢引三百萬貫，委制、總及漕臣考覈實數補填。自今後預借，官以違制論，吏以盜論。」從之。

支移折變 隆興三年，太府少卿魯訔奏：「乞下户部將折帛以疋計者爲錢有幾，以尺計者爲錢有幾，自來全折錢處依舊外，餘丁鹽、綿、絹及下户不成疋兩者盡折錢。蓋零細者利於納錢，端疋者利於納絹，出産去處便於本色，不出産去處便於折錢。若以見價紐折，其直必輕，則折帛之弊可革。請下諸路運司條約州縣，劾其違者。」詔可。又詔今後折帛銀並依左藏庫價折納，不得輒有減降。

淳熙八年，詔申嚴許從民便之制，若願納本色，州縣勒令折錢，或願納價錢，攬户過數乞取，許詣轉運司訴。

嘉泰三年，知紹興府辛棄疾奏：「州縣害農之甚者六事，如輸納歲計有餘，又爲折變高估趣納其一也。往時有大吏爲郡四年，多取斗面米六十萬斛及錢百餘萬緡，别貯之倉庫，以欺朝廷曰『用此錢糴此米』，還盜其錢而去。願明詔内外臺察劾無赦。」從之。嘉定三年，江、淮制置使黄度奏：「福州長溪縣去州七八百里，苗米不能至州送納，遂爲攬户高價售鈔，縣又縱吏爲姦。請照紹興府新昌縣例，明許折納，縣以錢上之州，州置場糴米。」從之。其後諫議大夫鄭昭先奏：「福州苛取十一縣輸納之贏，以補長溪折納之數，是僅免長溪一邑跋涉之勞，而使十一縣陰受侵漁之害。蓋米可無糴，錢可無出，而自足支遣。

望嚴行約束，違者重坐之。」紹熙元年，臣僚言：「古者賦租出於民之所有，不强其所無，如税絹出於蠶，苗米出於耕是也。今一倍折而爲錢，再倍折而爲銀。銀愈貴，錢愈艱得，穀愈不可售，使民賤糶而貴折，則大熟之歲反爲民害。願明詔州郡，凡多取而多折者，重寘於罰。」從之。

慶元六年，臣僚言：「折科太重，名目不一，州則增省額以敷於縣，縣則增州額以敷於民，反覆紐折〔六二〕，何啻三倍！民困重斂，莫此爲甚。」詔户部條約。

寧宗嘉定六年，監察御史倪千里言：「民間常賦，丈尺版籍，自有定數。今催科故存畸欠，異日却追畸零，或欠零寸，必納全尺，此畸税漏催之弊。帛之尺寸，米之合勺，剗刷根括，秋毫盡矣，乃於既足之餘，復有重催之害，一追再追，乞取浩瀚。此文引乞覓之弊。乞詔諸監司禁戢州縣，措置更革，奉行不虔者劾治。」從之。

代輸　隆興二年，知贛州趙公稱收到寬剩錢十萬餘緡，請爲民代輸今年夏税。乾道二年，知邵州李元老奏，節省剩錢五十餘貫，乞理納向後年分下户税賦。

淳熙五年，知昭州王光祖將郡計餘剩爲民送納夏料役錢。知隆興府張子顔爲八縣人户代輸二税舊欠。知江陰軍林元奮將公使庫趲到錢補足人户所欠上供本色夏税。八年，知泉州程大昌奏：「本州歲爲台、信等州代納上供銀二萬四千兩，係常賦外白科，苦民特甚。蓋科取一害，先期預借一害，不給鈔或勒重納又一害。臣已措畫爲民代輸淳熙九年一年上供銀數齊足，乞從今禁預借，及不即給鈔者官吏並坐之，許民越訴。」十二年，知隆興府程叔達乞蠲淳熙十年未納苗税，其未納苗税及上管分隸之數自行管認。趙汝愚知太平州、鄭僑知建寧府、韓同卿知泰州、曾㮚知婺州、宇文紹彭知太平州任内，俱撙節浮費，將州用錢爲下等人户代輸，并補還各郡積欠税賦、折帛等錢。諫議大夫鄭昭先言，諸路縣道抑令户長代輸逃絶之户，往往破家。詔申嚴禁戢。

畸零　淳熙六年，臨安府守臣吴淵言：「準乾道令：人户納二税，每貫收朱墨錢二十文足，不成貫者收十五文，不成百者免收。今自九百九十文至一百文例取十五文足，顯有不均。乞一百文收二文足，每一百增二文，至七百文省，即收十五文足，委是利民，且不衝改條令。」上曰：「畸零税賦納錢不及一貫者，皆貧民下户，所當矜恤。」乃從之。

## 校勘記

〔一〕御史論陝西轉運使吕大中假支移之名　「中」，宋史卷一七四食貨志上二、卷三四〇吕大忠傳作「忠」，二字古通。又「轉運使」，宋史本傳作「轉運副使」。

〔二〕實令農户斗輸脚錢十八　「斗」原作「計」，據宋史卷一七四食貨志上二改。

〔三〕以税賦户籍在第一第二等者支移三百里　「第二等」原作「等二等」，據元本、慎本、馮本改。

〔四〕支移無得踰三百里　「踰」原作「輸」，據宋史卷一七四食貨志上二改。

〔五〕推行自京西河北兩路始　「河」字原脱，據續資治通鑑長編紀事本末（以下簡稱長編紀事本末）卷一三八方田補。

〔六〕已命權罷　「罷」字原脱，按宋史卷二〇徽宗紀二載大觀四年七月「復罷方田」，卷一七四食貨志上二載大觀二年，復行方田，「四年罷，其税賦依未方舊則輸納」，此處「權」下顯脱「罷」字，據補。

〔七〕政和三年　「政和」二字原脱，據宋史卷一七四食貨志上二、宋會要食貨四之一一補。「三」原作「五」，據元本、慎本、馮本及同二書改。

〔八〕詔令提刑司體量詣實聞奏　「詔」原作「止」，據宋會要食貨四之一二至四之一三改。

〔九〕間有移用　「有」字原脱，據宋史卷一七四食貨志上二補。

〔一〇〕俾官吏毋得私其輕重　「俾」字原脱，據元本、慎本、馮本及宋史卷一七四食貨志上二補。

〔一一〕政和元年　四字原脱，據宋史卷一七四食貨志上二補。

〔一二〕則公私之利　「之」原作「乏」，據馮本及宋史卷一七四食貨志上二改。

〔一三〕其費無量　「費」原作「患」，據馮本及宋史卷一七四食貨志上二改。

〔一四〕麥倍於錢　「倍」原作「億」，據馮本及宋史卷一七四食貨志上二改。

〔一五〕有二頃九十六畝方爲七十畝者　「七十畝」，宋史卷一七四食貨志上二、宋會要食貨四之一四作「一十七畝」。

〔一六〕而行纏拍峰　「峰」原作「峰」，據宋史卷一七四食貨志上二、宋會要食貨四之一四改。

〔一七〕江西湖南安撫大使朱勝非言　「安」原作「宣」，據宋史卷三六二朱勝非傳、建炎以來繫年要録（以下簡稱繫年要録）卷四二紹興元年二月乙酉條改。

〔一八〕税錢一緡有輸及七八緡者　「七」原作「十」，據馮本及繫年要録卷四二紹興元年二月乙酉條改。

〔一九〕名色不一　「不」原作「十」，據繫年要録卷一〇一紹興六年五月癸未條改。

〔二〇〕乞據實種頃畝權納課子二年　「二」原作「五」，據宋會要食貨九之二六、七〇之三七改。

〔二一〕七年　按宋史卷一七三食貨志上一載知揚州晁公武奏爲乾道七年事，疑此處失書乾道紀年。又，依本書文例，本條當移下文「受納税限」之前。

〔二二〕聞之官者十纔見一二　「一二」，宋史卷一七三食貨志上一作「二三」。

〔二三〕用右正言章厦奏　「右」字原脱，「厦」原作「夏」，據繫年要録卷一六一紹興二十年六月戊申條補改。

〔二四〕二十三年　按張守卒於紹興十五年正月辛酉，見繫年要録卷一五三，此處紀年有誤。

〔二五〕方損度支爲月進　「支」字原脱，據宋史卷三七五張守傳補。

〔二六〕衙前及坊場户虚供抵當　「前」原作「門」，據宋會要食貨六之三七、繫年要録卷一四七紹興十二年十一月癸巳條改。

〔二七〕兵火後税籍不信　「信」原作「失」，據宋會要食貨六之三七、繫年要録卷一四七紹興十二年十一月癸巳條改。

〔二八〕税籍不實　「税」原作「詭」，據宋會要食貨六之三七、繫年要録卷一四七紹興十二年十一月癸巳條改。

〔二九〕今按籍雖三十萬斛　「三十萬斛」，宋會要食貨六之三七、繫年要録卷一四七紹興十二年十一月癸巳及宋史卷一七三食貨志上一作「三十九萬斛」。

〔三〇〕不至失陷　「失」原作「大」，據元本、慎本、馮本改。

〔三一〕又還浙東提舉　「又」原作「屢」，據馮本改。

〔三二〕兩浙運副王鈇權户部侍郎　「侍郎」二字原脱，據宋史卷一七三食貨志上一、宋會要食貨六之四〇、七〇之一二六補。

〔三三〕前權發遣臨江軍王伯淮代還　「前權發遣」原作「詔」，據宋會要食貨七〇之一三一改。

〔三四〕人煙田産並在筠州高安縣新豐鄉　「新」，原作「祈」，據下文及宋會要食貨七〇之一三二改。

〔三五〕凡民户自詣官輸納夏稅　「官」字原脱，據宋會要食貨七〇之三〇補。

〔三六〕紹興十年　「十」下原衍「三」字，據宋會要食貨七〇之一四一删。

〔三七〕則納監官掌之　「監」字原脱，據宋會要食貨七〇之一四一補。

〔三八〕三十二年　「三」原作「二」，據宋史卷一七四食貨志上二、宋會要食貨七〇之一四五改。依本書文例，本條當在下條「紹興二十六年」云云之後。

〔三九〕請今後並以中價紐估　「紐」原作「細」，據元本、慎本及宋會要食貨七〇之三四改。

〔四〇〕起西川布估錢　「西」原作「四」，據建炎以來朝野雜記（以下簡稱朝野雜記）甲集卷一四西川布估錢改。

〔四一〕却低價收買　「低」原作「抵」，據元本、慎本、馮本及宋會要食貨七〇之三九改。

〔四二〕湖北人户廣占官田　「湖北」二字原脱，據宋史卷一七四食貨志上二補。

〔四三〕孰肯遠徙力耕以供公上之賦哉　「徙」原作「從」，「公」字原脱，據宋史卷一七四食貨志上二改補。

〔四四〕今湖北惟鼎澧地接湖南　「澧」原作「灃」，據元本、馮本及宋史卷一七四食貨志上二改。

〔四五〕平糴以實邊　「平糴」二字原脱，據宋史卷一七四食貨志上二補。

〔四六〕令州縣申嚴赦文五年之限　「令」原作「今」，據文義改。

〔四七〕州縣受納秋苗　「秋」原作「青」，據元本、慎本、馮本及宋史卷一七四食貨志上二改。

〔四八〕謂遞年四月五日合到行在折帛錢　「日」原作「月」，據宋會要食貨七〇之六九改。

〔四九〕共六十一萬貫　「一」，宋會要食貨七〇之六九作「五」。

〔五〇〕則户部自無缺用　「則」原作「到」，據元本、慎本、馮本及宋會要食貨七〇之六九改。

〔五一〕而官未嘗給直　「給」原作「驗」，據宋史卷一七四食貨志上二改。

〔五二〕數倍其帛又數倍其錢　「數倍其帛又」五字原脱，據宋史卷一七四食貨志上二補。

〔五三〕而又有月樁錢　「樁」原作「茶」，據宋史卷一七四食貨志上二改。

〔五四〕紹熙元年　「紹熙」原作「紹興」，按上文載紹興十二年以李椿年措置經界，下文「知漳州朱熹奏言」云云，宋史卷一七三食貨志上一繫于紹熙元年，上距紹興十二年計四十八年，此處「紹興」顯爲「紹熙」之誤，據改。

〔五五〕特許過鄉通縣均紐　「縣」原作「户」，據宋史卷一七三食貨志上一、朱文公文集卷一九條奏經界狀改。

〔五六〕每一文納米幾何錢幾何　「錢幾何」三字原脱，據宋史卷一七三食貨志上一補。「幾何」，朱文公文集卷一九條奏經界狀作「若干」。

〔五七〕而輸納之名正　「納」原作「借」，據宋會要食貨七〇之一〇五改。

〔五八〕臣僚言　按宋會要食貨一〇之二〇載本條叙事于乾道元年六月五日，此處失書紀年。又，依本書文例，本條當移上文「乾道三年，知常州錢建入對」云云之前。

〔五九〕有私立領據而官不受理者　「據」字原脱，據宋會要食貨一〇之二〇補。

〔六〇〕四川宣撫虞允文言　按宋會要食貨一〇之二四載本條叙事在乾道四年九月十二日，此處失書紀年。又，依本書文例，本條當移上文「乾道三年，知常州錢建入對」云云之後。

〔六一〕反覆紐折　「紐」原作「細」，據馮本及宋會要食貨七〇之一〇〇改。

# 卷六　田賦考六

## 水利田

魏史起引漳水溉鄴。

魏襄王時，史起爲鄴令。起曰：「魏氏之行田也以百畝，賦田之法，一夫百畝。鄴獨二百畝，是田惡也。漳水在其旁，西門豹不知用，是不知也。」於是乃引漳水溉鄴，以富魏之河内。民歌之曰：「鄴有賢令兮爲史公，決漳水兮灌鄴旁，終古舄鹵兮生稻粱。」

秦開鄭國渠。

韓欲疲秦人，使毋東伐，乃使水工鄭國間説秦，令開涇水，自中山西抵瓠口爲渠，並北山，東注洛，三百餘里，欲以溉田。中作而覺，秦欲殺國，國曰：「始臣爲間，然渠成亦秦之利也。」乃使卒就渠。渠成，用注填閼之水〔一〕，溉澤鹵之地四萬餘頃〔二〕，收皆畝一鍾。於是關中爲沃野，無凶年，秦以富强，名曰「鄭國渠」。

秦李冰開蜀渠。

秦平天下，以李冰爲蜀守。冰壅江水作堋，部朋反。穿二江成都中，雙過郡下，以通舟船，因以溉灌諸郡〔三〕，於是蜀沃野千里，號爲「陸海」。

公非劉氏七門廟記曰：「予爲廬州從事，始以事至舒城，觀所謂七門三堰者，問於居人：其田溉幾何？對曰：『凡二萬頃。』考於圖書，則漢羹頡侯信始基，而魏揚州刺史劉馥實修其廢。昔先王之典，有功及民則祀之，若信者，可謂有功矣。然吾恨史策之有遺，而憐舒人之不忘其思也。昔高帝之起，宗室昆弟之有材能者，賈以征伐顯，交以出入傳命謹信爲功，此二者皆裂地爲王，連城數十；代王喜以棄國見省，而子濞亦用力戰王吳。獨信區區，僅得封侯，而能勤心於民，以興萬世之利，而愛惠豈與賈、濞相侔哉？夫攻城野戰，滅國屠邑，是二三子之所謂能，能殺人者也；與夫闢地墾土，使數十萬之民世世無饑餒之患，所謂善養人者，於以相譬，猶天地之懸絶也。然賈、濞以功自名，信不見録，豈殺人易以快意，養人不見形象哉？然彼賈、濞之死，泯無聞久矣，而信至今民猶思之。」

按：此漢初之事，史所不載，然溉田二萬頃，則其功豈下於李冰、文翁邪？愚讀公非集，表而出之，以補遺軼。

漢文帝以文翁爲蜀郡太守，穿煎洩羊朱反口〔四〕，溉灌繁田千七百頃，人獲其饒。

武帝開渭渠、龍首渠、白渠。

元光中，大司農鄭當時言：「引渭穿渠〔五〕，起長安，並南山下，至河三百餘里。渠下民田萬餘頃，又可得以溉田，益肥關中之地，得穀。」天子以爲然，令齊水工徐伯表，巡行表記之。悉發卒數萬人穿漕渠，三歲而通。渠下民頗得以溉田矣。其後，河東守番係請「穿渠引汾溉汾陰、蒲坂下，皮氏，今龍門縣地，屬絳郡。汾陰，今寶鼎縣地。蒲坂，今河東縣地。並屬河東郡。度可得五千頃。五千頃故盡河壖棄地，民茭牧其中耳，今溉田之，度可得穀二百萬石以上。」天子以爲然，發卒數萬人作渠田。數歲，河移徙，渠不利，則田者不能償種〔六〕。久之，河東渠田廢，與越人，令少府以爲稍入。時越人有徙者，以田與之，其租稅入少府也。稍，漸也。其入未多，故謂之稍。其後莊熊羆言：「臨晉民即今馮翊縣。願穿洛以溉重泉以東萬餘頃重泉在今馮翊郡界，今有乾坑，即熊羆之所穿渠。故惡地，誠得水，可令畝十石。」於是爲發卒萬餘人穿渠，自徵音懲。引洛水至商顏下。徵在馮翊郡，即今郡之澄城縣。商顏，今馮翊縣界。岸善崩，洛水岸。乃鑿井，深者四十餘丈。往往爲井，井下相通行水，水穨以絶商顏，下流曰穨。東至山嶺十餘里間。井渠之生自此始。穿渠得龍骨，故名曰「龍首渠」。作之十餘歲，渠頗通，猶未得其饒。是時，用事者争言水利。朔方、西河、河西、酒泉皆引河及川谷以溉田。而關中輔渠、靈軹引諸水〔七〕，汝南、九江引淮，東海引鉅定，澤名。泰山下引汶水，皆穿渠爲溉田，各萬餘頃。他小渠披山通道者〔八〕，不可勝言。自鄭國渠起，至元鼎六年，百三十六歲，而倪寬爲左内史，奏請穿鑿六輔渠，在鄭國渠之裏，今尚謂之輔渠，亦曰六渠。以益溉鄭國傍高仰之田。素不得鄭國之溉灌者。仰謂上向。帝曰：「農，天下之本也。泉流灌寖，所以育五穀也。左、右内史地，名山川原甚衆，細民未知其利，故爲通溝瀆，畜陂澤，所以備旱也。今内史稻田租挈重，不與郡同，租挈，收田租之約令。郡謂四方諸郡。其議減。令吏民勉農〔九〕，盡地利，平繇行水，勿使失時。」平繇者，均齊渠堰之力役，謂俱得水之利。後十六歲，趙中大夫白公此時無公爵，蓋相呼尊老之稱也。復奏穿渠，引涇水，首起谷口，尾入櫟音藥。陽，谷口，今雲陽縣治谷是也。注渭中，袤二百里，溉田四千五百餘頃，因名曰「白渠」。民得其饒，歌之曰：「田於何所？池陽谷口。鄭國在前，白渠起後。舉鍤爲雲，决渠爲雨。鍤，鍬。涇水一石，其泥數斗。且溉且糞，長我禾黍。水停淤泥，可以當糞。衣食京師，億萬之口。」言此兩渠饒也〔一〇〕。

自河决瓠子後二十餘歲，歲數不登，而梁、楚尤甚。天子既封禪，巡祭山川，其明年旱，乾封少雨，乃發卒塞瓠子决河〔一一〕，築宫其上，名「宣房宫」，而道河北行二渠，復禹舊迹，梁、楚乃無水災。是後，用事者争言水利，朔方、西河、河西、酒泉皆引河及川谷以溉田。而關中輔渠、靈軹輔渠，倪寬所穿。引堵水，汝南、九江引淮，東海引鉅定，泰山下引汶水，皆穿渠爲溉田，各萬餘頃。他小渠披山通道者，不可勝言，然其著者在宣房。

元帝時，召信臣造鉗盧陂。

建昭中，召信臣爲南陽太守，於穰縣理南六十里造鉗盧陂，累石爲堤，傍開六石門以節水勢。澤中有鉗盧王池，因以爲名。用廣溉灌，歲歲增多，至三萬頃〔一二〕，人得其利。及後漢杜詩爲太守，復修其業〔一三〕，時歌之曰：「前有召父，後有杜母。」

息夫躬傳：躬言：「秦開鄭國渠以富國强兵，今爲京師，土地肥饒，可度地勢水泉，廣溉灌之利〔一四〕。」天子使躬持節領護三輔都水，躬立表〔一五〕，欲穿長安城，引漕注太倉下，以省轉輸。議不可成，乃止。

翟方進傳：汝南有鴻隙大陂，郡以爲饒。成帝時，關東數水，陂溢爲害。方進爲相，與御史大夫孔光共遣掾行視，以爲決去陂水，其地肥美，省隄防費，而無水憂，遂奏罷之。及翟氏滅，鄉曲歸惡，言方進請陂下良田不得而奏罷陂云。王莽時，常枯旱，郡中追怨方進，童謠曰：「壞陂誰？翟子威。飯我豆食羹芋魁。反乎覆，陂當復。誰云者？兩黄鵠。」

後漢章帝建初中，王景爲廬江太守。郡部安豐縣有楚孫叔敖所起芍陂，先是荒廢，景重修之，境内豐給。陂徑百里，灌田萬頃，在今安豐縣界。

順帝永和五年，馬臻爲會稽太守，始立鏡湖，築塘周迴三百十里，灌田九千頃，至今人獲其利。

晉武帝咸寧元年，東南水災，杜預請決壞諸陂，從之。

詔曰：「今年霖雨過差，又有蟲災，潁川〔一六〕、襄城，自春以來，略不下種，深以爲慮。主者何以爲百姓計？」當陽侯杜預上疏曰：「臣輒思惟，今者水災，東南特劇，非但五穀不收，居業并損。下田所在渟汙，高地皆多墝埆，百姓困窮，方在來年。雖詔書切告長吏二千石爲之設計，而不廓開大制，定其趣舍之宜，恐徒文具，所益蓋薄。當今秋夏蔬食之時，而百姓已有不贍，前至冬春，野無青草，則必指仰官穀，以爲生命。此乃一方之大事，不可不早爲思慮。臣愚謂既以水爲田，當恃魚菜螺蜯，而洪陂汎濫，貧弱者終不能得。今者宜大壞兖及荆河州東界兖州東界，今濟陽、濟陰、東平、魯郡之間。荆河州東界，今汝南、汝陰、譙郡之間也。諸陂，隨其所歸而宣導之。令饑者盡得水産之饒，百姓不出境界之内，朝暮野食，此目下日給之益也。水去之後，填淤之田，畝收數鍾。至春大種五穀，五穀必豐，此又明年之益也。」

杜預又言：「諸欲修水田者，皆以火耕水耨爲便，非不爾也。然此施於新田草萊，與百姓居相絶離者耳。往者東南草創人稀，故得火田之利。頃來户口日增，而陂堰歲決，良田變生蒲葦，人居沮澤之際，水陸失宜，放牧絶種，樹木立枯，皆陂之害也。陂多則土薄水淺，潦不下潤。故每有水雨，輒復横流，延及陸田。言者不思其故，因云此土不可陸種〔一七〕。臣計漢之户口，以驗今之陂處，皆陸業也。其或有舊堰，則堅完修固，非今所謂當爲人害也。臣見尚書胡威啟宜壞陂，其言懇至。臣又見宋漢侯相應遵上便宜〔一八〕，求壞泗陂，徙運道。時下都督度支共處當，各據所見，不從遵言。臣按遵上事，運道東詣壽春，有舊渠，可不由泗陂出。泗陂在彼地界，壞地凡萬三千餘頃，傷敗成業。遵縣領應佃二千六百口〔一九〕，可謂至少，而猶患地狹〔二〇〕，不足肆力，此皆水之爲害也。當所共恤，而都督度支方復執異，非所見之難，直以不同害理也。人心所見既不同，利害之情又有異，軍家之與郡縣，士大夫之與百姓，其意莫有同者，此皆偏其利以忘其害，此理之所以未盡，而事之所以多患也。臣又按，荆河州界中度支所領佃者〔二一〕，州郡大軍雜士，凡用水田七千五百餘頃，計三年之儲，不過二萬餘頃。以常理言之，無爲多積無用之水。况於今者水潦瓮溢，大爲災害，臣以爲宜發明詔，敕刺史二千石：漢氏舊堰及山谷私家小陂，皆當修繕以積水。其諸魏氏以來所造立及諸因雨決溢蒲葦馬腸陂之類，皆決瀝之。長吏二千石躬先勸功〔二二〕，諸食力之人並一時附功令，比及水凍，得粗枯涸，其所修功實之人，皆以俾之〔二三〕。其舊陂堰溝渠當有所補塞者，皆尋求微迹〔二四〕，一如漢時故事，早爲部分列上，須冬間東南休兵交代，各留一月以佐之。夫川瀆有長流，地形有定體，漢氏居人衆多，猶以爲患，今因其所患而宜瀉之，迹古事以明近，大理昭然，可坐論而得〔二五〕。臣不勝愚意，常竊謂最是今日之實益也。」朝廷從之。

按：水利之説，三代無有也。蓋井田之行，方井之地，廣四尺，謂之溝；十里之成，廣八尺，謂之洫；百里之同，廣二尋，謂之澮。夫自四尺之溝，積而至於二尋之澮，則夫一同之間，而捐膏腴之地以爲溝洫之制，捐賦稅之入以治溝洫之利，蓋不少矣，是以能時其蓄洩，以備水旱。子産相鄭，猶必使田有封洫，蓋謂此也。自秦人開阡陌，廢井田，任民所耕，不計多少，而溝洫之制大壞。後之智者，遂因川澤之勢，引水以溉田，而水利之説興焉，魏起、鄭、白之徒以此爲功。然水就下者也，陂而遏之，利於旱歲，不幸霪潦，則其害有不可勝言者，此翟子威、杜元凱所以決壞陂防，以紓水患也。

張闓音開。爲晉陵内史，時所部四縣並以旱失田，闓乃立曲阿新豐塘，今丹陽郡。溉田八百餘頃〔二六〕，每歲豐稔。

宋文帝時，劉義欣爲荆河刺史，治壽陽。壽春。芍陂良田萬頃，隄堰久壞，秋夏常苦旱。乃因舊溝引淠水在汝南。入陂，伐木開湊，水得通注〔二七〕，由是豐稔。

後魏刁雍爲薄骨律鎮將，至鎮，上表曰：「富平西南三十里薄骨律鎮，今靈武郡。富平，今迴樂縣。有艾山〔二八〕，南北二十六里，東西四十五里，鑿以通河，似禹舊迹。其兩岸作溉田大渠，廣十餘步，山南引水入此渠中。計昔時高於河水不過一丈，河水激急，沙土漂流。今日此渠高於河水二丈三尺，又河水浸射，往往崩頹。渠既高懸，水不得上，雖復諸處按舊引水，水亦難求。今艾山北，河中有洲渚〔二九〕，水分爲二，西河小狹，水廣百四十步。臣今請入來年正月，於河西高渠之北八里，分河之下五里，平地鑿渠〔三〇〕，廣十五步，深五尺，築其兩岸，令高一丈。北行四十里，還入古之高渠，即循高渠而北〔三一〕，復八十里，合百二十里，大有良田。計用四千人，四十日功，渠得成就。所欲鑿新渠口，河下五尺，水不得入。今求從小河東南岸斜斷到西北岸，計長二百七十步，廣十步，高二丈〔三二〕，絶斷小河〔三三〕。二十日功，計得成畢，合計用功六十日。小河之水盡入新渠，水則充足，溉官私田四萬餘頃。旬日之間，則水一徧，水凡四溉，穀得成實。」從之，公私獲其利。

裴延儁爲幽州刺史〔三四〕，范陽郡有舊督亢渠〔三五〕，徑五十里。漁陽、燕郡有故戾陵諸堰〔三六〕，廣袤三十里。皆廢毁多時不復，水旱爲害。延儁自度水形營造，未幾而就，溉田萬餘頃，爲利十倍。

唐武德七年，同州治中雲得臣開渠，自龍門引黄河溉田六千餘頃〔三七〕。

貞觀十一年，揚州大都督府長史李襲稱以江都俗好商賈〔三八〕，不事農業，乃引雷陂水，又築勾城塘〔三九〕，溉田八百餘頃，百姓獲其利。

永徽六年，雍州長史長孫祥奏言：「往日鄭、白渠溉田四萬餘頃，今爲富商大賈競造碾磑，堰遏費水。」太尉長孫無忌曰：「白渠水帶泥淤，灌田益其肥美。又渠水發源本高，向下支分極衆。若使流至同州，則水饒足。比爲碾磑用水，洩渠水隨入滑，加以壅遏耗竭，所以得利遂少。」於是遣祥等分檢渠上碾磑，皆毁之。至大曆中，水田纔得六千二百餘頃。

開元九年，京兆少尹李元紘奏疏：三輔諸渠，王公之家緣渠立磑，以害水田。一切毁之，百姓蒙利。

廣德二年，户部侍郎李栖筠等奏拆京城北白渠上王公、寺觀碾磑七十餘所，以廣水田之利，計歲收粳稻三百萬石。

大曆十二年，京兆尹黎幹開決鄭、白二水支渠，毁碾磑，以便水利，復秦、漢水道。

建中元年〔四〇〕，宰相楊炎請於豐州置屯田，發關輔人開陵陽渠。詳見屯田門。

貞元八年，嗣曹王皋爲荆南節度觀察使。先是，江陵東北七十里有廢田旁漢古堤，壞決凡二處，每夏則爲浸溢。皋始命塞之，廣良田五千頃，畝收一鍾。楚俗佻薄，舊不鑿井，悉飲陂澤。皋乃令合錢鑿井，人以爲便。

元和八年，孟簡爲常州刺史，開漕古孟瀆，長四十里，得沃壤四千餘頃。十二月，魏博觀察使田弘正奏准詔開衛州黎陽縣古黄河道〔四一〕，從鄭滑節度使薛平之請也〔四二〕。先是，滑州多水災，其城西去黄河止二里，每夏雨漲溢，則浸壞城郭，水及羊馬城之半。薛平詢諸將吏，得古黄河道於衛州黎陽縣界，遣從事裴弘泰以水患告於田弘正，請開古河，用分水力。弘正遂與平皆以上聞，詔許之。乃於鄭、滑兩郡徵促萬人，鑿古河，南北長十四里，東西闊六十步，深一丈七尺，決舊河以注新河，遂無水患焉。

十三年，湖州刺史于頔復長城縣方山之西湖，溉田三十頃。

長慶二年，温造爲朗州刺史〔四三〕，奏開後鄉渠九十七里〔四四〕，溉田二千頃，郡人利之，名爲「右史渠」。至太和五年，造復爲河陽節度使，奏浚懷州古渠枋口堰，役功四萬，溉濟源、河内、温、武陟四縣田五千頃。

長慶中，白居易爲杭州刺史，浚錢塘湖，周迴三十里，北有石涵，南有筧，凡放水溉田，每減一寸可溉十五頃，每一伏時可溉五十餘頃。作湖石記，言若隄防如法，蓄洩及時，則瀕湖千餘頃田無凶年矣。

周顯德五年〔四五〕，以尚書司勳郎中何幼冲爲關西渠堰使〔四六〕，命於雍、耀二州界疏涇水以溉田。

宋太宗皇帝淳化四年，知雄州何承矩及臨津令黄懋請於河北諸州置水利田〔四七〕，興堰六百里，置斗門灌溉。詳見屯田門。

神宗熙寧元年，遣使察農田水利，程顥等八人充使。王臨言：「保州塘濼以西可築隄植木，凡十九里。隄内可引水處即種稻，水不及處並爲方田。又因出土作溝，以限戎馬。」從之。中書言：「諸州縣古迹陂塘，異時皆畜水溉田，民利數倍。近歲多所湮廢。」詔諸路監司訪尋轄下州縣可興復水利之處〔四八〕，如能設法勸誘興修塘堰圩堤，功利有實，當議旌寵。

蘇軾上書論之，略曰：「天下久平，民物滋息，四方遺利皆略盡矣。今欲鑿空尋訪水利，所謂『即鹿無虞』，豈惟徒勞，必大煩擾。所在追集老少，相視可否，吏卒所過，鷄犬一空。若非灼然難行，必須且爲興役，何則？沮格之罪重，而誤興之過輕，人多愛身，勢必如此。且古陂廢堰，多爲側近冒耕，歲月既深，已同永業。苟欲興復，必盡追收，人心或摇，甚非善政。又有好訟之黨，多怨之人，妄言某處可作陂渠，規壞所怨田産，或指人舊物，以爲官陂，冒佃之訟，必倍今日。臣不知朝廷本無一事，何苦而行此哉！」

熙寧四年，御史劉摯言：「内臣程昉、大理寺丞李宜之於河北開修漳河，功力浩大，朝廷既令權罷，則利害姑置之。朝廷又令總領淤田司事，臣謹按程昉等將命興事，初不以事之可否實聞於朝〔四九〕，復恐生事興患〔五〇〕，未有窮已。乞明布昉等罪狀，重行貶竄。」王安石爲昉辯甚力，遂寢不報。

六年，賜屯田員外郎侯叔獻等淤田各十頃。叔獻等引河水淤田，決清水於畿縣、澶州間，壞民田廬冢墓，歲被其患。他州縣淤田類如此，朝廷不知也。

七年，提舉河北常平等事韓宗師劾程昉導滹沱河水淤田，而隄壞水溢，廣害民稼，欺罔十六罪。詔昉分析，王安石復爲之辯明云。

原武等縣民因淤田侵壞廬舍墳墓，又妨秋種，相率詣闕訴。使者聞之，急責其令追呼，將杖之，民即繆曰：「詣闕謝耳。」使者因代爲百姓謝淤田表，遣吏詣鼓院投之，狀有二百餘名，但二吏來投，安石喜，上亦不知其妄也。

吕氏曰：「汴河乃京師之司命，安石信小人之狂言，謂決水淤田，可以省漕食。甚至河北塘濼乃北邊之設險，而安石以塘濼爲無益，數欲廢之。本朝恃河以捍虜，恃汴以通食，恃塘濼以安邊，而安石乃於根本之地，數出高奇之策以動之，其罪大矣。」

六年，詔創水磑碾碓，有妨灌溉民田者，以違制論，不以赦原。

沈括言：「浙西諸州水患久不疏障，隄防川瀆皆湮廢之。乞下司農貸官錢，募民興役。」從之。

七年，賜江寧府常平米五萬石修水利。

九年，前相度淮南路水利劉瑾言：「體訪揚州江都縣古鹽河、高郵縣陳公塘等湖，天長縣白馬塘、沛塘，楚州寶應縣泥港、射馬港，山陽縣渡塘溝、龍興浦，淮陰縣青州澗，宿州虹縣萬安湖、小河，壽州安豐縣芍陂等，可興置。古鹽、萬安湖、小河已令司農寺結絶，欲令逐路轉運司選官覆案施行。」從之。

興修水利田〔五一〕：起熙寧三年至九年，府界及諸路凡一萬七百九十三處，爲田三十六萬一千一百七十八頃有奇。

高宗紹興七年，潭州守臣呂頤浩修復馬氏時龜塘田萬頃。

侍御史蕭振奏：「乞詔親民官各分委土豪，共修陂塘水利，縣滿任批書印歷，量加旌賞。」

隆興元年〔五二〕，知紹興府吴芾乞浚會稽、山陰、諸暨縣舊湖，以復水利，及築蕭山縣海塘，以限鹹潮。從之。又開掘鑑湖。

乾道二年，詔漕臣王炎相視開掘浙西勢家新圍田，謂草蕩、荷蕩、菱蕩及陂湖溪港岸際旋築塍畦、圍裹耕種者〔五三〕，所至令守、倅、縣令同共措置。

五年，知明州張津奏，乞開東錢湖瀦水灌田。從之。

七年，四川宣撫使王炎奏開興元府山河堰，溉南鄭、褒城田四百九十三萬三千畝有奇〔五四〕。詔獎諭。

淳熙二年，淮東總領錢良臣奏，修復鎮江府練湖凡七十二源，灌田百餘萬畝。從之。

三年，監察御史傅淇奏：「近臣僚奏陳圍田湮塞水道之害，陛下復令監司守臣禁止圍裹，此乃拔本塞源之要術。然豪右之家未有無所憑依而肆意築圍者，聞浙西諸縣江湖草蕩，計畝納錢，利其所入，給據付之。望條約諸縣，毋得給據與官民户及寺觀。」上曰：「此乃侵占之田，今絶其源，後去毋復此患。」

可令漕司、常平司察之。」

寧宗嘉定七年，令臨安府復西湖舊界至，自嘉泰以後，續租地段侵占湖面處，盡行開拓，仍盡蠲歲增租錢。

圩田水利　江東水鄉隄河兩涯，田其中，謂之圩。農家云：「圩者圍也，内以圍田，外以圍水。」蓋河高而田在水下，沿隄通斗門，每門疏港以溉田，故有豐年而無水患。

紹興元年，詔宣州、太平州守臣修圩，議修圩官賞罰。

詔修圩錢米及貸民種糧，並於宣州常平、義倉米撥借〔五五〕。

又詔建康永豐圩租米，歲以三萬石爲額〔五六〕。圩四至相去皆五六十里，有田九百五十餘頃，近歲墾田不及三分之一。至是，始立額。

紹興二十三年，詔以永豐圩賜秦檜。檜死，圩復歸有司。

乾道元年，詔令淮西總領所撥付建康中收到子粒令項樁管〔五七〕，非詔旨毋得擅用。

臣僚言：「秦檜既得永豐圩，竭江東漕計修築隄岸，自此水患及於宣、池、太平、建康。昨據總領所申：通管田七百三十頃，共理租二十一萬一千餘秤。當年所收纔及其半，次年僅收十五之一。假令歲收盡及元數，不過米二萬餘石，而四州歲有水患，所失民租何翅十倍？乞下江東轉運司相度，本圩如害民者廣，乞依浙西例開掘，及免租户積欠。」從之。江東轉運司奏：「永豐圩自政和五年圍湖成田，今五十餘載，横截水勢，每遇泛漲，衝決民圩，爲害非細。雖營田千頃，自開修至今，可耕者止四百頃，而損害數州民田，失税數倍。欲將永豐圩廢掘瀦水，其在側民圩不礙水道者如舊。」詔從之。其後漕臣韓元吉言：「此圩初是百姓請佃，後以賜蔡京，又以賜韓世忠，又以賜秦檜，繼撥隸行宫，今隸總所。五十年間，皆權臣大將之家，又在御府，其管莊多武夫健卒，侵欺小民，甚者剽掠舟船，囊橐盗賊，鄉民病之，非圩田能病民也。」於是開掘之命遂寢。

乾道九年，詔户部侍郎葉衡覈實寧國府、太平州圩岸。五月，衡言：「寧國府惠民、化成舊圩四十餘里，新增築九里餘，太平州黄池鎮福定圩周迴四十餘里〔五八〕，延福等五十四圩周迴一百五十餘里，包圍諸圩在内，蕪湖縣圩岸大小不等，周迴總約二百九十餘里，通當塗圩岸共約四百八十餘里。並皆高闊壯實，瀕水一岸種植榆柳，足捍風濤，詢之農民，實爲永利。」於是詔奬諭。

知寧國府汪澈言〔五九〕：「他圩無大害，惟童圩最爲民害，只決此圩，水勢且順。」從之。

## 湖田圍田

紹興五年春二月，寶文閣待制李光言：「明、越之境，皆有陂湖，大抵湖高於田，田又高於江、海。旱則放湖水溉田，澇則決田水入海，故不爲災。本朝慶曆嘉祐間，始有盗湖爲田者，三司使切責漕臣甚嚴。政和以來，創爲應奉，始廢湖爲田。自是兩州之民，歲被水旱之患。壬子歲，嘗取會稽餘姚、上虞兩邑利害〔六〇〕，自廢湖以來，每縣所得租課不過數千斛，而所失民田常賦，動以萬計。遂先罷兩邑湖田。其會稽之鑒湖、鄞之廣德湖、蕭山之湘湖等處尚多，望詔漕臣訪問，應明、越湖田盡行廢罷，其江東、西圩田，蘇、秀圍田，併遍下諸路監司守令條上。」詔諸路漕臣躬親相度，以聞於朝。

二十三年，諫議大夫史才言：「浙西民田最廣，而平時無甚害者，太湖之利也。近年瀕湖之地，多爲軍下侵據，累土增高，長堤彌望，名曰『壩田』。旱則據之以溉，而民田不沾其利；水則遠近泛濫，不得入湖，而民田盡没。望詔有司究治，盡復太湖舊迹，使軍民各安，田疇均利。」從之。

按：圩田、湖田多起於政和以來，其在浙間者隸應奉局，其在江東者蔡京、秦檜相繼得之。大概今之田，昔之湖。徒知湖中之水可涸以墾田，而不知湖外之田將胥而爲水也。主其事者皆近倖、權臣，是以委鄰爲壑，利己困民，皆不復問。涑水記聞言：「王介甫欲興水利，有獻言欲涸梁山泊可得良田萬頃者，介甫然其説，復以爲恐無貯水之地，劉貢甫言，在其旁别穿一梁山泊則可以貯之矣。介甫笑而止。當時以爲戲談。」今觀建康之永豐圩、明越之湖田，大率即涸梁山泊之策也。

## 沙田蘆場

紹興二十八年，詔户部員外郎莫濛同浙西、江東、淮南漕臣趙子潚、鄧根、孫藎檢視逐路沙田、蘆場。先是，言者謂江淮間沙田、蘆場爲人冒占，歲失官課至多，故以命濛等。既而侍御史葉義問等言貧民受害，乃詔：「沙田、蘆場止爲世家詭名冒占，其三等以下户勿一例根括。」尋詔官户十頃、民户二十頃以上並增租，餘如舊。置提領官田所領之，不隸户部。

二十九年，詔盡罷所增租。

# 校勘記

〔一〕用注填閼之水　「用」下原衍「溉」字，據史記卷二九河渠書、漢書卷二九溝洫志刪。

〔二〕溉澤鹵之地四萬餘頃　「澤」原作「舄」，據史記卷二九河渠書、通典卷二食貨典二改。

〔三〕因以溉灌諸郡　「溉灌」二字原倒，據通典卷二食貨典二乙正。

〔四〕穿煎洟口　「穿」字原脱，據通典卷二食貨典二補。

〔五〕引渭穿渠　「穿」原作「地」，據史記卷二九河渠書、漢書卷二九溝洫志、通典卷二食貨典二、册府元龜卷四九六邦計部河渠一改。

〔六〕則田者不能償種　「償」原作「常」，據史記卷二九河渠書、漢書卷二九溝洫志、通典卷二食貨典二、册府元龜卷四九六邦計部河渠一改。

〔七〕而關中輔渠靈軹引諸水　「諸」，史記卷二九河渠書作「堵」。漢書卷二九溝洫志、册府元龜卷四九六邦計部河渠一本句作「而關中靈軹、成國、漳渠引諸川」。按本書本段沿用通典卷二食貨典二之文，此處與下文重複。

〔八〕他小渠披山通道者　「者」字原脱，據史記卷二九河渠書補。

〔九〕令吏民勉農　「勉」原作「免」，據漢書卷二九溝洫志、通典卷二食貨典二、册府元龜卷四九六邦計部河渠一改。

〔一〇〕言此兩渠饒也　「言」字原脱，「渠」下原衍「之」字，據漢書卷二九溝洫志、册府元龜卷四九六邦計部河渠一補刪。

〔一一〕乃發卒塞瓠子決河　「河」字原脱，據漢書卷二九溝洫志、册府元龜卷四九六邦計部河渠一補。

〔一二〕至三萬頃　「三」原作「二」，據漢書卷八九循吏傳、通典卷二食貨典二改。

〔一三〕復修其業　「復」原作「後」，據元本、慎本、馮本及通典卷二食貨典二改。「修」原作「收」，據通典卷二食貨典二改。

〔一四〕廣溉灌之利　「廣」字原脫，「溉灌」二字原倒，據漢書卷四五息夫躬傳補乙。

〔一五〕躬立表　「立」原作「上」，據漢書卷四五息夫躬傳改。

〔一六〕潁川　「潁」原作「穎」，據局本改。

〔一七〕因云此土不可陸種　「土」原作「種」，據晉書卷二六食貨志、通典卷二食貨典二改。

〔一八〕臣又見宋漢侯相應遵上便宜　「漢」字原脫，據元本、慎本、馮本及通典卷二食貨典二補。

〔一九〕遵縣領應佃二千六百口　「二」原作「三」，據晉書卷二六食貨志、通典卷二食貨典二改。

〔二〇〕而猶患地狹　「猶」原作「無」，據晉書卷二六食貨志改。

〔二一〕荆河州界中度支所領佃者　「中」，晉書卷二六食貨志作「二」。「荆河州」，晉書作豫州；「荆河」，通典避唐代宗諱改，本書沿用其文，未曾改回。

〔二二〕長吏二千石躬先勸功　「功」原作「戒」，據晉書卷二六食貨志改。

〔二三〕皆以俾之　「俾」原作「畀」，據晉書卷二六食貨志改。

〔二四〕皆尋求微迹　「皆」原作「此」，據晉書卷二六食貨志改。通典卷二食貨典二作「比」。

〔二五〕可坐論而得　「論而」二字原倒，據晉書卷二六食貨志、通典卷二食貨典二乙正。

〔二六〕溉田八百餘頃　「溉」字原脫，據晉書卷七六張闓傳、通典卷二食貨典二補。

〔二七〕水得通注　「注」原作「涇」，據宋書卷五一宗室傳改。

〔二八〕富平西南三十里有艾山　「南」字原脱，據魏書卷三八刁雍傳、册府元龜卷四九七邦計部河渠二補。

〔二九〕河中有洲渚　「河」字原脱，據魏書卷三八刁雍傳、册府元龜卷四九七邦計部河渠二補。

〔三〇〕平地鑿渠　「地」字原脱，據魏書卷三八刁雍傳、册府元龜卷四九七邦計部河渠二補。

〔三一〕即循高渠而北　「循」原作「修」，據魏書卷三八刁雍傳、册府元龜卷四九七邦計部河渠二改。

〔三二〕高二丈　「丈」原作「尺」，據魏書卷三八刁雍傳、册府元龜卷四九七邦計部河渠二改。

〔三三〕絶斷小河　「斷」原作「岸」，據魏書卷三八刁雍傳、册府元龜卷四九七邦計部河渠二改。

〔三四〕裴延儁爲幽州刺史　「儁」原作「攜」，據魏書卷六九、北史卷三八裴延儁傳改。下同。

〔三五〕范陽郡有舊督亢渠　「督亢」原作「沈」，據魏書卷六九、北史卷三八裴延儁傳改。

〔三六〕漁陽燕郡有故戾陵諸堰　「陵」字原脱，據魏書卷六九、北史卷三八裴延儁傳補。

〔三七〕自龍門引黄河溉田六千餘頃　「門」原作「首」，「千」原作「十」，據唐會要卷八九疏鑿利人、册府元龜卷四九七邦計部河渠二改。

〔三八〕揚州大都督府長史李襲稱以江都俗好商賈　「稱」，據舊唐書卷五九、新唐書卷九一李襲譽傳、唐會要卷八九疏鑿利人當作「譽」，通典避唐代宗嫌名諱，本書沿用其文，未曾改回。

〔三九〕又築勾城塘　「勾」原作「白」，據舊唐書卷五九、新唐書卷九一李襲譽傳、唐會要卷八九疏鑿利人改。

〔四〇〕建中元年　「元」原作「三」，據唐會要卷八九疏鑿利人改。

〔四一〕魏博觀察使田弘正奏准詔開衛州黎陽縣古黄河道　「河」下原衍「故」字，據元本、慎本、馮本及唐會要卷八九疏鑿利人、册府元龜卷四九七邦計部河渠二删。

〔四二〕從鄭滑節度使薛平之請也　「度」字原脱，據唐會要卷八九疏鑿利人補。

〔四三〕温造爲朗州刺史　「朗」原作「郎」，據元本、慎本、馮本及舊唐書卷一六五、新唐書卷九一温造傳改。

〔四四〕奏開後鄉渠九十七里　「後」原作「復」，據舊唐書卷一六五、新唐書卷九一温造傳，新唐書卷四〇地理志四改。

〔四五〕周顯德五年　「五」原作「三」，據馮本及五代會要卷二七疏鑿利人、册府元龜卷四九七邦計部河渠二改。

〔四六〕以尚書司勳郎中何幼冲爲關西渠堰使　「關」原作「開」，據馮本及五代會要卷二七疏鑿利人、册府元龜卷四九七邦計部河渠二改。「西」原作「中」，據五代會要卷二七疏鑿利人、册府元龜卷四九七邦計部河渠二改。

〔四七〕知雄州何承矩及臨津令黄懋請於河北諸州置水利田　「津」原作「濟」，據宋史卷一七六食貨志上四、長編卷三四淳化四年三月辛亥條改。

〔四八〕詔諸路監司訪尋轄下州縣可興復水利之處　「轄下」與「之處」四字原脱，據宋會要食貨七之一八至七之一九補。

〔四九〕初不以事之可否實聞於朝　「否」字原脱，據忠肅集卷七劾程昉開漳河、長編卷二二三熙寧四年五月乙未條補。

〔五〇〕復恐生事興患　「復」原作「伏」，據長編卷二二三熙寧四年五月乙未條改。

〔五一〕興修水利田　「田」字原脱，據宋史卷一七三食貨志上一補。

〔五二〕隆興元年　「隆興」二字原倒，據元本、慎本、馮本及宋史卷三八七吴芾傳乙正。

〔五三〕謂草蕩荷蕩菱蕩及陂湖溪港岸際旋築塍畦圍裏耕種者　「旋」字原脱，據宋史卷一七三食貨志上一補。

〔五四〕溉南鄭褒城田四百九十三萬三千畝有奇　「四百」二字原脱，據宋會要食貨八之四補。

〔五五〕詔修圩錢米及貸民種糧並於宣州常平義倉米撥借　按宋史卷一七三食貨志上一記此事於紹興二年。

〔五六〕又詔建康永豐圩租米歲以三萬石爲額　「永」原作「新」，據宋史卷一七三食貨志上一改。又，同書記此事爲紹興三年事。

〔五七〕詔令淮西總領所撥付建康中收到子粒令項樁管　「樁」原作「攓」，據局本改。又疑下「令」爲「另」之誤。

〔五八〕太平州黄池鎮福定圩周迴四十餘里　「池」原作「州」，據馮本及宋史卷一七三食貨志上一改。

〔五九〕知寧國府汪澈言　「澈」字原闕，據慎本、馮本補。

〔六〇〕嘗取會稽餘姚上虞兩邑利害　「稽」字原脱，據宋會要食貨八之一補。

# 卷七　田賦考七

## 屯田

漢昭帝始元二年，發習戰射士，調故吏將屯田張掖郡。調，發遣之也。故吏，前爲官職者。

宣帝神爵元年，後將軍趙充國擊先零羌，罷騎兵，屯田以待其敝。

充國奏曰：「臣所將吏士、馬牛食，月用糧穀十九萬九千六百三十斛，茭藁二十五萬二百八十六石。難久不解，徭役不息，又恐他夷卒有不虞之變。且羌虜易以計破，難用兵碎也，故臣愚心以爲擊之不便。計度臨羌東至浩音告。亹，音門，即金城郡廣武縣地。臨羌在今西平郡。羌虜故田及公田，民所未墾，可二千頃以上。願罷騎兵，留弛刑應募，及淮陽、汝南步兵與吏私從者，合凡萬二百八十一人，用穀月二萬七千三百六十三斛、鹽三百八斛，分屯要害處。冰解漕下，繕鄉亭，浚溝渠，漕下，以水運木而下也。理湟音皇。陿音陜。以西道橋七十所，令可至鮮水左右。田事出，賦人二十畝。田事出，謂至春人出營田也。賦謂班與之。至四月草生，發郡騎及屬國胡騎伉健各千[一]，倅馬十二，就草，倅馬，副馬。十二者，千騎則與副馬二百匹也。爲田者游兵。以充入金城郡，益積蓄，省大費。今大司農所轉穀至者，足支萬人一歲食。謹上田處及器用簿，唯陛下裁許。」又上便宜十二事：「步兵九校，一部爲一校。吏士萬人，留屯以爲武備〔二〕，因田致穀，威德並行，一也。又因排折羌虜，令不得歸肥饒之地，貧破其衆，以成羌虜相畔之漸，二也。居民得並田作，不失農業，三也。軍馬一月之食，度支田士一歲，罷騎兵以省大費，四也。至春省甲士卒〔三〕，循河湟漕穀至臨羌，以示羌虜，揚威武，傳世折衝之具，五也。以閒暇時下所伐材，繕治郵亭，充入金城，六也。兵出，乘危徼幸，不出，令反畔之虜竄於風寒之地，離霜露、疾疫、瘃墮之患，墮謂因寒瘃而墮指也〔四〕。坐得必勝之道，七也。亡經阻遠追死傷之害，八也。內不損威武之重，外不令虜得乘間之勢，九也。又亡驚動河南大开、小开，皆羌種。使生他變，十也。治湟陿中道橋，令可至鮮水，以制西域，信威千里，從枕席上過師，十一也。大費既省，繇役豫息，以戒不虞，十二也。留屯田得十二便，出兵失十二利，屯田內有亡費之利，外有守禦之備，騎兵雖罷，虜見萬人留田，爲必禽之具，其土崩歸德，宜不久矣。」詔罷兵，獨留充國屯田。明年五月，充國奏：「羌本可五萬人軍，凡斬首七千六百級，降者三萬二千人〔五〕，溺河湟饑餓死者五六千人，定計遺脱與煎鞏、黄羝俱亡者不過四千人。羌靡忘等自詭必得，請罷屯兵。」詔可。充國振旅而還。

按：屯田所以省饋饟，因農爲兵，而起於漢昭、宣之時。然文帝時，鼂錯上言：「遠方之卒，守塞一歲而更，不知胡人之能，不如選常居者，家室田作以備之，爲之高城深塹，先爲室屋，具田器，募罪人及免徒復作，及民之欲往者，皆賜高爵，復其家，俾實塞下，使屯戍之事省，輸將之費寡。」則其規模已略出此，但文帝則與以田屋，令其人自爲戰守，而此屯田則以兵留耕，因取其耕之所獲以饟兵，微爲不同。又按：武帝征和中，桑弘羊與丞相、御史請屯田故輪臺地，以威西域，而帝下詔深陳既往之悔，不從之。其事亦在昭、宣之前。然輪臺西於車師千餘里，去長安且萬里，非張掖、金城之比，而欲驅漢兵遠耕之，豈不謬哉？賴其説陳於帝既悔之後耳。武帝通西域，復輪臺、渠犁，亦置營田校尉領護，然田卒止數百人。今弘羊建請以爲溉田五千頃以上，則徙民多而騷動衆矣。帝既悔往事，思富民，宜其不從也。

東漢邊郡置農都尉，主屯田殖穀。

光武建武四年，劉隆討李憲，憲平，遣隆屯田武當。馬援以三輔地曠土沃，而所將賓客猥多，乃上書求屯田上林苑中，帝許之。

六年，王霸屯田新安。夏，李通破公孫述於西城〔六〕，還屯田順陽。

八年，王霸屯田函谷關。張純將兵屯田南陽。

明帝永平十六年，北伐匈奴，取伊吾地，置宜禾都尉以屯田，遂通西域。

章帝建初二年，罷伊吾盧屯田兵。

和帝永元二年，擊伊吾，破之。

三年，班超定西域，復置戊己校尉。

十四年，安定降羌燒何種反，曹鳳請廣設屯田，隔塞羌胡交關之路，及省委輸之役。上乃拜鳳爲金城西部都尉，將徙士屯龍耆。後金城長史上官鴻上開置歸義、建威屯田二十七部〔七〕。侯霸復開置東、西邯屯田，增留、逢二部，帝皆從之。列屯夾河，合三十四部。其功垂立，會永初中諸羌叛，乃罷。

順帝永建四年，虞詡上疏曰：「禹貢雍州之域，厥土惟上，且沃野千里。夫棄沃壤之饒，損自然之財，不可謂利。」書奏，帝乃復三郡。朔方、西河、上郡。激河浚渠爲屯田，省内郡費歲一億計。明年，校尉韓皓轉湟中屯田，置兩河間〔八〕，以逼群羌。羌以屯田近之，恐必見圖，乃解仇詛盟。馬續上移屯田湟中，羌意乃安。至陽嘉元年，以湟中地廣，增置屯田五部。并爲十部。

永建六年，以伊吾膏腴之地，旁近西域，匈奴資之以爲鈔暴，復令開設屯田，如永平故事。鄧訓擊敗迷唐諸羌，威信盛行，遂罷屯田，各令歸郡，唯置弛刑徒二千餘人，分以屯田，爲貧人耕種。修理城郭塢壁而已。

陽嘉元年，復置玄菟郡屯田六部。傅燮爲漢陽太守，廣開屯田，列置四十餘營〔九〕。

獻帝建安元年，募民屯田許下。

中平以來，天下亂離，民棄農業，諸軍並起，率乏糧穀，無終歲之計，饑則寇掠，飽則棄餘，瓦解流離，無敵自破者不可勝數。袁紹在河北，軍人仰食桑椹〔一〇〕；袁術在江淮，取給蒲蠃。民多相食〔一一〕，州里蕭條。羽林監棗祇及韓浩請建置屯田，操從之，以祇爲屯田都尉，以騎都尉任峻爲典農中郎將，募民屯田許下，得穀百萬斛。於是州郡例置田官，所在積穀，倉廩皆滿，故操征伐四方，無運糧之勞，遂能兼并群雄。軍穀之饒，起於祇而成於峻。

建安十四年，曹操引水軍自渦入淮，出肥水，軍合肥，開芍陂屯田。

諸葛亮由斜谷伐魏。亮以前者數出，皆以運糧不繼，使己志不伸，乃分兵屯田，爲久駐之計。耕者雜於渭濱居民之間，而百姓安堵，軍無私焉。

魏齊王芳正始四年，司馬宣王督諸軍伐吴，時欲廣田畜穀，爲滅賊資。乃使鄧艾行陳、項以東至壽春。自今淮陽郡項城縣以東至壽春郡。艾以爲田良水少，不足以盡地利，宜開河渠，可以大積軍糧，又通運漕之道，乃著濟河論以喻其指。又以爲：「昔破黄巾，因爲屯田，積穀於許都以制四方。今三隅已定，事在淮南，每大軍征舉，運兵過半，功費百億，以爲大役。陳、蔡之間，土下田良，可省許昌左右諸稻田，并水東下。令淮北屯二萬人，淮南三萬人，十二分休，常有四萬人且佃且守。水豐，常收三倍於西，計除衆費，歲完五百萬斛以爲軍資。六七年間，可積三千萬斛於淮上，此則十萬之衆五年之食也。以此乘吴，無往而不克矣。」宣王善之，皆如艾計。遂北臨淮水，自鍾離而南〔一二〕，横石以西，盡沘旁脂反〔一三〕。水四百餘里，五里置一營〔一四〕，營六十人，且佃且守。兼修廣淮陽、百尺二渠，上引河流，下通淮、潁。大理諸陂於潁南北，穿渠三百餘里，溉田二萬頃，淮南、淮北皆相連接。自壽春到京師，農官兵田，鷄犬之聲，阡陌相屬。每東南有事，大軍興衆，汎舟而下，達於江淮，資食有儲而無水害，艾所建也。

晉羊祜爲征南大將軍，鎮襄陽。吴石城守去襄陽七百餘里，每爲邊害，祜患之，竟以詭計令吴罷守。於是戍邏減半，分以墾田八百餘頃，大獲其利。祜之始至也，軍無百日之糧，及至季年，有十年之積。

太康元年，平吴之後，當陽侯杜元凱在荆州，今襄陽郡。修召信臣遺迹，召信臣所作鉗盧陂、六門堰，並今南陽郡穰縣界，時爲荆州所統。激用滍音蚩淯音育諸水〔一五〕，以浸原田萬餘頃，分疆刊石，使有定分，公私同利，衆庶賴之，號曰「杜父」。舊水道唯沔、漢達江陵千數百里，北無通路。又巴丘湖，沅湘之會，表裏山川，實爲險固，荆蠻之所恃也。預乃開楊口，起夏水達巴陵千餘里，夏水、楊口在今江陵郡江陵縣界。巴陵即今郡。內瀉長江之險，外通零、桂之漕。零陵、桂陽並郡。南土歌之曰：「後世無叛由杜翁，孰識知名與勇功。」

東晉元帝督課農功，二千石長吏以入穀多少爲殿最。其非宿衛要任〔一六〕，皆令赴農，使軍各自佃作〔一七〕，即以名廩。大興中，三吴大饑，後軍將軍應詹上表曰：「魏武帝用棗祗、韓浩之議，廣建屯田，又於征伐之中，分帶甲之士，隨宜開墾，故下不甚勞，大功克舉。間者流人奔東吴，東吴今儉，皆已還返。江西良田，曠廢未久，火耕水耨，爲功差易。宜簡流人，興復農官，功勞報賞，皆如魏氏故事，一年中與百姓，二年分税，三年計賦税以使之。公私兼濟，則倉庾盈億，可計日而待之。」

穆帝升平初，荀羡爲北部都尉〔一八〕，鎮下邳，今臨淮郡縣。屯田於東陽之石鼈，亦在今之臨淮郡界。公私利之。

齊高帝敕垣崇祖修理芍陂田〔一九〕，曰：「卿但努力營田，自然平殄虜寇。昔魏置典農，而中都足食；晉開汝潁，而河汴委儲。卿宜勉之！」

後魏孝文帝太和十一年〔二〇〕，大旱。十二年，祕書丞李彪上表：「請別立農官，取州郡户十分之一爲屯田人，相水陸之宜，料頃畝之數，以贓贖雜物市牛科給，令其肆力。一夫之田，歲責六十斛，蠲其正課并征戍雜役〔二一〕。行此二事，數年之中穀積而人足矣。」帝覽而善之，尋施行焉。自此公私豐贍，雖有水旱，不爲害。

北齊廢帝乾明中，尚書左丞蘇珍芝又議修石鼈等屯，歲收數十萬石，自是淮南軍防糧足。

孝昭帝皇建中，平州刺史嵇曄建議，開幽州督亢舊陂，今范陽郡范陽縣界。長城左右營屯，歲收稻粟數十萬石，北境得以周贍〔二二〕。又於河內置懷義等屯，以給河南之費。自是稍止轉輸之勞。

武成帝河清三年，詔沿邊城守堪耕食者營屯田，置都子使以統之。一子使當田五十頃，歲終課其所入，以論褒貶。

隋文帝開皇三年，突厥犯塞，吐谷渾寇邊，轉輸勞敝，乃令朔方總管趙仲卿於長城以北大興屯田。

唐開軍府以扞要衝，因隙地置營田，天下屯總九百九十二。司農寺每屯三十頃〔二三〕，州、鎮諸軍每屯五十頃，水陸腴瘠、播植地宜，與其功庸煩省、收率之多少，皆決於尚書省。苑內屯以善農者爲屯官、屯副，御史巡行莅輸。上地一頃五十畝，瘠地一頃二十畝〔二四〕，稻田八十畝，則給牛一。諸屯以地良薄與歲之豐凶爲三等，具民田歲穫多少，取中熟爲率。有警，則以兵若夫千人助收。隸司農者，歲三月〔二五〕，卿、少卿循行，治不法者，凡屯田收多者褒進之。歲以仲春籍來歲頃畝、州府軍鎮之遠近，上兵部，度便宜遣之。

開元二十五年，詔：「屯官叙功，以歲豐凶爲上下。鎮戍地可耕者，人給十畝以供糧。方春，令屯官巡行，謫作不時者。」天下屯田，收穀百九十餘萬斛。初，度支歲市糧於北都〔二六〕，以贍振武、天德、靈武、鹽、夏之軍〔二七〕，費錢五六十萬緡，泝河舟溺甚衆。

建中初，宰相楊炎請置屯田於豐州，發關輔民鑿陵陽渠以增溉。京兆尹嚴郢嘗從事朔方，知其利害，以爲不便，疏奏不報。郢又奏〔二八〕：「五城舊屯，其數至廣，以開渠之糧貸諸城官田，約以冬輸；又以開渠功直布帛先給田者，據估轉穀。如此則關輔免調發，五城田闢，比之浚渠利十倍也。」時楊炎方用事，郢議不用，而陵陽渠亦不成。然振武、天德良田，廣袤千里。

元和中，振武軍饑，宰相李絳請開營田，可省度支漕運及絶和糴欺隱。憲宗稱善，乃以韓重華爲振武京西營田和糴水運使，起代北，墾田三百頃，出贓罪吏九百餘人，給以耒耜、耕牛，假糧種，使償所負粟。二歲大熟〔二九〕，因募人爲十五屯，每屯百三十人，人耕百畝，就高爲堡，東起振武，西逾雲州，極於中受降城，凡六百餘里，列柵二十，墾田三千八百餘頃，歲收粟二十萬石，省度支錢二千餘萬緡。重華入朝，奏請益開田五千頃，法用人七千，可以盡給五城。會李絳已罷，後宰相持其議而止。憲宗末，天下營田皆僱民或借庸以耕，又以瘠地易上地，民間苦之。穆宗即位，詔還所易地，而耕以官兵。耕官地者，給三之一以終身。靈武、邠寧土廣肥而民不知耕，太和末，王起奏立營田。後党項大擾河西，邠寧節度使畢諴亦募士開營田，歲收三十萬斛，省度支錢數百萬緡。

開元令：「諸屯田應用牛之處，山原川澤，土有硬軟，至於耕墾，用力不同。土軟處每一頃五十畝配牛一頭，强硬處一頃二十畝配牛一頭。即當屯之內，有軟有硬，亦依此法。其稻田每八十畝配牛一頭。諸營田若五十頃外更有地剩配丁牛者，所以收斛斗皆準頃畝折除。其大麥、蕎麥、乾蘿蔔等，準粟計折斛斗，以定等級。」天寶八載，天下屯收百九十一萬三千六百六十石〔三〇〕，關內五十六萬三千八百一十石，河北四十萬三千二百八十石，河東二十四萬五千八百石〔三一〕，河西二十六萬八十八石，隴右四十四萬九百二石。

上元中，於楚州古射陽湖置洪澤屯，壽州置芍陂屯，厥田沃壤，大獲其利。

宋太宗皇帝端拱二年〔三二〕，以左諫議大夫陳恕爲河北東路招置營田使、魏羽爲副使，右諫議大夫樊知古爲河北西路招置營田使、索湘爲副使，欲大興營田也。

先是，自雄州東際於海，多積水，戎人患之，未嘗敢由此路入寇。順安軍西至北平二百里，地平曠無隔閡〔三三〕，每歲胡騎多由此而入。議者以爲宜度地形高下，因水陸之便，建阡陌，浚溝洫，益樹五稼，可以實邊廩而限戎馬〔三四〕。雍熙後數用兵，岐溝、君子館敗衄之後，河朔之民，農桑失業，多閑田，且戍兵增倍，故遣恕等經營之。恕密奏：「戍卒皆惰游，仰食縣官，一旦使冬被甲兵，春執耒耜，恐變生不測。」乃詔止。令葺營堡，營田之議遂寢。

淳化四年，知雄州何承矩請於順安寨西引易河築隄爲屯田。既而河朔頻年霖澍水潦，河流湍溢，壞城壘民舍，復請因積潦處畜積爲陂塘，大作稻田以足食。

滄州臨津令黄懋上書，請於河北諸州作水利田。懋自言閩人，閩地種水田，緣山導泉，倍費功力。今河北州軍陂塘甚多，引水溉田，省功易就，三五年内，公私必獲大利。乃詔承矩往河北諸州水所積處大墾田，以承矩爲制置河北沿邊屯田使，懋充判官，發諸州鎮兵萬八千人給其役。凡雄莫霸州、平戎破虜順安軍興堰六百里，置斗門，引淀水灌溉。初年種稻，值霜早不成，次年方熟。初，承矩建議，沮之者頗衆；又武臣習攻戰，亦耻於營葺，種稻又不成，群議益甚，幾罷役。至是，議者乃息，莞蒲、蜃蛤之饒，民賴其利。

按：古者，兵與農共此民也，故無事則驅之爲農而力稼穡，有事則調之爲兵而任征戰，雖唐府兵之法猶然。至於屯田，則驅游民闢曠土，且耕且戍，以省餽饟，尤爲良法。自府兵之法既壞，然後兵農判而爲二，不特農疲於養兵，而兵且耻於爲農。觀陳恕所奏及沮何承矩屯田之議者可見，然則國力如之何而不敝於餉軍也哉！

真宗咸平五年，殿直牛睿請增廣方田，疏治溝塍，爲胡馬之閡。詔邊臣經度之。順安軍、威虜軍、保州、定州皆有屯田。

大中祥符九年〔三五〕，改定州、保州、順安軍營田務爲屯田務。凡九州軍皆遣官監務，置吏屬，召募役兵，自京師傳送，鬻稭幹以補牛闕。

陝西轉運使劉綜上言〔三六〕：「宜於古原州建鎮戍軍〔三七〕，以備賊遷。請於軍城四面置屯田務，開田五百頃，置下軍二千人、牛八百頭以耕種之。又置堡寨，使其分居，無寇則耕，寇來則戰。」從之。既而原、渭亦開方田，戎人内屬者皆依之，得以安居。

太宗時，度支判官陳堯叟等上言：「自唐季以來，農政多廢，民率棄本，不務力田，是以家鮮餘糧，地有遺利。臣等每於農畝之業，精求利害之理，必在乎修墾田之利〔三八〕，建用水之法，討論典籍，備窮本末。自漢、魏、晉、唐以來，於陳、許、鄧、潁、蔡、宿、亳至於壽春，用水利墾田，陳迹具在。望選稽古通明之士，分爲諸州長吏，兼管農事，大開公田，以通水利，發江淮下軍散卒及募民以充役。每一夫給牛一頭，治田五十畝。雖古制一夫百畝，今且墾其半，俟久而古制可復也。畝約收三斛，歲可得十五萬斛，凡七州之間，置二十屯，可得三百萬斛，因而益之，不知其極矣。行之二三年，必可至倉廩充實，省江淮漕運。其民田之未闢者，官爲種植；公田之未墾者，募民墾之。歲登所取，並如民間主客之例，此又敦本勸農之至道也。傅子曰：『陸田命懸於天，人力雖修，苟水旱不時，則一年之功棄矣；水田之制由人力，人力苟修，則地利可盡也。』且蟲災之害又少於陸，水田既修，其利兼倍，與陸田不侔矣。」上覽奏嘉之，即遣大理寺丞皇甫選、光禄寺丞何亮乘傳往諸州案視經度。事卒不行。

襄州襄陽縣有屯田三百餘頃，知州耿望請置營田務，是歲〔三九〕，種稻三百餘頃。五年，以其煩擾，罷之。

唐州赭陽陂亦有營田務，歲種七十餘頃。後以其所收薄，且擾人，罷之，賦貧民。

天禧末，諸州屯田總四千二百餘頃，而河北屯田歲收二萬九千四百餘石，而保州最多，逾其半焉。江、淮、兩浙承僞制〔四〇〕，皆有屯田，克復後，多賦與民輸租，第存其名。在河北者雖有其實，而歲入無幾，利在畜水以限戎馬而已。

治平三年，河北屯田有田三百六十七頃，得穀三萬五千四百六十八石。

屯田因兵屯得名，則固以兵耕；營田募民耕之，而分里築室，以居其人，略如鼂錯田塞之制，故以營名，其實用民而非兵也。國初，惟河北屯田有兵，若江、浙間名屯田者，皆因五代舊名，非實有屯也。祥符九年，李允則奏改保州、定州營田務爲屯田務，則募兵以供其役。熙寧取屯田務罷之，則又收務兵各隸其州，以爲廂軍，則屯、營固異制矣。然咸平中，營田襄州，既而又取鄰州兵用之，則非單出民力。熙、豐間，屯營多在邊州，土著人少，則不復更限兵民，但及給用即取之，於是屯田、營田實同名異，而官莊之名最後乃出，亦往往雜用兵民也。其間又有牧地者，本收閒地以給牧養，後亦稍取可耕者以爲之田，而邊地荒棄者，又立頃畝，招弓箭手田；其不屬弓箭手而募中土人往耕者，壤地租給大抵參錯，名雖殊而制相入也。

神宗熙寧元年，詔以坊監牧馬餘地立田官，令專稼政，以資牧養之用。按原武、單鎮、洛陽、沙苑、淇水、安陽、東平七監地，餘良田萬七千頃，可賦民租佃，收草粟以備枯寒，從樞密副使邵亢請也。

四年，河北屯田司屢言豐歲所入亦不償費，詔沿邊屯田，不以水陸，悉募民租佃，罷屯田務，收其兵爲州廂軍。

五年，知延州趙卨乞根括閑田及募弓箭手，詔如其請行之。

卨上議曰：「今陝西雖有曠土，而未嘗耕墾，屯戍不撤，而遠方有輸納之勤。願募民耕閑田。」經略安撫使郭逵言：「今懷寧寨新得地百里，已募弓箭手，無閑田可耕。」遂括得地萬五千餘頃，募蕃漢兵幾五千，爲八指揮。知熙州王韶乞以河州蕃部近城川地招弓箭手，又以山坡地招蕃兵弓箭手，每寨五指揮，以二百五十人爲額，每人給地一頃，蕃官兩頃，大蕃官三頃。熙河多美田，朝廷委提點秦鳳刑獄鄭民憲興營田〔四一〕，奏辟官屬，以集其事。

七年，章惇初築沅州，亦爲屯田務。元豐二年，以所收不及額，罷之。

九年，詔：「熙河路有弓箭手耕種不及之田，經略安撫司權點廂軍田之，官置牛具農器，人給一頃，歲終參較弓箭手、廂軍所種，孰爲優劣，以行賞罰。」六月，鄭民憲言〔四二〕：「逃走弓箭手并營田地土，昨多方設法〔四三〕，召人請佃。今來認租課，乞許就近於本城寨送納，特與蠲免支移、折變。」從之。

知河州鮮于師中乞以未募弓箭手地百頃爲屯田。從之。

樞密使吳充言：「實邊之策，惟屯田爲利。近聞鮮于師中建請，朝廷以計置弓箭手重於改作，故裁令試治百頃而已。然屯田之法，行之於今誠未易，惟有因今弓箭手以爲助法，公田似有可爲。且以熙河四州較之，無慮一萬五千頃，十分取一以爲公田，大約中歲收畝一石〔四四〕，則公田所得十五萬，水旱、肥瘠，三分除一，亦可得十萬。官無營屯、牛具、廩給之費，借用衆力而民不勞，大荒不收而官無損，省轉輸，平糴價，凡六便。」詔議其事。議者謂弓箭手皆新招，重以歲連不善，若使之自備功力耕佃，恐人心動摇，宜俟稍稔推行。

元豐元年，詔經制熙河財用司括冒耕地，期半歲，使民得自言。

五年，提舉熙河營田康識言：「新復土地，乞命官分畫經界〔四五〕，選知田廂軍，人給一頃耕之，餘悉給弓箭手，人加一頃，有馬者又加五十畝，每五十頃爲一營。」「四寨堡見缺農作廂軍，乞許於秦鳳、涇原、熙河三路選募廂軍及馬遞鋪卒，願行者人給裝錢二千。」從之。

八年，樞密院上河東經略司之言曰：「去年出兵耕種木瓜原地，凡用將兵萬八千餘人，馬二千餘匹，費錢七千餘緡，穀近九千石，糗糧近五萬斤，草萬四千餘束；又保甲守禦費緡錢千三百，米三千二百石，役耕民千五百，僱牛千具，皆强民爲之；所收禾粟、蕎麥萬八千石，草十萬二千，不償所費。又借轉運司錢穀以爲子種，至今未償。增人馬防拓之費，仍在年計之外。慮經略司來年再欲耕種，乞早賜約束。」詔諭呂惠卿毋蹈前失。

先一年，惠卿僱五縣耕牛，發將兵外護，耕新疆於木瓜原等處五百餘頃，自謂所得極厚，可助邊計。至是，乃詔戒之。

元祐元年，永興軍民庶進狀言：「興平縣有地二百四十餘頃，久輸二稅。熙寧五年，本縣抑令退爲牧地。」詔提刑司審定以奏，如他州縣更有以稅地改牧地者，亦具以聞。提刑司乞與免納租錢，給種如故。

大觀二年〔四六〕，陝西轉運副使孫琦言：「西寧、湟、廓三州〔四七〕，良田沃野，並給族部，略無稅賦。今進築之初，宜召諸首領與族長開諭，令量立租課，責期限，並委族長使之催輸。」詔童貫度其宜以行。五年，提舉涇原弓箭手司奏：「乞案漢蕃田土，其已開熟地仍許著業外，若非朝命所給，而州軍帥司一時私自撥予，或川原漫坡地土今仍荒閑者，並以給招闕額人馬，惟其不堪耕種者，方許撥充牧地，庶可究極地利，增廣人兵。」從之。

祖宗時，營田皆置務。淳化中，河北有屯田務。祥符九年，改定州、保州營田務爲屯田務。天聖四年，廢襄、唐二州營田務。慶曆元年，陝西置營田務。何承矩建議於河北，端拱元年。歐陽修募弓箭手於河東，慶曆二年。陳恕、樊知古招置營田於河東、北，端拱二年。范仲淹大興屯田於陝西，慶曆元年。耿望置屯田襄州，咸平二年。章惇初築沅州，亦爲屯田務。熙寧七年。正以極邊兩不耕之地，並邊多流徙之餘，因地之利，課以耕耘，贍師旅而省轉輸，此所以爲扈邊實塞之要務，足國安民之至計也。然屯田以兵，營田以民，固有異制。營者，分里築室，以居其人，如鼂錯田塞之制。咸平中，襄州營田既調夫矣，又取鄰州之兵，是營田不獨以民也。熙、豐間，邊州營屯不限兵民，皆取給用，是屯田不獨以兵也。至於招弓箭手不盡之地，復以募民，則兵民參錯，固無異也。然前後施行，或以侵占民田爲擾，虞奕於徽。或以差借耨夫爲擾，咸平二年，耿望襄州借夫。或以諸郡括牛爲擾，慶曆間，范雍括諸郡牛。或以兵民雜耕爲擾，又或以諸路廂軍不習耕種，不能水土爲擾，元符三年九月，提舉河東營田言。至於歲之所入，不償其費，遂又報罷。惟因弓箭手爲助田法，一夫受田百畝，别以十畝爲公田，俾之自備種糧、功力，歲收一石，水旱三分除一，官無廩給之費，民有耕鑿之利，若可以爲便矣。然弓箭手之招至者，未安其業，而種糧無所仰給，且又責其借力於公田，慮人心易摇，卒莫之行。熙寧九年正月，鄭民憲言。

紹興元年，鎮撫使、知荆南府解潛奏，措置荆南、歸、峽、荆門、公安五州營田。其後軍食仰給，省縣官之半。

二年〔四八〕，德安、復州、漢陽軍鎮撫使陳規放古屯田，有逃户歸業者收畢給之，過三年者不受理。凡軍士所屯之田，皆相其險隘，立爲堡寨，其弓兵等，半爲守禦，半爲耕種，如遇農時，則就田作，有警則充軍用。凡耕種則必少增錢糧，秋收給斛斗犒賞，依鋤田客户則例，餘並入官。凡民户所營之田，水田畝賦粳米一斗，陸田豆麥夏秋各五升，滿二年無欠輸，給爲永業。兵民各處一方，流民歸業漸衆，亦置堡寨屯聚。凡屯田事務，營田司兼行；營田事，府、縣官兼行，更不别置官吏。當時廷紳因規奏請，相與推廣，謂：「一夫受田百畝，古制也，厥今諸荒田甚多，惟恐人力不足，兼肥瘠不同，難以概論，當聽人户量力取射。其有闕少牛畜，宜用人耕之法，以二人拽一犁。凡受田，五人爲一甲，别給菜田五畝爲廬舍、稻場。兵屯以大使臣主之，民屯以縣令主之，以歲課多少爲殿最。」下諸鎮推行之。又詔江東、西宣撫使韓世忠措置建康營田。又詔湖北、浙西、江西屯營田，徭役科配並免。

五年，屯田郎中樊賓言：「荆湖、江南與兩浙膏腴之田，彌亘數千里，無人可耕，則地有遺利；中原士民扶攜南渡，幾千萬人，則人有餘力。今若使流寓失業之人，盡田荒閑不耕之田，則地無遺利，人無遺力，可以資中興。」

六年，右僕射張浚奏改江、淮屯田爲營田。凡官田、逃田並拘籍，以五頃爲一莊，募民承佃。命措置官樊賓、王弗行之〔四九〕。尋命五大將劉光世、韓世忠、張俊、岳飛、吴玠及江、淮、荆、襄、利路帥悉領營田使〔五〇〕。江、淮營田置司建康，歲中收穀三十萬石有奇〔五一〕。

八年，監中嶽廟李寀言〔五二〕：「營田之官或抑配豪户，或强科保正，田瘠難耕，多收子利。」張浚亦覺其擾，請罷司，以監司兼領。於是詔帥臣兼領營田，内見帶營田使名者即仍舊。

詔獎諭川陝宣撫吴玠治廢堰，營田六十莊，計田八百五十四頃，歲收二十五萬石〔五三〕，補助軍糧，以省饋餉。

十六年，定江、淮、湖北營田，以紹興七年至十三年所收數内取三年最多數，内取一年酌中爲額，縣官奉行有方，無詞訴抑勒處，分三等定賞罰。

隆興元年，工部尚書張闡言：「今日荆襄屯田之害，非田之不可耕也，無耕田之民也。官司慮其功之不就，不免課之游民；游民不足，不免抑勒百姓，捨已熟田，耕官生田。私田既荒，賦稅猶在。或遠數百里追集以來〔五四〕，或名雙丁，役其强壯，占百姓之田以爲官田，奪民種之穀以爲官穀，老稚無養，一方騷然。有司知其不便，申言於朝，罷之誠是也。然臣竊謂自去歲以來，置耕牛，置農器，修長、木二渠，費已十餘萬，其間豈無已墾闢之地？豈無廬舍場圃尚可卒業？一旦舉而棄之，必爲勢家所占，則是捐十萬緡於無用之地，而荆襄之田終不可耕也。臣比見兩淮歸正之民，動以萬計，官給之食，以半歲爲期，今踰期矣。官不能給，則老弱饑餓者轉而他之〔五五〕，殊失斯民向化之心，兼亦有傷國體。臣愚以爲荆襄之田尚有可承之規，與其棄之，孰若使歸正之民就耕，非惟可免流離，庶使中原之民知朝廷有以處我，率皆繈負而至。異日墾闢既廣，田疇既成，然後取其餘者而輸之官，實爲兩便。」詔除見耕種人依舊外，餘令虞允文同王珏疾速措置。

揚州、興元府、階、成、岷、鳳等處屯田，後皆以所得不償所費，罷之。

議者皆曰：「漢趙充國、魏棗祗屯田皆卓有成效。」不知充國以方隆之漢，敝垂盡之先零；棗祗以未裂之中原，營於無虞之許下，其爲之也暇，且無有害其成者。今禾黍未登場，而馳突蹂踐，有不可必，苟嚴其備，有以限戎馬之來，則沿邊莽堰，莫非可耕之地矣。

## 官田 籍田附

孟子曰：「殷人七十而助。」又曰：「詩云：『雨我公田，遂及我私。』惟助爲有公田，由此觀之，雖周亦助也。」

朱子集注：「當時助法盡廢，典籍不存，惟有此詩可見周亦用助，故引之也。」

月令：孟春之月，天子乃擇元辰，親載耒耜，措之於參、保介之御間。帥三公、九卿、諸侯、大夫躬耕帝籍〔五六〕，天子三推，三公五推，卿、諸侯九推，保介，車右也。置耒於車右與御者之間，明己勸農，非農者也。反，執爵於大寢，三公、九卿、諸侯、大夫皆御，命曰「勞酒」。既耕而宴飲，以勞群臣。

周禮：甸師掌率其屬而耕耨王籍，以時入之。其屬，庶人也。王籍，謂王者籍田千畝，所親帥公卿以下親耕農人耕之處也。庶人終於千畝，故曰率其屬。入其所收黍稷，以供粢盛。

宣王即位，不籍千畝。籍，借也，借民力以爲之。天子田籍千畝，諸侯百畝。自厲王之後，籍田禮廢，宣王即位，不復古也。

虢文公諫曰：「不可。夫民之大事在農。古者，太史順時覛音脉。土，陽癉丁佐反。憤盈，土氣震發，癉，厚也。憤，積也。農祥晨正，農祥，房星。晨正，謂立春之日，晨中於午〔五七〕。日月底於天廟，天廟，營室也。孟春之月〔五八〕，日月皆在營室。土乃脉發。先時九日，太史告稷曰：『自今至於初吉，初吉，二月朔。陽氣俱蒸，土膏其動。弗震弗渝，脉其滿眚，穀乃不殖。』言陽氣升，土膏動，當即發動變瀉其氣，不然，則脉滿而氣結〔五九〕，更爲災疫。稷以告王曰：『史帥陽官以命我司事陽官，春官。司事，主農事〔六〇〕。曰：「距今九日，土其俱動，王其祗祓，監農不易。」』王乃使司徒咸戒公卿、百吏、庶民，司空除壇於籍，命農大夫咸戒農用。農大夫，田畯。先時五日，瞽告有協風至，王即齋宮，百官御事，各即其齋三日。王乃淳濯饗醴，及期，鬱人薦鬯，犧人薦醴，王裸鬯，饗醴乃行，百吏、庶民畢從。及籍，后稷監之，膳夫、農正陳籍禮〔六一〕，太史贊王，王敬從之。王耕一墢，班三之，班，次也。王一墢，公三，卿九，大夫二十七也。庶民終於千畝。其后稷省功，太史監之；司徒省民，太師監之；畢，宰夫陳饗，膳宰監之。膳宰贊王，王歆太牢，班嘗之，庶人終食。是日也，瞽師、音官以風土。音官，樂官。風土，以音律省土風，風氣和則土氣養也。廩於籍東南，鍾而藏之，廩，御廩，以藏王所籍田，以奉粢盛。而時布之於農。稷則徧戒百姓，紀農協功，曰：『陰陽分布，震雷出滯。』土不備墾，辟在司寇。乃命其旅曰：『徇，農師一之，農正再之，后稷三之，司空四之，司徒五之，太保六之，太師七之，太史八之，宗伯九之，王則大徇。耨穫亦如之。』民用莫不震動，恪恭於農，修其疆畔，日服其鎛，不解於時，財用不乏，民用和同。是時也，王事惟農是務，無有求利於其官〔六二〕，以干農功。三時務農而一時講武〔六三〕，故征則有威，守則有財。若是，乃能媚於神而和於民矣〔六四〕，則享祀時至而布施優裕也。今天子欲修先王之緒而棄其大功，匱神乏祀而困民財，將何以求福用民？」王不聽。

漢高祖二年，故秦苑囿園池，令民得田之〔六五〕。

文帝二年，詔曰：「夫農，天下之本也。其開籍田，朕親率耕，以給宗廟粢盛。」

賈誼說上曰：「一夫不耕，或受其饑。今背本而趨末，生之者甚少，而靡之者甚多，天下財產何得不蹷！今驅民而歸之農，皆著於本，使天下各食其力，末技游手之民轉而緣南畝，則畜積足而人樂其所矣。」上感誼言，乃開籍田。

十三年，詔曰：「朕親率天下農耕以供粢盛，皇后親桑以奉祭服，其具禮儀。」令立耕、桑之禮制也。

景帝後二年，親耕籍田。

武帝建元元年〔六六〕，罷苑馬，以賜貧民。養馬之苑，禁百姓芻牧，今賜民爲田。

征和四年，上耕於鉅定。地名，近東海。

昭帝始元元年，上耕於鉤盾弄田。時帝年九歲，未能親耕帝籍。鉤盾，宦者近署，故往試耕爲戲弄也。弄田，在未央宮中。

六年，上耕於上林。

元鳳二年，罷中牟苑賦貧民。

宣帝地節元年，假郡國貧民田。

三年〔六七〕，詔：「池籞未御幸者，假與貧民。又令流民還歸者，假公田，貸種食。」

元帝初元元年，以三輔、太常、郡國公田及苑可省者，振業貧民；江海陂湖園池屬少府者，以假貧民，勿租賦；省苑馬〔六八〕，以振困乏。

二年，詔罷水衡禁苑、宜春下苑、少府佽飛外池、嚴籞池田，假與貧民。

五年，罷北假田官。主假賃見官田與民〔六九〕，收其税。或曰：北假，地名也。

永光元年，令民各務農畝，無田者假之。

哀帝建平元年，太皇太后詔：「外家王氏，田非冢塋，皆以賦貧民。」

後漢禮儀志：正月始耕，晝漏上水初納，執事告祠先農，已享。賀循籍田儀曰：「漢耕日〔七〇〕，以太牢祭先農於田所。」薛綜注二京賦曰：「爲天神借民力於此田，故名曰帝籍，田在國之辰地。」耕時，有司請行事，就耕位，天子、三公、九卿、諸侯以次耕。力田種各耰訖，有司告事畢。漢舊儀曰：「春始東耕於籍田〔七一〕，官祠先農。先農即神農炎帝也。祠以一太牢，百官皆從，大賜三輔二百里孝悌、力田、三老帛。種百穀萬斛，爲立籍田倉，置令、丞。穀皆以給祭天地、宗廟、群神之祀〔七二〕，以爲粢盛。」是月令曰：「郡國守相皆勸民始耕，如儀。諸行出入皆鳴鐘，皆作樂。其有災眚，有他故，若請雨、止雨，皆不鳴鐘，不作樂。」漢家郡守行大夫禮，鼎俎籩豆，工歌縣。

明帝永平九年，詔郡國以公田賜貧民，各有差。

十三年，汴渠成，詔曰：「今五土之宜，反其正色，濱渠下田，賦與貧人，無令豪右得固其利。」

章帝建初元年，詔以上林池籞田賦與貧人。

元和元年，詔：「郡國募人無田欲徙他界就饒者，悉聽之。到在所賜給公田，爲顧耕庸，賃種餉，貰與田器，勿收租五歲，除算三年。其後欲還本鄉者，勿禁。」

三年，詔曰：「月令，孟春善相丘陵土地所宜。今肥田尚多，未有墾闢，其悉以賦貧民，給與種糧，務盡地力，勿令游手。」

安帝永初元年，以廣城游獵地及被災郡國公田假與貧民。

魏制：天子親耕籍田，藩鎮闕諸侯百畝之禮。

晉武帝泰始四年正月，帝躬耕籍田於東郊。詔曰：「近代以來，耕籍田於數步之內，空有慕古之名，曾無供祀訓農之實，而有百官車徒之費。今循千畝之制〔七三〕，當率群公卿士躬稼穡，以先天下。於東郊之南，洛水之北。」去宮八里，遠十六里爲此千畝〔七四〕。帝御木輅以耕，自惠帝後，禮廢。

宋文帝元嘉二十年〔七五〕，將親耕，司空、大司農、京尹、令、尉〔七六〕，度宫之辰地八里之外，整制千畝，中開阡陌。

齊武帝永明中〔七七〕，耕籍田。

梁依宋、齊禮，天監十三年〔七八〕，以啟蟄而耕。普通二年，移籍田於建康北岸。

後魏道武帝天興三年春〔七九〕，始躬耕籍田。

北齊籍於帝城東南千畝，内種赤粱、白穀、大豆、赤黍、小豆、黑穄、麻子、大小麥，色别一頃。自餘一頃，中通阡陌。

隋制：於國南十四里啟夏門置地千畝，爲壇行禮，播殖九穀〔八〇〕，納於神倉，以擬粢盛。秸藁以飼犧牲。

唐太宗貞觀三年二月，籍於千畝之甸。

高宗永徽三年正月，率公卿耕於千畝之甸。

乾封二年、儀鳳二年、景雲三年，並躬耕籍田。

玄宗開元二十三年正月，躬耕籍田。

宋太宗端拱元年，親耕籍田，以勸農事。

天禧元年，以久罷畋遊，其京城四面禁圍草地，令開封府告諭百姓，許其耕牧。

四年，福建轉運使方仲荀言：「福州王氏時有官莊千二百一十五頃，自來給與人户主佃，每年只納税米。乞差官估價，令見佃人收買，與限二年，送納價直。」

仁宗天聖三年，屯田員外郎張希顔奏：「福建八州皆有官莊，七州各納租課，惟福州只依私産納稅，復免差徭，顯是倖民。乞相均米數，依州價折納見錢，銅、鐵中半。」從之。

嘉祐二年，詔以天下没入户絶田募人耕，收其利，置廣惠倉，以賑貧人。見賑恤門。

熙寧間，以廣惠倉之入，歸之常平。

神宗熙寧二年，三司言：「天下屯田、省莊，皆子孫相承，租佃歲久，乞不許賣，其餘没官納莊願賣者聽。」從之。

七年，詔：户絶莊産召人充佃，及入實封狀承買，以其直增助諸路常平錢。

開封府界、諸路係省莊屯田、營田，稻田務及司農寺户絶、水利田，并都水監、淤田司官莊四十四萬七千四百四十八頃一十六畝〔八一〕，内三司官田莊四千五百九十三頃四十畝零，總收租餘斛斗疋帛六萬一千四百九貫、石、疋；都水監、淤田司官莊五百五十四頃一十九畝零，總收租斛斗五萬二百一十石、斤，藁稈等五十萬一千六十六束、斤。

哲宗元祐元年，户部言：「鬻賣户絶田宅〔八二〕，既有估覆定價，乞如買撲坊場例，罷實封投狀。」從之。

八年，詔：「凡官田及已佃而逃，或佃租違期應劃佃者，不別召佃，悉籍之官，爲招募備前之用。如未有投募，且令租佃，以應募者而給之。」

徽宗建中靖國元年，詔市易折納田産並依户絶田産法。

政和元年，時朝廷以用度艱窘，命官鬻賣官田，江西路一歲失折上供無慮二十餘萬斛。運副張根建言，田既不存，當減上供。朝廷深察所以然，遂止不賣。

總領措置官田所言：「元奏存留屯田，爲係河北、河東、陝西邊防利害，乞存之不鬻。自三路外，名屯田者其實悉以民耕，與凡官田無異，無係邊防，自應鬻賣。」從之。

知吉州徐常奏：「諸路惟江西乃有屯田，非邊地，其所立租，則比税苗特重，所以祖宗時，許民間用爲永業，如有移變，雖名立價交佃，其實便如典賣己物。其有得以爲業者，於中悉爲居室、墳墓，既不可例以奪賣，又其交佃歲久，甲乙相傳，皆隨價得佃，今若令見業者買之，則是一業而兩輸直，亦爲不可。而况若賣而起税，税起於租，計一歲而州失租米八萬七千餘石，其勢便當損減上供。是一時得價而久遠失利，此議臣見近利而失遠圖，公私交害也。」於是都省乞下江西覈實，如屯田紐利多於二税，即住賣之；爲税田而税多租少，即鬻之。他路倣此。詔可。

臣僚言：「天下係官田産，如折納、抵當、户絶之類，隸屬常平，則法許鬻賣；如天荒、逃田、省莊之類，在運司有請佃法。自餘閑田，名類非一，乞命官總領條畫以聞。」户部奏：「凡田當防河、召募弓箭手或屯田之類，悉應存留；凡市易抵當、折納、籍沒，常平户絶、天荒、省莊、沙田、退灘、荻場、圩田之類，並應出賣。」又奏：「倣熙寧制，所委官一年内賣及七分，與轉一官，餘以次減磨勘；不登五分，加奏劾。」詔從之。

八月，詔：「乃者，有司建明盡鬻係官田宅，苟目前之利，廢久長之策。其總領措置官並罷，已賣田宅給還元直，仍拘入官。如舍屋已經改更，但課虧租額者，與免仍舊修蓋。官田已嘗爲墓，據合用畝步納價者〔八三〕，與免遷移。」

六年，始作公田於汝州。公田之法：縣取民間田契根磨，如田今屬甲，則從甲而索乙契；乙契既在，又索丙契，展轉推求，至無契可證，則量地所在，增立官租。一説謂按民契券而以樂尺打量，其贏則拘入官，而創立租課。

初，因中官楊戩主後苑作，有言汝州地可爲稻田者，置務掌之，號「稻田務」。復行於府畿，易名公田，南暨襄城，西至澠池〔八四〕，北踰大河，民田有踰初券畝步者，輒使輸公田錢。政和末，又置營繕所，亦爲公田。久之，後苑、營繕所公田皆併於西城所〔八五〕，盡山東、河朔天荒逃田與河堤退灘輸租舉入焉，皆内侍主其事，所括凡得田三萬四千三百餘頃。農畝困敗，但能輸公田錢，而正税不復有輸。後李彦又立城西括田所，而公田皆彦主之。靖康初，誅彦。

宣和元年，提舉水利農田所奏：「浙西平江諸州積水減退，欲委官分詣鄉村檢視露出田土，惟人户見業已納省税不括外，其餘逃田、天荒、草田、葑茭蕩及湖濼、退灘、沙塗等地，悉標記置籍，召人請射種植，視鄉例拘納租課，樁充御前錢物，專一應奉御前支用，置局提舉。如造謗惑衆沮害之人，罪徒。」從之。

三年，詔：「方量根括到田土租税課利内，特與減一半。」十月，尚書省言：「諸路學田并西南外宗室財用司田産，元所給佃，租課太輕，不足於用。」詔許添立，實封入狀，添立租課，剗佃一次，如佃人願從添數，亦仍給佃。

高宗建炎元年，從江南經制使翁彦國言，拘籍蔡京、王黼等莊田，令佃户就種，歲減租課三分。

三年，令：「應天下係官田，令有司依鄉例紐納佃租，期以半月，許民自陳輸租額，過期依見行條法。」

紹興元年，詔盡鬻諸路官田，命各路憲臣總領措置。

時以軍興，用度不足，又先時知永嘉縣霍蠡言：「温州四縣没官田，勢家詭名請佃，歲責保正長代輸，公私病之。」乃詔並召人鬻。五年，又詔：見佃人願承買者聽，佃及三十年以上者，減價錢三之二。

十二年，户部言：「諸路常平司未賣田，令見佃人添租三分，不願者勒令離業，召人佃。」

知邵州吕稽仲言：「湖南、廣西閑田甚多，若輕租召佃，收其所輸，糴其贏餘，可寬州縣。」詔户部措置。

劉夔爲福州帥，貿易僧寺田以取資。至張守帥閩，始議存留上等四十餘刹以待高僧外，悉令民實封請買。歲入七八萬緡，以助軍衣，餘寬百姓雜科，民皆便之。

二十六年，户部侍郎韓仲通言：「蜀地狹人稠，而京西、淮南係官膏腴之田尚衆，乞許人承佃，官貸牛、種，八年乃償〔八六〕。並邊免十年租，次邊半之，滿三年充己業。」從之。

户部言：「諸路賣官田錢，乞以七分上供，三分充常平司糴本。今諸買官田者，免納税契錢，又免和買二年，免物力三年至十年。一千貫以下免三年，一千貫以上五年，五千貫以上十年。已給賣後，不許執鄰取贖。舊六十日輸錢不足者，錢没官，別召買，今倍其日。」皆從之。

二十九年，户部提領官田所言：「應官户、勢家坐占官田，今依估承買，其浙西營田及餘路營田、官莊田、屯田並住賣。」詔各路提舉司督察欺弊，申嚴賞罰。縣賣十萬緡、州二十萬緡，守令各進一秩，餘以次減磨勘，最稽遲者貶秩。荆南提刑彭合入對，言州縣賣官田之害，望減價，無抑勒。户部以減價爲難，但令勿抑勒而已。

諫議大夫何溥言：「比議臣欲優恤見佃者，令減價二分承買，而復謂其低價買、增價賣，或借錢收買，增價准折，許人告即拘没。夫始憐其失業而爲之減價，終設爲轉賣之説而開其争端，望明詔改正。」

兩浙轉運司言：「申括到平江府省田一十六萬六千七百二十八畝〔八七〕，每畝納上供省苗三斗三升六合，計米三萬九千四十七石，係民户世業。今若出賣，便爲私田，止輸二税〔八八〕，暗失上供歲額苗米。」乃止。

臣僚言：「江東西、二廣村疃之間，人户凋疏，彌望皆黄茅、白葦。民間膏腴之田，耕布猶且不徧，豈有餘力可置官産？浙東、西最號繁盛，所買僅及百餘萬緡，累月尚未足數，且有抑勒之患。况江、廣米穀既平，錢貨艱得，畝直不過貫百，縱根括無遺，其能應期限乎？若謂命令已行，難於寢罷，乞寬之一年，聽民情願，無或抑勒，違者坐之。」詔可。

又言：「二年之間，三省、户部困於文移，監司、州郡疲於出賣。上下督責，始限一季，繼限一年，已賣者纔十三，已納者纔十二，其事猶未竟也。蓋買産之家，無非大姓。估價之初，以上色之産，輕立價貫，揭榜之後，率先投狀，至於拆封，往往必得，今之已賣者是也。若中下之産，無人計囑，所立之價，輕重不均，今之無人承買者是也。宜且令元佃之家著業納租，歲猶可得數十萬斛。」從之。

寧宗開禧三年冬，韓侂胄既誅，復與虜講解。明年，改元嘉定，始用廷臣言，置安邊所，命户部侍郎沈詵等條畫來上，凡侂胄與其他權倖没入之田，及圍田、湖田之在官者皆隸焉。初以御史提其綱，繼委之版曹或都司、寺、監官，其後又俾畿漕領之。諸路歲輸米七十二萬二千七百斛有奇，錢一百三十一萬五千緡有奇。兩浙、江東西、淮東西、福建皆有，籍以給行人金繒之費。迨虜好既絶，軍需邊用每於此乎取之。

## 校勘記

〔一〕發郡騎及屬國胡騎伉健各千　「千」原作「十」，據漢書卷六九趙充國傳、通典卷二食貨典二改。

〔二〕留屯以爲武備　「備」字原脱，據漢書卷六九趙充國傳、册府元龜卷五〇三邦計部屯田補。

〔三〕至春省甲士卒　「甲」原作「田」，據漢書卷六九趙充國傳、册府元龜卷五〇三邦計部屯田改。

〔四〕墮謂因寒瘃而墮指也　上「墮」字與「瘃」字原脱，據漢書卷六九趙充國傳顔師古注補。

〔五〕降者三萬二千人　局本作「三萬三千人」，漢書卷六九趙充國傳作「三萬一千二百人」。

〔六〕李通破公孫述於西城　「城」原作「域」，據後漢書卷一五李通傳改。

〔七〕後金城長史上官鴻上開置歸義建威屯田二十七部　「義」原作「又」，「二」原作「三」，據後漢書卷八七西羌傳改。

〔八〕置兩河間　「兩」原作「西」，據後漢書卷八七西羌傳改。

〔九〕傅燮爲漢陽太守廣開屯田列置四十餘營　「十」原作「千」，據後漢書卷五八傅燮傳改。按傅燮爲漢陽太守在靈帝中平年間，册府元龜卷五〇三邦計部屯田「傅燮」上有「靈帝中平中」五字。

〔一〇〕軍人仰食桑椹　「食」原作「視」，據局本及三國志卷一武帝紀注引魏書、册府元龜卷五〇三邦計部屯田改。

〔一一〕民多相食　「多」，三國志卷一武帝紀注引魏書、册府元龜卷五〇三邦計部屯田作「人」。

〔一二〕自鍾離而南　「而」原作「西」，據晉書卷二六食貨志改。

〔一三〕旁脂反　「反」字原脱，據通典卷二食貨典二補。又「旁脂」原誤爲正文，據同上書改。

〔一四〕五里置一營　「五里」及「營」三字原脱，據晉書卷二六食貨志補。

〔一五〕激用滍淯諸水　「滍」原作「浊」，據晉書卷三四杜預傳改。

〔一六〕其非宿衛要任　「非」字原脱，據晉書卷二六食貨志、册府元龜卷五〇三邦計部屯田補。

〔一七〕使軍各自佃作　「作」字原脱，據晉書卷二六食貨志、册府元龜卷五〇三邦計部屯田補。

〔一八〕荀羨爲北部都尉　「部」，晉書卷二六食貨志作「府」。

〔一九〕齊高帝敕垣崇祖修理芍陂田　「垣」原作「桓」，據南齊書卷二五垣崇祖傳改。

〔二〇〕後魏孝文帝太和十一年　「孝」字原脱，「太和」原作「大統」。按北魏孝文帝太和十一年大旱，見魏書卷七下高祖紀下、卷一一〇食貨志。李彪上表建議屯田，見魏書卷六二李彪傳。「大統」爲西魏文帝年號，與此無涉，此處顯誤，故補改。

〔二一〕蠲其正課并征戍雜役　「蠲」原作「甄」，據魏書卷六二李彪傳改。

〔二二〕北境得以周贍　「北」原作「此」，據隋書卷二四食貨志、册府元龜卷五〇三邦計部屯田改。

〔二三〕司農寺每屯三十頃　「每」原作「因」，「十」字原脱，據新唐書卷五三食貨志三改補。

〔二四〕上地一頃五十畝瘠地一頃二十畝　二「一頃」原脱。按下文載開元令：「土軟處每一頃五十畝配牛一頭，强硬處一頃二十畝配牛一頭。」通典卷二食貨典二同。此處顯脱二「一頃」，據補。

〔二五〕歲三月　「三」原作「二」，據新唐書卷五三食貨志三改。

〔二六〕度支歲市糧於北都　「都」原作「部」，據元本、慎本及新唐書卷五三食貨志三、玉海卷一七七唐振武屯田改。

〔二七〕以贍振武天德靈武鹽夏之軍　「振武」二字原倒，據新唐書卷五三食貨志三、玉海卷一七七唐振武屯田乙正。

〔二八〕郢又奏　「又」原作「乃」，據新唐書卷五三食貨志三改。

〔二九〕二歲大熟　「二」原作「一」，據新唐書卷五三食貨志三改。

〔三〇〕天下屯收百九十一萬三千六百六十石　「六百」，通典卷二食貨典二作「九百」。

〔三一〕河東二十四萬五千八百石　「八百石」，通典卷二食貨典二作「八百八十石」。

〔三二〕宋太宗皇帝端拱二年　「宗」原作「祖」，據元本、慎本、馮本及宋史卷一七六食貨志上四、玉海卷一七七端拱河北招置營田使改。

〔三三〕地平曠無隔閡　「曠」原作「廣」，據馮本及宋史卷一七六食貨志上四改。

〔三四〕可以實邊廩而限戎馬　「可」原作「所」，據宋史卷一七六食貨志上四改。

〔三五〕大中祥符九年　「大中祥符」四字原脱，據宋會要食貨四之二、玉海卷一七七咸平屯田務補。依本書文例，本條當在下文「唐州赭陽陂亦有營田務」云云條之後。

〔三六〕陝西轉運使劉綜上言　按宋史卷一七六食貨志上四、宋會要食貨四之一載劉綜上言爲咸平四年事，此處失書紀年。依本書文例，本條當在上文「真宗咸平五年」云云條之前。

〔三七〕宜於古原州建鎮戎軍　「宜」原作「今」，據宋史卷一七六食貨志上四、玉海卷一七七咸平屯田務改。

〔三八〕必在乎修墾田之利　「墾田」原作「因地」，據長編卷三七至道元年正月戊申條改。

〔三九〕是歲　據長編卷四四咸平二年四月丙子條、宋會要食貨四之一及六三之六九，「是歲」爲咸平二年。

〔四〇〕江淮兩浙承僞制　「僞」原作「魏」，據宋史卷九五河渠志五改。

〔四一〕朝廷委提點秦鳳刑獄鄭民憲興營田　「營」原作「民」，據宋史卷一七六食貨志上四、宋會要食貨二之四改。

〔四二〕鄭民憲言　「鄭」原作「謝」，據馮本改。

〔四三〕昨多方設法　「昨」原作「作」，據宋會要食貨二之五改。

〔四四〕大約中歲收畝一石　「中」字原脱，據宋會要食貨六三之七七補。

〔四五〕乞命官分畫經界　「乞」原作「及」，據宋史卷一七六食貨志上四改。

〔四六〕大觀二年　「二」原作「三」，據宋會要食貨六三之五〇改。

〔四七〕西寧湟廓三州　「廓」原作「廊」，按宋史卷八七地理志三，陝西秦鳳路有廓州，與西寧州、湟州相鄰，但無「廊州」，此處「廊」顯爲「廓」之誤，據改。

〔四八〕二年　「二」原作「三」，據宋會要食貨二之九、玉海卷一七七興屯田集議改。

〔四九〕命措置官樊賓王弗行之　「弗」原作「舉」，據宋史卷一七六食貨志上四、宋會要食貨二之一六改。

〔五〇〕尋命五大將劉光世韓世忠張俊岳飛吴玠及江淮荆襄利路帥悉領營田使　「俊」原作「浚」，據宋史卷一七六食貨志上四、宋會要食貨二之一六改。

〔五一〕歲中收穀三十萬石有奇　「石」字原脱，據宋史卷一七六食貨志上四補。

〔五二〕八年監中嶽廟李寀言　「八」原作「七」，「廟」字原脱，據宋會要食貨六三之一一一改補。

〔五三〕歲收二十五萬石　「歲」原作「約」，據宋史卷一七六食貨志上四改。

〔五四〕或遠數百里追集以來　「集」原作「奪」，據宋會要食貨三之一一改。「追奪」，宋史卷一七六食貨志上四作「徵呼」。

〔五五〕則老弱饑餓者轉而他之　宋會要食貨三之一一作「老弱踣於饑餓，强者轉而之他」。

〔五六〕帥三公九卿諸侯大夫躬耕帝籍　「帥」字原脱，據元本、慎本、馮本及禮記月令補。

〔五七〕晨中於午　「中」原作「正」，據國語周語上注改。

〔五八〕孟春之月　「月」原作「日」，據國語周語上注改。

〔五九〕則脉滿而氣結　「滿」原作「萌」，據國語周語上注改。

〔六〇〕主農事　「主」字原脱，據國語周語上注補。

〔六一〕膳夫農正陳籍禮　「陳」原作「行」，據國語周語上改。

〔六二〕無有求利於其官　「於」字原脱，據國語周語上補。

〔六三〕三時務農而一時講武　「務」字原脱，據國語周語上補。

〔六四〕乃能媚於神而和於民矣　「和」原作「利」，據國語周語上改。

〔六五〕令民得田之　「田」字原脱，據漢書卷一高帝紀補。

〔六六〕武帝建元元年　「建元」二字原脱，據漢書卷六武帝紀補。

〔六七〕三年　「三」原作「二」，據漢書卷八宣帝紀改。

〔六八〕省苑馬　「馬」原作「民」，據漢書卷九元帝紀改。

〔六九〕主假賃見官田與民　「主」原作「土」，「官田」二字原倒，據元本、慎本、馮本、局本及漢書卷九元帝紀李斐注改乙。

〔七〇〕漢耕日　「日」原作「田」，據後漢書禮儀志上注改。

〔七一〕春始東耕於籍田　「始東」原作「秋」，據後漢書禮儀志上注改。

〔七二〕穀皆以給祭天地宗廟群神之祀　「群」原作「郡」，據元本、慎本、馮本及後漢書禮儀志上注改。

〔七三〕今循千畝之制　通典卷四六禮典六同。「循」，晉書卷一九禮志上、宋書卷一四禮志一作「修」。

〔七四〕遠十六里爲此千畝　「此」原作「北」，據通典卷四六禮典六改。

〔七五〕宋文帝元嘉二十年　「二十」二字原倒，據宋書卷一四禮志一、玉海卷七六宋籍田乙正。

〔七六〕司空大司農京尹令尉　「尉」字原脱，據宋書卷一四禮志一補。

〔七七〕齊武帝永明中　「明」原作「平」，據南齊書卷三武帝紀、玉海卷七六宋籍田改。

〔七八〕天監十三年　「三」原作「二」，據梁書卷二武帝紀、玉海卷七六梁望耕臺改。

〔七九〕後魏道武帝天興三年春　「道」原作「太」，據魏書卷二太祖紀改。

〔八〇〕行禮播殖九穀　「禮」原舛在「播殖」下，據隋書卷七禮儀志二、通典卷四六禮典六乙正。

〔八一〕并都水監淤田司官莊四十四萬七千四百四十八頃一十六畝　「官莊」原舛在「淤田司」上，據下文乙正。

〔八二〕鬻賣户絶田宅　「户絶」二字原倒，據長編卷三八六元祐元年八月丁未條乙正。

〔八三〕據合用畝步納價者　「納」原作「約」，據元本、慎本、馮本改。

〔八四〕西至澠池　「澠」原作「沔」，據宋史卷一七四食貨志上二改。

〔八五〕後苑營繕所公田皆併於西城所　「西城」二字原倒，據宋史卷一七四食貨志上二乙正。下文「後李彦又立城西括田所」句，「城西」疑爲「西城」之誤。

〔八六〕八年乃償　「乃」原作「仍」，據元本、慎本、馮本及繫年要録卷一七二紹興二十六年三月己巳條改。

〔八七〕申括到平江府省田一十六萬六千七百二十八畝　按宋會要食貨六一之二〇，紹興二十九年二月二十七日，權户部侍郎趙令詪建議州委知、通，縣委令、丞，根括江、浙、湖南、福建、川、廣諸地没官、户絶田出賣，平江府屬兩浙路，疑此處「申括」爲根括之誤。

〔八八〕止輸二税　「止」原作「上」，據元本、慎本、馮本改。

# 卷八　錢幣考一

## 歷代錢幣之制

自太皞以來則有錢矣，太皞氏、高陽氏謂之金，有熊氏、高辛氏謂之貨，陶唐氏謂之泉，商人、周人謂之布〔一〕，齊人、莒人謂之刀。

神農列廛於國，以聚貨帛，日中爲市，以交有無。虞、夏、商之幣，金爲三品，或黄，或白，或赤；或錢，或布，或刀，或龜貝。

管子曰：「湯七年旱，禹五年水，人之無饘，章延反，糜也。有賣子者。湯以莊山之金鑄幣，而贖人之無饘賣子者；禹以歷山之金鑄幣，以救人之困。」「夫玉起於禺音虞。氏，金起於汝、漢，珠起於赤墅，東西南北去周七八千里，水絶壤斷，舟車不能通。爲其途之遠，其至之難，故託用於其重，以珠玉爲上幣，以黄金爲中幣，以刀布爲下幣。」三幣，握之則非有補於暖也，食之則非有補於飽也，先王以守財物，以御人事而平天下也，是以命之曰「衡」。衡者，使物一高一下，不得有調也。若五穀與萬物平，則人無其利。故設上中下幣，而行輕重之術，使一高一下，乃可權制利門，悉歸於上。

周制，以商通貨，以賈易物。太公又立九府圜法，周官有太府、玉府、内府、外府、泉府、天府、職内、職幣、職金，皆掌財幣之官，故云九府。圜，謂均而通也。黄金方寸而重一斤；錢圜函方，外圜而内孔方。輕重以銖；黄金以斤爲名，錢以銖爲重也。布帛廣二尺二寸爲幅，長四丈爲疋。故貨寶於金，利於刀，流於泉，流行如泉。布於布，布於民間。束於帛。束，聚也。周官司市：國凶荒札喪，則市無征而作布。凶年物貴，置錢以饒民。

夾漈鄭氏曰：「謂之泉者言其形，謂之金者言其質，謂之刀者言其器，謂之貨、謂之布者言其用。古文『錢』字作『泉』者，言其形如『泉』文，一變而爲刀器，再變而爲圜法。即太公所作。自圜法流通於世，民實便之，故泉與刀並廢〔二〕，後人不曉其謂也。觀古錢其形即篆『泉』文也，後世代以『錢』字，故『泉』之文借爲泉水之泉，其實『泉』之篆文下體不從水也。先儒不知本末，因謂流於泉，布於布，實於金，利於刀，此皆沿鑿之義也。」

外府掌邦布之入出，以共百物，而待邦之用凡有法者。布，泉也。有法，百官之公用也。共王及后、世子之衣服之用。凡祭祀、賓客、喪紀、會同、軍旅，共其財用之幣齎，賜予之財。齎，行道之財用也。凡邦之小用，皆受焉。歲終則會，唯王及后之服不會。

泉府掌以市之征布，斂市之不售、貨之滯於民用者，以其賈買之，物揭而書之，以待不時而買者。買者各從其抵：都鄙從其主，國人、郊人從其有司，然後予之。抵，故賈也。主者，別治大夫也。康成謂：「抵，本也。本謂所屬吏，主有司是也。」凡賒者，祭祀無過旬日，喪紀無過三月。凡民之貸者，與其有司辯而授之，以國服爲之息。鄭司農謂：「以其所賈之國所出爲息也。假令其國出絲絮，則以絲絮償；出絺葛，則以絺葛償。」康成謂：「以其於國服事之税爲息也。於國事受園廛之田而貸萬泉者，則期出息五百。」凡國事之財用取具焉，歲終，則會其出入，而納其餘。

按：周禮主財之官雖多，而專掌錢布則惟外府、泉府二官〔三〕，外府掌齎賜之出入，泉府掌買賣之出入。自王介甫以鄭注國服爲息之説行青苗誤天下，而後儒之解此語者，或以「息」爲生息之息，或以「息」爲休息之息，然於義皆無所當。蓋古人創泉布之本意，實取其流通。緣貨則或滯於民用，而錢則無所不通；而泉府一官最爲便民，滯則買之，不時而欲買者則賣之，無力者則賒貸與之。蓋先王視民如子，洞察其隱微，而多方濟其缺乏，仁政莫尚於此，初非專爲謀利取息設也。不原其立官之本意，而剿其一語以斷天下大事，可乎？

買之於方滯之時，賣之於欲買之際，此與常平賤糴貴糴之意同。泉府則以錢易貨，常平則以錢易粟，其本意皆以利民，非謀利也。然後世常平之法轉而爲和糴，且以其所儲他用而不以濟民，則惟恐其數之不多，利之不羨，於是亦以理財之法視之矣。

周景王二十一年，患錢輕，更鑄大錢，徑一寸二分，重十二銖，文曰「大泉五十」，肉好皆有周郭，以勸農，贍不足。

王將鑄大錢，單穆公曰：「不可。古者天災降戾，於是乎量資幣，權輕重，以賑救民。民患輕，則爲作重幣以行之，幣輕物貴也。於是乎有母權子而行，民皆得焉。重曰母，輕曰子。相權，並行也。若不堪重，則多作輕而行之，亦不廢重，於是乎有子權母而行，大小利之。民患幣重，則多作輕錢而行之，亦不廢去重者。言重者行其貴，輕者行其賤。今王廢輕而作重，民失其資，能無匱乎？若匱，王用將有所乏，乏則將厚取於民，民不給，將有遠志，是離民也。且夫有備未至而設之，有至而後救之，是不相入也。可先而不備，謂之怠〔四〕，可後而先之，謂之召災。且絶民用以實王府，猶塞川原而爲潢汙也，其竭無日矣。」王弗聽。

楚莊王以爲幣輕〔五〕，更以小爲大，百姓不便，皆去其業。孫叔敖爲相，市令言於相曰：「市亂，人莫安其處，行不定。」叔敖白於王，遂令復如故，而百姓乃安。

秦兼天下，幣爲二等，黄金以「鎰」爲名〔六〕，上幣；二十兩爲鎰。改周一斤之制，更以鎰爲金之名數也。高祖初賜張良金百鎰，此尚秦制也。上幣者，二等之中，黄金爲上，而錢爲下也。銅錢質如周錢，文曰「半兩」，重如其文〔七〕。而珠玉、龜貝、銀錫之屬，爲器飾寶藏，不爲幣，然各隨時而輕重無常。

漢興，以爲秦錢重難用，更令民鑄莢錢。如榆莢也。莢音頰。黄金一斤。復周之制，更以斤名金。而不軌逐利之民，畜積餘贏，以稽市物，物踊騰躍〔八〕，稽，貯滿也。言以其贏餘之財畜積群貨，使物甚騰躍也。米至石萬錢，馬至匹百金。

高后二年，行八銖錢。即秦半兩錢也。漢初患其重，更鑄榆莢，人患太輕〔九〕，故復行此。

六年，行五分錢。即莢錢。

文帝五年，爲錢益多而輕，乃更鑄四銖錢，其文爲「半兩」。除盜鑄錢令〔一〇〕，使民放鑄。

賈誼諫曰：「法使天下公得顧租鑄銅錫爲錢，敢雜以鉛鐵爲他巧者，其罪黥。顧租，謂雇傭之直，或租其本。然鑄錢之情，非殽雜爲巧，則不可得贏，而殽之甚微，爲利甚厚。夫事有召禍，而法有起姦，今令細民人操造幣之勢，各隱屏而鑄作，因欲禁其厚利微姦，雖黥罪日報，其勢不止。乃者民抵罪多者，一縣百數，及吏之所疑，榜笞奔走者甚衆。夫縣法以誘民，使入陷阱，孰積於此！曩禁鑄錢，死罪積下，言死罪多委積於下。今公鑄錢，黥罪積下。爲法若此，上何賴焉？又民用錢，郡縣不同，或用輕錢，百加若干，時錢重四銖，法錢百枚，當重一斤十六銖，輕則以錢足之若干枚，令滿平也。或用重錢，平稱不受。秦錢重半兩，漢初鑄莢錢，文帝更鑄四銖錢。秦錢與莢錢皆當廢，而故與四銖並行。民以其見廢，故用輕錢則百加若干；用重錢雖以一當一，猶復不受之，是以郡縣不同也〔一二〕。法錢不立，法錢，依法之錢也。吏急而壹之乎，則大爲煩苛而力不能勝；縱而弗呵乎，則市肆異用，錢文大亂。苟非其術，何鄉而可哉！今農事棄捐而採銅者日蕃，釋其耒耜，冶鎔吹炭，姦錢日多，五穀不爲多。善人怵而爲姦邪，愿民陷而之刑戮，刑戮將甚不詳，奈何而忽！國知患此，吏議必曰禁之。禁之不得其術，其傷必大。令禁鑄錢，則錢必重，重則其利深，盜鑄如雲而起，棄市之罪又不足以禁矣。姦數不勝而法禁數潰，銅使之然也。故銅布於天下，其爲禍博矣。今博禍可除，而七福可致也。何謂七福？上收銅勿令布，則民不鑄錢，黥罪不積，一矣；僞錢不蕃，民不相疑，二矣；采銅鑄作者反於耕田，三矣；銅畢歸於上，上挾銅積以御輕重，錢輕則以術斂之，重則以術散之，貨物必平，四矣；以作兵器，以假貴臣，多少有制，用別貴賤，五矣；以臨萬貨，以調盈虛，以收奇羡，則官富實而末民困，六矣；制吾棄財，以與匈奴逐爭其民，則敵必懷，七矣。故善爲天下者，因禍而爲福，轉敗而爲功。今久退七福而行博禍，臣誠傷之。」上不從。

是時，吳以諸侯即山鑄錢，富埒天子，後卒叛逆。鄧通以鑄錢，財過王者。故吳、鄧錢布天下。

賈山上書諫，以爲「錢者，無用器也，而可以易富貴。富貴者，人主之操柄也，令民爲之，是與人主共操柄，不可長也。」其後，復禁鑄錢。

景帝中六年，定鑄錢僞黄金棄市律。

人有告鄧通盗出徼外鑄錢，下吏驗問，頗有，遂竟案，盡没之。

武帝建元元年，行三銖錢。壞四銖造此也。重如其文。

五年，罷三銖錢，行半兩錢。自孝文更造四銖錢，至元狩四年，四十餘年。從建元以來，用少，縣官往往即多銅山而鑄錢〔一一〕，民亦盗鑄，不可勝數。錢益多而輕，物益少而貴。有司言曰：「今半兩錢法重四銖，而姦或盗磨錢質而取鋊，鋊，銅屑也。錢益輕薄而物貴，則遠方用幣煩費不省。」乃令縣官銷半兩錢，更鑄三銖錢，重如其文。其明年，有司言三銖錢輕，輕錢易作姦詐。乃更請郡國鑄五銖，周郭其質，令不得磨錢取鋊。

元狩四年，造白金及皮幣。

時縣官大空，而富商賈或滯財役貧，轉轂百數〔一三〕，冶鑄鬻鹽〔一四〕，財或累萬金，而不佐公家之急，黎民重困。於是天子與公卿議，更造錢幣以贍用。時禁苑有白鹿，而少府多銀錫，有司言曰：「古者皮幣，諸侯以聘享。金有三等，黄金爲上，白金爲中，赤金爲下。今半兩錢法重四銖，而姦或盗磨錢質而取鋊，錢益輕薄而物貴，則遠方用幣煩費不省。」乃以白鹿皮方尺，緣以藻繢〔一五〕，爲皮幣，直四十萬。王侯宗室朝覲聘享〔一六〕，必以皮幣薦璧，然後得行。又造銀錫爲白金〔一七〕。以爲天用莫如龍，地用莫如馬，人用莫如龜，故白金三品〔一八〕：其一曰重八兩，圜之，其文龍，名「白撰」，直三千；二曰以重差小，方之，其文馬，直五百；三曰復小，撱之，撱下而長。其文龜，直三百。一重八兩，則二重六兩，三重四兩。

其後，官鑄赤仄。白金稍賤，民弗寶用，縣官以令禁之，無益。歲餘，終廢不行。自造白金、五銖錢後五歲，而赦吏民之坐盜鑄金錢死者數十萬人，其不發覺相殺者，不可勝計。赦自出者百餘萬人，然不能半自出，天下大抵無慮皆鑄金錢矣。犯法者衆〔一九〕，吏不能盡誅，於是遣博士褚大、徐偃等分行郡國，舉并兼之徒、守相爲利者劾之。

時張湯用事，帝與湯造白鹿皮幣，以問大司農顏異，對曰：「今王侯朝賀以蒼璧，直數千，而皮薦反四十萬，本末不相稱。」上不悦。湯奏異腹誹，坐死。

元鼎二年，令京師鑄官赤仄。

時郡國鑄錢，而民多姦鑄，錢多輕，而公卿請令京師鑄官赤仄，以赤銅爲其郭也。一當五，賦官用非赤仄不得行。其後二歲，赤仄錢賤，民巧法用之，不便，又廢。於是悉禁郡國毋鑄錢，專令上林三官鑄。錢既多，而令天下非三官錢不得行，諸郡國前所鑄錢皆廢銷之，輸入其銅三官。而民之鑄錢益少，計其費不能相當，唯真工大姦乃盜爲之。

元帝時，貢禹言：「鑄錢採銅，一歲十萬人不耕，民坐盜鑄陷刑者多。富人藏錢滿室，猶無厭足。民心動搖，棄本逐末，耕者不能半，姦邪不可禁，原起於錢。疾其末者絶其本，宜罷採珠玉、金銀、鑄錢之官，毋復以爲幣，除其販賣租銖之律，租銖，謂計其所賣物價，平其錙銖而收租也。租税禄賜皆以布帛及穀，使百姓一意農桑。」議者以爲交易待錢，布帛不可尺寸分裂，禹議亦寢。

師丹傳：有上書言古者以龜、貝爲貨，今以錢易之，民以故貧，宜可改幣。上以問丹，丹對言可改。章下有司議，皆以爲行錢以來久，難卒變易。

自孝武元狩五年三官初鑄五銖錢，至平帝元始中，成錢二百八十億萬餘云。

石林葉氏曰：「漢書王嘉傳：元帝時都内錢四十萬萬，水衡錢二十五萬萬〔二〇〕，少府錢十八萬萬，言其多也。以今計之，纔八百三十萬貫耳，不足以當榷貨務盛時一歲之入。蓋漢時錢極重而幣輕，穀價甚賤時至斛五錢，耿壽昌以穀賤傷農，建常平之議，其年斛五錢。故嘉言是時外戚貲千萬者少。正使有千萬，亦是今一萬貫，中下户皆有之。漢律：丞相、大司馬、大將軍月俸六萬，乃今六十貫，御史大夫四萬；而大將軍米月三百五十斛，下至佐史，秩百石，猶月八斛有奇。其賜臣下黄金每百斤、二百斤，少亦三十斤，雖燕王劉澤以諸侯賜田生金亦二百斤，梁孝王死，有金四十餘萬斤。幣輕，故米賤金多。近世患國用不足，以爲錢少，故夾錫當十等交具，卒未嘗有補。蓋錢之多寡係幣之輕重，不在鼓鑄廣狹也。」

又曰：「如魏文侯相李悝言，一夫治田百畝，畝收粟一石半，爲粟百五十石。一夫挾五口〔二一〕，人月食一石半。百畝之入，以其十五石爲税，九十石爲食，餘四十五石。石錢三十，計錢千三百五十，而社閭嘗新春秋之祠只用錢三百，而其餘錢以爲五口之衣。衣，人率用錢三百，五人終歲用千五百，今只餘千五十，不足四百五十。則固不嫌錢之少也。然正使幣輕，亦何至是？蓋日用猶不滿一錢，不知何以爲生。」

王莽居攝，變漢制，以周錢有子母相權，於是更造大錢，徑寸二分，重十二銖，文曰「大錢五十」。又造契刀、錯刀。契刀，其環如大錢，身形如刀，長二寸，文曰「契刀五百」。錯刀，以黄金錯，其文曰「一刀直五千」〔二二〕。張晏曰：「按今所見契刀、錯刀，形質如大錢，而肉好輪厚異於此。大錢形如大刀環矣，契刀身形員，不長二寸也。其文左曰「契」，右曰「刀」，無「五百」字也。錯刀則刻之作字也，以黄金填其文，上曰「一」，下曰「刀」。二刀泉甚不與志相應也，似札單差錯，文字磨滅故耳。」師古曰：「張説非也。王莽錢刀今並尚在，形質及文並與志相合。」與五銖錢凡四品，並行。

莽即真，以爲書「劉」字有金刀，乃罷錯刀、契刀及五銖錢，而更作金、銀、龜、貝、錢、布之品，名曰「寶貨」。小錢徑六分，重一銖，文曰「小錢直一」。次七分，三銖，曰「幺錢一十」。幺，小也。次八分，五銖，曰「幼錢二十」。次九分，七銖，曰「中錢三十」。次一寸，九銖，曰「壯錢四十」。因前「大錢五十」，是爲錢貨六品，直各如其文。黄金重一斤，直錢萬。朱提銀重八兩爲一流，直一千五百八十。朱提，縣名，屬犍爲，出善銀。朱音殊。提字音上支反。他銀一流，直千。是爲銀貨二品。元龜岠冉長尺二寸，冉，龜甲緣也。岠，至也。度背兩邊緣尺二寸也。直二千一百六十，爲大貝十朋。兩貝爲朋。朋直二百一十六，元龜十朋，故二千一百六十也。公龜九寸，直五百，爲壯貝十朋。侯龜七寸以上，直三百，爲幺貝十朋。子龜五寸以上，直百，爲小貝十朋。是爲龜寶四品。大貝四寸八分以上，二枚爲一朋，直二百一十六。壯貝三寸六分以上，二枚爲一朋，直五十。幺貝二寸四分以上，二枚爲一朋，直三十。小貝寸二分以上，二枚爲一朋，直十。不盈寸二分，漏度不得爲朋，率枚直錢三。是爲貝貨五品。大布、次布、第布、壯布、中布、差布、厚布、幼布、幺布、小布。小布長寸五分〔二三〕，重十五銖，文曰「小布一百」。自小布以上，各相長一分，相重一銖，文各爲其布名，直各加一百。上至大布，長二寸四分，重一兩，而直千錢矣。是爲布貨十品。布亦錢。凡寶貨五物，六名，二十八品。鑄作錢、布皆用銅，殽以鏈、錫，許慎曰：「鏈，銅屬也。」然則以鏈及錫雜銅而爲錢也〔二四〕。鏈，音連。文質周郭放漢五銖錢云。放，依。其金銀與他物雜，色不純好，龜不盈五寸，貝不盈六分，皆不得爲寶貨。元龜爲蔡，非四民所得居，有者，入太卜受直。其後百姓憒亂，其貨不行，民私以五銖錢市買。莽患之，下詔敢挾五銖錢者爲惑衆，投諸四裔。於是農商失業，食貨俱廢，民涕泣於市道。坐賣買田宅奴婢、鑄錢抵罪者，自公卿大夫至庶人，不可稱數〔二五〕。莽知民愁，迺但行小錢直一，與大錢五十，二品並行，龜、貝、布屬遂廢。莽天鳳元年，復申下金、銀、龜、貝之貨〔二六〕，頗增減其價直，而罷大小錢，改作貨布，長二寸五分，廣一寸，首長八分有奇，其廣八分，其圓好徑二分半，足枝長八分，間廣二分，其文右曰「貨」，左曰「布」，重二十五銖，直貨泉二十五。貨泉徑一寸，重五銖，文右曰「貨」，左曰「泉」，枚直一，與貨布二品並行。又以大錢行久，罷之，恐民挾不止，迺令民且獨行大錢，與新貨泉俱枚直一〔二七〕，並行，盡六年，毋得復挾大錢矣。每壹易錢，民用破業，而大陷刑。莽以私鑄錢死及非沮寶貨投四裔，犯法者多，不可勝行，迺更輕其法：私鑄作泉、布者，與妻子沒爲官奴婢，吏及比伍知而不舉告，與同罪；比音頻未反。非沮寶貨，民罰作一歲〔二八〕，吏免官。犯者愈衆，又五人相坐皆沒入，郡國檻車鐵鎖，傳送長安鍾官，鍾官主鑄錢者。愁苦死者十六七。漢錢舊用五銖，自王莽改革，百姓皆不便之。及公孫述廢銅錢，置鐵官鑄鐵錢，百姓貨幣不行。時童謠曰：「黄牛白腹，五銖當復。」好事者竊言王莽稱黄，述欲繼之，故稱白腹，五銖漢貨，言漢當復并天下。

世祖建武十六年，始行五銖錢，天下賴其便。

初，王莽亂後，貨幣雜用布帛金粟。建武初，馬援在隴西，上書言宜如舊鑄五銖錢。事下三府，三府奏以爲未可許，事遂寢。及援還，從公府求得前奏難十餘條，乃隨牒解釋，更具表言。帝從之。

建武時，長安鑄錢多姦，第五倫爲督鑄錢掾領長安市，倫平銓衡，正斗斛，市無阿枉，百姓悅服。

桓帝時議改鑄大錢，劉陶言其不便，乃止。

時有上書言人以貨輕財薄，故致貧困，宜改鑄大錢。事下四府群僚及太學能言之士。陶上議曰：「當今之憂，不在於貨，在於民饑。蓋民可百年無貨，不可一朝有饑，故食爲至急也。議者不達農殖之本，多言冶鑄之便，或欲因緣行詐〔二九〕，以賈國利。國利將盡，取者爭競，造鑄之端，於是乎生。蓋萬人鑄之，一人奪之，猶不能給，况一人鑄之，萬人奪之乎？夫欲民殷財阜，要在止役禁奪，則百姓不勞而足。陛下欲鑄錢齊貨，以救其弊，此猶養魚沸鼎之中，棲鳥烈火之上。水木本魚鳥之所生也，用之不時，必致焦爛。」帝乃止，不鑄錢。

靈帝中平三年，鑄四出文錢。

錢皆四道，識者竊言侈虐已甚，形象兆見，此錢成，必四道而去。及京師亂，錢果流布四海。

獻帝初平元年，鑄小錢。

董卓壞五銖錢，更鑄小錢，悉取洛陽、長安銅人、鐘簴、飛廉、銅馬之屬以充鑄，故貨賤物貴，穀石數萬。又錢無倫理文章，不便人用。

昭烈取蜀，鑄直百錢。

先主攻劉璋，與士衆約，若事定，府庫、百姓，孤無取焉。及入成都，士庶皆捨干戈，赴諸庫藏取寶物，軍用不足，備憂之。西曹掾劉巴曰：「此易耳！但當鑄直百錢，平諸物價，令吏爲官市。」備從之。旬月之間，府庫充實。文曰「直百」，亦有勒爲五銖者，大小秤兩如一焉，並徑七分，重四銖。

魏文帝黄初二年，罷五銖錢，使百姓以穀帛爲市。至明帝世，錢廢穀用既久〔三〇〕，人間巧僞漸多，競濕穀以要利，作薄絹以爲市，雖處以嚴刑不能禁。司馬芝等議以爲用錢非徒豐國，亦以省刑，若更鑄五銖錢，則國豐刑省，於是爲便，明帝乃立五銖錢。

孫權嘉禾五年〔三一〕，鑄大錢，一當五百。赤烏元年，又鑄當千錢。故吕蒙定荆州，孫權賜錢一億。錢既太貴，但有空名，人間患之。權聞百姓不以爲便，省息之，鑄爲器物，官勿復出也。私家有者，並以輸藏，平卑其直，勿有所枉。

晉用魏五銖錢，不聞有所更創。

元帝過江，用孫氏舊錢，輕重雜行，大者謂之「比輪」，中者謂之「四文」。吴興沈充又鑄小錢，謂之「沈郎錢」。錢既不多，由是稍貴。

孝武太元三年，詔曰：「錢，國之重寶，小人貪利，銷壞無已，監司當以爲意。廣州夷人寶貴銅鼓，而州境素不出銅，聞官私賈人皆貪比輪錢斤兩差重〔三二〕，以入廣州，貨與夷人，鑄敗作鼓〔三三〕。其重爲禁制，得者科罪。」

安帝元興中，桓玄輔政，議欲廢錢用穀帛，朝議以爲不可，乃止。

孔琳之議曰：「洪範八政，貨爲食次，豈不以交易之所資，爲用之至要者乎！若使百姓用力於爲錢，則是妨爲生之業，禁之可也。今農自務穀，工自務器，各肆其業〔三四〕，何嘗致勤於錢？故聖王制無用之貨，以通有用之財，既無毁敗之費，又省運致之苦〔三五〕，此錢所以嗣功龜、貝，歷代不廢者也〔三六〕。穀帛本充於衣食，今分以爲貨，則致損甚多，又勞毁於商販之手，耗棄於割截之用，此之爲弊〔三七〕，著於目前。故鍾繇曰：『巧僞之人，競濕穀以要利，制薄絹以充資。』魏代制以嚴刑，弗能禁也。是以司馬芝以爲用錢非徒豐國，亦所以省刑。錢之不用，由於兵亂積久，用之於廢〔三八〕，有由而然，漢末是也。今既用而廢之，則百姓頓亡其利。今既度天下之穀，以周天下之食，或倉庫充溢，或糧靡斗儲，以相資通，則貧者仰富。致之之道，實假於錢，一朝斷之，便爲棄物。是有錢無糧之人，皆坐而饑困，以此斷之〔三九〕，又立弊也。且據今用錢之處不爲貧，用穀之處不爲富，又人習來久，革之怨惑。語曰：『利不百，不易業。』況又錢便於穀也！魏明帝時，錢廢穀用四十年矣〔四〇〕，以不便於人，乃舉朝大議，精才達政之士，莫不以宜復用錢，下無異情，朝無異論。彼尚捨穀帛而用錢，足以明穀帛之弊著於已試也〔四一〕。愚謂救弊之術，無取於廢錢。」朝議多同琳之，故玄議不行。

前涼張軌太府參軍索輔言於軌曰：「古以金貝皮幣爲貨，息穀帛量度之耗。二漢制五銖錢，通易不滯。晉太始中，河西荒廢，遂不用錢，裂疋以爲段數。縑布既壞，市易又難，徒壞女工，不任衣用，弊之甚也。今中州雖亂，此方全安，宜復五銖，以濟通變之會。」軌納之，立制準布用錢，錢遂大行，人賴其利。

宋文帝元嘉七年，立錢署，鑄四銖錢〔四二〕，文曰「四銖」，重如其文。人間頗盜鑄，多翦鑿古錢取銅，帝甚患之。録尚書、江夏王義恭建議以一大錢當兩，以防翦鑿〔四三〕。議者多同之。何尚之議曰：「夫泉貝之興，以估貨爲本，事在交易，豈假數多〔四四〕？數少則幣重〔四五〕，數多則物重，多少雖異，濟用不殊，況復以一當兩，徒崇虚價。夫錢之形式〔四六〕，大小多品，直云大錢，則未知其格。若止於四銖、五銖，則文皆古篆，既非庸下所識，如或漫滅，尤難分明，公私交亂，争訟必起，此最足深疑者也。命旨兼慮翦鑿日多，以致銷盡，鄙意復謂直由糾察不精，致使立制以來，發覺者寡。今雖有懸金之名，竟無酬與之實，若申明舊科，擒獲即報，畏法希賞，不日息矣。」中領軍沈演之以爲：「晉遷江南，疆境未廓，或土習其風，錢不普用。今封略開廣，聲教遐暨，金鏹布洽，爰逮邊荒。用彌廣而貨愈狹，加復競竊翦鑿〔四七〕，銷毁滋繁，刑雖重禁，姦弊方密，肆力之甿，徒勤不足以供贍。誠由貨貴物賤，常調未革。愚謂若以大錢當兩，則國傳難毁之寶，家贏一倍之利，不俟加憲，巧源日絶。」上從演之議，遂以一錢當兩，行之經時，公私非便，乃罷。時言事者多以錢貨減少，國用不足，欲禁私銅，以充官鑄五銖。范泰又陳曰：「夫貨存貿易，不在多少，昔日之貴，今日之賤〔四八〕，彼此共之，其揆一也。但令官人均通〔四九〕，則無患不足。若使必資貨廣以收國用者〔五〇〕，則龜貝之屬，自古而行。銅之爲器，在用也博矣，鍾律所通者遠，機衡所揆者大。器有要用，則貴賤同資；物有適宜，則家國共急〔五一〕。今毁必資之器而爲無施之錢，於貨則功不補勞，在用則君人俱困，較之以實，損多益少。良由階根未固〔五二〕，意存遠略。伏願思可久之道，賒欲速之情〔五三〕，則嘉謨日陳，聖慮可廣。」

自元嘉中鑄四銖錢，輪郭形製，與古五銖同價無利，百姓不資盜鑄。孝武孝建初，鑄四銖，文曰「孝建」，一邊爲「四銖」。其後稍去「四銖」，專爲「孝建」。

尚書右丞徐爰議曰：「貨薄人貧，公私俱罄，不有革造，將至大乏〔五四〕。宜應式遵古典〔五五〕，收銅繕鑄，納贖刊刑，著在往策。今宜以銅贖刑〔五六〕，隨罪爲品。」詔可之。所鑄錢形式薄小，輪郭不成就。於是人間盜鑄者雲起，雜以鉛錫，並不牢固。又翦鑿古錢，以取其銅，錢既轉小，稍違官式。雖重制嚴刑，人吏官長坐死免者相係〔五七〕，而盜鑄彌甚，百物踊貴，人患苦之。乃立品格，薄小無輪郭者悉加禁斷。時議者又以銅轉難得，欲鑄二銖錢。顔竣曰〔五八〕：「議者將謂官藏空虚，宜更改變，天下銅少，宜減錢式，以救災弊，賑國弔人。愚以爲不然。今鑄二銖，恣行新細，於官無解於乏，而人姦巧大興，天下之貨將糜碎至盡。空立嚴禁，而利深難絶，不過一二年間，其弊不可復救，此其不可一也。今鎔鑄獲利，不見有頓得一二倍之理〔五九〕，縱復得此，必待彌年，又不可二也。人懲大錢之改，兼畏近日新禁，市井之間，必生紛擾，富商得志，貧人困窮，又不可三也。况又未見其利而衆弊如此，失算當時，取誚百代！」上不聽。

廢帝景和元年〔六〇〕，鑄二銖錢，文曰「景和」，形式轉細。官錢每出，人間即模效之，而大小厚薄皆不及也。無輪郭，不磨鑢，如今之翦鑿者〔六一〕，謂之「來子」〔六二〕，尤輕薄者謂之「荇葉」〔六三〕，市井通用之。永光元年〔六四〕，沈慶之啟通私鑄，由是錢貨亂敗〔六五〕，一千錢長不盈三寸，大小稱此，謂之「鵝眼錢」，劣於此者謂之「綖環錢」。入水不沉，隨手破碎，市井不復斷數，十萬錢不盈一掬，斗米一萬，商賈不行。

明帝太始初，唯禁鵝眼、綖環，其餘皆通用。復禁民鑄，官署亦廢工，尋又普斷，唯用古錢。

齊高帝建元四年，奉朝請孔覬上書曰：「三吳國之關閫，比歲被水潦而糴不貴，是天下錢少，非穀穰賤，此不可不察也。鑄錢之弊，在輕重屢更。重錢患難用，而難用爲無累；輕錢弊盜鑄，而盜鑄爲禍深。人所盜鑄，嚴法不禁者，由上鑄錢惜銅愛工也。惜銅愛工也者，謂錢無用之器，以通交易，務欲令輕而數多，使省工而易成，不詳慮其患也。自漢鑄五銖錢，至宋文帝五百餘年〔六六〕，制度有廢興，而不變五銖者，其輕重可法〔六七〕，得貨之宜也。以爲宜開置錢府〔六八〕，方督貢金〔六九〕，大興鎔鑄，錢重五銖，一依漢法。府庫以實，國用有儲，乃量俸禄，薄賦税，則家給人足。頃盜鑄新錢者，皆效作翦鑿，不鑄大錢也。若官錢已布於人，便嚴斷翦鑿〔七〇〕，小輕破缺無周郭者悉不得行。官錢細小者稱合銖兩，銷以爲大。利貧良之人，塞姦巧之路。錢貨既均，遠近若一〔七一〕，百姓樂業，市道無争，衣食滋殖矣。」時議者以爲錢貨轉少，宜更廣鑄，重其銖兩，以防人姦。上乃使諸州郡大市銅炭，會上崩乃止〔七二〕。

武帝時，竟陵王子良上表曰：「頃錢貴物賤，殆欲兼倍，凡在觸類，莫不如茲〔七三〕。稼穡艱劬，斛直數十〔七四〕，機杼勤苦，疋纔三百。所以然者，實亦有由。人間錢多翦鑿，鮮復完者，公家所受，必須圓大，以兩代一，困於無所〔七五〕，鞭捶質繫，益致無聊。」

梁初唯京師及三吳、荆、郢、江、襄、梁、益用錢，其餘州郡則雜以穀帛交易，交、廣之域則全以金銀爲貨。

武帝乃鑄錢，肉好周郭，文曰「五銖」，重四銖三參二黍，其百文則重一斤三兩〔七六〕。又别鑄，除其肉郭，謂之「公式女錢」，徑一寸，文曰「五銖」，重如新鑄五銖，二品並行。百姓或私以古錢交易者，其五銖徑一寸一分，重八銖，文曰「五銖」，三吴屬縣行之。女錢徑一寸，重五銖，無輪郭，郡縣皆通用。太平百錢二種，並徑一寸，重四銖，源流本一，但文字古今之殊耳，文並曰「太平百錢」。定平一百，五銖，徑六分，重一銖半，文曰「定平一百」〔七七〕。稚錢五銖，徑一分半，重四銖，文曰「五銖」，源出於五銖，但狹小，東境謂之「稚錢」。五朱錢〔七八〕，徑七分半，重三銖半，文曰「五朱」，源出稚錢，但稍遷異，以「銖」爲「朱」耳，三吴行之，差少於餘錢。又有對文錢，其原未聞。豐貨錢，徑一寸，重四銖，代人謂之富錢，藏之令人富也。布泉錢，徑一寸〔七九〕，重四銖半，代謂之「男錢」〔八〇〕，云婦人佩之即生男也。此等輕重不一，天子頻下詔書，非新鑄二種之錢，並不許用。而趨利之徒，私用轉甚，至普通中，乃議盡罷銅錢，更鑄鐵錢。人以鐵易得〔八一〕，並皆私鑄。及大同以後，所在鐵錢，遂如丘山，物價騰貴。交易者以車載錢，不復計數而惟論貫。商旅姦詐，因之以求利。自破嶺以東，八十爲陌，名曰「東錢」。江、郢以上，七十爲陌，名曰「西錢」。京師以九十爲陌，名曰「長錢」。中大同元年〔八二〕，天子乃詔通用足陌。詔下而人不從，錢陌益少〔八三〕，至末年遂以三十五爲陌。

陳初，承梁喪亂之後，鐵錢不行。始梁末，又有兩柱錢及鵝眼錢，時人雜用，其價同。但兩柱重而鵝眼輕，私家多鎔鑄，又間以錫鐵〔八四〕，兼以粟帛爲貨。文帝天嘉五年〔八五〕，改鑄五銖，初出，一當鵝眼十。宣帝太建十一年，又鑄大貨六銖，以一當五銖之十，與五銖並行，後還當一。人皆不便，乃相與訛言曰：「六銖錢有不利縣官之象。」未幾而帝崩，遂廢六銖而行五銖，竟至陳亡。其嶺南諸州，多以鹽米布交易〔八六〕，俱不用錢。

後魏初至太和〔八七〕，錢貨無所用也。

孝文帝始詔天下用錢。十九年，公鑄粗備，文曰「太和五銖」〔八八〕，詔京師及諸州鎮皆通行之。內外百官禄皆準絹給錢，疋爲錢二百。在所遣錢工備爐冶，人有欲鑄，聽就鑄之〔八九〕，銅必精鍊，無所和雜。

宣武帝永平三年冬，又鑄五銖錢。京師及諸州鎮或不用，或有止用古錢，不行新錢，致商貨不通，貿遷頗隔。

孝明熙平初，尚書令、任城王澄上言：「竊尋太和之錢，孝文留心創制，後與五銖並行，此乃不刊之式。臣竊聞之，君子行禮，不求變俗，因其所宜，順而致用。太和五銖雖利於京邑之肆，而不入徐、揚之市〔九〇〕。徐，今彭城琅琊郡地。揚，今壽春郡地。土貨既殊，貿鬻亦異，便於荆、郢之邦者，則礙於兖、豫之域〔九一〕，荆，今南陽郡地。郢，今汝南郡地。兖，今魯郡、東平郡地。致使貧人有重困之切，王道貽隔化之訟。臣之愚意，謂今之太和與新鑄五銖，及諸古錢方俗所便用者，雖有小大之異，並得通行。貴賤之差，自依鄉價。庶貨環海內，公私無壅。其不行之錢，及盜鑄毁大爲小，巧僞不如法者〔九二〕，據律罪之。」詔曰：「錢行已久，今東南有事，且可依舊。」澄又奏：「太和五銖乃大魏之通貨，不朽之常模，寧可專貿於京邑〔九三〕，不行於天下！但今戎馬在郊，江疆未一，東南之州，依舊爲便。至於京西、京北域內州鎮未用錢處〔九四〕，行之則不足爲難，塞之則有乖通典。何者？布帛不可尺寸而裂，五穀則有負擔之難，錢之爲用，貫繦相屬，不假斗斛之器，不勞秤尺之平，濟世之宜，便益於此〔九五〕。請並下諸方州鎮〔九六〕，其太和及新鑄五銖并古錢内外全好者〔九七〕，不限大小，悉聽行之。鵝眼、環鑿，依律而禁。河南州鎮先用錢者，既聽依舊，不在斷限。唯太和、五銖二錢得用公造新者，其餘雜種，一用古錢，生新之類，普同禁約。諸方錢通用京師，其聽依舊，使與太和錢及新造五銖並行，若盜鑄錢者，罪當重憲。」詔從之。而河北諸州舊少錢貨，猶以他物交易，錢略不入於市。

二年冬，尚書崔亮奏：「弘農郡銅青谷有銅鑛，計一斗得銅五兩四銖；葦池谷鑛，一斗得銅五兩；鸞帳山鑛，一斗得銅四兩；河内郡王屋山今玉山縣。鑛，一斗得銅八兩；南青州苑燭山〔九八〕、齊州商山，並是往昔銅官，舊迹見在。謹按鑄錢方興，用銅處廣，既有冶利，並宜開鑄〔九九〕。」詔從之。自後所行之錢，人多私鑄，錢稍小薄，價用彌賤。建義初〔一〇〇〕，重制盜鑄之禁，開糾賞之格。

孝莊帝初，私鑄者益更薄小，乃至風飄水浮，米斗幾直一千。祕書郎楊侃奏曰：「臣頃在雍州，表陳聽人與官並鑄五銖錢，使人樂爲，而俗弊得改。旨下尚書，八座不許。以今況昔，爲理不殊，求取臣前表，經御披析。」侃乃隨宜剖説，帝從之，乃鑄五銖錢。御史中尉高恭之又奏曰：「四民之業，錢貨爲本，救弊改鑄，王政所先。自頃以來，私鑄薄濫，官司糾繩，掛網非一。在今銅價，八十一文得銅一斤，私造薄錢，斤餘二百。既示之以深利，又隨之以重刑，得罪者雖多，姦鑄者彌衆。今錢徒有五銖之文，而無二銖之實，薄甚榆莢，上貫便破，置之水上，殆欲不沉。此乃因循有漸，科防不切，朝廷失之，彼復何罪。昔漢文以五分錢小，改鑄四銖，至孝武復改三銖爲半兩。此皆以大易小，以重代輕也。論今據古，宜改鑄大錢，文載年號，以記其始，則一斤所成，七十六文。銅價至賤，五十有餘，其中人功、食料、錫炭、鉛沙，縱復私營，不能自潤。直置無利，應自息心，况復嚴刑廣設。以臣測之，必當錢貨永通，公私獲允。」後遂用楊侃計〔一〇一〕。永安二年秋，詔更鑄，文曰「永安五銖」〔一〇二〕，官自立鑪，亦聽人就鑄，起自九月，至三年正月而止。官欲貴錢〔一〇三〕，乃出藏絹，分遣使人於二市賣之〔一〇四〕，絹疋止錢二百，而私市者猶三百。利之所在，盜鑄彌衆，巧僞既多，輕重非一，四方州鎮，用各不同。時鑄錢都將長史高謙之〔一〇五〕，即高恭之兄，字道讓。上表求鑄三銖錢曰：「蓋錢貨之立，本以通有無，便交易，故錢之輕重，世代不同〔一〇六〕。太公爲周置九府圜法，至景王時更鑄大錢。秦兼海内，錢重半兩。漢興，以秦錢重，改鑄莢錢。至孝文五年，復爲四銖。孝武時，悉復銷壞，更鑄三銖。至元狩中，變爲五銖。又造赤仄，以一當五。王莽攝政，錢有六等，大錢重十二銖，次九銖，次七銖，次五銖，次三銖，次一銖。魏文帝罷五銖錢〔一〇七〕，至明帝復立。孫權江左鑄大錢，一當五百。權赤烏五年，復鑄大錢，一當千。輕重大小，莫不隨時而變。况今寇難未除，州郡淪没，人物凋零，軍國用少，則鑄小錢可以富益，何損於政，何妨於人也。且政興不以錢大，政衰不以錢小，唯貴公私得所，政化無虧，既行之於古，亦宜效之於今矣。臣今請鑄，以濟交乏，五銖之錢，任使並用，行之無損，國得其益。」詔將從之，事未就，會卒。

北齊神武霸政之初，猶用永安五銖。遷鄴已後，百姓私鑄，體制漸別，遂各以爲名，有雍州青赤〔一〇八〕，梁州生厚、緊錢、吉錢〔一〇九〕，河陽生澀、天柱、赤牽之稱。冀州之北，錢皆不行，交貿者皆以絹布。神武乃收境内之銅及錢，仍依舊文更鑄，流之四境。未幾之間，漸復細薄，姦僞競起。

武定六年，文襄王以錢文五銖，名須稱實，宜秤錢一文重五銖者，聽入市用。計一百文重一斤四兩二十銖，自餘皆準此爲數。其京邑二市、天下州鎮郡縣之市，各置二秤，懸於市門，私人所用之秤，皆準市秤以定輕重。凡有私鑄，悉不禁斷，但重五銖，然後聽用。若入市之錢不重五銖，或雖重五銖而多雜鉛鑞，並不聽用。若輒以小薄雜錢入市，有人糾獲，其錢悉入告者。其薄小之錢，若便禁斷，恐人交乏絶，畿内五十日，外州百日爲限。群官參議，咸以爲時穀稍貴，請待有年。王從之而止。

文宣受東魏禪，除永安之錢，改鑄常平五銖，重如其文。其錢甚貴而製造甚精。其錢未行，而私鑄已興，一二年間，即有濫惡，雖殺戮不能止，乃令市增長銅價，由此利薄，私鑄少止。至乾明、皇建之間，往往私鑄。鄴中用錢有赤郭〔一一〇〕、青熟、細眉、赤生之異。河南所用有青薄鉛錫之别。青、齊、徐、兖、梁、荆河等州，輩類各殊。武平以後，私鑄轉甚，或以生鐵和銅〔一一一〕，至於齊亡，卒不能禁。

後周之初，尚用魏錢。及武帝保定元年，乃更鑄布泉之錢，以一當五，與五銖並行。梁、益之境，又雜用古錢交易。河西諸郡或用西域金銀之錢，漢書西域傳：「罽賓國以金銀爲錢〔一一二〕，文爲騎馬，幕爲人面。」其幕即漫也〔一一三〕。烏弋山離國之錢〔一一四〕，與罽賓國同，文爲人頭，幕爲騎馬，加金銀飾其仄〔一一五〕。安息亦以銀爲錢，文爲王面，幕爲夫人面，王死即更鑄。大月氏亦同。而官不禁。建德三年，更鑄五行大布錢，以一當十，大收商賈之利，與布泉錢並行。四年，又以邊境之錢，人多盜鑄，乃禁五行大布不得出入四關，布泉之錢聽入而不聽出。五年，以布錢漸賤而人不用，遂廢之。初令私鑄者絞〔一一六〕，從者遠配爲户。齊平以後，山東之人猶雜用齊氏舊錢。至宣帝大成元年，又鑄永通萬國錢，以一當十〔一一七〕，與五行大布、五銖，凡三品並用。

隋文帝開皇元年，以天下錢貨輕重不一，乃更鑄新錢，背面肉好皆有周郭，文曰「五銖」，而重如其文，每錢一千重四斤二兩。後魏食貨志云：「齊文襄令錢一文重五銖者，聽入市用。」計一百錢重一斤四兩二十銖，則一千錢重十二斤以上。而隋代五銖錢一千重四斤二兩，當是大小秤之差耳。是時，錢既雜出，百姓或私有鎔鑄。三年，詔四面諸關各付百錢爲樣。從關外來，勘樣相似，然後得過；樣不同者則壞以爲銅，入官。詔行新錢以後，前代舊錢有五行大布、永通萬國及齊常平〔二八〕，所在勿用。以其貿易不止，四年，詔仍依舊不禁者〔二九〕，縣令奪半年禄。然百姓習用既久，猶不能絶。五年，詔又嚴其制。自是錢貨始一，所在流布，百姓便之。是時，見用之錢，皆須和以錫鑞。錫鑞既賤，求利者多，私鑄之錢，不可禁約。其年，詔乃禁出錫鑞之處，並不得私有採取。十年，詔晉王廣聽於揚州立五鑪鑄錢。其後姦猾稍多，漸磨鑢錢郭，取銅私鑄，又雜以鉛錫，遞相倣傚，錢遂輕薄，乃下惡錢之禁。京師及諸州邸肆之上，皆令立榜，置樣爲准，不中樣者不入於市。十八年，詔漢王諒聽於并州立五鑪鑄錢。又江南人間錢少，晉王廣又請於鄂州白紵山有銅鑛處鑄錢，於是詔聽置十鑪鑄錢。又詔蜀王秀於益州立五鑪鑄錢。是時錢益濫惡，乃令有司檢天下邸肆見錢，非官鑄者皆毁之，其銅入官。而京師以惡錢貿易，爲吏所執，有死者。數年之間，私鑄頗息。大業以後，王綱弛紊，巨姦大猾，遂多私鑄，錢轉薄惡，每千宜重二斤，後漸輕至一斤。或剪鐵鍱，裁衣糊紙以爲錢，相雜用之，貨賤物貴，以至於亡。

唐武德四年，廢五銖錢，鑄「開元通寶」錢，每十錢重一兩，計一千重六斤四兩，得輕重大小之中。置錢監於洛、并、幽、益等諸州。賜秦王、齊王三鑪，右僕射裴寂一鑪以鑄。盜鑄者死，没其家屬。

高祖初入關，民間行綫環錢〔三〇〕，其製輕小，凡八九萬纔滿半斛。乃鑄開元通寶，其文，給事中歐陽詢製詞及書，時稱其工。字含八分及篆、隸三體，其詞先上後下，次左後右讀之。自上及左，迴環讀之，其義亦通，流俗謂之「開通元寶」錢。鄭虔會粹云：「詢初進蠟樣日，文德皇后掐一甲迹，故錢上有掐文。」每兩二十四銖，則一錢重二銖半以下，古秤比今秤三之一也，則今錢爲古秤之七銖以上，古五銖則加重二銖以上。

顯慶五年，以盜鑄惡錢多，官爲市之，以一善錢售五惡錢。民間藏惡錢，以待禁弛。

儀鳳四年，以天下惡錢轉多，令東都出遠年糙米及粟於市糶，斗別納惡錢百文。其惡錢令少府、司農相知，即令鑄破；其厚重合斤兩者，任將行用。

乾封元年，改鑄乾封泉寶錢，徑寸，重二銖六分，以一當舊錢之十。踰年而舊錢多廢。明年，以商賈不通，米帛踴貴，復行開通元寶錢，天下皆鑄之。然私錢犯法日蕃，有以舟筏鑄江中者。詔所在納惡錢，而姦亦不息。儀鳳中，瀕江民多私鑄錢爲業，詔巡江官督捕，載銅、錫、鑞過百斤者没官。四年，命東都糶米粟，別納惡錢百文，少府、司農毁之。時鑄多錢賤，米踴貴，乃詔少府鑄，尋復舊。永淳元年，私鑄者抵死，鄰保從坐。

武后長安中，令懸樣於市，令百姓依樣用錢。俄而揀擇艱難，交易留滯，乃令錢非穿穴及鐵錫、銅液〔三二〕，皆得用之，熟銅、排斗、沙澀之錢皆售。自是盜鑄蜂起，江淮尤甚，吏莫能捕。神龍、先天之際〔三三〕，兩京錢益濫，郴、衡錢纔有輪郭，鐵錫五銖之屬，皆可用之，或鎔錫模錢，須臾千百。

玄宗開元初，宰相宋璟請禁惡錢，行二銖四參錢，毁舊錢不可用者。江淮有官鑪錢、偏鑪錢、稜錢、時錢，遣監察御史蕭隱之使江淮括惡錢。隱之嚴急煩擾，怨嗟盈路，坐貶官。璟又請糶十萬斛收惡錢，少府毁之。

開元二十二年三月二十一日，敕：「布帛不可以尺寸爲交易，菽粟不可以抄勺貿有無。古之爲錢，以通貨幣，頃雖官鑄，所入無幾，約工計本，勞費又多，公私之間，給用不贍，永言其弊，豈無變通。往者漢文之時，已有放鑄之令，雖見非於賈誼，亦無廢於賢君。古往今來，時移事異，亦欲不禁私鑄，其理如何？公卿百僚詳議可否。」祕書監崔沔議曰：「夫國之有錢，時所通用。若許私鑄，人必競爲，各徇所求。小如有利，漸忘本業，大計斯貧。是以賈生之陳七福，規於更漢令；太公之創九府，將以殷貧人。况依法則不成，違法乃有利。謹按漢書，文帝雖除盜鑄錢令，而不得雜以鉛鐵爲他巧者。然則雖私鑄，不容姦錢。錢不容姦，則鑄者無利。鑄者無利，則私鑄自息。斯則除之與不除，爲法正等。能謹於法而節其用，則令行而詐不起，事變而姦不生，斯所以稱賢君也。今若聽其私鑄，嚴斷惡錢，官必得人。人皆知禁，誠則漢政可侔，猶恐未若皇唐之舊也。今若税銅折役，則官冶可成；計估度庸，則私錢無利。易而可久，簡而難誣，謹守舊章，無越制度。且夫錢之爲物，貴以通貨，利不在多，何待私鑄，然後足用也！」左監門録事參軍劉秩議曰：「古者以珠玉爲上幣，黄金爲中幣，刀布爲下幣。管子曰：『夫三幣，握之則非有補於暖也，捨之則非有損於飽也。先王以守財物，以御人事，而平天下。』是以命之曰『衡』。衡者，使物一高一下，不得有常。故與之在君，奪之在君。是以人戴君如日月〔一三〕，親君如父母，用此術也，是謂人主之權。今之錢，即古之下幣也。陛下若捨之任人，則上無以御下，下無以事上，其不可一也。夫物賤則傷農，錢賤則傷賈，故善爲國者，觀物之貴賤、錢之輕重。夫物重則錢輕，錢輕由乎物多，多則作法收之使少；少則重，重則作法布之使輕。輕重之本，必由乎是，奈何而假於人？其不可一也。夫鑄錢不雜以鉛鐵則無利，雜以鉛鐵則惡，不重禁不足以懲息。且方今塞其私鑄之路〔一二四〕，人猶冒死以犯之，況啟其源而欲人之從令乎！是設陷阱而誘之入，其不可二也。夫許人鑄錢，無利則人不鑄，有利則人去南畝者衆。去南畝者衆，則草萊不墾，又鄰於寒餒，其不可四也。夫人富溢則不可以賞勸，貧餒則不可以威禁，故法令不行，人之不理，皆由貧富之不齊也。若許其鑄錢，則貧者必不能爲。臣恐貧者彌貧，而服役於富室，富室乘之則益恣〔一二五〕。昔漢文時，吴濞，諸侯也，富埒天子；鄧通，大夫也，財侔王者。此皆鑄錢所致也。必欲許其私鑄，是與人利權而捨其柄，其不可五也。陛下必以錢重而傷本，工費而利寡，則臣願言其失，以效愚計。夫錢重者，猶人日滋於前，而鑪不加於舊。又公錢重，與銅之價頗等，故盜鑄者破重錢以爲輕錢。禁寬則行，禁嚴則止，止則棄矣，此錢之所以少也。夫鑄錢用不贍者，在乎銅貴，銅貴之由，在於採用者衆矣。夫銅以爲兵則不如鐵，以爲器則不如漆，禁之無害，陛下何不禁於人？禁於人〔一二六〕，則銅無所用；銅無所用，則銅益賤；銅賤，則錢之用給矣。夫銅不布下，則盜鑄者無因而鑄；無因而鑄，則公錢不破；公錢不破，則人不犯死刑；錢又日增，不復利矣〔一二七〕。是一舉而四美兼也。伏惟陛下熟察之。」其年十月六日，敕：「貨幣兼通，將以利用，而布帛爲本，錢刀是末。賤本貴末，爲弊則深，法教之間，宜有變革。自今以後，所有莊宅、口馬交易，並先用絹布、綾羅、絲綿等，其餘市買，至一千以上，亦令錢物兼用，違者科罪。」二十六年，於宣、潤等州置錢監。

時兩京用錢稍善，米粟價益下。其後錢又漸惡，詔出銅所在置監，鑄開元通寶錢，京師庫藏皆滿。天下盜鑄益起，廣陵、丹陽、宣城尤甚。京師權豪歲歲取之，舟車相屬。江淮偏鑪錢數十種，雜以鐵錫，輕漫無復錢形。公鑄者號官鑪錢〔二八〕，以一當偏鑪錢七八，富商往往藏之，以易江淮私鑄者。兩京錢有鵝眼、古文、綖環之别，每貫重三四斤，至剪鐵而緡之。宰相李林甫請出絹布三百萬疋，平估收錢，物價踴貴，訴者日萬人〔二九〕。兵部侍郎楊國忠欲招權以市恩，揚鞭市門曰：「行當復之。」明日，詔復行舊錢。天寶十一載，又出錢三十萬緡，易兩市惡錢；出左藏庫排斗錢，許民易之。國忠又言錢非鐵錫〔三〇〕、銅沙、穿穴、古文，皆得用之。是時增調農人鑄錢，既非所習，皆不聊生。内作判官韋倫請厚價募工，繇是役用減而鼓鑄多〔三一〕。天下鑪九十九：絳州三十，揚、潤、宣、鄂、蔚皆十，益、鄧、郴皆五〔三二〕，洋州三，定州一。每鑪歲鑄錢三千三百緡，役丁匠三十，費銅二萬一千二百斤、鑞三千七百斤、錫五百斤。每千錢費錢七百五十。天下歲鑄三十二萬七千緡。

肅宗乾元元年，户部侍郎第五琦以國用未足，幣重貨輕，乃請鑄「乾元重寶」錢，徑一寸，每緡重十斤，以一當十，與開元通寶參用。及琦爲相，又鑄重輪乾元錢，一當五十，每緡重十二斤。三品錢並行〔三三〕。法既屢易，物價騰踴，斗米至七千錢，死者滿道。初有「虚錢」，京師人人私鑄，并小錢，壞鐘、像，犯禁者愈衆。鄭叔清爲京兆尹，數月榜死者八百餘人。上元元年，減重輪錢以一當三十，開元舊錢與乾元十當錢，皆以一當十，碾磑鬻受，得爲實錢，虚錢交易皆用十當錢，由是錢有虚實之名。

史思明據東都，鑄「得一元寶」錢，徑一寸四分，以當開元通寶之百。既而惡「得一」非長祚之兆，改其文曰「順天元寶」。

代宗即位，乾元重寶錢以一當二，重輪錢以一當三，凡三日，而大小錢皆以一當一。自第五琦更鑄，犯法者日數百，州縣不能禁止，至是人甚便之。其後民間乾元、重輪二錢鑄爲器，不復出矣。

當時議者以爲：「自天寶至今，户九百餘萬〔一三四〕。王制：『上農夫食九人〔一三五〕，中農夫七人。』以中農夫計之，爲六千三百萬人。少壯相均，人食米二升，日費米百二十六萬斛，歲費四萬五千三百六十萬斛，而衣倍之，吉凶之禮再倍。餘三年之儲以備水旱凶災，當米十三萬六千八十萬斛，以貴賤豐儉相當，則米之直與錢均也。田以高下肥瘠豐耗爲率，一頃出米五十餘斛，當田二千七百二十一萬六千頃。而錢亦歲毁於棺瓶埋藏焚溺，其間銅貴錢賤，有鑄以爲器者，不出十年，錢幾盡，不足以周當世之用。」諸道鹽鐵轉運使劉晏以江、嶺諸州，任土所出，皆重粗賤弱之貨，輸京師不足以供道路之直，於是積之江淮，易銅鉛薪炭，廣鑄錢，每歲得十餘萬緡，輸京師及荆、揚二州，自是錢日增矣。

建中元年九月，户部侍郎韓洄上言：「江淮錢監，歲共鑄錢四萬五千貫，輸於京師，度工用轉送之費，每貫計錢二千，是本倍利也。今商州有紅崖冶出銅益多，又有洛源監久廢不理。請增工鑿山以取銅，興洛源故監，置十鑪鑄之，歲計出錢七萬二千貫，度用工轉送之費，貫計錢九百，則浮本矣。其江淮七監請皆停罷。」從之。

二年八月，諸道鹽鐵使包佶奏：「江淮百姓近日市肆交易，錢交下粗惡，揀擇納官者三分纔有二分，餘並鉛錫銅盪，不敷斤兩，致使絹價騰貴，惡錢漸多。訪聞諸州山野地窖，皆有私錢，轉相貨易，姦宄漸深。今後委本道觀察使明立賞罰，切加禁斷。」

貞元九年正月，張滂奏：「諸州府公私諸色鑄造銅器雜物等。伏以國家錢少，損失多門。興販之徒，潛將銷錢，一千爲銅六斤，造寫器物，則斤直六百餘。有利既厚，銷鑄遂多，江淮之間，錢實減耗。伏請准從前敕文，除鑄鏡外，一切禁斷。」

十年六月，敕：「今後天下鑄造、買賣銅器，並不須禁止，其器物約每斤價直不得過一百六十文。委所在長吏及巡院同勾當訪察，如有銷錢爲銅者，以盜鑄錢罪論。」

十四年十二月，鹽鐵使李若初奏：「諸道州府多以近日泉貨數少，繒帛價輕，禁止見錢不令出界，致使課利有缺，商賈不通。請指揮見錢任其往來，勿使禁止。」從之。

憲宗以錢少，復禁用銅器。時商賈至京師，委錢諸路進奏院及諸軍、諸使富家，以輕裝趨四方，合券乃取之，號「飛錢」。京兆尹裴武請禁與商賈飛錢者，搜索諸坊，十人爲保。鹽鐵使李巽以郴州平陽銅坑二百八十餘，復置桂陽監，以兩鑪日鑄錢二十萬。天下歲鑄錢十三萬五千緡。命商賈蓄錢者，皆出以市貨，天下有銀之山必有銅，唯銀無益於人，五嶺以北，採銀一兩者流他州，官吏論罪。

元和四年，京師用錢緡少二十及有鉛錫錢者，捕之；非交易而錢行衢路者，不問。復詔採五嶺銀坑，禁錢出嶺。六年，貿易錢十緡以上者，參用布帛。蔚州三河冶距飛狐故監二十里而近，河東節度使王鍔置鑪，疏拒馬河水鑄錢，工費尤省，以刺史李聽爲使，以五鑪鑄，每鑪月鑄錢三十萬，自是河東錫錢皆廢。自京師禁飛錢，家有滯藏，物價頓輕。判度支盧坦、兵部尚書判户部事王紹、鹽鐵使王播請許商人於户部、度支、鹽鐵三司飛錢，每千緡增給百錢，然商人無至者。復許與商人敵貫而易之，然錢重幣輕如故。憲宗爲之出内庫錢五十萬緡市布帛，每疋加舊估十之一。會吴元濟、王承宗連衡拒命，以七道兵討之，經費屈竭。皇甫鏄建議，内外用錢每緡墊二十外，復抽五十送度支以贍軍。

十二年，敕：「自今文武官僚，不問品秩高下，并公郡縣主、中使，下至士庶、商旅、寺觀、坊市，所有私貯見錢，並不得過五千貫。如有過此，許從敕出後，限一月市别物收貯。如限内未了，更請限亦不得過兩月。限滿違犯者，白身人處死；有官人等聞奏科貶，其賸貯錢納官，五分取一充賞。」時京師里閈區肆所積，多方鎮錢，如王鍔、韓弘、李惟簡，少者不下五十萬貫。於是競買地屋，以變其錢，而高貲大賈〔一三六〕，多依倚左右軍官錢爲名，府縣不能究治，竟不行。

先是，三年詔：「應天下商賈先蓄見錢者，委所在長吏，令收市貨物，官中不得輒有程限，逼迫商人，任其貨易，以求便利。周歲之後，此法徧行，朕當别立新規，設蓄錢之禁。所以先有告示，許其方員，意在他時行法不貸。」

按：後之爲國者，不能制民之産，以均貧富，而徒欲設法，以限豪强兼并之徒。限民名田，猶云可也；限民蓄錢，不亦甚乎！然買田者志於吞併，故必須上之人立法以限其頃畝；蓄錢者志於流通，初不煩上之人立法以教其懋遷也。今以錢重物輕之故，立蓄錢之限，然錢重物輕，正藏鏹逐利者之所樂聞也。人棄我取，誰無是心？正不必設法禁以驅之，徒開告訐之門而重爲煩擾耳。

穆宗即位，京師鬻賣金銀十兩亦墊一兩，糴米鹽百錢墊七八。京兆尹柳公綽以嚴法禁止之。尋以所在用錢，墊陌不一，詔從俗所宜，内外給用，每緡墊八十。

寶曆初，河南尹王起請銷錢爲佛像者以盜鑄錢論。

太和三年，詔佛像以鉛、錫、土、木爲之，飾帶以金銀、鍮石、烏油、藍鐵，唯鑑、磬、釘、鐶、鈕得用銅，餘皆禁之，盜鑄者死。是時峻鉛錫錢之禁〔三七〕，告千錢者賞以五千。

四年，詔積錢以七千緡爲率，十萬緡者期以一年出之，二十萬以二年。凡交易百緡以上者，疋帛米粟居半。河南府、揚州、江陵府以都會之劇，約束如京師。未幾皆罷。八年，河東錫錢復起，鹽鐵使王涯置飛狐鑄錢院於蔚州，天下歲鑄錢不及十萬緡。文宗病幣輕錢重，詔方鎮縱錢穀交易。時雖禁銅爲器，而江淮、嶺南列肆鬻之，鑄千錢爲器，售利數倍。宰相李珏請加鑪鑄錢，於是禁銅器，官一切爲市之。天下銅坑五十，歲采銅二十六萬六千斤。及武宗廢浮屠法，永平監官李郁彦請以銅像、鐘、磬、鑪、鐸皆歸巡院，州縣銅益多矣〔三八〕。鹽鐵使以工有常力，不足以加鑄，許諸道觀察使皆得置錢坊。淮南節度使李紳請天下以州名鑄錢，京師爲京錢，大小徑寸如開元通寶，交易禁用舊錢。會宣宗即位，盡黜會昌之政〔三九〕。新錢以字可辯，復鑄爲像。昭宗末，京師用錢八百五十爲貫，每百纔八十五，河南府以八十爲百云。

校勘記

〔一〕商人周人謂之布 「周」原作「齊」，通志卷六二食貨略二作「周」。據下文「周官司市：國凶荒札喪，則市無征而作布。」「周」是，據改。

〔二〕故泉與刀並廢　「並」原作「爲」，據通志卷六二食貨略二改。

〔三〕而專掌錢布則惟外府泉府二官　「泉」原作「玉」，據下文及周禮泉府改。

〔四〕謂之怠　「怠」原作「急」，據國語周語下改。

〔五〕楚莊王以爲幣輕　「輕」原作「重」，據通典卷八食貨典八、册府元龜卷四九九邦計部錢幣一改。

〔六〕黄金以鎰爲名　「以」字原脱，據漢書卷二四下食貨志下、通典卷八食貨典八補。

〔七〕重如其文　通典卷八食貨典八「文」下有「爲下幣」三字。

〔八〕物踊騰躍　「物」字原脱，據史記卷三〇平準書補。

〔九〕人患太輕　「輕」原作「甚」，據漢書卷三高后紀應劭注改。

〔一〇〕除盜鑄錢令　「令」字原脱，據漢書卷二四下食貨志下補。

〔一一〕是以郡縣不同也　「郡」原作「州」，據正文及漢書卷二四下食貨志下臣瓚注改。

〔一二〕縣官往往即多銅山而鑄錢　「即多」二字原倒，據漢書卷二四下食貨志下乙正。

〔一三〕轉轂百數　「轂」原作「穀」，「百數」二字原倒，據史記卷三〇平準書、漢書卷二四下食貨志下改乙。

〔一四〕冶鑄鬻鹽　「鬻」，史記卷三〇平準書作「煮」。

〔一五〕乃以白鹿皮方尺緣以藻繢　「乃」原作「今」，據史記卷三〇平準書、漢書卷二四下食貨志下改。「藻」字原脱，據史記卷三〇平準書補。

〔一六〕王侯宗室朝覲聘享　「聘」字原脱，據史記卷三〇平準書、漢書卷二四下食貨志下補。

〔一七〕又造銀錫爲白金　「爲」字原脱，據史記卷三〇平準書補。

〔一八〕故白金三品　「白」原作「曰」，據史記卷三〇平準書、漢書卷二四下食貨志下、册府元龜卷四九九邦計部錢幣一改。

〔一九〕犯法者衆　「者」字原脱，據漢書卷二四下食貨志下補。

〔二〇〕水衡錢二十五萬萬　「二」原作「一」，據漢書卷八六王嘉傳改。

〔二一〕一夫挾五口　「挾」字原脱，據漢書卷二四下食貨志上補。

〔二二〕一刀直五千　「千」原作「十」，據漢書卷二四下食貨志下改。

〔二三〕小布長寸五分　「小布」二字原脱，據漢書卷二四下食貨志下補。

〔二四〕然則以鏈及錫雜銅而爲錢也　「錫」字原脱，據漢書卷二四下食貨志下師古注、册府元龜卷四九九邦計部錢幣一補。

〔二五〕不可稱數　「可」原作「敢」，據漢書卷二四下食貨志下改。

〔二六〕復申下金銀龜貝之貨　「申」原作「中」，「銀」原作「錢」，據漢書卷二四下食貨志下改。

〔二七〕與新貨泉俱枚直一　「枚」原作「放」，據漢書卷二四下食貨志下改。

〔二八〕民罰作一歲　「罰」原作「罷」，據漢書卷二四下食貨志下改。

〔二九〕或欲因緣行詐　「或」原作「故」，據後漢書卷五七劉陶傳改。

〔三〇〕錢廢穀用既久　「錢廢」二字原倒，據元本、慎本、馮本及晉書卷二六食貨志乙正。

〔三一〕孫權嘉禾五年　「禾」原作「平」，據三國志卷四七孫權傳改。

〔三二〕聞官私賈人皆貪比輪錢斤兩差重　「私」原作「司」，「貪」原作「食」，據晉書卷二六食貨志改。

〔三三〕鑄敗作鼓　「敗」原作「韛」，據晉書卷二六食貨志改。

〔三四〕各肆其業　「肆」原作「隸」，據宋書卷五六孔琳之傳、册府元龜卷四九九邦計部錢幣一改。按：「隸」古通「肆」。

〔三五〕又省運致之苦　「運致」，宋書卷五六孔琳之傳作「運置」，册府元龜卷四九九邦計部錢幣一作「難用」，晉書卷二六食貨志作「難運」。

〔三六〕歷代不廢者也　「不」下原衍「可」字，據宋書卷五六孔琳之傳、册府元龜卷四九九邦計部錢幣一删。

〔三七〕此之爲弊　「爲」原作「謂」，據宋書卷五六孔琳之傳、晉書卷二六食貨志、册府元龜卷四九九邦計部錢幣一改。

〔三八〕用之於廢　「用之」，宋書卷五六孔琳之傳作「自至」，晉書卷二六食貨志作「自致」。

〔三九〕以此斷之　「以」字原脱，據晉書卷二六食貨志補。

〔四〇〕錢廢穀用四十年矣　「穀用」二字原倒，據宋書卷五六孔琳之傳、晉書卷二六食貨志、册府元龜卷四九九邦計部錢幣一乙正。「四」，宋書卷五六孔琳之傳作「三」。

〔四一〕足以明穀帛之弊著於已試也　「試」原作「誠」，據宋書卷五六孔琳之傳、通典卷八食貨典八、册府元龜卷四九九邦計部錢幣一改。

〔四二〕立錢署鑄四銖錢　「署」原作「置法」，下「錢」字原脱，據宋書卷五文帝紀、册府元龜卷五〇〇邦計部錢幣二改補。

〔四三〕以防剪鑿　「剪」原作「穿」，據慎本、馮本及宋書卷六六何尚之傳改。

〔四四〕豈假數多　「數多」二字原倒，據宋書卷六六何尚之傳乙正。

〔四五〕數少則幣重　「重」原作「輕」，據宋書卷六六何尚之傳改。

〔四六〕夫錢之形式　「式」字原脱，據宋書卷六六何尚之傳、册府元龜卷五〇〇邦計部錢幣二改。「夫」，同上二書作「又」。

〔四七〕加復競竊翦鑿　「加」原作「如」，據宋書卷六六何尚之傳、通典卷九食貨典九改。

〔四八〕今日之賤　「日」，宋書卷六〇范泰傳作「者」。

〔四九〕但令官人均通　「令」原作「今」，據宋書卷六〇范泰傳、通典卷九食貨典九改。按「人」，通典避唐太宗諱「民」改，文獻通考仍其舊文未改回。

〔五〇〕若使必資貨廣以收國用者　「貨」字原脱，據宋書卷六〇范泰傳補。

〔五一〕則家國共急　「急」原作「給」，據宋書卷六〇范泰傳、册府元龜卷五〇〇邦計部錢幣二改。

〔五二〕良由階根未固　「階」原作「基」，通典避唐玄宗諱改爲「階」，文獻通考仍其舊文未改回。

〔五三〕賒欲速之情　「賒」原作「贖」，據宋書卷六〇范泰傳改。

〔五四〕將至大乏　「至」字原脱，據宋書卷七五顔竣傳補。

〔五五〕宜應式遵古典　「式遵」二字原倒，據宋書卷七五顔竣傳、册府元龜卷五〇〇邦計部錢幣二乙正。

〔五六〕今宜以銅贖刑　「今」原作「合」，據宋書卷七五顔竣傳、册府元龜卷五〇〇邦計部錢幣二改。

〔五七〕人吏官長坐死免者相係　「死」原作「罪」，據宋書卷七五顔竣傳、册府元龜卷五〇〇邦計部錢幣二改。「人」，通典避唐太宗諱改，文獻通考仍其舊文未改回。

〔五八〕顔竣曰　「竣」原作「峻」，據愼本、馮本改。

〔五九〕不見有頓得一二倍之理　「倍」，宋書卷七五顔竣傳作「億」。

〔六〇〕廢帝景和元年　「元」原作「二」，據册府元龜卷五〇〇邦計部錢幣二改。按景和僅有元年，無二年。

〔六一〕不磨鑢如今之翦鑿者　「鑢如今之」四字原脱，據宋書卷七五顔竣傳、册府元龜卷五〇〇邦計部錢幣二補。

〔六二〕謂之來子　「來」，宋書卷七五顔竣傳作「耒」。

〔六三〕尤輕薄者謂之荇葉　「尤」上原衍「謂」字，據元本、慎本、馮本及通典卷九食貨典九删。

〔六四〕永光元年　按宋書卷七前廢帝紀，永光元年八月癸酉，改元爲景和元年，永光在前，景和在後，上文既有景和元年，此處不當又出永光元年。

〔六五〕由是錢貨亂敗　「敗」原作「改」，據宋書卷七五顔竣傳、册府元龜卷五〇〇邦計部錢幣二改。

〔六六〕至宋文帝五百餘年　「五」原作「四」，據南齊書卷三七劉悛傳改。

〔六七〕其輕重可法　「法」字原脱，據南齊書卷三七劉悛傳補。

〔六八〕以爲宜開置錢府　「宜」字原脱，據南齊書卷三七劉悛傳、册府元龜卷五〇〇邦計部錢幣二補。

〔六九〕方督貢金　「督」，南齊書卷三七劉悛傳作「牧」。

〔七〇〕便嚴斷翦鑿　「便」原作「使」，據南齊書卷三七劉悛傳改。

〔七一〕遠近若一　「若」原作「則」，據南齊書卷三七劉悛傳、通典卷九食貨典九改。

〔七二〕上乃使諸州郡大市銅炭會上崩乃止　「郡」字原脱，據南齊書卷三七、南史卷三九劉悛傳及册府元龜卷五〇〇邦計部錢幣二補。「炭」字原脱，據南史卷三九劉悛傳補。「會」字原脱，據元本、慎本、馮本及同上三書補。

〔七三〕莫不如茲　「如」原作「知」，據南齊書卷二六王敬則傳、通典卷九食貨典九改。

〔七四〕斛直數十 「十」原作「千」，據元本、慎本、馮本及通典卷九食貨典九改。

〔七五〕困於無所 「無所」，南齊書卷二六王敬則傳作「所貿」。

〔七六〕其百文則重一斤三兩 「百」字原脱，據通典卷九食貨典九補。「三」，同書作「二」。

〔七七〕定平一百 「百」字原脱，據通典卷九食貨典九補。

〔七八〕五朱錢 「朱」原作「銖」，據下文改。

〔七九〕重四銖代人謂之富錢藏之令人富也布泉錢徑一寸 此句原脱，據通典卷九食貨典九補。「代」，通典避唐太宗諱改，文獻通考仍其舊文未改回。

〔八〇〕代謂之男錢 「代」下原衍「之」字，據通典卷九食貨典九删。

〔八一〕人以鐵易得 「鐵」下原衍「錢」字，據册府元龜卷五〇〇邦計部錢幣二删。

〔八二〕中大同元年 「中」字原脱，據隋書卷二四食貨志補。

〔八三〕錢陌益少 「少」原作「多」，據隋書卷二四食貨志、通典卷九食貨典九改。

〔八四〕又間以錫鐵 「鐵」原作「錢」，據隋書卷二四食貨志、册府元龜卷五〇〇邦計部錢幣二改。

〔八五〕文帝天嘉五年 「天」原作「元」，據隋書卷二四食貨志、通典卷九食貨典九改。

〔八六〕多以鹽米布交易 「鹽」原作「錢」，據隋書卷二四食貨志、通典卷九食貨典九改。

〔八七〕後魏初至太和 「至」原作「置」，據魏書卷一一〇食貨志、通典卷九食貨典九改。

〔八八〕太和五銖 「太」原作「泰」，據通典卷九食貨典九改。

〔八九〕聽就鑄之 「聽就」二字原倒，據魏書卷一一〇食貨志、通典卷九食貨典九乙正。

〔九〇〕而不入徐揚之市　「而」原作「所」，據魏書卷一一〇食貨志、通典卷九食貨典九、册府元龜卷五〇〇邦計部錢幣二改。

〔九一〕則礙於兖豫之域　「豫」原作「徐」，據魏書卷一一〇食貨志、册府元龜卷五〇〇邦計部錢幣二改。

〔九二〕巧僞不如法者　「巧」字原脱，據魏書卷一一〇食貨志、册府元龜卷五〇〇邦計部錢幣二補。

〔九三〕寧可專貿於京邑　「貿」原作「貨」，據魏書卷一一〇食貨志、册府元龜卷五〇〇邦計部錢幣二改。

〔九四〕至於京西京北域内州鎮未用錢處　「西」字原脱，「京北」二字原倒，「域」上原衍「邑」字，據魏書卷一一〇食貨志、通典卷九食貨典九補、乙、删。

〔九五〕便益於此　魏書卷一一〇食貨志、册府元龜卷五〇〇邦計部錢幣二作「謂爲深允」，通典卷九食貨典九作「便利於此」。

〔九六〕請並下諸方州鎮　「州」字原脱，據魏書卷一一〇食貨志、通典卷九食貨典九補。

〔九七〕其太和及新鑄五銖并古錢内外全好者　「五銖」二字原脱，據魏書卷一一〇食貨志、通典卷九食貨典九、册府元龜卷五〇〇邦計部錢幣二補。

〔九八〕南青州苑燭山　「南」下原衍「有」字，據魏書卷一一〇食貨志、册府元龜卷五〇〇邦計部錢幣二删。

〔九九〕並宜開鑄　「宜」原作「許」，據魏書卷一一〇食貨志改。

〔一〇〇〕建義初　「義」字原脱，據魏書卷一一〇食貨志補。

〔一〇一〕後遂用楊侃計　「楊」原作「王」，據上文及魏書卷七七高謙之傳改。

〔一〇二〕文曰永安五銖　「銖」下原衍「錢」字，據魏書卷一一〇食貨志删。

〔一〇三〕官欲貴錢 「欲」下原衍「知」字，「錢」原作「賤」，據魏書卷一一〇食貨志删改。

〔一〇四〕分遣使人於二市賣之 「二」原作「三」，據魏書卷一一〇食貨志、册府元龜卷五〇〇邦計部錢幣二改。

〔一〇五〕時鑄錢都將長史高謙之 「將」原作「督」，據魏書卷七七高謙之傳、册府元龜卷五〇〇邦計部錢幣二改。

〔一〇六〕世代不同 「世」原作「時」，據魏書卷七七高謙之傳改。

〔一〇七〕魏文帝罷五銖錢 「錢」字原脱，據魏書卷七七高謙之傳、册府元龜卷五〇〇邦計部錢幣二補。

〔一〇八〕雍州青赤 「赤」原作「州」，據隋書卷二四食貨志、通典卷九食貨典九改。

〔一〇九〕吉錢 「吉」原作「古」，據隋書卷二四食貨志改。

〔一一〇〕鄴中用錢有赤郭 「郭」，隋書卷二四食貨志作「熟」。

〔一一一〕或以生鐵和銅 「和」原作「私」，據隋書卷二四食貨志、通典卷九食貨典九改。

〔一一二〕罽賓國以金銀爲錢 「金」字原脱，據漢書卷九六上西域傳上補。

〔一一三〕其幕即漫也 「幕」原作「止」，據漢書卷九六上西域傳上改。

〔一一四〕烏弋山離國之錢 「離」原作「燕」，據漢書卷九六上西域傳上改。

〔一一五〕加金銀飾其仄 「飾」原作「釋」，據通典卷九食貨典九改。

〔一一六〕初令私鑄者絞 「令」字原脱，據隋書卷二四食貨志、册府元龜卷五〇〇邦計部錢幣二補。

〔一一七〕以一當十 「十」原作「千」，據隋書卷二四食貨志、册府元龜卷五〇〇邦計部錢幣二改。

〔一一八〕永通萬國及齊常平 「齊」字原脱，據隋書卷二四食貨志、册府元龜卷五〇〇邦計部錢幣二補。

〔一一九〕詔仍依舊不禁者 「仍」字原脱，據隋書卷二四食貨志、册府元龜卷五〇〇邦計部錢幣二補。

〔一二〇〕民間行錢環錢　「行」原作「生」，據新唐書卷五四食貨志四改。

〔一二一〕銅液　「液」，通典卷九食貨典九、舊唐書卷四八食貨志作「蕩」。

〔一二二〕神龍先天之際　「神龍」原脱，據通典卷九食貨典九、舊唐書卷四八食貨志上補。

〔一二三〕是以人戴君如日月　「是」字原脱，據舊唐書卷四八食貨志上補。

〔一二四〕且方今塞其私鑄之路　「且」字原脱，據舊唐書卷四八食貨志上補。

〔一二五〕富室乘之則益恣　「恣」原作「盗」，據舊唐書卷四八食貨志上、新唐書卷五四食貨志四改。

〔一二六〕禁於人　原脱，據舊唐書卷四八食貨志上、通典卷九食貨典九補。

〔一二七〕不復利矣　「不」原作「未」，據通典卷九食貨典九改。

〔一二八〕公鑄者號官鑪錢　原脱，據新唐書卷五四食貨志四補。

〔一二九〕訴者日萬人　「日」原作「百」，據新唐書卷五四食貨志四改。

〔一三〇〕國忠又言錢非鐵錫　「錢」字原脱，據新唐書卷五四食貨志四補。

〔一三一〕繇是役用減而鼓鑄多　「是」原作「由」，據元本、慎本、馮本及新唐書卷五四食貨志四改。

〔一三二〕益鄧郴皆五　「鄧」字原脱，據通典卷九食貨典九補。

〔一三三〕三品錢並行　「三」上原衍「與」字。按舊唐書卷四八食貨志上，第五琦更鑄重輪乾元錢後，「於是新錢與乾元、開元通寶錢三品並行」，此處「與」字顯衍，據删。

〔一三四〕户九百餘萬　「户」字原脱，據新唐書卷五四食貨志四補。

〔一三五〕上農夫食九人　「夫」字原脱，據禮記王制補。

〔一三六〕而高貲大賈　「賈」原作「價」，據舊唐書卷四八食貨志上改。

〔一三七〕是時峻鉛錫錢之禁　「鉛錫」原作「鹽鐵」，據舊唐書卷四八食貨志上、新唐書卷五四食貨志四改。

〔一三八〕州縣銅益多矣　「益」原作「亦」，據新唐書卷五四食貨志四改。

〔一三九〕盡黜會昌之政　「黜」原作「由」，據新唐書卷五四食貨志四改。

# 卷九　錢幣考二

## 歷代錢幣之制

後唐同光二年，令京師及諸道，於坊市行使錢内，檢點雜惡鉛錫錢〔一〕，並宜禁斷；沿江州縣，每舟船到岸，嚴加覺察，不許將雜鉛錫惡錢往來換易好錢，如有私載，並行收納。

天成元年，中書門下奏：「訪聞諸道州府所買賣銅器價貴，多是銷鎔見錢，以邀厚利。」敕〔二〕：「宜遍告曉，如元舊破損銅器及碎銅，即許鑄造銅器。生銅器每斤價定二百，熟銅器每斤四百，如違省價，買賣之人依盜鑄錢律文科斷。」又敕：「諸道州府約勒見錢，素有條制，若全禁斷，實匪通規。宜令三京、諸道州府，城門所出見錢如五百以上，不得放出。」

二年，敕：「買賣人所使見錢，舊有條流，每陌八十文。近訪聞在京及諸道市肆人户，皆將短陌轉換長錢。今後凡有買賣，並須使八十陌錢，如有輒將短錢興販，仰所在收捉禁治。」

四年，制：「今後行使錢陌内，捉到一文、二文係夾帶鉛鐵錢，所使錢不計多少，納官科罪。」

晉天福三年，詔曰：「國家所資，泉貨爲重，銷蠹則甚，添鑄無聞。宜令三京、鄴都〔三〕、諸道州府，無問公私，應有銅者，並許鑄錢，仍以「天福元寶」爲文，左環讀之。每一錢重二銖四參，十錢重一兩，仍禁將鉛鐵雜鑄。諸道應有久廢銅冶，許百姓取便開鍊，永遠爲主，官中不取課利。除鑄錢外，不得輒便別鑄銅器〔四〕。」

其年十二月，敕：「先許鑄錢，切慮逐處缺銅，難依先定銖兩。宜令天下公私應有銅欲鑄錢者，取便酌量輕重鑄造，不得入鉛鐵及缺落不堪久遠流行。」

四年，敕：「以天下公私鑄錢雜以鉛錫，缺小違條。今後祇官鑄造，私鑄下禁依舊法〔五〕。」

漢隱帝時，王章爲三司使，聚斂刻急。舊制，錢出入皆以八十爲陌，章始令入者八十，出者七十七，謂之「省陌」。

周顯德二年，帝以縣官久不鑄錢，而民間多銷錢爲器皿及佛像，錢益少，乃立監采銅鑄錢。自非縣官法物、軍器及寺觀鐘、磬、鈸、鐸之類聽留外，自餘民間銅器、佛像，五十日内悉令輸官，給其直。過期隱匿不輸，五斤以上罪死，不及者論刑有差。其銅鏡，官中鑄，於東京置場貨賣，許人户收買興販。朝廷及諸州見管法物、軍器，舊用銅製及裝飾者，候經使用破壞，即時改造〔六〕，不得更使銅，内有合使銅者，奏取進止。

上謂侍臣曰：「卿輩勿以毁佛爲疑。夫佛以善道化人，苟志於善，斯奉佛矣。彼銅像者，豈所謂佛邪？且吾聞佛志在利人，雖頭目猶捨以布施，若朕身可以濟民，亦非所惜也。」

致堂胡氏曰：「令之而行，禁之而止，惟爲人所難者能然〔七〕，若世宗欲禁銷錢而毁銅像是也。銅像，人所敬畏，尚且毁之，錢之不可銷必矣。韓愈拜京兆尹，神策六軍不敢犯法，曰：『是尚欲除佛者』，亦猶是也。銷錢爲器，其利十倍。錢所以權百貨，平低昂。其鑄之也，不計費，不謀息，今而銷之，可不禁乎？雖然，銷而爲器，錢雖毀而器存焉。若夫散而四出，舟遷車轉，入於他國，歸於蠻夷，其害豈特爲器而已〔八〕！而不聞世宗禁之，則不以泉貨貿遠方之寶可知已。錢之散也，以貿遠方之寶故也。上好之，下效之，於是關防不嚴，法制隳壞，真錢日少，僞錢日多。以不貲之價，靡有限之錢，雖萬物爲銅，陰陽爲炭，亦且不給，區區器像又何濟乎！故惟至廉無欲，然後可蓄生人之共寶。而又關防嚴密，法制具在，鼓鑄不廢，則中國之錢真可流於地上矣。」

唐主李璟既失江北，困於用兵，鍾謨請鑄大錢，以一當十，文曰「永通泉貨」。謨得罪而大錢廢，韓熙載又鑄鐵錢，以一當二。

錢有銅鐵二等。五代相承用唐錢。諸國割據者，江南曰「唐國通寶」，又別鑄，如唐制而篆文。其後鑄鐵錢，每十錢以鐵錢六權銅錢四而行。乾德後只以鐵錢貿易，凡十當銅錢一。兩浙、河東自鑄銅錢，亦如唐制。西川、湖南、福建皆用鐵錢，與銅錢兼行。湖南文曰「乾封泉寶」，徑寸，以一當十。福建如唐制。

宋初，錢文曰「宋通元寶」〔九〕。太平興國後，又鑄「太平通寶」錢。太宗親書「淳化元寶」，作真、行、草三體。自後每改元必更鑄，以年號元寶爲文。

太祖皇帝建隆三年，禁諸州鐵鑞錢〔一〇〕，民間有者悉送官。

乾德五年，禁輕小惡錢，限一月送官。

自平廣南、江南，聽權用舊錢，勿得過本路之境。

國初因漢制，其輸官錢亦用八十或八十五爲陌，然諸州私用各隨俗，至有以四十八錢爲陌。是歲，所在用七十七錢爲陌，每貫及四斤半以上〔一二〕。

真宗咸平四年，舊制，犯銅禁七斤以上，並奏裁處死，詔自今滿五十斤以上取裁，餘第減之。

天禧三年，詔犯銅、鍮石，並免極刑。

鐵錢者，川、陝、福州承舊制用之。

開寶三年，令雅州百丈縣置監鑄鐵錢，禁銅錢入兩川。後令兼行，銅錢一當鐵錢十。

太平興國八年，以福建少銅錢，令於建州鑄大鐵錢，與銅錢並行，尋罷鑄。

凡鑄銅錢有四監：饒州曰永平，池州曰永豐，江州曰廣寧，建州曰豐國。京師、昇、鄂州、南安軍舊並有錢監，杭州有寶興監，後並廢之。每千文用銅三斤十兩，鉛一斤八兩，錫八兩，成重五斤。惟建州增銅五兩，減鉛如其數。至道中，歲鑄八十萬貫，景德中，至一百八十三萬貫。大中祥符後，銅坑多不發，天禧末，鑄一百五萬貫。鐵錢有三監：邛州有惠民，嘉州有豐遠，興州有濟衆。益州、雅州舊亦有監，後廢。大錢貫重十二斤十兩〔一三〕，以准銅錢。舊皆用小鐵錢，十當銅錢之一。景德二年，令知益州張詠、西川轉運使黄觀同裁度嘉、邛二州所鑄大鐵錢，每貫用二十五斤八兩成直，銅錢一當小鐵錢十〔一三〕，相兼行用。後以鐵重，多盜鎔爲器，每二十五斤鬻之直二千。大中祥符七年，知益州凌策言：「錢輕則行者易齎，鐵少則鎔者鮮利〔一四〕。請減景德二年之制，其見使舊錢亦令仍舊行用。」從之。歲總鑄二十一萬餘貫。

太祖時，取唐朝飛錢故事，許民入錢京師，於諸州便換。其後，定外地閑慢州乃許指射。自此之後，京師用度益多，諸州錢皆輸送，其轉易當給以錢者，或移用他物。

先是，許商人入錢左藏庫，以諸州錢給之，而商旅先經三司投牒，乃輸於庫，所由司計一緡私刻錢二十。開寶三年，置便錢務，令商人入錢者詣務陳牒，即日輦致左藏庫，給以券，仍敕諸州凡商人齎券至，當日給付，不得住滯，違者科罰，自是毋復停滯。至道末，商人入便錢一百七十餘萬貫〔一五〕，天禧末增一百一十三萬貫。

初，蜀人以鐵錢重，私爲券，謂之「交子」，以便貿易，富人十六户主之。其後富人貲稍衰，不能償所負，争訟數起。寇瑊嘗守蜀，乞禁交子。薛田爲轉運使，議廢交子則貿易不便，請官爲置務，禁民私造。詔從其請，置交子務於益州。

諸路錢歲輸京師，四方繇此錢重而貨輕。景祐初，始詔三司以江東、福建、廣南歲輸緡錢合三十餘萬易爲金帛，錢流民間。

凡鑄銅錢，用劑八十八兩得錢千，重八十兩十分。其劑，銅居六分，鉛、錫居三分，皆有奇羸。鑄大鐵錢，用鐵二百四十兩得錢千，重百九十二兩。此其大法也。有許申者，爲三司度支判官，建議以藥化鐵與銅雜鑄，輕重如銅錢法，而銅居三分，鐵居六分，皆有奇羸，亦得錢千，費省而利厚。詔鑄於京師。然鑄錢雜鉛、錫，則其液流速而易成，申雜以鐵，鐵澀而多不就，工人苦之，後卒無成。

國朝錢文皆用「元寶」而冠以年號，及改號寶元，文當曰「寶元元寶」，詔學士議，因請改曰「豐濟元寶」，仁宗特命以「皇宋通寶」爲文。慶曆以後，復冠以年號。

時軍興，陝西移用不足，始用知商州皮仲容議，采洛南縣紅崖山、虢州青水冶青銅，置阜民、朱陽二監以鑄錢。既而陝西都轉運使張奎、知永興軍范雍請鑄大銅錢，與小錢兼行，大錢一當小錢十。奎等又請因晉州積鐵鑄小錢。及奎徙河東，又鑄大鐵錢於晉、澤二州，亦以一當十，以助關中軍費。未幾，三司奏罷河東鑄大鐵錢，而陝西復采儀州竹尖嶺黄銅，置博濟監鑄大錢。朝廷因敕江南鑄大銅錢，而江、池、饒、儀、虢州又鑄小鐵錢，悉輦致關中。數州錢雜行，大約小銅錢三可鑄當十大銅錢一，以故民間盜鑄者衆，錢文大亂，物價翔踴，公私患之。於是奎復奏晉、澤、石三州及威勝軍日鑄小鐵錢，獨留用河東。而河東鐵錢既行，盜鑄者獲利十六，錢輕貨重，其患如陝西。言者皆以爲不便。知并州鄭戩請河東鐵錢以二當銅錢一，行一年，又以三當一，或以五當一，罷官鑪日鑄，且行舊錢。知澤州李昭遘亦言河東民燒石炭，家有橐冶之具，盜鑄者莫可詰，而北虜亦能鑄鐵錢，以易並邊銅錢而去，所害尤大。朝廷嘗遣魚周詢、歐陽修分察兩路錢利害。至慶曆末，遂命學士張方平、宋祁，御史中丞楊察與三司雜議。時葉清臣復爲三司使，與方平等上陝西錢議〔一六〕，曰：「關中用大錢，本以縣官取利太多，致姦人盜鑄，其用日輕。比年以來，皆虚高物估，始增直於下，終取償於上，縣官雖有折當之虚名，乃罹虧損之實害。救弊不先自損，則法未易行。請以江南、儀、商等州大銅錢一當小銅錢三。」又言：「姦人所以不鑄小鐵錢者，以鑄大銅錢得利厚而官不能必禁，若鑄大銅錢無利，又將鑄小鐵錢以亂法。請以小鐵錢三當銅錢一。」既而又請河東小鐵錢如陝西，亦以三當一，且罷官所置鑪。朝廷皆施用其言。自是姦人稍無利，猶未能絶濫錢。其後，詔商州罷鑄青黄銅錢，又令陝西大銅錢、大鐵錢皆以一當二，盜鑄乃止。然令數變，兵民耗於資用，類多咨怨，久之始定。

神宗熙寧四年，陝西轉運使皮公弼言：「頃歲西邊用兵，始鑄當十錢。後兵罷，多盜鑄者，乃以當三，又減作當二，行之至今，銅費相當，盜鑄衰息。請以舊銅、鉛盡鑄當二錢。」從之。其後折二錢遂行天下。

慶曆中，陝西、河東皆用鐵錢，後小鐵錢獨行於河東，而陝西許用銅錢，及大鐵錢以一折二。然小鐵錢凡四十萬緡積在同、華二州，熙寧詔賜河東，以鐵償之。永興路安撫吳中復請以錢四十貫缺薄惡錢一斤，以所買惡錢悉改鑄大錢。秦鳳轉運使熊本言：「今雖以錢四十得僞錢一斤，及銅錢千易當二錢千，其實鐵錢一斤才當斤鐵耳！千錢爲鐵六斤，鑄爲錢二千，而以銅錢千易之，官失多矣。又錢多，一年改鑄未得竟也。且民賣千錢得二百五十折二大錢，才易其半，又禁其通行大錢，則方災傷，民所有錢四亡其三，何以救災？」

判應天府張方平上言：「臣向者再總邦計，見諸鑪歲課上下百萬緡，天下歲入茶、鹽、酒税，雜利僅五千萬緡。公私流布，日用而不息，上自社稷百神之祀、省御供奉、官吏廪禄、軍師乘馬、征戍聘賜，凡百用度，斯焉取給，出納大計，備於此矣。景德以前，天下財利所入，茶、鹽、酒税，歲課一千五百餘萬緡。太宗以是料兵閲馬，平河東，討拓跋，歲有事於契丹。真宗以是東封岱宗，西祀汾脽，南幸亳、宋，未嘗聞加賦於民，而調度克集。至仁宗朝，重熙累盛，生齒繁庶，食貨滋殖。慶曆以後，財利之入，乃至三倍於景德之時，而國計之費，更稱不贍。則是本末之源，盈虛之數，其疏闊不侔久矣。陛下憫時事之積弊，志在變而通之，創立法制，凡大措置事以十數，要在經國利民，崇德而廣業也。其中率錢募役一法，爲天下害實深，且舉應天府爲例，畿内七縣共主客六萬七千有餘户，夏秋米麥十五萬二千有零石，絹四萬七百有零疋，此乃田畝桑功之自出，是謂正税，外有沿納諸色名目雜錢十一萬三千有零貫，已是因循弊法。然雖有錢數，實不納錢，並係折納穀帛，惟屋税五千餘貫，舊納本色見錢。大體古今賦役之制，自三代至於唐末、五代，未有輸納之法也。今乃歲納役錢七萬五千三百有零貫文，散青苗錢八萬三千六百餘貫，累計息錢一萬六千六百有零貫，此乃歲輸實錢三千餘貫。又弛邊關之禁，開賣銅之法，外則泄於四夷，内則縱行銷毁。鼓鑄有限，壞散無節，錢不可得，穀帛益賤。凡公私錢幣之發斂，其則不遠。百官、群吏、三軍之俸給，夏秋糴買穀帛、坑冶場監本價，此所以發之也；屋廬正税、茶鹽酒税之課，此所以斂之者也。民間貨布之豐寡，視官錢所出之多少，官錢出少，民間已乏，則是常賦之外，錢將安出？」

自王安石爲政，始罷銅禁，姦民日銷錢爲器，邊關海舶不復譏錢之出，國用日耗。又青苗、助役法皆徵錢〔一七〕，民間錢荒，故方平極言之。

八年，皮公弼又請鑄鐵折二錢，從之。

御史周尹言：「臣去冬奉使，經由永興、秦鳳路，伏見盜鑄錢不少，問其本末，蓋是錢法用一當二鐵錢易得，而民間盜鑄者費少利倍。又訪聞得，所在官中，積聚約有數百萬餘貫，民間收藏者猶不在其數。緣上件錢貨起初元以一當十，後來減爲折三，近歲又作折二，已於國家重貨十損其八，若更作一文行用，即又損一分，所以不當輒有奏請。昨來朝廷差汪輔之往逐路揀選鐵錢萬數不多，令三司指揮更不行用，仍行改鑄，務監每一日鑄及三千貫，即一年之内，除節假、旬假，實有三百日，課程約只得九十萬貫，以來計三二年間，未滿數百萬貫，況日課未必及三千貫之數也！若改鑄之法，或只仍舊作折二錢即民間盜鑄定亦不可止絶。臣欲望作折二鑄錢更不别行改鑄，亦不須揀選，起自今後只作一文行用，則盜鑄者所獲之利，不充所費，自然無復冒禁作過，歲省重辟，而農商交易獲泉貨流通之利。且約官中所有，止就四百萬貫言之，若以二爲一，即猶得二百萬貫之數，致力簡省，便可得用。」

諸路鑄錢總二十六監，每年鑄銅、鐵錢五百九十四萬九千二百三十四貫〔一八〕。内銅錢十七監，鑄錢五百六萬貫；鐵錢九監，鑄錢八十八萬九千二百三十四貫。

銅錢逐監錢數

阜財監西京〔一九〕。二十萬貫。黎陽監衛州。二十萬貫。永興軍、華州、陝府錢監，各鑄二十萬貫，計六十萬貫。垣曲監絳州。二十六萬貫。同安監〔二〇〕舒州。一十萬貫。神泉監睦州。一十萬貫。富民監興國軍。二十萬貫〔二一〕。熙寧監衡州。二十萬貫。寶泉監鄂州。一十萬貫。廣寧監江州。三十四萬貫。永豐監池州。四十四萬五千貫。永平監饒州。六十一萬五千貫。豐國監建州。二十萬貫。永通監韶州。八十萬貫。阜民監惠州。七十萬貫。

鐵錢逐監錢數

在城、朱陽兩監虢州。各十二萬五千貫。阜民、洛南兩監商州。各十二萬五千貫。威遠鎮、通遠軍。

滔山鎮岷州。兩監共二十萬貫〔三〕。嘉州二萬五千貫。邛州七萬三千二百三十四貫。興州四萬一千貫。

銅錢一十三路行使

開封府界。京東路。京西路。河北路。淮南路。兩浙路。福建路。江南東路。江南西路。荆湖南路。荆湖北路。廣南東路。廣南西路。

銅鐵錢兩路行使

陝府西路。河東路。

鐵錢四路行使

成都府路。梓州路。利州路。夔州路。

右元豐間畢仲衍所進中書備對，言諸路銅、鐵錢監與所鑄錢數目，及行使地分詳明，今録於此。蓋比國初至景德中，則銅錢增九監，而所鑄增三百餘萬貫，鐵錢增六監，而所鑄增六十餘萬貫云。

哲宗元祐六年，申錢幣闌出之禁，立銅錢出界徒流、編配、首從之法。

言者謂：自熙寧七年削除錢禁，以此邊關重車而出，海舶飽載而回，沿邊州軍錢出外界，但每貫收税錢而已，是中國貨寶與四夷共用之也。

户部侍郎蘇轍北使還，論事宜曰：「臣切見北界别無錢幣，公私交易，並使本朝銅錢。沿邊禁錢，條法雖極深重，而利之所在，勢無由止。本朝每歲鑄錢以百萬計，而所在常患錢少，蓋散入四夷，勢當爾也。謹按：河北、河東、陝西三路，土皆産鐵。見今陝西鑄折二鐵錢萬數極多，與銅錢並行，而民間輕賤鐵錢，鐵錢十五僅能比銅錢十，而官用鐵錢與銅錢等，緣此解鹽鈔法久遠必敗。河東雖有小鐵錢，然數目極少，河北一路則未嘗鼓鑄。臣等嘗聞議者謂可於三路並鑄鐵錢，而行使之地止於極邊諸州，極邊見在銅錢並以鐵錢兑换，般入近裏州郡，如此則雖不禁錢出外界，而其弊自止矣。伏乞下户部，令遍問三路提、轉、安撫司，詳講利害，如無窒礙，乞早賜施行。惟河東路極邊數郡，訪聞每歲秋成，必假銅錢於北界人户收糴。乞令相度，若以紬絹優與折博，有無不可。此計若行，爲利不小。」

徽宗崇寧二年二月庚午，初令陝西鑄折十銅錢并夾錫錢。左僕射蔡京奏：「據陝西轉運副使許天啓申，送到新鑄銅錢、鐵錢樣，已降指揮，銅錢於歲終須管鑄三十萬貫，鐵錢鑄二百萬貫。自來鑄錢，張官置吏，招刺軍兵，所費不少，而軍兵之役最爲辛苦，官得至薄，率三錢得一錢之利，蓋是久失擘畫。今陝西河中府等處，民間私鑄最多，召募私鑄人，令赴官充鑄錢工匠，廣爲營屋，許其一家之人在營居止，不必限其出入，官給以物料，盡其一家人力鼓鑄，計其工直，率十分中支若干分數充其工價，又可收私鑄人在官，蓋昔人招天下亡命即山鑄錢之意。欲令許天啓相度，疾速准此施行，仍與舊來軍工相兼鼓鑄。今來所鑄銅錢，除陝西、四川、河東係鐵錢地分，更不得行使外，諸路並准折十行用，其錢唯令陝西鐵錢地分鑄造，却於銅錢地分行使，貴絶私鑄之患。如有私鑄，並以一文計小錢十科罪。又陝西銅錢至重，每一錢當鐵錢三或四，今夾錫鑄造，樣製精好，欲一錢當銅錢二支用，令許天啓相度，依此施行。」從之。

夾錫錢始於二年，河東運判洪中孚言：「二虜以中國鐵錢爲兵器〔三〕，若雜以鉛錫，則脆不可用，請改鑄夾錫當三、當十鐵錢。」從之。

尚書省言：「崇寧監鑄御書當十錢，每貫重一十四斤七兩，用銅九斤七兩二錢，鉛四斤一十二兩六錢，錫一斤九兩二錢，除火耗一斤五兩，每錢重三錢。

四年，尚書省言東南諸路盜鑄當十錢者多，乃詔廣南、福建路更不行使當十錢，有者兑換，於別路行使，其本路別鑄小平錢。以閩、廣係出銅處故也。又詔荆湖、江、浙當十錢並改作當五錢。

五年，蔡京罷相，監察御史沈畸言：「古者軍興，錫賞不繼，或以一當百，或以一當千，此權時之宜，豈可行於太平無事之日。自爲當十之議，召禍起姦，游手之民一朝鼓鑄，無故而有數倍之息，何憚而不爲？雖日斬之，其勢不可遏也。」六月，詔當十錢惟京師、陝西、兩河許行，諸路並罷。令民於諸縣鎮寨送納，給以小錢〔二四〕，自一百至十貫止，令通用行使，如川鈔引法。

張商英爲相，上言：「當十錢自唐以來，爲害甚明，行之於今，尤見窒礙。蓋小平錢出門有限有禁，故四方客旅物貨交易得錢者，必入中求鹽鈔，收買官告、度牒，而餘錢又流布在街市小民間，故官司內外，交相利養。自當十錢行，一夫負八十千，小車載四百千，錢既爲輕齎之物，則告、牒難售，鹽鈔非操虛錢而得實價則難行，輕重之勢然也。今欲權於內庫并密院諸司，借支應干封樁金銀、物帛并鹽鈔等〔二五〕，下令以當十錢盜鑄爲濫害法，限半年更不行用。令民間盡所有於所在州軍送納，每十貫官支金銀物帛四貫文〔二六〕，擇其僞鑄者送近便改鑄小平錢，存其如樣者。俟納官足，十貫作三貫文，各撥還元借處，然後京城作舊錢禁施行，乃可議榷貨通商鈔法。」

蔡條國史補：「國朝鑄錢沿襲五代及南唐故事，歲鑄之額日增，至慶曆、元豐間爲最盛，銅、鐵錢歲無慮三百餘萬貫。及元祐、紹聖而廢弛，崇寧初則已不及祖宗之數多矣。魯公秉政，思復舊額，以銅少終不能得，考夫古人之訓，子母相權之説，因作大錢，以一當十。至大觀，上又爲親書錢文焉。蓋昔者鼓冶，凡物料火工之費，鑄一錢凡十得息者一二，而贍官吏、運銅鐵，悉在外也，苟稍加工，則費一錢之用，始能成一錢。而當十錢者，其重三錢，加以鑄三錢之費，則製作極精妙迺得大錢一，是十得息四矣，始亦通流，又以其精緻，人愛重之。然利之所在，故多有盜鑄，如東南盜鑄，其私錢既鍥薄，且製作粗惡，遂以猥多成弊。大觀三年，魯公既罷，朝議改爲當三，當三則折閲倍焉，雖縣官亦不能鑄矣，而大錢遂廢。初議改當三也，宰執争輦錢而市黄金，在都金銀鋪未之知，不兩月命下，時傳以爲訕笑。」

交子　天聖以來，界以百二十五萬六千三百四十緡爲額。

熙寧元年，始立僞造罪，賞如官印文書法。

二年，以河東公私共苦運鐵錢勞費，詔置潞州交子務。

明年，漕司以其法行則轝、鹽不售〔二七〕，有害入中糧草之計，奏罷之。四年，復行於陝西，而罷永興軍鹽鈔務，文彦博言其不便，未幾，竟罷其法。

五年，交子二十二界將易，而後界給用已多，詔更造二十五界者百二十五萬，以償二十三界之數。交子之有兩界自此始。

九年，以措置熙河財利孫迥言：「商人買販，牟利於官，且損鈔價。」於是罷陝西交子法。

紹聖元年，成都路漕司言：「商人以交子通行於陝西，而本路乏用，請更印製。」詔一界率增造十五萬緡。是歲，通舊額書放百四十萬六千三百四十緡。

崇寧元年，復行陝西交子。

大觀元年，改四川交子爲錢引。自朝廷取湟、廓、西寧，籍其法以助兵費，較天聖一界逾二十倍，而價愈損。及更界年，新交子一乃當舊者之四，故更張之。成都漕司奏：「交子務已改爲錢引務，欲以四十三界引準書放數，仍用舊印行之，使人不疑擾，自後並更爲錢引。」從之。又詔：「陝西、河東數路〔二八〕引直五千至七千，而成都纔直二三百，豪右規利害法，轉運司覺捕扇惑之人，準法以行。民間貿易十千以上，令錢與引半用。」言者謂錢引雜以銅、鐵錢，難較其直增損。詔令以銅、鐵錢隨所用分數比計，作銅錢聞奏。知威州張特奏：「錢引元價一貫，今每道止直一百文。蓋必官司收受無難，自然民心不疑，便可遞相轉易通流，增長價例。乞先自上下請給，不支見錢，並支錢引，或量支見錢一二分，任取便行，使公私不得抑勒，仍嚴禁止害法不行之人。」從之。大凡舊歲造一界，備本錢三十六萬緡，新舊相因。大觀中，不蓄本錢而增造無藝，至引一緡當錢十數。錢引，崇寧間行於京東西、淮南、京師諸路，惟福建、江、浙、湖、廣不行。趙挺之以爲福建，蔡京之鄉里也，故免焉。

高宗紹興三年，劉大中宣諭江南歸，言泉司官吏之費歲十三萬緡，請省官屬。從之。

宋朝鼓鑄，饒、池、江州、建寧府四監，歲鑄銅錢百三十四萬緡〔二九〕，充上供：饒州永平監，四十六萬五千；江州廣寧監，二十四萬；池州永豐監，三十四萬五千；建寧豐國監，二十四萬四百。衡、舒、嚴、鄂、韶、梧州六監，歲鑄百五十六萬緡，充逐路支用。衡州咸寧監，二十萬；舒州同安監，十萬；嚴州神泉監，十五萬；鄂州寶泉監，十萬；韶州永通監，八十三萬；梧州元豐監，十八萬。建炎兵革，州縣困敝，鼓鑄皆廢。紹興初，并廣寧監於虔州，并永豐監於饒州，後來只在饒州置司，贛州只係巡歷。歲鑄纔及八萬緡。以銅、鐵、鉛、錫之入〔三〇〕，不及於舊，而官吏廩稍工作之費，視前日自若也。每鑄錢一千，率用本錢二千四百文。時范汝爲作亂，權罷建州鼓鑄，二年復鑄十二萬緡，泉司應副銅、錫六十五萬餘斤。

二十四年，罷鑄錢司，歸之漕司。

二十八年，上命御府銅器千五百事付泉司，大索民間銅器，告者有賞，其後得銅二百餘萬斤。寺觀鐘、磬、鐃、鈸既籍定投務外，不得添鑄。

二十九年，立爲限制，命官之家存留見錢二萬貫，民庶半之，餘限二年聽變轉金銀，算請茶、鹽、香、礬鈔引之類，越數隱寄，許人告。

按：此即唐元和間所行，皆是以民間錢少而不能流通，縣官費重而不能廣鑄，故爲此末策耳。

孝宗隆興元年，詔鑄當二、小平錢，如紹興之初。自乾、淳，迄嘉泰、開禧皆如之。

乾道六年〔三一〕，并鑄錢司歸發運司。

七年，復置。

八年，於饒、贛各置提點官。

自大中祥符及崇寧以來，錢皆精好。高宗嘗諭近臣，欲盡如舊制，不較工料之費。乾道八年，孝宗以新鑄錢淆雜，詔提點鑄錢及永平監官、左藏西庫監官、户工部長貳，議罰有差。

淳熙二年，併贛州歸饒州而加「都大」焉。

祖宗内帑歲收新錢一百五萬，江、池、饒、建四監。而每年退却六十萬，三年一郊，又支一百萬輸三司〔三二〕，是内帑每年纔得十一萬六千餘緡，而左藏得九十三萬三千餘緡也。今歲額止十五萬，而隸封樁者半，内藏者半，左藏咸無焉。又自國家置市舶於浙，於閩，於廣，舶商往來，錢寶所由以泄。是以自臨安出門有禁，下江有禁，入海有禁。凡舶船之方發也，官必點視，及遣巡捕官監送放洋。然商人先期以小舟載錢離岸，及官司之點、巡捕之送，一爲虚文。於是許火内人告，以其物貨之半充賞；又或以裝發，則舶回日亦許告首，盡以回貨充賞。沿海州軍以銅錢入海船者有罰。淳熙五年五月，詔蕃商往來夾帶銅錢五百文隨離岸五里外，依出界法。

臣僚言：「泉、廣二舶司及西、南二泉司〔三三〕，遣舟回易〔三四〕，悉載金錢。四司既自犯法，郡縣巡尉其能誰何？至淮、楚屯兵，月費五十萬，見錢居其半，南北貿易，緡錢之入敵境者〔三五〕，不知其幾。於是沿邊皆用鐵錢矣。」所以淮南舊鑄銅錢，乾道初，詔兩淮、京西悉用鐵錢，荆門隸湖北，以地接襄、峴，亦用鐵錢，而淮西鼓鑄鐵錢未辦。議者欲取之蜀，事既行，參政洪适以爲不便〔三六〕，上然之，但即蜀中取十五萬緡，行之廬、和而已。

六年，詔司農丞許子中往淮西措置鐵錢。子中言舒、蘄、黄州皆産鐵，合置監，舒州置同安監，蘄州置蘄春監〔三七〕，黄州置齊安監。且鑄折二錢。詔户部支湊二十萬貫爲本。又詔發運司通管四監，江州、興國軍、臨江軍、撫州。子中所管三監，舒、蘄、黄。每歲各認三十萬貫，其大小鐵錢，令兩淮通行。

七年，舒、蘄守臣皆以鑄錢增羨遷官，然淮民爲之大擾。

光宗紹熙二年，詔帥、漕司賑糴收破缺鐵錢及私錢。明年，又降度牒二百道，换私鐵錢。

臣僚言江北公行以銅錢一准鐵錢四，禁之。當時銅錢之在江北者，自乾道以來，悉以鐵錢收换，或以會子一貫换錢一貫省，其銅錢解赴行在及建康、鎮江。沿江州軍關津去處，委官檢察，又於江之南北各置官庫，以銅、鐵錢交换。凡沿江私渡及極邊徑路，嚴禁透漏。

紹興十五年，置利州紹興監〔三八〕，鑄錢十萬緡以救錢引。地多山林，宜炭鐵，仍增鑄十五萬緡。未行，卒減鑄十萬。

二十二年，嘉州守臣王知遠乞復嘉之豐遠、邛之惠民二監，鑄小平錢〔三九〕。

寧宗嘉定元年，即利州鑄當五大錢。

三年，制司欲盡收舊引，又於紹興、惠民二監歲鑄共三十萬貫，其料並同當三錢。時議者恐其利厚而盗鑄滋多，而總所方患引直日低，雖盗鑄不禁，蓋欲錢輕則引重也。

會子　高宗紹興元年，因婺州之屯駐，有司請樁辦合用錢，而舟楫不通，錢重難致。乃詔户部造見錢關子付婺州，召客人入中，執關赴榷貨務請錢，有願得茶、鹽、香貨鈔引者聽。於是州縣以關子充糴本，未免抑配，而榷貨務又止以日納三分之一償之，人皆嗟怨。

六年二月，詔置行在交子務。臣僚言：「朝廷措置見錢關子，有司浸失本意，改爲交子，官無本錢，民何以信？」極論其不可。於是罷交子務，令榷貨務樁垛見錢，印造關子。

二十九年，印給公據、關子，付三路總領所〔四〇〕：淮西、湖廣各關子八十萬緡，淮東公據四十萬緡，自十千至百千，凡五等。內關子作三年行使，公據二年，許錢銀中半入納。

三十年，户部侍郎錢端禮被旨造會子，樁見錢，於城内外流轉，其合發官錢，並許兑會子，赴左藏庫送納。明年二月，詔會子務隸都茶場。正以客旅算請茶、鹽、香、礬等，歲以一千萬貫，可以陰助稱提，不獨恃見錢以爲本，又非全仰會子以佐國用也。

三十二年十二月，詔定僞造會子之罰。犯人處斬，賞錢一千貫，如不願支賞，與補進義校尉。若徒中及窩藏之家能自告首，特與免罪，亦支上件賞錢，或願補前名目者聽。日造會子，監官分押，每一萬道解赴户部覆印。當時會紙取於徽、池州，續造於成都府，又造於臨安府。會子初止行於兩浙，後又詔通行於淮、浙、湖北、京西。除亭户鹽本並用見錢外，其不通水路去處上供等錢，許盡用會子解發。其沿流州軍，錢、會中半。民間典賣田宅、牛畜、車船等如之，或全用會子者聽。

孝宗隆興元年，詔官印會子以「隆興尚書户部官印會子之印」爲文，更造五百文會，又造二百、三百文會，置江州會子務〔四一〕。

乾道二年，因左司諫陳祐言會子之敝，出内庫及南庫銀一百萬兩收之。

三年正月，度支郎中唐瑑言：「自紹興三十一年至乾道二年七月，共印過會子二千八百餘萬道，止乾道二年十一月十四日以前，共支取過一千五百六十餘萬道，除在官司樁管循環外，其在民間者，有九百八十萬道。自十一月十四日以後，措置收換，截至三年正月六日，共繳進過一百一十八萬九千餘貫，尚有八百餘萬貫未收，大約每月收換不過六七十萬。緣諸路綱運依近指揮，並要十分見錢，州縣不許民户輸納會子，是致在外會子，往往商賈低價收買，輻輳行在，所以六務支取擁并。」詔給降度牒及諸州助教帖各五千道付榷貨務，召人全以會子入納，候出賣將盡，申取朝廷節續給降，務欲盡收會子也。六月，户部尚書曾懷言〔四二〕：會子除收還外，有四百九十萬貫在民間，乞存留行使。十二月，以民間會子有破損者，别造五百萬換給。他日，又詔損會貫百錢數可照者，並作上供錢解發，巨室以低價收者坐罪。

四年，以取到舊會毁抹截鑿付會子局重造，三年立爲一界，界以一千萬貫爲額，逐界造新換舊。差户部尚書曾懷同共措置，鑄「提領措置會子庫」印，依左藏庫推賞，其將帶經過務場不得收税。蔣芾奏曰：「此月用會子收回金銀，若會子稍多，又出錢銀收之。」陳俊卿奏曰：「斂散抑揚，權之在上，可以無敝。」其年四月一日，興工印造，至歲終可造一千萬貫，措置收換舊會。每道收糜費錢二十足，零百半之，應舊會破損，但「貫百」字存，印文可驗者，即與兑换。内有假僞，將辯驗人吏送所司，其監官取朝廷指揮。每驗出一貫僞會，追究元收兑會子人，錢三貫與辯驗人。如官吏用心，訖事無假僞，具姓名推賞。自十二月一日始置局收换，至明年三月十日終盡絶，更不行用。

淳熙三年，詔第三界、四界各展限三年，令都茶場會子庫將第四界銅板，接續印造會子二百萬赴南庫樁管。當時户部歲入一千二百萬，其半爲會子，而南庫以金銀換收者四百萬，流行於外者纔二百萬耳。

范成大攬轡録載：「虜本無錢，惟煬王亮嘗一鑄正隆錢，絶不多餘，悉用中國舊錢。又不欲留錢於河南，效中國楮幣，於汴京置局造官會，謂之『交鈔』，擬見錢行使。而陰收銅錢，悉運而北，過河即用錢，不用鈔。鈔文略曰：『南京交鈔所準户部符，尚書省批降，檢會昨奏南京置局印造一貫至三貫例交鈔，許人納錢給鈔，河南路官私作見錢流轉〔四三〕。若赴庫支取，即時給付，每貫輸工墨錢一十五文。候七年，納换别給，以七十爲陌。僞造者斬，捕告者賞錢三百千〔四四〕。』前後有户部管當令史、幹當官〔四五〕、交鈔庫使副書押，四圍畫龍鶴有飾〔四六〕。」

右石湖乾道間充泛使入金國，道汴京，有交鈔所，載其所見如此。其時中國亦以幣權錢，然東南之地有會子，又有川引、淮交、湖會，而鼓鑄之所亦復不一，所以常困錢幣多而賤，秤提無策。而彼則惟以交鈔行之河南，以中國舊錢行之河北，似反簡易也。元祐間，潁濱使遼回，奏事亦言北界别無錢幣，惟用中國錢云。

光宗紹熙元年，詔第七、八界會子各展三年。臣僚言：「會子界三年爲限，今展至再，則爲九年矣，何以示信？」詔造第十界立定年限。

寧宗慶元元年，詔會子界以三千萬爲額，額外更增，許執奏不行。

嘉定二年，臣僚言：「三界會子數目滋多，稱提無策。」詔封樁庫撥金銀、度牒、官誥綾紙、乳香，凑成二千萬〔四七〕，添貼臨安府官局，收换舊會，品搭入納，以舊會之二换新會之一。而稱提新會最嚴，未免告訐肆起，根連株逮而苛政出；估籍徒流，鄉井相望而重刑用；假稱提而科敷抑配，酷吏得志。

泉州守臣宋鈞，南劍州守臣趙崇亢、陳宓，皆以稱提失職，鈞降一官，崇亢、陳宓各展二年磨勘。

自是，歲月扶持，民不以信，特以畏耳。然糴本以楮，鹽本以楮，百官之俸給以楮，軍士支犒以楮，州縣支吾無一而非楮，銅錢以罕見爲寶，前日椿積之本，皆絶口而不言矣。是宜物價翔騰，楮價損折，民生憔悴，戰士常有不飽之憂，州縣小吏無以養廉爲嘆，皆楮之弊也。楮弊而錢亦弊。昔也以錢重而製楮，楮實爲便；今也錢乏而製楮，楮實爲病。況僞造日滋，欲楮之不弊，不可得也。且國家建隆之初，賦入尚少，東征西伐，兵饋不絶於道，未嘗藉楮以開國也。靖康以來，外攘夷狄，內立朝廷，左支右吾，日不遑暇，未嘗藉楮以中興也。至於紹興末年，權以濟用，至於孝宗，謀慮及此，未嘗不曲盡其心焉。當時內有三宮之奉，外有歲幣之費，而造楮惟恐其多，收換惟恐其不盡，而或無以示民信也。至於光、寧以來，造愈多而弊愈甚，其所幸者，恭儉節用，無土木之妖，動靜有常，無錫予之泛，所以楮雖弊而有以養其原也。

川引　高宗紹興三年六月詔，四川自祖宗以來，先計引數，封樁本錢，常停重錢以權輕券，故法不弊。中間印給泛料數多，即將本錢侵用，故引法日壞。況自張浚開宣府，趙開爲總餉，以供糴本，以給軍需，增印日多〔四八〕，莫能禁止。

七年二月，川、陝副帥吴玠請置銀會於河池。五月，中書省言引數已多，慮害成法。詔止之。蓋祖宗時，蜀交書放兩界，每界止一百二十餘萬。今三界通行〔四九〕，爲三千七百八十餘萬，以至於紹興末年，積至四千一百四十七萬餘貫，所有鐵錢僅及七十萬貫，又以鹽酒等陰爲稱提。是以餉臣王之望亦請添印錢引以救目前，不得不爲朝廷久遠之慮。當時詔添印三百萬，委之望約度，給用即止。後之望只添印一百萬。

孝宗隆興二年，餉臣趙沂依前指揮添印二百萬。

淳熙五年閏六月，臣僚言：「蜀中錢引已增至四千五百餘萬，增而不已，必至於不可行，乞立定額，毋得增添。」從之。

光宗紹熙二年五月，詔川引展界行使。

寧宗嘉泰末，兩界書放凡五千三百餘萬緡，通三界書放益多矣。開禧末年，餉臣陳咸以歲用不足，嘗爲小會，卒不能行。嘉定初，每緡止直鐵錢四百以下，咸乃出金銀、度牒一千三百萬，收回半界，期以歲終不用。然四川諸州去總所遠者千數百里，期限已逼，受給之際，吏復爲姦。於是商賈不行，民皆嗟怨，一引之直，僅售百錢。制司乃揭榜，除收兑一千三百萬引外，三界依舊通行，又檄總所取金銀就成都置場收兑，民心稍定。自後引直五百鐵錢有奇，若關外用銅錢，引直百七十錢而已。

嘉定三年春，制、總司收兑九十一界二千九百餘萬緡，其千二百萬緡，以茶馬司羨餘錢及制司空名官告，總所椿管金銀、度牒對鑿，餘以九十三界錢引收兑。又造九十四界錢引五百餘萬緡，以收前宣撫程松所增之數，應民間輸納者，每引百帖八千。其金銀品搭，率用新引七分，金銀三分，其金銀品色官稱，不無少虧，每舊引百，帖納二十引。蓋自元年、三年兩收舊引，而引直遂復如故。昔高宗因論四川交子，最善沈該稱提之説，謂官中常有錢百萬緡〔五〇〕，如交子價減，即官用錢自買，方得無弊。

淮交　紹興末年，會子行，未有兩淮、湖廣之分。乾道元年，户部侍郎林安宅言：督府妄費〔五一〕，印給會子太多，而本錢不足，遂致有弊，乞別給會子二十萬，背印「付淮南州軍行使」，不得越過他路。

二年六月，詔別印二百、三百、五百、一貫交子三百萬，止於兩淮州縣行使，其日前舊會聽對换。應入納買賣，並以交子見錢中半。如往來不便，詔給交子、會子各二十萬，付鎮江、建康府榷貨務，使淮人之過江，江南人之渡淮者，皆得對换，循環使用。然自紹興末年以前，銅錢禁用於淮而易以鐵錢，會子既用於淮而易以交子，於是商賈不行，淮民以困。右司諫陳良祐言：「莫若如舊，從民便。鐵錢已散，銅錢已收，且令兼行，以鐵錢二當銅錢一，交子可以盡罷，無疑也。」上曰：「朕亦知其不可行，只爲武鋒一軍在彼。」良祐又奏交子不便，詔兩淮郡守、漕臣各條其利害。皆謂所降交子數多〔五二〕，而銅錢并會子又不過江，是致民旅未便。詔銅錢并會子依舊過江行使，其民間交子許作見錢納官，應在官交子日下盡數赴行在左藏庫交納。

後又詔銅錢并會子依舊過江行使。又詔江南州郡民間行使淮交者從便。至嘉定十五年，增印及三百萬，其數日增，價亦日損，稱提無其術也。

湖會　孝宗隆興元年，湖廣餉臣王珏言：「襄陽、郢、復等處大軍支請，以錢銀品搭。令措置於大軍庫堆垛見錢，印造五百并一貫直便會子，發赴軍前，當見錢流轉，於京西、湖北路行使。乞鑄勘會子、覆印會子印，及下江西、湖南漕司根刷舉人落卷，及已毀抹茶引故紙，應副抄造會子。」從之。及印造之權既專，則印造之數日增，且總所所給止行本路，而荆南水陸要衝〔五三〕，商賈必由之地，流通不便。乃詔總所以印造銅板繳申尚書省，又撥茶引及行在會子收换焚毁。而總領所謂：「江陵、鄂州商旅輻輳之地，每年客販官鹽動以數百萬緡，自來難得回貨。又湖北會子不許出界，多將會子就買茶引，回往建康、鎮江等處興販。今既有行在會子可以通行，誰肯就買茶引？緣每年帖降引數多。若賣不行，軍食必闕。」朝廷遂寢其議，乃再印給湖北會子二百萬貫，收换舊會。至嘉定十四年，詔造湖廣會子三十萬，對换破損會。自後因仍行之。

按：錢幣之權當出於上，則造錢幣之司當歸於一。漢時，常令民自鑄錢，及武帝則專令上林三官鑄之，而天下非三官錢不得行，郡國前所鑄錢皆廢，銷輸其銅三官。然錢以銅、鐵、鉛、錫而成，而銅、鐵、鉛、錫搬運重難，是以歷代多即坑冶附近之所置監鑄錢；亦以錢之直日輕，其用日廣，不容不多置監冶，鑄以供用。中興以來，始轉而爲楮幣。夫錢重而直少，則多置監以鑄之可也；楮輕而直多，則就行都印造足矣。今既有行在會子，又有川引、淮引、湖會，各自印造，而其末也，收换不行，稱提無策，何哉？蓋置會子之初意，本非即以會爲錢，蓋以茶、鹽鈔引之屬視之，而暫以權錢耳。然鈔引則所直者重，承平時，解鹽場四貫八百售一鈔，請鹽二百斤。而會子則止於一貫，下至三百、二百。鈔引只令商人憑以取茶、鹽、香貨，故必須分路，如顆鹽鈔只可行於陜西，末鹽鈔只可行於江淮之類。會子則公私買賣支給，無往而不用，且自一貫造至二百，則是明以之代見錢矣。又况以尺楮而代數斤之銅，齎輕用重，千里之遠、數萬之緡，一夫之力克日可到，則何必川自川，淮自淮，湖自湖，而使後來或廢或用，號令反覆，民聽疑惑乎？蓋兩淮、荆湖所造，朝廷初意欲暫用而即廢，而不知流落民間，便同見鏹，所以後來收换生受，只得再造，遂愈多而愈賤，亦是立法之初，講之不詳故也。

東萊呂氏曰：「泉布之設，乃是阜通財貨之物，權財貨之所由生者。考之於古，如管子論禹湯之幣，禹以歷山之金，湯以莊山之金，皆緣凶年，故作幣救民之饑。考之周官司市，凡國有凶荒，則市無征而作布。又考單穆公諫景王之説，古者天災流行，於是量資幣，權輕重，作幣以救民。以管子與周禮、單穆公之論，觀夏商之時所以作錢幣，權一時之宜，移民通粟者，爲救荒而設，本非先王財貨之本慮〔五四〕。所以作錢幣〔五五〕，論國用，三年耕必有一年之食，以三十年通制，則有九年之食，以爲財貨之盛。三登曰太平，王道之盛也。以此知古人論財貨，但論九年之積，初未嘗論所藏者數萬千緡，何故？所謂農桑，衣食財貨之本；錢布流通，不過權一時之宜而已。先有所謂穀粟，泉布之權方有所施，若是無本，雖積鏹至多，亦何補盈虚之數？所以三代以前論財賦者，皆以穀粟爲本，所謂泉布，不過權輕重，取之於民。所以九貢、九賦用錢幣爲賦甚少，所謂俸禄亦是頒田制禄，君、卿、大夫不過以采地爲多寡，亦未嘗以錢布爲禄。所以三代之人多地著，不爲末作，蓋緣錢之用少。如制禄既以田，不以錢，制賦又自以穀粟布帛，其間用錢甚少，所以錢之權輕，惟凶年饑荒所以作幣。先儒謂金銅無凶年，權時作此，以通有無，以均多少而已。所以三代之前論泉布者甚少〔五六〕。到得漢初有天下，尚自有古意，王公至佐吏以班職之高下，所謂萬石、千石、百石，亦是以穀粟制禄。不過口、算，每人所納，百餘年尚未以錢布爲重。至武帝有事四夷，是時國用不足，立告緡之法，以括責天下，自此古意漸失，錢幣方重。大抵三代以前，惟其以穀粟爲本，以泉布爲權，常不使權勝本，所以當時地利既盡，浮遊末作之徒少。後世此制壞，以匹夫之家藏鏹千萬，與公上争衡，亦是古意浸失，故後世貢禹之徒欲全廢此，惟以穀帛爲本，此又却是見害懲艾，矯枉過直之論。大抵天下之事，所謂經權本末，常相爲用，權不可勝經，末不可勝本，若徒見一時游手末作之弊，欲盡廢之，如此則得其一，不知其二。後世如魏文帝時天下盡不用錢〔五七〕，貢禹之論略已施行，遂有濕穀薄絹之弊，反以天下有用之物爲無用，其意本要重穀帛，反以輕穀帛。天下惟得中適平論最難，方其重之太過，一切盡用，及其廢之太過，一切盡不用，二者皆不得中。然三代以前更不得而考，自漢至隋，其泉布更易雖不可知，要知五銖之錢最爲得中。自漢至隋，屢更屢易，惟五銖之法終不可易。自唐至五代，惟武德時初鑄『開元錢』最得其中〔五八〕。自唐至五代，惟『開元』之法終不可易。論者蓋無不以此爲當。以此知數千載前有五銖，後有『開元』最可用〔五九〕。何故？論太重，則有所謂直百、當千之錢〔六〇〕；論太輕，則有所謂榆莢、三銖之錢。然而皆不得中，惟五銖、『開元』銖兩之多寡，鼓鑄之精密，相望不可易。本朝初用開元爲法，其錢皆可以久行。自太宗以張齊賢爲江南轉運，務欲多鑄錢，自此變『開元』錢法，錢雖多，其精密俱不及前代。本朝張齊賢未變之前，所謂『太平錢』尚自可見，齊賢既變法之後，錢雖多，然甚薄惡不可用。當時務要得多，不思大體。國家之所以設錢，以權輕重本末，未嘗取利。論財計不精者，但以鑄錢所入多爲利，殊不知鑄錢雖多〔六一〕，利之小者，權歸公上，利之大者。南齊孔顗論鑄錢不可以惜銅愛工，若不惜銅，則鑄錢無利，若不得利，則私鑄不敢起，私鑄不敢起，則斂散歸公上。鼓鑄權不下分，此其利之大者。徒徇小利，錢便薄惡，如此，姦民務之，皆可以爲。錢不出於公上，利孔四散，乃是以小利失大利。南齊孔顗之言乃是不可易之論。或者自緣錢薄惡後，論者紛紛，或是立法以禁惡錢，或是以惡錢爲國賦〔六二〕，條目不一，皆是不揣其本而齊其末。若是上之人不惜銅愛工，使姦民無利，乃是國家之大利。泉布之法，總而論之，如周如秦、如漢五銖、如唐開元，其規或可以爲式，此是錢之正。若一時之所鑄，如劉備鑄大錢以足軍市之財，第五琦鑄『乾元錢』，此是錢之權也。如漢武帝以鹿皮爲幣，王莽以龜貝爲幣，此是錢之蠹也。或見財貨之多，欲得廢錢；或見財貨之少，欲得鼓鑄。皆一時矯枉之論，不可通行者也。若是權一時之宜，如寇瑊之在蜀創置交子，此一時舉偏救弊之政，亦非錢布經久可行之制。交子行之於蜀，則可；於他，利害大段不同。何故？蜀用鐵錢，其大者以二十五斤爲一千，其中者以十三斤爲一千，行旅齎持不便，故當時之券會，生於鐵錢不便，緣輕重之推移，不可以挾持。交子之法，出於民之所自爲，託之於官，所以可行。鐵錢不便，交子却便〔六三〕。今則銅錢稍輕，行旅非不可挾持，欲行楮幣，銅錢却便，楮券不便。昔者之便，今日之不便。議者欲以楮幣公行，參之於蜀之法，自可以相依而行，要非經久之制。今日之所以爲楮券，又欲爲鐵錢，其原在於錢少，或鑄爲銅器〔六四〕，或邊鄙滲漏，或藏於富室。今則所論利害甚悉。財利之用，在於貿易，孔顗之論，宜不惜銅愛工，不計多寡，此最的當推本之論〔六五〕。錢之爲物，饑不可食，寒不可衣，至於百工之事，皆資以爲生，不可缺者。若是地力既盡，穀帛有餘，山澤之藏，咸得其利，錢雖少，不過錢重，錢雖重，彼此相權，國家之利，亦孔顗之論。要當尋古義，識經權，然後可也。」

水心葉氏曰：「錢之利害有數説。古者因物權之以錢，後世因錢權之以物。錢幣之所起，起於商賈通行，四方交至，遠近之制，物不可以自行，故以金錢行之。然三代之世，用錢至少，自秦、漢以後浸多，至於今日，非錢不行。三代以前，所以錢極少者，當時民有常業，一家之用，自穀米、布帛、蔬菜、魚肉，皆因其力以自致，計其待錢而具者無幾。止是商賈之貿遷，與朝廷所以權天下之物，然後賴錢幣之用。如李悝平糴法，計民一歲用錢只一千以上，是時已爲多矣，蓋三代時尚不及此。土地所宜，人力所食，非穀粟則布帛，與夫民之所自致者，皆無待於金錢，而民安本著業，金錢亦爲無用，故用之至少，所用之數，以歲計之，亦是臨時立法，制其多少。後世不然，百物皆由錢起，故因錢制物，布帛則有丈尺之數，穀粟有斛斗之數，其他凡世間飲食資生之具，皆從錢起，銖兩多少，貴賤輕重，皆由錢而制。上自朝廷之運用，下自民間輸貢、州縣委藏、商賈貿易，皆主於錢，故後世用錢百倍於前。然而三代不得不少，後世不得不多。何者？三代各斷其國以自治，一國之物自足以供一國之用，非是天下通行。不可闕之物，亦不至費心力以營之。上又明立禁戒，不要使天下窮力遠須，故書曰『惟土物愛，厥心臧』。老子曰：『致治之極，民甘其食，美其服，樂其俗，鄰國相望，鷄犬之聲相聞，民至老死不相往來。』其無所用錢如此，安得不少！後世天下既爲一國，雖有州縣異名，而無秦、越不相知之患，臂指如一，天下之民安得不交通於四方？則商賈往來，南北互致，又多於前世，金錢安得不多？古者以玉爲服飾，以龜爲寶，以金銀爲幣，錢只處其一，朝廷大用度、大賜予，則是金盡用黄金。既以玉爲服飾，玉是質重之物，以之爲飾，過於金、珠遠矣。漢世猶用金銀爲幣，宣、元以後，金幣始盡。王莽欲復古制，分三等幣，後不復行。至東漢以後，黄金最少，又緣佛、老之教盛行，費爲土木之飾，故金銀不復爲幣，反皆以爲器用服玩之具。玉自此亦益少，服飾却用金銀，故幣始專用錢，所以後世錢多。此數者，皆錢之所由多。用錢既多，制度不一，輕重、大小、厚薄皆隨時變易，至唐以『開元錢』爲準，始得輕重之中。古錢極輕，今三代錢已無，如漢五銖、半兩，其在者尤輕薄不可用。蓋古者以錢爲下幣，爲其輕易，後世以錢爲重幣，則五銖、半兩之類宜不可用。然大重則不可行，所以『開元』爲輕重之中。唐鑄此錢，漫衍天下，至今猶多有之，然唐世無錢尤甚。宋朝則無時不鼓鑄，以『開元錢』爲準，如太平、天禧錢又過於『開元』。仁宗以前，如太平錢最好，自熙寧以後不甚佳。國初惟要錢好，不計工費，後世惟欲其富，往往減工縮費，所以錢稍惡，若乾道、紹興錢又不及熙、豐遠矣。然而唐世所以惡錢多，正以朝廷不禁民之自鑄。要之利權當歸於上，豈可與民共之？如劉秩之論與賈誼相似，當漢文帝欲以恭儉致昇平，謂天下無用錢處，故不復收其權柄，使吴、鄧錢得布天下，吴王用之，卒亂東南。唐以開元、天寶以後，天下苦於用兵，朝廷急於興利，一向務多錢以濟急，如茶、酒、鹽、鐵等末利既興，故自肅、代以來，漸漸以末利征天下，反求錢於民間。上下相征，則雖私家用度，亦非錢不行，天下之物隱没不見，而通行於世者惟錢耳！夫古今之變，世數之易，物之輕重，貨之貴賤，其間迭往迭來，不可逆知，然錢貨至神之物，無留藏積蓄之道，惟通融流轉，方見其功用。今世富人既務藏錢，而朝廷亦盡征天下錢入於王府，已入者不使之出，乃立楮於外以待之。不知錢以通行天下爲利，錢雖積之甚多，與他物何異？人不究其本原，但以錢爲少，只當用楮，楮行而錢益少，故不惟物不可得而見，而錢亦將不可得而見。然自古今之弊相續，至於今日，事極則變，物變則反，必須更有作新之道，但未知其法當如何變得。其決不可易者，廢交子，然後可使所藏之錢復出。若夫富强之道，在於物多，物多則賤，賤則錢貴，錢貴然後輕重可權，交易可通。今世錢至賤，錢賤由乎物少，其變通之道，非聖人不能也。」

## 校勘記

〔一〕於坊市行使錢内檢點雜惡鉛錫錢　「坊」與下「錢」字原脱，據舊五代史卷一四六食貨志、册府元龜卷五〇一邦計部錢幣三補。

〔二〕敕　原脱，據五代會要卷二七泉貨補。

〔三〕鄴都　原脱，據五代會要卷二七泉貨、册府元龜卷五〇一邦計部錢幣三補。

〔四〕不得輒便别鑄銅器　「輒」原作「接」，據五代會要卷二七泉貨改。

〔五〕私鑄下禁依舊法　「鑄」字與「依」字原脱，據五代會要卷二七泉貨、册府元龜卷五〇一邦計部錢幣三補。

〔六〕即時改造　「時」原作「仰」，據五代會要卷二七泉貨改。

〔七〕惟爲人所難者能然　「然」字原脱，據讀史管見卷三〇補。

〔八〕其害豈特爲器而已　「器」原作「害」，據讀史管見卷三〇改。

〔九〕錢文曰宋通元寶　「通元」二字原倒，據宋史卷一八〇食貨志下二乙正。

〔一〇〕太祖皇帝建隆三年禁諸州鐵鑞錢　「三」原作「二」，「州」字原脱，據長編卷三建隆三年正月丙子條改補。

〔一一〕所在用七十七錢爲陌每貫及四斤半以上　「錢」字原脱，「爲陌」原爲「陌爲」，據宋史卷一八〇食貨志下二補乙。「每」字原脱，據元本、慎本、馮本補。

〔一二〕大錢貫重十二斤十兩　下「十」字原脱，據宋史卷一八〇食貨志下二補。

〔一三〕銅錢一當小鐵錢十　「當」字原脱，據宋史卷一八〇食貨志下二補。

〔一四〕鐵少則鎔者鮮利　「鐵少」原作「錢小」，據宋史卷一八〇食貨志下二改。

〔一五〕商人入便錢一百七十餘萬貫　「入」字原脱，據宋史卷一八〇食貨志下二補。

〔一六〕與方平等上陝西錢議　「等」原作「先」，據宋史卷一八〇食貨志下二改。

〔一七〕又青苗助役法皆徵錢　「役」字原脱，據宋史卷一七七食貨志上五補。

〔一八〕每年鑄銅鐵錢五百九十四萬九千二百三十四貫　「九十四萬」原作「四十九萬」。按下文，銅錢十七監，鑄錢五百六萬貫，鐵錢九監，鑄錢八十八萬九千二百三十四貫，兩者合計爲五百九十四萬九千二百三十四貫，據改。

〔一九〕西京　「西」原作「兩」，據宋會要食貨一一之二改。

〔二〇〕同安監　「同」原作「安」，據局本及宋會要食貨一一之八改。

〔二一〕二十萬貫　「十」字原脱，據宋會要食貨一一之八補。

〔二二〕兩監共二十萬貫　「十」下原衍「五」字，據宋會要食貨一一之八删。

〔二三〕二虜以中國鐵錢爲兵器　「鐵錢」二字原倒，據文義乙正。

〔二四〕給以小錢　「錢」原作「鈔」，據宋史卷一八〇食貨志下二改。

〔二五〕借支應干封樁金銀物帛并鹽鈔等　「鈔」原作「鐵」，據宋史卷一八〇食貨志下二改。

〔二六〕每十貫官支金銀物帛四貫文　宋史卷一八〇食貨志下二作「十千給銀絹各一匹兩」。

〔二七〕漕司以其法行則礬鹽不售　「售」原作「受」，據宋史卷一八一食貨志下三改。

〔二八〕陝西河東數路　「路」原作「略」，據局本改。

〔二九〕歲鑄銅錢百三十四萬緡　注文所列四監鑄錢數合計爲一百二十九萬四百緡。

〔三〇〕以銅鐵鉛錫之入　「鐵」原作「錢」，據元本、慎本、馮本及宋史卷一八〇食貨志下二改。

〔三一〕乾道六年　「乾道」二字原脱，據宋史卷三四孝宗紀二、卷一八〇食貨志下二補。

〔三二〕又支一百萬輸三司　「輸」原作「赴」，據宋史卷一八〇食貨志下二改。

〔三三〕泉廣二舶司及西南二泉司　下一「泉」原作「宗」，據宋史卷一八〇食貨志下二改。

〔三四〕遣舟回易　「遣舟」原作「建州」，據元本、慎本、馮本及宋史卷一八〇食貨志下二改。

〔三五〕緡錢之入敵境者　「敵」原作「易」，據宋史卷一八〇食貨志下二改。

〔三六〕參政洪适以爲不便　「适」原作「造」，據宋史卷三七三洪皓傳改。

〔三七〕蘄州置蘄春監　「州」原作「春」，據宋史卷一八〇食貨志下二改。

〔三八〕紹興十五年置利州紹興監　二「興」字原皆作「熙」，據元本、慎本、馮本及宋史卷一八〇食貨志下二改。

〔三九〕鑄小平錢　「平」字原脱，據宋史卷一八〇食貨志下二補。

〔四〇〕付三路總領所　「付」原作「赴」，據宋史卷一八一食貨志下三改。

〔四一〕置江州會子務　「置」上原衍「五年」二字，據宋史卷一八一食貨志下三刪。

〔四二〕户部尚書曾懷言　「尚書」二字原脱，據宋史卷一八一食貨志下三補。

〔四三〕河南路官私作見錢流轉　「河」字原脱，據元本、慎本、馮本及范成大攬轡録補。

〔四四〕捕告者賞錢三百千　「捕告者」三字原脱，據范成大攬轡録補。

〔四五〕幹當官　「幹當」二字原脱，據范成大攬轡録補。

〔四六〕四圍畫龍鶴有飾　范成大攬轡録本句作「四圍畫雲鶴爲飾焉」。

〔四七〕湊成二千萬　「千」原作「十」，據元本、慎本、馮本改。按建炎以來朝野雜記乙集卷一六東南收兑會子、兩朝綱目備要卷一二嘉定二年五月甲寅條，皆載當年以諸色各件拘回舊會，合計二千四百九十九萬餘緡，此處之二千萬係舉其成數而言。

〔四八〕增印日多　「印」原作「引」，據宋史卷一八一食貨志下三改。

〔四九〕今三界通行　「今」原作「令」，據宋史卷一八一食貨志下三改。

〔五〇〕謂官中常有錢百萬緡　「常」原作「嘗」，據宋史卷一八一食貨志下三改。

〔五一〕督府妄費　「妄」原作「忘」，據元本、慎本、馮本改。

〔五二〕皆謂所降交子數多　「皆」原作「乃」，據宋史卷一八一食貨志下三改。

〔五三〕而荆南水陸要衝　「荆」原作「京」，據宋史卷一八一食貨志下三改。

〔五四〕本非先王財貨之本慮　「慮」原作「處」，據歷代制度詳説卷七錢幣改。

〔五五〕所以作錢幣　此句原脱，據歷代制度詳説卷七錢幣補。

〔五六〕所以三代之前論泉布者甚少　「泉布」二字原倒，據上下文乙正。

〔五七〕後世如魏文帝時天下盡不用錢　「帝」下原衍「當」字，據歷代制度詳説卷七錢幣删。

〔五八〕惟武德時初鑄開元錢最得其中　「中」原作「平」，據歷代制度詳説卷七錢幣改。

〔五九〕後有開元最可用　「後」原作「復」，據歷代制度詳説卷七錢幣改。

〔六〇〕則有所謂直百當千之錢　「則」字原脱，據歷代制度詳説卷七錢幣補。

〔六一〕殊不知鑄錢雖多　「知」下原衍「權歸公上」四字，據歷代制度詳説卷七錢幣删。

〔六二〕或是以惡錢爲國賦　「惡」字原脱，據歷代制度詳説卷七錢幣補。

〔六三〕交子却便　「却」原作「即」，據歷代制度詳説卷七錢幣改。

〔六四〕或鑄爲銅器　「鑄」原作「銷」，據歷代制度詳説卷七錢幣改。

〔六五〕此最的當推本之論　「之論」二字原倒，據文義乙正。

# 卷十　户口考一

## 歷代户口丁中賦役

夏禹平水土爲九州〔一〕，人口千三百五十五萬三千九百二十三。塗山之會，諸侯執玉帛者萬國。及其衰也，諸侯相兼，逮湯受命，其能存者三千餘國，方於塗山，十損其七。周武王定天下，列五等之封，凡千七百七十三國，又減湯時千三百國，人衆之損亦如之。周公相成王，致理刑措，人口千三百七十萬四千九百二十三，此周之極盛也。

小司徒之職，掌建邦之教法，以稽國中及四郊、都鄙之夫家九比之數，以辨其貴賤、老幼、廢疾，凡征役之施舍，與其祭祀、飲食、喪紀之禁令。鄭司農云：「九比，謂九夫爲井。」康成謂：「九比者，冢宰職出九賦者之人數也〔二〕。」乃會萬民之卒伍而用之：五人爲伍，五伍爲兩，四兩爲卒，五卒爲旅，五旅爲師，以起軍旅，以作田役，以比追胥，以令貢賦。

乃均土地，以稽人民，而周知其數。上地家七人，可任也者家三人；中地家六人，可任也者二家五人；下地家五人，可任也者家二人。可任，謂丁强任力役之事者。出老者，以其餘男女、强弱相半，其大數。凡起徒役，毋過家一人，以其餘爲羨，唯田與追胥竭作。羨，饒也。田，謂獵也。追，追寇賊也。竭作，盡行。

鄉大夫以歲時登其夫家之衆寡，辨其可任者。國中自七尺以及六十，野自六尺以及六十有五，皆征之。其舍者，國中貴者、賢者、能者、服公事者、老者、疾者，皆舍，以歲時入其書。征之，給公上事也。國中，城郭內。年十五以下爲六尺，二十爲七尺。國中晚賦而早免之，以其所居復多役少；野早賦而晚免之，以其復少役多。

朱子語録曰：「問：『周制都鄙用助法，八家同井；鄉遂用貢法，十夫有溝。鄉遂所以不爲井者何故？』曰：『都鄙以四起數，五六家始出一人，故甸出甲士三人，步卒七十二人。鄉遂以五起數，家出一人爲兵，以守衛王畿。役次必簡，故周禮惟挽匶則用之，此役之最輕者。』」

山齋易氏曰：「近郊之民，王之内地，共輂之事，職無虛月，追胥之比，無時無之。故七尺而征，六十而舍，則稍優於畿外，非姑息也。遠郊之地，王之外地也，其溝洫之制，各有司存，野役之起，不及其羨。故六尺而征，六十五而舍，則稍重於内地，非荼毒也。園廛二十而一，若輕於近郊也，而草木之毓，夫家之聚，不可以擾，擾則不能以寧居，是故二十而稅一。漆林二十而五，若重於遠郊也，而器用之末作，商賈之資利，不可不抑，不抑則必至於忘本。是二十而五，係近郊、遠郊勞佚所係。」

載師：凡民無職事者，出夫家之征。夫税者，百畝之税；家税者，出士徒車輦，給徭役。橫渠張氏曰：「夫家之征，疑無過家一人者謂之夫，餘夫竭作，或三人，或二人，或二家五人，謂之家。」

閭師：凡無職者，出夫布。

民無職者一而已，載師出夫家之征，閭師止言出夫布，何也？載師承上文宅不毛、田不耕之後，乃示罰之法也。閭師承上文九職任民之役，乃常法也。均一無職之民，而待之有二法，何也？蓋古人於游惰不耕及商賈末作之人，皆於常法之外別立法以抑之。如關市或譏而不征，或征之。譏者，常法也；征者，所以抑之也。閒民或出夫布，或并出夫家之征。夫布，其常也；并出夫家，所以抑之也。夫家解當如横渠之説，鄭注謂令出一夫百畝之税，則無田而所征與受田者等，不幾太酷矣。

遂大夫以歲時稽其夫家之衆寡、六畜、田野，辨其可任者，與其可施舍者，掌其政令、禁戒。司民掌登萬民之數，自生齒以上皆書於版，辨其國中與其都鄙，及其郊野，異其男女，歲登下其死生。及三年大比，以萬民之數詔司寇。司寇及孟冬祀司民之日，獻其數於王。王拜受之，登於天府。内史、司會、冢宰貳之，以贊王治。三官以貳佐王治者，當以民多少黜陟主民之吏。均人掌均人民、牛馬、車輦之力政。政讀爲征。人民，則治城郭、塗巷、溝渠。牛馬、車輦，轉委積之屬。凡均力政，以歲上下，豐年，則公旬用三日焉；中年，則公旬用二日焉；無年，則公旬用一日焉；旬，均也。凶札，則無力政。

王制：用民之力，歲不過三日。

宣王既喪南國之師，敗於姜戎是也。乃料民於太原。

仲山甫諫曰：「民不可料也。夫古者不料民，而知其多少。司民協孤終，掌民數者。無父曰孤。終，死也。司商協民姓，掌賜族受姓之官。司徒協旅，合師旅。司寇協姦，刑官知死刑之數。牧協職，牧養犧牲，合其物色之數。工協革，百工之官，更制度合其數。場協入，場圃黍稷之數。廩協出，廩人掌九穀出用之數。是則少多、死生、出入、往來者，皆可知也。於是乎又審之以事，事，謂因籍田、蒐狩，簡知其數（三）。王治農於籍，蒐於農隙，耨穫亦於籍，獮於既烝，狩於畢時，烝，秋時。畢，冬時。是皆習民數者也，又何料焉。不謂其少而大料之，是示少而惡事也。言王不謂其衆少而大料數之，是示以寡少，又厭惡政事，不能修之意也。臨政示少，諸侯避之。治民惡事，無以賦令。且無故而料民，天之所惡也，害於政而妨於後嗣。」王卒料之，及幽王乃廢滅。

平王東遷三十餘年〔四〕。莊王十三年，齊桓公二年，五千里外非天子之御，自太子、公侯以下，至於庶人，凡千一百八十四萬一千九百二十三人〔五〕。

戰國之時，考蘇、張之説，計秦及山東六國戎卒，尚餘五百餘萬，推人口數，尚當千餘萬。秦兼諸侯，所殺三分居二〔六〕，猶以餘力北築長城四十餘萬，南戍五嶺五十餘萬，阿房、驪山七十餘萬〔七〕，十餘年間〔八〕，百姓死没，相踵於路。陳、項又肆其酷烈，新安之坑，二十餘萬，彭城之戰，睢水不流。漢高帝定天下，人之死傷亦數百萬，是以平城之卒不過三十萬，方之六國，十分無三〔九〕。

右杜氏通典所考東遷以後，漢初户口數目，大約如此。

秦用商鞅之法，月爲更卒，已復爲正，一歲屯戍，一歲力役，三十倍於古。更卒，謂給郡縣一月而更者。正卒，謂給中都官者也。漢興，循而未改。

漢高祖四年八月，初爲算賦。漢儀注：人年十五以上至五十六出賦錢，人百二十爲一算，爲治庫兵車馬〔一〇〕。

按：户口之賦始於此。古之治民者，有田則税之，有身則役之，未有税其身者也。漢法：民年十五而算，出口賦，至五十六而除；二十而傅，給徭役，亦五十六而除。是且税之且役之也。

十一年，詔曰：「欲省賦甚，今獻未有程，吏或多賦以爲獻，而諸侯王尤多，民疾之。令諸侯王、通侯常以十月朝獻，及郡各以口數，率人歲六十三錢，以給獻費。」據四年算賦減其半也。

更賦。如淳曰：「更有三品：有卒更，有踐更，有過更。古者正卒無常人，皆當迭爲之，一月一更，是爲卒更也。貧者欲得僱更錢者，次直者出錢僱之，月二千，是爲踐更也。天下人皆直戍邊三日，亦名爲更，律所謂繇戍也。雖丞相子亦在戍邊之調。不可人人自行三日戍，又行者當自戍三日，不可往便還，因便住，一歲一更。諸不行者出錢三百入官，官以給戍者，是爲過更也。律說，卒、踐更者，居也。居更縣中，五月乃更也。後從尉律，卒踐更一月，休十一月也。食貨志曰：『月爲更卒，已復爲正，一歲屯戍，一歲力役，三十倍於古。』此漢初因秦法而行，後遂改易，有謫乃戍邊一歲耳。」

惠帝六年，令民女子年十五以上至三十不嫁，五算。漢律，人出一算，算百二十錢，唯賈人與奴婢倍算。今使五算，罪謫之也。

文帝偃武修文，丁男三年而一事，民賦四十。常賦，歲一事，每算百二十。時天下民多，故三歲一事，賦四十也。

吳以銅鹽，故百姓無賦，卒、踐更，輒予平賈。

景帝二年，令天下男子年二十始傅。傅，着也。言著名籍，給公家傜役。

徐氏曰：「按高紀：發關中老弱未傅者悉詣軍。」如淳曰：「律，年二十三傅之疇官，高不滿六尺二寸以下爲疲癃。」漢儀注：「民年二十三爲正，一歲爲衛士，一歲爲材官、騎士，習射御，馳戰陳，年五十六乃免爲庶民，就田里。」則知漢初民在官三十有三年也。今景帝更爲異制，令男子年二十始傅，則在官三十有六年矣。

武帝建元元年，詔民年八十復二算。二口之算也。

元封元年，行所巡縣，無出今年算。

昭帝元鳳四年，詔毋收四年、五年口賦。漢儀注：民年七歲至十四出口賦錢，人二十三。二十錢以食天子，其三錢，武帝加口錢，以補車騎馬。三年以前逋更賦未入者，勿收。更賦注見上。

按算賦十五歲以上方出，此口賦則十五歲以前未算時所賦也。

元平元年，詔減口賦錢。有司奏請減什三，上許之。

宣帝地節三年，流民還歸者且勿算事。

甘露二年〔二〕，減民算三十。一算減錢三十也。

五鳳三年，減天下口錢。

按：漢始有口賦，然頗輕於後代。至昭、宣時又時有減免，且令流民還歸者勿算。故其時膠東相王成遂僞增上流民自占八萬餘口，以蒙顯賞。則以流徙者算數既除，州郡無逋負之責，可以容僞故也。

元帝時，貢禹請民年二十乃算。

禹以爲古民亡賦算口錢，起武帝征伐四夷，重賦於民。民產子三歲則出口錢，故民重困，至於生子輒殺。宜令民七歲去齒乃出口錢，年二十乃算。天子下其議，令民產子七歲乃出口錢自此始。

成帝建始二年〔三〕，減天下賦錢，算四十。

惠帝即位，令吏六百石以上，父母妻子與同居，及故吏嘗佩將軍、都尉印將兵及佩二千石官印者，家唯給軍賦，他無所與。同居，謂同籍同財也。

貨殖傳：秦、漢之制，列侯封君食租税，歲率户二百，千户之君則二十萬，朝覲聘享出其中。庶民農工商賈，率一歲萬息二千，百萬之家即二十萬〔一三〕，而更繇租賦出其中，衣食好美矣。

按：漢法有口賦，有户賦。口賦，則算賦是也。户賦，見於史者惟此二條。貨殖傳所言，則是封君食邑户所賦。然則地土之不以封者，縣官别賦之歟？抑無此賦也？庶民農工商賈以下，似是百户賦二十，與上懸絶，殊不可曉，又謂之息二千，豈官每户貸以一文，而萬户取其息二千乎？當考。

漢自高祖訖於孝平，民户千二百二十三萬三千六十二〔一四〕，口五千九百五十九萬四千九百七十八〔一五〕，漢極盛矣。漢之户口至元始二年最爲殷盛，故志舉之以爲數。王莽篡位，以周官税民，凡田不耕者爲不殖，出三夫之税；城郭中宅不樹藝者爲不毛，出三夫之布；民浮游無事，出夫布一疋，其不能出布者冗作，冗，散也，人勇反。縣官衣食之。

世祖建武二十二年，地震，壓死者其口賦逋税勿收。

明帝即位，九月〔一六〕，發天水三千人討叛羌，復是歲更賦。

永平五年，復元氏田租、更賦六歲。

永平九年，徙朔方者復口算。

章帝元和元年，人無田徙他界者，除算三年。

二年，詔曰：「令『人之有産子者復，勿算三歲』。今諸懷妊者賜『胎養穀』〔一七〕，人三斛，復其夫勿算一歲，著以爲令。」

和帝永元六年〔一八〕，流民就賤還歸者〔一九〕，復一歲田租、更賦。

安帝永初四年，除三年過更、口算。

元初元年，除三輔三歲更賦、口算。

順帝永建五年，郡國貧人被災傷者，勿收責今年過更。

陽嘉元年，勿收更、租、口賦。

永和四年，除太原民更賦，金城、隴西地震災甚者，勿收口賦。

桓帝永壽元年，復泰山、琅琊更、算。

光武中元二年，户四百二十七萬九千六百三十四，口二千一百萬七千八百二十。

明帝永平十八年，户五百八十六萬百七十三，口三千四百一十二萬五千二十一。

章帝章和二年，户七百四十五萬六千七百八十四〔二〇〕，口四千三百三十五萬六千三百六十七。

和帝永興元年，户九百二十三萬七千一百一十二，口五千三百二十五萬六千二百二十九。

安帝延光四年，户九百六十四萬七千八百三十八，口四千八百六十九萬七百八十九。

順帝建康元年，户九百九十四萬六千九百一十九，口四千九百七十三萬五百五十。

冲帝永嘉元年，户九百九十三萬七千六百八十，口四千九百五十二萬四千一百八十三。

質帝本初元年，户九百三十四萬八千二百二十七，口四千七百五十六萬六千七百七十二。

右郡國志注，伏無忌所記，每帝崩輒記户口及墾田大數列於後，以見滋減之差。墾田數見田賦門。光武中興之後，三十餘年所附養，至末年，户數僅及西都孝平時四分之一，兵革之禍可畏哉！ 嗣是累朝休養生息，每每增羨，固其理也。 但沖、質二帝享國各止一年二年之間，史所載無大兵革饑饉，而永嘉户數損於建康一萬，本初户數損於永嘉五十八萬有奇，殊不可曉，豈紀録之誤邪？

桓帝永壽二年，户千六百七萬九百六，口五千六萬六千八百五十六。

右東都户口極盛之數。 此係後漢書郡國志所載，如通典則以爲户千六十七萬七千九百六十，口五千六百四十八萬六千八百五十六。 户少於後漢書五百三十八萬有奇〔二一〕，口多於漢書六百四十二萬有奇，未知孰是。

靈帝遭黄巾之亂，獻帝罹董卓之難，大焚宫廟，劫御西遷，京師蕭條，豪傑竝争，郭汜、李傕之徒，殘害又甚，是以興平、建安之際，海内荒廢，天子奔流，白骨盈野。 故陜津之難，以箕撮指；安邑之東，后裳不全。 遂有戎寇，雄雌未定，割剥庶民三十餘年。 及魏武剋平天下，文帝受禪，人衆之損，萬有一存。

魏武據中原，劉備割巴蜀，孫權盡有江東之地，三國鼎立，戰争不息。 魏氏户六十六萬三千四百二十三，口四百四十三萬二千八百八十一。

漢昭烈章武元年，有户二十萬，男女口九十萬〔二二〕。 蜀亡時，户二十八萬，口九十四萬，帶甲將士十萬二千，吏四萬。

吴赤烏五年〔二三〕，户五十二萬，男女口二百三十萬。 吴亡時，户五十三萬，吏三萬二千，兵二十三萬，男女口二百三十萬，後宮五千餘人。

劉昭補注後漢郡國志注曰：「魏景元四年，與蜀通計民户九十四萬三千四百二十三，口五百三十七萬二千八百九十一。又按正始五年，揚威將軍朱照日所上吴之所領兵户凡十三萬二千，推其民數，不能多蜀矣。昔漢永和五年，南陽户五十餘萬，汝南户四十萬。方之於今，三帝鼎足，不踰二郡。加有食禄復除之民，凶年饑疾之難，見可供役，裁若一郡〔二四〕。以一郡之人供三帝之用〔二五〕，斯亦勤矣。」

魏武帝初平袁氏，定鄴都，制賦：户絹二疋、綿二斤。見田賦門。晉武帝平吴之後，制户調之式，丁男之户歲輸絹三疋，綿三斤，女及次丁男爲户者半輸。其諸邊郡或三分之二，遠者三分之一；夷人輸賨布，户一匹，遠者或一丈。占田數見田賦門。男女年十六已上至六十爲正丁，十五以下至十三、六十一以上至六十五爲次丁，十二以下六十六以上爲老、小，不事。

蜀李雄薄賦，其人口出錢四十文。巴人謂賦爲賨，因爲名焉。賨之名舊矣，其賦錢四十，則起於李雄也。

晉武帝太康元年，平吴之後，九州攸同，大抵編户二百四十五萬九千八百四十〔二六〕，口千六百一十六萬三千八百六十三，此晉之極盛也。

後趙石勒據有河北，初文武官上疏，請依劉備在蜀、魏王在鄴故事。魏王即曹公。以河内、魏、汲等十一郡并前趙國合二十四〔二七〕，户二十九萬爲趙國。前秦苻堅滅前燕慕容暐，入鄴，閱其名籍，户二百四十五萬八千九百六十九，口九百九十八萬七千九百三十五〔二八〕，徙關東豪傑及諸雜夷十萬户於關中〔二九〕。平燕定蜀之後，僞代之盛也。時關隴清宴，百姓豐樂，自長安至於諸州，二十里一亭，四十里一驛〔三〇〕，行者取給於途，工賈資販於道。

孝武帝太元二年，除度定田收租之制，公王以下口税三斛，唯蠲在身之役。

八年，又增税米五石。

南燕主慕容德優遷徙之民〔三一〕，使之長復不役，民緣此迭相蔭冒，或百室合户，或千丁共籍，以避課役。尚書請加隱覈，從之。得蔭户五萬八千。

宋武帝北取南燕，平廣固，今北海郡。西滅姚秦，平關、洛，長河以南盡爲宋有。帝素節儉，文帝勵精勤民，元嘉之治，比於文、景。國富兵强，更務遠略，師徒覆敗，江左虚耗。今按本史，孝武大明八年，户九十萬六千八百七十，口四百六十八萬五千五百一。

宋文帝元嘉中，始興太守徐豁上表曰〔三二〕：「武吏年滿十六，便課米六十斛，十五以下至十三〔三三〕，皆課三十斛，一户内隨丁多少悉皆輸米，且十三歲兒未堪田作〔三四〕，或是單迥，便自逃匿。户口之減，實此之由。宜更量課限，使得存立。今若減其米課，雖有交損，考之將來，理有深益。」詔善之。

按：漢以前，田賦自爲田賦，户口之賦自爲户口之賦。魏晉以來，似始混而賦之，所以晉孝武時，除度定田收租之制，只口税三斛增至五石。而宋元嘉時，乃至課米六十斛，與晉制懸絶，殊不可曉。豈所謂六十斛者非一歲所賦邪？當考。

宋孝武帝大明五年，制天下人户，歲輸布四疋〔三五〕。

孝武大明中，王弘上言〔三六〕：「舊制，人年十三半役〔三七〕，十六全役，當以十三以上能自營私及公，故以充役。考之見事，猶或未盡。體有强弱，不皆稱年〔三八〕。循吏恤隱，可無甚患。庸愚守宰，必有勤劇，況值苛政，豈可稱言！至令逃竄求免〔三九〕，胎孕不育，乃避罪憲，實亦由兹。今皇化維新，四方無事，役名之宜，應存消息。十五至十六宜爲半丁，十七爲全丁。」帝從之。

齊氏六主，年代短促，其户口未詳。

齊自永元以後，魏每來伐，繼以内難，揚、徐二州人丁三人取兩，以此爲率，遠郡悉令上米。準行一人五十斛，輸米既畢，就役如故。又先是諸郡役人，多依人士爲附隸，謂之「屬名」。又東境役苦，百姓多注籍詐病，遣外醫巫在所檢占諸屬名，并取病身。凡屬名多不合役，往往所在，並是復蔭之家。凡注病者，或以積年，皆攝充將役。又追責病者租布，隨其年歲多少，銜命之人，皆務貨賂，隨意縱捨。

梁武之初，亦稱爲治，後侯景逆亂，竟以幽斃。元帝纔及三年，便至覆滅，墳籍亦同灰燼，户口不能詳究。

陳武帝荆州之西，既非我有，淮、肥之内，力不能加。宣帝勤恤民隱，時稱令主，閱其本史，户六十萬，而末年窮兵黷武，遠事經略，吴明徹全軍隻輪不返，鋭卒殲焉。至後主亡時，隋家所收户五十萬，口二百萬。

後魏起自陰山，盡有中夏。孝文遷都河洛，定禮崇儒。明帝正光以前，時惟全盛，户口之數，比夫晉太康倍而餘矣。

按：太康平吴後，户二百四十五萬九千八百〔四〇〕，口千六百一十六萬三千八百六十三。云倍而餘，是其盛時則户有至五百餘萬矣。

道武帝時，詔採諸漏户，令輸綸綿〔四一〕。自後諸逃户占爲紬繭羅縠者甚衆，於是雜、營户帥徧於天下〔四二〕，不隸守宰，賦役不同，户口錯亂。景穆帝即位，一切罷之〔四三〕，以屬郡縣。

按：人户之以輸財別爲户計，不隸郡縣，其事始此。

魏令：每調一夫一婦，帛一疋，粟二石。詳見田賦門。

爾朱之亂，政移臣下，分爲東西。權臣擅命，戰争不息，人户流離，官司文簿散棄。今按舊史，户三百三十七萬五千三百六十八。

其時以征伐不息，唯河北三數大郡多千户以下，復通、新附之郡，小者户纔二十，口百而已。

齊神武秉政，乃命孫騰、高崇之分括無籍之户〔四四〕，得六十餘萬，於是僑居者各勒還本籍，是後租調之入有加焉。北齊承魏末喪亂，與周人抗衡，雖開拓淮南，而郡縣褊小。文宣受禪，性多暴虐，及武成、後主俱是僻王，至崇化二年爲周所滅〔四五〕。有户三百三萬二千五百二十八，口二千萬六千八百八十。

北齊武成河清三年〔四六〕，乃令男子十八以上、六十五以下爲丁，十六以上、十七以下爲中〔四七〕，六十六以上爲老，十五以下爲小。

後周閔、明二主，俱以弑崩。武帝誅權臣，攬庶政，恭儉節用，考覈名實，五六年内，平蕩燕、齊，嗣子昏虐，亡不旋踵。大象中有户三百五十九萬，口九百萬九千六百四。

周制：司役掌力役之政令，凡人自十八至五十九皆任於役，豐年不過三旬，中年則二旬，下年則一旬。起徒役無過家一人；有年八十者，一子不從役；百年者，家不從役；廢疾非人不養者，一人不從役。若凶札，亦無力征。

隋文帝頒新令，男女三歲以下爲黄，十歲以下爲小，十七歲以下爲中，十八歲以上爲丁，以從課役，六十爲老，乃免。開皇三年，乃令人以二十一成丁。煬帝即位，户口益多，男子以二十二爲丁。高熲奏：「人間課税，雖有定分，年恒徵納，除注常多，長吏肆情，文帳出没，既無定簿，難以推挍。乃爲輸籍定樣〔四八〕，請徧下諸州，每年正月五日，縣令巡人，各隨便近〔四九〕，五黨三黨，共爲一團，依樣定户上下。」帝從之，自是姦無所容。

通典論曰：「隋受周禪，至大業二年，有户八百九十萬。蓋承周、齊分據，暴君慢吏，賦重役勤，人不堪命，多依豪室；禁網隳廢，姦僞尤滋。高熲睹流冗之病，建輸籍之法，於是定其名，輕其數，使人知爲浮客〔五〇〕，被强家收太半之賦；爲編甿奉公上，蒙輕減之征。浮客悉自歸於編户，隋代之盛由此。」

東坡蘇氏曰：「古者以民之多寡，爲國之貧富。故管仲以陰謀傾魯、梁之民，而商鞅亦招三晉之人以併諸侯。當周之盛時，其民物之數登於王府者，蓋拜而受之。自漢以來，丁口之蕃息與倉廩府庫之盛莫如隋，其貢賦輸籍之法，必有可觀者。然學者以其得天下不以道，又不過再世而亡，是以鄙之，而無傳焉。孔子曰『不以人廢言』，而況可以廢一代之良法乎！文帝之初，有户三百六十餘萬，平陳所得又五十萬，至大業之始，不及二十年，而增至八百九十餘萬者，何也？方是時，布帛之積至於無所容，資儲之在天下者至不可勝數，及其敗亡塗地，而洛口諸倉，足以致百萬之衆，豈可少哉！」

文帝恭儉爲治，不加賦於人。煬帝大業五年〔五一〕，户八百九十萬七千五百三十六，口四千六百一萬九千九百五十六，此隋之極盛也。後周静帝時，有户三百九十九萬九千六百四，至開皇九年平陳，得户五十萬，及是纔二十六七年〔五二〕，直增四百八十萬七千九百三十二〔五三〕。

煬帝承其全盛，遂恣荒淫，建洛邑，每月役丁二百萬人；導洛至河及淮，又引沁水達河〔五四〕，北通涿郡，築長城東西千餘里，皆徵百萬餘人。丁男不充，以婦女充役，而死者大半。天下之人十分九爲盜賊，以至於亡。

大業五年，民部侍郎裴蘊以民間版籍脱漏，户口及詐注老少尚多，奏令貌閲，若一人不實，則官司解職。又許民糾得一丁者，令被糾之家代輸賦役。是時，諸郡計帳進丁二十四萬三千，新附口六十四萬一千五百。帝臨朝覽狀曰：「前代無賢才，致此罔冒。今户口皆實，全由裴蘊。」由是漸見親委。

唐制：民始生爲黄，四歲爲小，十六爲中〔五五〕，二十一爲丁，六十爲老。授田法見田賦門。

定天下户，量其資産定爲三等。後詔三等未定升降，宜爲九等。凡丁附籍帳者，春附則課役並征，夏附則免課從役，秋附則課役俱免。其冒詐隱避以免課役者，不限附之早晚，皆征之。制每歲一造帳，三年一造籍，州縣留五比，尚書省留三比。

唐貞觀户不滿三百萬，三年，户部奏中國人因塞外來歸及突厥前後降附，開四夷爲州縣，獲男女一百二十餘萬口〔五六〕。侯君集破高昌，得三郡、五縣、二十二城，户八千四十六，口三萬七千三十一，馬四千三百匹〔五七〕。永徽三年〔五八〕，户部奏：去年進户一十五萬，通天下户三百八十萬〔五九〕。

致堂胡氏曰：「方隋之盛也，郡縣民户尚版圖者，八百九十餘萬。自李密、王、竇爲倡，而山東盡爲盜區，是後四方並興，擁衆十數萬而加多者，垂五十餘黨，以郡縣反者尚不與焉。至唐武德六七年間〔六〇〕，蓋干戈雲擾，狼吞虎噬者十三四年，而後内盜悉平。後二年太宗即位，貞觀仁義之治興，休息生養，至高宗永徽三年，天下樂業阜生，將一世矣，有司奏户口纔及三百八十萬。然則略會之，隋氏極盛之民，經離亂之後，十存不能一二，皆起於獨孤后無關睢之德，廢長立少，而其禍至此也。」

總章元年，司空李勣破高麗國，虜其王，下城百七十，户六十九萬七千二百，配江淮以南、山南、京西。

證聖元年，鳳閣舍人李嶠上表曰：「臣聞黎庶之數，户口之衆，而條貫不失，按比可知者〔六一〕，在於各有管統，明其簿籍而已。今天下流散非一，或違背軍鎮，或因緣逐糧，苟免歲時，偷避徭役。此等浮衣寓食，積歲淹年，王役不供，簿籍不挂，或出入關防，或往來山澤，非直課調虚蠲，闕於恒賦，亦自誘動愚俗，堪爲禍患，不可不深慮也。或逃亡之户，或有檢察，即轉入他境，還行自容，所司雖具設科條，須其法禁，而相看爲例，莫適遵承；縱欲糾其愆違，加之刑罰，則百州千郡，庸可盡科？前既依違，後仍積習，檢獲者無賞，停止者獲原，浮逃不悛，亦由於此。今縱更搜檢，委之州縣，則還襲舊蹤，卒於無益。臣以爲宜令御史督察檢校，設禁令以防之，垂恩德以撫之，施權衡以御之，爲制限以一之，然後逃亡可還，浮寓可絶。所謂禁令者，使閭閻爲保，遞相覺察，前後乖避〔六二〕，皆許自新，仍有不出，輒聽相告，每糾一人，隨事加賞，明爲科目，使知勸沮。所謂恩德者，逃亡之徒久離桑梓，糧儲空闕，田野荒廢，即當賑其乏少，助其修營，雖有缺賦懸徭，背軍離鎮，亦皆舍而不問，寬而勿征；其應還家而貧乏不能致者，乃給程糧，使達本貫。所謂權衡者，逃人有絶家去鄉，失離本業，心樂所住，情不願還，聽於所在隸名，即編爲户。夫顧小利者失大計〔六三〕，存近務者喪遠圖。今之議者，或不達於變通，以爲軍府之地，户不可移，關輔之人，貫不可改；而越關繼踵，背府相尋，是開其逃亡而禁其割隸也。就令逃亡者多，不能總計割隸，猶當計其户等，量爲節文，殷富者令還，貧弱者令住；檢責已定，計料已明，户無失編，人無廢業，然後按前躅，申舊章，嚴爲防禁，與人更始。所謂限制者，逃亡之人應自首者，以符到百日爲限，限滿不出，依法科罪，遷之邊州。如此，則户無所遺，人無所匿矣。」

武后神龍元年，户六百三十五萬六千一百四十一〔六四〕。

萬歲通天元年，敕：「天下百姓，父母令外繼別籍者，所析之户，等第並須與本户同〔六五〕，不得降下；其應入役者，共計本户丁中，用爲等級，不得以析生蠲免。」

玄宗開元十四年，户七百六萬九千五百六十五。

八年，宇文融請括籍外逃户羨田，從之。見田賦門。

按：開元二十五年户令云：「諸户主皆以家長爲之。户内有課口者爲課户，無課口者爲不課户。諸視流内九品以上官及男年二十以上、老男、廢疾、妻妾、部曲、客女、奴婢皆爲不課户。無夫者爲寡妻妾。餘准舊令。諸年八十及篤疾，給侍一人；九十，二人；百歲，三人〔六六〕，皆先盡子孫，次取近親〔六七〕，皆先輕色。無近親，外取白丁者，人取家内中男者，並聽。諸以子孫繼絶應析户者，非年十八以上不得析，即所繼處有母在，雖小亦聽析出。諸户欲析出口爲户及首附口爲户者，非成丁皆不合析，應分者不用此令。諸户計年將入丁、老、疾，應徵免課役及給侍者，皆縣令貌形狀，以爲定簿。一定以後，不須更貌，若有姦欺者，聽隨事貌定，以附於實。」

九年〔六八〕，制：天下雖三載定户，每載亦有團貌，自今以後，計其轉年合入中男、成丁、五十九者，任退團貌〔六九〕。

天寶十三載，户九百六十一萬九千二百五十四。

通典：天寶十四載，管户總八百九十一萬四千七百九〔七〇〕，應不課户三百五十六萬五千五百一〔七一〕，應課户五百三十四萬九千二百八十〔七二〕；管口總五千二百九十一萬九千三百九〔七三〕；不課口四千四百七十萬九百八十八，課口八百二十萬八千三百二十一〔七四〕，唐之極盛也。

三載，更令民十八以上爲中男，二十三以上成丁。又制：如聞百姓或有户高丁多，苟爲規避；父母見在，别籍異居。宜令州縣勘會。一家有十丁以上，放兩丁征行賦役，五丁以上者，放一丁，即令同籍共居，以敦風化。如更犯者，准法科罪。

通典曰：「我國家自武德初至天寶末，凡百三十八年，可以比崇漢室，而人户纔比於隋氏，蓋有司不以經國馭遠爲意，法令不行，所在隱漏之甚也。」愚論見田賦門。

致堂胡氏曰：「世有博古者，言自古人主養民至一千萬户則止矣。三代以上無經據者；兩漢而後，誠未有溢於一千萬户；明皇幾之矣，繁夥既甚，理復虧耗，豈人力所能遏哉！是以數言亦然亦不然也。然者，以漢文、景而武帝繼之，以隋高祖而煬帝繼之，以明皇而禄山出焉。不然者，堯、舜、禹、啟太平凡三百餘年，周成王身致刑措，康王、穆王、昭王嗣守丕業，太平亦二百餘年，豈與後世中國無事之時淺促之比也。然則唐、虞、夏、周之民，豈止一千萬户而已哉！養之既至，教之又備，無夭札瘥及兵革殺戮之禍，父子祖孫連數十世爲太平之民，王者代天理物，於是爲盡矣。明皇享國雖久，户口雖多，不待易世而身自毁之，比禍亂稍平，幾去其半，徒以内有一楊太真，外有一李林甫而致之。嗚呼！可不監哉，可不監哉！」

肅宗至德元年〔七五〕，户八百一萬八千七百一十〔七六〕。

乾元三年，户一百九十三萬三千一百二十五〔七七〕。

敕：「逃亡户，不得輒徵親近及鄰保，務從減省，要在安存。」又敕：「應有逃户田宅，並須官爲租賃，取其價直以充課稅。逃人歸復，宜並却還，所由亦不得稱，負欠租賦，別有追索。」

通典：乾元三年，見到帳百六十九州，應管户總百九十三萬三千一百三十四，不課户總百一十七萬四千五百九十二，課户七十五萬八千五百八十二，管口總千六百九十九萬三百八十六，不課口千四百六十一萬九千五百八十七，課口二百三十七萬七百九十九。自天寶十四載至乾元三年，損户總五百九十八萬二千五百八十四，損口總三千五百九十二萬八千七百二十三。

愚嘗論漢以後以户口定賦，故雖極盛之時，而郡國所上户口版籍終不能及三代、兩漢之數，蓋以避賦重之故，遞相隱漏。且疑天寶以上，户不應不課者居三分之一有奇。今觀乾元户數，則不課者反居其太半，尤爲可笑。然則，是豈足憑乎！詳見田賦門。

代宗廣德二年，户二百九十三萬三千一百二十五。

詔一户三丁者免一丁，凡畝稅二升，男子二十五爲成丁，五十五爲老，以優民。二年，敕：「如有浮客願編附，請射逃人物業者，便准式據丁口給授，如二年以上種植，家業成者，雖本主到，不在却還限，任別給授。」

大曆元年，制：「逃户復業者，給復二年。如百姓先賣田宅盡者，宜委本州縣取逃死户田宅，量丁口充給。」

德宗建中元年，定天下兩稅户，凡三百八十萬五千七十六。

通典：主户百八十餘萬，客户百三十餘萬。

通典論曰：「昔賢云：『倉廩實，知禮節；衣食足，知榮辱。』夫子適衛，冉子僕，曰：『美哉，庶矣！既庶矣，又何加焉？』曰：『富之。』『既富矣，又何加焉？』曰：『教之。』故知國足則政康，家足則教從，反是而理者，未之有也。夫家足不在於逃稅，國足不在於重斂，若逃稅則不土著而人貧，重斂則多養贏而國貧〔七八〕，不其然矣。管子曰：「以正户籍，謂之養贏〔七九〕。」贏者，大賈蓄家也。正數之户既避其賦役〔八〇〕，則至浮浪，以大賈蓄家之所役屬，自收其利也。三王以前，井田定賦。秦革周制，漢因秦法。魏晉以降，名數雖繁，亦有良規，不救時弊。昔東晉之宅江南也，慕容、苻、姚迭居中土，人無定本，傷理爲深，遂有庚戌土斷之令，財豐俗阜，實由於兹。其後法制廢弛，舊弊復起，義熙之際，重舉而行，已然之效，著在前志。隋受周禪，得户三百六十萬，開皇九年平陳，又收户五十萬，洎於大業二年，干戈不用，唯十八載，有户八百九十萬矣。自平陳後，又加四百八十餘萬。其時承西魏喪亂，周、齊分據，暴君慢吏，賦重役勤，人不堪命，多依豪室，禁網隳紊，姦僞尤滋。高熲睹流冗之病，建輸籍之法，於是定其名，輕其數，使人知爲浮客，被强家收大半之賦，爲編甿奉公上，蒙輕減之征。浮客，謂避公稅，依强家作佃家也。荀悦論曰：「公家之惠，優於三代；豪强之暴，酷於亡秦。是惠不下通，威福分於豪人也。」高熲設輕稅之法，浮户悉自歸於編户，隋代之盛，實由於此。先敷其信，後行其令，烝庶懷惠，姦無所容。隋氏資儲，遍於天下，人俗康阜，熲之力焉。國家貞觀中有户三百萬，至天寶末百三十餘年，纔如隋氏之數。聖唐之盛，邁於西漢，約計天下編户，合踰元始之間，而名籍所少三百餘萬。貞觀以後，加五百九十萬，其時天下户都有八百九十餘萬也。漢武黷兵，人口減半〔八一〕，末年追悔，方息征伐。其後至平帝元始二年，經七十餘載，有户千二百二十餘萬。唐百三十餘年中，雖時起兵戎，都不至減耗，而浮浪日衆，版圖不收，若比量漢時，實合有加數。約計天下人户，少猶可有千三四百萬矣。直以選賢授任，多在藝文，才與職乖，法因事弊，隳循名責實之義，闕考言詢事之道。習程典，親簿領，謂之淺俗，務根本，去枝葉，目以迂闊。職事委於郡胥，貨賄行於公府，而至此也。自建中初，天下編甿百三十萬，賴分命黜陟，重爲按比，收入公税，增倍而餘。諸道加出百八十萬，共得三百一十萬。遂令賦有常規，人知定制，貪冒之吏，莫得生姦。狡猾之甿，皆被其籍。誠適時之令典，拯弊之良圖。舊制：百姓供公上〔八二〕，計丁定庸調及租，其税户雖兼出王公以下，比之二三十分唯一耳。自兵興以後，經費不充，於是徵斂多名，且無常數，貪吏横恣，因緣爲姦，法令莫得檢制，烝庶不知告訴。其丁狡猾者即多規避，或假名入仕〔八三〕，或托迹爲僧，或占募軍伍，或依倚豪族，兼諸色役，萬端蠲除。鈍劣者即被徵輸，困竭日甚。建中新令，並入兩税，常額既立，加益莫由，浮浪悉收，規避無所。而使臣置制各殊，或有輕重未一，仍屬多故。兵革洊興，舊額既在，見人漸艱。詳今日之宜，酌晉、隋故事，版圖可增其倍，征繕自減其半。賦既均一，人知税輕，免流離之患，益農桑之業，安人濟用，莫過於斯矣。計諸道簿帳所收〔八四〕，可有二百五十餘萬户。按歷代户口，多不過五，少不減三，約計天下，除有兵馬多處食鹽，足知見在之數。若採晉、隋舊典制置〔八五〕，可得五百萬矣。以五百萬户共出二百五十萬户税〔八六〕，自然各減半數〔八七〕。古之爲理也，在於周知人數，乃均其事役，則庶功以興，國富家足，教從化被，風齊俗一。夫然，故災沴不生，悖亂不起。所以周官有比、閭、族、黨、州、鄉、縣、遂之制，維持其政，綱紀其人。孟冬司徒獻民數於王，王拜而受之，其敬之守之如此之重也。及理道乖方，版圖脱漏，人如鳥獸，飛走莫制。家以之乏，國以之貧，姦宄漸興，傾覆不悟。斯政之大者遠者，將求理平之道，非無其本歟！」

憲宗元和時，户二百四十七萬三千九百六十三。

史官李吉甫撰元和國計簿十卷，總計天下方鎮凡四十八道，管州府二百九十三，縣一千四百五十三，見定户二百四十四萬二百五十四。其鳳翔、鄜坊、邠寧、鎭武、涇原、銀夏、靈鹽、河東、易定、魏博、鎭冀、范陽、滄景、淮西、淄青十五道七十一州〔八八〕，並不申户口數目。每歲賦入倚辦，止於浙西、浙東、宣歙、淮南、江西、鄂岳、福建、湖南等道，合四十州，一百四十四萬户〔八九〕，比量天寶供稅之户，四分有一。天下兵戎，仰給縣官八十三萬餘人，比量士馬，三分加一，率以兩户資一兵。其他水旱所損，徵科妄斂，又在常役之外。

六年，制：「自定兩稅以來，刺史以户口增損爲其殿最，故有析户以張虚數，或分産以係户名〔九〇〕，兼招引浮客，用爲增益，至於稅額，一無所加。徒使人心易摇，土著者寡。觀察使嚴加訪察，必令詣實。」

衡州刺史呂温奏：「當州舊額户一萬八千四百七，除貧窮死絶、老幼單獨不支濟外，堪差科户八千二百五十七。臣到後團定户稅，次檢責出所由隱藏不輸稅户一萬六千七百。昨尋舊案，詢問閭里，承前徵稅並無等第；又二十餘年都不定户，存亡孰察，貧富不均。臣不敢因循，設法團定，檢獲隱户數約萬餘，州縣虽不曾科徵〔九一〕，所由已私自斂率。與其潛資於姦吏，豈若均助於疲人？臣請作此方圓，以救彫瘵，庶得下免偏苦，上不缺供。」敕旨：「宜付所司。」

庫部員外郎李渤上言：「臣過渭南長源鄉，舊四百户，今纔百户，閿鄉縣舊三千户，今纔千户，他處皆然。蓋由聚斂之臣，剥下媚上，惟思竭澤，不慮無魚故也。」執政惡之，渤謝病免。

致堂胡氏曰：「天寶初，户幾一千萬，元和初，合方鎭有户百四十四萬，是十失其八也。憲宗急於用兵，則養民之政不得厚，重以用异、鎛聚斂〔九二〕，受諸道貢獻，百姓難乎其阜蕃矣。」

穆宗長慶時，户三百九十四萬四千五百九十五〔九三〕。

敬宗寶曆時，户三百九十七萬八千九百八十二。

文宗開成四年，户四百九十九萬六千七百五十二。

唐食貨志：天寶户數通以二户養一兵，長慶以後，率三户養一兵。詳見國用門。

武宗會昌時，户四百九十五萬五千一百五十一。

會昌元年正月，制：「安土重遷，黎民之性，苟非難窘，豈至流亡！將欲招綏，必在資產。諸道頻遭災沴，州縣不爲申奏，百姓輸納不辦，多有逃移。長吏懼在官之時破失人户，或恐務免征税，減剋料錢，祇於見在户中分外攤配；亦有破除逃户桑地，以充税錢。逃户產業已無，歸還不得，見户每年加配，流亡轉多。自今以後，應州縣開成五年已前逃户〔九四〕，并委觀察使、刺史差强明官〔九五〕，就鄉村詣實檢會桑田屋宇等，仍勒令長切加檢校〔九六〕，租佃與人，勿令荒廢，據所得與納户内征税，有餘即官爲收貯，待歸還給付，如欠少，即與收貯〔九七〕，至歸還日，不須徵理。自今以後，二年不歸復者，即仰縣司召人給付承佃，仍給公憑，任爲永業。其逃户錢草斛斗等，計留使錢物合十分中三分已上者，並仰於當州、當使雜給用錢内，方圓權落下，不得剋正員官吏料錢及館驛使料。遞乘作人課等錢，仍任本户歸還日〔九八〕，漸復元額。」

大中二年正月制：「所在逃户見在桑田屋宇等，多是暫時東西，便被鄰人與所由等計會，推云代納税錢，悉將斫伐毀拆，及願歸復，多已蕩盡，因致荒廢，遂成閑田。從今已後，如有此色，勒鄉村老人〔九九〕，與所由并鄰近等同檢勘分明，分析作狀，送縣入案，任鄰人及無田産人，且爲佃事與納税。如五年内不來復業者，便任佃人爲主，逃户不在論理之限。其屋宇桑田樹木等，權佃人，逃户未歸五年内不得輒有毁除斫伐，如有違犯者，據根口量情科責〔一〇〇〕，并科所由等不檢校之罪。」

會昌五年，天下所還俗僧尼二十六萬五千餘人，奴婢爲兩税户十五萬人。

周廣順三年，敕：「天下縣邑素有差等，年代既深，增損不一。其中有户口雖衆，地望則卑；地望雖高，户口至少，每至調集，不便銓衡。宜立成規，庶協公共。應天下州府及縣，除赤縣、畿縣、次赤、次畿外，其餘三千户以上爲望縣，二千户以上爲緊縣，一千户以上爲上縣，五百户以上爲中縣，不滿五百户爲中下縣。宜令所司，據今年天下縣户口數，定望、緊、上、中、下次等奏聞。」户部據今年諸州府所管縣户數目，合定爲望縣六十四，緊縣七十，上縣一百二十四，中縣六十五，下縣九十七。

## 校勘記

〔一〕夏禹平水土爲九州　「九」字原脱，據元本、慎本、馮本及通典卷七食貨典七、册府元龜卷四八六邦計部户籍補。

〔二〕冢宰職出九賦者之人數也　「之人」二字原倒，據周禮小司徒注乙正。

〔三〕謂因籍田蒐狩簡知其數　「因」原作「國」，據國語周語上注改。

〔四〕平王東遷三十餘年　按史記卷四周本紀載，平王立，東遷洛邑，五十一年死，桓王繼立，二十三年後死，子莊王立。莊王十三年即齊桓公二年，本句在此處與下文叙事無關，册府元龜卷四八六邦計部户籍無此句，此處疑衍。

〔五〕凡千一百八十四萬一千九百二十三人　「八」原作「九」，據後漢書郡國志一注引帝王世紀、册府元龜卷四八六邦計部户籍改。

〔六〕所殺三分居二　「二」原作「一」，據後漢書郡國志一注引帝王世紀改。

〔七〕阿房驪山七十餘萬　「餘」字原脱，據後漢書郡國志一注引帝王世紀補。

〔八〕十餘年間　「十」上原衍「三」字，「餘」字原脱，據後漢書郡國志一注引帝王世紀删補。

〔九〕十分無三　後漢書郡國志一注引帝王世紀作「五損其二」。

〔一〇〕爲治庫兵車馬　「兵」原作「並」，據漢書卷一上高祖紀上如淳注、册府元龜卷四八七邦計部賦税一改。

〔一一〕甘露二年　「二」原作「元」，據漢書卷八宣帝紀改。按依本書文例，本條當在下條「五鳳三年」云云之後。

〔一二〕成帝建始二年　「二」原作「元」，據漢書卷十成帝紀改。

〔一三〕百萬之家即二十萬　「百」上原衍「户」字，據元本、慎本、馮本及史記卷一二九貨殖列傳删。

〔一四〕民户千二百二十三萬三千六十二　漢書卷二八下地理志下同。「千二百二十三萬」，後漢書郡國志一注引帝王世紀作「千三百二十三萬」。

〔一五〕口五千九百五十九萬四千九百七十八　漢書卷二八下地理志下同。「五千九百五十九」，後漢書郡國志一注引帝王世紀作「五千九百一十九」。

〔一六〕明帝即位九月　按後漢書卷二明帝紀，明帝於中元二年二月戊戌即位，當年九月發天水三千人討叛羌，復是歲更賦。

〔一七〕今諸懷妊者賜胎養穀　「今」原作「令」，據後漢書卷三章帝紀改。

〔一八〕和帝永元六年　「六」原作「五」，據後漢書卷四和帝紀、册府元龜卷四八九邦計部蠲復一改。

〔一九〕流民就賤還歸者　「賤」原作「踐」，據後漢書卷四和帝紀、册府元龜卷四八九邦計部蠲復一改。

〔二〇〕户七百四十五萬六千七百八十四　「千」原作「十」，據元本、慎本、馮本、局本及後漢書郡國志五注引應劭漢官儀改。

〔二一〕户少於後漢書五百三十八萬有奇　「後」字原脱。按以後漢書郡國志一注引帝王世紀所載户數與通典卷七食貨典七所載户數相較，數目與此相符，據下文「劉昭補注後漢郡國志注」云云，此處顯脱「後」字，據補。下同。

〔二二〕男女口九十萬　「口」字原脱，據三國志補注卷五、晉書卷一四地理志上補。

〔二三〕吴赤烏五年　「五」原作「三」，據晉書卷一四地理志上、册府元龜卷四八六邦計部户籍改。

〔二四〕見可供役裁若一郡　「見」原作「且」，「若」原作「足」，據後漢書郡國志一注引帝王世紀改。

〔二五〕以一郡之人供三帝之用　「人」原作「用」，據後漢書郡國志一注引帝王世紀改。

〔二六〕大抵編户二百四十五萬九千八百四十　下「十」字原脱，據晉書卷一四地理志上補。

〔二七〕以河内魏汲等十一郡并前趙國合二十四　「汲」原作「絳」，據晉書卷一〇四石勒載記、十六國春秋卷一三後趙録及通志卷一八七後趙載記改。

〔二八〕口九百九十八萬七千九百三十五　「口」下原衍「九千」二字，據晉書卷一一三苻堅載記上删。

〔二九〕徙關東豪傑及諸雜夷十萬户於關中　「户」原作「口」，據晉書卷一一三苻堅載記上改。

〔三〇〕四十里一驛 「驛」原作「旅」，據晉書卷一一三苻堅載記上改。

〔三一〕南燕主慕容德優遷徙之民 「德」上原衍「備」字，據晉書卷一二七慕容德載記删。

〔三二〕始興太守徐豁上表曰 「徐豁」原作「孫豁」，據宋書卷九二徐豁傳改。

〔三三〕十五以下至十三 「十五」二字原倒，據宋書卷九二徐豁傳乙正。

〔三四〕且十三歲兒未堪田作 「歲」字原脱，據元本、慎本、馮本及宋書卷九二徐豁傳補。

〔三五〕歲輸布四疋 「疋」原作「尺」，據宋書卷六孝武帝本紀、通志卷一一宋武帝紀及卷六一食貨略改。

〔三六〕王弘上言 「弘」上原衍「敬」字，據宋書卷四二、南史卷二一王弘傳删。

〔三七〕人年十三半役 「三」原作「二」，據宋書卷四二、南史卷二一王弘傳改。

〔三八〕不皆稱年 「年」原作「耳」，據宋書卷四二王弘傳改。

〔三九〕至令逃竄求免 「令」原作「今」，據宋書卷四二王弘傳改。

〔四〇〕户二百四十五萬九千八百 晉書卷一四地理志上作「户二百四十五萬九千八百四十」。

〔四一〕令輸綿絹 「令」原作「合」，據魏書卷一一〇食貨志改。

〔四二〕於是雜營户帥徧於天下 「帥」原作「師」，據魏書卷九四仇洛齊傳、通典卷五食貨典五、册府元龜卷五〇四邦計部絲帛一改。

〔四三〕景穆帝即位一切罷之 按魏書卷四世祖紀下，太武帝太子拓跋晃未即帝位而卒，文成帝追尊之爲景穆帝。魏書卷一一〇食貨志作「始光三年詔一切罷之」，「始光」爲太武帝年號。

〔四四〕乃命孫騰高崇之分括無籍之户 「括」原作「責」，據北齊書卷一八高隆之傳、册府元龜卷四八六邦計部户籍改。

「崇」，據同上二書，當作「隆」，通典避唐玄宗諱改，本書沿用其文，未曾改回。下同。

〔四五〕至崇化二年爲周所滅　按北齊書卷八後主幼主紀，後主高緯武平七年十二月丁巳改元隆化，次日戊午，安德王高延宗即帝位，改元德昌。次年正月乙亥，幼主高恒即帝位，改元承光，前後十九日，改元三次。承光元年正月癸巳，周師入鄴，不久，幼主高恒等皆被俘，北齊亡。此處言隆化二年，不確。

〔四六〕北齊武成河清三年　「河清」二字原倒，據隋書卷二四食貨志、册府元龜卷四八六邦計部户籍乙正。

〔四七〕十六以上十七以下爲中　「中」下原衍「丁」字，據隋書卷二四食貨志删。

〔四八〕乃爲輸籍定樣　「爲」字原脱，據元本、慎本、馮本及隋書卷二四食貨志、册府元龜卷四八六邦計部户籍補。「定」原作「之」，據同上二書改。

〔四九〕各隨便近　「便」字原脱，據隋書卷二四食貨志補。

〔五〇〕使人知爲浮客　「知」字原脱，據通典卷七食貨典七補。

〔五一〕煬帝大業五年　「五」原作「二」，據隋書卷二九地理志上、通典卷七食貨典七改。

〔五二〕及是纔二十六七年　按開皇共二十年，仁壽共四年，加大業五年，當云「及是纔二十八九年」。

〔五三〕直增四百八十萬七千九百二十二　「二十二」，通典卷七食貨典七作「三十二」。

〔五四〕導洛至河及淮又引沁水達河　「至」字及「又引沁水達河」七字原脱，據通典卷七食貨典七補。

〔五五〕十六爲中　「十」字原脱，據新唐書卷五一食貨志一補。

〔五六〕獲男女一百二十餘萬口　「女」原作「子」，據舊唐書卷二太宗本紀、通典卷七食貨典七改。

〔五七〕口三萬七千三十一馬四千三百匹　「萬」上「三」字與「馬」下「四」字原脱，據舊唐書卷一九八高昌傳、册府元龜卷一〇〇〇外臣部亡滅補。「三萬七千三十一」，唐會要卷九五高昌作「三萬七千七百三十八」。

〔五八〕永徽三年　「三」原作「元」，據舊唐書高宗紀上、唐會要卷八四租税下、册府元龜卷四八六邦計部户籍改。

〔五九〕通天下户三百八十萬　册府元龜卷四八六邦計部户籍作「三百八十五萬」。

〔六〇〕至唐武德六七年間　「七」原作「十」，據讀史管見卷一六改。

〔六一〕按比可知者　「比」原作「此」，據元本、慎本、馮本改。

〔六二〕前後乖避　「後」字原脱，據元本、慎本、馮本及册府元龜卷四八六邦計部户籍補。

〔六三〕顧小利者失大計　「顧」原作「願」，據馮本及册府元龜卷四八六邦計部户籍改。

〔六四〕户六百三十五萬六千一百四十一　「三」，唐會要卷八四租税下、册府元龜卷四八六邦計部户籍作「一」。

〔六五〕所析之户等第並須與本户同　「等第」二字原脱，據唐會要卷八五定户等第、册府元龜卷四八六邦計部户籍補。

〔六六〕百歲三人　「三」原作「五」，據唐六典卷三尚書户部、舊唐書卷四三食貨志改。

〔六七〕皆先盡子孫次取近親　「先」字原脱，「次取近親」原作「聽取先親」，據唐六典卷三尚書户部補改。

〔六八〕九年　按唐會要卷八五團貌，此下所叙爲天寶九載事，疑此處脱「天寶」二字。

〔六九〕計其轉年合入中男成丁五十九者任退團貌　「男」原作「丁」，「九」字原脱，「退」原作「追」，據唐會要卷八五團貌、册府元龜卷四八六邦計部户籍改補。

〔七〇〕管户總八百九十一萬四千七百九　「四」原作「九」，「七」原作「三」，據通典卷七食貨典七改。

〔七一〕應不課户三百五十六萬五千五百一　「一」字原脱，據通典卷七食貨典七補。

〔七二〕應課户五百三十四萬九千二百八十　下「十」字原脱，據通典卷七食貨典七補。

〔七三〕管口總五千二百九十一萬九千三百九　「口」原作「田」，據通典卷七食貨典七改。

〔七四〕課口八百二十萬八千三百二十一　「三」原作「二」，據通典卷七食貨典七改。

〔七五〕肅宗至德元年　「元年」原作「二載」，據元本、慎本、馮本及唐會要卷八四租税下、册府元龜卷四八六邦計部户籍改。

〔七六〕户八百一萬八千七百一十　「十」字原脱，據唐會要卷八四租税下、册府元龜卷四八六邦計部户籍補。

〔七七〕户一百九十三萬三千一百二十五　「一百二十五」，下文所引通典作「一百三十四」，唐會要卷八四户口數作「一百四十五」。

〔七八〕重斂則多養贏而國貧　「贏」原作「羸」，據通典卷七食貨典七改。下同。

〔七九〕謂之養贏　「謂」原作「調」，據通典卷七食貨典七改。

〔八〇〕正數之户既避其賦役　「役」字原脱，據通典卷七食貨典七補。

〔八一〕人口減半　「人口」，通典卷七食貨典七作「人户」。

〔八二〕百姓供公上　「供公」原作「備上」，據元本、慎本、馮本及通典卷七食貨典七改。

〔八三〕或假名入仕　「入」原作「人」，據元本、慎本、馮本、局本及通典卷七食貨典七改。「仕」原作「任」，據局本改。

〔八四〕計諸道簿帳所收　「道」字原脱，據馮本及通典卷七食貨典七補。

〔八五〕若採晉隋舊典制置　「若」原作「者」，據北宋本通典卷七食貨典七改。

〔八六〕以五百萬户共出二百五十萬户税　「出」原作「黜」，據元本、慎本、馮本及通典卷七食貨典七改。

〔八七〕自然各減半數　「半」字原脱，據元本、慎本、馮本及通典卷七食貨典七補。

〔八八〕鎮冀范陽滄景淮西淄青十五道七十一州　「冀」原作「翼」，「青」原作「清」，據唐會要卷八四雜録、册府元龜卷四八六邦計部户籍改。

〔八九〕一百四十四萬户　下「四」字原脱，據新唐書卷五二食貨志二、唐會要卷八四租税下補。

〔九〇〕或分産以係户名　「名」字原脱，據唐會要卷八四雜録、册府元龜卷四八六邦計部户籍補。

〔九一〕州縣雖不曾科徵　「雖」原作「並」，據册府元龜卷四八六邦計部户籍改。

〔九二〕重以用异鏄聚歛　「鏄」原作「鑄」，據讀史管見卷二四改。

〔九三〕户三百九十四萬四千五百九十五　「五百九十五」，唐會要卷八四租税下、册府元龜卷四八六邦計部户籍作「九百五十九」。

〔九四〕應州縣開成五年已前逃户　「逃户」二字原脱，據册府元龜卷四九五邦計部田制補。

〔九五〕并委觀察使刺史差强明官　「并委」二字原脱，據册府元龜卷四九五邦計部田制補。

〔九六〕仍勒令長切加檢挍　「切」字原脱，據册府元龜卷四九五邦計部田制補。

〔九七〕即與收貯　「貯」原作「破」，據唐會要卷八五逃户、册府元龜卷四九五邦計部田制改。

〔九八〕仍任本户歸還日　「本」原作「大」，據唐會要卷八五逃户、册府元龜卷四九五邦計部田制改。

〔九九〕勒鄉村老人　「鄉」字原脱，據唐會要卷八五逃户、册府元龜卷四九五邦計部田制補。

〔一〇〇〕據根口量情科責　「根口」，唐會要卷八五逃户作「限日」、册府元龜卷四九五邦計部田制作「限口」。

# 卷十一　户口考二

## 歷代户口丁中賦役

宋太祖皇帝建隆元年，户九十六萬七千三百五十三。

乾德元年，平荆南，得户十四萬二千三百。湖南平，得户九萬七千三百八十八。

三年，蜀平，得户五十三萬四千二十九。

開寶四年，廣南平，得户十七萬二百六十三。

八年，江南平，得户六十五萬五千六十五。

九年，天下主客户三百九萬五百四。

此係會要所載，本年主客户數如前行所載，開寶八年平江南以前户數，出通鑑長編，通算只計二百五十六萬六千三百九十八，與會要不合，當考。

詔更定縣望，以户四千以上爲望，次爲緊，爲上，爲中，爲中下，凡五等。

乾德元年，令諸州歲奏男夫二十爲丁，六十爲老，女口不預。

開寶四年，詔曰：「朕臨御以來，憂恤百姓，所通抄人數目，尋常别無差徭，只以春初修河，蓋是與民防患。而聞豪要之家，多有欺罔，併差貧闕，豈得均平？特開首舉之門，明示賞罰之典，應河南、大名府、宋、亳、宿、潁〔一〕、青、徐、兗、鄆、曹、濮、單、蔡、陳、許、汝、鄧、濟、衛、淄、濰、濱、棣、滄、德、貝〔二〕、冀、澶、滑、懷、孟、磁、相、邢、洺、鎮、博、瀛、莫、深、楊、泰、楚、泗州、高郵軍所抄丁口〔三〕，宜令逐州判官互相往彼，與逐縣令佐子細通檢〔四〕，不計主户、牛客、小客，盡底通抄，差遣之時，所冀共分力役。敢有隱漏，令佐除名，典吏決配，募告者以犯人家財賞之〔五〕，仍免三年差役。」

太宗雍熙元年，令江、浙、荆湖、廣南民輸丁錢，以二十成丁，六十入老，并身有疾廢者免之。

至道元年，詔復造天下郡國户口版籍。

自唐末四方兵起，版籍亡失，故户税賦莫得周知，至是始命復造焉。

至道三年，天下主客户四百一十三萬二千五百七十六。

真宗大中祥符四年，詔除兩浙、福建、荆南、廣南舊輸身丁錢，凡四十五萬四百貫。

三司使丁謂言：「東封及汾陰賞賜億萬，加以蠲復諸路租賦，除免口算，聖澤寬大，恐有司經費不給。」上曰：「國家所務，正爲澤及下民，但敦本抑末，節用謹度，自然富足。」

初，湖、廣、閩、浙因僞國舊制，歲斂丁身錢米〔六〕，所謂丁口之賦。大中祥符間，詔除丁錢，而米輸如故。至天聖中，婺、秀二州猶輸丁錢，轉運司以爲言，乃除之。其後龐籍請罷漳泉州、興化軍丁米，有司持不可。皇祐三年，帝命三司首減郴、永、桂陽監丁米〔七〕，以最下數爲準，歲減十餘萬石。既而漳、泉、興化軍亦第損之。嘉祐四年，復命轉運司裁定郴、永、桂陽與道、衡二州所輸丁米及錢絹雜物，無業者弛之，存業者減半，後雖進丁勿復增取〔八〕。時廣南猶或輸丁錢，亦命轉運司條上。自是所輸無幾矣。

天禧五年，天下主客户八百六十七萬七千六百七十七〔九〕，口一千九百九十三萬三百二十。

詔〔一〇〕：「諸州縣自今招來户口，及創居入中開墾荒田者，許依格式申入户籍〔一一〕，無得以客户增數。」舊制，縣吏能招增户口，縣即申等，仍加其俸緡，至有析客户者，雖登於籍，而賦税無所增入。故條約之。

仁宗天聖七年，天下主客户一千一十六萬二千六百八十九，口二千六百五萬四千二百三十八。

慶曆八年，天下主客户一千七十二萬三千六百九十五，口二千一百八十三萬六十四。

嘉祐八年，天下主客户一千二百四十六萬二千三百一十七〔一二〕，口二千六百四十二萬一千六百五十一。

英宗治平三年，天下主客户一千二百九十一萬七千二百二十一〔一三〕，口二千九百九萬二千一百八十五。

神宗熙寧八年，天下主客户一千五百六十八萬四千五百二十九，口二千三百八十萬七千一百六十五。

湖、廣承僞政，舊輸丁米，大中祥符以後，屢裁損，猶不均。四年，詔屯田員外郎周之純往廣東相度均之。

元豐二年七月，提舉廣西常平劉誼言：「廣西一路户口二十萬，而民出役錢至十九萬緡，先用税錢敷出，税數不足，又敷之田米，田米不足，復算於身丁。夫廣西之民，身之有丁也，既税以錢，又算以米，是一身而輸二税，殆前世弊法。今既未能蠲除，而又益以役錢，甚可憫也。至於廣東西監司、提舉司吏，一月之給，上同令録，下倍攝官。乞裁損其數，則兩路身丁田米亦可少寬。」遂詔月給錢遞減二千，歲遂減一千二百餘緡。

按：廣南丁錢，史所載大中祥符間盡蠲之，獨丁米未除。今觀誼之言，則尚有丁錢也。作法於貪，難革而易復，可畏哉！

元豐六年，天下主客户一千七百二十一萬一千七百一十三，口二千四百九十六萬九千三百。

右以上係國朝會要所載户口數目，今考元豐三年，檢正中書户房公事畢仲衍經進中書備對，内載天下四京、一十八路户口主客數目，微爲不同，又有各路細數，今具録於後：

天下總四京、一十八路户，主客一千四百八十五萬二千六百八十四〔一四〕。

主一千一十萬九千五百四十二。内四十一萬九千五百二十二户，元供弓箭手、僧院、道觀、山涇、山團、傜、典佃、喬佃、船居、黎户不分主客、女户，今並附入主户數。

客四百七十四萬三千一百四十四。内一萬五百二十二户，元供交界浮居散户、蕃部無名目户，今並附入客户數。

口，主客三千三百三十萬三千八百八十九。

主二千三百四十二萬六千九百九十四。内六十八萬三千八百八十三口，元供弓箭手、山傜、童行、僧道、蜒船居、黎户，今入主口數。

客九百八十七萬六千八百九十五。內一萬一百二十八口，元供浮居散户，今入客户數。

丁，主客一千七百八十四萬六千八百七十三。

主一千二百二十八萬四千六百八十五。內二十九萬八千二百七十五口，不分主客。

客五百五十六萬二千一百八十八。

東京開封府，縣二十二：開封、祥符、陳留、雍丘、襄邑、咸平、太康、扶溝、尉氏、鄢陵、中牟、管城、新鄭、陽武、酸棗、長垣、封丘、白馬、韋城、胙城、東明、考城。

户，主一十七萬一千三百二十四。

口，主三十九萬五千九百一十二，客八萬五千一百八十。

丁，主三十一萬二千四百九十三。

京東路州一十五：兖、徐、曹、青、鄆、密、齊、濟、沂、登、萊、單、濮、濰、淄。縣七十八。

户，主八十一萬七千九百八十三，客五十五萬二千八百一十七。

口，主一百六十六萬九百三，客八十八萬五千七百七十四。

丁，主九十五萬七千五百五十四，客五十六萬五千六百九十三。

京西路州一十四：許、孟、陳、襄、鄧、隨、金、房、汝、蔡、郢、均、唐、潁〔一五〕。府一：河南。軍一：信陽。縣七十九。

戸，主三十八萬三千二百二十六，客二十六萬八千五百一十六。

口，主六十四萬四千七百五十七，客四十五萬八千一百三十。

丁，主四十萬七百四十，客二十六萬九千六百二十三。

河北路州二十三：定、澶、相、恩、邢、滄、懷、衛、博、磁、洺、棣、深、瀛、雄、霸、祁、冀、趙、德、濱、莫、保。府二：大名、真定。軍十一：永静、乾寧、信安、廣信、安肅、保定、順安、保順、德清、永寧、北平。縣一百四。

戸，主七十六萬五千一百三十，客二十一萬九千六十五。

口，主一百四十七萬三千六百八十三，客四十萬七千五百一。

丁，主七十七萬三千八百九十一，客二十萬五千四百六十七。

陝府西路州二十六：陝、同、華、耀、邠、涇、秦、鄜、延、解、隴、成、鳳、虢、坊、丹、階、商、寧、原、慶、渭、環、熙、岷、河。府三：京兆、鳳翔、河中。軍六：慶成、鎮戎、保安、康定、通遠、德順。縣一百一十八。

戸，主六十九萬七千九百六十七，客二十六萬四千三百五十一。

口，主二百一萬五千四百三十六，客七十四萬六千三百六十八。

丁，主二百六萬七千九百三十六，客四十二萬五千六百五十一。

河東路州十四：潞、晉、麟、府、代、絳、隰、忻、汾、澤、憲、嵐、石、豐。府一：太原。軍七：威勝、寧化、平定、岢嵐、火山、保德、吉鄉。監一：大通。縣七十三。

户，主三十八萬三千一百四十八，客六萬七千七百二十一。

口，主七十五萬二千三百一，客一十三萬八千三百五十八。

丁，主三十七萬二千三百九十，客七萬七千四百六十二。

淮南路州一十八：揚、壽、廬、宿、濠、和、蘄、海、楚、舒、泰、泗、亳、光、滁、黄、真、通。軍一：無爲。縣六十九。

户，主七十二萬三千七百八十四，客三十五萬五千二百七十。

口，主一百三十九萬三千五百五十五，客六十三萬七千三百二十六。

丁，主一百三十二萬三百六，客十五萬二千三百〔一六〕。

兩浙路州一十四：杭、越、蘇、潤、湖、婺、明、常、衢、温、台、秀、睦、處。縣七十九。

户，主一百四十四萬六千四百六，客三十八萬三千六百九十。

口，主二百六十萬五千四百八十四，客六十一萬八千二百一十五。

丁，主一百六十二萬九千五百三十二，客二十九萬八千二十七。

江南東路州七：宣、歙、江、池、饒、信、太平。府一：江寧。軍二：廣德、南康。縣四十八。

户，主九十萬二千二百六十一，客一十七萬一千四百九十九。

口，主一百六十萬九千六百一十二，客二十八萬九千八百四十三。

丁，主一百一萬九千一百三十四，客一十八萬六千二十七。

江南西路州六：洪、虔、吉、袁、撫、筠。軍四：興國、建昌、臨江、南安。縣四十七。

户，主八十七萬一千七百二十，客四十九萬三千八百一十三。

口，主二百一萬六百四十六，客一百六萬五千二百一。

丁，主八十八萬四千三百二十九，客三十八萬七百九十八。

荆湖南路州七：潭、衡、永、郴、邵、全、道。監一：桂陽。縣三十三。

户，主四十五萬六千四百三十一，客三十五萬四千六百二十六。

口，主一百一十五萬三千八百七十二，客六十七萬四千二百五十八。

丁，主六十二萬二千九百三十三，客三十二萬二千五百四十六。

荆湖北路州九：鄂、安、岳、鼎、澧〔一七〕、峽、歸、辰、沅。府一：荆南。縣四十五。

户，主三十五萬五百九十三，客二十三萬八千七百九。

口，主七十萬二千三百五十六，客五十萬九千六百四十四。

丁，主二十八萬五千五百二十六，客二十萬七千六百二十四。

福建路州六：福、建、泉、南劍、漳、汀。軍二：邵武、興化。縣四十五。

户，主六十四萬五千二百六十七，客三十四萬六千八百二十。

口，主一百三十六萬八千五百九十四，客六十七萬四千四百三十八。

丁，主七十九萬七百一十九，客五十六萬二百三十。

成都府路州一十二：眉、綿、漢、彭、蜀、嘉、邛、簡、黎、雅、茂、威。府一：成都。軍一：永康。監一：陵井。縣五十八。

户，主五十七萬四千六百三十，客一十九萬六千九百三。

口，主二百七十八萬九千二百二十五，客八十六萬四千五百二十三。

丁，主六十八萬五千二十，客二十七萬七百二十四。

梓州路州一十一：梓、遂、果、資、普、合、榮、渠、昌、戎、瀘。軍二：懷安、廣安〔一八〕。監一：富順。縣四十九。

户，主二十六萬一千五百八十五。

口，主八十八萬五千五百一，客五十二萬八千二百一十四。

丁，主三十七萬四千六百六十九，客三十萬五千五百二十九。

利州路州九：利、閬、洋、文、劍、興、巴、蓬、龍。府一：興元。縣三十九。

户，主一十七萬九千八百三十五，客一十二萬二千一百五十六。

口，主四十萬二千八百七十四，客二十四萬五千九百九十二。

丁，主一十九萬五千三百八十七，客一十四萬四千五百九十一。

夔州路州九：夔、忠、萬、施、開、達、涪、渝、黔。軍三：雲安、梁山、南平。監一：大寧。縣三十一。

户，主六萬八千三百七十五。

口，主二十一萬五千五百九十五，客二十五萬二千四百七十二。

丁，主一十四萬九千七十，客一十七萬一千一十七。

廣南東路州一十四：廣、韶、循、潮、連、南雄、英、賀、封、端、新、康、惠、南恩。縣四十。

户，主三十四萬七千四百五十九，客二十一萬八千七十五。

口，主八十一萬二千一百四十七，客三十二萬二千五百一十二。

丁，主七十三萬五千七百四十七，客二十六萬二千五十九。

廣南西路州二十四：桂、容〔一九〕、邕、象、昭、梧、藤、龔、潯、貴、柳、宜、賓、横、融、化、高、雷、白、欽、鬱林、廉、瓊、順〔二〇〕。軍三：萬安、昌化、朱崖。縣六十。

户，主二十六萬三千四百一十八，客七萬八千六百九十一。

口，主五十八萬四千六百四十一，客四十七萬九百四十六。

丁，主二十七萬三千六百七十四，客四十一萬九千三百一十六。

哲宗元祐六年，天下主客户一千八百六十五萬五千九十三，口四千一百四十九萬二千三百一十一。

元符二年，天下主客户一千九百七十一萬五千五百五十五，口四千三百四十一萬一千六百六。

徽宗崇寧元年，天下主客户共陞户三十萬三千四百九十五，口四十萬九千一百六十三，增入元符元數，計户二千合一萬九千五十〔二一〕，口四千三百八十二萬七百六十九。

政和三年，詳定九域圖志，蔡攸、何志同言：「本所取會天下户口數，類多不實，且以河北二州言之：德州主客户五萬二千五百九十九，而口纔六萬九千三百八十五；霸州主客户二萬二千四百七十七，而口纔三萬四千七百一十六。通二州之數，率三户四口，則户版刓隱〔二二〕，不待校而知之。乞詔有司申嚴法令，務在覈實。」從之。八月，淮南轉運副使徐閎中言：「九域志，在元豐間主客户共一千六百餘萬，大觀初已二千九十一萬〔二三〕，乞詔諸路應奏户口，歲終再令提刑、提舉司參考同保。」從之。

六年，户部言：「淮南轉運司申：政和格知、通、令、佐任内增收漏户一千至二千户賞格〔二四〕，一縣户口多者止及三萬，脱漏難及千户，少得應賞之人，繇此不盡心推括。看詳令、佐任内增收漏户八百户，陞半年名次；一千五百户，免試；三千户，減磨勘一年；七千户，減二年；一萬二千户，減三年。知、通隨所管縣通理，比令、佐加倍。」從之。

按：以史傳考之，則古今户口之盛，無如崇寧、大觀之間。然觀當時諸人所言，則版籍殊欠覈實，所紀似難憑，覽者詳之。

高宗紹興三十年，天下主客户一千一百三十七萬五千七百三十三，口一千九百二十二萬九千八〔二五〕。

紹興五年，詔：「諸路經殘破州縣，親民官到任，據見存户口實數批上印曆，滿任日亦如之，以考殿最。」

八年，尚書劉大中奏：「自中原陷没，東南之民死於兵火、疫癘、水旱以至爲兵、爲緇黄及去爲盜賊，餘民之存者十無二三，姦臣虐用其民，誅求過數，丁鹽紬絹最爲疾苦。愚民寧殺子而不願輸，生女者又多不舉，民何以至是哉？乞守令滿日，以生齒增減爲殿最。」

又詔：「應州縣鄉村五等、坊郭七等以下户，及無等第貧乏之家，生男女不能養贍者，於常平錢内人支四貫文省，仍委守令勸諭父老，曉譬禍福。若奉行如法，所活數多，監司保明推賞。」

孝宗乾道二年，諸路主客户一千二百三十三萬五千四百五十，口二千五百三十七萬八千六百八十四。

淳熙八年，臣僚言：「饑饉之時，遺棄小兒爲人收養者，於法不在取認之限，聽養子之家申官附籍，依親子孫法。昨葉夢得守潁昌，歲大饑，仍爲空名券，坐上件法，印版付里胥，凡有收養者給其券，所全活甚衆。乞下州縣鏤版，諭民通知。」

又詔，申嚴建、劍、汀、邵四州不舉子之禁。

光宗紹熙四年，諸路主客户一千二百三十萬二千八百七十三，口二千七百八十四萬五千八十五。

寧宗嘉定十六年，諸路主客户一千二百六十七萬八百一，口二千八百三十二萬八十五。

兩浙路户二百二十二萬三百二十一，口四百二萬九千九百八十九。

江南東路户一百四萬六千二百七十二，口二百四十萬二千三十八。

江南西路户二百二十六萬七千九百八十三，口四百九十五萬八千二百九十一。

淮南東路户一十二萬七千三百六十九，口四十萬四千二百六十一。

淮南西路户二十一萬八千二百五十，口七十七萬九千六百一十二。

廣南東路户四十四萬五千九百六，口七十七萬五千六百二十八。

廣南西路户五十二萬八千二百二十，口一百三十二萬一千二百七。

荆湖南路户一百二十五萬一千二百二，口二百八十八萬一千五百六。

荆湖北路户三十六萬九千八百二十，口九十萬八千九百三十四。

福建路户一百五十九萬九千二百一十四，口三百二十三萬五百七十八。

京西路户六千二百五十二，口一萬七千二百二十一。

成都府路户一百一十三萬九千七百九十，口三百一十七萬一千三。

利州路户四十萬一千一百七十四，口一百一萬六千一百一十一。

潼川府路户八十四萬一千一百二十九，口二百一十四萬三千七百二十八。

夔州路户二十萬七千九百九十九，口二十七萬九千九百八十九。

右國朝會要所載户口，南渡前無各路數目，故以中書備對所書元豐各路數編入〔二六〕。而南渡後莫盛於寧宗嘉定之時，故備書之。

身丁錢者，東南淮、浙、湖、廣等路皆有之。自馬氏據湖南始取永、道、郴州、桂陽軍、茶陵縣民丁錢、絹、米、麥〔二七〕。嘉祐四年，詔無業者與除放，有業者減半。然道州丁米每歲猶爲二千石，人甚苦之。紹興五年，守臣趙坦請以二分敷於田畝，一分敷於民丁。詔下其議。漕司言：「如此，則貧民每丁當輸二斗有奇，乞盡敷於田畝。」言者以爲太重，請損其一分。詔漕司相度。四月甲辰。六年，樞密院檢詳王迪又請兩路丁錢隨田税帶納，八月己亥。不果行。十四年，知永州羅長源言於朝，遂盡放湖南諸郡丁錢。十月庚子。然上供樁數則如故。後十餘年，楊良佐邦弼爲漕，乃奏除之。江東諸郡丁口鹽錢，李氏有國日所創也〔二八〕。蓋以泰州及静海軍今通州。鹽貨計口俵散，收錢入官。其後失淮南，而鹽不可得，既又令折綿絹輸之，民益以爲病。明道二年，范文正公爲江淮安撫，乞會一路主户，以見在鹽價，於春時給鹽食用，隨夏税送納價錢。奏可。其後謂之「蠶鹽」者，此也。兩浙身丁錢者，始未行鈔法以前，歲計丁口，官散蠶鹽，每丁給鹽一斗，輸錢百六十有六，謂之丁鹽錢。皇祐中，許民以紬絹依時直折納，謂之丁絹。自鈔法既行之後，鹽盡通商，而民無所給，每丁仍增錢爲三百六十，謂之身丁錢〔二九〕。大觀中，始令三丁納絹一疋，當時絹賤〔三〇〕，未有陪費。其後物價益貴，乃令每丁輸絹一丈，綿一兩，皆取於五等下户，民甚病之。建炎三年，詔以一半折絹，一半納見錢。十一月丁未。於是歲爲絹二十四萬疋，綿百萬兩，錢二十萬緡。紹興初，又用嚴守顔爲言，曾得解人免丁錢。三年四月甲午。二十五年，上念浙民之困，免丁絹錢綿一年，以内府錢帛償户部。八月己丑。乾道元年，孝宗以兩浙歲澇，又免災傷郡邑身丁錢十三萬七千緡，絹十六萬三千疋，皆有奇。二月癸卯。惟臨安以駐蹕所在，每三年一下詔除之，歲滿復然。至開禧元年十二月，御筆：浙路身丁錢自今永與除免，恩施浸博矣。先是，紹興末，吕公雅廣問爲浙漕，以湖州丁絹多所隱漏，乃給甲帖付民户〔三一〕，俾自排丁名，得四十萬丁，每丁爲錢千四百、絹八尺有奇。三十一年四月丁亥。明年，守臣陳之茂因請折絹，以五千爲疋，仍止歲額爲定，不以添丁而增賦。詔皆可之。正月丁巳。自是湖州以五丁科一疋矣。未幾，又增以七千爲一疋〔三二〕。乾道八年，余處恭爲烏程令，請於朝，乞以七丁科一疋。曾欽道秉政，奏行之。自是爲例。兩淮丁錢者，不知所從始。乾道末，詔民户一丁充民兵者〔三三〕，本名丁錢勿輸。七年八月丙辰。二廣丁錢，亦不知其所始。廣西郡縣貧薄，凡民間父祖年六十以上而身丁未成者，亦行科納，謂之「掛丁錢」。紹熙初，詔令本路監司約束。二年郊赦申明。大抵丁錢多僞國所創，余嘗謂唐之庸錢，楊炎已均入二税，而後世差役復不免焉，是力役之征亦取其二也〔三四〕。本朝王安石令民輸錢以免役，而紹興以後，所謂耆户長、保正僱錢復不給焉，是取其三也。合丁錢而論之，力役之征，蓋取其四矣。而一有邊事，則免夫之令又不得免焉，是取其五也。孟子曰：「有布縷之征，有穀粟之征，有力役之征。用其一，緩其二。用其二則民有殍，用其三而父子離。」今布縷之征，有折税〔三五〕，有和、預買，川路有激賞，而東南有丁絹，是布縷之征三也。穀粟之征，有税米，有義倉，有和糴，川路謂之勸糴。而斗面、加耗之輸不與，是穀粟之征亦三也。通力役之征而論之，蓋用其十矣，民安得不困乎？余惡夫世之俗吏，不知財賦本末源流，顧以趣辦爲能〔三六〕，而撥其本也。故詳録其事，以待上問而出焉。閩、浙、湖、廣丁錢，在國初歲爲四十五萬緡，大中祥符四年七月嘗除之，後又復。

西漢户口至盛之時，率以十户爲四十八口有奇，東漢户口率以十户爲五十二口，可準周之下農夫。唐人户口至盛之時，率以十户爲五十八口有奇，可準周之中次。自本朝元豐至紹興，户口率以十户爲二十一口，以一家止於兩口，則無是理，蓋詭名子户漏口者衆也。然今浙中户口，率以十户爲十五口有奇，蜀中户口，率以十户爲三十口弱〔三七〕，蜀人生齒非盛於東南，意者蜀中無丁賦，顧漏口少爾〔三八〕。昔陸宣公稱租庸調之法曰：「不校閲而衆寡可知。」是故一丁授田，决不可令輸二丁之賦，非若兩税，鄉司能開闔走弄於其間也。自井田什一之後，其惟租庸調之法乎！

右二段係建炎以來朝野雜記所載宋朝丁錢本末，及歷代户口詳略之概，其考訂精核，故書之。

水心葉氏曰：「爲國之要，在於得民，民多則田墾而税增，役衆而兵强。田墾税增，役衆兵强，則所爲而必從，所欲而必遂。是故昔者戰國相傾，莫急於致民，商鞅所以壞井田開阡陌者，誘三晉願耕之民以實秦地也。漢末天下殫殘，而三國争利，孫權搜山越之衆以爲民，至於帆海絶徼，俘執島居之夷而用之。諸葛亮行師，號爲秉義，不妄虜獲，亦拔隴上家屬以還漢中。蓋蜀之亡也，爲户二十四萬，吴之亡也，爲户五十餘萬，而魏不能百萬而已。舉天下之大，不當全漢數郡之衆。然則因民之衆寡爲國之强弱，自古而然矣。今天下州縣，直以見入職貢者言之，除已募而爲兵者數十百萬人，其去而爲浮屠、老子及爲役而未受度者，又數十萬人，若此皆不論也。而户口昌熾，生齒繁衍，幾及全盛之世，其衆强富大之形，宜無敵於天下。然而偏聚而不均，勢屬而不親，是故無墾田之利，無增税之入，役不衆，兵不强，反有貧弱之實見於外，民雖多而不知所以用之，直聽其自生自死而已。而州縣又有因其丁中而裁取其絹價者，此其意豈以爲民不當生於王之土地而征之者歟？夫前世之致民甚難，待其衆多而用之，有終不得者。今欲有内外之事，因衆多已成之民，率以北向，夫孰敢争者！而論者曾莫以爲意，此不知其本之甚者也。以臣計之，有民必使之闢地，闢地則增税，故其居則可以爲役，出則可以爲兵。而今也不然，使之窮苦憔悴〔三九〕，無地以自業。其駑鈍不才者，且爲浮客，爲傭力；其懷利强力者，則爲商賈，爲竊盗，苟得旦暮之食，而不能爲家。豐年樂歲，市無貴糴，而民常患夫斗升之求無所從給。大抵得以税與役自通於官者不能三之一，有田者不自墾，而能墾者非其田，此其所以雖蕃熾昌衍，而其上不得而用之也。嗚呼！亦其勢之有不得不然者矣。夫吴越之地，自錢氏時獨不被兵，又以四十年都邑之盛，四方流徙盡集於千里之内，而衣冠貴人不知其幾族，故以十五州之衆，當今天下之半。計其地不足以居其半，而米粟布帛之直三倍於舊〔四〇〕，鷄豚、菜茹、樵薪之鬻五倍於舊，田宅之價十倍於舊，其便利上腴，争取而不置者，數十百倍於舊。蓋秦制萬户爲縣，而宋、齊之間，山陰最大而難治，然猶不過三萬，而兩浙之下縣以三萬户率者〔四一〕，不數也。夫舉天下之民未得其所，猶不足爲意，而此一路之生聚，近在畿甸之間，十年之後，將何以救之乎〔四二〕？夫迹其民多而地不足若此，則其窮而無告者，其上豈宜有不察者乎？田無所墾而税不得增，徒相聚摶取攘竊以爲衣食，使其俗貪詐淫靡而無信義忠厚之行〔四三〕，則將盡棄而魚肉之乎！噫！此不可不慮也。漢之末年，荆、楚甚盛，不惟民户繁實，地著充滿，而材智勇力之士森然出於其中，孫、劉資之以争天下。及其更唐、五代，不復振起，今皆爲下州小縣，乃無一士生其間者。而閩、浙之盛，自唐而始，且獨爲東南之望。然則亦古所未有也。極其盛而將坐待其衰，此豈智者之爲乎？且其土地之廣者，伏藏狐兔，平野而居虎狼，荒墟林莽，數千里無聚落，姦人亡命之所窟宅，其地氣蒸鬱而不遂；而其狹者，鑿山捍海，擿决遺利，地之生育有限，民之鋤耨無窮，至於動傷陰陽，侵敗五行，使其地力竭而不應，天氣亢而不屬，肩摩袂錯，愁居戚處，不自聊賴，則臣恐二者之皆病也。夫分閩、浙，以實荆、楚，去狹而就廣，田益墾而税益增，其出可以爲兵，其居可以爲役，財不理而自富，此當今之急務也。而論者則又將曰『慮其因徙而生變』〔四四〕，夫豈有不變之術而未之思乎！抑聽其自變者乎！」

## 奴婢 傭賃 品官占户

周官：大宰以九職任萬民，八曰臣妾，聚斂疏材。九曰閒民〔四五〕，無常職，轉移執事。臣妾，男女貧賤之稱。轉移執事〔四六〕，若今傭賃也。

酒人：奚三百人。古者從坐男女没入縣官爲奴，其少才知以爲奚，今之侍史、官婢。

漢高祖令民得賣子。

五年，詔民以饑餓自賣爲人奴婢者，皆免爲庶人。

文帝勸務農桑，帥以儉節，未有兼并之害，故不爲民田及奴婢爲限。

賈誼曰：「歲惡不入，請賣爵子。」又曰：「今人賣僮者，爲之繡衣絲履偏諸緣，納之閑中，是古天子后服，所以廟而不晏者也。」

鼂錯勸帝募民徙塞下，募民以丁奴婢贖罪，及輸奴婢欲以拜爵者。

女子緹縈願没入爲官婢，以贖父罪。

後四年〔四七〕，免官奴婢爲庶人。

武帝建元元年，赦吴楚七國帑輸在官者。吴楚七國反時，其首事者妻子没入爲官奴婢，帝即位，哀而赦之。

司馬相如傳：卓王孫僮客八百人，程鄭亦數百人。

董仲舒説上曰：「宜少近古，限民名田，以贍不足，塞兼并之路，去奴婢，除專殺之威。」不得專殺奴婢也。

其後府庫並虚，乃募民，能入奴婢得以終身復，爲郎增秩。

楊可告緡徧天下，告民匿緡錢不算者。乃分遣御史廷尉正監分曹往〔四八〕，即治郡國緡錢〔四九〕，得民財物以億計，奴婢以千萬數，其没入奴婢，分諸苑養狗馬禽獸，及與諸官。官益雜置多，謂雜置官員，分掌衆事。徙奴婢衆，而下河漕度四百萬石，及官自糴乃足。

元帝時，貢禹言：「官奴婢十餘萬，游戲無事，税良民以給之，宜免爲庶人。」

杜延年坐官奴婢乏衣食免官。

今按：豪家奴婢，細民爲饑寒所驅而賣者也。官奴婢，有罪而没者也。民以饑寒至於棄良爲賤，上之人不能有以賑救之，乃復効豪家兼并者之所爲，設法令其入奴婢以拜爵復役，是令饑寒之民無辜而與罪隸等也。况在官者十餘萬人，而復税良民以養之，則亦何益於事哉！

成帝永始四年，詔曰：「公卿列侯、親屬近臣多蓄奴婢，被服綺縠，其申飭有司，以漸禁之。」

哀帝即位，詔曰：「諸侯王、列侯、公主、吏二千石及豪富民多蓄奴婢，田宅亡限，其議限列〔五〇〕。」有司條奏：「諸侯王奴婢二百人，列侯、公主百人，關内侯、吏民三十人，年六十以上，十歲以下，不在數中。

諸名田畜奴婢過品，皆没入縣官。官奴婢年五十以上，免爲庶人。」

王莽名天下奴婢曰「私屬」，不得買賣。

光武建武二年五月，詔曰：「民有嫁妻、賣子欲歸父母者，恣聽之，敢拘執，論如律〔五一〕。」下同。

六年十一月，詔王莽時吏人没入爲奴婢不應舊法者，皆免爲庶人。

七年，詔吏人遭饑亂，及爲青徐賊所掠爲奴婢、下妻〔五二〕，欲去留者，恣聽之〔五三〕。敢拘制不還，以賣人法從事。

十一年，詔曰：「天地之性人爲貴，其殺奴婢，不得減罪。」

八月癸亥，詔曰：「敢炙灼奴婢，論如律。免所炙灼者爲庶民〔五四〕。」

十月壬午〔五五〕，詔除奴婢射傷人棄市律。

十二年三月，詔隴蜀民被掠爲奴婢自訟者，及獄官未報，一切免爲庶民。

十三年十二月甲寅，詔益州民自八年以來被掠爲奴婢者，皆一切免爲庶民，或依託爲人下妻欲去者，悉聽之。敢拘留者〔五六〕，比青、徐二州，以掠人法從事。

十四年十二月癸卯，詔益、涼二州奴婢，自八年以來自訟在所官，一切免爲庶民，賣者無還直。

殤帝延平元年，詔諸官府、郡國、王侯家奴婢姓劉及疲癃羸老，皆上其名，務令實悉。

安帝永初四年，諸没入爲官奴婢者，免爲庶人。

晉武帝平吴之後，令王公以下得蔭人以爲衣食客及佃客，官品第一、第二者，佃客無過五十户〔五七〕，三品十户，四品七户，五品五户，六品三户，七品二户，八品、九品一户。詳見職田門。

晉元帝太興四年，詔曰：「昔漢二祖及魏武皆免良人，武帝時，凉州覆敗，諸爲奴婢亦皆復籍，此累代成規也。其免中州良人遭難爲揚州諸郡僮客者，以備征役。」

東晉寓居江左以來，都下人多爲諸王公貴人左右、佃客、典計、衣食客之類，皆無課役。官品第一、第二，佃客無過四十户，每品減五户，至第九品五户。其佃穀皆與大家量分。其典計，官品第一、第二置三人，第三、第四置二人，第五、第六及公府參軍、殿中監、監軍、長史、司馬、部曲督、關外侯、材官、議郎以上，一人，皆通在佃客數中。官品第六以上，并得衣食客三人，第七、第八二人，第九品、舉輦、迹禽、前驅、由基〔五八〕、强弩、司馬、羽林郎、殿中冗從虎賁〔五九〕、殿中虎賁、持椎斧武騎虎賁、持鈒色立反。冗從虎賁、命中虎賁武騎〔六〇〕，一人。其客皆注家籍。其課，丁男調布、絹各二丈，絲三兩，綿八兩，禄絹八尺，禄綿三兩二分，租米五石，禄米二石〔六一〕，丁女並半之。男年十六亦半課，年十八正課，六十六免課。其男丁每歲役不過二十日。又率十八人出一運丁役之〔六二〕。其田，畝税米二升。蓋大率如此。其度量，三升當今一升〔六三〕，秤則三兩當今一兩，尺則一尺二寸當今一尺。

按：此即漢人封君食邑户之遺意。然漢不過每户歲賦二百錢，而此所賦乃過重者，蓋封君所得只是口賦，而漢人有田者官别賦之。晉以來人皆授田，無無田之户，是以户賦之人於公家及私屬皆重。又一品所占不過四十户，非漢列侯動以千户萬户計者比也。

後魏令：每調奴任耕、婢任績者，八口當未娶者四；耕牛二十頭當奴婢八〔六四〕。詳見田賦門。

孝文太和九年，詔均天下人田：諸男夫十五以上，受露田四十畝，婦人二十畝，奴婢依良。諸麻布之土，男夫及課，别給麻田十畝，婦人五畝，奴婢依良。皆從還受之法。詳見田賦門。

周武帝保定五年〔六五〕，詔江陵人年六十五以上爲官奴婢者已令放免，其公私奴婢年七十以外者，所在官私贖爲庶人。

建德元年，又詔江陵所獲俘虜充官口者，悉免爲百姓。

容齋洪氏隨筆曰：「元魏破江陵，盡以所俘士民爲奴，無問貴賤，蓋北方夷俗皆然也。自靖康之後，陷於金虜者，帝子王孫、宦門仕族之家盡没爲奴婢，使供作務。每人一月支稗子五斗，令自舂爲米，得一斗八升，用爲餱糧；歲支麻五把，令緝爲裘。此外更無一錢一帛之入。男子不能緝者，則終歲裸體，虜或哀之，則使執爨，雖時負火得煖氣，然才出外取柴歸，再坐火邊，皮肉即脱落，不日輒死。惟喜有手藝如醫人、繡工之類，尋常只團坐地上，以敗席或蘆籍襯之。遇客至開筵，引能樂者使奏技，酒闌客散，各復其初，依舊環坐刺綉，任其生死，視如草芥云。」

唐制：凡反逆相坐，没其家爲官奴婢。反逆家男女及奴婢没官，皆謂之官奴婢。男年十四以下者，配司農；十五以上者，以其年長，令遠京師，配嶺南爲城奴也。一免爲番户〔六六〕，再免爲雜户，三免爲良人，皆因赦宥所及則免之。凡免，皆因恩言之。

顯慶二年，敕：「放諸奴婢爲良，及部曲、客女者聽之。皆由家長手書，長子以下連署，仍經本屬申牒除附。諸官奴婢年六十以上及廢疾者〔六七〕，並免賤。」

永昌元年，越王正被誅〔六八〕，家僮勝衣甲者千餘人〔六九〕，於是制王公已下奴婢有數。

萬歲通天元年，敕：「士庶家僮僕有驍勇者，官酬主直，並令討擊契丹。」

大足元年，敕：「西北緣邊州縣〔七〇〕，不得畜突厥奴婢。」

天寶八載，敕：「京畿及諸郡百姓，有先是給使在私家驅使者，限敕到五日內，一切送內侍省。其中有是南口及契券分明者，各作限約，定數驅使，雖王公之家不得過二十人〔七一〕，其職事官一品不得過十二人，二品不得過十人，三品不得過八人，四品不得過六人，五品不得過四人，京文武清官六品、七品不得過二人，八品、九品不得過一人。其嗣郡王、郡主、縣主、國夫人、諸縣君等，請各依本品同職事及京清資官處分，其有別承恩賜，不在此限。其蔭家父祖先有者，各依本蔭職減比見任之半，其南口請禁蜀蠻及五溪、嶺南夷獠之類〔七二〕。」

大曆十四年，詔：「邕府歲貢奴婢，使之離父母之鄉，絶骨肉之戀，非仁也。宜罷之。」

元和四年，敕：「嶺南、黔中、福建等道百姓，多被公私掠賣爲奴婢，宜令所在長吏，切加捉搦，并審細勘責。委知非良人百姓，乃許交關，犯者準法處分。」

八年，敕嶺南諸道，不得輒以良口餉遺販易。

長慶元年，詔禁登、萊州及緣海諸道，縱容海賊掠賣新羅人口爲奴婢。

四年，敕諸司、諸使，各勘官户奴婢，有廢疾及年七十者，準格免賤從良。

會昌五年，中書門下奏：「天下諸寺奴婢，江淮人數至多，其間有寺已破廢，全無僧衆，奴婢既無衣食，皆自營生。洪、潭管内，人數倍多，一千人以下五百人以上處，計必不少，並放從良百姓。」旨依。

大中九年，禁嶺南諸州貨賣男女，如有以男女傭賃與人，貴分口食，任於當年立年限爲約，不得將出外界。

昭宗大順二年，敕：「天下州府及在京諸軍，或因收擄百姓男女，宜給内庫銀絹，委兩軍收贖，歸還父母。其諸州府，委本道觀察使取上供錢充贖，不得壓良爲賤。」

後唐同光二年，赦：「應百姓婦女俘虜他處爲婢妾者，不得占留，一任骨肉識認。」

天成元年，敕：「京城諸道，若不是正口，不得私書契券，輒賣良人。」

周顯德五年，新定刑統：「詃誘良口、勾引逃亡奴婢與貨賣所盜資裝者，其詃誘勾引之人，伏請處死，良口奴婢准律處分，居停主人重斷，或分受贓物至三疋以上處死；將良口於蕃界貨賣，居停主人知而不告官者，亦處死。」

宋太祖皇帝開寶二年，詔：「奴婢非理致死者，即時檢視，聽其主速自收瘞，病死者不須檢視。」

四年，詔：「應廣南諸郡民家有收買到男女爲奴婢，轉將傭僱以輸其利者，今後並令放免，敢不如詔旨者，決杖配流。」

淳化二年，詔：「陝西沿邊諸郡先歲饑貧，民以男女賣與戎人，宜遣使者與本道轉運使分以官財物贖還其父母。」

至道二年，詔：「江南、兩浙、福建州軍，貧人負富人息錢無以償，没入男女爲奴婢者，限詔到並令檢勘，還其父母，敢隱匿者治罪。」

真宗咸平元年，詔：「川陝路理逋欠官物，不得估其家奴婢價以償。」

六年，詔：「士庶家傭僕，有犯不得黥其面。」

天禧三年，詔：「自今掠賣人口入契丹界者，首領並處死，誘致者同罪，未過界者，決杖黥配。」

大理寺言：「按律，諸奴婢有罪，其主不請官司而殺者，杖一百；無罪而殺者，徒一年。又條，諸主毆部曲至死者〔七三〕，徒一年；故殺者，加一等。其有愆犯決罰至死及過失殺者，勿論。自今人家傭賃，當明設要契，及五年，主因過毆決至死者，欲望加部曲一等；但不以愆犯而殺者，減常人一等〔七四〕；如過失殺者，勿論。」從之。

## 校勘記

〔一〕穎　原作「領」，據元本、慎本、馮本及宋會要食貨一二之一改。

〔二〕貝　原作「具」，據元本、慎本、馮本及宋會要食貨一二之一改。

〔三〕高郵軍所抄丁口　「軍」原作「鄆」，據宋會要食貨一二之一改。

〔四〕宜令逐州判官互相往彼與逐縣令佐子細通檢　「互相往彼與逐」六字原脫，據宋會要食貨一二之一補。

〔五〕募告者以犯人家財賞之　「之」字原脫，據宋會要食貨一二之一補。

〔六〕歲斂丁身錢米　宋史卷一七四食貨志上二同。按建炎以來朝野雜記甲集卷一五身丁錢：「江東諸郡丁口鹽錢者，李氏有國日所創也。」宋會要食貨七〇之四載太平興國九年十一月赦書，放免江南、兩浙、湖南、嶺南未成丁、已入老及廢疾者身丁錢，上文大中祥符四年，詔除兩浙、福建、荆南、廣南身丁錢，皆稱身丁錢而不云丁身錢，其他有關記載亦然，疑此處「丁身」二字當乙。

〔七〕帝命三司首減郴永桂陽監丁米　「郴」原作「潭」，據宋史卷一七四食貨志上二改。

〔八〕後雖進丁勿復增取　「勿」原作「而」，據宋史卷一七四食貨志上二改。

〔九〕天下主客户八百六十七萬七千六百七十七　「户」字原脱，據馮本及宋會要食貨一一之二六補。

〔一〇〕詔　按宋會要食貨一二之二，此詔係大中祥符四年正月四日所頒。

〔一一〕許依格式申入户籍　「户」下原衍「口」字，據宋會要食貨一二之二删。

〔一二〕天下主客户一千二百四十六萬二千三百一十七　宋會要食貨一一之二六同。「七」，宋會要食貨六九之七〇作「二」。

〔一三〕天下主客户一千二百九十一萬七千二百二十一　宋會要食貨一一之二七同。「七」，宋會要食貨六九之七〇作「九」。

〔一四〕主客一千四百八十五萬二千六百八十四　以下文主客户數相加，「八十四」當作「八十六」。

〔一五〕潁　原作「穎」。按宋京西北路有潁州而無「穎州」，見宋史卷八五地理志一，據改。

〔一六〕主一百三十二萬三百六客十五萬二千三百　「主一百三十二萬三百六」、「十五萬二千三百」原脱，據萬有文庫本補。

〔一七〕灃　原作「温」。按宋荆湖北路有灃州而無「温州」，見宋史卷八八地理志四，據改。

〔一八〕廣安　「廣」原作「康」，按宋梓州路無康安軍而有廣安軍。據宋史卷八九地理志五改。

〔一九〕容　原作「客」，據元本、慎本、馮本改。

〔二〇〕順　按宋史卷九〇地理志六、元豐九域志卷九均不見廣南西路有順州之記載。宋史卷一五神宗紀二云熙寧十年曾以廣源州爲順州，乃羈縻州。疑「順」字誤。

〔二一〕計户二千合一萬九千五十　「合」，元本、慎本、馮本作「令」。按：以崇寧元年所升户數加以元符二年主、客户數，得二千零一萬九千五十，此處「合」疑爲「零」之誤，諸本之「令」，當屬音訛。

〔二二〕則户版刓隱　「刓」原作「刻」，據宋會要食貨六九之七九改。

〔二三〕大觀初已二千九十一萬　「十」，宋會要食貨六九之七九作「百」。

〔二四〕政和格知通令佐任内增收漏户一千至二千户賞格　「賞」原作「常」，據宋會要食貨六九之七九改。「二千」，同上書作「二萬」。按下文所列政和格，令、佐任内增收漏户一萬二千户，減磨勘三年，知、通比令、佐加倍，疑此處「二千」上脱「一萬」二字。

〔二五〕天下主客户一千一百三十七萬五千七百三十三口一千九百二十二萬九千八　建炎以來朝野雜記甲集卷一七建炎紹興户口數作「三十年，户一千一百五十七萬餘，口一千九百二十三萬餘」。

〔二六〕故以中書備對所書元豐各路數編入　「豐」原作「封」。按上文，畢仲衍進中書備對係元豐三年事，此處「封」顯爲「豐」之誤，據改。

〔二七〕茶陵縣民丁錢絹米麥　「茶」原作「荼」，據馮本及建炎以來朝野雜記甲集卷一五身丁錢改。

〔二八〕李氏有國日所創也 「創」原作「制」，據建炎以來朝野雜記甲集卷一五身丁錢改。

〔二九〕謂之身丁錢 「身丁」二字原倒，據建炎以來朝野雜記甲集卷一五身丁錢乙正。

〔三〇〕當時絹賤 「絹」原作「納」，據建炎以來朝野雜記甲集卷一五身丁錢改。

〔三一〕乃給甲帖付民户 「甲」原作「申」，據元本、慎本、馮本及建炎以來朝野雜記甲集卷一五身丁錢改。

〔三二〕又增以七千爲一疋 「增」原作「曾」，據建炎以來朝野雜記甲集卷一五身丁錢改。

〔三三〕詔民户一丁充民兵者 「兵」原作「丁」，據建炎以來朝野雜記甲集卷一五身丁錢改。

〔三四〕是力役之征亦取其二也 「亦」原作「既」，據建炎以來朝野雜記甲集卷一五身丁錢改。

〔三五〕有折税 「有」下原衍「所」字，據建炎以來朝野雜記甲集卷一五身丁錢删。

〔三六〕顧以趣辦爲能 「顧」原作「故」，據建炎以來朝野雜記甲集卷一五身丁錢改。

〔三七〕率以十户爲三十口弱 「三」原作「二」，據建炎以來朝野雜記甲集卷十七本朝視漢唐户多丁少之弊改。按據同書卷七四川元豐淳熙户口數所載記算，亦爲率十户爲三十口弱。

〔三八〕顧漏口少爾 「顧」原作「於」，據建炎以來朝野雜記甲集卷一七本朝視漢唐户多丁少之弊改。

〔三九〕使之窮苦憔悴 「苦」原作「居」，據葉適集水心别集卷二民事中改。

〔四〇〕而米粟布帛之直三倍於舊 「布」原作「穀」，據葉適集水心别集卷二民事中改。

〔四一〕而兩浙之下縣以三萬户率者 「下」字原脱，據葉適集水心别集卷二民事中補。

〔四二〕將何以救之乎 「何」字原脱，據葉適集水心别集卷二民事中補。

〔四三〕使其俗貪詐淫靡而無信義忠厚之行 「詐淫」二字原倒，據葉適集水心别集卷二民事中乙正。

〔四四〕而論者則又將曰慮其因徙而生變　「生」字原脱，據葉適集水心別集卷二民事中補。

〔四五〕九曰閒民　「閒」原作「間」，據周官新義卷一天官改。

〔四六〕轉移執事　「移」原作「徙」，據周禮大宰注改。

〔四七〕後四年　「後」字原脱，據漢書卷四文帝紀補。

〔四八〕乃分遣御史廷尉正監分曹往　「往」字原脱，據史記卷三〇平準書、漢書卷二四下食貨志下補。

〔四九〕即治郡國緡錢　「即」原作「郎」，據史記卷三〇平準書、漢書卷二四下食貨志下改。

〔五〇〕其議限列　「列」原作「例」，據元本、慎本、馮本及漢書卷一一哀帝紀改。

〔五一〕恣聽之敢拘執論如律　「恣」原作「悉」，「律」下原衍「紀」字，據元本、慎本、馮本及後漢書卷一上光武帝紀改刪。

〔五二〕詔吏人遭饑亂及爲青徐賊所掠爲奴婢下妻　「詔」、「婢」二字原脱，據後漢書卷一下光武帝紀補。

〔五三〕恣聽之　「恣」原作「悉」，據元本、慎本、馮本及後漢書卷一下光武帝紀改。下文十三年十二月甲寅條同。

〔五四〕免所灸灼者爲庶民　「免」字原脱，「庶」原作「廢」，據後漢書卷一下光武帝紀補改。

〔五五〕十月壬午　「十」下原衍「一」字，據後漢書卷一下光武帝紀刪。按建武十一年十一月戊子朔，無壬午日，同年十月己未朔，壬午爲二十四日。

〔五六〕敢拘留者　「敢」字原脱，據後漢書卷一下光武帝紀補。

〔五七〕佃客無過五十户　「十」原作「千」，據局本及晉書卷二六食貨志改。

〔五八〕由基　原脱，據晉書卷二六食貨志、册府元龜卷四九五邦計部田制補。

〔五九〕殿中冗從虎賁　此句原脱，據晉書卷二六食貨志、册府元龜卷四九五邦計部田制補。

〔六〇〕命中虎賁武騎　「虎賁」二字原脱，據晉書卷二六食貨志、册府元龜卷四八七邦計部田制補。

〔六一〕禄米二石　四字原脱，據隋書卷二四食貨志、册府元龜卷四八七邦計部賦税一補。

〔六二〕又率十八人出一運丁役之　此句原脱，據隋書卷二四食貨志、册府元龜卷四八七邦計部賦税一補。

〔六三〕三升當今一升　「今」字原脱，據魏書卷一一〇食貨志、册府元龜卷四八七邦計部賦税一補。「升」，同上二書作「斗」。

〔六四〕耕牛二十頭當奴婢八　「二」字原脱，據魏書卷一一〇食貨志、册府元龜卷四八七邦計部賦税一補。

〔六五〕周武帝保定五年　「保定五年」原作「天和元年」，據周書卷五武帝紀上、册府元龜卷四二帝王部仁慈改。

〔六六〕一免爲番户　「番」原作「審」，據唐會要卷八六奴婢改。

〔六七〕長子以下連署仍經本屬申牒除附諸官奴婢年六十以上及廢疾者　「子以下連署仍經本屬申牒除附諸」十四字原作「比見任之半其南口請以蜀蠻人」，據元本、慎本、馮本及唐會要卷八六奴婢改。

〔六八〕越王正被誅　「正」，據唐會要卷八六奴婢，當作「貞」，此處避宋仁宗趙禎諱改。

〔六九〕家僮勝衣甲者千餘人　「甲」原作「田」，據唐會要卷八六奴婢改。

〔七〇〕西北緣邊州縣　「西」原作「以」，據唐會要卷八六奴婢改。

〔七一〕雖王公之家不得過二十人　「十」字原脱，據唐會要卷八六奴婢補。

〔七二〕其南口請禁蜀蠻及五溪嶺南夷獠之類　「禁」原作「以」，據唐會要卷八六奴婢改。

〔七三〕徒一年又條諸主毆部曲至死者　「一」原作「二」，「條諸」原作「諸條」，據宋刑統卷二二鬥訟律改正。

〔七四〕減常人一等　「減」原作「滅」，據局本改。

# 卷十二　職役考一

## 歷代鄉黨版籍職役

昔黄帝始經土設井，以塞争端，立步制畝，以防不足。使八家爲井，井開四道，而分八宅，鑿井於中。一則不洩地氣，二則無費一家，三則同風俗，四則齊巧拙，五則通財貨，六則存亡更守，七則出入相司，八則嫁娶相媒，九則無有相貸，十則疾病相救。是以情性可得而親，生産可得而均，均則欺凌之路塞，親則鬭訟之心弭。既牧之於邑，故井一爲鄰，鄰三爲朋，朋三爲里，里五爲邑，邑十爲都，都十爲師，師十爲州〔一〕。夫始分於井則地著，計之於州則數詳，迄乎夏、殷，不易其制。

周制，大司徒：令五家爲比，使之相保；五比爲閭，使之相受；四閭爲族，使之相葬；五族爲黨，使之相救；五黨爲州，使之相賙；五州爲鄉，使之相賓。鄭玄曰：「此所以勸民者也。使之者，皆謂立其長而教令使之。保，猶任也。救，救凶災也。賓，賓客其賢者也。受者，宅舍有故，相受寄託也。賙者，謂禮物不備，相給足也。閭，二十五家。族，百家。黨，五百家。州，二千五百家。鄉，萬二千五百家。」此總謂郊内者也。及三年則大比，大比則受邦國之比要〔二〕。大比。謂使天下更簡閲人數及其財物也。受邦國之比要，則亦受鄉遂矣。鄭司農云：「五家爲比，故以比爲名，今時八月按比是也。要，謂其簿。」

比長：每比下士一人，掌五家。各掌其比之治，五家相受、相和親，有辠奇衺，則相及。徙於國中及郊〔三〕，則從而授之；徙，謂不便其居，或國中徙郊，或郊徙國中，皆從而付所處之吏，明無罪惡。徙於他，則爲旌節而行之；謂徙異鄉，有節乃達。若無授無節，則唯圜土納之。

閭胥：每閭中士一人，掌二十五家。各掌其閭之徵令，歲時數其閭之衆寡，辨其施舍。凡春秋之祭祀、役政、喪紀之數，聚衆庶，既比，而讀法，書其敬、敏、任、恤者，凡事，掌其比、觵、撻罰之事。失禮者之罰也。

族師：每族上士一人，掌一百家。各掌其族之戒令、政事，月吉，屬民讀邦法，書其孝、悌、睦媚、有學者，春秋祭酺，亦如之。登其族之夫家衆寡，辨其貴賤、老幼、廢疾、可任者，及其六畜、車輦。比、伍、閭、族各爲聯，使之相保相受，賞罰相及，以受邦職，以役國事，以相葬埋〔四〕。若師、田、行、役，則合其卒伍，簡其兵器，以鼓鐸旗物帥而至，掌其治令、戒禁、刑罰，歲終則會。

黨正：每黨下大夫一人，掌五百家。各掌其黨之政令教治，四孟月吉日〔五〕，屬民讀法，春秋祭禜，亦如之。國索鬼神而祭祀，禮祭。則以禮屬民，而飲酒於序，以正齒位。凡黨之祭祀，喪紀、昏、冠、飲酒，教其禮事，掌其戒禁。師、田、行、役，則以法治其政事〔六〕。正歲屬民讀法，書其德行道藝。歲終則會。

州長：每州中大夫一人，掌二千五百家。各掌其州之教治政令，正月之吉〔七〕，屬民讀法，考其德行道藝，糾其過惡而勸戒之。歲時祭祀州社，則屬民讀法。春秋以禮會民，而射於州序。州之大祭、大喪，皆涖其事。師、田、行、役，則帥而致之，掌其戒令、賞罰。於軍因爲師帥。歲終則會。正歲讀法。三年大比，則大考州里，以贊鄉大夫廢興。

遂人：掌邦之野，郊外曰野。此野謂甸、稍、縣、都。以土地之圖經田野，造縣鄙形體之法。五家爲鄰，五鄰爲里，四里爲酇，作管反。五酇爲鄙，五鄙爲縣，五縣爲遂，皆有地域，溝樹之。使各掌其政令刑禁，以歲時稽其人民，而授之田野，簡其兵器，教之稼穡。經、形體，皆謂制分界也。鄰、里、酇、鄙、縣、遂，猶郊内比、閭、族、黨、州、鄉也。鄭司農云：「田野之居，其比、伍之名與國中異制，故五家爲鄰。」鄭玄謂異其名者，示相變耳。遂之軍法〔八〕、追胥、起徒役如六鄉。里有序而鄉有庠，序以明教，庠則行禮而視化焉。夫均其厚薄則生産平，統之於都則其數舉，家於鄉遂則其户可詳，五人爲伍則人之衆寡可知。故管子曰：「欲理其國者，必先知其人，欲知其人者，必先知其地。」自昭、穆之後，王室中衰，井田廢壞，不足以紀人之衆寡，宣王是以料人於大原，由兹道失之。

鄰長：每鄰一人，掌五家。掌相糾相受。凡邑中之政相贊。徙於他邑，則從而授之。

里宰：每里下士一人，掌二十五家。掌比其邑之衆寡，與其六畜、兵器，治其政令。以歲時合耦於鋤，以治稼穡，趨其耕耨，行其秩序，以待有司之政令，而徵斂其財賦。

酇長：每酇中士一人，掌一百家。各掌其酇之政令，以時校登其夫家，比其衆寡，治其喪紀、祭祀之事。作民則旗鼓兵革帥而至。歲時簡器，稼器，兵器。趨其耕耨，稽其女工。

鄙師：每鄙上士一人，掌五百家。各掌其鄙之政令、祭祀。作民謂起役也。則掌其戒令，以時數其衆寡，而察其媺惡而誅賞。歲終則會。

縣正：每縣下大夫一人，掌二千五百家。各掌其縣之政令徵比，以頒田里，以分職事，掌其治訟，趨其稼事，而賞罰之。若將用野民師、田、行、役，移執事，則帥而至，治其政令。移執事，謂移用其民。既役，則稽功會事而誅賞。

章氏曰：「三代役法，莫詳於周。周禮五、兩、軍、師之法，此兵役也；師田、追胥之法，此徒役也；府史、胥徒之有其人，此胥役也；比、閭、族、黨之相保愛〔九〕，此鄉役也。有司徒焉，則因地之善惡以均役〔一〇〕；有族師焉，則校民之衆寡以起役；有鄉大夫焉，則辨年之老少以從役；有均人焉，則論歲之豐凶以行復役之法。」

齊威公用管仲，仲曰：「夫善牧民者，非以城郭也〔一一〕，輔之以什，司之以伍。伍無非其里，什無非其家〔一二〕，故奔亡者無所匿，遷徙者無所容。不求而得，不召而來，故人無流亡之意，吏無備追之憂。故主政可行於人，人心可繫於主。」是以制國，郊内則以五家爲軌，軌十爲里，里四爲連，連十爲鄉，鄉五爲帥。國内十五鄉，自家至帥。郊外則三十家爲邑，邑十爲卒〔一三〕，卒十爲鄉，鄉三爲縣，縣十爲屬，屬有五。自家至屬，各有官長，以司其事，以寓軍政焉，而齊遂霸。

徐偉長中論曰：「夫治平在庶功興，庶功興在事役均，事役均在民數周，民數周爲國之本也。先王周知其萬民衆寡之數，乃分九職焉。九職既分，則劬勞者可見，怠惰者可聞也〔一四〕，然而事役不均者，未之有也。事役既均，故上盡其心〔一五〕，而人竭其力，然而庶功不興者，未之有也。庶功既興，故國家殷富，大小不匱，百姓休和，下無怨疾焉〔一六〕，然而治不平者，未之有也。故泉有源，治有本。道者，審本而已矣。故周禮，孟冬，司寇獻民數於王，王拜受之，登於天府，内史、司會、冢宰貳之。其重之也如是。今之爲政者，未之知恤民也，譬猶無田而欲樹藝，雖有農夫，安能措其强力乎？是以先王制六鄉、六遂之法，所以維持其民，而爲之綱目也。使其鄰比相保愛，賞罰相延及，故出入、存亡、臧否、逆順，可得而知也。及亂君之爲政也，户口漏於國版，夫家脱於聯伍，避役逋逃者有之，棄捐者有之，浮食者有之〔一七〕，於是姦心競生，而僞端並作，小則濫竊，大則攻劫，嚴刑峻令不能救也。人數者，庶事之所自出也，莫不取正焉。以分田里，以令貢賦，以造器用，以制禄食，以起田役，以作軍旅。國以建典，家以立度，五禮用修，九刑用措，其唯審人數乎！」

秦用商鞅變法，令民爲什伍，而相收司連坐，告姦者與斬敵首同賞，不告姦者與降敵同罰。

按：秦人所行什伍之法與成周一也。然周之法則欲其出入相友，守望相助，疾病相扶持，是教其相率而爲仁厚輯睦之君子也。秦之法，一人有姦，鄰里告之，一人犯罪，鄰里坐之，是教其相率而爲暴戾刻核之小人也。

漢高祖二年，舉民年五十以上，有修行，能帥衆爲善，置以爲三老，鄉一人；擇鄉三老一人爲縣三老，與縣令、丞、尉以事相教，復勿繇戍，以十月賜酒肉。十里一亭，亭有長。十亭一鄉，鄉有三老、有秩、嗇夫、游徼。三老掌教化，嗇夫職聽訟、收賦税，游徼徼循禁賊盗。縣大率方百里，其民稠則減，稀則曠，鄉、亭亦如之。皆秦制也。漢官儀曰：「游徼、亭長皆習設備五兵：弓弩、戟、楯、刀劍、甲鎧〔一八〕。鼓吏赤幘行縢，帶劍佩刀，持盾被甲，設矛戟，習射。設十里一亭〔一九〕，亭長，亭候〔二〇〕。五里一郵，郵間相去二里半，司姦盗。亭長持二尺版以劾賊，執繩以收執賊。」

水心葉氏曰：「縣、鄉、亭之制，本於商鞅。鞅雖改法，要是周衰，國大者難用舊制，齊、晉、楚裂地名官以自便，往往在商鞅之前矣。古者百里之狹，自爲朝廷，由後世觀之，疑若煩民。然三老、嗇夫、游徼，猶各有職掌，近民而分其責任。若後世蕩然無復紀秩，而令、長悍然獨以征取爲事，則又鞅之所不爲也。」

新城三老董公遮説漢王爲義帝發喪，討項羽。

文帝十二年，詔以户口率置三老常員，遣謁者勞賜三老帛，人五疋。

武帝元狩元年，遣謁者賜縣三老帛，人五疋；鄉三老人三疋。

元狩六年，遣謁者循行天下，諭三老、孝弟以爲民師〔二〕。

戾太子發兵誅江充，長安擾亂，言太子反。上怒甚，壺關三老茂上書，言太子亡邪心，上感悟。

宣帝元康元年，加賜三老帛。四年及甘露三年，皆賜帛有差。

王尊爲京兆尹，坐免。湖三老公乘興等上書訟尊治京兆功效日著。書奏，天子復以尊爲徐州刺史〔三〕。

王尊爲東郡太守，河水盛溢〔三〕。尊躬率吏民，投沈白馬，請以身填金堤，水波稍却。白馬三老奏其狀，制詔秩尊中二千石。

黄霸守潁川，吏民興於行誼，賜三老爵及帛。

韓延壽守馮翊，有昆弟訟田，延壽曰：「咎在馮翊。」稱疾病，不聽事，令、丞、嗇夫、三老亦自繫待罪。

元帝初元元年，賜三老帛，人五疋。

五年，賜三老帛，人五疋。

永光二年〔二四〕，賜三老帛。

成帝建始元年，賜三老錢、帛。

綏和元年，賜三老帛。

平帝元始三年，賜三老帛。

西漢凡縣、道、有蠻夷曰道。國、列侯所食縣曰國。邑皇太后、皇后、公主所食曰邑。千五百八十七，鄉六千六百二十二，亭二萬九千六百三十五。

東漢鄉置三老，掌教化，凡有孝子順孫、正女義婦，遜財救患，及學士爲民法式者，皆扁表其門閭，以興善行。鄉置有秩、游徼、三老〔二五〕。有秩，郡所署〔二六〕，秩百石，掌一鄉人；其鄉小者，縣置嗇夫一人。皆主知民善惡，爲役先後，知民貧富，爲賦多少，平其差品。游徼掌徼循〔二七〕，禁司姦盗。又有鄉佐，屬鄉，主民收賦税。亭有長，以禁盗賊。里有里魁，民有什伍，善惡以告。本注曰：「里魁掌一里百家。什主十家，伍主五家，以相檢察。有善事、惡事，以告監官。」漢官儀曰：「鄉户五千則置有秩〔二八〕。」

明帝即位，賜爵三老、孝弟、力田，人三級。注云：「三老、孝弟、力田，皆鄉官之名。三老，高帝置，孝弟、力田高后置，所以勸導鄉里，助成風化。」

今考西漢高后紀，元年，初置孝弟、力田二千石者一人。師古曰：「特置孝弟、力田官而尊其秩，欲以勸厲天下，令各敦行務本。」然則三老鄉各一人，孝弟、力田既禄秩如許尊，未必各鄉皆設，有其人則置之耳。孝文、武、宣、成、哀紀，各有賜孝弟、力田金帛爵級事。

元和二年〔二九〕，帝耕於定陶。詔曰：「三老，尊年也；孝弟，淑行也；力田，勤勞也。國家甚休之。其賜帛人一疋，勉率農功。」

永平三年，賜三老、孝弟、力田爵，人三級。

十二年，賜三老、孝弟、力田爵，人三級。

十七年，賜三老、孝弟、力田爵，人三級。

章帝建初三年，賜三老、孝弟、力田爵，人三級。

四年，立皇太子，賜爵同。

和帝永元八年〔三〇〕，賜爵同。

十二年，賜爵同。

元興元年，立皇太子，賜爵同。

安帝永初三年〔三一〕，帝加元服，賜爵二級。

元初元年，賜爵同。

延光元年，賜爵人二級〔三二〕。

順帝永建元年，賜爵人三級。

四年，賜爵二級。

陽嘉元年，賜爵三級。

桓帝建和元年，賜爵同。

獻帝建安元年〔三三〕，賜爵人二級。

晉制：每縣户五百以上皆置鄉，三千以上置二鄉，五千以上置三鄉，萬以上置四鄉，鄉置嗇夫一人。鄉户每千以下〔三四〕，置治書史一人〔三五〕；千以上，置史、佐各一人，正一人；五千五百以上，置史一人，佐二人。縣率百户置里吏一人，其土廣人稀，聽隨宜置里吏，限不得減五十户。户千以上，置校官掾一人。縣皆置方略吏四人。洛陽縣置六部尉。江左以後，建康亦置六部尉，餘大縣置二人，次縣、小縣各一人。鄴、長安置吏如三千户以上之制。

東晉哀帝興寧二年三月庚戌，天下所在土斷〔三六〕。

孝武時，范甯陳時政曰：「昔中原喪亂，流寓江左，庶有旋反之期，故許其挾注本郡〔三七〕。自爾漸久，人安其業，邱壠墳柏，皆以成行，無本邦之名，而有安土之實。今宜正其封疆，土斷人户，明考課之科，修閭伍之法。難者必曰：『人各有桑土之懷，下役之慮。』斯誠并兼之所執〔三八〕，而非通理之篤論也。古者失地之君，猶臣所寓之主；列國之臣，亦有違適之禮。隨會仕秦，致稱春秋；樂毅宦燕〔三九〕，見褒良史。且今普天之人，原其氏出，皆隨代移遷，何至於今而獨不可。」帝善之。

安帝義熙九年，宋公劉裕緣人居土，上表曰：「臣聞先王制禮〔四〇〕，九土攸序，分境畫野〔四一〕，各安其居。故井田之制，三代以崇。秦革其政，漢遂不改，富强兼并，於是爲弊。在漢西京，大遷田、景之族，以實關中，即以三輔爲鄉閭，不復係之於齊、楚。九服不擾，所託成舊。自永嘉播越，爰託淮、海，朝運匡復之算，人懷思本之心，經略之圖，日不暇給，是以寧人綏理〔四二〕，猶有未遑。及至大司馬桓温，以人無定本，傷理爲深，庚戌土斷，以一其業。於時財阜國豐，實由於此。自兹迄今，彌歷年載，畫一之制，漸用頹弛。雜居流寓，閭伍不修，王化所以未純，民瘼所以猶在。自非改調解張〔四三〕，無以濟理。夫人情滯常，難與慮始，謂父母之邦以爲桑梓者，誠以生焉終焉〔四四〕，敬愛所託。請依庚戌土斷之科，庶存其本，稍與事著。然後率之以仁義，鼓之以威聲，超大江而跨黄河，撫九州而復舊土。則戀本之志，乃速申於當年，在始暫勤，要終必易。」於是依界土斷，唯青、兖、徐三州人居晉陵者不在斷限，諸流寓郡縣多被併省。

宋孝武大明中，王玄謨請土斷雍州諸僑郡縣。今襄陽、漢東等郡也。

齊高祖建元二年，詔朝臣曰：「黄籍，人之大紀，國之理端。自頃氓僞已久，乃至竊注爵位，盜易年月。或户存而文書已絶，或人在而反記死叛〔四五〕，停私而云隸役，身强而稱六疾，皆政之巨蠹，教之深疵。比年雖却籍改書〔四六〕，終無得實。若約之以刑，則人僞已遠；若綏之以德，又未易可懲。諸賢並深明理體，各獻嘉謀，以何科算能革斯弊也。」

虞玩之上表曰：「宋元嘉二十七年八條取人，孝建元年書籍，衆巧之所始也。元嘉中，故光禄大夫傅崇〔四七〕，年出七十，猶手自書籍，躬加隱校。古之共治天下，唯良二千石，今欲求理取正〔四八〕，其在勤明令長。凡受籍，縣不加檢勘，但封送州，州檢得實〔四九〕，方却下歸縣。吏貪其賂，人肆其姦，姦彌深而却彌多，賂逾厚而答逾緩。自泰始三年至元徽四年，揚州等九郡黄籍〔五〇〕，共却七萬一千餘户。於今十一年矣，而所正者猶未四萬。神州奥區，尚或如此，江、湘諸郡，尤不可言。愚謂宜以元嘉二十七年籍爲正。人惰法既久，今建元元年書籍〔五一〕，宜更立明科，一聽首悔，迷而不返，依制必戮。使官長審自檢校，必令明洗〔五二〕，然後上州，永以爲正。若有虚昧，州縣同咎。今户口多少，不減元嘉，而版籍頓闕，弊亦有以。自孝建以來，入勳者衆，其中操干戈衛社稷者，三分殆無一焉。尋蘇峻平後，庾亮就温嶠求勳簿，而嶠不與，以爲陶侃所上，多非實録。物之懷私，無代不有。又有改注籍狀，公違詐入仕流，昔爲人役者，今反役人。又生不長髮，便謂道人。或抱子并居，竟不編户，遷徙去來，公違土斷，屬役無漏，流亡不歸。法令必行，自然競反。爲理不患無制，患在不行；不患不行，患在不久。」帝省表，納之。乃别置校籍官，置令史，限人一日得數巧，以防懈怠。至武帝永明八年，謫巧者戍緣淮各十年，百姓怨咨。帝乃詔曰：「既往之愆，不足追咎。自宋昇明以前，皆聽復注。其有謫役邊疆〔五三〕，皆許還本。自此後有犯，嚴其罪。」

梁武帝時所司奏，南徐、江、郢逋兩年黄籍不上。帝納尚書令沈約之言，詔改定百家譜。約上言曰：「晉咸和初，蘇峻作亂，版籍焚化。此後起咸和三年以至乎宋〔五四〕，並皆詳實，朱筆隱注，紙連悉縫。而尚書上省庫籍，唯有宋元嘉中以來者。晉代舊籍並在下省左人曹，謂之『晉籍』。有東西二庫〔五五〕，既不係尋檢，主者不復經懷，狗牽鼠齧，雨濕沾爛，解散於地，又無扃縢。此籍精詳，實宜保惜，位高官卑〔五六〕，皆可依按。宋元嘉二十七年，始以七條徵發。既立此科，苟有迴避，姦僞互起，歲月滋廣，以至於齊。於是東堂校籍，置郎、令史以掌之，而簿籍於此大壞矣。凡粗有衣食者，莫不互相因依，競行姦貨，落除卑注，更書新籍。通官榮禄，隨意高下。以新换故，不過用一萬許錢，昨日卑微，今日仕伍。凡此姦巧，並出愚下，不辨年號，不識官階，或注義熙在寧康之前，或以崇安在元興之後〔五七〕，此時無此府，此年無此國。元興唯有三年，而猥稱四年〔五八〕；又詔書甲子，不與長曆相應。如此詭謬，萬緒千端，校籍諸郎，亦所不覺，不才令史，更何可言。且籍字既細，難爲眼力，尋求巧僞，莫知所在，徒費日月，未有實驗。假令兄弟三人，分爲三籍，却一籍祖父官，其二初不被却，同堂從祖以下，固自不論。諸如此例，難可悉數。或有應却而不却，不須却而却。所却既多，理無悉當，懷冤抱屈，非止百千，投辭請訴，充曹牣府，既難領理，交興人怨。於是悉聽復注，普停洗却。既蒙復注，則莫不成官。此蓋核籍不精之巨弊也。臣謂宋、齊二代，士庶不分，雜役減闕，職由於此。自元嘉以來，籍多假僞，景平以前，既不係檢，凡此諸籍，得無巧换。今雖遺落，所存尚多，宜有徵驗，可得信實，其永初、景平籍，宜移還上省。竊以爲晉籍所餘，須加寶愛，若不留意，則還復散失矣。不識胄胤〔五九〕，非謂衣冠，凡諸此流，罕知其祖。假稱高、曾，莫非巧僞，質諸文籍，姦事立露，徵覆矯詐，爲益實弘。又上省籍庫，雖直郎題掌，而盡日科校，唯令史獨入，籍既重寶，不可專委群細。若入庫檢籍之時，直郎、直都，應共監視，寫籍皆於郎、都目前，並皆掌置，私寫私换，可以永絶。事畢郎出，仍自題名。臣又以爲巧僞既多，並稱人士，百役不及，高卧私門，致令公私闕乏，是事不舉。宜選史傳學士諳究流品者，爲左人郎〔六〇〕、左人尚書，專共校勘。所作卑姓雜譜〔六一〕，以晉籍及宋永初、景平籍在下省者對共讎校。若譜注通籍有卑雜，則條其巧謬，下在所科罰。」帝以是留意譜籍，詔御史中丞王僧孺改定百家譜，由是有令史、書吏之職，譜局因此而置〔六二〕。始，晉太元中，員外散騎侍郎賈弼好簿狀，大披群族，所撰十八州百一十六郡，合七百一十二卷，士庶略無遺闕，其子孫代傳其業。宋王弘、劉湛並好其書。弘日對千客，不犯一人諱。湛爲選曹，始撰百家譜〔六三〕，以助銓序，傷於寡略。齊王儉復加去取〔六四〕，得繁省之衷。僧孺爲八十卷，東南諸族別爲一部，不在百家之數。

按：魏、晉以來，最重世族，公家以此定選舉，私門以此訂婚姻，寒門之視華族，如冠屨之不侔。則夫徭役賤事，人之所憚，固宜其改竄冒僞，求自附流品，以爲避免之計也。然徭役當視物力，雖世族在必免之例，而官之占田有廣狹，澤之蔭後有久近，若於此立法以限之，不勞而定矣。不此之務，而方欲改定譜籍，雖曰選諳究流品之人爲郎、尚書以掌之，然僞冒之久者滋多，非敢於任怨者，誰肯澄汰？如楊佺期、并韶至以耻憤構逆亂，則澄汰亦豈易言哉！

陳文帝天嘉初，詔曰：「自頃編户播遷，良可哀傷。其亡鄉失土，逐食流移者，今年内隨其適樂，來歲不問僑舊，悉令著籍，同土斷之例。」

按：周官之法，貴者、賢者及新甿之遷徙者，皆復其征役，後世因之。故六朝議征役之法，必以土斷僑寓，釐正譜籍爲先。然自晉至梁、陳，且三百年，貴者之澤既斬，則同於編氓；僑者之居既久，則同於土著，難以稽考。此所以僞冒滋多，而議論紛紛也。

後魏初不立三長，唯立宗主督護，所以人多隱冒，五十、三十家方爲一户，謂之「蔭附」。蔭附者，皆無官役，豪强徵斂，倍於公賦。孝文太和十年，納給事中李沖之説，遂立三長。三長謂五家一鄰長，五鄰一里長，五里一黨長。

李沖以爲三正理人，所由來遠，於是創三長之制，曰：「宜准古，五家立一鄰長，五鄰立一里長，五里立一黨長，取鄉人强謹者〔六五〕。鄰長復一夫，里長二，黨長三，所復復征戍，餘若民〔六六〕。三長三載亡愆，則陟用之一等。」太后覽而稱善〔六七〕，引見公卿議之。中書令鄭羲、祕書令高祐等曰：「沖求立三長者，乃欲混天下爲一法，言似可用，其實難行〔六八〕。」太尉元丕曰：「臣謂此法若行，公私有益。」咸稱方今有事之月〔六九〕，校比人户，新舊未分，人心勞怨，請過今秋，至冬閑月，徐乃遣使，於事爲宜。沖曰：「人可使由之，不可使知之。若不因調時〔七〇〕，百姓徒知立長校户之勤，未見均徭省賦之益，心必生怨。宜及課調之月，令知賦税之均。既識其事，又得其利，因人之欲，爲之易行。」著作郎傅思益進曰：「人俗既異，險易不同，九品差調，爲日已久，一朝改法，恐成擾亂。」太后曰：「立三長，則課有常準，賦有常分，包蔭之户可出，僥倖之人可止，何爲而不可？」遂立三長，公私便之。

北齊令人居十家爲比鄰〔七一〕，五十家爲閭里〔七二〕，百家爲族黨。一黨之内，則有黨族一人〔七三〕、副黨一人，閭正二人，鄰長十人，合十有四人，共領百家而已。至於城邑，一坊僑舊或有千户以上，唯有里正二人、里吏二人。里吏不常置。隅老四人，非是官府，私充事力，坊事亦得取濟，若論外黨，便是煩多。

齊文宣始立九等之户，富者税其錢，貧者役其力。

隋文帝受禪，頒新令，五家爲保，保有長〔七四〕。保五爲閭，閭四爲族，皆有正。

畿外置里正，比閭正，黨長比族正，以相檢察。

蘇威奏置五百家鄉正，令理人間詞訟。李德林以爲：「本廢鄉官判事，爲其里閭親識，判斷不平〔七五〕，今令鄉正專理五百家，恐爲害更甚。且今時吏部總選人物，天下不過數百縣，於六七百萬户内銓簡數百縣令，猶不能稱其才〔七六〕，乃欲於一鄉之内選一人能理五百家者〔七七〕，必恐難得。又即時要荒小縣有不至五百家者〔七八〕，復不可令兩縣共管一鄉。」敕内外群官就東宮會議。自皇太子以下多從德林議。蘇威又言廢郡，德林語之云：「修令時，公何不論廢郡爲便？令纔出〔七九〕，其可改乎？」然高熲同威之議，遂置之。十年，虞慶則等於關東諸道巡省使還〔八〇〕，並奏云：「五百家鄉正專理詞訟，不便於人。黨與愛憎，公行貨賄。」乃廢之。

唐令，諸户以百户爲里，五里爲鄉，四家爲鄰，五鄰爲保〔八一〕。每里設正一人，若山谷阻險，地遠人稀之處，聽隨便量置。掌按比户口，課植農桑，檢察非違，催驅賦役。在邑居者爲坊，別置正一人，掌坊門管鑰，督察姦非，並免其課役。在田野者爲村，別置村正一人，其村滿百家，增置一人，掌同坊正。其村居不滿十家者〔八二〕，隸入大村，不須別置村正。天下户，量其資産升降，定爲九等，三年一造户籍，凡三本，一留縣，一送州，一送户部，常留三比在州縣，五比送省。儀鳳二年二月敕：自今以後，裝潢省籍及州縣籍也〔八三〕。諸里正，縣司選勳官六品以下、白丁清平强幹者充。其次爲坊正。若當里無人，聽於比鄰里簡用。其村正，取白丁充。無人處，里正等並通取十八以上中男、殘疾等充〔八四〕。

開元十八年，敕：「天下户等第未平，升降須實。比來富商大賈多與官吏往還，遞相憑囑，求居下等。自後如有囑請，委御史彈奏。」

廣德二年，敕：「天下户口委刺史、縣令據見在實户，量貧富等第科差，不得依舊籍帳。」

睿宗景雲二年，監察御史韓琬陳時政，上疏曰：「往年兩京及天下州縣學生、佐史、里正、坊正，每一員闕，先擬者輒十人。頃年差人以充，猶致亡逸，即知政令風化漸以敝也。」

宣宗大中九年，詔以州縣差役不均，自今每縣據人貧富及役輕重作差科簿，送刺史檢署訖，鎖於令廳〔八五〕，每有役事，委令據簿輪差。

周顯德五年，詔諸道州府，令團併鄉村。大率以百户爲一團，每團選三大户爲耆長。凡民家之有姦盗者，三大户察之；民田之有耗登者，三大户均之。仍每及三載即一如是。

宋太祖皇帝建隆三年，舊制：凡有課役，皆出於户民，郡國輦運官物，率以僑居人充。至是，始令文武官、内諸司、臺、省、寺、監、諸軍、諸使〔八六〕，不得占州縣課役户，及諸州不得役道路居民爲遞夫。五月，詔令、佐檢察差役有不平者，許民自相糾舉。京百官補吏，須不礙役乃聽。

國初循舊制，衙前以主官物，里正、户長、鄉書手以課督賦税，耆長、弓手、壯丁以逐捕盗賊，承符、人力、手力、散從官以奔走驅使；在縣曹司至押、録，在州曹司至孔目官，下至雜職、虞候、揀、掐等人，各以鄉户等第差充。

乾德五年，又禁諸州職官私占役户供課。

太宗太平興國三年，京西轉運使程能上言：「諸州户供官役素無等第，望品定爲九等，著於籍，以上四等量輕重給役，餘五等免之，後有貧富，隨所升降。望令本路施行，俟稍便宜，即頒於天下。」詔令轉運使躬裁定之。

七年，令兩京諸州、府部民，有乏種及耕具人、丁者，許衆共推擇一人，練土地之宜，明種樹之法者，縣補爲農師，令相視田畝沃瘠及五種所宜，指言某處土地宜植某物，某家有種，某户闕丁男〔八七〕，某人有耕牛，即令鄉三老、里胥與農師同勸民〔八八〕，分於曠土種蒔，俟歲熟共取其利。爲農師者，蠲税外，免其他役。民家有嗜酒賭博者、怠於農務者，農師謹察之，白於州縣，論其罪，以警游惰焉。九年以其煩擾，停之。

淳化五年，令天下諸縣以第一等户爲里正，第二等户爲户長，勿得冒名以給役。訖今循其制。

宋朝凡衆役多以廂軍給之，罕調丁男。大中祥符五年，提點開封府界段惟幾發中牟縣夫修馬監倉〔八九〕，群牧制置使以厩卒代焉，因下詔禁之。

天禧元年，又詔治河勿調丁夫，以役兵充〔九〇〕。

乾興元年十二月，時仁宗已即位，未改元。臣僚上言：「伏見勸課農桑，曲盡條目，然鄉閭之弊，無由得知。朝廷惠澤雖優，豪勢侵陵罔暇，遂使單貧小户，力役靡供。乃歲豐登，稍能自給，或時水旱，流徙無蹤，户籍雖有增添，農民日以減少。以臣愚見，且以三千户之邑五等分算〔九一〕，中等已上可任差遣者約千户，官員、形勢、衙前將吏不啻一二百户，並免差遣，州縣鄉村諸色役人又不啻一二百户，如此則二三年内已總遍差，纔得歸農，即復應役，直至破盡家業，方得休閑。所以人户懼見，稍有田産，典賣與形勢之家，以避徭役，因爲浮浪，或縱惰游。更有諸般惡倖影占門户，田土稍多，便作佃户名目，若不禁止，則天下田疇半爲形勢所占復。請應自今見任食禄人同居骨肉〔九二〕，及衙前將吏各免户役者，除見莊業外，不得更典賣田土，如違，許人告官，將所典賣没官，自減農田之弊，均差遣之勞，免致私役不禁，因循失業。其罷倖、罷任、前資官元無田者，許置五頃爲限。」詔三司定奪。三司言：「准農田敕，應鄉村有莊田物力者，多苟免差徭，虚報逃移，與形勢户同情啟倖，却於名下作客户隱庇差徭，全種自己田産。今與一月，自首放罪，限滿不首，許人告論，依法斷遣支賞。又准敕，應以田産虚立契，典賣於形勢、豪强户下隱庇差役者，與限百日，經官首罪，改正户名。限滿不首，被人告發者，命官、使臣除名，公人、百姓決配。今准臣僚奏，欲諸命官所置莊田，定以三十頃爲限，衙前將吏合免户役者，定以十五頃爲限。所典買田只得於一州之内典買。如祖父遷葬，别無塋地者，數外許更置墳地五頃。若地有崖嶺，不通步量，刀耕火種之處，所定頃畝，委逐路轉運使别爲條制，詣實申奏。又按農田敕，買置及析居歸業佃逃户未併入本户者，各出户帖供輸〔九三〕，今並須割入一户下，今後如有違犯者科罪，告人給賞。」並從之。

開寶平蜀後，令西川得替官部綱赴京，與減一選；無選可減，加一階。

止齋陳氏曰：「熙寧罷衙前，應綱運皆募得替官管押，自令下無應募者。」

仁宗景祐中詔川峽〔九四〕、閩、廣、吴、越諸路衙前仍舊制，餘路募有版籍者爲衙前，滿三期，罪不至徒，補三司軍將。

皇祐中又禁役鄉户爲長名衙前，使募人爲之。

役之重者，自里正、鄉户爲衙前，主典府庫或輦運官物，往往破産。景祐中，稍欲寬里正衙前之法，乃命募充。

知并州韓琦上疏曰：「州縣生民之苦，無重於里正衙前。兵興以來，殘剥尤甚。至有孀母改嫁，親族分居，或棄田與人，以免上等，或非命求死，以就單丁，規圖百端，苟脱溝壑之患。每鄉被差疏密，與貲力高下不均。假有一縣甲乙二鄉，甲鄉第一等户十五户，計貲爲錢三百萬，乙鄉第一等户五户，計貲爲錢五十萬，番休遞役，即甲鄉十五年一周，乙鄉五年一周。富者休息有餘，貧者敗亡相繼，豈朝廷爲民父母之意乎？請罷里正衙前，命轉運司以州軍見役人數爲額，令佐視五等簿，通一縣計之，籍皆在第一等，選貲最高者一户爲鄉户衙前，後差人倣此。即甲縣户少而役蕃，聽差乙縣户多而役簡者。簿書未盡實，聽換取他户。里正主督租賦，請以户長代之，二年一易。」下其議京畿、河北、河東、陝西、京東西轉運司度利害，皆以爲便。而知制誥韓絳、蔡襄亦極論江南、福建里正衙前之弊，絳請行鄉户五則之法，襄請以産錢多少定役重輕。至和中，遂命絳、襄與三司置司參定〔九五〕，繼遣尚書都官員外郎吴幾復趨江東〔九六〕，殿中丞蔡禀趨江西，與長吏、轉運使議可否。因請行五則法，凡差鄉户衙前，視貲産多寡置籍，分爲五則，又第其役輕重放此。假有第一等重役十，當役十人，列第一等户百；第二等重役五，當役五人，列第二等户五十。以備十番役使。藏其籍通判治所，遇差人，長吏以下同按視之，轉運使、提點刑獄察其違慢。遂更著淮南、江南、兩浙、荆湖、福建之法，下三司頒焉。自是遂罷里正衙前，百姓稍休息矣。

按：乾興元年，臣僚上言影占徭役之害，自官豪勢要以至衙前將吏，皆避役之人。請立限田之法，命官三十頃，而衙前將吏亦得占十五頃，餘者以違制論。夫均一衙前也，將吏爲之則可以占田給復，鄉户爲之則至於賣産破家。然則非衙前之能爲人禍也，蓋官吏侵漁之毒，可施之於愚戇之鄉氓，而不可施之於諳練之將吏故也。韓、蔡諸公所言固爲切當，然過欲驗鄉之闊狹、役之疏密而均之，且既曰罷里正衙前，而復選貲最高者爲鄉户衙前，則不過能免里正重復應役之苦，而衙前之弊如故也。此王荆公僱募之法所以不容不行之熙豐歟！

慶曆中，令京東西、河北、陝西、河東裁損役人，即給使不足，益以廂兵。

時范仲淹執政，以爲天下縣多，故役蕃而民瘠，首廢河南府諸縣，欲以次及他州。當時以爲非是，未幾悉復。

時州縣既廣，徭役益衆，知廣濟軍范諷上言：「軍地方四十里，户口不及一縣，而差役與諸郡等，願復爲縣。」轉運司執不可，因詔裁損役人。自是數下詔書，議蠲冗役，以寬民力。又置寬恤民力司，遣使四出。自是州縣力役多所裁損，凡省二萬三千六百二十二人。

皇祐中，詔州縣里正、押司、録事既代而令輸錢免役者，論如違制律。

時有王逵者，爲荆湖轉運使，率民輸錢免役，得緡錢三十萬，進爲羨餘，蒙奬詔。由是他路競爲掊克，欲以市恩，民至破産不能償所負，朝廷知其弊，乃下此詔。

按：役錢之説始於此。以免役誘民而取其錢，及得錢，則以給他用，而役如故，其弊由來久矣。

治平四年六月，時神宗已即位，未改元。詔州縣差役仍重，勞役不均，其令逐路轉運司遍牒轄下州軍，如官吏有知差役利害可以寬減者，實封條析以聞。

先是，三司使韓絳言：「害農之弊，無甚差役之法，重者衙前，多致破産，次則州役，亦須重費。向聞京東有父子二丁將爲衙前，其父告其子云『吾當求死，使汝曹免凍餒』，自經而死。又聞江南有嫁其祖母及與母析居以避役者。此大逆人理，所不忍聞。又有鬻田産於官户，田歸不役之家，而役併增於本等户。其餘戕賊農民，未易遽數。望令中外臣庶條具利害，委侍從、臺省官集議，考驗古制裁定，使力役無偏重之患〔九七〕，則農民知爲生之利，有樂業之心。」役法之議始此。

英宗時，諫官司馬光言：「置鄉户衙前以來，民益困乏，不敢營生，富者反不如貧，貧者不敢求富。臣嘗行於村落，見農民生具之微而問其故，皆言不敢爲也，今欲多種一桑，多置一牛，蓄二年之糧，藏十疋之帛，鄰里已目爲富室，指抉以爲衙前矣，况敢益田疇，葺廬舍乎〔九八〕？臣聞其言〔九九〕，愍焉傷心，安有聖帝在上，四方無事，而立法使民不敢爲久生之計乎？臣愚以爲，凡農民租税之外，宜無所預，衙前當募人爲之，以優重相補，不足，則以坊郭上户爲之。彼坊郭之民，部送綱運，典領倉庫，不費二三，而農民常廢八九，何則？儇利、戇愚之性不同也。其餘輕役，則以農民爲之。」

按：温公此奏，言之於英宗之時，所謂募人充衙前，即熙寧之法也。然既曰募，則必有以酬之，此錢非出於官，當役者合輸之，則助役錢豈容於不徵？而當時諸賢論此事復斷斷不可，何也？蓋荆公新法大概主於理財，所以內而條例司，外而常平使者，所用皆苛刻小人，雖助役良法，亦不免以聚斂亟疾之意行之，故不能無弊，然遂指其法爲不可行，則過矣。

同知諫院吳充言〔一〇〇〕：「鄉役之中，衙前爲重。被差之日〔一〇一〕，官吏臨門籍記，杯杵匕筯皆計資產，定爲分數，以應須求。至有家貲已竭而逋負未除，子孫既没而鄰保猶逮。是以民間規避重役，土地不敢多耕而避户等〔一〇二〕，骨肉不敢義聚而憚人丁〔一〇三〕，無以爲生。乞早定鄉役利害，以時施行。」

帝因閲内藏庫奏，有衙前越千里輸金七錢，庫吏邀乞，踰年不得還者。帝重傷之，乃詔制置條例司講立役法。

熙寧二年〔一〇四〕，條例司言：「考合衆論，悉以使民出錢僱役爲便，即先王之法，致民財以禄庶人在官者之意也。願以條目付所遣官分行天下，博盡衆議。」奏可。於是條諭諸路曰：「衙前既用重難分數，凡買撲酒稅、坊場，舊以酬衙前者，從官自賣，以其錢同役錢隨分數給之。其廂鎮場務之類，舊酬獎衙前，不可令民買占者，即用舊定分數爲投名衙前酬獎。如部水陸運及領倉驛、場務、公使庫之類，其舊煩擾且使陪備者〔一〇五〕，今當省，使無費。承符、散從等舊苦重役償欠者，今當改法除弊，使無困。凡有產業物力而舊無役者，今當出錢以助役。」皆其條目也。久之，司農寺言：「今立役條，所寬優者，皆村鄉樸惷不能自達之窮氓；所裁取者，乃仕宦兼并能致人言之豪右。若經制一定，則衙司縣吏又無以施誅求巧舞之姦，故新法之行尤所不便。築室道謀，難以成就，欲自司農申明所降條約，先自一兩州爲始，候其成就，即令諸州軍放視施行，若其法實便百姓，當特獎之。」從之。於是提點府界公事趙子幾以其府界所行條目奏上之，帝下之司農寺，詔判寺鄧綰、曾布更議之。綰、布上言：「畿内鄉户，計産業若家資之貧富，上下分爲五等。歲以夏秋隨等輸錢，鄉户自四等、坊郭自六等以下勿輸。兩縣有産業者，上等各隨縣，中等併一縣輸。析居者隨所析而升降其等。若官户、女户、寺觀、未成丁，減半輸。皆用其錢募三等以上税户代役，隨役重輕制禄。開封縣户二萬二千六百有奇，歲輸錢萬二千九百緡，以萬二百爲禄，贏其二千七百，以備凶荒欠闕，他縣倣此。」然輸錢計等高下，而户等著籍，昔緣巧避失實。乃詔責郡縣，坊郭三年，鄉村五年，農隙集衆，稽其物業，考其貧富，察其詐僞，爲之升降，若故爲高下者，以違制論。募法：三人相任，衙前仍供物産爲抵；弓手試武藝，典吏試書計。以三年或二年乃更。爲法既具，揭示一月，民無異辭，著爲令。令下，募者執役，被差者得散去。開封一府罷衙前八百三十人，畿縣放鄉役數千，於是頒其法天下。天下土俗不同，役重輕不一，民貧富不等，從所便爲法。凡當役人户以等第出錢，名免役錢。其坊郭等第户及未成丁、單丁、女户、寺觀、品官之家〔一〇六〕，舊無色役而出錢者，名助役錢。凡敷錢，先視州若縣應用僱直多少，而隨户等均取，僱直既已足用，又率其數增取二分，以備水旱欠闕，雖增毋得過二分，謂之免役寬剩錢。

四年，上召二府對資政殿，馮京言：「修差役，作保甲，人極勞敝。」上曰：「詢訪鄰近百姓，亦皆以免役爲喜。蓋雖令出錢，而復其身役，無追呼刑責之虞，人自情願故也。」文彦博言：「祖宗法制具在，不須更張，以失人心。」上曰：「更張法制，於士大夫誠多不説，然於百姓何所不便？」彦博曰：「爲與士大夫治天下，非與百姓治天下也。」

按：潞公此論失之。蓋介甫之行新法，其意勇於任怨而不爲毁譽所動，然役法之行，坊郭、品官之家盡令輸錢，坊場、酒税之入盡歸助役，故士夫豪右不能無怨，而實則農民之利，此神宗所以有「於百姓何所不便」之説。而潞公此語與東坡所謂「凋敝太甚，厨傳蕭然」云者，皆介甫所指以爲流俗干譽，不足恤者，是豈足以繩其偏而救其弊乎？

四月，從京西提舉常平陳知儉之請〔一〇七〕，罷許州衙前幹公使庫，以軍校主之，月給食錢三千。初，諸路衙前以公使多所賠費〔一〇八〕，有至破家者，至是始更以軍校，其後行於諸路，人皆便之。

御史中丞楊繪言：「非不知助役之法乃陛下閔差役之不均，欲平一之，而有司率務多斂，致天下不曉，以爲取贏而他用之也。如王庭老、張靚科配一路役錢至七十萬〔一〇九〕，輸之多者，一户至三百千，民皆謂供一歲役之外，剩數幾半，咸謂庭老、靚必有陞擢。此蓋因取數多，謗議興也。乞少賜裁損，以安民心。」

東明縣民數百詣開封府及臺省，訴超升等第出役錢事。楊繪又言：「東明縣民所訴，乃因司農寺不因舊則，自據户數創立助役錢等第，下縣令遵所立而著之籍，不問堪升與否也。凡立等第，必稽户力高下而制其升降。州必憑縣，縣必憑户長、里正，户長、里正稽之鄉衆，乃可得實。今乃自司農寺預定品數，付縣立簿，豈得民心甘服哉？」帝命提點司究所從升降以聞，仍嚴升降之法。司農寺及府界提舉言，畿民有未知新立法意，以助役錢多，願仍舊充役者。詔如不願輸錢免役，縣案所當供役歲月，如期役之，與免輸錢。王安石爲言：外間扇摇役法者，謂輸錢多必有贏餘，若群訴必可免役，彼既聚衆僥倖〔二〇〕，苟受其訴，與免輸錢，當仍役之。帝從其說。

監察御史劉摯陳十害，其要曰：「上户常少，中下户常多，故舊法上户之役類皆數且重，下户之役率常簡而輕，今不問上下户，概視物力以差出錢，故上户以爲幸，而下户苦之。優富苦貧，非法之善。況歲有豐凶，而役人有定數，助錢歲不可闕，則是賦稅有時減閣〔二一〕，而助錢更無蠲損也。役人必用鄉户，爲其有常產則自重，今既招僱，恐止得浮浪姦僞之人，則帑庾、場務、綱運，不唯不能典幹，竊恐不勝其盜用而冒法者衆。至於弓手、耆、壯、承符、散從、手力、胥史之類，恐遇寇則有縱逸，因事輒爲騷擾也。司農新法，衙前不差鄉户，其舊嘗願爲長名者，聽仍其舊，却用官自召賣酒稅、坊場并州縣坊郭人户助役錢數，酬其重難，惟此一法有若可行。然坊郭十等户，緩急科率，郡縣賴之，難更使之均出助錢〔二二〕。乞詔有司，若坊場錢可足衙前僱直，則詳究條目，徐行而觀之。」

御史中丞楊繪言：「助役之利一，而難行有五。請先言其利：假如民田有一家而百頃者，亦有户纔三頃者，其等乃俱在第一。以百頃而較三頃，則已三十倍矣，而受役月日均齊無異。況如官户，則除耆長外，皆應無役，今例使均出僱錢，則百頃所輸必三十倍於三頃者，而又永無決射之訟，此其利也。然難行之說亦有五：民惟種田，而責其輸錢，錢非田之所出，一也。近邊州軍應募者非土著，姦細難防，二也。逐處田稅多少不同，三也。耆長僱人，則盜賊難止，四也。專典僱人〔二三〕，則失陷官物，五也。乞先議防此五害，然後著爲定制，仍先戒農寺無欲速就以祈恩賞，提舉司無得多取於民以自爲功，如此則誰復妄議？」

同判司農寺曾布摭繪、摯所言而條奏辯詰之，其略曰：「畿内上等户盡罷昔日衙前之役，故今所輸錢比舊受役時，其費十減四五；中等人户舊充弓手、手力、承符、户長之類，今使上等及坊郭、寺觀、單丁、官户皆出錢以助之，故其費十減六七；下等人户盡除前日冗役，而專充壯丁，且不輸一錢，故其費十減八九。大抵上户所減之費少，下户所減之費多。言者謂優上户而虐下户，得聚斂之謗，臣所未諭也。提舉司以諸縣等第不實，故首立品量升降之法，開封府、司農寺方奏議時，蓋不知已嘗增減舊數。然舊敕每三年一造簿書，等第常有升降，則今品量增減亦未爲非。又況方曉諭民户，苟有未便，皆與釐正，則凡所增減，實未嘗行，言者則以爲品量立等者，蓋欲多斂僱錢，升補上等以足配錢之數。至於祥符等縣，以上等人户數多減充下等，乃獨掩而不言，此臣所未諭也。凡州縣之役，無不可募人之理。今投名衙前半天下，未嘗不典主倉庫、場務、綱運，而承符、手力之類，舊法皆許僱人，行之久矣；惟耆長、壯丁，以今所措置最爲輕役，故但輪差鄉户，不復募人。言者則以爲專典僱人，則失陷官物；耆長僱人，則盜賊難止。又以爲近邊姦細之人應募，則焚燒倉廩，或守把城門，則恐潛通外境，此臣所未諭也。免役或輸見錢，或納斛斗，皆從民便，爲法至此，亦已周矣。言者則謂直使輸錢，則絲帛粟麥必賤，若用他物準直爲錢，則又退揀乞索，且爲民害。如此則當如何而可？此臣所未諭也。昔之徭役，皆百姓所爲，雖凶荒饑饉，未嘗罷役。今役錢必欲稍有餘羨，廼所以爲凶年蠲減之備，其餘又專以興田利，增吏禄。言者則以爲助錢非如税賦有倚閣減放之期，臣不知昔之衙前、弓手、承符、手力之類，亦嘗倚閣減放否？此臣所未諭也。兩浙一路，户一百四十餘萬，所輸緡錢七十萬耳，而畿内户十六萬，率緡錢亦十六萬。是兩浙所輸財半畿内，然畿内用以募役，所餘亦自無幾。言者則以爲吏緣法意，廣收大計，如兩浙欲以羨錢徼幸，司農欲以出剩爲功，此臣所未諭也。」於是詔繪知鄭州，摯落館閣校勘、監察御史裏行，監衡州鹽倉。遣察訪使遍行諸路，促成役書。

司農言：「始議出錢助民執役，今悉召募，請改助役爲免役。」制可，若不願就募而强之者，論如律。詔監司各定所部助役錢數，利路轉運使李瑜欲定四十萬，判官鮮于侁曰：「利路民貧，二十萬足矣。」議既不合，各爲奏上。帝是侁議。侍御史鄧綰言：「利路役歲須緡錢九萬餘，而李瑜率取至三十三萬有奇。」乃詔責瑜而擢侁爲副使，以示諸路。

頒募役法於天下。内外胥吏素不賦禄，惟以受賕爲生，至是，用免役錢禄之，有禄而贓者，用倉法重其坐。初時，京師賦吏禄，歲僅四千緡。至八年，計緡錢三十八萬有奇，京師吏舊有禄及外路吏禄尚在數外。又詔：「凡縣皆以免役剩錢，用常平法給散收息，添支吏人餐錢，仍立爲法。」

五年，權江西提刑、提舉金君卿首遵詔書募受代官部錢帛綱趨京，不差鄉户衙前，而費十減五六。賜詔獎諭，仍落權爲真。

先時，召募人押錢帛綱入京，每一萬貫疋支陪綱錢五百貫足，詢問曾押綱鄉户衙前之家，皆不願行，乃選得替官員、使臣人員管押，相度每紬絹萬疋止支錢一百緡足〔一四〕，錢萬貫支錢七十緡足，並不差鄉户衙前，故有此詔。

王安石白上曰：「此事諸路皆可行，但令監司加意，許令指占好舟，差壯力兵士及時遣，則替罷官人人争應募矣。」

七年，詔：「役錢每千别納頭子五錢，凡修官舍、作什器、夫力輦載之類，皆許取以供費，若尚不給用，許以情輕贖銅錢足之。」

先是，凡公家之費有斂於民間者，謂之「圓融」。多寡之數，或出臨時，污吏乘之以爲姦，習弊滋久。至是，詔輒圓融者，以違制論，不以去官赦原。

詔：「聞鎮、定州民有拆賣屋木以納免役錢者〔一一五〕，令安撫、轉運、提舉司體量，具實以聞。」

王安石白上，言：「百姓賣屋納役錢，臣不能保其無此。然論事有權，須考問從前差役賣屋陪填，與今賣屋納役錢孰多孰少〔一一六〕，即於役法利害灼然可見。」

詔：「崇奉聖祖及祖宗陵寢神御寺院、宫觀免納役錢〔一一七〕，諸旌表門閭有敕書，及前代帝王子孫於法有蔭者，所出役錢依官户法，賜號處士非因技授者准此。」五月，詔：「諸路公人如弓箭手法，給田募人爲之。凡逃、絶、監牧之田籍於轉運司者，不許射買請佃，以其田給應募者，而覈其所直，準一年僱役爲錢幾何，而歸其直於轉運司。」衢州西安縣用緡錢十二萬買田，始足募一縣之役。司農寺請行之諸路，詔自今用寬剩錢買募役田，須先參會餘錢，可以枝梧災傷，方許給買，若田價翔貴之地，則止之。八月，詔罷給田募役法，已就募人如舊，闕者勿補。七月，參知政事吕惠卿獻議曰：「免役出錢或未均，出於簿法之不善。按户令手實者，令人户具其丁口、田宅之實也。嘉祐敕造簿，委令佐責户長、三大户録人户丁口、税産物力爲五等，且田野居民，耆、户長豈能盡知其貧富之詳。既不令自供手實，則無隱匿之責，安肯自陳？又無賞典，孰肯糾抉？以此舊簿不可信用。謂宜倣手實之意，使人户自占家業，如有刊匿，即用隱寄産業賞告之法，庶得其實。」於是遂行手實法。其法：官爲定立田産中價，使民各以田畝多少高下隨價自占，仍并屋宅分有無蕃息以立之等，凡居錢五當蕃息之錢一，非用器、田穀而輒隱落者許告，有實，三分以一充賞。將造簿，預具式示民，令依式爲狀，縣受而籍之。以其價列定高下，分爲五等。既該見一縣之民物産錢數〔二八〕，乃參會通縣役錢本額而定所當輸，明書其數，示衆兩月〔二九〕，使悉知之。從之。

察訪荆湖路常平事蒲宗孟言〔三〇〕：「近制，民以手實上其家之物産而官爲注籍，以正百年無用不明之版圖，而均齊其力役，此天下之良法也。然縣災傷五分以上，則留竢豐歲。以臣觀之，使民自供手實，無所擾也，何待於豐穰哉？願詔有司不以豐凶弛張其法。」從之。

十月，詔：「聞東南推行手實簿法，公私煩擾，其權罷，委司農寺再詳定以聞。」

初，吕惠卿創行手實法，言者多論其長告訐，增煩擾，不便。至是惠卿罷政，御史中丞鄧綰言：「役法初行，且用丁産户籍，故諸路患其不均，各已改造。其均錢之法，田頃可用者視田頃，税數可用者視税數，已得家業貫陌者視家業貫陌。或隨所下種石，或附所收租課，法雖不同，大約已定，而民樂輸矣，安用剔抉披索，互相糾告，使不安其生邪？凡民所以養生之具，日用而家有之。今欲盡數供析出錢，則本用供家，不專於租賃營利；欲指爲供家之物，則有時餘羨，不免須貿易與人。則家家有告訐之憂，人人有隱落之罪，無所措手足矣。夫行商坐賈，通貨殖財，四民之一心也〔三一〕。其有無交易，不過服食、器用、粟米、財畜、絲麻、布帛之類，或春有之而夏已折閲〔二二〕，或秋居之而冬已散亡，則公家簿書如何拘轄，隱落之罪安得而不犯？徒使嚚訟者趨賞報怨而公相告訐，畏怯者守死忍餓而不敢爲生，其爲法未善可知矣〔二三〕。」故降是詔。

司農寺乞廢户長、坊正，令州縣坊郭擇相鄰户三二十家排比成甲〔二四〕，迭爲甲頭，督輸税賦苗役，一税一替。若催科外別令追呼者，以違制論。從之。明年，詔問罷耆户長、壯丁之法何人建議，及以此議奏呈，帝曰：「已令出錢免役，又排甲使爲保丁，責之催科，失信於民。又保正本令習兵，何可更供二役？」安石曰：「保丁、户長皆百姓爲之，今罷差户長，使爲保丁，數年或十年方催一税，其任役不過二十餘家，於人情無所苦。周官什伍其民，有軍旅，有田役，若謂保丁止供教閲，不知餘事屬何人也？」其後，諸路皆言甲頭催税未便，遂詔耆户長、壯丁仍舊募充，其保正、甲頭、承帖法並罷。詔：「官户輸役錢免其半，所免雖多，各無過二十千。兩縣以上有物産者通計之，兩州兩縣以上有物産者隨所在輸錢〔二五〕，等第不及者并一多處。」以司農寺言官户減免錢數〔二六〕及民户兩處有物業者出錢不一故也。

九年，荆湖路察訪蒲宗孟言：「兩路元敷役錢太重，以一歲較其入出，而寬剩數多。」詔權減二年。

十月，詔：「自今寬剩役錢及買撲坊場錢，更不以給役人，歲具羨數上之司農，餘物凡籍之常平者，常留一半。」

侍御史周尹言：「諸路募役錢，元指揮於數外留寬剩錢一分，聞諸州縣希提舉司風指，廣敷民錢，至減省役額，剋損僱直，而民間輸數一切如舊。寬剩數已倍多而募直太輕，倉法又重，役人多不願就募。天下皆謂朝廷設法聚斂，不無疑怨。乞遵免役本法，募耆長、户長及役人，不可過減者悉復舊額，但約募錢足用，其寬剩止存留一分〔二七〕，以上不得更有斂取。」三司使沈括亦言：「立法之意，本欲與民均財惜力，役重者不可不助，無役者不可不使之助金。重役不過衙前、耆户長、散從官之類，衙前即坊場、河渡錢自可足用，其餘取於坊郭、官户、女户、單丁、寺觀之類〔二八〕，足以賦禄，出錢之户不多，則州縣易於督斂，重輕相補，民力自均〔二九〕。」詔司農寺相度以聞。

知彭州吕陶奏：「朝廷欲寬力役，立法召募，初無過斂民財之意，有司奉行過當，增添科出，謂之寬剩。自熙寧六年施行役法，至今四年，臣本州四縣，已有寬剩錢四萬八千七百餘貫，今歲又須科納一萬餘貫。以成都一路計之，無慮五六十萬，推之天下，見今約有六七百萬貫文寬剩在官〔三〇〕。歲歲如此，泉幣絶乏，貨法不通，商旅、農夫最受其弊。臣恐朝廷不知免役錢外有此寬剩數目，乞令諸路提舉倉司契勘見在寬剩錢數，約度支得幾歲不至缺乏，沛發德音，特與免數年，或乞逐年限定數目，不得過役錢十分之一，所貴民不重困。」不報。

是歲，諸路上司農寺歲收免役錢一千四十一萬四千五百五十三貫、石、匹、兩：金銀錢斛匹帛一千四十一萬四千三百五十二貫、石、匹、兩，絲綿二百一兩；支金銀錢斛六百四十八萬七千六百八十八兩、貫、石、匹；應在銀錢斛匹帛二百六十九萬二千二十貫、匹、石、兩，見在八十七萬九千二百六十七貫、石、匹、兩。

役錢之初立額，兩浙之東多以田税錢數爲則，浙西多用物力。至是，詔令通物力、税錢互紐爲數〔一三〕，從便輸納。

初，許兩浙坊郭户家產不及二百千、鄉村户不及五十千，毋輸役錢，已而鄉户不及五十千者亦不免輸。

元豐七年，天下免役緡錢歲計一千八百七十二萬九千三百，場務錢五百五萬九十，穀帛石匹九十七萬六千六百五十七，役錢較熙寧所入多三之一。

帝之力主免役也，知民間通苦差役，而衙役之任重行遠者尤甚，特創免法。雖均敷僱直不能不取之民，然民得一意田畝，實解前日困斂。故群議雜起，意不爲變。顧其間采王安石策，不正用僱直爲額，而展敷二分以備吏禄、水旱之用。群臣每以爲言，屢加疑詰，而安石持之益堅。此其爲法既不究終防弊，又有聚斂小人乘此增取，帝雖數詔禁戒，而不能盡止。至是，僱役不加多，而歲入比前增廣，則安石不能將順德意，其流弊已見矣。

八年哲宗已即位。八月，户部言：「役錢所留寬剩，内有及三四分已上去處，合行裁減，令所留寬剩不得過二分，餘並減，其元不及二分處依舊。」從之。又詔：「體量人户役錢輕重，先從下等減放。」又詔：「舊以保正代耆長催税、甲頭代户長、承帖人代壯丁，並罷。如元充保正、户長、保丁，願不妨本保應募者聽。」

知吉州安福縣上官公穎奏：「臣竊怪耆、壯、户長法之始行也，皆出於僱，及其既久也，耆、壯之役則歸於保甲之正、長，户長之役則歸於催税甲頭。往日所募之錢，係承帖人及刑法司人吏許用〔一三〕，而其餘一切封樁，若以爲耆、壯、户長誠可以廢罷，即所用之錢自當百姓均減元額，今則錢不爲之減，又使保正、長爲耆、壯之事，催税甲頭任户長之責，是何異使民出錢免役而又使之執役也〔三〕。」

按：以保正代耆長等役，熙寧間已嘗行之，繼而以人言不便罷之矣。今觀此，則是罷而復行也。蓋熙寧之徵免役錢也，非專爲供鄉户募人充役之用而已，官府之需用，吏胥之廩給，皆出於此。及其久也，則官吏可以破用，而役人未嘗支給，是假免役之名以取之，而復他作名色以役之也。爲法之弊，一至此哉。

侍御史劉摯言：「州縣上户常少，中下户常多。自助役法行以來，簿籍不改，務欲敷配錢數，故所在臨時肆意升補下户入中，中户入上，今天下往往中上户多而下户少，富縣大鄉上户所納役錢，歲有至數百緡或千緡者，每歲輸納無已，至貧竭而後有裁減之期。舊來鄉縣差役循環相代，上等大役至速亦十餘年而一及之，若下役則動須三二年乃復一差，雖有勞費，比今日歲被重斂之害，孰爲多少也？」

## 校勘記

〔一〕師十爲州　「十」原作「七」，據通典卷三食貨典三改。

〔二〕及三年則大比大比則受邦國之比要　語見周禮小司徒，此處書爲大司徒之職。

〔三〕徙於國中及郊　「及郊」二字原脱，據周禮比長補。

〔四〕以相葬埋　「以」字原脱，據周禮族師補。

〔五〕四孟月吉日　「吉日」二字原脱，周禮黨正本句作「及四時之孟月吉日」，據補。

〔六〕則以法治其政事　「政」原作「正」，據元本、慎本、馮本及周禮黨正改。按「正」古通「政」。

〔七〕正月之吉　「正」、「之」二字原脱，據周禮州長補。

〔八〕遂之軍法　「法」原作「旅」，據周禮遂人注改。

〔九〕比閭族黨之相保愛　「愛」字原脱，據章如愚群書考索後集卷五六財賦門役類三代條補。

〔一〇〕則因地之善惡以均役　「以」字原作「而」，據群書考索後集卷五六財賦門役類三代條改。

〔一一〕夫善牧民者非以城郭也　「民」字原脱，據管子禁藏補。

〔一二〕伍無非其里什無非其家　管子禁藏作「伍無非其人，人無非其里，里無非其家」。

〔一三〕邑十爲卒　「卒」，管子小匡作「率」，下句「卒十爲鄉」之「卒」亦作「率」。

〔一四〕怠惰者可聞也　「怠」原作「勤」，據徐幹中論卷下民數改。

〔一五〕故上盡其心　「上」，徐幹中論卷下民數作「民」。

〔一六〕下無怨疾焉　「疾」，徐幹中論卷下民數作「疚」。

〔一七〕棄捐者有之浮食者有之　二句原脱，據徐幹中論卷下民數補。

〔一八〕甲鎧　「鎧」原作「鉦」，據後漢書百官志五注引漢官儀改。

〔一九〕設十里一亭　「設」字原脱，據後漢書百官志五注引漢官儀補。

〔二〇〕亭候　「亭」字原脱，據元本、慎本、馮本及後漢書百官志五注引漢官儀補。

〔二一〕諭三老孝弟以爲民師　「諭」原作「謁」，據漢書卷六武帝紀改。

〔二二〕天子復以尊爲徐州刺史　「復」原作「後」，據漢書卷七六王尊傳改。

〔二三〕河水盛溢　「盛」原作「甚」，據漢書卷七六王尊傳改。

〔二四〕永光二年　「永」原作「元」，據漢書卷九元帝紀改。

〔二五〕鄉置有秩游徼三老　「三老」二字原脱，據後漢書百官志五補。

〔二六〕郡所署　「署」原作「置」，據後漢書百官志五改。

〔二七〕游徼掌徼循　下「徼」字原脱，據後漢書百官志五補。

〔二八〕鄉户五千則置有秩　「置」字原脱，據後漢書百官志五注引漢官儀補。

〔二九〕元和二年　按「元和」爲漢章帝年號，元和二年賜爵事見後漢書卷三章帝紀。依本書文例，本條當在下文「四年，立皇太子，賜爵同」之後。

〔三〇〕和帝永元八年　「永元」原作「永光」，據後漢書卷四和帝紀、册府元龜卷七九帝王部慶賜一改。

〔三一〕安帝永初三年　「三」原作「二」，據後漢書卷五安帝紀、册府元龜卷七九帝王部慶賜一改。

〔三二〕賜爵人二級　「二」原作「一」，據後漢書卷五安帝紀、册府元龜卷七九帝王部慶賜一改。

〔三三〕獻帝建安元年　按後漢書卷九獻帝紀、册府元龜卷七九帝王部慶賜一，建安元年無賜爵事，而建安二十年正月，曾「立貴人曹氏爲皇后，賜天下男子爵，人一級，孝弟、力田二級」。

〔三四〕鄉户每千以下　「户」下原衍「石」字，據晉書卷二四職官志删。

〔三五〕置治書史一人　「史」原作「吏」，據元本、慎本、馮本及晉書卷二四職官志改。

〔三六〕東晉哀帝興寧二年三月庚戌天下所在土斷　「興寧二年」原作「崇和元年」。按晉書卷八哀帝紀，「興寧二年三月庚戌朔，大閱户人，嚴法禁，稱爲庚戌制」；資治通鑑卷一〇一晉紀二十三，晉哀帝興寧二年「三月庚戌朔，大閱户口，令所在土斷，嚴其法制，謂之庚戌制」。據改。

〔三七〕故許其挾注本郡　「挾」原作「狹」，據晉書卷七五范甯傳改。

〔三八〕斯誠并兼之所執　「誠」原作「成」，據晉書卷七五范甯傳改。

〔三九〕樂毅宦燕　「宦」原作「宧」，據晉書卷七五范甯傳改。

〔四〇〕臣聞先王制禮　「禮」，據宋書卷二武帝紀中、册府元龜卷四八六邦計部户籍當作「治」，通典避唐高宗李治諱改，本書沿用通典之文，未改回。

〔四一〕分境畫野　「野」，宋書卷二武帝紀中、册府元龜卷四八六邦計部户籍作「疆」。

〔四二〕是以寧人綏理　據宋書卷二武帝紀中、册府元龜卷四八六邦計部户籍，「人」當作「民」，「理」當作「治」。通典避唐太宗李世民、唐高宗李治諱改，本書沿用通典之文，未曾回改，下同。

〔四三〕自非改調解張　「解張」二字原脱，據宋書卷二武帝紀中、册府元龜卷四八六邦計部户籍補。

〔四四〕誠以生焉終焉　「終焉」二字原脱，據宋書卷二武帝紀中、册府元龜卷四八六邦計部户籍補。

〔四五〕或人在而反記死叛　「記」，南齊書卷三四虞玩之傳、南史卷四七虞玩之傳、册府元龜卷四八六邦計部户籍作「托」。

〔四六〕比年雖却籍改書　「籍改」二字原倒，據南齊書卷三四虞玩之傳、册府元龜卷四八六邦計部户籍乙正（册府元龜「却」誤作「赦」）。

〔四七〕故光禄大夫傅崇　「傅崇」，據南齊書卷三四虞玩之傳，當作「傅隆」。通典避唐玄宗李隆基諱改，本書沿用通典之文，未曾回改。

〔四八〕今欲求理取正　「取」字原脱，據南齊書卷三四虞玩之傳、册府元龜卷四八六邦計部户籍補。

〔四九〕州檢得實　「實」原作「知」，據南齊書卷三四虞玩之傳改。「實」，册府元龜卷四八六邦計部户籍作「巧」。

〔五〇〕揚州等九郡黄籍　南齊書卷三四虞玩之傳、册府元龜卷四八六邦計部户籍「郡」下有「四號」二字。

〔五一〕今建元元年書籍　「元年」原作「二年」，據南齊書卷三四虞玩之傳、册府元龜卷四八六邦計部户籍改。

〔五二〕必令明洗　四字原脱，據南齊書卷三四虞玩之傳、册府元龜卷四八六邦計部户籍補。

〔五三〕其有讁役邊疆　「役」字原脱，據南齊書卷三四虞玩之傳、册府元龜卷四八六邦計部户籍補。

〔五四〕此後起咸和三年以至乎宋　「三」，南史卷五九王僧孺傳作「二」，「乎」，同書作「于」。

〔五五〕有東西二庫　「有」原作「自」，據南史卷五九王僧孺傳改。

〔五六〕位高官卑　南史卷五九王僧孺傳作「位宦高卑」。

〔五七〕或以崇安在元興之後　「崇」，據南史卷五九王僧孺傳當作「隆」，通典避唐玄宗李隆基諱改，本書沿用其文，未曾改回。

〔五八〕而猥稱四年　「年」，南史卷五九王僧孺傳作「五」。

〔五九〕不識胄胤　「胤」原作「允」，據元本、慎本、馮本改。

〔六〇〕爲左人郎　「郎」原作「即」，據通典卷三食貨典三改。

〔六一〕所作卑姓雜譜　「作」原作「貴」，據通典卷三食貨典三改。

〔六二〕譜局因此而置 「置」，中華書局校點本通典卷三食貨典三據北宋本通典改作「嚴」。
〔六三〕始撰百家譜 「家」原作「姓」，據南史卷五九王僧孺傳、通典卷三食貨典三改。
〔六四〕齊王儉復加去取 「去取」二字原脱，據南史卷五九王僧孺傳補。
〔六五〕取鄉人强謹者 魏書卷一一〇食貨志「取」上有「長」字。
〔六六〕所復復征戍餘若民 二句原脱，據魏書卷一一〇食貨志補。
〔六七〕太后覽而稱善 「后」原作「皇」，據魏書卷五三李冲傳改。
〔六八〕其實難行 「實」，魏書卷五三李冲傳、通典卷三食貨典三作「事」。
〔六九〕咸稱方今有事之月 「咸稱」二字原脱，據魏書卷五三李冲傳補。
〔七〇〕若不因調時 「調」原作「課」，據魏書卷五三李冲傳、通典卷三食貨典三改。
〔七一〕北齊令人居十家爲比鄰 「比鄰」二字原倒，據隋書卷二四食貨志、册府元龜卷四八六邦計部户籍乙正。
〔七二〕五十家爲閭里 「里」字原脱，據隋書卷二四食貨志、册府元龜卷四八六邦計部户籍補。
〔七三〕則有黨族一人 「族」字疑誤。
〔七四〕保有長 三字原脱，據隋書卷二四食貨志補。
〔七五〕判斷不平 「判」，隋書卷四二李德林傳、通典卷三食貨典三作「剖」。
〔七六〕猶不能稱其才 「其」字原脱，據隋書卷四二李德林傳補。
〔七七〕乃欲於一鄉之内選一人能理五百家者 下「一」字原脱，據隋書卷四二李德林傳補。
〔七八〕又即時要荒小縣有不至五百家者 「時」字原脱，據隋書卷四二李德林傳補。

〔七九〕令纔出　「纔」字原脱，據隋書卷四二李德林傳、通典卷三食貨典三補。隋書李德林傳「令」上有「今」字。

〔八〇〕虞慶則等於關東諸道巡省使還　「等」字原脱，據隋書卷四二李德林傳補。

〔八一〕五鄰爲保　「五」原作「二」，「鄰」原作「家」，據舊唐書卷四三職官志二改。

〔八二〕其村居不滿十家者　「不」原作「如」，據文義改。

〔八三〕裝潢省籍及州縣籍也　「裝潢」二字原脱，「省」下原衍「黄」字，據唐會要卷八五團貌補删。

〔八四〕里正等並通取十八以上中男殘疾等充　下「等」字原作「免」，據通典卷三食貨典三改。

〔八五〕鎖於令廳　「鎖」原作「鍊」，據元本、慎本、馮本改。

〔八六〕臺省寺監諸軍諸使　「寺」與「諸軍」三字原脱，據宋史卷一七七食貨志上五補。

〔八七〕某户闕丁男　「闕」原作「有」，據宋會要食貨一之一六、宋大詔令集卷一八二置農師詔改。

〔八八〕里胥與農師同勸民　「同」原作「周」，據長編卷二三太平興國七年閏十二月庚戌條改。

〔八九〕提點開封府界段惟幾發中牟縣夫修馬監倉　「開封」二字原脱，據長編卷七九大中祥符五年十月辛亥條補。

〔九〇〕以役兵充　「兵」字原脱，據皇朝編年綱目備要卷八補。

〔九一〕且以三千户之邑五等分算　「算」原作「等」，據宋會要食貨一之二〇改。

〔九二〕便作佃户名目若不禁止則天下田疇半爲形勢所占復請應自今見任食禄人同居骨肉　「同居骨肉」前三十一字原脱，據宋會要食貨六三之一六九補。

〔九三〕各出户帖供輸　「出」原作「共」，據宋會要食貨六三之一六九改。

〔九四〕川峽　「峽」原作「陜」，據長編卷一一四景祐元年春正月庚午條改。

〔九五〕遂命絳襄與三司置司參定　「置司」二字原脱，據宋史卷一七七食貨志上五補。

〔九六〕繼遣尚書都官員外郎吴幾復趨江東　「吴幾復」原作「吴機復」，據宋史卷一七七食貨志上五、長編卷一七九至和二年四月辛亥條改。

〔九七〕使力役無偏重之患　「力役」二字原倒，據宋史卷一七七食貨志上五、宋會要食貨六五之二乙正。

〔九八〕况敢益田疇葺廬舍乎　「廬」原作「閭」，據温國文正司馬公集卷三八衙前劄子改。

〔九九〕臣聞其言　「言」原作「事」，據温國文正司馬公集卷三八衙前劄子改。

〔一〇〇〕同知諫院吴充言　「同」字原脱，據宋史卷三一二吴充傳、宋會要食貨六五之二補。

〔一〇一〕被差之日　宋會要食貨六五之二「被」字之上有「上等民户」四字。

〔一〇二〕土地不敢多耕而避户等　「户」原作「丁」，據宋史卷一七七食貨志上五、宋會要食貨六五之二改。

〔一〇三〕骨肉不敢義聚而憚人丁　「丁」原作「上」，據馮本、宋史卷一七七食貨志上五、宋會要食貨六五之二改。

〔一〇四〕熙寧二年　「熙寧」二字原脱，據宋史卷一七七食貨志上五補。

〔一〇五〕其舊煩擾且使陪備者　「其」字原脱，據宋史卷一七七食貨志上五補。

〔一〇六〕其坊郭等第户及未成丁單丁女户寺觀品官之家　「未」與下「丁」字原脱，「未」據宋史卷一七七食貨志上五補。下「丁」字據元本、慎本、馮本及宋史卷一七七食貨志上五補。

〔一〇七〕從京西提舉常平陳知儉之請　「京西」二字原脱，據長編卷二二二熙寧四年四月戊午條補。

〔一〇八〕諸路衙前以公使多所賠費　「賠」原作「倍」，據長編卷二二二熙寧四年四月戊午條改。

〔一〇九〕如王庭老張靚科配一路役錢至七十萬　「役」原作「緡」，據宋史卷一七七食貨志上五、宋會要食貨六五之五改。

〔一一〇〕彼既聚衆僥倖　「彼」字原脱，據宋史卷一七七食貨志上五補。

〔一一一〕則是賦税有時減閣　「閣」原作「闕」，據元本、宋史卷一七七食貨志上五、宋會要食貨六五之七改。

〔一一二〕難更使之均出助錢　「出」字原脱，據宋史卷一七七食貨志上五、宋會要食貨六五之八補。

〔一一三〕專典傭人　「專典」，宋史卷一七七食貨志上五作「衙前」。下同。

〔一一四〕相度每紬絹萬疋止支錢一百緡足　「止」原作「正」，據長編卷二二九熙寧五年正月甲辰條改。

〔一一五〕聞鎮定州民有拆賣屋木以納免役錢者　「鎮」字原脱，據長編卷二五一熙寧七年三月庚戌條、宋會要食貨六五之一四補。

〔一一六〕與今賣屋納役錢孰多孰少　「錢」字原脱，據長編卷二五一熙寧七年三月庚戌條補。

〔一一七〕崇奉聖祖及祖宗陵寢神御寺院宮觀免納役錢　據宋史卷一五神宗紀二、長編卷二四一，此乃熙寧五年十二月戊寅事。

〔一一八〕既該見一縣之民物産錢數　「錢」原作「物」，據宋史卷一七七食貨志上五改。

〔一一九〕示衆兩月　「示衆」二字原倒，據宋史卷一七七食貨志上五乙正。

〔一二〇〕察訪荆湖路常平事蒲宗孟言　「荆湖路」原作「京南」，據長編卷二五九熙寧八年正月辛丑條改。

〔一二一〕四民之一心也　「心」字原脱，據長編卷二六九熙寧八年十月辛亥條補。

〔一二二〕或春有之而夏已折閲　「折閲」原作「析闕」，據長編卷二六九熙寧八年十月辛亥條改。

〔一二三〕其爲法未善可知矣　「法」字原脱，據長編卷二六九熙寧八年十月辛亥條補。

〔二四〕令州縣坊郭擇相鄰户三二十家排比成甲　「令」原作「其」，據宋史卷一七七食貨志上五改。

〔二五〕兩州兩縣以上有物産者隨所在輸錢　「以上」及「在」三字原脱，據宋史卷一七七食貨志上五、長編卷二六七熙寧八年八月丙申條補。

〔二六〕以司農寺言官户減免錢數　「官」字原脱，據長編卷二六七熙寧八年八月丙申條補。

〔二七〕其寬剩止存留一分　「一」原作「二」，據長編卷二七九熙寧九年十一月戊寅條、宋會要食貨一五之一六改。

〔二八〕其餘取於坊郭官户女户單丁寺觀之類　長編卷二七九熙寧九年十一月戊寅條、宋會要食貨六五之一七俱於「類」下有「因坊場河渡餘錢」七字。

〔二九〕民力自均　「自」字原脱，據長編卷二七九熙寧九年十一月戊寅條、宋會要食貨六五之一七補。

〔三〇〕見今約有六七百萬貫文寬剩在官　「約」原作「納」，據宋史卷一七七食貨志上五、吕陶淨德集卷一奏乞放免寬剩役錢狀改。

〔三一〕詔令通物力稅錢互紐爲數　「紐」原作「細」，據宋史卷一七七食貨志上五改。

〔三二〕係承帖人及刑法司人吏許用　「承帖人」原作「承帖司」，據長編卷三六〇元豐八年十月丙戌條改。

〔三三〕是何異使民出錢免役而又使之執役也　「錢」下原衍「而」字，據長編卷三六〇元豐八年十月丙戌條删。

# 卷十三　職役考二

## 歷代鄉黨版籍職役

元祐元年二月，門下侍郎司馬光言：「按因差役破産者〔一〕，惟鄉户衙前有之，自餘散從、承符、弓手、手力、耆户長、壯丁，未聞有破産者。其鄉户衙前所以破産者，蓋由山野愚戇之人不能幹事，或因水火損破官物，或爲上下侵欺乞取，是致欠折，備償不足，有破産者。至於長名衙前，在公精熟，每經重難，别得優輕場務酬獎，往往致富，何破産之有？又向者役人皆上等户爲之，其下等、單丁、女户及品官、僧道，本來無役，今更使之一概輸錢，則是賦斂愈重也。故自行免役法以來〔二〕，富室差得自寬，而貧者困窮日甚〔三〕。又監司、守令之不仁者〔四〕，於僱役人之外，多取羨餘，以希恩賞，此農民之所以重困也。臣愚以爲莫若直降敕命〔五〕，應天下免役錢一切並罷，其諸色役人並依熙寧元年以前舊法人數〔六〕，委本縣令、佐親自揭五等丁産簿定差。諸州所差之人〔七〕，若正身自願充役者，即令入役〔八〕，不願充役者，任便選僱有行止人自代，其僱錢多少，私下商量。若所僱人逃亡，即勒正身别僱，若將帶却官物〔九〕，勒正身賠填。如此，則諸色公人盡得有根柢行止之人〔一〇〕，少敢作過，官中百事無不修舉。其見僱役人候差到新役人，各放逐便。如衙前一役雖號重難，近來條貫頗爲優假，諸公使庫設厨酒庫〔一一〕、茶酒司，並差將校勾當，諸上京綱運召得替官員或差使臣、殿侍、軍大將管押〔一二〕，其雜色及畸零之物，差將校或節級管押，衙前若無差遣，不聞更有破産之人。若今日差充衙前，料民間賠備亦少於向日。若猶以衙前户力難獨任〔一三〕，即乞依舊於官户、僧道、寺觀、單丁、女户有屋業，每月掠錢及十五貫，莊田中年所收斛斗及百石以上者，隨貧富等第出助役錢，不及此數者與放免〔一四〕。其助役錢令逐州椿管，約本州衙前重難分數，即行支給。然尚慮天下役人利害逐處不同，乞指揮下諸路轉運司下諸州縣，限五日内具利害申本州，州限一月申轉運司，本司類聚，限一季奏聞，委執政官參詳施行。」

是日，三省、樞密院同進呈。得旨依。初，光上奏，左僕射蔡確言，此大事，當與樞密院共之。故同進呈。知樞密院章惇取光所奏，凡疏略未盡者，枚數而駁奏之。尚書左丞吕公著言：「光所建明，大意已善，其間不無疏略未備。惇所言專欲求勝，不顧朝廷大體。乞選差近臣三四人，專切詳定聞奏。」從之。始司馬光奏乞復行差役舊法，既得旨依奏，知開封府蔡京即用五日限，令開封、祥符兩縣如舊役人數，差一千餘人充役，亟詣東府白光。光喜曰：「使人人如待制，何患法之不行！」議者謂京但希望風旨，苟欲媚光，非事實也。蘇轍言：「京明知熙寧以前舊法役人數目顯有冗長，並不依近降指揮相度申請，便盡數差撥；及朝旨本無日限，輒敢差人監勒，於數日内蹙迫了當，故意擾民，以害成法。乞賜行遣，以示懲戒。」

監察御史王巖叟言：「請復差鄉户主管天下官物，公家則免侵陷，在私亦脱刑禍。宜獨可於衙前大役立本等相助法，以盡變通之利。借如一邑之中當應大役者百家，而歲取十人，則九十家出力爲助，明年易十户，復如之，則大役無偏重之弊矣。其於百色無名之差占，一切非理之資陪，悉用熙寧新法禁之，雖不助，猶可爲。今所謂助者，不過助受役之家歲用而已，無厚斂也。」

中書舍人蘇軾言：「先帝初行役法，取寬剩錢不得過二分，以備災傷。而有司奉行過當，通計天下乃十四五，然行之幾十六七年，常積而不用，至三千餘萬貫、石〔一五〕。先帝聖意，固自有在，今日所當追探其意，以興長世無窮之利。熙寧中，嘗行給田募役法，其法：以係官田如退灘、户絶、没納之類，及用寬剩錢買民田，以募役人，大略如邊郡弓箭手。臣知密州，親行其法，先募弓手，民甚便之。曾未半年，此法復罷。蓋大臣利於速成，且利寬剩錢以爲他用，故不果行。」因列其五利。詔並送詳定所。

右司諫蘇轍言：「復行差役，其應議者有五：其一曰舊差鄉户爲衙前，破散人家，甚如兵火。自新法行，天下不復知有衙前之患，然而天下反以爲苦者，其弊自是農家歲出役錢爲難，及許人添刻見賣坊場，遂有輸納不給者耳〔一六〕。向使止用官賣坊場一色課入以僱衙前，自可足辦，而他色役人止如舊法，則爲利較然矣。初疑衙前多是浮浪投僱，不如鄉差税户可託。然行之十餘年，投僱者亦無大敗闕，不足以易鄉差衙前之害。今略計天下坊場錢，一歲可得四百二十餘萬，若立定中價，不許添刻，三分減一，尚有二百八十餘萬貫。而衙前支費及召募非泛綱運，一歲共不過一百五十餘萬緡，則是坊場之直自可了辦衙前百費，何用更差鄉户？今制盡復差役，知衙前苦無陪備，故以鄉户爲之〔一七〕。至於坊場，元無明降處分，不知官自賣邪，抑仍用以酬奬衙前也？若仍用以酬奬，即召募部綱以何錢應用？若不與之錢，即舊名重難，鄉户衙前仍前自備，爲害不小。其二，坊郭人户舊苦科配，新法令與鄉户並出役錢而免科配，其法甚便。但敷錢太重，未爲經久之法。乞取坊郭、官户、寺觀、單丁、女户，酌今役錢減定中數，與坊場錢用以支僱衙前及召募非泛綱運外，却令樁備募僱諸色役人之用〔一八〕。其三，乞用見今在役人數定差〔一九〕，熙寧未減定前，其數實冗長，不可遵用。其四，熙寧以前，散從、弓手、手力諸役人常苦迓送，自新法以來，官吏皆請僱錢，役人既便，官亦不至闕事，乞仍用僱法。其五，州縣胥吏並量支僱錢募充，仍罷重法，亦許以坊場、坊郭錢爲用〔二〇〕，不足用，方差鄉户，所出僱錢不得過官僱本數。」詔送看詳役法所詳定，役法所以役法難盡猝就，擇其要者先奏以行。於是役人悉用見數爲額，惟衙前一役用坊場、河渡錢僱募，不足方許揭簿定差。其餘役人，惟該募者得募，餘悉定差。遂罷官户、寺觀、單丁、女户出錢助役法〔二一〕，其今夏役錢即免輸。尋以衙前不皆有僱直，遂改僱募爲招募。凡熙、豐嘗立法禁以衙前及役人非理役使〔二二〕，及令陪備、圓融之類，悉申行之，耆、壯依保正、長法。坊場、河渡錢、量添酒錢之類，名色不一，惟於法許用者仍以支用外，並樁備招募衙前、支酬重難及應緣役事之用。如一州錢不供用〔二三〕，許移別州錢用之；一路不足，許從户部通他路移用；其或有餘，毋得妄用，其或不足，毋得減募增差〔二四〕。衙前最爲重役，若已招募足額，上一等户有虚閑不差者，令供次等色役。鄉差役人，在職官如敢抑令別僱承符、散從承代其役者，轉運司劾奏重責。時提舉常平司已罷置，凡役事改隸提刑司。

九月，詔：「諸路坊郭五等已上，及單丁、女户、官户、寺觀第三等以上〔二五〕，舊輸免役錢者，減五分，餘户下此悉免之輸，仍自元祐二年始。凡支酬衙前重難，及綱運公皁迓送餐錢〔二六〕，用坊場、河渡錢給賦。不足，方得取此六色錢助用；而有餘，封樁以備不時之須。」

七年，尚書省言：「近者參行差募之法，聞州縣奉詔不謹，以致差徭輕重失當，或役人有所賠備，或占留役錢不盡僱募。」詔：運使、提刑司申飭，使之究心，如更不虔，劾奏以聞。二月，詔：「應差諸縣手力，如合一鄉休役皆不及三年者〔二七〕，得用助役錢募人爲之，既終一役，別有閑及三年者，復行差法。」

御史中丞蘇轍言：「臣近奏乞修完弊政，以塞異同之議，其一謂諸州衙前。臣請先論今昔差僱衙前利害之實。蓋定差鄉户，人有家業，欺詐逃亡之弊，比之僱募浮浪，其勢必少，此則差衙前之利也。然而每差鄉户，必有避免糾決，比至差定，州縣吏乞取不貲。及被差使，先入重難，若使僱募慣熟之人費用一分，則鄉差生疏之人非二三分不了〔二八〕，由此破蕩家産。嘉祐以前，衙前之苦，民極畏之，此則差衙前之害也。若僱募情願，自非慣熟，必不肯投，州縣吏人知其熟事，乞取自少，及至勾當，動知空便，費亦有常，雖經重難，自無破産之患，此則僱衙前之利也。然浮浪之人，家産單薄，侵盗之弊，必甚於鄉差。熙寧以來，多患於此，此則僱衙前之弊也。然則差衙前之弊害在私家，而僱衙前之弊害在官府。若差法必行，則私家之害無法可救；若僱法必用，則官府之弊有法可止〔二九〕。何者？嘉祐以前，長名衙前除差三大户外〔三〇〕，許免其餘色役。今若許僱募衙前，依昔日長名免役之法，則上等人户誰不願投？諸州衙前例得實户，則所謂官府之害，坐而自除。臣竊謂雖三代聖人，其法不能無弊，是以易貢爲助，易助爲徹，要以因時施宜，無害於民而已。今差法行於祖宗，僱法行於先帝，取其便於民者而用之，此三代變法之比也。」

役次之名：衙前、散從、承符、弓手户、耆、户長、壯丁。

熙寧僱役所取之錢：坊場、當役户、坊郭户、官户、女户、單丁、寺觀。內坊場係官錢，當役户以下係取之於民，謂之「六色錢」。

取民間六色之錢，益以係官坊場錢，充僱役之用，而盡蠲衙前以下諸役，熙寧之法也。以坊場充衙前僱役之用，而承符以下諸役仍復輪差民户而盡蠲六色之錢，元祐之法也。然元祐復差役之初，議者不同，故有弓手許募曾充有勞效者指揮，則所謂僱役者，不特衙前而已也。六色錢雖曰罷徵，繼而詔諸路坊郭五等以上，及單丁、女户、官户，自三等以上〔三一〕，舊輸免役錢並減五分，餘户下此悉免之，則所謂僱役之錢，元未嘗盡除也。自是諸賢於差僱之議各有所主，而朝廷亦兼行之。然熙寧盡除差法，明立僱議，而當時無狀官吏，尚且措免役之錢而不盡支給，假他役之名而重復科差，況元祐差僱兼行，議論反復，則此免役六色之錢，其在官者不肯盡捐以予民，其在民者有時復徵以入官，固其勢也。潁濱所謂所在役錢寬剩，一二年必未至缺用，從今放免，理在不疑；東坡所謂六色錢以免役取，當於僱役乎盡之，然後名正而人服。皆至當之論。

紹聖元年，帝始親政，三省言役法尚未就緒，帝曰：「第行元豐舊法，而減去寬剩錢，百姓有何不便邪？」

右司諫朱勃言：「輸錢免役，固有過數多斂者，用錢僱役，有立直太重者。役色之內，又有優便而願自投募，不必給僱者。苟詳爲裁省，則人情無有不便。」詔付户部詳議。

詔復免役法，凡條約悉用元豐八年見制。鄉差役人有應募者可以更代，即罷遣之。許借坊場、河渡及封樁錢以爲僱直〔三二〕，須有役錢日補足其數。所輸免役錢，自今年七月始。耆户長、壯丁召僱，不得以保正、保長、保丁充代，其他役色應僱者放此。所敷寬剩錢，不得過一分〔三三〕，昔常過數今應減下者，先自下五等人户始。復置提舉官。九月，用户部言，舉行元豐條制，以保正、長代耆長，甲頭代户長，承帖人代壯丁。

其後，又詔：「諸縣無得以催税比磨追甲頭、保長，無得以雜事追保正、副。在任官以承帖爲名，占破當直者，坐贓論。所管催督租賦，州縣官輒令陪備輸物者，以違制論。」

左正言孫諤言：「役法之行，在官之數，元豐多，元祐省；雖省，未嘗廢事也，則多不若省。僱役之直，元豐重，元祐輕；雖輕未嘗不應募也，則重不若輕。」户部尚書蔡京言：「詳諤所論多省、輕重，明有抑揚，是謂元豐不如元祐，乞行貶黜。」謫坐黜知廣德軍。

徽宗建中靖國元年四月，户部奏：「京西北路鄉書手、雜職、斗子、所由、庫秤、揀、掐之類，土人願就募，不須給之僱直，他路亦須詳度施行。」詔從之。

崇寧元年，尚書省言：「民户既輸錢免役，豈可復差？前嘗令大保長催税而不給僱直，是爲差役非免役也。」詔提舉司以元輸僱錢如舊法均給。

二年，臣僚言：「常平之息，歲取二分，則五年有一倍之數。免役剩錢，歲取一分，則十年有一年之備。故紹聖立法，常平息及一倍，免役寬剩及三料，取旨蠲免〔三四〕，以明朝廷取於民者，非爲利也。乞詔常平司候豐衍日，具此制奏而蠲之。」

四年，臣僚言：「州縣户簿等累經改造，故增減失實。乞委常平官分行所部，不以等第，而以田税多寡均敷役錢。」户部尚書許幾言：「州縣户衆而役少，則敷錢止於第三等；或户少而役多，則均及四、五等。今若不計家業税錢，不用等第，概以田畝均敷役錢，則失輸錢代役之意。」其議遂格。

宣和元年，臣僚言：「役錢一事，神宗首防官户免多，特責半輸〔三五〕。今比户稱官，州縣募役之類既不可減，顧令官户所減之數均入下户〔三六〕，下户於常賦之外，又代官户減半之輸，豈不重困？」詔：「非泛補官者，輸賦、差科、免役並不得視官户法減免，已免者改之。進納人自如本法。」

高宗建炎二年〔三七〕，臣僚言：「官户役錢，舊法比民户減半。今來招置弓手〔三八〕，以禦暴防患，官户所賴尤重〔三九〕，欲令官户役錢更不減，而民户比舊役錢量增三分，專椿管以助養給。」從之。

官舊給庸錢以募户長，及立保甲，則椿庸錢以助給費。未幾，廢保甲，復户長，而庸錢不復給，遂拘入總制窠名焉。

臣僚言：「州縣保正、副，未嘗肯請僱錢，并典吏僱錢亦不曾給，乞行拘收。」户部看詳：「州縣典吏僱錢若不支給，竊恐無以責其廉謹，難以施行。其鄉村耆、户長依法係保正、長輪差，所請僱錢往往不行支給，委是合行拘收。乞下諸路常平司，將紹興五年分州縣所支僱錢，依經制錢例分季發付行在。敢隱匿侵用，並依擅支上供錢法。」從之。

按：役錢之在官者，以供他用，而僱役之直或給或否，中興以前已如此矣，但尚未曾明立一説，盡取之耳。今乃謂保正、副未嘗肯請僱錢，又謂所請僱錢往往不行支給。夫當役者豈有不肯請僱錢之理？而不行支給，則州縣之過，朝廷所當覺察禁治，使不失立法之初意可也，今乃以此之故而拘入經制之窠名，所謂「舍曰欲之而必爲之辭」也。

四年，罷催税户長，依熙、豐法，以村疃三十户，每料輪差甲頭一名，催納租税、免役等分物。

既而言者謂甲頭不便者有五〔四〇〕：一，小户丁少〔四一〕，催科不辦。二，舊每都保正、長才四人，今甲頭凡三十一人，破産者必衆。三，夏耕秋收，一都之内廢農業者凡六十人，則通一路有萬萬人不容力穡〔四二〕。四，甲頭皆耕夫，既不識官府，且不能與形勢豪户争立，所差既多，争訴必倍。於是甲頭不復差，而耆、户長役錢因不復給。

保正、副　十大保爲一都保，二百五十家内通選才勇物力最高二人充應，主一都盜賊、煙火之事，大保長一年替，保正、小保長二年替。户長催一都人户夏秋二税，大保長願兼户長者，輪催納税租，一税一替，欠數者後料人催。

以上係中興以後差役之法，已充役者謂之「批朱」，未曾充役者謂之「白脚」。

孝宗隆興二年，詔：諸充保正、副，依條只合管煙火〔四三〕、盜賊外，並不得泛有科擾差使，如違，許令越訴，知縣重行黜責，守、倅各坐失覺察之罪。

以言者謂近來州縣違法，保内事無巨細，一一責辦，至於承受文引、催納税役、抱佃寬剩、修葺鋪驛、置買軍器、科賣食鹽，追擾賠備，無所不至，一經執役，家業隨破，故有是命。

乾道三年，三省言：「役法之害，下三等尤甚。官户既有限田，往往假名寄産。不若一切勿拘限法，只選物力高强官户與民户通差，則役户頓增，下户必無偏差之害。乞此後官户合僱人代役。」詔依，令兩浙路先次遵行。

寧宗慶元五年，右諫議大夫張奎言：「乞行下州縣，保正止許幹當本都賊盗、鬭毆、煙火公事，不許非泛科配；户長止許專一拘催都内土著租税，不許抑勒代納逃絶官物，違者官吏重罰。」從之。

又臣僚言：「户長催納苗税，内有逃絶之家户籍如故，見存之户恃頑拖欠，爲户長者迫於期限，不免與之填納。雖或經官陳訴，而乃視爲私債，不與追理，勢單力窮，必至破蕩，此户長之所以重困也。乞行下州縣，如有恃頑拖欠之徒，即與嚴行追斷，仍勒還代輸之錢，庶使充役者不致重困破家。」從之。

嘉定二年，殿中侍御史徐範言〔四四〕：「民貲之重者，俾充里正。彼多産之家，其輸役錢於官亦多，既已征其財，而又俾之執二年之役，是爲重複。乞參酌祖宗常平免役之本意，行下州縣，姑於役人從役之年，蠲其免役之輸，役滿輸錢如故。」從之。

役起於物力，物力有陞降，陞降不殺則役法公。是以紹興以來，講究推割、推排之制最詳。應人户典賣産業，推割税賦，即與物力一併推割。至於推排，則因其貲産之進退與之陞降，三歲一行，固有貲産百倍於前，科役不增於今者。其如貧乏下户，貲産既竭，物力猶存，朝夕經營，而應酬之不給者，非推排不可也。然當時推排之弊，或以小民粗有米粟，僅存屋宇，凡耕耨刀斧之器，鷄豚犬彘之畜，纖微細瑣皆得而籍之。吏視其賂之多寡，以爲物力之低昂。又有計田家口食之餘，盡載之物力者，上之人憂之，於是又爲之限制，除質庫房廊、停塌店鋪、租牛、賃船等外，不得以豬羊雜色估紐，其貧民求趁衣食，不爲浮財，後耕牛、租牛亦與蠲免。若夫江之東西，以田地畝頭計税，亦有不待推排者。惟受産之家，有司詳於税契而略於割税，倘爲之令曰：「交易固以税契爲先後，亦以割税爲得業，雖已税契而不割税，許出産人告，以業還見納税人。」則人孰有不割税者乎？此亦所以救役法之弊也。保正、長之立也，五家相比，五五爲保，十大保爲都保，有保長，有都、副保正，餘及三保亦置長，五大保亦置都保正，其不及三保、五大保者，或爲之附庸，或爲之均并，不一也。其人户物力如買撲坊場，别無産業，即以本坊物力就坊充役。如有田産物力，即併就一多處充役。其有物力散在鄰鄉者，併歸煙爨處。又有散在别縣數鄉者，各隨縣分併歸一里爲等第。若夫役次之歇倍，則紹興十四年臣僚奏請以其物力增及半倍者歇役十年，增及一倍者歇役八年，增及二倍歇役四年，皆理爲白脚。必差徧上三等户，方許於得替人輪差。其窄都不及歇役年限去處，即從遞年體例選差。淳熙十六年〔四五〕，兩浙漕臣耿秉申明，又以一倍歇役十年，二倍歇役八年，三倍歇役六年，庶幾疏數得中。慶元元年，徐誼盡破秉之説，專用淳熙十四年臣僚之議。而議者又謂：「物力有高下之殊，鄉、都有寬狹之異。其折倍之法，可以爲寬鄉之便，適以貽狹鄉之害；可利寬鄉之中户，適以困狹鄉多産之家。如以寬鄉言之，自物力五百貫而上累至二千貫者，則三倍五百貫之家矣。其在富室，雖使之四年一役，亦未爲過。若狹鄉自物力一百貫而上積至於四百貫，亦謂之三倍，所謂四百貫之户曾不及寬鄉之中産，今亦使之四年一役，其利害輕重灼然矣。」於是從耿秉之議，務要寬鄉、狹鄉各得其便。其析生白脚，則慶元五年臣僚奏謂：「若兄弟共有田二三百畝，纔已分析，便令各户充役，則前役未蘇而後役踵至，實爲中産之害，須以其分後物力參之。其在二等以上者，合作析生白脚，充應役次；若在三等以下，許將未分前充過役次，於各户名下批朱，理爲役脚，與都内得替人比並物力高下，歇役久近，通行選差。」品官限田有制：死亡，子孫減半；蔭盡，差役同編户。一品五十頃，二品四十五頃，三品四十頃，四品三十五頃，五品三十頃，六品二十五頃，七品二十頃，八品一十頃，九品五頃。封贈官子孫差役同編户。謂父母生前無曾任官，因伯叔或兄弟封贈者〔四六〕。應非泛及七色補官，不在限田免役之數，其奏薦弟侄子孫，原自非泛、七色而來者，仍同差役。進納、軍功、捕盜、宰執給使，減年補授，轉至陞朝官，即爲官户，身亡，子孫並同編户。太學生及得解及曾經省試人，雖無限田，許募人充役。單丁、女户及孤幼户，並免差役，庶幾孤寒得所存恤。凡有夫有子不得爲女户，無夫、子，則生爲女户，死爲絶户。女適人，以奩錢置産，仍以夫爲户。坑冶户遇採打礦寶，免本身諸般差役。鹽、亭户家産及二等以上，與官户、編户一般差役；不及二等依紹興十七年七月指揮蠲免。民兵萬弩手免户下三百畝税賦及諸般差役，不及三百畝輒隱他人田畝，許人告。湖北、京西民義勇第四等户，與免非泛差科外，其合差保正、長，以家業錢數多寡爲限，將限外之數與官、編户輪差。總首、部將免保正、長差役。文州義士已免之田，不許典賣，老疾身亡，許承襲。凡募人充役，並募土著有行止人，其放停軍人及曾係公人〔四七〕，並不許募。既有募人，官司不得復追正身。募人不管於僱役之家非理需索，或憑藉官司之勢姦害善人，斷罪外，坐募之者，以保伍有犯，知而不糾之罰。且保正、副所職，在於煙火、盜賊、橋梁、道路，今或使之督賦租，備修造，供役使，皆非所役，而執役者每患參役有錢，知縣到罷有地理錢，時節參賀有節料錢，官員過都、醋庫月息皆於是而取之；抑有弓兵月巡之擾，透漏禁物之責，捕盜出限之罰，催科填代之費，承判追呼之勞；至於州縣官吏收買公私食用及土産所有，皆其所甚懼也。若夫户長所職，催夏税則先期借絹，催秋税則先期借米，坍溪落江之田、逃亡死絶之户，又令填納，凡此之弊，皆上之所當察也。高宗皇帝身履艱難，在河朔親知閭閻之苦，嘗嘆知縣不得人，一充役次，即便破家，是以講究役法，至中興而大備。乾道五年，處州松陽縣首倡義役，衆出田穀，助役户輪充，守臣范成大嘉其風義，爲易鄉名，自是所在推行寖廣。而當時浮議胥動，多有伺其隙而敗其謀者，淳熙十一年〔四八〕，御史謝諤言：「義役之行，當從民便，其不願義役者，乃行差役。」上然之，且美其言爲法意圓備。及朱文公熹亦謂義役有未盡善者四：「上户、官户、寺觀出田以充義役，善矣。其間有下户只有田一二畝者，亦皆出田，或令出錢買田入官，而上户田多之人却計會減縮，所出殊少。其下户今既被出田，將來却不免役，無緣復收此田之租，乃是困貧民以資上户，此一未盡善也。如逐都各立役首，管收田租，排定役次，此其出納先後之間，亦未免有不公之弊，將來難施刑罰，轉添詞訴，此二未盡善也。又如逐都所排役次，今日已是多有不公，而況三五年後，貧者或富，富者或貧，臨事未免却致争訟，此三未盡善也。所排役次，以上户輪充都、副保正，中下户輪充夏秋户長。上户安逸而下户陪費，此四未盡善也。」固嘗即此四未盡善者而求之，蓋始倡義役者，多鄉閭之善士，惟恐當時議之未詳而慮之未周。及踵接義役者，未必皆鄉閭之善士，於是其弊日開，其流日甚。或以其材智足以把握，而專義役之利；或以其氣力足以淩駕，乃私差役之權。曰倍法，曰析生，等第法皆無所考，而僱募人亦不與置；置必受約束、任驅使於義首者，可以教號鄉曲，厭酒肉而有餘，否則傭錢不支，而當役者困矣。是以虐貧而優富，淩寡而暴孤，義役之名立，而役户不得以安其業；僱役之法行，而役户不得以安其居。信乎朱熹未盡善之弊，固如此也。

水心葉氏義役跋曰：「保正、長法不承引帖、催二税，今州縣以例相驅，訶繫鞭撻，遂使差役不行，士民同苦。至預醵錢給費，逆次第其先後，以應期會，名曰義役，然則有司失義甚矣。余嘗問爲保正者，曰費必數百千；保長者，曰必百餘千，不幸遇意外事，費輒兼倍，少不破家蕩産，民之惡役，甚於寇讎。余嘗疑之，官人以牧養百姓爲職，當潔身馭吏，除民疾苦。且追則有期，約日以集，使賄必行，應追者任之可也。民實有産，視税而輸，使賦必重，應輸者任之可也。保正、長會最督促而已。何用自費數百千及百餘千，甚或兼倍，以至破家蕩産乎？且此錢合而計之，歲以千百巨萬，既不歸公上，官人知自愛，又不敢取，誰則有此？余欲以其言爲妄，然余行江、淮、閩、浙、洞庭之南北，蓋無不爲此言者矣。嗚呼！此有司之所宜陳者也。余忝爲長吏，不得爲令佐自試其術，以破余疑而不能，意殊慘然。因孫君義役書成，輒題於後，以告其得爲者。」

按：差役，古法也，其弊也，差設不公，漁取無藝，故轉而爲僱。僱役，熙寧之法也，其弊也，庸錢白輸，苦役如故，故轉而爲義。義役，中興以來，江、浙諸郡民户自相與講究之法也，其弊也，豪强專制，寡弱受淩，故復反而爲差。蓋以事體之便民者觀之，僱便於差，義便於僱，至於義而復有弊，則末如之何也已。竊嘗論之，古之所謂役者，或以起軍旅，則執干戈、冒鋒鏑而後謂之役；或以營土木，則親畚鍤、疲筋力然後謂之役。夫子所謂「使民以時」，王制所謂「歲不過三日」，皆此役也。至於鄉有長，里有正，則非役也。柳子厚言：「有里胥而後有縣大夫，有縣大夫而後有諸侯，有諸侯而後有方伯連帥，有方伯連帥而後有天子。」然則天子之與里胥，其貴賤雖不侔，而其任長人之責則一也。其在成周，則五家設比長，二十五家設里宰，皆下士也。等而上之，則曰閭胥，掌二十五家。六鄉。曰酇長，掌一百家。六遂。皆中士也。曰族師，掌一百家。六鄉。曰鄙師，掌五百家。六遂。皆上士也。曰黨正，掌五百家。六鄉。曰縣正，掌二千五百家。六遂。皆下大夫也。曰州長，掌二千五百家。六鄉。則中大夫也。周時鄰里鄉黨之事，皆以命官主之。至漢時，鄉亭之任，則每鄉有三老、孝悌、力田，掌觀導鄉里，助成風俗。每亭有亭長、嗇夫，掌聽獄訟、收賦稅。又有游徼，掌巡禁盜賊。亦皆有祿秩，而三老、孝悌、力田爲尤尊，可與縣令丞尉以事相教，復勿繇戍。古之所謂復除者，復其繇戍耳，如三老，蓋亦在復除之科，然則謂三老爲役可乎？嘗以歲十月賜酒肉，或賜民爵一級，則三老、孝悌、力田必二級；賜民帛一匹，則三老、孝悌、力田必三匹或五匹，其尊之也至矣。故戾太子得罪，而壺關三老得以言其冤；王尊爲郡，而東郡三老得以奏其治狀。至於張敞、朱博、鮑宣、仇香之徒爲顯宦有聲名，然其猷爲才望，亦皆見於爲亭長、嗇夫之時。蓋上之人愛之重之，未嘗有誅求無藝、迫脅不堪之舉；下之人亦自愛自重，未嘗有頑鈍無耻、畏避苟免之事。故自漢以來，雖叔季昏亂之世，亦未聞有以任鄉亭之職爲苦者也。隋時蘇威奏置五百家鄉正，令理人間詞訟，而李德林以爲本廢鄉官判事，爲其里閭親識〔四九〕，剖斷不平，今令鄉正專理五百家，恐爲害更甚。詔集議，而衆多是德林，遂廢不置。然則隋時鄉職或設或廢，本無關於理亂之故，而其所以廢者，蓋上之人重其事而不輕置，非下之人畏其事而不肯充也。至唐睿宗時，觀監察御史韓琬之疏，然後知鄉職之不願爲，故有避免之人。琬言往年兩京及天下州縣學生、佐史、里正、坊正，每一員闕，先擬者輒十人。頃年差人以充，猶致亡逸〔五〇〕。即知政令風化漸以弊也。唐宣宗時，觀大中九年之詔，然後知鄉職之不易爲，故有輪差之舉。詔以州縣差役不均，自今每縣據人貧富及差役輕重作差科簿，送刺史檢署訖，鏁於令廳，每有役事，委令據簿輪差。自是以後，所謂鄉亭之職至困至賤，貪官汙吏非理徵求，極意凌蔑，故雖足迹不離里閭之間，奉行不過文書之事，而期會追呼，笞箠比較，其困踣無聊之狀，則與以身任軍旅、土木之徭役者無以異，而至於破家蕩産，不能自保，則徭役之禍反不至此也。然則差役之名，蓋後世以其困苦卑賤同於徭役而稱之，而非古人所以置比、閭、族、黨之官之本意也。王荆公謂免役之法合於周官所謂府、史、胥徒，王制所謂庶人在官者。然不知周官之府史、胥徒，蓋服役於比、閭、族、黨之官者也。蘇文忠公謂自楊炎定兩税之後，租調與庸兩税既兼之矣，今兩税如故，奈何復欲取庸錢？然不知唐之所謂庸，乃征徭之身役，而非鄉職之謂也。二公蓋亦習聞當時差役之名，但見當時差役之賤，故立論如此，然實則誤舉以爲比也。上之人既賤其職，故叱之如奴隸，待之如罪囚；下之人復自賤其身，故或倚法以爲姦，或匿賊以規免，皆非古義也。成周之事遠矣，漢之所以待三老、嗇夫、亭長者，亦難以望於後世。如近代則役法愈弊，役議愈詳。元祐間講明差、僱二法爲一大議論，然大概役之所以不可爲者，費重破家耳。蘇黄門言：市井之人應募充役，家力既非富厚，生長習見官司，吏雖欲侵漁，無所措手；耕稼之民性如麋鹿，一入州縣，已自慴怖，而况家有田業，求無不應，自非廉吏，誰不動心，凡百侵擾，當復如故。以是言之，則其所以必行僱役者，蓋雖不能使充役之無費，然官自任僱募之責，則其役與民不同，而横費可以省；雖不能使官吏之不貪，然民既出僱募之費，則其身與官無預，而貪毒無所施。此其相與防閑之術，雖去古義遠甚，然救時之良策，亦不容不如此。然熙、豐間言其不便者，則謂差役有休歇之時，而僱役則年年出費，差役有不及之户，而僱役則户户徵錢，至有不願輸錢而情願執役者。蓋當時破家者皆愚懦畏事之人，而桀黠之徒自能支吾，而費用少者反以出僱役錢爲不便。又當時各州縣所徵僱役錢，除募人應役之外，又以其餘者充典吏俸給之用，又有寬剩錢可以備凶旱賑救。可以見當時充役之費本不甚重，故僱役之錢可以備此三項支用也。若夫一承職役，羈身官府，則左支右吾，盡所取辦，傾困倒廩不足賠償，役未滿而家已罄，事體如此，則僱役之法豈復可行，僱役之金豈復能了？然則此法所以行之熙、豐而民便之，元祐諸君子皆以爲善者，亦當時執役之費本少故也。禮義消亡，貪饕成俗，爲吏者，以狐兔視其民，睥睨朵頤，惟恐墮阱之不早；爲民者，以寇戎視其吏，潛形匿影，日虞懷璧之爲殃。上下狙伺，巧相計度，州縣專以役户之貧富爲宦况之豐殺，百姓亦專以役籍之係否驗家道之興衰。於是民間視鄉亭之職役如蹈湯火，官又以復除之説要市於民，以取其貲。其在復除之科者，苟延歲月，而在職役之列者，立見虚耗，雖有智者，不能爲謀矣。所謂正本澄源之論，必也朝廷以四維勵士大夫，餘廩稱事無俾有多藏之惡；士大夫以四維自勵，力行好事，稍能以澤物存心。然後鋤姦貪之胥吏，以去其蠹害；削非泛之支備，以養其事力。賦斂之簿書必覈，無使代逋欠之輸；勾呼之期會必明，毋使受稽慢之罰。夫然，故役人者如父母之令其子弟，恩愛素孚；役於人者如臂指之護其腹心，劬勞不憚。既無困苦之憂，不作避免之念，則按籍召而役之可矣，奚必曰僱、曰義之紛紛哉？不然，舉三代以來比、閭、族、黨之法所以聯屬其民，上下相維者，反藉爲厲民之一大事，愚不知其説矣。

## 復除

周鄉大夫之職，以歲時登其夫家之衆寡，辨其可任者，國中自七尺以及六十，野自六尺以及六十有五，皆征之。其舍者，國中貴者、賢者、能者、服公事者、老者、疾者，皆舍。舍，役除，不收役事也。貴，若今宗室及關内侯皆復也。服公事者，若今吏有復除也。老者，謂若今八十、九十復羨卒也。

旅師：凡新甿之治皆聽之，使無征役。新徙來者復之也。均人：凶札則無力政。「政」讀作「征」。

王制：命鄉論秀士，升之司徒，曰選士。司徒論選士之秀者，而升之學，曰俊士。升於司徒者，不征於鄉，升於學者，不征於司徒，曰造士。不征，不給其繇役。

五十不從力政。力政，城道之役也。八十者，一子不從政。九十者，其家不從政。廢疾非人不養者，一人不從政。父母之喪，三年不從政。齊縗、大功之喪，三月不從政。將徙於諸侯，三月不從政。自諸侯來徙家，期不從政。大夫采地之民徙於諸侯爲民，以其新徙〔五一〕，當須復除，但諸侯地寬役少，故三月不從政。自諸侯來徙大夫之家邑，大夫役多地狹，故期不從政。

漢高祖二年，蜀、漢民給軍事勞苦〔五二〕，復勿租稅二歲。關中卒從軍者，復家一歲。鄉三老、縣三老，復勿繇戍。

五年，詔諸侯子在關中者復之十二歲，其歸者半之；軍吏卒賜爵，非七大夫已下，皆復其身及户，勿事。

七年，民產子，復勿事二歲。

八年，令吏卒從軍至平城及守城邑者，皆復終身勿事。

十一年，諸縣堅守不降反寇者，復租三歲。豐人徙關中者，皆復終身〔五三〕。士卒從入蜀、漢、關中者，皆復終身。

十二年，詔吏二千石入蜀、漢定三秦者〔五四〕，皆世世復。以沛爲湯沐邑，復其民，世世無有所與。沛父兄請復豐，乃并復豐，比沛。又詔：秦始皇帝守冢二十家，楚、魏、齊各十家，趙及魏公子無忌各五家，令視其冢，復無與他事。

惠帝四年，舉民孝悌、力田者，復其身。

文帝禮高年，九十者一子不事，八十者二算不事。募民守塞皆賜高爵，復其家。令民入粟，至五大夫，乃復一人。西邊、北邊之郡，雖有長爵，不輕得復。

三年，幸太原，復晉陽、中都民三歲租。

四年，復諸劉有屬籍者，家無所與。

景帝遺詔，出宮人歸其家，復終身。

武帝建元元年，民年八十復二算，九十復甲卒。又詔：民年九十以上，已有受鬻法，給米粟爲糜。鬻，之六反。爲復子若孫，令得身率妻妾遂其供養之事。

武帝爲博士官置弟子五十人，復其身。登禮中嶽，以山下户凡三百封崇高爲之奉邑，獨給祠，復無有所與。府庫並虚，乃募民能入奴婢者，得以終身復。桑弘羊請令民入粟甘泉各有差，以復終身。時兵革數動，民多買復及五大夫、千夫，調發之士益鮮。

宣帝地節二年，詔：「博陸侯功德茂盛，復其後，世世毋有所與。功如蕭相國。」

地節三年，詔流民還歸者，且勿算事。

地節四年，詔諸有大父母、父母喪者，勿傜事，使得收斂送終，盡其子道〔五五〕。

元康元年，復高皇帝功臣絳侯周勃等百三十六人家子孫，令奉祭祀，世世勿絶。其毋嗣者，復其次。

元帝好儒，能通一經者復，數年，以用度不足，更爲設員千人。

永光三年，用度不足，民多復除，無以給中外傜役。

世祖建武五年，詔復濟陽二年傜役。帝生於濟陽，故復之。

十九年，幸汝南南頓縣〔五六〕，賜吏人，復南頓歲租一歲。父老叩頭言：「願賜復十年。」帝曰：「天下重器，常恐不任，日復一日，安敢遠期十年乎？」吏人又言：「陛下實惜之，何言謙也？」帝大笑，復增一歲。

二十年，復濟陽縣徭役六歲。

三十年，復濟陽縣徭役一歲。

明帝永平五年，常山三老言：「上生於元氏，願蒙優復。」詔曰：「豐、沛、濟陽受命所由，加恩報德，適其宜也。今永平之政，百姓怨結，而吏人求復，令人愧笑。重逆此縣之拳拳，其復元氏田租、更賦六歲，勞賜縣掾史，及門闌走卒。」

桓帝永康元年，復博陵、河間二郡，比豐、沛。

靈帝光和六年，復長陵縣，比豐、沛。

徐氏曰：「按漢之有復除，猶周官之有施舍，皆除其賦役之謂也。然西京時，或以從軍，或以三老，或以孝悌、力田，或以明經，或以博士弟子，或以功臣後，以至民産子者，大父母、父母之年高者，給崇高之祠者，莫不得復，其間美意至多。至東都所復，不過濟陽、元氏、南頓數邑，爲天子之私恩矣。」

按：周官及禮記所載，周家復除之法，除其征役而已，至漢則并賦税除之，豈漢之法優於周乎？曰：非也。蓋賦税出於田，而周人之田則皆受之於官。其在復除之例者，如所謂貴者、賢者、能服公事者〔五七〕，即公卿大夫以及庶人在官之流，皆受公田之禄以代耕，未嘗予之田而使之躬耕者也。所謂老者、疾者，則不能耕而不復給以田，且仰常餼於官者也。所謂新甿之遷徙者，則是未及授以田者也。此數色之人，既元無田，則何有於賦税？故只除其征役。至漢則田在民間，官不執授受之柄，亦無復應受與不應受之法矣，故在復除之例者並除其賦役也。然漢以後則官户之有蔭，至單丁或老疾者，除其役則有之，亦不復聞有除税之事矣。

魏黄初元年之後，始開太學。至太和、青龍中，中外多事，人懷避就，雖性非解學，多求詣太學。諸生有千數，而諸博士率皆麁疏，無以教弟子，弟子本亦避役，竟無能習學，冬來春去，歲歲如是。

王褒門人爲本縣所役，求褒爲屬。褒曰：「卿學不足以庇身，吾德薄，不足以蔭卿，屬之何益？且吾不捉筆已四十年。」乃步擔乾飯，兒負鹽豉，門徒從者千餘人。安邱令以爲見己，整衣出迎之於門，褒乃下道至土牛，磬揖而立，云門生爲縣所役，故來送别，執手涕泣而去。令即放遣諸生。

唐制：太皇太后、皇太后、皇后緦麻以上親，内命婦一品以上親，郡王及五品以上祖父兄弟，職事、勳官三品以上有封者若縣男父子，國子、太學、四門學生、俊士，孝子、順孫、義夫、節婦同籍者，皆免課役。凡主户内有課口者爲課户，若老及廢疾、篤疾、寡妻妾、部曲、客女、奴婢及視九品以上官，不課。四夷降户附以寬鄉，給復十年。奴婢縱爲良人，給復三年。没外蕃人〔五八〕，一年還者給復三年，二年者給復四年，三年給復五年。又詔諸宗姓未有職任者，不在徭役之限。

玄宗初立求治，蠲徭役者給蠲符，以流外及九品京官爲蠲使，歲再遣之。

白履忠召拜朝散大夫，乞還。吴兢謂之曰：「子素貧，不霑斗米匹帛，雖得五品何益？」履忠曰：「往契丹入寇，家取排門夫，吾以讀書，縣爲免。今終身高卧，寬徭役，豈易得哉！」

唐制：諸司捉錢户，皆給牒蠲免徭役。詳見雜征榷門。

宋真宗皇帝乾興元年，臣僚上言官勢户及將校衙前占田避役之害。見差役門。

仁宗時，初，官八品已下死者子孫役同編户，詔特蠲之。民避役者或竄名浮圖籍，號爲出家，趙州至千餘人，州以爲言，遂詔出家者須落髮爲僧，乃可免役。

神宗熙寧四年〔五九〕，頒募役法於天下。詔崇奉聖祖及祖宗陵寢神御寺院、宮觀，免納役錢〔六〇〕。諸旌表門閭有敕書及前代帝王子孫於法有蔭者，所出役錢依官户法，賜號處士非因技授者準此〔六一〕。

按：自熙寧助役之法既行，凡品官、形勢以至僧道、單丁該免役之科者，皆等第輸錢，無所謂復除矣。然數者之輸錢，輕重不等，其詳見户役門，兹更不備録。

中興以後，差役之法，品官限田有制，死亡子孫減半，蔭盡差役同編户。詳並見户役門。

## 校勘記

〔一〕按因差役破産者　按長編卷三五五、宋會要食貨六五之二五至二六俱載此語至下文「此農民之所以重困也」，爲司馬光元豐八年四月庚寅（二十七日）上疏中語。與本刊元祐元年二月司馬光上言不同。

〔二〕故自行免役法以來　「以」字原脱，據長編卷三五五元豐八年四月庚寅條、宋會要食貨六五之二六補。

〔三〕富室差得自寬而貧者困窮日甚　「室」原作「者」，「貧」原作「窮」，據長編卷三五五元豐八年四月庚寅條、宋會要食貨六五之二六改。

〔四〕又監司守令之不仁者　「者」字原脱，據長編卷三五五元豐八年四月庚寅條、宋會要食貨六五之二六補。

〔五〕臣愚以爲莫若直降敕命　「敕命」二字原倒，據長編卷三六五元祐元年二月乙丑條、宋會要食貨六五之三〇、温國文正司馬公文集卷四九乞罷免役錢依舊差役札子乙正。

〔六〕其諸色役人並依熙寧元年以前舊法人數　「色」字與「元年」二字原脱，據元本及宋史卷一七七食貨志上五、長編卷三六五元祐元年二月乙丑條、温國文正司馬公文集卷四九乞罷免役錢依舊差役札子補。

〔七〕諸州所差之人　「諸州所差」四字原脱，據宋會要食貨之三〇、温國文正司馬公文集卷四九乞罷免役錢依舊差役札子補。

〔八〕即令入役　「入」，宋會要食貨六五之三〇、温國文正司馬公文集卷四九乞罷免役錢依舊差役札子作「充」。

〔九〕若將帶却官物　「却」字原脱，據長編三六五元祐元年二月乙丑條、温國文正司馬公文集卷四九乞罷免役錢依舊差役札子補。

〔一〇〕則諸色公人盡得有根柢行止之人　「有」原作「其」，據長編卷三六五元祐元年二月乙丑條、温國文正司馬公文集卷四九乞罷免役錢依舊差役札子改。

〔一一〕諸公使庫設厨酒庫　「使」字原脱，據宋會要食貨六五之三一、温國文正司馬公文集卷四九乞罷免役錢依舊差役札子補。

〔一二〕軍大將管押　「大」字原脱，據長編卷三六五元祐元年二月乙丑條、宋會要食貨六五之三〇、温國文正司馬公文集卷四九乞罷免役錢依舊差役札子補。

〔一三〕若猶以衙前户力難獨任　「户」原作「爲」，據長編卷三六五元祐元年二月乙丑條、宋會要食貨六五之三一、温國文正司馬公文集卷四九乞罷免役錢依舊差役札子改。

〔一四〕不及此數者與放免　「放免」原互倒，據長編卷三六五元祐元年二月乙丑條、温國文正司馬公文集卷四九乞罷免役錢依舊差役札子乙正。

〔一五〕至三千餘萬貫石　「千」原作「十」，據元本、慎本、馮本及蘇東坡集奏議集卷二論給田募役狀改。

〔一六〕遂有輸納不給者耳　「給」原作「納」，據元本、慎本、馮本及宋史卷一七七食貨志上五改。

〔一七〕知衙前苦無陪備故以鄉户爲之　按欒城集卷三六論差役五事狀及宋會要食貨六五之四三作「衙前若無差遣，不聞有破産之人，以此故差鄉户」。

〔一八〕却令椿備募僱諸色役人之用　「却令」原作「今」，據慎本、馮本及宋史卷一七七食貨志上五改。

〔一九〕乞用見今在役人數定差　「役」字原脱，據元本、慎本、馮本及宋史卷一七七食貨志上五補。

〔二〇〕亦許以坊場坊郭錢爲用　「坊郭」二字原脱，據宋史卷一七七食貨志上五、欒城集卷三六論差役五事狀補。

〔二一〕遂罷官户寺觀單丁女户出錢助役法　「錢」字原脱。按宋會要食貨六五之四六載，元祐元年三月三日，從詳定役法所請，「官户、僧道、寺觀、單丁、女户出錢助役指揮勿行」，此處顯脱「錢」字，據補。

〔二二〕凡熙豐嘗立法禁以衙前及役人非理役使　「豐」原作「寧」，據宋史卷一七七食貨志上五改。

〔二三〕如一州錢不供用　「一」字原脱，據宋史卷一七七食貨志上五補。

〔二四〕其或有餘毋得妄用其或不足毋得減募增差　「毋得妄用其或不足」八字原脱，據元本、慎本、馮本及宋史卷一七七食貨志上五補。

〔二五〕及單丁女户官户寺觀第三等以上　「第」原作「等」，據宋史卷一七八食貨志上六、宋會要食貨六五之五五改。

〔二六〕及綱運公皂迓送餐錢　「皂」原作「早」，據元本及宋史卷一七八食貨志上六改。又「皂」，宋會要食貨六五之五六作「人」。

〔二七〕如合一鄉休役皆不及三年者　「三」原作「二」，據宋史卷一七八食貨志上六、長編卷四七〇元祐七年二月乙丑條、宋會要食貨六五之六二改。

〔二八〕則鄉差生疏之人非二三分不了　「分」原作「子」，據元本、慎本、馮本及欒城集卷四四論衙前及諸役人不便札子改。

〔二九〕則官府之弊有法可止　「止」原作「正」，據元本、慎本、馮本及欒城集卷四四論衙前及諸役人不便札子改。

〔三〇〕長名衙前除差三大户外　「三」原作「二」，據元本、慎本、馮本及欒城集卷四四論衙前及諸役人不便札子改。

〔三一〕及單丁女户官户自三等以上　按上文元祐元年九月詔，「官户」下有「寺觀」二字，疑此處有脱文。

〔三二〕許借坊場河渡及封樁錢以爲僱直　「直」字原脱，據宋史卷一七八食貨志上六補。

〔三三〕不得過一分　「得」字原脱，據宋史卷一七八食貨志上六、宋會要食貨六五之六四補。

〔三四〕取旨蠲免　「免」原作「減」，據宋史卷一七八食貨志上六改。

〔三五〕特責半輸　「特」原作「時」，據宋史卷一七八食貨志上六改。

〔三六〕顧令官户所減之數均入下户　「顧」原作「僱」，據元本、慎本、馮本及宋史卷一七八食貨志上六改。

〔三七〕高宗建炎二年　「二」原作「元」，據繫年要録卷一五建炎二年五月庚戌條、宋會要食貨六五之七六改。

〔三八〕今來招置弓手　「招」原作「詔」，據宋會要食貨六五之七六改。

〔三九〕官户所賴尤重　「尤」原作「猶」，據宋會要食貨六五之七六改。

〔四〇〕既而言者謂甲頭不便者有五　此下分叙，只舉其四，據宋會要食貨六五之七七，尚有第五事，疑此處脱漏。

〔四一〕小户丁少　「少」原作「小」，按宋會要食貨六五之七七，紹興元年九月十二日，臣僚言：「今置甲頭則不問物力丁口，雖至窮下之家但有二丁，則以一丁催科，既力所不辦，又無償補」云云，此處「小」顯爲「少」之誤，故改。

〔四二〕則通一路有萬萬人不容力穡　宋會要食貨六五之七七作「自一縣一州一路以往，則數十萬家不得服田力穡矣」。

〔四三〕依條只合管煙火　「合」原作「令」，據宋會要食貨六五之九四改。

〔四四〕殿中侍御史徐範言　「範」，宋會要食貨六六之三〇作「宏」。

〔四五〕淳熙十六年　「淳熙」二字原脱，據宋會要食貨六六之三〇補。

〔四六〕因伯叔或兄弟封贈者　「因」字原脱，據宋史卷一七八食貨志上六補。

〔四七〕其放停軍人及曾係公人　「放」原作「故」，據元本、慎本、馮本及宋史卷一七八食貨志上六改。

〔四八〕淳熙十一年　「淳熙」二字原脱。按承上文，此處係指乾道十一年，然乾道止九年，據宋會要食貨六六之二二至二三、皇宋中興兩朝聖政卷六一，監察御史謝諤上言義役事在淳熙十一年正月十六日，據補。

〔四九〕爲其里閭親識　「識」，隋書卷四二李德林傳作「戚」。

〔五〇〕猶致亡逸　「亡」原作「士」。按新唐書卷一一二韓琬傳「往者學生、佐史、里正每一員闕，擬者十人，今當選者亡匿以免」，此處「士」當爲「亡」之誤。本書卷一二職役考一引韓琬陳時政上疏正作「亡」，據改。

〔五一〕以其新徙　「新」原作「親」，據禮記王制疏改。

〔五二〕蜀漢民給軍事勞苦　「苦」原作「者」，據漢書卷一上高帝紀上改。

〔五三〕皆復終身　「終」原作「其」，據漢書卷一下高帝紀下改。

〔五四〕詔吏二千石入蜀漢定三秦者　「石」字原脱。按漢書卷一下高帝紀下，十二年三月詔：「吏二千石徙之長安，受小第室；入蜀、漢定三秦者皆世世復。」此處顯脱「石」字，據補。

〔五五〕詔諸有大父母父母喪者勿繇事使得收斂送終盡其子道　「諸」、下「父母」、「收斂」、「盡其子道」原脱，據元本、慎本、馮本及漢書卷八宣帝紀補。

〔五六〕幸汝南南頓縣　原脱一「南」字，據元本、慎本、馮本及後漢書卷一下光武帝紀下補。

〔五七〕能服公事者　據上文貴者賢者能者及周禮鄉大夫，「能」下當有「者」字。

〔五八〕没外蕃人　「没」原作「役」，據新唐書卷五一食貨志一改。

〔五九〕神宗熙寧四年　「四」原作「二」，據長編卷二二七熙寧四年十月壬子條、皇朝編年綱目備要卷一九改。

〔六〇〕詔崇奉聖祖及祖宗陵寢神御寺院宫觀免納役錢　據宋史卷一五神宗紀二、長編卷二四一，此詔乃熙寧五年十二月戊寅事。此處失書紀年。

〔六一〕諸旌表門閭有敕書及前代帝王子孫於法有蔭者所出役錢依官户法賜號處士非因技授者準此　據本書卷一二職役考一、長編卷二五六，此乃熙寧七年九月壬子事，此處失書紀年。又「帝王」二字原脱，據同上二書補。

# 卷十四　征榷考一

## 征商 關市

周官司市：國凶荒札喪，則市無征而作布。有災害，物貴，市不稅，爲民困乏也。金銅無凶年，因物貴，大鑄泉以饒民。廛人掌斂市絘布、總布、質布、罰布、廛布，而入於泉府。布，泉也。鄭司農云：「絘布，列肆之稅布。」杜子春云：「總當爲儳，謂無肆立持者之稅也。」玄謂：「總讀如租穟之穟。穟布，謂守斗斛銓衡者之稅也。質布者，質人之所罰犯質劑者之泉也。罰布者，犯市令者之泉也。廛布者，貨賄諸物邸舍之稅。」凡屠者斂其皮角筋骨，入於玉府。以當稅給，作器物也〔一〕。凡珍異之有滯者，斂而入於膳府。

孟子曰：「市廛而不征，法而不廛，則天下之商皆悅，而願藏於其市矣。關譏而不征，則天下之旅皆悅，而願出於其塗矣。」集注：「廛，市宅也。張子曰：『或賦其市地之廛而不征其貨，或治之以市官之法而不賦其廛。蓋逐末者多則廛以抑之，少則不必廛也。』譏，察也，察異服異言之人而不征商賈之稅也。」

又曰：「古之爲市者，以其所有易其所無者，有司者治之耳。有賤丈夫焉，必求龍斷而登之，以左右望而罔市利，人皆以爲賤，故從而征之，征商自此賤丈夫始矣。」集注：「治之，謂治其爭訟。

龍斷，罔壟之斷而高也。左右望者，欲得此而又取彼也。罔，謂罔羅而取之也。從而征之，謂人惡其專利，故就征其税，後世緣此遂征商人也。」

按：如孟子之説，可以見古今關市征斂之本意。蓋惡其逐末專利而有以抑之，初非利其貨也。

漢高祖接秦之弊，諸侯並起，民失作業而大飢饉，凡米一石五千。乃約法省禁，量吏禄，度官用，以賦於民。而山川、園池、市肆租税之入，自天子至於封君湯沐邑，皆各自爲私奉養，不領於天下經費。言各收其所賦税以自供，不入國朝之庫倉也。經，常也。又令賈人不得衣絲乘車，重租税以困辱之。

石林葉氏曰：「高祖禁賈人毋得衣錦、綉、綺、縠、絺、紵、罽，操兵，乘、騎馬，其後又禁毋得爲吏與名田。凡民一算〔一〕，商賈獨倍，其賤之至矣。凡賈皆有籍，謫以戍邊者七科：吏有罪一，亡命二，贅婿三，而賈人四，故有市籍五，父母有市籍六，大父母有市籍七。雖非先王之政，然敦本抑末，亦後世所不能行也。」

孝惠、高后時，爲天下初定，復弛商賈之律，然市井子孫亦不得仕宦爲吏。

文帝時，鼂錯説上曰：「商賈大者積貯倍息，小者坐列販賣，操其奇贏，日游都市，乘上之急，所賣必倍。故其男不耕耘，女不蠶織，衣必文采，食必粱肉，亡農夫之苦，有千百之得。因其富厚，交通王侯，力過吏勢，以利相傾。千里游敖，冠蓋相望，乘堅策肥，履絲曳縞。此商人所以兼并農人，農人所以流亡也。今法律賤商人，商人已富貴矣；尊農夫，農夫已貧賤矣。故俗之所貴，主之所賤；吏之所卑，法之所尊。上下相反，好惡乖迕，而欲國富法立，不可得也。」

按：漢初鑄錢，輕於周、秦，一時不軌逐末之民，蓄積餘贏，以稽市物，不勤南畝，而務聚貨。於是立法，崇農而抑商，入粟者補官，而市井子弟至不得爲吏，可謂有所勸懲矣。然利之所在，人趨之如流水，貨殖傳中所載，大抵皆豪商鉅賈，未聞有以力田致富者。至孝武時，東郭咸陽以大鬻鹽，孔僅以大冶領大司農，桑弘羊以賈人子爲御史大夫，而前法盡廢矣。

武帝元光六年，初算商車〔三〕。始稅商賈車船，令出算。

先公曰：「武帝承文、景富庶之後，即位甫一紀耳，征利已至於此。然則府庫之積，其可恃哉！興利之臣不知爲誰。時鄭當時爲大司農，以他日薦桑弘羊、咸陽、孔僅觀之，益可疑也。政使非其建白，亦任奉行之責矣。漢人多言汲、鄭，其實當時非黯比也。黯奮不顧身，以折功利之衝，當時乃薦掊刻之人，以濟武帝之欲，烏得並稱哉！」

元狩四年，初算緡錢。

公卿請令諸賈人末作各以其物自占，率緡錢二千而一算。此謂儲緡錢者也〔四〕，隨其用所施，施於利重者，其算益多。諸作有租及鑄，以手力所作而賣之。率緡錢四千一算。手作者得利差輕，故算亦輕。已上皆算緡錢之法。非吏比者、三老、北邊騎士，軺車以一算〔五〕；凡民不爲吏，不爲三老、騎士，苟有軺車〔六〕，皆出一算。商賈軺車二算。商賈則重其賦也。已上算車之法。元光只算商車，至是，民庶皆不免。船五丈已上一算。商賈之船。匿而能告者，以半畀之。所謂告緡也。賈人無得籍名田，以便農，犯者没入。

按：算緡錢之法，其初亦只爲商賈居貨者設，至其後，告緡遍天下，則凡不爲商賈而有蓄積者皆被害矣，故擇其關於商賈者登載於此，而餘則見雜征榷門。

太初四年，徙弘農都尉治武關，稅出入者，以給關吏卒食。

王莽篡位，於長安及五都立五均官，令工商能採金銀銅連錫、登龜取貝者，皆自占司市錢府，順時氣而取之。諸取衆物、鳥獸、魚鱉、百蟲於山林水澤及畜牧者，嬪婦桑蠶、織紝、紡績、補縫，工匠醫巫卜祝及他方技〔七〕、商販、賈人坐肆列里區謁舍，居處所在爲區。謁舍，今客店。皆各自占所爲於其所在之縣官，除其本，計其利，十一分之，而以其一爲貢。敢不自占，占不以實，盡没入所采取。

按：莽之法，既榷商賈之貨而取其十一，又效商賈之爲而官自買賣。今録其關於征商者於此，而餘則見市糴考。

晉自過江，至於梁、陳，凡貨賣奴婢、馬牛、田宅，有文券，率錢一萬輸估四百入官，賣者三百，買者一百；無文券者，隨物所堪，亦百分收四，名爲散估。歷宋、齊、梁、陳如此，以爲常。以人競商販，不爲田業，故使均輸，欲爲懲勵。雖以此爲辭，其實利在侵削。

宋孝武大明八年，詔：「東境去歲不稔，宜廣商貨〔八〕。遠近販鬻米粟者，可停道中雜稅。」自東晉至陳，都西有石頭津〔九〕，東有方山津，各置津主一人，賊曹一人，直水五人，以檢察禁物及亡叛者。荻炭魚薪之類過津〔一〇〕，並十分稅一以入官。淮水北有大市百餘〔一一〕，小市十餘所，大市備置官司〔一二〕，稅斂既重，時甚苦之。

後魏明帝孝昌二年，稅市入者，人一錢，其店舍又爲五等，收稅有差。

北齊黄門侍郎顔之推奏請立關市邸店之税，開府鄧長顒贊成之，後主大悦。於是以其所入以供御府聲色之費，軍國之用不在此焉。稅僧尼令曰：「僧尼坐受供養，游食四方，損害不少，雖有薄斂，何足爲也！」

後周閔帝初，除市門税。及宣帝即位，復興入市之税，每人一錢。

隋文帝受禪，除入市之税。

唐武后長安二年，鳳閣舍人崔融上議曰：「臣伏見有司税關市事條，不限工商，但是行人盡税者。

臣謹按：周禮九賦，其七曰關市之賦。竊惟市縱繁雜，關通末游，欲令此徒止抑，所以咸增賦税。夫關市之税者，唯斂出入之商賈，不税往來之行人。何四海之廣，九州之雜，關必據險路，市必憑要津。若乃富商大賈，豪宗惡少，輕死重氣，結黨連群，喑嗚則彎弓，睚眦則挺劍。小有失意，且猶如此，一旦變法，定是相驚。非唯流迸齊人，亦自擾亂殊俗。求利雖切，爲害方深。而有司上言，不識大體，徒欲益帑藏，助軍國，殊不知軍國益擾，帑藏愈空。且如天下諸津，舟航所聚〔一三〕，洪舸巨艦，千軸萬艘，交貨往還，昧旦永日。今若江津河口置鋪納税〔一四〕，納税則檢覆，檢覆則遲留。此津纔過，彼鋪復止，非唯國家税錢，更遭主司僦賂。何則？關爲御暴之所〔一五〕，市爲聚人之地，税市則人散，税關則暴興，暴興則起異圖，人散則懷不軌。况澆風久扇，變法爲難，徒欲禁末游、規小利，豈知失玄默、亂大倫乎？古人有言：『王者藏於天下，諸侯藏於百姓，農夫藏於庾，商賈藏於篋。』惟陛下詳之。必若師興有費，國儲多窘，即請倍算商客，加斂平人。如此則國保富强，人免憂懼，天下幸甚。」

德宗時，趙贊請諸道津會置吏閱商賈錢，每緡税二十，竹木茶漆税十之一，以贍常平本錢。帝納其策。屬軍用迫蹙，亦隨而耗竭，不能備常平之積。

文宗太和七年，御史臺奏：「太和三年赦文，天下除兩稅外，不得妄有科配，其擅加雜榷率一切宜停，令御史臺嚴加察訪者。臣伏以方今天下無事，聖政日躋，務去煩苛，與民休息。臣昨因嶺南道擅置竹練場，稅法至重，害人頗深，博訪諸道，委知自太和三年準赦文兩稅外停廢等事，旬月之內，或以督察不嚴，或以長吏更改，依前却置，重困齊人。伏望今後自太和三年準赦文所停，兩稅外科配雜榷等率復却置者，仰敕到後十日内，具却置事由聞奏〔一六〕，仍申報臺司，每有出使郎官、御史，令嚴加察訪，苟有此色，本判官重加懲責，長吏奏聽進止。」旨依。

開成二年十二月，武寧軍節度使薛元賞奏：「泗口稅場，應是經過衣冠商客，金銀、羊馬、斛斗、見錢、茶鹽、綾絹等，一物已上並稅。今商量其雜稅物請停絶。」敕旨：「淮、泗通津，向來京國自有率稅，頗聞怨讟。今依元賞所奏，並停其所置官司，所由悉罷。所有泗口稅額，準徐泗觀察使今年前後兩度奏狀，内竪共得錢一萬八千五十五貫文。内十驛一萬一千三百貫文，委户部每年以實錢逐近支付，泗、宿二州以度支上供錢賜充本軍用，其他未贍，委任才臣〔一七〕，共息怨咨，以泰行旅。」

後周顯德五年，敕諸道州府，應有商賈興販牛畜者，不計黄牛、水牛，凡經過處並不得抽稅；如是貨賣處，秖仰據賣價每一千抽稅錢三十，不得别有邀難。

按：鬻賣而有稅，理也。經過而有稅，非理也。觀此，則其來已久，而牛畜之外，餘物俱有過稅，商旅安得願出其塗乎？

宋太祖皇帝建隆元年，詔所在不得苛留行旅齎裝，非有貨幣當算者，無得發篋搜索。又詔榜商稅則例於務門，無得擅改更增損及創收。

止齋陳氏曰：「此薄稅斂初指揮也。恭惟我藝祖開基之歲，首定商稅則例，自後累朝守爲家法，凡州縣小可商稅，不敢專擅創取，動輒奏稟三司取旨行下。謹按景德四年，三司鹽鐵商稅按奏：『據濱州監稅李忠恕狀，準條，銀每兩稅錢四十文，其專欄等却稱銀元來不納稅錢事。省司檢會景德元年二月二十二日敕令，將銀出京城門往諸路州軍者，並須於在京稅務納錢，每兩四十文，不降指揮，只是條貫。自京出門，其濱州稅務元不收稅，合依久例，不得創收。』天禧四年，福建轉運司奏：『尚書屯田員外郎方仲荀奏，乞收福建枋木稅，每估一貫稅一百文。本司勘會祥符編敕，每木十條抽一條訖，任販貨賣，不收商稅。』天聖七年，福建運司奏：『福州商稅有當增收錢者八，當減錢者五，當不收錢者十，當創收錢者十二。』有旨，創收、增收並不行，餘依奏。以此見當時州郡小可商稅不敢專擅創收，動須奏稟，而漕臣、省司亦不敢輒從所請，横改條法。至淳化三年，令諸州縣有稅，以端拱元年至淳化元年收到課利最多錢數，立爲祖額，比校科罰。蓋商稅額比較自此始。及王安石更改舊制，增減稅額，所申省司不取旨矣。熙寧三年九月，中書劄子：『詳定編敕所參詳，自來場務課利增虧，並自本州保明三司，立定新額，始牒轉運司令本處趁辦，往復經動年歲，虚有留滯，莫若令本州自此立定祖額比較。』有旨從之，而本州比較自此始，商稅輕重皆出官吏之意，有增而無減矣。政和間，漕臣劉既濟申明於則例外增收一分稅錢，而一分增收稅錢窠名自此起。至今以五分充州用，五分充轉運司上供，謂之五分增收錢。紹興二年，令諸路轉運司量度州縣收税緊慢，增添税額三分或五分，而三五分增收税錢窠名自此始。至今以十分爲率，三分本州，七分隸經總制司，謂之七分增税錢，而商税之重極於今日。」

李重進平，以宣徽北院使李處耘知揚州〔一八〕，樞密直學士杜韡監州税。

止齋陳氏曰：「以朝臣監州税始於此，蓋收方鎮利權之漸，然是時初未以此置官也。據太宗實録，上謂趙普等曰：『王仁贍縱吏爲姦，諸州場院皆隱没官錢。朕初即位，悉罷去，分命使臣掌其事，利入遂數倍。』以此見諸州監當分差使臣自太宗始。雍熙三年始著於令，監當使臣、京朝官並三年替，仍委知州、通判提舉之，遂爲定員。」

關市之税，凡布帛、什器、香藥、寶貨、羊彘，民間典賣莊田、店宅、馬牛、驢騾、橐駞，及商人販茶鹽，皆算，有敢藏匿物貨，爲官司所捕獲，没其三分之一，以其半畀捕者。販鬻而不由官路者罪之。有官須者十取其一，謂之抽税。自唐室藩鎮多便宜從事，擅其征利，其後諸國割據，掊聚財貨以自贍，故征算尤繁。宋朝每克復疆土，必下詔蠲省。凡州縣皆置務，關鎮或有焉，大則專置官監臨，景德二年，詔諸路商税年額及三萬貫以上，審官院選親民官臨涖。小則令、佐兼領，諸州仍令都監、監押同掌之。行者齎貨，謂之過税，每千錢算二十；居者市鬻，謂之住税，每千錢算三十。大約如此，然無定制，其名物各從地宜而不一焉。

開寶六年，詔嶺南商賈齎生藥者勿算。

先是，僞蜀時，部民凡嫁娶，皆籍其幃帳粧奩之數，估價抽税，是年，詔除之。

太宗淳化二年，詔曰：「關市之租，其來舊矣。用度所出，未遑削除，征算之條，當從寬簡。宜令諸路轉運使以部内州軍市征所算之名品，共參酌裁減，以利細民。」又詔：「除商旅貨幣外，其販夫、販婦細碎交易，並不得收其算。常稅名物，令有司件析揭榜，頒行天下。」

至道元年，詔兩浙諸州紙扇、芒鞵及他細碎物皆勿稅〔一九〕。

二年，詔民間所織縑帛非出鬻於市者勿得收算。

真宗景德三年〔二〇〕，除杭、越等十三州軍稅鵝鴨年額錢。

大中祥符五年〔二一〕，詔京東西、河北、陝西、江淮南民以柴薪渡河津者勿稅。

大中祥符六年〔二二〕，詔免諸路州軍農器收稅。

熙寧十年以前天下諸州商稅歲額：

四十萬貫以上：

東京　成都（二十一務）　興元（三務）

二十萬貫以上：

蜀（九務）　彭（八務）　永康（五務）　梓（二務）　遂（二務）

十萬貫以上：

開封（二十三務）　壽（八務）　杭（十三務）〔二三〕　眉（二務）　綿（二務）　漢（二務）　嘉（八務）　邛（十九務）　簡（四務）　果（一務）　戎（三務）　瀘（六務）　合（一務）　懷安（三務）　利（三務）　閬（一務）　劍（七

務）　三泉縣（二務）　夔（二務）

五萬貫以上：

西京（二十六務）　北京（二十四務）〔二四〕　徐（七務）　鄆（十二務）　祁（三務）〔二五〕　潁（十一務）　滄（二十二務）　博（十四務）　棣（十一務）　秦（十九務）〔二六〕　德（十三務）　京兆（十二務）　楚（八務）　真（五務）　廬（六務）　成（五務）　揚（七務）　蘄（八務）　無爲（八務）　資（一務）　高郵（八務）　蘇（五務）　普（一務）　昌（三十八務）　洋（八務）　興（二務）　大寧監（一務）　達（一務）　施（五務）　涪（六務）

五萬貫以下：

南京（九務）　青（十務）　齊（三十一務）〔二七〕　沂（五務）　兖（九務）　淮陽（二務）　濟（六務）　單（五務）　濮（八務）〔二八〕　襄（八務）　鄧（七務）　許（十務）　蔡（十六務）　陳（六務）　滑（七務）〔二九〕　澶（十務）　瀛（七務）　濱（六務）〔三〇〕　恩（六務）〔三一〕　鳳（四務）　永靜軍（九務）〔三二〕　真定（十五務）　河中（十一務）　陝（六務）　并（九務）　延（十六務）〔三三〕　鳳翔（十五務）　亳（十一務）　舒（十九務）　宿（九務）　光（七務）　黄（九務）　湖（十務）　婺（八務）　秀（七務）　信（八務）　洪（十一務）　吉（七務）　潭（七務）　榮（一務）　雅（十一務）　廣安（三務）　富順監（一務）　巴（五務）　蓬（一務）　雲安（二務）　福（十二務）　黔（七務）　忠（二務）　萬（六務）　渝（三務）

三萬貫以下：

密（六務）　登（四務）　萊（四務）　濰（三務）　曹（四務）　淄（十一務）　郢（二務）　唐（五務）　孟（七務）

汝（十務） 鄭（九務） 冀（七務） 雄（一務） 相（七務） 邢（七務） 定（十七務） 懷（八務） 衛（八務） 洺（九務） 深（五務） 磁（十一務） 趙（六務） 保（一務） 永寧（一務） 華（八務） 通利（三務） 同（十一務） 耀（九務） 邠（四務） 解（五務） 慶（十一務） 商（四務） 寧（六務） 環（六務） 澤（四務）〔二四〕 隴（八務） 渭（十八務） 階（二務） 德順（一務） 乾（八務） 通遠（一務） 潞（六務） 晉（六務） 絳（六務） 汾（五務） 海（四務） 泰（七務） 泗（七務） 滁（四務） 和（六務） 濠（四務） 漣水（二務） 越（九務） 潤（六務） 明（五務） 常（五務） 温（六務） 台（八務） 處（七務） 衢（八務） 睦（六務） 江寧（五務） 宣（九務） 歙（六務） 江（六務） 池（十一務） 饒（六務） 太平（八務） 南康（七務） 虔（六務） 廣德（二務） 袁（九務） 興國（二務） 臨江（五務） 衡（一務） 江陵（十四務） 鄂（八務） 安（五務） 岳（十一務） 黎（一務） 漢陽（三務） 荆門（二務） 文（六務） 龍（二務） 集（七務） 壁（一務）〔二五〕 南劍（十三務）〔二六〕 開（一務） 建（七務） 泉（九務） 汀（八務） 漳（十務） 廣（十四務） 昌化（三務） 潮（五務）

一萬貫以下：

隨（三務） 金（十七務） 均（三務） 信陽（二務） 莫（三務） 霸（三務） 乾寧（一務） 信安（一務） 鄜（五務） 虢（四務） 坊（四務） 岷（三務） 原（六務） 儀（四務） 府（二務） 代（十九務） 隰（九務） 忻（一務） 石（六務） 遼（五務） 威勝（五務） 平定（四務） 南安（三務） 建昌（二務） 通（二務） 桂陽（二務） 鼎（四務） 澧（四務） 陵井監（四務） 峽（五務） 梁山（一務） 邵武（三務） 康（十六務） 南

雄（六務） 英（八務）

五千貫以下：

廣濟（一務） 房（一務） 保安（一務）〔三七〕 安肅（一務） 丹（四務） 廣信（一務） 順安（二務） 保安（三十務）〔三八〕 鎮戎（六務） 熙（一務） 慶成（二務） 鄜（五務）〔三九〕 憲（一務） 嵐（三務） 慈（二務） 寧化（一務） 火山（一務） 岢嵐（一務） 保德（一務） 撫（二務） 大通監（二務） 江陰（三務） 筠（三務） 永（三務） 郴（一務） 邵（三務） 全（二務） 歸（一務） 辰（一務） 沅（四務） 復（二務） 茂（一務） 南平（三務） 興化（八務） 循（四務） 韶（十三務）〔四〇〕 連（四務） 賀（二十一務） 封（三務） 端（一務） 新（一務） 南恩（一務） 惠（四務） 梅（二務） 春（九務） 桂（十四務） 容（五務） 邕（一務） 象（七務） 融（二務） 昭（十二務） 梧（一務） 藤（一務） 龔（一務） 潯（三務） 貴（十一務） 柳（九務） 宜（五務） 賓（四務） 橫（三務） 化（五務） 高（六務） 雷（二務） 白（一務） 欽（一務） 鬱林（二務） 萬安（一務） 朱崖（一務）〔四一〕 廉（五務） 瓊（一務） 蒙（一務） 竇（二務） 南儀（一務）

按：天下商稅惟四蜀獨重，雖夔、戎閒小壘，其數亦倍蓰於内地之壯郡。然會要言四蜀所納皆鐵錢，十纔及銅錢之一，則數目雖多，而所取亦未爲甚重。而熙寧十年以後再定之額，他郡皆增於前，而四蜀獨減於舊，豈亦以元額偏重之故歟？

仁宗時，詔場務歲課倍增者，乃增使臣一員監臨。又詔取一歲中數爲額，後雖羨益勿增，仍毋得抑配人户、苛留商賈，求羨餘以希賞。詳見酒稅門。

天聖中，有請算緡錢以助給費者〔四二〕，仁宗曰：「貨泉之利，欲流天下而通有無，何可算也。」不許。又詔有司裁定歲課，或不登而州縣責衙前備償者，立命罷之。

神宗熙寧元年，詔：「三路支移，或民以租賦齎貨至邊貿易以輸官者毋稅〔四三〕。石炭自懷至京不征。流民復業者，所過免算。」

四年，詔三司：「凡民承買酒麴、坊場，率千錢輸稅五十，儲之以禄吏。」

七年，詔減國門稅數十種，錢不滿三十者蠲之。其先，外城二十門皆責以課息，近止令隨其閑要分等，以檢捕獲失之數爲賞罰。既而以歲旱，復有是命。

八年，手詔問中書，賈販之物法不稅者，其市利錢當輸否？時有司創稅賈物之入京者，謂之市利錢，以禄吏。帝疑焉，故問之。

鄭俠奏議跋後云：「建言者以諸門及本務稅錢額虧折，皆是官員饒稅過多，而吏人受財，公共偷瞞，不知乃爲市易拘攔商旅入務官買，以致商旅不行，稅乃大虧也。遂立條約，專攔皆有食錢，官員不得饒稅。專攔取錢依倉法，官員妄饒稅，並停替，仍會問諸處，每商旅納官稅一百文，即專攔所得市利錢幾何。諸處申，約官稅一百，專攔等合得事例錢十文。官中遂以爲定例，每納稅錢一百文，别取客人事例錢六文，以給專攔等食錢。已而市易司作弊，於申收事例錢項，即聲説所收不及十文亦收十文，此明爲所收事例錢不及十文亦收十文，及法行，乃謂所收之稅不及十文亦收事例錢十文。只如苧麻一斤收錢五文，山豆根一斤收錢五文，却問客人别要事例錢一十文。本門爲不便申省，及市易司並不施行，致客人爲事例錢故，屢與專攔相拖拽，云：『我官錢十文納了，你却問我要甚事例錢？』必須取條貫分明詳諭，方肯納錢而去。不三五日間，適因三月二十六日奏狀，准三月二十七日聖旨，市利錢三百文以下税錢者，皆無市利錢矣。看詳，有司當立法時，取專攔所得事例錢以供專攔逐月食錢，不曰事例錢，而以市利名之者，蓋取孟子所謂『有賤丈夫左右望而罔市利』之意以爲名，是賤之也，又從而多取之以益官，豈不繆哉！宜乎聖上聞之，自三百以下税錢，並不收市利也。」

哲宗元祐元年，從户部之請，在京商税院酌取元豐八年錢五十五萬二千二百六十一緡有奇，以爲新額，自明年始。

八年，商人載米入京糶者，力勝税權蠲。

兵部尚書蘇軾上言：「臣聞穀太賤則傷農，太貴則傷末。是以法不税五穀，使豐熟之鄉商賈争糴，以起太賤之價；災傷之地舟車輻湊，以壓太貴之直。自先王以來，未之有改也。而近歲法令始有五穀力勝税錢，使商賈不行，農末皆病，廢百王不刊之令典，而行自古所無之弊法，百世之下，書之青史，曰：『收五穀力勝税錢，自皇宋某年始也。』臣切爲聖世病之。臣頃在黄州，親見累歲穀熟，農夫連車載米入市，不了鹽酪之費，所蓄之家日夜禱祠，願逢飢荒。又在浙西，累歲親見水災，中民之家有錢無穀，被服珠金，餓死於市。此皆官收五穀力勝税錢，致商賈不行之咎也。臣聞以物與人，物盡而止；以法活人，法行無窮。今陛下每遇災傷，捐金帛，散倉廩，自元祐以來，蓋所費數千萬貫石，而餓殍流亡不爲少衰。只如去年浙中水災，陛下使江西、湖北僱船運米〔四〕，以救蘇、湖之民，蓋百餘萬石，又計糴本、水脚，官費不貲，而客船被差雇者，皆失業破産，無所告訴。與其官司費耗爲害如此，何似削去近日所立五穀力勝税錢一條，只行天聖附令免税指揮，則豐凶相濟，農末皆利，縱有水旱，無大飢荒。雖目下稍失課利，而災傷之地，不必盡煩陛下出捐錢穀如近歲之多也。今元祐編敕，雖云災傷地分，雖有例亦免，而穀所從來，必自豐熟地分，所過不免收税，則商賈亦自不行。議者或欲立法，如一路災傷，則鄰路免税，一州災傷，則鄰州亦然。雖比今之法小爲疏通〔四五〕，而隔一州一路之外，豐凶不能相救，未爲良法，須是盡削近歲弊法，專用天聖附令指揮，乃爲通濟。臣竊謂若行臣言，税錢亦必不至大段失陷。何也？五穀無税，商賈必大通流，不載見錢，必有回貨。見錢、回貨，自皆有税，所得未必減於力勝，而災傷之地有無相通，易爲賑救，官司省費，其利不可勝計。今肆赦甚近，若得於赦書帶下，光益聖德，收結民心，實無窮之利。取進止。」

徽宗大觀元年，凡典買牛畜、舟車之類，未印契者，更期以百日，免倍税。建中靖國初有此令，至是蠲之。二年，詔在京諸門，凡民衣屨、穀菽、鷄魚、果蔬、炭柴、磁瓦器之類，並蠲其税，歲終計所蠲，令大觀庫給償。

重和元年，以臣僚言，凡民有遺囑并嫁女承書，令輸錢給印文憑；其絲綿縑帛即其鄉聚市鬻者，亦令先歷近地場務請税。尋皆罷之。　八月，臣僚又言，税物由便道者，請令批引致務參驗并税之。詔户部下諸路漕司計畫以行。

宣和二年，宫觀、寺院、臣僚之家爲商販者，令關津搜閲，如元豐法輸税，歲終以次數報轉運司取旨。

初，元符令，品官供家服用之物免税。至建中靖國初，馬、牛、駝、騾、驢已不入服用之例，而比年臣僚營私謀利者衆，宫觀、寺院多有免税專降之旨，皆以船艘賈販，州縣無孰何之者，故有是詔。

三年，兩浙、淮西等路，税例外增一分者勿取。其先，漕臣被旨起應奉物，乃增税以更費。至是，御筆罷之。

欽宗靖康元年，詔：「都城物價未平，凡税物，權更蠲税一年。」

高宗建炎元年，詔：「京城久閉，道路方通，有販貨上京者，與免税。」又詔應殘破州縣合用竹木磚瓦並免收税。又詔北來歸正人、兩淮復業人，在路不得收税。又詔於平江崑山縣江灣浦量收海船税，應官司回易諸軍收買物色，依條收税。蓋寧於海道取給軍需，而不以病民也。又慮税網太密，詔減併一百三十四處，減罷者九處，免過税者五處。至於牛、米、柴、麵，民間日用所需，並與罷税。

孝宗隆興之初，招集流民，凡兩淮之商旅、歸正人之興販，並與免税。州縣續置税場不曾申明去處，並罷之。又詔鄉落墟市貿易皆從民便，不許人買撲收税，減罷州縣税務甚多。

光宗復罷楚州、雅州管下鎮務，減臨安府富陽、餘杭税額。

寧宗時，減罷州縣税務亦不一。

關市之征日以蠲免，中興列聖仁民之心何如哉！其間貪吏並緣，苛取百出，紹興二十一年六月，臣僚言諸州額外征取，止資公庫。無名妄用，乞令監司檢察。私立税場，算及緡錢、斗米、菜茹、束薪之屬。乾道四年，詔諸州縣不得私置税場，邀阻客旅。嘉定五年四月，臣僚言廣中無名場税在在有之，若循之洊頭、梅之梅溪，皆深村山路，略通民旅，私立關津，緡錢、㪷米、菜茹、束薪，並令輸税〔四六〕。或擅用稽察、措置，乾道九年二月，詔諸縣税場於正官外擅置稽察、措置等官，許民户越訴。添置專攔收檢，紹興十年九月，敕：「諸路税務置專攔外，類皆過數招收，并有監官、親隨之類，通同接取，可令禁止。」淳熙五年四月，臣僚言池州鴈汊等處，攔頭妻子直入船内搜檢，謂之女攔頭。與吾民相刃相靡，不啻讎敵。虚市有税，空舟有税，乾道六年閏月，臣僚言：「重征莫甚於沿江，凡泝流而上，至於荆峽，虚舟往來，謂之『力勝』；舟中無重貨，謂之『虚喝』；宜征百金，先抛千金之數〔四七〕，謂之『花數』，騷擾不一，乞嚴禁止。」從之。以食米爲酒米，以衣服爲布帛，皆有税。紹興三十二年八月，都省言專攔騷擾，甚者指食米爲酒米，指衣服爲布帛。遇士夫行李則搜囊發篋，目以興販。紹興二十五年十二月，敕：「訪聞場務利於所入，以至士夫、舉子道路之費，搜篋倒囊，一切攔税，可令禁止〔四八〕。」甚者，貧民博易瑣細於村落，指爲漏税，輒加以罪。嘉定八年二月，臣僚言：「濱江之民，擔負魚鮓於村落博賣，未嘗經涉城市，亦誣其漏税而加之罪。或遇溪簰販運火柴，每束亦收五六文錢。乞嚴行覺察。」從之。空身行旅，亦白取金，百方紆路避之，則攔截叫呼。嘉定五年四月，臣僚言廣中場。或有貨物，則抽分給賞，斷罪倍輸，倒囊而歸矣。嘉定五年四月臣僚言。聞者咨嗟，則指曰：「是大小法場也。」紹興二十二年，臣僚言蘄之蘄陽、江之湖口、池州之鴈汊税務，號爲大小法場。是以中興以來，申明越津攔税之禁，上曰：「昨見河朔有步擔負米，尤爲所害。其專攔有在十里外私自收税者，况舟船之利多於步擔，其擾可知。」紹興三十二年三月，臣僚言州縣多遣人於三二十里外拘攔税物，以發關引爲名，乞禁止。乾道四年九月，詔不得離縣五里外攔掠村民。紹興四年三月，嘉定八年二月，皆有禁。其場務税賞不許引用，倘於祖額外有剩數〔四九〕，聽其累賞，是道天下重征。其告漏税不實者坐之。慶元六年五月詔。其有合税者，照自來則例，不得欺詐騷擾，如例外多收頭子錢〔五〇〕，許民越訴。紹熙元年十一月。其赴務投税者，不得截留收買。慶元五年四月詔。列聖之禁戢吏姦也如此，是宜商賈之利通而民生之用足，雖中興再造，民力已竭，而不至於甚困者，皆此之由也。

## 校勘記

〔一〕作器物也 「物」字原脱，據周禮廛人注補。

〔二〕凡民一算 「算」原作「等」。按漢書卷二惠帝紀，六年冬十月辛丑條應劭注：「漢律，人出一算，算百二十錢，唯賈人與奴婢倍算。」此處「等」顯爲「算」之誤，據改。

〔三〕初算商車 「車」原作「賈」，據漢書卷六武帝紀改。

〔四〕此謂儲緡錢者也 「儲」原作「儲」，據史記卷三〇平準書集解引臣瓚注、漢書卷六武帝紀臣瓚注改。

〔五〕軺車以一算 「軺」原作「輕」，據史記卷三〇平準書、漢書卷二四下食貨志下改。

〔六〕苟有軺車 「軺」原作「輕」，據漢書卷二四下食貨志下師古注改。

〔七〕工匠醫巫卜祝及他方技 「巫」字與「祝」字原脱，據漢書卷二四下食貨志下補。

〔八〕宜廣商貨 「貨」原作「賈」，據宋書卷六孝武帝紀改。

〔九〕都西有石頭津 「都」字原脱，據隋書卷二四食貨志、册府元龜卷五〇四邦計部關市補。

〔一〇〕荻炭魚薪之類過津 「過」原作「小」，據隋書卷二四食貨志改。

〔一一〕淮水北有大市百餘 「百」原作「自」，據隋書卷二四食貨志、册府元龜卷五〇四邦計部關市改。

〔一二〕大市備置官司 「大市」二字原脱，據隋書卷二四食貨志、册府元龜卷五〇四邦計部關市補。

〔一三〕舟航所聚　「航」原作「行」，據舊唐書卷九四崔融傳、册府元龜卷五〇四邦計部關市改。

〔一四〕今若江津河口置鋪納稅　「納稅」二字原脱，據舊唐書卷九四崔融傳、册府元龜卷五〇四邦計部關市補。

〔一五〕關爲御暴之所　「御」原作「詰」，據舊唐書卷九四崔融傳、册府元龜卷五〇四邦計部關市改。

〔一六〕具却置事由聞奏　「由」原作「申」，據唐會要卷八四雜稅改。

〔一七〕委任才臣　「任」原作「在」，據唐會要卷八四雜稅改。

〔一八〕以宣徽北院使李處耘知揚州　「耘」原作「新」，據宋史卷二五七李處耘傳、續資治通鑑長編（以下簡稱長編）卷一建隆元年十一月乙丑條改。

〔一九〕詔兩浙諸州紙扇芒𩋾及他細碎物皆勿稅　「他」字原脱，據宋會要食貨一七之一三補。

〔二〇〕真宗景德三年　「三」原作「元」，據長編卷六三景德三年六月壬午條、宋會要食貨一七之一五改。

〔二一〕大中祥符五年　「大中祥符」四字原脱，「五」原作「四」，據長編卷七七大中祥符五年二月丙辰條、宋會要食貨一七之一五補改。

〔二二〕大中祥符六年　「六」原作「元」，據宋史卷一八六食貨志下八、宋會要食貨一七之一六改。

〔二三〕杭十三務　「三」原作「二」，據元本、慎本、馮本及宋會要食貨一六之七改。

〔二四〕北京二十四務　「二」字原脱，據宋會要食貨一五之二補。

〔二五〕祁三務　「祁」原作「邳」，按：宋無「邳州」，宋會要食貨一五之一四載祁州有三務，歲入商稅九萬四千七百六十五貫，與此處之「邳」合，此處之「邳」顯爲「祁」之誤，據改。

〔二六〕秦十九務　「十九」原作「六」，據宋會要食貨一五之一八改。

〔二七〕齊三十一務　「三」字原脱，據宋會要食貨一五之三補。

〔二八〕濮八務　按宋會要食貨一五之六載，熙寧十年前濮州歲入商税「萬八千七百一十三貫」，疑本條當係本表「三萬貫以下」項下。

〔二九〕滑七務　「七」原作「一」，據宋會要食貨一五之九改。

〔三〇〕濱六務　按宋會要食貨一五之一一載，熙寧十年前濱州收入商税「歲二萬六百五十一貫」，疑本條當係本表「三萬貫以下」項下。

〔三一〕恩六務　「恩」原作「思」。按宋思州爲羈縻州，屬夔州路紹慶府，見宋史卷八九地理志五；宋會要食貨一五之一一載，恩州有六務，歲入商税「二萬三千六百二十一貫」，此處「思」顯爲「恩」之誤，據改。又疑本條當係本表「三萬貫以下」項下。

〔三二〕永静軍九務　按宋會要食貨一五之一一載，熙寧十年前永静軍收入商税「歲二萬二千九百七十貫」，疑本條當係本表「三萬貫以下」項下。

〔三三〕延十六務　按宋會要食貨一五之一五載，熙寧十年前延州收入商税「歲二萬一千七百六十貫」，疑本條當係本表「三萬貫以下」項下。

〔三四〕澤四務　「四」原作「五」，據宋會要食貨一六之二改。

〔三五〕壁一務　「壁」原作「璧」，據宋史卷八九地理志五、宋會要食貨一六之一九改。

〔三六〕南劍十三務　「三」原作「一」，據宋會要食貨一六之二一改。

〔三七〕保安一務　按宋有保安軍，屬永興軍路，宋會要食貨一五之一七載，保安軍有二務，歲入商税三千三百十四貫，其稅務數與此不同。宋史卷八六地理志二，河北東路有保定軍，宋會要食貨一五之一二載，保定軍有一務，歲入商稅千七百三十三貫，疑此處「保安」爲保定軍之誤。

〔三八〕保安三十務　「三十」，疑爲「二」之誤，説見上條。

〔三九〕鄜五務　「五」原作「一」，據宋會要食貨一五之一六改。

〔四〇〕詔十三務　「十」字原脱，據宋會要食貨一七之一補。

〔四一〕朱崖一務　「朱」原作「珠」，據元本、慎本、馮本改。

〔四二〕有請算緡錢以助給費者　「緡」字原脱，據宋史卷一八六食貨志下八補。

〔四三〕或民以租賦齎貨至邊貿易以輸官者毋稅　「輸」原作「轉」，據宋史卷一八六食貨志下八改。

〔四四〕陛下使江西湖北僱船運米　「湖」字原脱，據蘇東坡集奏議集卷一二乞免五穀力勝稅錢札子補。

〔四五〕雖比今之法小爲疏通　「比」原作「以」，據蘇東坡集奏議集卷一二乞免五穀力勝稅錢札子改。

〔四六〕並令輸稅　「稅」原作「免」，據元本、慎本、馮本改。

〔四七〕先抛千金之數　「先」原作「元」，據宋會要食貨一八之五改。

〔四八〕可令禁止　「令」原作「以」，據元本、慎本、馮本改。

〔四九〕倘於祖額外有剩數　「祖」原作「租」，按宋徵收商稅，立有定額，稱爲祖額，據以比較科罰，由上文所引止齋陳氏之語可見其原委，此處之「租」顯爲「祖」之誤，據改。

〔五〇〕如例外多收頭子錢　「頭」原作「投」，據宋會要食貨一八之一九改。

# 卷十五　征榷考二

## 鹽鐵 礬

齊管子曰：「海王之國，海王者，言以負海之利而王其業。王音於況反。謹正鹽筴。正，稅也。音征。十口之家，十人食鹽，百口之家，百人食鹽。終月，大男食鹽五升少半，少半，猶劣薄也。大女食鹽三升少半，吾子食鹽二升少半，吾子，謂小男、小女也。此其大曆也。曆，數。鹽百升而釜，鹽十二兩七銖一黍十分之一爲升〔一〕，當米六合四勺也。百升之鹽〔二〕，七十六觔十二兩十九銖二絫爲釜，當米六斗四升。今鹽之重，升加分强，釜五十也。分强，半强也。今使鹽官稅其鹽之重，每一升加半合爲强而取之〔三〕，則一釜之鹽得五十合而爲之强。升加一强，釜百也。升加二强，釜二百也。鍾二千，十釜之鹽，七百六十八斤爲鍾，當米六斛四斗是。十鍾二萬，百鍾二十萬，千鍾二百萬。萬乘之國，人數開口千萬也。舉其大數而言之也。開口，謂大男、大女之所食鹽也。禺筴之商，日二百萬，禺，讀爲「偶」。偶，對也。商，計也。對其大男、大女食鹽者之口數而立筴，以計所稅之鹽，一日計二百萬，合爲二百鍾。十日二千萬，一月六千萬。萬乘之國〔四〕，正九百萬也。萬乘之國，大男、大女食鹽者千萬人，而稅之，鹽一日二百鍾，十日二千鍾，一月六千鍾也。今又施其稅數〔五〕，以千萬人如九百萬人之數，則所稅之鹽一日百八十鍾，十日千八百鍾，一月五千四百鍾。月人三十錢之籍，爲錢三千萬，又變其五千四百鍾之鹽而籍其錢〔六〕，計一月每人籍錢三十〔七〕，凡千萬人〔八〕，爲錢三萬萬矣〔九〕。以此籍之數而比其常籍，則當一國而有三千萬人矣。今吾非籍之諸君、吾子，而有二國之籍者六千萬。諸君，謂老男、老女也。六十以上爲老男，五十以上爲老女也〔一〇〕。既不籍於老男、老女，又不籍於小男、小女，乃能以千萬人而當三千萬人者，蓋鹽官之利耳。鹽官之利既然，則鐵官之利可知也。鹽官之利當一國而三千萬人〔一一〕，鐵官之利當一國而三千萬人焉〔一二〕，故能有二國之籍者六千萬人耳，其常籍人之數猶在此外。使君施令曰『吾將籍於諸君、吾子』，則必囂號，令天給之鹽筴〔一三〕，則百倍歸於上，人無以避此者，數也。今鐵官之數曰：『一女必有一鍼、一刀，若其事立；若，猶然後。耕者必有一耒、一耜、一銚，若其事立；大鋤謂之銚。羊昭反。行服連、輂名，所以載作器，人挽者。軺、羊昭反。輂居玉反。者，大車駕馬。必有一斤、一鋸、一錐、一鑿，若其事立。不爾而成事者，天下無有。』令鍼之重加一也〔一四〕，三十鍼一人之籍。鍼之重，每十分加一分爲强而取之〔一五〕，則一女之籍得三十鍼也矣。刀之重加六，五六三十，五刀，一人之籍也。刀之重，每十分加六分以爲强而取之，五六爲三十也，則一女之籍得五刀。耜鐵之重加七，三耜鐵，一人之籍也。耜鐵之重，每十分加七分以爲强而取之，則一農之籍得三耜鐵也。其餘輕重皆准此而行，其器彌重，其加彌多。然則舉臂勝音升。事，無不服籍者。」桓公曰：「然則國無山海不王乎？」管子曰：「因人之山海〔一六〕，假之名有海之國，雖無海而假名有海，則亦雖無山而假名有山。售鹽於吾國，彼國有鹽而糶於吾國爲售耳〔一七〕。釜十五吾受而官出之以百，受，取也。假令彼鹽平價釜當十錢者，吾又加五錢而取之，所以來之也。既得彼鹽，則令吾國鹽官又出而糶之〔一八〕，釜以百錢也。我未與其本事也。與，用也。本事，本鹽也。受人之事，以重相推，以重相推，謂加五錢之類也。推，猶度也。此人用之數也。」彼人所有而皆爲我用也。又曰：「齊有渠展之鹽，渠展，齊地，泲水所流入海之處〔一九〕，可煮鹽之所也，故曰渠展之鹽。請君伐菹薪，草枯曰菹，采居反。煮水爲鹽，煮海水。正音征。而積之。十月始征，至於正月，成三萬六千鍾〔二〇〕，下令曰：孟春既至，農事且起，大夫無得繕冢墓，理宫室，立臺榭，築墻垣。北海之衆，無得聚庸庸，功也。而煮鹽。北海之衆，謂北海煮鹽之人。本意禁人煮鹽，下令託以農事，慮有妨奪，先自大夫起，欲人不知其機，斯爲權術。此則坐長十倍，以令糶之。梁、趙、宋、衛、濮陽，彼盡饋食之國，本國自無鹽，遠饋而食。無鹽則腫，守圉之國，「圉」與「禦」同，古通用。用鹽獨甚。」桓公乃使糶之，得成金萬斤。

按：周禮所建山澤之官雖多，然大概不過掌其政令之厲禁，不在於征榷取財也。至管夷吾相齊，負山海之利，始有鹽鐵之征。觀其論鹽，則雖少男、少女所食；論鐵，則雖一鍼、一刀所用，皆欲計之，苛碎甚矣。故其言曰：「利出一孔者，其國無敵；出二孔者，其兵不詘；出三孔者，不可以舉兵；出四孔者，其國必亡。先王知其然，故塞人之養，養，利也。隘其利途。故予之在君，奪之在君，貧之在君，富之在君。」又曰：「夫人予則喜，奪則怒。先王知其然，故見予之形而不見奪之理，故民可愛而洽於上也。」其意不過欲巧爲之法，陰奪民利而盡取之，既以此相桓公霸諸侯，而齊世守其法。故晏子曰：「山木如市，弗加於山；魚鹽蜃蛤，弗加於海。民參其力，二入於公，而衣食其一。山林之木，衡麓守之；澤之萑蒲，舟鮫守之；藪之薪蒸，虞侯守之；海之鹽蜃，祈望守之。縣鄙之人，入從其政；偪介之關，暴征其私。布常無藝，徵斂無度。」蓋極言其苛如此。然則桑、孔之爲，有自來矣。

漢高祖接秦之敝，量利禄，度官用，以賦於民。而山川、園池、市肆租税之入，自天子至於封君湯沐邑，皆各自爲奉養，不領於天下之經費。秦賦鹽鐵之利，二十倍於古，漢興，循而未改。

按：史既言高祖省賦，而復言鹽鐵之賦仍秦者，蓋當時封國至多，山澤之利在諸侯王國者，皆循秦法取之以自豐，非縣官經費所榷也。

孝惠、高后時，吳有豫章銅山，即招致天下亡命盜鑄錢，東煮海水爲鹽，以故無賦，國用饒足。班固贊曰：「吳王擅山海之利，能薄斂以使其衆，逆亂之萌，自其子興。古者諸侯不過百里，山海不以封，蓋防此矣。」

武帝元狩四年，置鹽鐵官。

元狩中，兵連不解，縣官大空，富商大賈冶鑄煮鹽〔二一〕，財或累萬金，而不佐公家之急。於是以東郭咸陽、孔僅爲大農丞，領鹽鐵事。五年，僅、咸陽言：「山海，天地之藏，宜屬少府，陛下弗私，以屬大農佐賦。願募民自給費，因官器作煮鹽，官與牢盆〔二二〕。蘇林曰：「牢，價直也。今世人言雇手牢。」如淳曰：「牢，廩食也。古者名廩爲牢〔二三〕。盆，煮鹽盆也。」浮食奇民欲擅斡山海之貨，以致富羨，役利細民。其沮事之議，不可勝聽。敢私鑄鐵器煮鹽者，釱左趾，没入其器物。郡不出鐵者，置小鐵官，使屬在所縣。」使僅、咸陽乘傳舉行天下鹽鐵，作官府，除故鹽鐵家富者爲吏，吏益多賈人矣。孔僅使天下鑄作器，而縣官以鹽鐵緡錢之故，用少饒矣。益廣關〔二四〕，置左右輔。初，大農斡鹽鐵官布多，置水衡，欲以主鹽鐵，及楊可告緡，上林財物衆，乃令水衡主上林，上林既充滿〔二五〕，益廣。卜式爲御史大夫，見郡國多不便縣官作鹽鐵，器苦惡〔二六〕，鹽味苦，器脆惡。賈貴，强令民買之，乃因孔僅言事，上不説。

先公曰：「孔僅、咸陽所言，前之屬少府者其利微，今改屬大農，則其利盡，此聚斂之臣飾説以蓋其私也。管仲之鹽鐵，其大法税之而已，鹽雖官嘗自煮之以權時取利，亦非久行，鐵則官未嘗治鑄也，與孔、桑之法異矣。」

元封元年，因桑弘羊請，置大農部丞數十人，分部主郡國，各往往置均輸鹽鐵官〔二七〕，不出鐵者置小鐵官，使屬所在縣。

鹽官凡二十八郡：

河東安邑。　太原晉陽。　南郡巫。　鉅鹿堂陽。　勃海章武。　千乘　琅琊海曲、長廣〔二八〕。　會稽海鹽。　犍爲南安。　蜀臨邛。　益州連然。　巴朐䏰。　安定三水。　北地弋居。　上郡獨樂〔二九〕。　西河富昌。　朔方沃壄。　五原成宜。　鴈門樓煩沃陽，有長、丞。　漁陽泉州。　隴西　遼西海陽。　遼東〔三〇〕　南海番禺。　蒼梧高要。　東平　北海〔三一〕東萊曲城、㡉、東牟、當利、陽樂。

鐵官凡四十郡：

京兆鄭。　左馮翊夏陽。　右扶風雍、漆。　弘農宜陽、澠池。　太原大陵。　河東安邑、絳縣、皮氏、平陽。　河内隆慮。　河南　潁川陽城。　汝南西平。　南陽宛。　廬江皖。　山陽　沛沛。　魏武安。　常山都鄉。　千乘〔三二〕千乘。　齊臨淄。　東萊東牟。　東海下邳、朐。　濟南東平陵、歷城。　泰山嬴。　臨淮鹽瀆、堂邑。　桂陽　漢中沔陽。　犍爲武陽〔三三〕、南安。　蜀臨邛。　琅琊　漁陽漁陽。　右北平夕陽。　遼東平郭。　隴西　膠東郁秩。　魯　楚彭城。　廣陵　中山北平。　東平　城陽莒。　涿

元鼎中，博士徐偃使行風俗，矯制，使膠東、魯國鼓鑄鹽鐵，還，奏事，徙爲太常丞。御史大夫張湯

劾偃矯制大害，法至死。有詔下終軍問狀，軍詰偃：「膠東南近琅琊，北接北海，魯國西枕泰山，東有東海，受其鹽鐵。偃度四郡口數田地，率其用器食鹽，不足以并給二郡邪？將勢宜有餘，而吏不能也？何以言之？偃矯制而鼓鑄者，欲及春耕種贍民器也。今魯國之鼓，當先具其備，至秋乃能舉火。此言與實反者非？重問之〔三四〕。偃已前三奏，無詔，不報聽也。不惟所爲不許，惟，思也。而直矯作威福，以從民望，干名采譽，此明聖之所必誅也。偃矯制顓行，非奉使體，請下御史徵偃即罪。」上善其請，奏可。

昭帝始元六年，詔郡國舉賢良文學之士，問以民所疾苦，教化之要。皆對願罷鹽鐵、酒榷、均輸，毋得與天下争利，視以儉勤。御史大夫桑弘羊難，以爲此國家大業，所以制四夷，安邊足用之本，不可廢也。

弘羊言：「往者豪强之家得管山海之利，采石鼓鑄、煮鹽，一家聚衆或至千餘人〔三五〕。大抵盡放流之人〔三六〕，遠去鄉里，棄墳墓，依倚大家，相聚深山窮澤之中，成姦僞之業。家人有寶器，尚猶柙而藏之，况天地之山澤乎〔三七〕？夫權利之處，必在山澤，非豪人不能通其利。異時鹽鐵未籠，布衣有朐邴，人君有吴王，專山澤之饒，薄賦其人，贍窮乏以成私威，私威積而逆節之心作。今縱人於權利，罷鹽鐵以資强暴，遂其貪心，衆邪群聚，私門成黨，則强禦日以不制，而并兼之徒姦形成矣。鹽鐵之利，佐百姓之急，奉軍旅之費，不可廢也。」文學曰：「庶人藏於家，諸侯藏於國，天子藏於海内。是以王者不蓄，下藏於民，遠争利〔三八〕，務民之義，利散而人怨止〔三九〕。若是，雖湯、武生存於代，無所容其慮。

工商之事，歐冶之任，何姦之能成？三桓專魯，六卿分晉，不以鹽鐵〔四〇〕。故權利深者，不在山海，在朝廷；一家害百家，在蕭墻，不在朐邴。」大夫曰：「山海有禁而人不傾，貴賤有平而人不疑。縣官設衡立準，而人得其所，雖使五尺童子適市，莫之能欺。今罷之，則豪人擅其用而專其利也。」文學曰：「山海者，財用之寶路也。鐵器者，農夫之死士也〔四一〕。死士用則仇讎滅，田野闢而五穀熟。寶路開則百姓贍而人用給，人用給則富國而教之以禮。禮行則道有讓，而人懷敦朴以相接而莫相利也〔四二〕。夫秦、楚、燕、齊，土乃不同，剛柔異氣，巨小之用，倨勾之宜〔四三〕，黨殊俗異，各有所便。縣官籠而一之，則鐵器失其宜，而農人失其便。器用不便，則農夫罷於野而草萊不闢，草萊不闢則人困乏也。」大夫曰：「昔商君理秦也，設百倍之利，收山澤之稅，國富人强，蓄積有餘。是以征伐敵國，攘地斥境，不賦百姓，軍師以贍。故利用不竭而人不知，地盡西河而人不苦。今鹽鐵之利，所以佐百姓之急〔四四〕，奉軍旅之費，務於蓄積，以備乏絶，所給甚衆，有益於國〔四五〕，無害於人。」文學曰：「昔文帝之時，無鹽鐵之利而人富，當今有之而百姓困乏，未見利之所利而見其所害。且利非從天來，不由地出，所出於人間而爲之百倍，此計之失者也。夫李梅實多者，來年爲之衰；新穀熟，舊穀爲之虧。自天地不能滿盈，而況於人事乎〔四六〕？故利於彼者必耗於此，猶陰陽之不並曜〔四七〕，晝夜之代長短也。商鞅峭七呌反。法長利，秦人不聊生，相與哭孝公，其後秦日以危。利蓄而怨積，地廣而禍搆，惡在利用不竭乎？」於是丞相奏曰：「賢良、文學不明縣官事〔四八〕，猥以鹽鐵爲不便。宜罷郡國榷酤關內鐵官〔四九〕。」奏可。於是利復流下，庶人休息。

宣帝地節四年，詔：「鹽，民之食，而賈咸貴，其減天下鹽賈。」

元帝初元五年，罷鹽鐵官。

永光二年，復鹽鐵官。

成帝綏和二年，賜丞相翟方進策曰「百僚用度各有數。君增益鹽鐵，更變無常。朕既不明，隨奏許可」，云云。方進自殺。

東漢郡有鹽官、鐵官者，隨事廣狹置令長及丞。本注曰：「凡郡縣出鹽多者，置鹽官主鹽稅；出鐵多者，置鐵官主鼓鑄。」

明帝時，官自鬻鹽。

時穀貴，縣官給用不足。尚書張林言：「鹽，食之急，雖貴，人不得不須，官可自鬻。」詔諸尚書通議。朱暉等言：「鹽利歸官，則人貧怨，非明主所宜行。」帝卒以林言爲然。

永元十五年〔五〇〕，復置涿郡故安鐵官。

肅宗建初中，議復鹽鐵官，鄭衆諫，以爲不可。詔數切責，至被奏劾。衆執之不移，帝不從。

按：鹽鐵官，顯宗已嘗置矣，今言復，豈中間嘗罷邪？

和帝即位，罷鹽鐵禁。

詔曰：「昔孝武皇帝致誅胡、越，故權收鹽鐵之利〔五一〕，以奉師旅之費。自中興以來，匈奴未賓，永平末年，復修征伐。先帝即位，務休力役，然猶深思遠慮，安不忘危，探觀舊典，復收鹽鐵，欲以防備不虞，寧安邊境，而吏多不良，動失其便，以違上意。先帝恨之，故遺戒郡國罷鹽鐵之禁，縱民煮鑄，入税縣官如故事。其申敕刺史、二千石，奉順聖旨，勉行德化，布告天下，使明知朕意〔五二〕。」

獻帝建安初，置使者監賣鹽。

時關中百姓流入荆州者十餘萬家，及聞本土安寧，皆企願思歸，而無以自業。於是衞覬議以爲：「鹽者，國家之大寶，自喪亂以來放散，今宜依舊置使者監賣，以其直益市犁牛。百姓歸者，以供給之，勸耕積粟，以豐實關中。遠者聞之，必多競還〔五三〕。」魏武於是遣謁者僕射監鹽官，移司隸校尉居弘農。流人果還，關中豐實。

後秦主姚興以國用不足，增關津之税，鹽、竹、木皆有賦。群臣咸諫，以爲天殖品物，以養群生，王者子育萬邦，不宜節約，以奪其利。興曰：「能踰關梁通利於山水者，皆豪富之家，吾損有餘以裨不足，何不可？」遂行之。

陳文帝天嘉二年，太子中庶子虞荔、御史中丞孔奐以國用不足，奏立煮海鹽税，從之〔五四〕。

後魏宣武時，河東郡有鹽池，舊立官司，以收税利。先是罷之〔五五〕，而人有富强者專擅其用〔五六〕，貧弱者不能資益。延興末，復立監司，量其貴賤，節其賦入，公私兼利。孝明即位，復罷其禁，與百姓共之。

時御史中尉甄琛表稱：「周禮，山林川澤有虞衡之官，爲之厲禁。蓋取之以時，不使戕賊而已。故雖置有司，實爲民守之也。夫一家之長，必惠養子孫；天下之君，必惠養兆民。未有爲民父母，而吝其醯醢；富有群生，而榷其一物者也。今縣官障護河東鹽池而收其利，是專奉口腹而不及四體也。

蓋天子富有四海，何患於貧？乞弛鹽禁，與民共之。」録尚書、彭城王勰曰：「聖人斂山澤之貨，以寬田疇之賦；收關市之税，以助什一之儲。取此與彼，皆非爲身。所謂資天地之産，惠天地之民。鹽池之禁，爲日已久，積而散之，以濟國用，非專爲供大官之用，宜如舊。」魏主卒從琛議。

致堂胡氏曰：「鹽之爲物，天地自然之利，所以養人也。盡捐之民，則縱末作、資游惰；盡屬之官，則奪民日用，而公室有近賣之害。琛、勰之言，皆未得中道也。官爲厲禁，俾民取之，而裁入其税，則政平而害息矣。」

魏自弛鹽禁之後，官雖無榷，而豪貴之家復乘勢占奪，近池之人又輒障吝〔五七〕。神龜初，太師、高陽王雍，太傅、清河王懌等奏，請依先朝，禁之爲便，於是復置監官以監檢焉。其後更罷更立，至於永熙。自遷鄴後，於滄、瀛、幽、青四州之境，傍海煮鹽。滄州置竈一千四百八十四，瀛州置竈四百五十二〔五八〕，幽州置竈一百八十，青州置竈五百四十六，又於邯鄲置竈四，計終歲合收鹽二十萬九千七百八斛四斗〔五九〕。軍國所資，得以周贍矣。

後周文帝霸政之初，置掌鹽之政令，一曰散鹽，煮海以成之；二曰鹽鹽〔六〇〕，引池以化之；三曰形鹽，掘地以出之；四曰飴鹽，於戎以取之。凡鹽鹽形鹽每地爲之禁〔六一〕，百姓取之皆税焉。

按：東南之鹽，煮海而已；西北之鹽，則所出不一，而名亦各異。南史張暢傳，魏太武至瓜洲，餉武陵王以九種鹽，曰「此諸鹽各有所宜：白鹽是魏主所食；黑者療腹脹氣滿，細刮取六銖，以酒服之；胡鹽療目痛；柔鹽不用食，療馬脊創；赤鹽、駮鹽、臭鹽、馬齒鹽四種，並不中食」是也。

隋文帝開皇三年，先是尚依周末之弊，鹽池、鹽井皆禁百姓採用，至是通鹽池、鹽井與百姓共之。

唐肅宗即位時，兩京陷没，民物耗弊，天下用度不足。於是吴鹽、蜀麻、銅冶皆有稅，市輕貨繇江陵、襄陽、上津路轉至鳳翔。

唐開元元年〔六二〕，河中尹姜師度以安邑鹽池漸涸，開拓疏決水道，置爲鹽屯，公私大收其利。左拾遺劉彤請檢校海内鹽鐵之利，從之。

彤上表曰：「臣聞漢孝武爲政，厩馬三十萬，後宫數萬人，外討戎夷，内興宫室，殫費之甚，實百當今。然而古費多而貨有餘，今用少而財不足者何也〔六三〕？豈非古取山澤，而今取貧人哉！取山澤，則公利厚而人歸於農；取貧人，則公利薄而人去其業。故先王之作法也，山海有官，虞衡有職，輕重有術，禁發有時，一則專農，二則饒國，濟人盛事也。臣實爲當今疑之〔六四〕。夫煮海爲鹽，採山鑄鐵，伐木爲室，豐餘之輩也〔六五〕。寒而無衣，饑而無食，傭賃自資者，窮苦之流也。若能收山海厚利，奪豐餘之人，蠲調斂重徭，免窮苦之子，所謂損有餘而益不足，帝王之道，可不謂然乎〔六六〕！臣願陛下詔鹽、鐵、木等官各收其利，貿遷於人，則不及數年，府有餘儲矣。然後下寬大之令〔六七〕，蠲窮獨之徭，可以惠群生，可以柔荒服，雖戎狄未服〔六八〕，堯、湯水旱，無足虞也。奉天適變，惟在陛下行之。」上令宰臣議其可否，咸以鹽鐵之利，甚益國用，遂令將作大匠姜師度、户部侍郎强循俱攝御史中丞，與諸道按察使檢校海内鹽鐵之課。至十年八月十日，敕：「諸州所造鹽鐵〔六九〕，每年合有官課，比令使人勾當，除此更無別求。在外不細委知，如聞稍有侵剋〔七〇〕，宜令本州刺史上佐一人檢校，依令式收稅。如有落帳欺没，仍委按察糺覺奏聞。其姜師度除蒲州鹽池以外，自餘處更不須巡檢。」

唐有鹽池十八，井六百四十，皆隸度支。蒲州安邑、解縣有池五，總曰「兩池」，歲得鹽萬斛，以供京師。鹽州五原有烏池、白池、瓦窑池、細項池，靈州有温泉池、兩井池、長尾池、五泉池、紅桃池、回樂池、弘静池，會州有河池，三州皆輸米以代鹽。安北都護府有胡落池，歲得鹽萬四千斛，以給振武、天德。黔州有井四十一，成州、嶲州井各一，果、閬、開、通井百二十三，山南西院領之。邛、眉、嘉有井十三，劍南西川院領之。梓、遂、綿、合、昌、渝、瀘、資、榮、陵、簡有井四百六十，劍南東川院領之。皆隨月督課。幽州、大同横野軍有鹽屯，每屯有丁有兵，歲得鹽二千八百斛，下者千五百斛。負海州歲免租爲鹽二萬斛以輸司農。青、楚、滄、海、棣、杭、蘇等州，以鹽價市輕貨，亦輸司農。天寶、至德間，鹽每斗十錢。乾元元年，鹽鐵、鑄錢使第五琦初變鹽法，就山海井竈近利之地置監院，游民業鹽者爲亭户，免雜徭。盗鬻者論以法〔七一〕。及琦爲諸州榷鹽鐵使〔七二〕，盡榷天下鹽，斗加時價百錢而出之，爲錢一百一十。自兵起，流庸未復，税賦不足供費，鹽鐵使劉晏以爲因民所急而税之，則國用足。於是上鹽法輕重之宜，以鹽吏多則州縣擾〔七三〕，出鹽鄉因舊監置吏，亭户糶商人，縱其所之。江、嶺去鹽遠者，有常平鹽，每商人不至，則減價以糶民，官收厚利而人不知貴。晏又以鹽生霖潦則鹵薄，暵旱則土溜墳，乃隨時爲令，遣吏曉導，倍於勸農。吴、越、揚、楚鹽廪至數千，積鹽二萬餘石。有漣水、湖州、越州、杭州四場，嘉興、海陵、鹽城、新亭、臨平、蘭亭、永嘉、大昌、侯官、富都十監，歲得錢百餘萬緡，以當百餘州之賦。自淮北置巡院十三，曰揚州、陳許、汴州、廬壽、白沙、淮西、甬橋、浙西、宋州、泗州、嶺南、兖鄆、鄭滑，捕私鹽者，姦盗爲之衰息。然諸道加榷鹽錢，商人舟所過有税。晏奏罷州縣率税，禁堰埭邀以利者。晏之始至也，鹽利歲纔四十萬緡，至大曆末，六百餘萬緡。天下之賦，鹽利居半，宫闈服御、軍饟、百官禄俸皆仰給焉。明年而晏罷。貞元四年，淮西節度使陳少游奏加民賦，自此江淮鹽每斗亦增二百，爲錢三百一十，其後復增六十，河中兩池鹽每斗爲錢三百七十。江淮豪賈射利，或時倍之，官收不能過半，民始怨矣。劉晏鹽法既成，商人納絹以代鹽利者，每緡加錢二百，以備將士春服。包佶爲汴東水陸運、兩税、鹽鐵使，許以漆器、瑇瑁、綾綺代鹽價，雖不可用者，亦高估而售之，廣虚數以罔上。亭户冒法，私鬻不絶，巡捕之卒遍於州縣。鹽估益貴，商人乘時射利，遠鄉貧民困高估，至有淡食者。巡吏既多，官冗傷財，當時病之。其後軍費日增，鹽價寖貴〔七四〕，有以穀數斗易鹽一升。私糶犯法，未嘗少息。順宗時，始減江淮鹽價，每斗爲錢二百五十，河中兩池鹽斗錢三百。增雲安、涣陽、塗漄三監。其後鹽鐵使李錡奏江淮鹽每斗減錢十以便民〔七五〕，未幾復舊。方是時，錡盛貢獻以固寵，朝廷大臣皆餌以厚貨，鹽鐵之利積於私室，而國用耗屈，榷鹽法大壞，多爲虚估，率千錢不滿百三十而已。兵部侍郎李巽爲使，以鹽利皆歸度支〔七六〕，物無虚估，天下糶鹽税茶，其赢六百六十五萬緡。初歲之利，如劉晏之季年，其後則三倍晏時矣。兩池鹽利歲收百五十餘萬緡。四方豪商猾賈雜處解縣，主以郎官，其佐貳皆御史。鹽民田園籍於縣，而令不得以縣民治之。

元和中，皇甫鎛奏：「應管煎鹽户及鹽商，并諸監院停場官吏、所由等，前後制敕除兩税外不許差役追擾。今請更有違越者，縣令奏聞貶黜，刺史罰俸，再罰奏取旨施行。」從之。

貞元二十一年，停鹽鐵使月進。舊鹽鐵錢總悉入正庫，以助給費，而主此務者〔七七〕，稍以時市珍玩時新物充進獻，以求恩澤。其後益甚，歲進錢物，謂之「羨餘」，而給入益少。及貞元末，逐月有獻，謂之「月進」，及是而罷。

憲宗之討淮西也，度支使皇甫鎛加劍南東西兩川、山南西道鹽估以供軍。貞元中盜鬻兩池鹽一石者死，至元和中，減死流天德五城。鎛奏論死如初，一斗以上杖背，没其車驢，能捕斗鹽者賞千錢，州縣團保相察，比於貞元加酷矣。自兵興，河北鹽法羈縻而已。至皇甫鎛又奏置榷鹽使，如江淮榷法，犯禁歲多。

元和十三年，鹽鐵使程异奏：「應諸州府先請置茶鹽店收税。伏准今年正月一日赦文〔七八〕，諸州府因用兵以來，或慮有權置職名及擅加科配，事非常制〔七九〕，一切禁斷者。伏以榷税茶鹽，本資財賦，贍濟軍鎮，蓋是從權，兵罷自合便停，事久實爲重斂。其諸道先所置店及收諸色錢物等，雖非擅加，且異常制，伏請準赦文勒停。」從之。

按：皇甫鎛、程异皆聚斂小人。元和十三年，則憲宗平淮西之後，浸以驕侈，二人以進羨餘有寵爲相之時也。然鎛加鹽估，峻榷法，靡所不至，而异能上此奏，猶爲彼善於此。史稱异自知不合衆心，能廉謹謙退，爲相月餘，不敢知印秉筆，故終免於禍，觀此奏，亦其一節也。

穆宗時，田弘正舉魏博歸朝廷，乃命河北罷榷鹽，户部侍郎張平叔議榷鹽法敝，請官自賣鹽，可以富國，詔公卿議其可否。中書舍人韋處厚、兵部侍郎韓愈條詰之，以爲不可，遂不行。

愈奏略謂：「平叔請令州府差人自糶官鹽〔八〇〕，可以獲利一倍。臣以爲城郭之外，少有見錢，糶鹽多用雜物貿易。鹽商則無物不取，或賒貸徐還，用此取濟，兩得利便。今令吏人坐鋪自賣，利不關己，罪則加身，非得見錢，必不敢受，如此則貧者無從得鹽，自然坐失常課，如何更有倍利？又欲令人吏將鹽家至户到而糶之，必索百姓供應，騷擾極多。有貧家食鹽至少，或有淡食，動經旬月，若據口給鹽，依時徵價，官吏畏罪，必用威刑，臣恐所在不安，此尤不可之大者。平叔又云：『浮寄姦猾者轉富，土著守業者日貧，若官自糶鹽，不問貴賤貧富，四民僧道并兼游手，因其所食，盡輸官錢；并諸道軍、諸使家口親族，遞相影占，不曾輸税，若官自糶鹽，此輩無一人遺漏者。』臣以爲此數色人等，官未自糶鹽之時〔八一〕，從來糴鹽而食，不待官自糶然後食鹽也。國家榷鹽，糶與商人，商人納榷，糶與百姓，則是天下百姓無貧富貴賤，皆已輸錢於官矣，不必與國家交手付錢，然後爲輸錢於官也。」

時奉天鹵池生水柏，以灰一斛得鹽十二斤，利倍鹻鹵。文宗時，采灰一斗，比鹽一斤論罪。開成末，詔私鹽月再犯者，易縣令，罰刺史俸；十犯，則罰觀察、判官課料。宣宗即位，茶、鹽之法益密，糶鹽少、私盗多者，謫觀察、判官，不計十犯。户部侍郎、判度支盧弘止以兩池鹽法敝，遣巡院官司空輿更立新法，其課倍入，遷榷鹽使〔八二〕。以壕籬者，鹽池之隄禁，有盗壞與鬻鹻皆死，鹽盗持弓矢者亦皆死刑。兵部侍郎、判度支周墀又言：「兩池鹽盗販者，迹其居處，保、社按罪。鬻五石，市二石，亭户盗糶二石，皆死。」是時，江、吴群盗以所剽物易茶鹽，不受者焚其室廬，吏不敢枝梧，鎮戍、場鋪、堰埭以關通致富。宣宗乃擇嘗更兩畿輔望縣令者爲監院官。户部侍郎裴休爲鹽鐵使，上鹽法八事，其法皆施行，兩池榷課大增。其後兵遍天下，諸鎮擅利，兩池爲河中節度使王重榮所有，歲貢鹽三千車。中官田令孜募新軍五十四都，餫轉不足，乃倡議兩池復歸鹽鐵使〔八三〕，而重榮不奉詔，至舉兵反，僖宗爲再出，然而卒不能奪。

後唐同光三年，敕：「魏府每年所徵隨絲鹽錢，每兩與減放五文，逐年俵賣蠶鹽、食鹽、大鹽、甜次冷鹽，每斗與減五十，樂鹽與減三十。」

天成元年，敕：「諸州府百姓合散蠶鹽，今後每年祇二月内一度俵散〔八四〕，依夏税限納錢。」

晉天福元年，敕：「洛京管内逐年所配人户食鹽〔八五〕，起來年每斗減放十文〔八六〕。」

七年，宣旨下三司：「應有往來鹽貨悉税之，過税每斤七文〔八七〕，住税每斤十文。其諸道應有係屬州府鹽務〔八八〕，並令省司差人勾當。」

先是，諸州府除俵散蠶鹽徵錢外，每年末鹽界分場務，約糶錢一十七萬貫有餘。言事者稱，雖得此錢，百姓多犯鹽法，請將上件食鹽錢，於諸道州府計户，每户一貫至二百，爲五等配之，然後任人逐便興販，既不虧官，又益百姓。朝廷行之，諸處場務且仍舊。俄而鹽貨頓賤，去出鹽遠處州縣，每斤不過二十文，近處不過一十文〔八九〕，掌事者又難驟改其法〔九〇〕，奏請重置税焉，蓋欲絶興販，歸利於官。場院糶鹽雖多，人户鹽錢又不放免，民甚苦之。

按：鹽之爲利，自齊管仲發之，後之爲國者，榷利日至。其初也，奪竈户之利而官自煮之，甚則奪商販之利而官自賣之。然官賣未必能周徧，而細民之食鹽者不能皆與官交易，則課利反虧於商税。於是立爲蠶鹽、食鹽等名，分貧富五等之户而俵散抑配之。蓋唐張平叔所獻官自賣鹽之策，而昌黎公所以駁議之者，其慮已略及此矣。迨其極弊也，則官復取鹽自賣之，別取其錢，而人户所納鹽錢遂同常賦，無名之横斂永不可除矣。當時，江南亦配鹽於民而徵米，在後鹽不給而徵米如故，其弊歷三百年而未除。宇縣分割，國自爲政，而苛斂如出一轍，異哉！

周廣順二年，敕令慶州榷鹽務，今後每青鹽一石依舊抽税錢八百八十五陌、鹽一斗；白鹽一石抽税錢五百八十五陌、鹽五升，此外不得別有邀求。

青、白鹽池在鹽州北。唐朝元管四池：曰烏池、白池、瓦窑池、細項池。今出税置吏唯有青、白二池。

敕諸色犯鹽、麴五斤以上，並重杖處死，以下科斷有差；刮鹻煎鍊私鹽，所犯一斤以上斷死，以下科斷有差；人户所請蠶鹽祇得將歸裛䀋供食，不得博易貨賣，違者照私鹽科斷。州城、縣鎮郭下人户係屋税合請鹽者，若是州府，並於城内請給；若是外縣鎮郭下人户，亦許將鹽歸家供食。仰本縣預取逐户合請鹽數目，攢定文帳，部領人户請給，勒本處官吏及所在場務同點檢入城。若縣鎮郭下人户城外別有莊田，亦仰本縣預先分擘開坐，勿令一處分給供使。

三年，敕：「諸州府并外縣鎮城内，其居人屋税鹽，今後不俵，其鹽錢亦不徵納。所有鄉村人户合請蠶鹽，所在州城縣鎮嚴切檢校，不得放入城門。」

顯德元年，上謂侍臣曰：「朕覽食末鹽州郡，犯私鹽多於顆鹽界分。蓋卑濕之地易爲刮鹹煎造〔九一〕，豈惟違我榷法，兼又污我好鹽。況末鹽煎鍊，搬運費用倍於顆鹽。今宜分割十餘州，令食顆鹽，不唯輦運省力，兼亦少人犯禁。」自是，曹、宋已西十餘州皆食顆鹽。種者曰顆鹽，出解州。煮者曰末鹽，出瀕海。

三年，敕：「漳河已北州府管界，元是官場糶鹽，今後除城郭草市内仍舊禁法，其鄉村並許鹽貨通商〔九二〕。逐處有鹹鹵之地，一任人户煎鍊，興販則不得踰越漳河，入不通商界。」

五年，既取江北諸州，唐主奉表入貢，因白帝以江南無鹵田，願得海陵鹽監南屬以贍軍。帝曰：「海陵在江北，難以交居，當别有處分。」乃詔歲支鹽三十萬斛以給江南，士卒稍稍歸之。

宋朝之制，顆鹽出解州安邑、解縣兩池。以户民爲畦夫，悉蠲其他役，每歲自二月一日墾畦〔九三〕，四月始種，八月乃罷，官廩給之。安邑池每户歲種鹽千席，解池減二十席。至道二年，兩池得鹽三十七萬三千五百四十五席，席一百一十六斤半，此其最多之數也。大中祥符九年四月，陝西轉運副使張象中言〔九四〕：「兩池見貯鹽三千二百七十六庵〔九五〕，計三億八千八百八十二萬八千九百二十八斤，計直二千一百七十六萬一千八十貫。慮尚有遺利，望行條約。」上曰：「地財之阜，此亦至矣，若過求增羨，慮有時而闕，不可許也。」募兵百人，目爲「護寶都」以巡邏之，以給本州及三京、京東之濟〔九六〕、兖、曹、濮、單、鄆州、廣濟軍，京西之滑、鄭、陳、潁〔九七〕、汝、許、孟州，陝西之河中府、陝虢州、慶成軍，河東之晉、絳、慈、隰州，淮南之宿、亳州，河北之懷州及澶州諸縣之在河南者〔九八〕。鄆、齊、宿州舊食末鹽，建隆二年以泝流輦運勞費，始改食顆鹽。末鹽煮海，則楚州鹽城監歲煮四十一萬七千餘石，通州利豐監四十八萬九千餘石〔九九〕，泰州海陵監、如皋倉、小海場六十五萬六千餘石，給本州及淮南之廬和舒蘄黄州、無爲軍，江南之江寧府、宣洪袁吉筠江池太平饒信歙撫州、廣德臨江軍，兩浙之常、潤、湖、睦州，荆湖之江陵府、安復潭鼎鄂岳衡永州、漢陽軍。廬和舒蘄黄州、漢陽軍舊通商，太平興國二年始令官賣。信、歙舊食兩浙鹽，後改焉。江、浙舊皆禁，九年，鹽鐵使王明請開禁，計歲賣鹽錢五十三萬五千餘貫：二十八萬七千餘貫給鹽與民，隨稅收其錢；二十四萬餘貫商人販易，收其算。雍熙二年六月，依舊禁止。海州板浦、惠澤、洛要三場歲煮四十七萬七千餘石，漣水軍海口場十一萬五千餘石，以給本州軍及京東之徐州，淮南之光、壽、濠、泗州，兩浙之杭蘇湖常潤州、江陰軍。密州濤洛場歲煮三萬二千餘石，以給本州及沂、濰州。杭州場歲煮七萬七千餘石，明州昌國東、西監三十萬一千餘石〔一〇〇〕，秀州場二十萬八千餘石，温州天富南、北監，密鸚、永嘉二場七萬四千餘石，台州黄巖監一萬五千餘石，以給本州及越、處、衢、婺州。越州舊有鹽潤監，歲煮三千餘石，後罷。福州長清場歲煮五百一萬五千餘斤，以給福建路。初得福建即禁鹽，太平興國八年開其禁，後復禁之。建、劍、汀嘗食兩浙鹽，後改就本路。廣州東莞靜康等十三場〔一〇一〕，歲煮二萬四千餘石，以給本州及封、康、英、韶、端、潮、連、賀、恩、新、惠、梅、循、南雄州，西路之昭、桂州，江南之南安軍。舊潮州有松口等四場，歲煮以給本州及梅、循二州，雍熙四年廢。廉州白石、石康二場歲煮一百五十萬斤，以給本州及容、白、欽、化、蒙、龔、藤、象、宜、柳、邕、潯、貴、賓〔一〇二〕、梧、横、南儀、鬱林州。又高、竇、春、雷、融、瓊、崖、儋、萬安州各煮以給本州，無定額。大率煮海有亭户、鹽丁，鬻於官或折租税，亦有役軍士定課煮者。通、泰亭户每一石并耗三石，給錢五百文，以布帛茶米充直，民甚苦之，開寶七年始詔並給實錢。初平嶺南，令民煮鹽，以百一十斤爲石，給錢二百，後廉州言鹽田荒穢，民新鋤治，舊鹽課月八石至三石，凡五等，不能充其數，望差減之，詔蠲其半。又有濱州場，歲煮二萬一千餘石，以給本州及棣、祁州雜支，并京東之青、淄、齊州。舊濱、棣二州禁榷，雍熙二年令通商。煮井者，益州路則陵井監及二十八井〔一〇三〕，歲煮一百十四萬五千餘斤，乾德五年，僞蜀知陵井監任元吉始請鑿五井煮鹽，是歲得八十萬斤，擢元吉永清令，是後寖增其數。綿州二十四萬餘斤，邛州九井二百五十萬斤，眉州一井一萬餘斤，簡州十九井二十七萬斤，嘉州十五井五萬九千餘斤，雅州一井一千六百餘斤，漢州一井五百餘斤。梓州路則梓州一百四十八井三百六十六萬餘斤，資州九十四井六十四萬二千餘斤，遂州三十五井四十一萬六千餘斤，果州四十三井十四萬六千餘斤，普州三十八井二十二萬九千餘斤，昌州八井四萬餘斤，瀘州淯井監及五井七十八萬三千餘斤，富順監十四井一百一十七萬三千餘斤。利州路則閬州一百二十九井六十一萬餘斤。夔州路則夔州永安監十一萬七千餘斤，忠州五井五十一萬三千餘斤，達州三井十九萬餘斤，萬州五井二十萬九千餘斤，黔州四井二十九萬七千斤，開州一井二十萬四千斤，雲安軍雲安監及一井八十一萬四千餘斤，大寧監一井一百九十五萬餘斤。以各給本路。監則官掌，井則土民斡鬻，如數輸課，聽往旁境販賣，唯不得出川峽。川峽鹽，初承僞制，官鬻之。開寶七年，詔斤減十錢〔一〇四〕，又令斡鬻，其羨利者但輸十之九。太平興國二年〔一〇五〕，右拾遺郭泌上言：「劍南諸州官糶鹽，斤爲錢七十。鹽井潛深，煮鹽極苦，樵薪益貴，輦置彌艱，加以風水之虞，或至漂喪。而豪民黠吏相與爲姦，賤糴於官，貴糶於民，至有斤獲錢數百者。有司虧失歲額，而民間不得賤鹽。望稍增舊價爲百五十文，則豪猾無以規利，民有望以給食矣。」從之。有司言：「昌州歲收虚額鹽萬八千五百餘斤，乃開寶中知州李佩率意掊斂，以希課最，廢諸井薪錢，於歲額外課部民煮鹽。民不習其事，甚以爲苦，至破産不能償其數，多流移入他部，而積年之征不可遽免。欲均於諸州，作兩税草估錢米以輸官。」詔悉除之，其舊額二萬七千六十斤即令井户煮焉。端拱元年七月，以西川食鹽不足，許商人販階、文州青、白鹽，陝路井鹽，永康軍崖鹽入川勿收算。大中祥符元年十二月，詔瀘州南井竈户遇正、至、寒食各給假三日〔一〇六〕，所收日額仍與除放；三年正月，減瀘州淯井監課鹽三之一。煮鹵者，并州永利監本名河東榷鹽院，咸平四年改名。歲煮十二萬五千餘石，以給本州及忻代石嵐憲遼澤潞麟府州、威勝岢嵐火山平定寧化保德軍，許商人販賣，如川峽之制。凡顆、末鹽，皆以五斤爲斗。顆鹽賣價，每斤自四十四至三十四錢，有三等；末鹽賣價，每斤自四十七至八錢，有二十一等。開寶初，嘗詔諸州賣鹽斤六十錢者減爲五十，四十者爲三十，後顆鹽減至四十四。九年，又減四錢。太平興國初，新禁榷之地以轉送回遠，又有增顆鹽至五十、末鹽至四十錢處。至道二年，楊允恭等復請定和州、無爲軍斤三十六，舒、廬州加二錢，蘄、黄、濠、壽州又加二錢，安、復州又加二錢，止於四十四錢。至道末，賣顆鹽錢七十二萬八千餘貫，末鹽一百六十三萬三千餘貫。凡禁榷之地，官立標識，候望以曉民。其顆鹽通商之地，京西則蔡襄鄧隨唐金房均郢州、光化信陽軍，陝西則京兆鳳翔府、同華耀乾商涇原邠寧儀渭鄜坊丹延環慶秦隴鳳階成州、保安鎮戎軍，舊緣邊諸州兼食烏、白池之青、白鹽。淳化三年，陝西轉運副使鄭文寶以李繼遷叛逆〔一〇七〕，請禁止之，許商人販解池鹽，可以資國計，詔可，自陝以西收私市者抵死。其後戎人乏食，復商販。解鹽利薄，多取他徑，趣唐、鄧以邀善價，吏不能禁，關隴民無鹽食。四年八月，除其禁。咸平中，有請官運解鹽，就邊州置吏鬻之，命度支使梁鼎馳往經畫。度支員外郎李士衡上言：「輦運勞民非便，請行解鹽通商。」從之，而以舊榷年額錢分配諸州，隨税輸納。景德三年，士衡又言京兆、同、華、耀錢額多，請減十之二，詔悉除之。及澶州諸縣之在河北者。蔡、襄等州及安、復、商州舊通商，太平興國初，令商、蔡食解鹽，餘食海鹽，並官賣。後以運路不通，復許通商，唯安、復則禁之。末鹽通商之地，京東則登、萊州，河北則大名真定府、貝冀相衛邢洺深趙滄磁德博棣祁定保瀛莫雄霸州、德清通利永静乾寧定遠保定廣信安肅永定軍。河北舊禁鹽，建隆四年，始令邢、洺、磁、鎮、冀、趙六州城外二十里通行鹽商。開寶三年，悉罷榷，官收其算，斤一錢，往賣者倍之。舊榷利錢均賦城郭居民，及門户形要户，隨夏税輸之，亦差減舊數。

五代時，鹽法太峻。建隆二年，始定官鹽闌入禁地法〔一〇八〕，貿易至十斤、煮鹻至三斤乃坐死，民所受蠶鹽以入城市三十斤以上，上請〔一〇九〕。三年，增闌入三十斤、煮鹻至十斤坐死，蠶鹽入城市百斤以上，奏裁。自後每詔優寬，至太平興國二年，乃詔闌入至二百斤以上，煮鹻及主吏盜販至百斤以上，蠶鹽入城市五百斤以上，並黥面送闕下。

止齋陳氏曰：「國初，鹽筴只聽州縣給賣，歲以所入課利申省，而轉運司操其贏，以佐一路之費，初未有客鈔也。雍熙二年三月，令河東、北商人如要折博茶鹽，令所在納銀，赴京請領交引。蓋邊郡入納算請，始見於此。端拱二年十月，置折中倉，令商人入中斛斗，給茶鹽鈔。蓋在京入中斛斗算請，始見於此。天聖七年，令商人於在京榷貨務入納錢銀，算請末鹽。蓋在京入納見錢算請，始見於此。而解鹽算請，始天聖八年；福建、廣東鹽算請，始景祐二年。京師歲入見錢至二百二十萬，諸路斛斗至十萬石。見是年八月淮南、江、浙、荆湖、福建等路提舉鹽事朱某奏。祖宗之意，慮客鈔行而州縣之鹽不足，則爲之限制，至道二年二月，敕江、浙、淮南官賣鹽，並赴永豐、鹽城監般請，其海陵監應副客人；至解鹽則以唐、鄧、商、均等十一州爲在京入納金銀交引地分，永興、鳳翔等二十五州爲陝西入納糧草交引地分。可謂詳密矣。熙、豐新法，增長鹽價。福建路祖額賣鹽收到二十七萬三百餘貫，自推行鹽法，於元豐二年收到四十六萬五千三百餘貫，三年收六十萬餘貫，見轉運司賈青奏。河北路自元豐七年正月推行鹽法，至十一月終，收鹽息錢二十六萬五千貫，充糴便司糴本〔一〇〕，見元豐八年四月六日敕。可以略見當時鹽課。於是河北復官鹽，而廣鹽亦通入江、湖，置糴便司〔一一〕，以所封樁諸路增剩鹽利錢充糴本。元祐裁損剩數，且罷封樁。三年，令任公裕裁定增損九路鹽價，未幾，復新法。紹聖三年二月，江、湖、淮、浙六路，通算鈔引見錢充足。元祐八年，年額外有增收到五分入朝廷封樁，五分轉運司。元符元年九月，令福建准此。崇寧元年二月，敕鹽鈔每一百貫於在京入納九十五貫，於請鹽處納充鹽本，其紹聖三年五分指揮不行。自二年十二月行法，至三年十一月，在京已及一千二百餘萬貫，遂盡罷，諸路官以鹽鈔每百貫撥一貫與轉運司。於是東南官賣與西北折博之利盡歸京師，而州縣之横斂起矣。」

開寶七年，詔三司校諸州鹽、麴、市征、地課而殿最之〔一二〕。

令諸州知州、通判官、兵馬都監、縣令所掌鹽、麴及市征、地課等，並親臨之，月具籍供三司，秩滿較其殿最，欺隱者置於法。募告者，賞錢三十萬。

止齋陳氏曰：「太平興國以後，雖有比較歲入增虧酬獎之法，而累朝多不果行。至景德以後，且有諸鹽場監受課出剩不得理爲勞績。嘉祐赦文，又申嚴希求恩賞，苛阻商旅之禁。至熙寧五年，始令逐年轉運司每歲比較州縣鹽酒課利最多最少者兩處，開坐增虧及知、通、令、尉名銜聞奏，當行賞罰，合黜者不以去官赦降原減。」

雍熙四年，禁代州寶興軍等處民私市北虜骨堆渡及桃山鹽，犯者論罪有差。

雍熙後，以用兵乏饋餉，令商人輸芻粟塞下，增其直，令江、淮、荆湖給以顆、末鹽。

端拱二年，置折中倉，聽商人輸粟京師，優其直，給江、淮茶鹽。

咸平四年十月，祕書丞、直史館孫冕上言曰：「茶鹽之制，利害相須。若或江南、荆湖通商賣鹽，緣邊折中糧草，在京納金銀錢帛，則公私皆便，爲利實多。今若便放行，即南中州軍且令官賣。商人既已入中，候其換易交引，往至亭場，川路脩遐，風波阻滯，計須二年以上，方到江、潭。未到間〔一三〕，官賣鹽課已倍獲利入，縱其坌集，稍侵官賣之額，然以增補虧，於官無損，緣邊入中又委輸愈多。況三路官賣舊額止百三十萬貫，臣計在北所入已多，在南所虧至少，舊額錢數必甚增盈。其淮南禁鹽，有長江之限，但嚴切警巡，明立賞罰，則官賣鹽課，必不虧懸。設使淮南因江南、荆湖通商之後，官吏怠慢，或至年額稍虧，則國家以折中糧草贍得邊兵，以中納金銀實之官庫，且免和雇車乘，差擾民户〔一四〕，冒涉凛寒，經歷遐遠。借如荆湖運錢萬貫〔一五〕，淮南運米千石，以地里脚力送至窮邊〔一六〕，則官費民勞，何啻數倍！」詔吏部侍郎陳恕等議其事。恕等上議曰：「江、湖之地，素來官自賣鹽，禁絶私商，良亦有以。蓋由近煮海之地，息犯禁之人〔一七〕，官得緡錢，頗資經費。且江、湖之壤，租賦之中，穀帛雖多，錢刀蓋寡。每歲買茶入榷，市銅鑄錢，準糧斛以益運輸，平金銀以充貢入。乃至京師便易，南土支還，贍用之名，實籍鹽錢佽助，居常度費，猶或闕供。今若悉許通商，則必頓無儲擬，未有别錢備用，鹽法詎可更張？且變制改圖，事非細故，若罷官鹽住賣，則又私商不行。即令住賣官鹽，立乏一年課額。況行商算畫，必務十全，豈有江、湖官猶賣鹽，邊塞私肯入粟？假令敢入私物，獲請官鹽，首初運到江、湖，必須官私競貿。既而官價高大，私價低平，多糶商鹽，則官鹽不售；並依官價，則私價太高。公私兩途，矛盾不已，則官利失而私商困矣。況不即住賣而望商人入中藁粟者，未之有也；既入中藁粟而望課利不虧者，亦未之有也。向者淮南通商，亦於邊上折中，一歲之内，入數甚微，糧則不及萬鍾，草則都無一束〔一八〕。近者陝西鹽法，亦令納秸資邊，一年之間，數亦無幾。全亡實驗，但有虚名。江、湖若放通商，淮南亦須撤禁。三處既私商雜擾，兩浙必官鹽流離，透漏侵淫，禁不可止。乍變易則江、湖爲首，終紊亂則淮、浙相兼，大失公儲，莫救邊備，若以施之於今日，竊恐未爲叶宜也。」詔從之。

榷礬者，唐於晉州置平陽院以收其利，開成三年，度支奏罷之，以礬山歸州縣。五代以來，創務置官吏。宋朝之制，白礬出晉慈坊州、無爲軍、汾州之靈石縣，無爲軍場曰崑山，自大中祥符元年後，以停積頗多，權罷煮造。靈石場，至道初廢，景德元年復置，大中祥符八年又廢，其礬徙就晉州。慈州場曰芥泉。緑礬出慈隰州、池州之銅陵縣，隰州場，太祖時以地接河東僞境，罷之。太平興國八年，本州牙吏卜美請募工造鑊煮礬，輸官課，詔從其請。銅陵場，雍熙二年廢，天禧五年復置。又汾州靈石亦有緑礬。各置官典領，有鑊户煮造入官。市晉、汾、慈州礬，以一百四十斤爲一馱，給錢六千〔一一九〕。給見錢三之二，餘準以茶絲。隰州礬馱減三十斤，給錢八百。博賣白礬價：晉州每馱二十一貫五百，慈州又增一貫五百〔一二〇〕；緑礬：汾州每馱二十四貫五百，慈州又增五百，隰州每馱四貫六百，皆博賣於人。又有散賣者，白礬：坊州斤八十錢，汾州百九十二錢，無爲軍六十錢；緑礬，斤七十錢。至道中，白礬歲課九十七萬六千斤，緑礬四十萬五千餘斤，賣錢十七萬餘貫。真宗末〔一二一〕，白礬增二十萬一千餘斤，緑礬增二萬三千餘斤，賣錢增六萬九千餘貫。建隆三年，詔禁商人私販幽州礬，官司嚴捕没入之。其後定令，私販河東、幽州礬一兩以上，私煮礬三斤及盗官礬至十斤者，棄市。開寶三年二月，增私販至十斤，私煮及盗滿五十斤者死，餘論罪有差。太平興國初，以歲鬻不充，有司請嚴禁法，詔私販化外礬一兩以上及私煮至十斤，並如律論決，而再犯者悉配流，還復犯者死〔一二二〕。淳化元年，有司言：「慈州官礬滯積，蓋小民多就山谷僻奥處私煮，以侵其利，而緑礬價賤〔一二三〕，不宜與晉州礬均法〔一二四〕。」詔如犯私茶論罪。

建隆時，命晉州制置礬務，許商人輸金帛絲綿茶及緡錢，官以礬償，凡歲增課八十萬貫。淳化初，有司言：「國家以見錢酬礬直，商客以陳茶入博，有利豪商，無資國用。請今後惟以金銀見錢入博。」從之。

止齋陳氏曰：「太祖礬禁爲契丹、北漢設也，其後并鹽、酒皆榷之，非本意也。」

## 校勘記

〔一〕鹽十二兩七銖一黍十分之一爲升　「二」原作「三」，據管子海王注、通典卷一〇食貨典十、册府元龜卷四九三邦計部山澤一改。

〔二〕百升之鹽　「升」原作「觔」，據管子海王注、通典卷一〇食貨典十、册府元龜卷四九三邦計部山澤一改。

〔三〕每一升加半合爲强而取之　「升」原作「斗」，據管子海王注、通典卷一〇食貨典十、册府元龜卷四九三邦計部山澤一改。

〔四〕萬乘之國　「國」字原脱，據管子海王注、册府元龜卷四九三邦計部山澤一補。

〔五〕今又施其税數　「税」原作「鹽」，據管子海王注、通典卷一〇食貨典十、册府元龜卷四九三邦計部山澤一改。

〔六〕又變其五千四百鍾之鹽而籍其錢　「五」原作「税」，據管子海王注、通典卷一〇食貨典十、册府元龜卷四九三邦計部山澤一改。

〔七〕計一月每人籍錢三十　「人」字原重，據管子海王注删。

〔八〕凡千萬人　「凡」原作「九」，據元本、慎本、馮本改。

〔九〕爲錢三萬萬矣　「三」原作「二」，據管子海王注、通典卷一〇食貨典十、册府元龜卷四九三邦計部山澤一改。

〔一〇〕六十以上爲老男五十以上爲老女也　「男五十以上爲老」七字原脱，據管子海王注、通典卷一〇食貨典十、册府元龜卷四九三邦計部山澤一補。

〔一一〕鹽官之利當一國而三千萬人　「千」字原脱，據管子海王注、通典卷一〇食貨典十、册府元龜卷四九三邦計部山澤一補。

〔一二〕鐵官之利當一國而三千萬人焉　「千」字原脱，據管子海王注、通典卷一〇食貨典十、册府元龜卷四九三邦計部山澤一補。

〔一三〕令天給之鹽筴　「令天」，管子海王、册府元龜卷四九三邦計部山澤一作「今夫」。

〔一四〕今鍼之重加一也　「今」原作「金」，據元本及通典卷一〇食貨典十、册府元龜卷四九三邦計部山澤一改。按「今」，管子海王作「令」。

〔一五〕每十分加一分爲强而取之　「而」原作「强」，據管子海王注、通典卷一〇食貨典十、册府元龜卷四九三邦計部山澤一改。

〔一六〕因人之山海　「之」字原脱，據管子海王、通典卷一〇食貨典十、册府元龜卷四九三邦計部山澤一補。

〔一七〕彼國有鹽而糶於吾國爲售耳　「糶」原作「糴」，據册府元龜卷四九三邦計部山澤一改。

〔一八〕則令吾國鹽官又出而糶之　「糶」原作「糴」，據册府元龜卷四九三邦計部山澤一改。

〔一九〕沛水所流入海之處　「沛」原作「沛」，據管子輕重甲注、通典卷一〇食貨典十改。

〔二〇〕成三萬六千鍾　「六千」二字原脱，據管子輕重甲補。

〔二一〕富商大賈冶鑄煮鹽　「煮」原作「鬻」，據漢書卷二四下食貨志下改。下同。

〔二二〕官與牢盆　「與」原作「爲」，據漢書卷二四下食貨志下、通典卷一〇食貨典十改。

〔二三〕古者名廩爲牢　「爲牢」二字原脱，據漢書卷二四下食貨志下如淳注補。

〔二四〕益廣關　「關」原作「開」，據史記卷三〇平準書、漢書卷二四下食貨志下改。

〔二五〕上林既充滿　「上林」二字原脱，據史記卷三〇平準書、漢書卷二四下食貨志下補。

〔二六〕器苦惡　「器」字原脱，據史記卷三〇平準書、漢書卷二四下食貨志下補。

〔二七〕各往往置均輸鹽鐵官　「各」原作「名」，據史記卷三〇平準書、漢書卷二四下食貨志下改。「置」字原脱，據元本、慎本、馮本及同上二書補。

〔二八〕長廣　按漢書卷二八上地理志上，琅琊郡計斤縣亦有鹽官。

〔二九〕獨樂　「樂」原作「藥」，據漢書卷二八下地理志下改。

〔三〇〕遼東　按漢書卷二八下地理志下，遼東郡平郭縣有鹽官。

〔三一〕北海　按漢書卷二八上地理志上，北海郡都昌、壽光皆有鹽官。

〔三二〕千乘　「乘」下原衍「郡」字，據本書文例删。

〔三三〕武陽　「陽」原作「陵」，據元本、慎本、馮本及漢書卷二八上地理志上改。

〔三四〕重問之　「之」下原衍「一」字，據漢書卷六四下終軍傳師古注删。

〔三五〕一家聚衆或至千餘人　「衆」字原脱，據鹽鐵論復古補。

〔三六〕大抵盡放流之人　「放流」二字原倒，據鹽鐵論復古乙正。

〔三七〕况天地之山澤乎　「天地」，鹽鐵論禁耕作「人主」。

〔三八〕遠争利　「争」，鹽鐵論禁耕、通典卷一〇食貨典十作「浮」。

〔三九〕利散而人怨止　鹽鐵論禁耕、通典卷一〇食貨典十作「義禮立則民化上」。

〔四〇〕不以鹽鐵　「鐵」原作「冶」，據鹽鐵論禁耕改。

〔四一〕農夫之死士也　「夫」字原脱，據鹽鐵論禁耕、通典卷一〇食貨典十補。

〔四二〕而人懷敦朴以相接而莫相利也　「懷」字原脱，據鹽鐵論禁耕、通典卷一〇食貨典十補。

〔四三〕倨勾之宜　「倨勾」，鹽鐵論禁耕作「居句」。

〔四四〕所以佐百姓之急　「以」字原脱，據鹽鐵論非鞅、通典卷一〇食貨典十補。

〔四五〕有益於國　「國」原作「用」，據鹽鐵論非鞅改。

〔四六〕而况於人事乎　「事」字原脱，據鹽鐵論非鞅補。

〔四七〕猶陰陽之不並曜　「曜」字原脱，據鹽鐵論非鞅補。

〔四八〕賢良文學不明縣官事　「事」字原脱，據鹽鐵論取下補。

〔四九〕宜罷郡國榷酤關内鐵官　「酤」下原衍「酒」字，「官」字原脱，據鹽鐵論取下、通典卷一〇食貨典十删補。

〔五〇〕永元十五年　「永元」原作「永平」，據後漢書卷四和帝紀、册府元龜卷四九三邦計部山澤一改。按本書文例，本條當係於下文「獻帝建安初，置使者監賣鹽」條之前。

〔五一〕故權收鹽鐵之利　「權」原作「榷」，據後漢書卷四和帝紀、册府元龜卷四九三邦計部山澤一改。

〔五二〕使明知朕意　「知」字原脱，據後漢書卷四和帝紀、册府元龜卷四九三邦計部山澤一補。

〔五三〕必多競還　「多」字原脱，據三國志卷二一衛覬傳、通典卷一〇食貨典十補。

〔五四〕從之　「從」上原衍「遂」字，據通典卷一〇食貨典十删。

〔五五〕先是罷之　「先是」，魏書卷一一〇食貨志作「是時」，册府元龜卷四九三邦計部山澤一作「既而」，疑是。

〔五六〕而人有富强者專擅其用　「用」原作「食」，據魏書卷一一〇食貨志、册府元龜卷四九三邦計部山澤一改。

〔五七〕近池之人又輒障吝　「吝」原作「悋」，據馮本及魏書卷一一〇食貨志改。

〔五八〕瀛州置竈四百五十二　「四」原作「一」，據魏書卷一一〇食貨志、通典卷一〇食貨典十、册府元龜卷四九三邦計部山澤一改。

〔五九〕計終歲合收鹽二十萬九千七百八斛四斗　「八斛四斗」，魏書卷一一〇食貨志作「二斛四升」。

〔六〇〕二曰鹽鹽　「鹽」原作「監」，據隋書卷二四食貨志改。

〔六一〕凡鹽鹽形鹽每地爲之禁　「鹽」原作「監」，「形鹽」二字原脱，「地」原作「池」，據隋書卷二四食貨志改補。

〔六二〕唐開元元年　「開元」原作「貞元」，據舊唐書卷一八五、新唐書卷一〇〇姜師度傳改。

〔六三〕今用少而財不足者何也　「也」字原脱，據通典卷一〇食貨典十、唐會要卷八八鹽鐵補。

〔六四〕臣實爲當今疑之　「疑」原作「宜」，據舊唐書卷四八食貨志上改。

〔六五〕豐餘之輩也　「豐」，舊唐書卷四八食貨志上、册府元龜卷四九三邦計部山澤一作「農」。下同。

〔六六〕可不謂然乎　「謂」原作「講」，「然乎」二字原倒，據舊唐書卷四八食貨志上、通典卷一〇食貨典十、唐會要卷八八鹽鐵、册府元龜卷四九三邦計部山澤一改乙。

〔六七〕然後下寬大之令　「大」原作「貸」，據通典卷一〇食貨典十、唐會要卷八八鹽鐵、册府元龜卷四九三邦計部山澤一改。

〔六八〕雖戎狄未服　「未」原作「降」，據通典卷一〇食貨典十改。按：「未服」，舊唐書卷四八食貨志上作「猾夏」。

〔六九〕諸州所造鹽鐵　「州」原作「川」，據元本、慎本、馮本及唐會要卷八八鹽鐵改。

〔七〇〕如聞稍有侵剋　「稍」原作「稱」，據唐會要卷八八鹽鐵改。

〔七一〕盜鬻者論以法　「以」字原脱，據新唐書卷五四食貨志四補。

〔七二〕及琦爲諸州榷鹽鐵使　「榷」原作「權」，據新唐書卷五四食貨志四改。

〔七三〕以鹽吏多則州縣擾　「吏」原作「利」，據新唐書卷五四食貨志四改。

〔七四〕鹽價寖貴　「寖」下原衍「又」字，據新唐書卷五四食貨志四删。

〔七五〕其後鹽鐵使李錡奏江淮鹽每斗減錢十以便民　下「鹽」字原脱，據新唐書卷五四食貨志四補。

〔七六〕以鹽利皆歸度支　「歸」原作「爲」，據新唐書卷五四食貨志四改。

〔七七〕而主此務者　「此」原作「北」，據元本、慎本、馮本改。

〔七八〕伏准今年正月一日赦文　「一日」二字原脱，據舊唐書卷四八食貨志上補。

〔七九〕事非常制　「制」原作「禁」，據舊唐書卷四八食貨志上、册府元龜卷四九三邦計部山澤一改。

〔八〇〕平叔請令州府差人自糶官鹽　「令」原作「今」，據韓昌黎文集卷八論變鹽法事宜狀改。

〔八一〕官未自糶鹽之時　「自」字原脱，據韓昌黎文集卷八論變鹽法事宜狀補。

〔八二〕遷榷鹽使　「榷」原作「權」，據新唐書卷五四食貨志四改；「使」原作「法」，據元本、慎本、馮本及新唐書卷五四食貨志四改。

〔八三〕乃倡議兩池復歸鹽鐵使　「乃」原作「仍」，據新唐書卷五四食貨志四改。

〔八四〕今後每年祇二月内一度俵散　「今後每年祇」五字原脱，據五代會要卷二六鹽補。又舊五代史卷三五明宗紀一，作「每年祇」。

〔八五〕洛京管内逐年所配人户食鹽　「洛京」二字原倒，「逐年」二字原脱，據五代會要卷二六鹽、册府元龜卷四九四邦計部山澤二乙補。

〔八六〕起來年每斗減放十文　「減放」二字原倒，據五代會要卷二六鹽乙正。

〔八七〕過税每斤七文　「税」字原脱，據元本、慎本、馮本及舊五代史卷一四六食貨志補。

〔八八〕其諸道應有係屬州府鹽務　「係」原作「保」，據五代會要卷二六鹽改。

〔八九〕每斤不過二十文近處不過一十文　「文近處不過一十文」八字原脱，據五代會要卷二六鹽補。

〔九〇〕又難驟改其法　「難」原作「稱」，據舊五代史卷一四六食貨志、五代會要卷二六鹽改。

〔九一〕蓋卑濕之地易爲刮鹹煎造　「鹹」原作「鹽」，據舊五代史卷一四六食貨志、五代會要卷二六鹽、册府元龜卷四九四邦計部山澤二改。

〔九二〕其鄉村並許鹽貨通商　「並」下原衍「不」字，據舊五代史卷一四六食貨志、册府元龜卷四九四邦計部山澤二删。

〔九三〕每歲自二月一日墾畦　「二」原作「三」，據元本及宋史卷一八一食貨志下三、長編卷九七天禧五年十二月末條改。

〔九四〕陝西轉運副使張象中言　「副使」二字原脱，據長編卷八六大中祥符九年四月丁亥條、宋會要食貨二三之三〇補。按宋史卷一八一食貨志下三作「陝西轉運使張象中」。

〔九五〕兩池見貯鹽三千二百七十六庵　「庵」原作「卷」，據宋會要食貨二三之三〇改。

〔九六〕京東之濟　「濟」原作「齊」，據宋史卷一八一食貨志下三改。

〔九七〕潁　原作「穎」，據局本及宋史卷一八一食貨志下三改。

〔九八〕河北之懷州及澶州諸縣之在河南者　「河南」二字原倒，據慎本及宋史卷一八一食貨志下三乙正。

〔九九〕通州利豐監四十八萬九千餘石　「利豐」二字原倒，據宋史卷八八地理志四、太平寰宇記卷一三〇淮南道利豐監乙正。

〔一〇〇〕明州昌國東西監三十萬一千餘石　「三」，宋史卷一八二食貨志下四作「二」。

〔一〇一〕廣州東莞静康等十三場　「静康」原作「静安」，據宋史卷一八三食貨志下五改。

〔一〇二〕賓　原作「濱」，據宋史卷一八三食貨志下五改。

〔一〇三〕益州路則陵井監及二十八井　「二」，宋史卷一八三食貨志下五作「九」。

〔一〇四〕詔斤減十錢　「減」字原脱，據宋史卷一八三食貨志下五、長編卷一五開寶七年七月丙寅條補。

〔一〇五〕太平興國二年　「二」原作「三」，據長編卷一八太平興國二年四月辛卯條、宋會要食貨二三之二一改。

〔一〇六〕詔瀘州南井竈户遇正至寒食各給假三日　「遇」原作「過」，據元本、馮本及宋史卷一八三食貨志下五改。

〔一〇七〕陝西轉運副使鄭文寶以李繼遷叛逆　「副使」二字原脱，據宋會要食貨二三之二三補。

〔一〇八〕始定官鹽闌入禁地法　「地」字原脱，據宋史卷一八一食貨志下三、長編卷二建隆二年四月乙卯條補。

〔一〇九〕上請　原作「徒」，據宋史卷一八一食貨志下三、宋會要食貨二三之一八改。

〔一一〇〕充糴便司糴本　「糴便」二字原倒。按宋有提舉河北糴便司，掌糴便芻糧以供邊儲之用，見宋史卷一六七職官志七；宋史卷一七五食貨志上三又載，元豐五年，詔以開封府界、諸路闕額禁軍及淮、浙、福建等路剩鹽息錢，并輸糴便司爲本，可證此處「便糴」爲「糴便」之誤，故乙正。

〔一一一〕置糴便司　「糴便」二字原倒，據元本、慎本、馮本乙正。

〔一一二〕詔三司校諸州鹽麴市征地課而殿最之　「地」字原脱，據下文補。

〔一一三〕未到間　「到」原作「即」，據長編卷五〇咸平四年十一月己卯條改。

〔一一四〕差擾民户　「民户」二字原倒，據長編卷五〇咸平四年十一月己卯條乙正。

〔一一五〕借如荆湖運錢萬貫　「如」原作「加」，據長編卷五〇咸平四年十一月己卯條、宋會要食貨二三之二四改。

〔一一六〕以地里脚力送至窮邊　「以」字原脱，據長編卷五〇咸平四年十一月己卯條、宋會要食貨二三之二四補。

〔一一七〕息犯禁之人　「息」原作「自」，據元本、慎本、馮本及長編卷五〇咸平四年十一月己卯條、宋會要食貨二三之二六改。

〔一一八〕草則都無一束　「都」原作「多」，據元本、慎本、馮本及長編卷五〇咸平四年十一月己卯條、宋會要食貨二三之二六改。

〔一一九〕給錢六千　「千」原作「十」，據宋史卷一八五食貨志下七改。

〔一二〇〕博賣白礬價晉州每馱二十一貫五百慈州又增一貫五百　「博賣」二字原倒，「礬價晉州每馱二十一貫五百慈州又增一貫五百」二十字原脱，據宋史卷一八五食貨志下七乙補。

〔一二一〕真宗末　「真」原作「貞」，據元本、慎本、馮本及宋史卷一八五食貨志下七改。

〔一二二〕還復犯者死　「還」原作「遠」，據宋史卷一八五食貨志下七改。

〔一二三〕而緑礬價賤　「賤」原作「錢」，據元本、慎本、馮本及宋史卷一八五食貨志下七改。

〔一二四〕不宜與晉州礬均法　「宜與」原作「可以」，據宋史卷一八五食貨志下七改。

# 卷十六　征榷考三

## 鹽鐵礬

仁宗時，詔天下茶鹽酒稅取一歲中數爲額，後雖羨益勿增，無得抑配人户，苛阻商旅。

天聖八年，上書者言：「縣官禁鹽〔一〕，得利微而爲害博，兩池積鹽爲阜，其上生木合抱，數莫可校。請聽通商，平估以售，可寬百姓之力。」乃詔罷三京、二十八軍州榷法，聽商賈入錢若金銀京師榷貨務，受鹽兩池。自是，商賈流行，然稅課之入官者頗耗。自元昊反，聚兵西邊，用度不足，因詔入中他貨，予券償以池鹽。由是羽毛、筋角、膠漆、鐵炭〔二〕、瓦木之屬，一切以鹽易之。猾商貪賈乘時賕吏爲姦，至入椽木二，估千錢，給鹽一大席〔三〕，爲鹽二百二十斤。虚費池鹽，不可勝計，鹽直益賤，販者不行，公私無利。朝廷知其弊，乃詔復京師榷法，凡商人以虚估受券及已受鹽未鬻者，皆計直輸虧官錢。内地州軍民間鹽，悉收市入官，官爲置場，增價而出之。復禁永興、同、華、耀、河中、陜、虢、解、晉、絳、慶成十一州軍商鹽，官自輦運，以衙前主之。又禁商鹽私入蜀，置折博務於永興、鳳翔，聽人入錢若蜀貨，易鹽趨蜀中以售。自禁榷之後，量民資厚薄，役令輓車轉致諸郡，道路縻費，役人竭産不能償，往往亡匿，關内騷然。所得鹽利，不足以佐縣官之急。並邊誘人入中芻粟，皆爲虚估，騰踴至數倍，歲費京師錢幣，不可勝數，帑藏愈虛。太常博士范祥乃請舊禁鹽地一切通商，鹽入蜀者亦恣不問；罷並邊九州軍入中芻粟，第令入實錢，以鹽償之。視入錢州軍遠近及所指東、南、西鹽，第優其估；東、南鹽又聽入錢永興、鳳翔、河中，歲課入錢凡通商州軍，在京西者爲南鹽，在陝西者爲西鹽，若禁鹽地則爲東鹽〔四〕。總爲鹽三十七萬五千大席，受以要券，即池驗券，按數而出，盡弛兵民輦運之役。詔從之。數年，滑商貪賈無所僥倖，關内民安其業。其後三司言京師商賈罕至則鹽直踴貴，請得公私並貿，而餘則禁止官鬻，皆從之。兩池歲役畦户以解、河中、陝、虢、慶成民爲之，官司旁沿侵剥爲苦，乃詔三歲一代。嘗積逋鹽課至三百三十七萬餘席，詔蠲其半。中間以積鹽多，特罷種鹽一歲，或二歲、三歲，以寬其力。其後減畦户半，又稍傭夫代之，五州之民得安田里，無追逮侵剥之擾。

沈氏筆談曰：「陝西顆鹽，舊法官自搬運，置務拘賣。兵部員外郎范祥始爲鈔法，令商人就邊郡入錢四貫八百售一鈔，至解池請鹽二百斤，任其私賣，得錢以實塞下，省數十郡搬運之勞。異日，輦車牛驢以鹽役死者歲以萬計，冒禁抵罪者不可勝數，至是悉免。行之既久，鹽價時有低昂，又於京師置都鹽院，陝西轉運司自遣官主之，京師食鹽斤不足三十五錢，則斂而不發，以長鹽價〔五〕；過四十，則大發庫鹽，以壓商利，使鹽價有常，而鈔法有定數。行之數年，至今以爲利。」

青、白鹽出烏、白池，西羌擅以爲利。自李繼遷叛〔六〕，乃禁毋入塞，未幾罷。慶曆中，元昊納款，請歲入十萬石售於縣官，諫官孫甫等言：「輦運疲勞。又並邊户嘗言青鹽價賤而味甘，故食解鹽者少，雖刑不能禁。今若許之，則並邊蕃漢盡食羌人所販青鹽，不能禁止，解鹽利削，陝西財用屈矣。」乃不許其請。

慶曆元年冬，以淄、濰、青、齊、沂、密、徐、淮揚八州軍仍歲凶災，乃詔弛禁，聽人貿易，官收其算，而罷密、登歲課，第令户輸租錢。其後鄆、兖皆以壤地相接，請罷食池鹽，得通海鹽，收算如淄、濰等州，許之。自是諸州官不貯鹽，而歲應授百姓蠶鹽皆罷給，然百姓輸蠶鹽錢如故。至和中，始詔百姓輸錢以十分爲率，聽減三分云。

河北滄、濱二州鹽，自開寶以來，聽人貿易，官收其算，歲爲額錢十五萬緡。上封者請禁榷以收其利，余靖爲諫官，言："前歲軍興以來，河北揀點義勇及諸色科率，數年未得休息。臣嘗痛燕薊之地陷虜且百年，而民無南顧之思者，戎狄之法大率簡易，鹽、麴俱賤，科役不煩故也。昔太祖皇帝特推恩以惠河朔，故許通鹽商，止令收税。若一旦榷絶，價必騰踴，民苟懷怨，悔將何及。伏緣河朔土多鹽鹵，小民税地不生五穀，惟刮鹻煎之以納二税，今若禁止，便須逃亡。鹽價若高，犯者必衆，邊民怨望〔七〕，非國之福。"其議遂寢。後王拱辰爲三司使，復建議榷二州鹽，下其議。魚周詢等以爲不可，請重算商人，可得緡錢七十餘萬。上曰："使人頓食貴鹽，非朕之意。"於是三司更立榷法而未下，張方平見上，問曰："河北再榷鹽，何也？"上曰："始議立法，非再榷也。"方平曰："周世宗榷河北鹽，犯輒處死。世宗北伐，父老遮道泣訴，願以鹽課均之兩税錢而弛其禁，今兩税鹽錢是也。豈非再榷乎？且今未榷也，而契丹常盜販不已，若榷之則鹽貴，虜鹽益售，是爲我斂怨而使虜獲福也。虜鹽滋多，非用兵不能禁，邊隙一開，所得鹽利能補用兵之費乎？"上大悟，立以手詔罷之。河朔父老相率拜迎於澶州，爲佛老會七日以報上恩〔八八〕，且刻詔書北京。後父老過其下輒流涕。

按：授人以鹽而徵其錢，謂之蠶鹽，行之京東諸路；免鹽之榷而均諸税，謂之兩税鹽錢，行之河北，皆五代法也。及其弊也，鹽不給而徵錢如故，税已納而禁榷再行。蓋誤以二者爲經常之賦而不知其源出於鹽也。河北之榷，方平言之，仁皇聽之，惠及一道矣；獨蠶鹽錢之輸，未有能如方平者力言之，至和中僅免其十之三。惜哉！

東南鹽利，視天下爲最厚。鹽之入官，淮南、福建斤爲錢四，兩浙杭、秀爲錢六，温、台、明斤爲錢四〔九〇〕，廣南爲錢五。其出，視去鹽道里遠近而上下其估，利有至十倍者。先是，天禧初，募人入緡錢、粟帛京師及淮、浙、江南、荆湖州軍易鹽，乾興元年，入錢貨京師，總爲緡錢一百十四萬。會通、泰鬻鹽歲損，所在貯積無幾，因罷入粟帛，第令入錢，久之，積鹽復多。明道二年，參知政事王隨建言：「淮南鹽初甚善。自通、泰、楚運至真州，自真州運至江、浙、荆湖，綱吏舟卒侵盗販鬻，從而雜以砂土。涉道愈遠，雜惡殆不可食，吏卒坐鞭笞，配徙相繼而莫能止。比歲運河淺涸，漕挽不行，遠州村民，頓乏鹽食，而淮南所積一千五百萬石，至無屋以貯，則露積苫覆，歲以損耗。又亭户輸鹽，應得本錢或無以給，故亭户貧困，往往起爲盗賊，其害如此。願得權聽通商三五年，使商人入錢京師，又置折博務於揚州，使輸錢及粟帛，計直予鹽。鹽一石約售錢二千，則一千五百萬石可得緡錢三千萬以資國用，一利也；江、湖遠近皆食白鹽，二利也；歲罷漕運縻費，風水覆溺，舟人不陷刑辟，三利也；昔時漕鹽舟可移以漕米，四利也；商人入錢可取以償亭户，五利也。贍國濟民，無出於此。」時范仲淹安撫江、淮，亦以疏通鹽利爲言，即詔翰林侍讀宋綬、樞密直學士張若谷、知制誥丁度與三司使、江淮制置使同議可否。皆以爲聽通商則恐私販肆行，侵蠹縣官，請敕制置司益漕船運至諸路〔一〇〕，使皆有二三年之鹽；復天禧元年制〔一一〕，聽商人入錢粟京師及淮、浙、江南、荆湖州軍易鹽；在通、泰、楚、海、真、揚、漣水、高郵貿易者毋得出城，餘州聽詣縣鎮〔一二〕，毋至鄉村；其入錢京師者增鹽予之，并敕轉運司經畫本錢，以償亭户。詔皆施行。

景祐二年，三司言諸路博易無利，遂罷，而入錢京師如故。

康定元年，詔商人入芻粟陝西並邊，願受東南鹽者加數予之，而河北復出三税法，亦以鹽代京師所給緡錢。然東南鹽利特厚〔一三〕，商旅不願受金帛，皆願得鹽。

江、湖漕鹽既雜惡，又官估高，故百姓利食私鹽，而並海民以魚鹽爲業，用工省而得利厚，無賴之徒盜販者衆，捕之急則起爲盜賊。江、淮間雖衣冠士人，狃於厚利，或以販鹽爲事。江西則虔州地連廣南，而福建之汀州與虔接〔一四〕，虔鹽既不善，汀故不産鹽，二州民多盜販廣南鹽以射利〔一五〕。每歲秋冬，田事既畢，往往數十百爲群，持甲兵旗鼓，往來虔、汀、漳、潮〔一六〕、梅、循、惠、廣八州之地。所至污人婦女，掠人穀帛，與巡捕吏卒鬬格〔一七〕，至殺傷吏卒，則起爲盜，依阻險要，捕不能得，或赦其罪招之。歲月浸淫滋多，而虔州官糶鹽歲纔及百萬斤，朝廷以爲患。職方員外郎黄炳請損近歲所增官估〔一八〕，斤爲錢四十，以虔州十縣五等户夏秋税率百錢令糴鹽二斤，隨夏税錢入償官。從之。然歲纔增糴六十餘萬斤。江西提點刑獄蔡挺乃令民首納私藏帶兵械，以給巡捕吏兵，而令販黄魚籠挾鹽不及二十斤、徒不及五人、不以兵甲自隨者，止輸算勿捕。淮南既團新綱漕鹽，挺增爲十二綱，綱二十五艘，鏁栿至州乃發。輸官有餘，則以畀漕舟吏卒，官復以半賈取之，繇是減侵盜之敝，鹽遂差善。又損糶價，歲課視舊增至三百萬餘斤，乃罷炳等所率糴鹽錢〔一九〕。

嘉祐間，兩浙轉運使沈立、李肅之奏：「本路鹽課緡錢歲七十九萬，嘉祐三年纔及五十三萬，而一歲之內，私販坐罪者三千九十九人，其弊在於官鹽估高，私販不止，而官課益虧。請裁官估〔二〇〕，罷鹽綱，令鋪户衙前自趨山場取鹽，如此則鹽善而估平，人不肯冒禁私售，官課必溢。」詔從之。

皇祐以來，屢下詔書，命亭户給官本皆以實錢，其售額外鹽者，給粟帛必良，逋歲課久者悉蠲之，所以存恤之甚厚，而有司罕能承上意焉。蜀煮井爲鹽者，井源或發或微，而責課如故，任事者多務增課以爲功，貽患後人。朝廷切於除民害，尤以遠人爲意，有司上言，輒爲蠲減，前後不可悉數。

煮鹻爲鹽〔二一〕，大抵鹻土或厚或薄，薄則利微，鐺户破産不能足其課。至和初，韓琦請户滿三歲，地力盡，得自言，摘他户代之。明年，又詔鐺户輸歲課以分數爲率〔二二〕，蠲復有差，遇水災〔二三〕，又聽摘他户代役〔二四〕，百姓便之。礬初亦官置務煮之，天聖已後，聽民自煮，官置場售之，私售礬禁如私售茶法。兩蜀舊亦榷礬，天聖間詔弛其禁。初，晉、慈礬募人入金帛茶絲易之。其後，河東轉運使薛顔請一切入緡錢，以助邊糴。久之礬積益多，復聽入金帛、芻粟。芻粟虚估高，商人利於入中。麟州斗粟直錢百〔二五〕，估增至三百六十，礬之出官爲錢二萬一千五百，纔易粟六石，以麟州粟實直較之，爲錢六千，而礬一馱已費本錢六千。縣官徒有榷礬之名，其實無利。嘉祐六年，乃罷入芻粟。復令入緡錢。礬以百四斤爲一馱，入錢京師榷貨務者，爲錢十萬七千；入錢麟、府州者又減三千〔二六〕。自是，商賈不得專其利矣。

神宗熙寧七年，中書議陝西鹽鈔大出，多虛鈔而鹽益輕，以鈔折兑糧草，有虛擡邊糴之患，請用西蜀交子法，使其數與錢相當，可濟緩急。詔以内藏錢二百萬緡假三司，遣市易吏行四路請買鹽引，又令秦鳳、永興鹽鈔歲以百八十萬爲額。

八年，中書又言：「買鈔本錢有限，而出鈔過多，買不盡則鈔賤而糴貴〔二七〕，故出鈔不可無限。然入中商人或欲變易見錢，而官不爲買，即爲兼并所抑，則鈔價賤。而邊境有急，鈔未免多出，故當置場〔二八〕，以市價平之。今當定買兩路實賣鹽二百二十萬緡，以當用鈔數立額。永興軍遣官買鈔，歲支轉運司錢十萬緡買西鹽鈔，又用市易務賒請法，募人賒鈔變易，即民間鈔多而滯，則送解池毁之。」詔從其請。然有司給鈔溢額，猶視其故。

舊制，河南北曹、濮以西，秦、鳳以東，皆食解鹽。自仁宗時，解鹽通商，官不復榷。熙寧中，市易司始榷開封、曹、濮等州。八年，大理寺丞張景温提舉出賣解鹽，於是開封府界陽武、酸棗、封丘、考城、東明、白馬、中牟、陳留、長垣、胙城、韋城，曹、濮、澶、懷、濟、單、解州，河中府等州縣，皆官自賣。未幾，復用商人議，以唐、鄧、襄、均、房、商、蔡、郢、隨、金、晉、絳、虢、陳、許、汝、潁〔二九〕、隰州，西京、信陽軍通商，畿縣及澶、曹、濮、懷、衛、濟、單、解、同、華、陝、河中府、南京、河陽，令提舉解鹽司運鹽賣之。

自禁榷之後，鹽價既增，民不肯買，乃課民買官鹽，隨其貧富作業爲多少之差，重賞搆捕私鹽，民間騷怨。鹽鈔舊法，每席六緡，至是二緡有餘，商不入粟，邊儲失備，乃議所以更之。皮公弼、沈括等言官賣當罷。於是河陽、同華解州、河中、陝府、陳留、雍丘、襄邑、中牟、管城、尉氏、鄢陵、扶溝、太康、咸平、新鄭聽通商，其入不及官賣者，官復自賣；澶濮濟單曹懷州、南京，陽武、酸棗、封丘、考城、東明、白馬、長垣、胙城、韋城九縣，官賣如故。又詔商鹽入京，悉賣之市易務，每席無得減千〔三〇〕；民鹽皆買之市易務，私與商人爲市，許告，没其鹽。又詔京師置七場，買東、南鹽鈔〔三一〕，市易務計爲錢五十九萬三千餘緡，三司闕錢，請頒還其鈔，令賣之於西，買者其三給錢，其七準緣邊價給新引，庶得民間舊鈔，而新引易於變易。詔用其議。

哲宗元祐元年，户部及陝西制置解鹽司議：「延、慶、渭、原、環、鎮戎、保安、德順等八州軍皆禁榷，官自鬻，以萬五千五百席爲額，聽商旅入納於八州軍折博務，算給交引，一如范祥舊法。其出賣到鹽錢，以給轉運司糴買。」從之。

徽宗崇寧元年，解州賈考南北團池修治畦眼〔三二〕，拍磨布種，通得鹽百七十八萬二千七百餘斤，州具以聞。初，解梁之東有大鹽澤，綿亘百餘里，歲得億萬計。自元符元年，霖潦池壞，至是，乃議修復。四年，池成，凡開二千四百餘畦，百官皆賀。其役内侍王仲千實董之，仲千以課額敷溢爲功〔三三〕。然議者或謂解池灌水盈尺，暴以烈日，鼓以南風，須臾成鹽，其利則博，苟欲溢額，不俟風日之便，厚灌以水，積水而成，味苦不適口。

沈氏筆談曰：「解州鹽澤方百二十里，久雨，四山之水悉注其中，未嘗溢；大旱，未嘗涸。滷色正赤，在版泉之下，俚俗謂之『蚩尤血』。唯中間有一泉，乃是甘泉，得此水然後可以聚人。其北有堯梢水，一謂之『巫咸河』。大滷之水，不得甘泉和之，不能成鹽。唯巫咸水入，則鹽不復結，故人謂之『無鹹河』，爲鹽澤之患，築大堤以防之，甚於備寇盜。原其理，蓋巫咸乃濁水，入滷中則淤澱滷脉，鹽遂不成，非有他異也。」又曰：「鹽之品至多，前史所載，夷狄間自有十餘種，中國所出亦不減數十種。今公私通行者四種：末鹽、顆鹽、井鹽、崖鹽是也。唯陝西路顆鹽有定課，歲爲錢二百三十萬緡，自餘盈虛不常，大約歲入二千餘萬緡。唯末鹽歲自抄三百萬緡，供河北邊糴，其他皆給本處經費而已〔三四〕。緣邊糴買仰給於度支者，河北則海、末鹽，河東、陝西則顆鹽及蜀茶爲多。運鹽之法，凡行百里，陸運斤四錢，船運斤一錢，以此爲率。」

祖宗以來，行鹽鈔以實西邊。其法：積鹽於解池，積錢於在京榷貨務，積鈔於陝西沿邊諸郡，商賈以物斛至邊入中〔三五〕，請鈔以歸。物斛至邊有數倍之息，惟患無回貨，故極利於得鈔，徑請鹽於解池。舊制，通行解鹽地甚寬〔三六〕。或請錢於京師，每鈔六千二百，登時給與，但輸頭子等錢數十而已。以此，所由州縣，貿易熾盛，至爲良法。崇寧間，蔡京始變鹽法，俾商人先輸錢請鈔，赴産鹽郡授鹽，欲囊括四方之錢盡入中都，以進羨要寵，鈔法遂廢，商賈不通，邊儲失備。東南鹽禁加密，犯法被罪者衆，民間食鹽雜以灰土，解池天産美利，乃與糞壤俱積矣。大概常使見行之法售給才通〔三七〕，輒復變易，名「對帶法」，季年又變對帶爲循環。循環者，已積賣鈔，未授鹽，復更鈔；已更鈔，鹽未給，復貼輸錢，凡三輸，始獲一直之貨。民無貲更鈔，已輸錢悉乾没，數十萬券一夕廢棄，朝爲豪商，夕儕流丐，有赴水投繯而死者。時有魏伯芻者，本三省大胥也，蔡京委信之，專主榷貨務。政和六年，鹽課通及四千萬緡，官吏皆進秩。七年，又以課羨第賞。其後，伯芻年除歲遷。積官通議大夫、徽猷閣待制〔三八〕，既而黨附王黼，京惡而黜之。伯芻非有心計，但與交引户關通，凡商旅算請，率尅留十分之四以充入納之數，務入納數多，以昧人主而張虚最。初，政和再更鹽法，伯芻方爲蔡京所倚信，建言：「朝廷所以開闔利柄，馳走商賈，不煩號令，億萬之錢，輻輳而至〔三九〕，御府須索，百司支費，歲用之外沛然有餘，則榷鹽之入可謂厚矣。頃年鹽法未有一定之制，隨時變革以便公私，防閑未定，姦弊百出。自政和立法之後，頓絶弊源，公私兼利。異時一日所收不過二萬緡，則已詫其太多，今日之納乃常及四五萬貫。以歲計之，有一郡而客鈔錢及五十餘萬貫者，處州是也；有一州倉而客人請鹽及四十萬袋者，泰州是也。新法於今纔二年，而所收已及四千萬貫，雖傳記所載貫朽錢流者，實未足爲今日道也。伏乞以通收四千萬貫之數宣付史館，以示富國裕民之政。」小人得時騁志，無所顧憚，遂至於此。於時御府用度日廣，課入欲豐，再申歲較季比之令〔四〇〕，在職而暫取告，其月日皆毋得計折，害法者不以官蔭，並處極坐，微至於鹽袋鬻鹽，莫不有禁，州縣惟務歲增課以避罪法，上下程督加厲。七年，乃降御筆：「昨改鹽法，立賞至重，抑配者衆，計口敷及嬰孩，廣數下逮馳畜〔四一〕，使良民受弊，比屋愁嘆。悉從初令，以利百姓。」三省其申嚴近制，改奉新鈔。」蓋帝意未常不欲審法定令，寬濟斯民。有司不能將明帝恩，故比較已罷而復用，鈔劄既免而復行，鹽囊增饒而復止，一囊之價裁爲十一千，既又復爲十三千矣〔四二〕，民力因以擾匱，盗賊滋焉。

南鹽　熙寧五年，盧秉提點兩浙刑獄，仍專提舉鹽事。令鹽場約得鹽之多寡而定其分數，自六分至十分；三竈至十竈爲一甲〔四三〕，而煮鹽地什五其民，以相譏察；及募酒坊户願占課額，取鹽於官賣之，月以錢輸官，毋得越所酤地；又嚴捕盗販，刑禁苛酷。　蹇周輔措置福建鹽，以建、劍、汀、邵武官賣鹽價苦高，漳、泉、福、興化煮鹽價賤，故多盗販賣於貴處，請減建、劍、汀、邵武鹽價，募上户爲鋪户，官給券，定月所賣，從官場買之，如是則民易得鹽，盗販不能規厚利。　周輔又措置江西鹽法，言汀州運路險遠，淮鹽至者不能多，請罷運淮鹽，通搬廣鹽一千萬斤於江西虔州、南安軍，復均淮鹽六百一十六萬斤於洪、吉、筠、袁、撫、臨江、建昌、興國軍，以補舊額。　大率峻剥於民〔四四〕，民被其害。　哲宗即位，御史言周輔議江西鹽法掊刻誕謾，乃削職貶官。

河北鹽　舊不榷。熙寧八年，三司使章惇言河北、陝西並爲邊防，今陝西榷鹽而河北獨不榷，此祖宗一時誤恩，請遣使詣海陽及煮小鹽州縣，小鹽，僞鹽也。與兩路轉運司度利害施行。而文彦博論其不便，詔如舊。　元豐三年，京東轉運副使李察言〔四五〕，南京、濟、濮、曹、單行解鹽〔四六〕，餘十有二州行海鹽，請用今税法置買鹽場，盡竈户所煮鹽，官自賣之，禁私爲市。歲收錢二十七萬三千餘緡。而息幾半之。乃詔以京東法榷之河北，自大名府、澶、恩、信安、雄、霸、瀛、莫、冀等州，盡榷賣以增其利。　哲宗即位，監察御史王岩叟言其不便，遂罷河北榷法。　紹聖中復之。

河東鹽　熙寧八年，三司使章惇言：「東、西永利兩監，鹽歲課舊額二十五萬餘緡。自許商人入中糧草，增饒給錢支鹽，商人得鈔千錢，售價半之，縣官陰有所亡，坐賈獲利不貲。又私鹽不禁，歲課日減，今纔十萬四千餘緡，若計糧草虚估，官纔得實錢五萬餘緡，視舊虧十之八。請如解鹽例，募商人入錢請買，或官自鬻，重私販之禁，歲課且大增，並邊市糧草，一用見錢。」乃詔官自運鹽，鬻於本路。知太原府韓絳言其不便，請通商，乃令商人輸錢於邊，給券，於東、西監請鹽，以除加饒折糴之弊。仍令商人自占所賣地，即官鹽已運至場務者，令商人買之，加運費。

蜀鹽　熙寧中，患井鹽不可禁，欲盡實私井而運解鹽以足之，修起居注沈括以爲不可，遂寢。九年，劉佐入蜀經度茶事，乃歲運解鹽十萬席，未幾，罷之。崇寧二年，川峽利、洋、興、劍、蓬、閬、巴、綿、漢、興元府等州，並通行東北鹽。四年，梓、遂、夔、綿、漢、大寧監等鹽仍舊鬻於蜀，惟禁侵解池鹽。

蠶鹽　熙寧五年，京西漕臣陳知儉言蠶鹽畸零，非民所願，乃罷之，第令輸錢。七年，復詔開封府界蠶鹽折以糧者，三等户以下許代以錢，願輸本色者聽。元祐初，有司言罷所俵蠶鹽，而令虛納鹽錢，於義未安，乃詔舊經蠶鹽處仍舊散斂。有司復奏府界、京西、京東等路用蠶鹽三萬二千五十席，預出鹽引，募人算請於解鹽司以給用。六年，徐州、淮陽軍仍舊散斂，京東及晉、絳、隰、慈州皆罷。元符三年，重定散蠶鹽給納之限，開封府界、京東西、河北澶州皆罷。初，東南歲支蠶鹽，即不欲鹽，計其數輸價錢六分，如京東、西之制。政和三年，慮州縣抑民，詔罷兩浙、淮南支俵，其江、湖四路下鹽事、常平司共相度聞奏。後遂詔淮、浙支俵蠶鹽去處，依市賣客鹽價例支給價錢，俵散依舊，來數輸納物帛，其丁口鹽錢亦依上件指揮散納。中興後，亦不復散鹽，而差損民間所納之直。

東萊呂氏曰：「洪範，初一曰五行，一曰水，水曰潤下，潤下作鹹，此鹽之根原。五行之氣無所不在。水周流於天地間，潤下之性無所不在。其味作鹹，凝而爲鹽，亦無所不在。種類品目甚多，世所共知者有三，如出於海，出於井，出於池〔四七〕。三者鹽之尤多，世共知之。如青州出於東井〔四八〕，幽薊北海〔四九〕、嶺南南海皆出於海，劍南西川出於井，如河東鹽出於池，如解池，鹽之尤著者，大略三種。三種之外，所出亦多。如河北有鹵地，此出於地者；如永康軍鹽出於崖，此出於山者。又有出於石，出於木，品類不一。大抵鹽生民之日用，不可一日缺者，所以天地之間，無處不有。自禹貢青州貢鹽、絺，此海鹽之見於經。三代之時，鹽雖入貢，與民共之，未嘗有禁法。自管仲相桓公，當時始興鹽筴，以奪民利。自此後，鹽禁方開。雖漢興除山澤之禁，到武帝時，孔僅、桑弘羊祖管仲之法，鹽始禁榷。至昭帝之世，召賢良文學論民疾苦，請罷鹽鐵，又桑弘羊反覆論難，所以鹽榷不能廢。元帝雖暫罷之，卒以用度不足復建。自此之後，雖鹽法有寬有急，然禁榷與古今相爲終始，以此知天下利源不可開，一開不可復塞。於是論其作俑出於管仲，計近功淺效，奪民利以開鹽禁，自此天下之鹽皆入禁榷。論禁榷之利，惟是海鹽與解池之鹽，最資國用。南方之鹽皆出於海，北方之鹽皆出於池。如蜀中井鹽，自贍一方之用，於大農之國計不與焉。前代鹽法興衰皆不出於所論，今且論本朝鹽本末。本朝就海論之，惟是淮鹽最資國用。方其國初，鈔鹽未行，是時，建安軍置鹽倉，乃令真州發運。在真州，是時，李沆爲發運使，運米轉入其倉，空船回，皆載鹽，散於江、浙、湖、廣。諸路各得鹽，資船運而民力寬，此南方之鹽，其利廣而鹽榷最資國用。至道二年十一月，西京作坊使楊允恭言：「淮南十八州軍，其九禁鹽，餘不禁。商人由海上販鹽，官倍數而取之，至禁鹽地，則上下其價。民利商鹽之賤，故販者益衆，至有持兵器往來爲盜者。且行法宜一，今請悉禁，官遣吏主之。」詔知制誥張秉與鹽鐵使陳恕等會議，恕言其不可，允恭再三爲請，乃從之。是歲，收利巨萬。解池之鹽，朝廷專置使以領之，北方之鹽盡出於解池。大中祥符九年，陝西轉運副使張象中言：「安邑、解縣貯鹽三千二百七十六庵，計三億八千八百八十二萬八千九百二十八斤〔五〇〕，計直二千一百七十六萬一千八十貫，切慮遺利，望行條約〔五一〕。」帝曰：「地財之阜，此亦至矣。若過求增羨，慮有時而闕，不可許也。」當時，南方之鹽全在海，北方全在解池。然而南方之鹽，管得其人則其害少，惟北方解池之鹽，有契丹、西夏之鹽嘗相參雜，奪解池之利，所以本朝議論最詳，大抵解池之鹽，味不及西夏，西夏優而解池劣；價直，西北之鹽又賤。所以沿邊多盜販二國鹽以奪解池，所以國家常措置關防，西夏常護視入中國界。大抵南方所出是海鹽，自漢以來，海鹽、井鹽用煎熬之制，皆烹煉然後成，兩處之鹽，必資人力。如解池之鹽，大抵如耕種〔五二〕，疏爲畦壟，決水灌其間，必俟南風起，此鹽遂熟，風一夜起，水一夜結成鹽。所以北方皆坐食鹽，如南風不起，則課利遂失。夫海鹽、井鹽全資於人，解池之鹽全資於天，而人不與。至徽宗時，如兩浙之鹽多有變更。自蔡京秉政，廢轉搬倉之法〔五三〕，使商賈入納於官，自此爲鈔鹽法，請鈔於京師，商賈運於四方。有長引、短引，限以時日，各適所適之地，遠近以爲差。蔡京專利罔民，所以鹽法數十日一變。鹽法既變，則鈔鹽亦不可用，商賈既納錢之後，鈔皆不用，所以商賈折閱甚多，此海鹽之一變也。解鹽之變，緣徽廟初，雨水不常，圍塹不密，守者護視不固，爲外水參雜，雨水不常，外水瀰滿流入，解池不復成鹽，此所以數年大失課利。後大興徭役，盡車出外水，漸可再復，此是解鹽之一變也。若論禁榷之利，天下之鹽固皆禁榷，惟是河北之鹽自安、史亂河北一路，緣藩鎮據有河北鹽，後本朝因而以鹽定税，所以河北一路鹽無禁榷。唐志：「自兵興，河北鹽羈縻而已。至皇甫鏄奏置榷鹽使，如江淮榷法，犯禁者歲多。及田弘正舉魏博歸朝廷，穆宗命河北罷榷鹽。」國朝會要：「開寶三年四月，詔河北諸州，鹽法並許通行，量收税錢，每斤過税一文、住賣二文，隱而不税，悉没官，以其半給捕人定賞。」仁宗時，議者要禁榷，仁宗不肯。神宗時，荆公、章惇亦欲禁榷，神宗亦不許。自後章惇爲相，方始行禁榷，犯刑禁者甚多，盜賊滋起。河北所以不可禁榷，兼河北之鹽又與其他不同。如井鹽，官司只纔一井，故井鹽可榷。如解池之鹽，毫釐封守，亦可禁榷。海鹽亦待煎起爐閉爐〔五四〕，非一旦所成，官司及時禁察，亦可禁榷。惟河北鹽是鹵地，其地甚廣，非如井、池可以爲墻園籬塹封守；又却纔煎便成，非如海鹽必待煎煮，可以禁察，所以最易得犯禁。自章惇禁榷河北，一到靖康之末，盜賊愈多。河北風俗慓悍，鹽又易成，小人圖利，所以不體朝廷之法，遂輕來相犯。鹽大略如此。然推大綱論之，鹽固是三代以前與民共之，若就後世不得已，彼善於此論之，取諸山澤不猶勝取之於民！蓋所謂興販煎鹽皆非地著之人，因而取之，必寬民力。本之民力，然而取之欲寬，不盡其利，則鹽可以公行，若迫而取之，必有官刑。此見小者必至於失大，而鹽法之弊所以不可施行也與！」

自熙寧初，始變礬法。歲課所入，元年爲錢三萬六千四百緡有畸，並增者五歲，乃取熙寧六年中數，定以一十八萬三千一百緡有畸爲新額。至元豐六年，課增至三十三萬七千九百緡〔五五〕，而無爲軍礬聽民自鬻，官置場售之，歲課一百五十萬斤，用本錢萬八千緡，自治平至元祐，數無增損。初，熙豐間〔五六〕，東南九路官自賣礬，發運司總領焉。元祐初通商，紹聖復熙豐之制。大觀元年，定河北、河東礬額各二十四萬緡，淮南九萬緡，復罷官賣，聽客販。政和初，以虧損額數，於是復官賣，罷客販如舊制。

高宗建炎初，淮、浙亭户，官給本錢。諸州置倉，令商人買鈔算請，五十斤爲一石，六石爲一袋，輸鈔錢十八千。又詔運司勿得將鹽本錢支給他用。

紹興元年，詔臨安府、秀州亭户合給二税，依皇祐專法計納鹽貨。以亭户皆煎鹽爲生，未嘗墾田故也。

二年，詔淮、浙鹽每商人每袋貼納通貨錢三千，已算請而未售者亦如之，十日不自陳，如私鹽律。十一月，詔淮、浙鹽場所出鹽以十分爲率，四分支今降指揮以後文鈔，二分支今年九月以後文鈔，四分支建炎渡江以後文鈔〔五七〕。先是，吕頤浩以對帶法不可用，令商人貼納錢，至是，復以分數均定如對帶法〔五八〕，於是始加嚴察矣。三月，詔鹽場官煎賣鹽比祖額增者推賞〔五九〕。四年，詔淮、浙鹽每袋增貼納錢三貫文，並計綱赴行在，尋命廣鹽亦如之。九月，以入納遲細，減所添錢。然自建炎三年改鈔法，紹興三年九月又改，十一月又改，今年正月又改，及今所改〔六〇〕，凡五變，而建炎舊鈔支發未絶，乃命以資次前後從上并支焉。

六年，趙鼎奏久不變法，建康日納鹽錢甚盛。上曰：「法既可信，自然悠久。」

孝宗乾道六年，户部侍郎葉衡奏：「今日財賦之源，煮海之利居其半，然年來課入不增，商賈不行者，皆私販之害也。且以淮東、二浙鹽貨出入之數言之，論鹽額則淮東之數多於兩浙五之一，以去歲賣鹽所得錢數論之，淮東多於二浙三之二，及以竈之多寡論之，兩浙反多淮東四之三〔六一〕，蓋二浙無非私販故也。乞委官分路措置。」

淳熙十三年〔六二〕，臣僚言總轄權制亭、竈，刻剥本錢，却縱亭户私煎盜賣，詔淮、浙場見差總轄並罷。

朝野雜記曰：「淮、浙鹽額最多者，泰州歲産鹽一百六十一萬石，嘉興八十一萬石，通州七十八萬石，慶元三十九萬石。淮、浙鹽一場十竈，每竈晝夜煎鹽六盤，一盤三百斤，遇雨則停。淳熙末，議者謂總轄、甲頭權制亭、竈，兜請本錢，恣行刻剥，懼其赴愬，縱令私煎，且如一日雨，乃妄作三日申，若一季之間十日雨，則一場私鹽三十六萬斤矣。而又有所謂鑊子鹽，亭户小火，一竈之下，無慮二十家，家皆有鑊，一家通夜必煎兩鑊，得鹽六十斤，十竈二百家，以一季計之，則鑊子鹽又百餘萬斤矣。一場之數已如此，諸路可知。十三年九月己未，遂罷總轄，令亭户自請本錢焉。」

寧宗慶元元年二月，詔通州循環鹽鈔住罷〔六三〕，將增剩鈔名改作正支文鈔給算〔六四〕，與日前已投在倉增剩鹽鈔通理資次支請〔六五〕。以淮東提舉陳損之言：「循環、增剩兩等文鈔，據客人稱循環鈔多有弊。蓋自宣和間客人先買一鈔，却更重買一鈔，其先鈔號爲舊鈔，而重買謂之新鈔。舊鈔可以攙支，重買復爲舊鈔，如此循環，實商賈之利也。乞截日住罷，只用一色增剩鈔支請。」於是富商巨賈有頓爲貧民者矣。嘉泰四年十二月，詔支客鹽並以舊鈔七分、新鈔三分，以舊鈔理資次。

開禧以後，節次有繳納舊鈔換新鈔，指揮不一。唐乾元初，第五琦爲鹽鐵使，變鹽法，劉晏代之，當時舉天下鹽利纔四十萬緡。至大曆末，增至六百萬緡，天下之賦，鹽利居半。宋朝元祐間，淮鹽與解池等歲四百萬緡，比唐舉天下之賦已三分之二〔六六〕。紹興末年以來，泰州海陵一監支鹽三十餘萬席〔六七〕，爲錢六七百萬緡，則是一州之數，過唐舉天下之數矣。

右中興四朝食貨志言，紹興間一州鹽利過唐時舉天下之數，其説固然矣。然考之唐史，則至德間鹽每斗十錢而已，至第五琦變鹽法而十倍其榷，然不過每斗爲錢一百一十。而建炎初商人賈鈔，計鹽六石爲一袋，至輸錢十八千，繼而每袋又增貼納錢三千，則其時鹽價比之第五琦所榷已是三倍有餘，而至德之價則又懸絶矣。蓋鹽直比唐則愈貴，緡錢比唐則愈輕，所以其數之多如此，要亦未可全歸之征利之苛也。

閩、廣之鹽，自祖宗以來漕司官般官賣，以給司存。建炎間，淮、浙之商不通，而閩、廣之鈔法行。未幾，淮、浙之商既通，而閩、廣之鈔法遂罷。然舊法，閩之上四州曰建、劍、汀、邵，行官賣鹽法；閩之下四州曰福、泉、漳、化，行産鹽法。隨税納鹽也。官賣之法既革〔六八〕，産鹽之法亦弊，鈔法一行，弊若可革，而民俗又有不便。故當時轉運、提舉司申乞上四州依上項指揮，下四州且令從舊。及鈔法既罷，歲令漕司認鈔錢二十萬緡，納行在所榷貨務〔六九〕，自後或減或增，卒爲二十二萬緡。紹興三年，詔權免五萬貫〔七〇〕。五年，依舊認二十萬。十二年，詔添十萬，計三十萬。二十七年，特減八萬，爲二十二萬。

上四州用鈔法，以私販多鈔額，隨即停鈔法，仍係官賣。

下四州隨産納鹽，而州縣苛取，每産一文以上至二十文，皆納鹽五斤，而胥吏交納錢數又倍之。嘉定間，臣僚奏乞行下，將産二十文以下合納鹽五斤者並行蠲免。從之。

二廣之鹽皆屬於漕司，量諸州歲用而給之鹽。然廣東之俗富，猶可通商，廣西之地廣漠而彫瘁，食鹽有限，商賈難行。況自東廣而出，乘大水而無灘磧，其勢甚易；自西廣而出，水小多灘磧，其勢甚難。是廣西之鹽不得與廣東比倫也。建炎末鬻鈔，未幾復止，然官般、客鈔亦屢有更革，東、西兩漕屢有分合。　紹興八年，詔廣西鹽歲以十分爲率，二分令欽、廉、雷、高〔七一〕、化州官賣，餘八分行鈔法。又詔廣東鹽九分鈔法，一分産鹽州縣出賣。廣南土曠民貧，賦入不給，故漕司鬻鹽，以其息什四爲州用，可以粗給，而民無加賦，若客鈔既行，州縣必致缺乏。

孝宗乾道四年，罷鹽鈔，令廣西漕司自認鈔錢二十萬。其後再行鈔法，而州縣間率以鈔抑售於民，其害甚於官般，乃詔官賣如故。

蜀鹽有隆州之仙井、邛州之蒲江、榮州之公井、大寧富順之井監、西和州之鹽官、長寧州之淯井，皆大井也。若隆、榮等十七州，則皆卓筒、小井而已。自祖宗以來，皆民間自煮之。成都、潼川、利路自元豐間，歲輸課利錢銀絹，總爲八十萬緡，比軍興所輸，已增數倍矣。然井有耗淡而鹽不成者，官司慮減課額，不肯相驗封閉。高宗建炎二年十一月德音，令逐路漕臣躬親按視。紹興二年九月，四川總領趙開初變鹽法，倣大觀法置合同場，收引税錢，大抵與茶法相類，而嚴密過之。每斤輸引錢二十有五，土産税及增添約九錢四分，所過税錢七分，住税一錢有半，每引别輸提勘錢六十，其後又增貼納等錢。凡四川四千九百餘井，歲産鹽約六千餘萬斤，引法初行，每百斤爲一擔，又增十斤勿算以優之，其後遞增至四百餘萬緡。二十九年十二月，詔減西和州賣鹽直之半。先是，州之鹽官井歲産鹽七十餘萬斤，半爲官吏柴茆之費，半鬻於西和、成、鳳州，歲得錢七萬緡，爲西和州鑄錢本。鹽多地狹，每斤爲直四百，民甚苦之，故有是命。

初，趙開之立榷法也，令商人入錢請引，井户但如額煮鹽，赴官輸土産税而已。其後鹹脉有盈縮，月額有登耗，官以虚鈔赴之，而收其算，引法由是大壞。井户既爲商人所要，因增其斤重與之，每擔有增及百六十斤者。又逃廢絶没之井，許人增額承認，小民利於得井，每界遞增，鹽課加多而不可售，公私皆病。紹熙間，楊輔爲總計，遣官覈去虚額，棧閉廢井，申嚴合同場法。

## 校勘記

〔一〕縣官禁鹽　「縣官」原作「陝西」，據宋史卷一八一食貨志下三、長編卷一〇九天聖八年十月壬辰條改。

〔二〕鐵炭　「鐵」原作「錢」，據宋史卷一八一食貨志下三改。

〔三〕給鹽一大席　「鹽」原作「錢」，據元本、慎本及宋史卷一八一食貨志下三改。

〔四〕若禁鹽地則爲東鹽　「禁」原作「築」，「地」原作「池」，據宋史卷一八一食貨志下三、長編卷一〇九天聖八年十月壬辰條改。

〔五〕以長鹽價　「鹽」原作「下」，據夢溪筆談卷一一官政一改。

〔六〕自李繼遷叛　「李」字原脱，據宋史卷一八一食貨志下三補。

〔七〕邊民怨望　「邊」原作「近」，據宋史卷一八一食貨志下三、長編卷一五九慶曆六年十一月戊子條改。

〔八〕爲佛老會七日以報上恩　「老」及「上恩」三字原脱，據宋史卷一八一食貨志下三、長編卷一五九慶曆六年十一月戊子條補。

〔九〕温台明斤爲錢四　「斤」原作「亦」，據宋史卷一八二食貨志下四改。

〔一〇〕請敕制置司益漕船運至諸路　「漕」，長編卷一一三明道二年十二月末條作「造」。

〔一一〕復天禧元年制　「復」字原脱，據宋史卷一八二食貨志下四、長編卷一一三明道二年十二月末條補。

〔一二〕餘州聽諧縣鎮　「諧」字原脱，據宋史卷一八二食貨志下四、長編卷一一三明道二年十二月末條補。

〔一三〕然東南鹽利特厚　「南」原作「西」，據宋史卷一八二食貨志下四改。

〔一四〕而福建之汀州與虔接　「福」字原脱，據宋史卷一八二食貨志下四、續資治通鑑長編紀事本末卷四五給虔州鹽補。

〔一五〕二州民多盜販廣南鹽以射利　「二州民」三字原脱，據宋史卷一八二食貨志下四、續資治通鑑長編紀事本末卷四五給虔州鹽補。

〔一六〕潮　原脱，據宋史卷一八二食貨志下四、續資治通鑑長編紀事本末卷四五給虔州鹽補。

〔一七〕與巡捕吏卒鬭格　「卒」字原脱，據宋史卷一八二食貨志下四、續資治通鑑長編紀事本末卷四五給虔州鹽補。

〔一八〕職方員外郎黄炳請損近歲所增官估　「損」原作「增」，據宋史卷一八二食貨志下四、續資治通鑑長編紀事本末卷四五給虔州鹽改。

〔一九〕乃罷炳等所率糴鹽錢　「炳」原作「扶」，據宋史卷一八二食貨志下四、續資治通鑑長編紀事本末卷四五給虔州鹽改。

〔二〇〕請裁官估　「裁」原作「榷」，據宋史卷一八二食貨志下四改。

〔二一〕煮鹻爲鹽　「煮」原作「鬻」，據宋史卷一八三食貨志下五改。

〔二二〕又詔鐺户輸歲課以分數爲率　「課」字原脱，據宋史卷一八三食貨志下五補。

〔二三〕遇水災　「遇」上原衍「復」字，據宋史卷一八三食貨志下五删。

〔二四〕又聽摘他户代役　「摘」原作「得」，據宋史一八三食貨志下五改。

〔二五〕麟州斗粟直錢百　「百」下原衍「萬」字，據宋史卷一八五食貨志下七删。

〔二六〕入錢麟府州者又減三千　「府州」二字原倒，「千」原作「十」，據宋史卷一八五食貨志下七乙改。

〔二七〕買不盡則鈔賤而糴貴　「買不盡」三字原脱，據宋史一八一食貨志下三補。

〔二八〕故當置場　「場」原作「鈔」，據宋史一八一食貨志下三改。

〔二九〕潁　原作「穎」，據宋史卷一八一食貨志下三改。

〔三〇〕每席無得減千　「得」字原脱，據宋史卷一八一食貨志下三補。

〔三一〕買東南鹽鈔　「鹽」字原脱，據宋史卷一八一食貨志下三補。

〔三二〕解州賈考南北團池修治畦眼　「考」，元本、慎本、馮本及宋史卷一八一食貨志下三作「瓦」；「團」，元本、慎本、馮本及宋史卷一八一食貨志下三作「圓」。

〔三三〕仲千以課額敷溢爲功　「課額」二字原倒，據宋史卷一八一食貨志下三乙正。

〔三四〕其他皆給本處經費而已　「經」原作「給」，據夢溪筆談卷一一官政一改。

〔三五〕商賈以物斛至邊入中　「斛」原作「解」，據宋史卷一八二食貨志下四改。

〔三六〕通行解鹽地甚寬　「地」原作「池」，據宋史卷一八二食貨志下四改。

〔三七〕大概常使見行之法售給才通　「才」原作「不」，據宋史卷一八二食貨志下四改。

〔三八〕積官通議大夫徽猷閣待制　「積」字原脱，據宋史卷一八二食貨志下四補。
〔三九〕輻輳而至　「而」下原衍「並」字，據宋史卷一八二食貨志下四删。
〔四〇〕再申歲較季比之令　「再」字原脱，據宋史卷一八二食貨志下四補。
〔四一〕廣數下逮馳畜　「馳」，宋史卷一八二食貨志下四作「駝」。
〔四二〕既又復爲十三千矣　「爲」下原衍「三」字，據宋史卷一八二食貨志下四删。
〔四三〕三竈至十竈爲一甲　「至十竈」三字原脱，據宋史卷一八二食貨志下四補。
〔四四〕大率峻剥於民　「於民」二字原脱，據宋史卷一八二食貨志下四補。
〔四五〕京東轉運副使李察言　「副使」二字原脱，據宋史卷一八一食貨志下三補。
〔四六〕單行解鹽　「單」原作「澶」，據宋史卷一八一食貨志下三改。
〔四七〕出於池　「池」原作「地」，據歷代制度詳説卷五鹽法改。
〔四八〕如青州出於東井　「井」，按下文，疑當作「海」。
〔四九〕幽薊北海　「北」原作「東」，據歷代制度詳説卷五鹽法改。
〔五〇〕計三億八千八百八十二萬八千九百二十八斤　「八十二萬」原作「八十萬」，據本書卷一五征榷考二、長編卷八六大中祥符九年四月丁亥條改。
〔五一〕望行條約　「約」原作「目」，據長編卷八六大中祥符九年四月丁亥條改。
〔五二〕大抵如耕種　「如」字原脱，據歷代制度詳説卷五鹽法補。
〔五三〕廢轉搬倉之法　「廢」原作「費」，據歷代制度詳説卷五鹽法改。

〔五四〕海鹽亦待煎起爐閉爐　「閉爐」二字原脱，據歷代制度詳説卷五鹽法補。

〔五五〕課增至三十三萬七千九百緡　「三十三萬」原作「三十二萬」，據宋史卷一八五食貨志下七改。

〔五六〕熙豐間　「豐」原作「寧」，據宋史卷一八五食貨志下七改。下同。

〔五七〕四分支建炎渡江以後文鈔　「文」原作「交」，據建炎以來繫年要録卷六〇紹興二年十一月甲戌條、皇宋中興兩朝聖政卷一二改。

〔五八〕復以分數均定如對帶法　「均定」二字原脱，據建炎以來繫年要録卷六〇紹興二年十一月甲戌條、皇宋中興兩朝聖政卷一二補。

〔五九〕三月詔鹽場官煎賣鹽比祖額增者推賞　「祖」原作「租」，據元本、慎本、馮本改。又據上下文，疑「三月」爲「三年」之誤。

〔六〇〕及今所改　「今」原作「令」，據宋史卷一八二食貨志下四改。

〔六一〕兩浙反多淮東四之三　「四」字原脱，據宋史卷一八二食貨志下四補。

〔六二〕淳熙十三年　「淳熙」二字原脱。按上文所叙爲孝宗乾道六年事，而乾道僅九年，據下引朝野雜記「淳熙末」、「十三年」云云，此處顯脱「淳熙」二字，據補。

〔六三〕詔通州循環鹽鈔住罷　「通州」二字原脱，據宋會要食貨二八之四六補。

〔六四〕將增剩鈔名改作正支文鈔給算　「正」原作「五」，據宋史卷一八二食貨志下四、宋會要食貨二八之四六改。

〔六五〕與日前已投在倉增剩鹽鈔通理資次支請　「增剩鹽鈔」四字原脱，「請」原作「散」，據宋會要食貨二八之四六補改。

〔六六〕比唐舉天下之賦已三分之二　「比」原作「北」，據元本、慎本、馮本、局本改。

〔六七〕泰州海陵一監支鹽三十餘萬席　「海陵」原作「海寧」。按宋史卷一八二食貨志下四載，淮南鹽監中有泰州海陵監，此處「海寧」顯爲「海陵」之誤，據改。

〔六八〕官賣之法既革　「革」原作「弊」，據宋史卷一八三食貨志下五改。

〔六九〕納行在所榷貨務　「貨」原作「茶」，據宋史卷一八三食貨志下五改。

〔七〇〕詔權免五萬貫　「權」原作「榷」，據宋會要食貨二六之二五改。

〔七一〕高　原脱，據宋史卷一八三食貨志下五補。

# 卷十七　征榷考四

## 榷酤 禁酒

酒誥：「文王誥教小子，有正有事，無彝酒。越庶國，飲惟祀，德將無醉。」「矧汝剛制於酒，厥或告曰：『群飲。』汝勿佚，盡執拘以歸於周，予其殺。又惟殷之迪諸臣惟工乃湎於酒，勿庸殺之，姑惟教之。」

東坡蘇氏曰：「自漢武帝以來至於今，皆有酒禁，刑者有至流，賞或不貲，未嘗少縱，而私釀終不能絶。周公獨何以能禁之？曰：周公無所利於酒也，以正民德而已。甲乙皆笞其子，甲之子服，乙之子不服。何也？甲笞其子而責之學，乙笞其子而奪之食。此周公之所以能禁酒也。」

周官：萍氏掌幾酒、謹酒。幾者，幾察酤賣過多及非時者。謹者，使民節用而無彝也。

漢文帝即位，賜民餔五日。餔，布也。王德布於天下，合聚飲食爲餔。

漢興，有酒酤禁〔一〕，其律：三人以上無故群飲酒，罰金四兩。

十六年九月，令天下大餔。

後元年，詔戒爲酒醪以靡穀。

景帝中元三年，夏旱，禁酤酒。

後元年，夏，大餔，民得酤酒。

武帝天漢三年，初榷酒酤。

昭帝始元六年二月〔二〕，詔有司問郡國所舉賢良文學民所疾苦，乃罷榷酤官。從賢良文學之議也。

令民得以律占租，賣酒升四錢。

顏氏曰：「占謂自隱度其實，定其辭也。武帝時賦斂煩多，律外而取，今始復舊。」公非劉氏曰：「罷酤、占租、賣酒錢，共是一事。以律占租者，謂令民賣酒，以所得利占而輸其租矣。占不以實，則論如律也。租，即賣酒之稅也。賣酒升四錢，所以限民不得厚利爾。王子侯表旁況侯殷坐貸子錢不占租〔三〕，皆免侯，義與此占租同。」

先公曰：「按：『租』字古時恐以爲錢貨所直之名。如食貨志賈誼諫：『法使天下公得僱租鑄錢。』顏注『僱傭之直，或租其本』是也。」

王莽篡漢，始立法，官自釀酒賣之。

羲和魯匡言：「山澤、鹽、鐵、錢、布帛、五均賒貸，斡在縣官，唯酒酤乃獨未斡。詩曰『無酒酤我』，而論語曰『酤酒不食』，二者非相反也。夫詩據承平之時，酒酤在官，和旨便人，可以相御也。論語孔子當周衰亂，酒酤在民，薄惡不誠，是以疑而勿食。今絕天下之酒，則無以行禮相養；放而亡限，則費財傷民。請法古，令官作酒，以二千五百石爲一均，率開一盧以賣，如淳曰：「盧，肆也〔四〕。」臣瓚曰：「盧，酒甕也。」師古曰：「盧者，賣酒之區也，以其一邊高，形如鍛家盧，故取名耳。」讎五十釀爲準。一釀用麤米二斛、麴一斛，得成酒六斛六斗。各以其市，月朔米麴三斛，并計其賈而參分之，以其一爲酒一斛之平。除米麴本賈，計其利而什分之，以其七入官，其三及糟截灰炭截，酢漿也，才代反。給工器薪樵之費〔五〕。」羲和置命士督五均六斡，郡有數人，皆用富賈。洛陽薛子仲、張長叔，臨菑姓偉等姓姓名偉也。乘傳求利，交錯天下。因與郡縣通姦，多張空簿，府藏不實，百姓愈病。莽知民苦之，復下詔曰：「夫鹽，食肴之將；酒，百藥之長，嘉會之好；鐵，田農之本〔六〕；名山大澤，饒衍之藏；五均賒貸〔七〕，百姓所取平，卬以給贍；鐵布銅冶，通行有無，備民用也。此六者，非編户齊民所能家作，必卬於市，雖貴數倍，不得不買。豪民富賈，即要貧弱，先聖知其然，故斡之。每一斡爲設科條防禁，犯者罪至死。」姦吏猾民並侵，衆庶各不安生。

東漢和帝永元十六年，詔兖、豫、徐、冀四州雨多傷稼，禁酤酒。

順帝漢安二年，禁酤酒〔八〕。

桓帝永興二年，以旱蝗饑饉，禁郡國不得賣酒，祠祀裁足。

漢末，曹操表奏酒禁，孔融争之。

趙石勒以民始復業，資儲未豐，重制禁釀。行之數年，無復釀者。

致堂胡氏曰：「用兵以食爲尤急，故禁酒，爲其糜米穀也。而後世當尚武之時，取利於酒，奪民酤而榷之官，比承平時責利加倍；而軍屯所在，又許之置場自釀，争多競勝，謂足以充軍費、省民力，豈古今世變之異歟！不然，何曹操、石勒能行之，而後之君子不能也？」

宋文帝時，揚州大水，主簿沈亮建議禁酒。從之。

後魏明帝正光後，國用不足，有司奏斷百官常給之酒，計一歲所省米五萬三千五十四斛九斗〔九〕，蘖穀五千九百六十斛〔一〇〕，麴三十萬五百九十九斤，其四時郊廟、百神群祀依式供營〔一一〕，遠蕃客使不在斷限。

陳文帝時，虞荔以國用不足，奏立榷酤之科。天嘉二年從之。

隋文帝開皇三年，先時尚依周末之弊，官置酒坊收利，至是，罷酒坊，與百姓共之。

唐初無酒禁。乾元元年，京師酒貴，肅宗以廩食方屈，乃禁京城酤酒，期以麥熟如初。二年，饑，復禁酤，非光禄祭祀、燕蕃客，不御酒。

代宗廣德二年，敕天下州各量定酤酒户，隨月納稅。此外不問公私，一切禁斷。

大曆六年，量定三等，逐月稅錢，並充布絹進奉。

德宗建中元年，罷酒稅。三年，復禁人酤酒〔一二〕，官自置店酤，收利以助軍費，斛收直三千〔一三〕，州縣總領，漓薄私釀者論其罪。尋以京師四方所湊，罷榷。

致堂胡氏曰：「善政建於古聖王者，後世鮮克遵之，以謂時異事殊，不可膠柱而調瑟也。不善之政興於聚斂之臣者，後世多不肯改，以爲强兵足用，不可既有而棄之也。榷酒茗、算舟車、筦山澤，古聖王所不爲，而後世以爲大利之源，置官立法，防之嚴，取之悉，甚於常賦，一有廢弛，立見闕匱。不知三代之天下，亦後世之天下，亦廩官吏，亦用軍旅，亦賑水旱，亦交四夷，所仰者獨貢、助、什一而足，是何道也？故取之有制，用之有節，量入以爲出，無侈靡妄費，則貢、助、什一不啻足矣。費出無涯，征求無藝，貢、助常法所不能支，則必榷之又榷，算之又算，筦之又筦，稱貸於富家，税陌於大旅，多至於倍蓰，加至於什百，於是財竭下叛，并國而失之。是故知治體者欲罷官榷酒，使民自爲之，而量取其利，雖未盡合古制，亦裕民去奢之漸也。德宗盡罷之，善矣，已而侔利最急。故知盡罷之，未若勿榷而以予民之爲善也。」

貞元二年，復禁京城、畿縣酒，天下置肆以酤者，每斗榷百五十錢，其酒户與免雜差役。獨淮南、忠武、宣武、河東榷麴而已。

按：昔人舉杜子美詩，以爲唐酒價每斗爲錢三百。今榷百五十錢，則輸其半於官矣。

憲宗元和六年，京兆府奏：「榷酒錢除出正酒户外，一切隨兩税、青苗錢據貫均率。」從之。

十二年，户部奏：「准敕文，如配户出榷酒錢處，即不得更置官店榷酤；其中或恐諸州府先有不配户出錢者，即須榷酤。請委州府長官據當處錢額，約米麴時價收利，應額足即止。」

太和八年，遂罷京師榷酤。凡天下榷酒爲錢百五十六萬餘緡，而釀費居三之一，貧户逃酤不在焉。

會昌六年敕：「揚州等八道州府，置榷麴，并置官店酤酒，代百姓納榷酒錢，并充資助軍用，各有榷許〔一四〕，限揚州、陳許、汴州〔一五〕、襄州、河東五處榷麴，浙西、浙東、鄂岳三處置官店酤酒。如聞禁止私酤，官司過爲嚴酷，一人違犯，連累數家，閭里之間，不免咨怨。宜從今以後，如有百姓私酤及置私麴者，但許罪止一身，同謀容縱，任據罪處分。鄉井之内，如有不知情，並不得追擾，兼不得没入家産。」

昭宗世，以用度不足，易京畿近鎮麴法〔一六〕，復榷酒以贍軍〔一七〕。鳳翔節度使李茂貞方顓其利，按兵請入奏利害，天子遽罷之。

梁開平三年敕：「聽諸道州府百姓自造麴，官中不禁。」

後唐天成三年敕：「三京、鄴都〔一八〕、諸道州府鄉村人户，自今年七月後，於夏秋田苗上，每畝納麴錢五文足陌。一任百姓造麴，醖酒供家，其錢隨夏秋徵納，並不折色。其京都及諸道州府縣鎮坊界及關城草市内，應逐年買官麴酒户，便許自造麴，醖酒貨賣，仍取天成二年正月至年終一年，逐户計算〔一九〕，都買麴錢數内十分祗納二分，以充榷酒錢，便從今年七月後，管數徵納。榷酒户外，其餘諸色人亦許私造酒麴供家，即不得衷私賣酒。如有故違，便仰糾察，勒依中等酒户納榷。其村坊一任沽賣，不在納榷之限。」

吴氏能改齋漫録曰〔二〇〕：「今之秋苗有麴脚錢之類，此事起於五代後唐。當時雖納麴錢，而民間却許自賣酒。時移事變，麴錢之額遂爲定制，而民間則禁私酤矣。」

長興元年赦節文：「人户秋苗一畝元徵麴錢五文，今後特放三文，止徵二文。」

二年，放麴錢。官中自造麴，逐州減舊價一半〔二一〕，於在城貨賣。除在城居人不得私造外，鄉村人户或要供家，一任私造。令下，人甚便之。其年七月，以課額不迨，准前禁，鄉村百姓造麴，其已造到者，令納官，量支還麥本。

周顯德四年敕：「停罷先置賣麴都務。應鄉村人户今後並許自造米醋，及買糟造醋供食，仍許於本州縣界就精美處酤賣。其酒麴條法依舊施行。」先是，晉、漢以來，諸道州府皆權計麴額，置都務以沽酒，民間酒醋例皆漓薄。上知其弊，故命改法。

吴氏能改齋漫録曰：「魏名臣傳，中書監劉放曰：『官販苦酒，與百姓争錐刀之末。請停之。』苦酒，蓋醋也。醋之有榷，自魏已然，乃知不特近世也。」

宋朝之制，三京官造麴，聽民納直以取〔二二〕。諸州城内皆置務釀酒〔二三〕，縣、鎮、鄉、閭或許民釀而定其歲課，若有遺利，則所在皆請官酤。

陳、滑、蔡、潁〔二四〕、隨、郢、鄧、金、房州，信陽軍舊皆不榷〔二五〕。太平興國初，京西轉運使程能請榷之，乃置官吏局署，取民租米麥給釀，以官錢市樵薪及吏工俸料。歲計獲利無幾，而主吏規其盈羨，又醞齊不良，酒多漓壞，至課民婚葬，量户大小令酤，民甚苦之。歲儉物貴，殆不償其費。太宗知其弊，淳化五年，詔募民自釀，輸官錢減常課三之二，使易辦；民有應募者，檢視其資産，長吏及大姓共保之，後課不登則均償之。是歲，取諸州歲課錢少者四百七十二處，募民自酤，或官賣麴收其直。其後民應募者寡，猶多官釀。

陝西雖榷酤，而尚多遺利，咸平五年〔二六〕，度支員外郎李士衡請增課以助邊費，乃歲增十一萬餘貫。兩浙舊制，募民掌榷。雍熙初，以民多私釀，乃蠲其禁，其榷酤歲課如麴錢之制，附兩税均率。雍熙二年，詔：「杭州更榷法以來，城郭富豪之家，坐收酤醖之利；鄉村貧弱之户，例納配率之錢。非便。可仍依江南例，官造酒，減價酤賣，其所均錢並罷納。」天禧四年，轉運副使方仲荀言〔二七〕：「本道酒課舊額十四萬，遺利尚多。」乃歲增課九萬八千貫〔二八〕。

川峽承僞制，賣麴價重，開寶二年，詔減十之二。既而頗興榷酤，言事者多以爲非便，乃罷之，仍舊賣麴。

太宗皇帝太平興國元年，詔：「先是募民掌茶鹽榷酤，民多增常數求掌以規利。歲或荒儉，商旅不行，致虧常課，多籍没家財以償，甚乖仁恕之道。今後宜並以開寶八年額爲定，不得復增。」

真宗景德四年，詔曰：「榷酤之法，素有定規，宜令計司立爲永式。自今中外不得復議增課，以圖恩獎。」

時承平日久，掌財賦者法禁愈密，悉籠取遺利，凡較課，以祖額前界遞年相參。景德初，榷務連歲有羨，三司即取多收者爲額，上以其不俟朝旨，或致掊克，乃詔增額皆奏裁。

至道二年，兩京諸州收榷課銅錢一百二十一萬四千餘貫，鐵錢一百五十六萬五千餘貫，京城賣麴錢四十八萬餘貫。天禧末，榷課銅錢增七百七十九萬六千餘貫，鐵錢增一百三十五萬四千餘貫，賣麴增三十九萬一千餘貫。漢初，犯私麴者並棄市，周祖始令至五觔死。建隆二年四月，以周法太峻，令民犯私麴者至十五觔，以私酒入城至三斗者，始處極典，其餘論罪有差；私市酒、麴者，減造者罪之半。三年三月，再下酒、麴之禁，凡私造，差定其罪：城郭二十觔，鄉閭三十觔，棄市；民敢持私酒入京城五十里、西京及諸州城二十里者，至五斗處死〔二九〕；所定里數外，有官署酤酒而私酒入其地一石，棄市。乾德四年，詔比建隆之禁第減之：凡至城郭五十觔以上、鄉閭一百觔以上，私酒入禁地二石三石以上，至有官署處四石五石以上者，乃死。法益輕而犯者鮮矣。

熙寧十年以前天下諸州酒課歲額：

四十萬貫以上：

東京　成都（二十八務）

三十萬貫以上：

開封（三十五務）　秦（十八務）　杭（十務）

二十萬貫以上：

京兆（二十三務）　延（十二務）　鳳翔（二十五務）　渭（十三務）　蘇（七務）

十萬貫以上：

西京（二十三務）　北京（二十七務）　齊（二十六務）　鄆（二十一務）〔三〇〕　徐（七務）　許（十三務）　滄（二十三務）　真定（八務）　定（六務）　華（十務）　慶（十三務）　鎮戎（六務）　太原（十二務）〔三一〕　亳（十二務）　鄜（六務）　宿（十三務）　楚（五務）　泗（七務）　真（四務）〔三二〕　越（十務）　湖（六務）　婺（九務）　秀（十七務）　江寧（六務）　常（九務）　江陵（十五務）　綿（十四務）　漢（十九務）　邛（十九務）　果（二務）　梓（十八務）　閬（四十二務）

五萬貫以上：

南京（九務）　青（十務）　密（五務）　萊（四務）　淄（七務）　淮陽（四務）　兗（九務）　濟（六務）　單（四務）　濮（七務）　襄（八務）　鄧（八務）　孟（五務）　蔡（二十二務）　陳（六務）　潁（七務）　鄭（八務）　澶

（九務）冀（十四務）瀛（七務）博（十四務）棣（十三務）德（十六務）恩（十一務）濱（八務）相（七務）邢（十二務）洺（十一務）深（五務）趙（七務）河中（七務）陝（十五務）同（十一務）耀（五務）邠（五務）寧（八務）環（二十五務）保安（二務）涇（六務）隴（十務）階（六務）德順　通遠務）晉（十二務）儀（七務）絳（八務）隰（八務）汾（四務）揚（九務）泰（七務）〔三三〕壽（十六務）廬（三務）舒（十九務）無爲（十務）潤（六務）明（五務）温（七務）台（八務）衢（四務）睦（七務）宣（七務）信（八務）潭（八務）鄂（八務）鼎五務〔三四〕眉（十六務）蜀（八務）彭（八務）嘉（三務）遂（四務）合（九務）興元（三十六務）建（十三務）

五萬貫以下：

沂（六務）濰（三務）曹（四務）光化（一務）汝（十務）滑（四務）永静（六務）懷（十務）磁（十二務）衛（五務）祁（三務）保（一務）通利（六務）解（四務）虢（六務）商（八務）坊（四務）鳳（五務）岷　乾（七務）忻（二務）嵐（四務）保德（一務）岢嵐（一務）石（二務）海（四務）通（四務）蘄（八務）和（五務）光（七務）黄（八務）漣水（一務）高郵（三務）太平（六務）江（六務）洪（七務）饒（九務〔三五〕）：在城，五縣，石頭、景德、興利　興國（三務）安（五務）澧（二務）岳（四務）簡（十五務）資（十六務）懷安（十二務）劍（三務）

三萬貫以下：

廣濟（一務）隨（二務）金（一務）均（三務）郢（三務）唐（五務）鄭（四務）雄（一務）乾寧（二

務）灞（四務）安肅（一務）永寧（二務）廣信（一務）順安（二務）〔三六〕丹（三務）北平（一務）
熙（一務）成（三務）潞（十務）府（一務）代（七務）威勝軍（八務）平定軍（四務）澤（五務）憲
（一務）慈（三務）遼（三務）滁（六務）濠（七務）處（八務）歙（六務）南康（四務）廣德（二務）
虔（十三務）池（六務）撫（一務）筠（三務）〔三七〕臨江（三務）建昌（三務）衡（六務）漢陽（三
務）陵井監（二十務）永康（八務）荊門（一務）昌（四務）普（四十三務）榮（六務）渠（一務）廣
安（三務）利（六務）南劍（十五務）三泉（一務）蓬（七務）興（一務）洋（五務）

一萬貫以下：

登（三務）〔三八〕信陽（二務）信安（一務）保定（一務）房（三務）慶成（三務）寧化軍（一務）南
安（二務）吉（九務）袁（四務）永（三務）邵（二務）峽（一務）歸（一務）雅（七務）瀘（一務）巴
（十四務）邵武（四務）文（一務）

五千貫以下：

原（十一務）開寶監 火山軍（一務）道（一務）郴（一務）全（一務）桂陽（六務）戎（三務）富順
監（一務）龍（三務）集（二務）壁（三務）大寧監（一務）渝（四務）萬（一務）忠（一務）

無定額：

萊蕪監 利國監 河 康定軍 沙苑監 太平監 司竹監 大通監 麟 豐 永平監
辰 沅 淯州監 黎 茂 威 劍門關

無榷：

夔　黔　達　開　施　涪　雲安　梁山　福　汀　泉　漳　興化　廣南東、西兩路州軍

右會要所載熙寧以前天下酒課歲額，以大數爲之第等如此，内大郡課多者，除錢之外，又有絲絹布之類〔三九〕，不悉録。

止齋陳氏曰：「國初，諸路未盡禁酒。吴越之禁自錢氏始，而京西禁始太平興國二年，閩、廣至今無禁。大抵祖宗條約，酒課大爲之防。淳化四年十二月十四日，敕令諸州以茶鹽酒稅課利送納軍資府，於是稍嚴密矣。咸平四年五月四日，敕諸州麴務自今後將一年都收到錢，仍取端拱至淳化元年三年内中等錢數立爲祖額〔四〇〕，比較科罰，則酒課立額自此始，然則藏之州縣而已。慶曆二年閏九月二十四日，初收增添鹽酒課利錢歲三十七萬四千一百三十餘貫上京，則酒課上供始於此，從王琪之請也。今户部所謂王祠部一文添酒錢是也〔四一〕。熙寧五年正月四日，令官務每升添一文，不入係省文帳，增收添酒錢始於此，則熙寧添酒錢也。崇寧二年十月八日，令官監酒務上色每升添二文，中下一文，以其錢贍學。四年十月，量添二色酒價錢，上色升五文，次三文，以其錢贍學，則崇寧贍學添酒錢也。五年二月四日，罷贍學添酒錢。政和五年十二月十一日，令諸路依山東酒價升添二文六分，入無額上供起發，則政和添酒錢也。建炎四年十一月十二日，曾紆申請權添酒錢，每升上色四十二文，次色十八文，以其錢一分州用，一分充漕計，一分提刑司椿管，則建炎添酒錢也。紹興元年五月六日，令諸州軍賣酒虧折本錢，隨宜增價，不以多寡，一分州用，一分漕計，一分隸經制。前此酒有

定價，每添一文，皆起請後行之，至是，州郡始自增酒價而價不等矣。十二月十八日，令添酒錢每升上色二十文，下色十文，一半提刑司椿管，一半州用。三年四月八日，令煮酒量添三十文作一百五十文足，以其錢起發。五年閏二月二十三日，置總制司。六月五日，令州縣見賣酒務，不以上下，每升各增五文，隸總制，而總制錢始於此。六年二月二十二日，令賣煮酒權增升十文，以四文州用，六文令項椿管贍軍，是爲六文煮酒錢。七年正月二十二日，令諸州增置户部贍軍酒庫一所，以其息錢三分留本州充本，餘錢應副大軍月椿，無月椿處起發，是爲七分酒息錢。八年六月十日，令兩浙諸路煮酒增添十文足，并蠟蒸酒增添五文足，内六文隸總制。九年七月二十九日，以都督府申請，權添煮酒一十文，内四文本州糜費，六文三省、樞密院椿管，激賞庫拘收，是爲六分煮酒錢。而又有發運司造舡添酒錢，每升上色三文，次二文；提舉司量添酒錢，不以上下色，升一文。蓋不知所始。紹興十一年二月八日，并爲七色酒錢，隸經制，而坊場名課亦數增長，與蜀之折估不與焉，則紹興添酒錢也。酒政之爲民害至此極矣，不可不稍寬也。」

仁宗時，河北酒税務有監臨官，而轉運司復遣官比視歲課，寖以侵民，詔禁之。既而又請場務歲課三千緡以上者，以使臣監臨，帝曰：「歲入不多而增官，得無擾乎？」乃詔歲課倍其數，乃增使臣。時天下茶鹽酒税歲課有比年不登者，詔取一歲中數別爲額，後雖羨溢，勿復增。

嘉祐初，又詔酒税場務毋得抑配人户，苛阻商旅，求羡餘以希賞。

乾興初，言者謂天下酒課月比歲增，無有藝極，非古者禁群飲、教節用之義。遂詔鄉村毋得增置酒場，已募民主之者期三年，他人雖欲增課以售，弗聽；主者欲自增課，委官吏度異時不致虧負，然後上聞。既而御史中丞晏殊請酒場利薄者悉禁增課，從之。

初，酒場歲課不登，州縣多責衙前或五保輸錢以充其數〔四二〕。嘉祐、治平中，數戒止之，又詔蠲京師酒户所負麴錢十六萬緡。

皇祐中，酒麴歲課合緡錢一千四百九十八萬六千一百九十六，至治平中，減二百一十二萬三千七百三，而皇祐中又入金帛、絲纊、芻粟、材木之類，總其數四百萬七百六十〔四三〕，治平中，乃增一百九十九萬一千九百七十五云。

英宗治平四年，詔江南近復村酒場抑民市酒者罷之。

神宗熙寧四年，三司承買酒麴坊場錢率千錢税五十，儲之以禄吏。七年，諸郡舊不釀酒者，許以公使錢釀之，率百緡爲十石〔四四〕，溢額者論以違制律。

崇寧二年，知漣水軍錢景允言建立學舍，請以承買醋坊錢給用。詔常平司計其無害公費乃如所請，仍令他路準行之。

先是，元祐初，臣僚請罷榷醋，而户部以爲本無禁文，命加約束。至紹聖二年，翟思請諸郡醋坊日息用度之餘，悉歸之常平，以待他用。及是，景允有請，故令常平司計之。

宣和六年，户部奏諸路增酒錢，請如元豐法，悉充上供，爲户部用，毋以入漕司。從之。

高宗建炎三年，張浚用趙開總領四川財賦。開言蜀民已困，惟榷酤尚有贏餘，遂大變酒法：自成都始，先罷公帑賣供給酒，即舊撲買坊場所置隔釀〔四五〕，設官主之，民以米赴官自釀，每斛輸錢三十，頭子錢二十二。明年，徧下其法於四路〔四六〕，於是歲遞增至六百九十餘萬貫〔四七〕，凡官槽四百所，私店不與焉。於是東南之酒額亦日增矣。

四川制置使胡世將即成都潼川府、資普州、廣安軍創清酒務，許人户買撲分認，歲課爲錢四萬八千餘緡。自趙開行隔槽法，所增至十四萬六千餘緡，紹興元年額。及世將改官監，所入又倍，自後累增至五十四萬八千餘緡，紹興二十五年額。而外邑及民户坊場又爲三十九萬緡。淳熙二年額。然隔槽之法始行，聽民就務分槽醖賣，官計所入之米而取其課，若未病也。行之既久，醖賣虧欠，則責入米之家認定月額，不復覈其米而第取其錢，民始病矣。

中興後，增添酒價錢入漕計及總制司本末，見前止齋論。

紹興十三年，詔淮東總所酒止於元置州軍，淮西總所止於建康，揚州止於本州，不於別州縣村鎮添置，其有添置及諸軍開沽，並與停閉。

十五年，罷夔路酒禁。夔舊無酒禁，爲場店一百四十餘所，建炎末增至六百餘所，約增額錢四萬二千九百餘貫，然土荒人少，不以爲便。至是，宣撫司與轉運司對數補填，遂弛其禁。十二月，詔南北十一庫並隸左右司，充贍軍激賞酒庫。

二十一年，詔諸軍買撲酒坊特許依舊監官賞格。四萬、三萬貫以上場務，增及一倍，減一年磨勘，以下者遞賞有差。

乾道間，又詔諸酒庫除本任旬發窠名錢外，能補納前官拖欠者，各有賞勸。又詔十萬貫以上場務酒官，任滿與減四年磨勘，餘等第推賞有差。

二十五年，罷逐路漕司寄造酒。以侍御史湯鵬舉言諸州縣寄造，不支本錢，專用耗米，始於李椿年，甚於曹泳故也。

三十年，以點檢措置贍軍酒庫改隸户部〔四八〕。既而户部侍郎邵大受等言：「歲計賴經、總制，窠名至多，今諸路歲虧二百萬，皆緣諸州公使庫廣行造酒，别置店沽賣，以致酒務例皆敗壞。」乃詔户部行下提刑司檢察諸州，將違法酒店日下住罷，其諸州别置酒庫如軍糧酒庫、防椿庫、月椿庫之類，并省務寄造酒及帥司激賞酒庫〔四九〕，應未分隸經、總制錢去處〔五〇〕，並日下立額分隸，補趁虧額。

三十一年，殿帥趙密以諸軍酒坊六十六歸之户部，又見九年。同安郡王楊存中罷殿岩，復以私家撲酒坊九處上之，歲通收息六十萬緡有奇，以十分爲率，七分起赴行在，三分應副漕計。蓋自軍興以來，諸帥擅榷酤之利，由是，縣官始得資之以佐經費焉。

乾道元年，以浙東、西犒賞庫六十四所撥付三衙〔五一〕，分認課額，歲付左藏南庫，輸餘錢充贍軍器等用。五年，三衙以酒庫還之户部。

孝宗隆興二年〔五二〕，右正言晁公武言：「私酒、私麴有禁法也，未聞有犯糯米之罰者，乞行禁止。」

二年，臣僚言：「贛州并福建、廣南等處，以煙瘴之地，許民間自造酒服藥。小民無力醞造，榷酤之利，盡歸豪户。乞將所造酒經官税畢，然後出賣，其税錢樁發行在。」從之。

八年，詳定敕令所以知常德府劉邦翰言：「湖北之民困於酒坊，至貧之家，不捐萬錢則不能舉一吉凶之禮。乞將課額令民隨産業均納，其醖造酤賣聽民便。」然以酒課均分民間，即是兩税之外别生一税，他日漁利之臣仍舊酤榷而此税不除，反爲民害，乃檢乾道重修敕令，禁止抑買。

淳熙三年，詔減四川酒課錢四十七萬三千五百餘貫，令禮部給降度牒六百六十一道，補還今歲減數；自來年以後，於四川合應副湖廣總所錢内，截上件錢補足。從制使范成大之請也。

七年，從右正言葛邲之請，詔：「民間買撲酒坊，一界既滿，無人承買，雖欲還官而官司不受，無以償還，虚受刑責。仰諸路提刑司委官體究蠲放。」

八年，兵部侍郎芮輝言：「潭州自紹興初劇盗馬友行税酒法，一方便之，於官無費，歲得錢十四五萬緡。昨守臣辛棄疾變榷酒，人多移徙，乞依舊法。」

按：榷酒之課額既重，官自醖造，則不免高價抑勒人户沽買。欲以課額隨民均配而縱其自釀，則又是兩税之外别生一税，他日必有税不除而再榷酒之事。惟有於要鬧坊場之地聽民醖造，納税之後，從便酤賣，實爲公私兩利，但恐各處先立定高大之額，則所收税未必能及額耳。縣官惟務榷利，而便民之事乃愧於一劇盗，何邪？

建炎以來朝野雜記曰〔五三〕：「舊兩浙坊場一千三百三十四，歲收净利錢八十四萬緡，至是，合江、浙、荆湖人户撲買坊場，一百二十七萬緡而已。蓋自紹興初概增五分之後，坊場敗闕者衆故也。」

水心葉氏平陽縣代納坊場錢記曰：「自前世鄉村以分地撲酒，有課利買，名净利錢，恣民增錢奪買。或賣不及，則爲敗缺而當停閉。雖當停閉而錢自若，官督輸不貸。民無高下，枚户而償，雖良吏善政，莫能救也。嘉定二年，浙東提舉司言：『温州平陽縣言，縣之鄉村坊店二十五，當停閉二十一，有坊店之名而無其處，舊傳自宣和時則然。錢之以貫數二千六百七十三，州下青册於縣，月取歲足，無敢蹉跌。保正賦飲户不實，杯盂之酤，罌缶之釀，强家幸免，浮細受害。窮山入雲，絶少醉者，鬻樵雇耕〔五四〕，抑配白納，而永嘉至有算畝而起，反過正税，斯又甚矣。且縣人無沈湎之失，而受敗缺之咎，十百零細，承催乾没，闔門逃避，攘及鍋釜，子孫不息，愁苦不止，惟垂裁哀，頗加救助。伏見近造僞會子抵罪者所籍之田，及餘廢寺亦有殘田，謂宜賜縣就用，禾利足以相直，補青册之缺，釋飲户之負，不勝大願。』於是朝廷惻然許之。命既布，一縣無不歌舞贊嘆，以紀上恩。夫坊場之有敗缺，州縣通患也。今平陽獨以使者一言去百年之疾，然則昔所謂莫能救者，豈未之思歟！某聞仁人視民如子，知其痛毒，若身嘗之，審擇其利，常與事稱，療之有方，予之有名〔五五〕，不以高論廢務，不以空意妨實，然後舉措可明於朝廷，而惠澤可出於君上，此其所以法不弊而民不窮也。」

按：水心此記足以盡當時坊場之弊。祖宗之法，撲買坊場，本以酬獎役人，官不私其利；又禁增價攙撲，恐其以逋負破家，皆愛民之良法也。流傳既久，官既自取其錢，而敗闕停閉者，額不復蠲，責之州縣，至令其别求課利以對補之而後從，則凋弊之州縣，他無利孔，而有敗闕之坊場者，受困多矣。

## 校勘記

〔一〕有酒酤禁　「酤」字原重，據文義删。

〔二〕昭帝始元六年二月　「始元」二字原倒，據漢書卷七昭帝紀乙正。

〔三〕王子侯表旁況侯殷坐貸子錢不占租　「旁況」，史記卷二一建元以來王子侯者年表作「房光」，漢書卷一五上王子侯表上、册府元龜卷二六三宗室部封建二作「旁光」。

〔四〕肆也　「也」原作「地」，據漢書卷二四下食貨志下如淳注改。

〔五〕其三及糟截灰炭給工器薪樵之費　「三」字原脱，據漢書卷二四下食貨志下、册府元龜卷五〇四邦計部榷酤補。

〔六〕田農之本　「田」原作「用」，據册府元龜卷五〇四邦計部榷酤改。

〔七〕五均賒貸　「貸」原作「貨」，據漢書卷二四下食貨志下改。

〔八〕禁酤酒　「酤」字原脱，據後漢書卷六順帝紀、册府元龜卷五〇四邦計部榷酤補。

〔九〕計一歲所省米五萬三千五十四斛九斗　「斗」，魏書卷一一〇食貨志作「升」。

〔一〇〕糵穀五千九百六十斛　「五」，魏書卷一一〇食貨志作「六」。

〔一一〕百神群祀依式供營　「群」原作「郡」，據馮本及魏書卷一一〇食貨志改。

〔一二〕復禁人酤酒　「復」下原衍「制」字，據新唐書卷五四食貨志四、通典卷一一食貨典十一删。

〔一三〕斛收直三千　「千」原作「十」，據舊唐書卷四九食貨志下、新唐書卷五四食貨志四改。

〔一四〕各有榷許　「榷」原作「權」，據唐會要卷八八榷酤、册府元龜卷五〇四邦計部榷酤補。

〔一五〕汴州　册府元龜卷五〇四邦計部榷酤作「江州」。

〔一六〕易京畿近鎮麴法　「近」原作「邊」，據新唐書卷五四食貨志四改。

〔一七〕復榷酒以贍軍　「復」原作「後」，據新唐書卷五四食貨志四改。

〔一八〕鄴都　「都」字原脱，據舊五代史卷一四六食貨志、册府元龜卷五〇四邦計部榷酤補。

〔一九〕逐户計算　「户」原作「月」，據舊五代史卷一四六食貨志、五代會要卷二六麴、册府元龜卷五〇四邦計部榷酤改。

〔二〇〕吴氏能改齋漫録曰　「漫」原作「謾」，據郡齋讀書志附志、直齋書録解題卷一一改。下同。

〔二一〕逐州減舊價一半　「州」原作「年」，據舊五代史卷一四六食貨志、五代會要卷二六麴、册府元龜卷五〇四邦計部榷酤改。

〔二二〕聽民納直以取　「以取」二字原脱，據宋史卷一八五食貨志下七補。

〔二三〕諸州城内皆置務釀酒　「酒」原作「之」，據宋史卷一八五食貨志下七改。

〔二四〕潁　原作「穎」，據馮本及宋史卷一八五食貨志下七改。下同。

〔二五〕信陽軍舊皆不榷　「榷」原作「禁」，據宋史卷一八五食貨志下七改。

〔二六〕咸平五年　四字原脱，據宋史卷一八五食貨志下七、群書考索後集卷五八財用門酒類補。

〔二七〕轉運副使方仲荀言　「副」字原脱，據宋史卷一八五食貨志下七、宋會要食貨二〇之六補。

〔二八〕乃歲增課九萬八千貫　「千」原作「十」，據宋史卷一八五食貨志下七、宋會要食貨二〇之六改。

〔二九〕至五斗處死　「處」字原脱，據宋史卷一八五食貨志下七、宋會要食貨二〇之二補。

〔三〇〕鄆二十一務　「二」字原脱，據宋會要食貨一九之二補。

〔三一〕太原十二務　「二」原作「一」，據宋會要食貨一九之九改。

〔三二〕真四務　「四」原作「八」，據宋會要食貨一九之一一改。

〔三三〕泰七務　「七」原作「八」，據宋會要食貨一九之一一改。

〔三四〕鼎五務　「五務」原作「三分」，據元本、慎本、馮本及宋會要食貨一九之一六改。

〔三五〕饒九務　「務」字原脱，據本表文例補。

〔三六〕順安二務　「二」原作「一」，據宋會要食貨一九之六改。

〔三七〕筠三務　「三」原作「一」，據宋會要食貨一九之一五改。

〔三八〕登三務　「三」原作「二」，據元本、慎本、馮本及宋會要食貨一九之一改。

〔三九〕又有絲絹布之類　「絲」原作「總」，據元本、慎本、馮本改。

〔四〇〕仍取端拱至淳化元年三年内中等錢數立爲祖額　按端拱僅二年，端拱元年至淳化元年共三年，疑此處「端拱」下脱「元年」二字。

〔四一〕今户部所謂王祠部一文添酒錢是也　「祠」原作「福」，據馮本及本書卷一九征榷考六引葉適條奏改。

〔四二〕州縣多責衙前或五保輸錢以充其數　「充」原作「克」，據元本、慎本、馮本、局本及宋史卷一八五食貨志下七改。「五」，同上書作「伍」。

〔四三〕總其數四百萬七百六十　「四」下「百」字原脱，據宋史卷一八五食貨志下七補。

〔四四〕率百緡爲十石　「十」原作「一」，據宋史卷一八五食貨志下七、宋會要食貨二一之一六改。

〔四五〕即舊撲買坊場所置隔釀　「買」原作「賣」，據宋史卷一八五食貨志下七、建炎以來朝野雜記甲集卷一四四川酒課改。

〔四六〕徧下其法於四路　「下」字原脱，據宋史卷一八五食貨志下七、建炎以來朝野雜記甲集卷一四四川酒課補。

〔四七〕於是歲遞增至六百九十餘萬貫　「遞」原作「迎」，據元本、慎本、馮本及宋史卷一八五食貨志下七改。

〔四八〕以點檢措置贍軍酒庫改隸户部　「點檢」二字原倒，據宋史卷一八五食貨志下七、宋會要食貨二〇之二二乙正。

〔四九〕并省務寄造酒及帥司激賞酒庫　「造」字原脱，據宋史卷一八五食貨志下七、宋會要食貨二〇之二三補。

〔五〇〕總制錢去處　「總」字原脱，據宋史卷一八五食貨志下七及上文補。

〔五一〕以浙東西犒賞庫六十四所撥付三衙　「犒賞庫」三字原脱，據宋史卷一八五食貨志下七補。

〔五二〕孝宗隆興二年　「隆興」二字原倒，據宋會要食貨二一之四乙正。

〔五三〕建炎以來朝野雜記曰　「記」原作「録」。按此下叙事見建炎以來朝野雜記甲集卷一四東南酒課，「録」顯爲「記」之誤，據改。

〔五四〕鬻樵雇耕　「耕」原作「薪」，據葉適集水心文集卷一〇平陽縣代納坊場錢記改。

〔五五〕予之有名　「予」原作「子」，據元本、馮本及葉適集水心文集卷一〇平陽縣代納坊場錢記改。

# 卷十八　征榷考五

## 榷茶

唐德宗建中元年，納户部侍郎趙贊議，税天下茶、漆、竹、木，十取一，以爲常平本錢。時軍用廣，常賦不足，所税亦隨盡，亦莫能充本儲，及出奉天乃悼悔，下詔亟罷之。

貞元九年，復税茶。先是，諸道鹽鐵使張滂奏：「去歲水災，詔令減税。今之國用，須有供儲。伏請於出茶州縣及茶山外商人要路，委所由定三等時估，每十税一，充所放兩税。其明年已後所得税錢外貯，若諸州遭水旱，賦税不辦，以此代之。」詔可，仍委張滂具處置條目。每歲得錢四十萬貫，茶之有税自此始。然税無虚歲，遭水旱處亦未嘗以税茶錢拯贍。

致堂胡氏曰：「茶者，生人之所日用也，其急甚於酒。然王鉷、楊慎矜、韋堅以及劉晏皆置而不征，猶爲忠厚。天地生物，凡以養人，取之不可悉也。張滂税茶，則悉矣。凡言利者，未嘗不假托美名，以奉人主私欲，滂以茶税錢代水旱田租是也。既以立額，則後莫肯蠲，非惟不蠲，從而增廣其數，嚴峻其法者有之矣〔一〕，或至於官盡榷之〔二〕，商旅不得貿遷，而必與官爲市。在私，則終不能禁，而椎埋惡少竊販之害興，偶有敗獲，姦人猾吏相爲囊橐，獄迄不直，而治所由歷，株連枝蔓，致良民破産，接村比里，甚則盜賊出焉。在公，則收貯不虔，發泄不時，至於朽敗，與新斂相妨，或没入竊販，無所售用，於是舉而焚之，或乃沉之，殃民害物，咸弗恤也。其原則在於得數十萬緡錢而已。夫弛山澤之禁以予民，王政也。必不得已，聽商旅貿遷而薄其征。茶也者，東南所有，西北所無，雖曰薄征，其入於王府者亦不貲矣。息盜奪，止訟獄，佐國用，其利亦大矣，張滂、王涯豈足效哉！」

穆宗即位，兩鎮用兵，帑藏空虚，禁中起百尺樓，費不可勝計〔三〕。鹽鐵使王播乃增天下茶税，率百錢增五十。江淮、浙東西、嶺南、福建、荆襄茶，播自領之，兩川以户部領之。天下茶加斤至二十兩，播又奏加取焉。

右拾遺李珏上疏諫曰：「榷茶起於養兵，今邊境無虞，而厚斂傷民，不可一也。茗飲，人之所資，重賦税則價必增，貧弱益困，不可二也。山澤之饒，其出不貲，論税以售多爲利，價騰踴則市者稀，不可三也。」

文宗時，王涯爲相，判二使，復置榷茶使，自領之〔四〕，徙民茶樹於官場，焚其舊積者〔五〕，天下大怨。令狐楚代爲鹽鐵使兼榷茶使，復令納榷，加價而已。李石爲相，以茶税皆歸鹽鐵，復貞元之舊。

武宗即位，鹽鐵轉運使崔珙又增江淮茶税。是時，茶商所過州縣有重税，或掠奪舟車，露積雨中，諸道置邸以收税，謂之「搨地錢」，故私犯益起。大中初，鹽鐵轉運使裴休請：「釐革横税，以通舟船，商旅既安，課利自厚。又正税茶商，多被私販茶人侵奪其利，今請委强幹官吏，先於出茶山口及廬、壽、淮南界内，布置把捉，曉諭招收，量加半税，給陳首帖子，令所在公行，更無苛奪。所冀招懷窮困，下絶姦欺，使私販者免犯法之憂，正税者無失利之歎〔六〕。」從之。

休著條約：私鬻三犯皆三百斤，乃論死；長行群旅，茶雖少亦死；顧載三犯至五百斤、居舍儈保四犯至千斤，皆死；園户私鬻百斤以上，杖脊，三犯加重徭；伐園失業者，刺史、縣令以縱私鹽論。廬、壽、淮南皆加半税，私商給自首之帖〔七〕，天下税益增倍貞元。江淮茶爲大模，一斤至五十兩。諸道鹽鐵使于悰每斤增税五錢，謂之「剩茶錢」，自是斤兩復舊。

按陸羽傳：「羽嗜茶，著經三篇，言茶之原、之法、之具尤備，天下益知飲茶矣。時鬻茶者至畫羽形置煬突間，祀爲茶神〔八〕。有常伯熊者，因羽論復廣著茶之功。其後尚茶成風，回紇入朝，始驅馬市茶。」羽貞元末卒，然則嗜茶、榷茶，皆始於貞元間矣。

宋制，榷貨務六：江陵府、真州、海州、漢陽軍、無爲軍、蘄州之蘄口。乾德二年八月，始令京師及建安、漢陽等軍、蘄口置務。太平興國二年，又於江陵府、襄復州、無爲軍增置務。端拱二年，又於海州置務。淳化四年，廢建安、襄復州務〔九〕。其後京城務但會給交鈔往還，而不積茶貨。又有場十三〔一〇〕：蘄州曰王祺、石橋、洗馬，又有黄梅場，景德二年廢。黄州曰麻城，廬州曰王同，舒州曰太湖、羅源，壽州曰霍山、麻步、開順口，光州曰商城、子安。又買茶之處：江南則宣、歙、江、池、饒、信、洪、撫、筠、袁州，廣德、興國、臨江、建昌、南康軍；兩浙則杭、蘇、明、越、婺、處、温、台、湖、常、衢、睦〔一一〕；湖南則江陵府、潭、澧、鼎、岳、鄂、鎮、歸、峽州，荆門軍；福建則南劍、建州〔一二〕。虔、吉、郴、辰州，南安軍，皆折税課，本州買給民用。山場之制，領園户，受其租，餘悉官市之。又別有民户折税課者，其出鬻皆在本場。諸州所買茶，折税受租同山場，悉送六榷務鬻之。江陵府受本府及潭、鼎、澧、岳、歸、峽州茶；真州務受潭、袁、池、吉、饒、撫、洪、歙、江、宣、岳州，臨江、興國軍茶；海州務受杭、湖、常、睦、越、明、温、台、衢、婺州茶；漢陽軍務受鄂州茶，無爲軍務，撫、吉州，臨江軍，而增南康軍茶；蘄口務受潭州、興國軍茶。 凡茶有二類，曰片、曰散。 片茶烝造，實捲摸中串之，惟建、劍則既烝而研，編竹爲格，置焙室中，最爲精潔，他處不能造。 其名有龍、鳳、石乳、的乳、白乳、頭金、蠟面、頭骨、次骨、末骨、麤骨、山挺十二等，龍、鳳皆團片，石乳、頭乳皆狹片〔一三〕，名曰「京」。的乳亦有闊片者。乳以下皆闊片。 以充歲貢及邦國之用，洎本路食茶。 江、浙、荆湖舊貢新茶芽者三十餘州，有歲中再三至者。大中祥符元年，上憫其勞，詔罷之。 餘州片茶，有進寶、雙勝、寶山、兩府出興國軍，仙芝、嫩蘂、福合、禄合、運合、慶合、指合出饒、池州，泥片出虔州，緑英、金片出袁州，玉津出臨江軍，靈川出福州〔一四〕，先春、早春、華英、來泉、勝金出歙州，獨行、靈草、緑芽、片金、金茗出潭州，大拓枕出江陵，大小巴陵、開勝、開捲、小捲、生黄、翎毛出岳州，雙上、緑芽、大小方出岳、辰、澧州，東首、淺山、薄側出光州，總二十六名。 其兩浙及宣、江、鼎州止以上中下或第一至第五爲號。 散茶有太湖、龍溪、次號、末號出淮南，岳麓、草子、楊樹、雨前、雨後出荆湖，清口出歸州，茗子出江南，總十一名。 江、浙又有以上中下、第一至第五爲號者。 凡買價：蠟茶，每斤自三十五錢至一百九十錢〔一五〕，有十六等；片茶，每大片自六十五錢至二百五錢，有五十五等；散茶，每斤自十六錢至三十八錢五分，有五十九等。 歲課山場八百六十五萬餘斤。 和市：江南一千二十萬餘斤，兩浙一百二十七萬九千餘斤，荆湖二百四十七萬餘斤，福建三十九萬三千餘斤。 其貿鬻：蠟茶每斤自四十七錢至四百二十錢，有十二等；片茶，自十七錢至九百一十七錢，有六十五等；散茶，自十五錢至百二十一錢，有一百九等。 至道末，賣錢二百八十五萬二千九百餘貫，天禧末，增四十五萬餘貫。天下茶皆禁，唯川峽、廣南聽民自買賣〔一六〕，不得出境。

太祖皇帝乾德二年，詔民茶折稅外，悉官買，敢藏匿不送官及私販鬻者，沒入之，論罪；主吏私以官茶貿易及一貫五百，并持仗販易爲官私擒捕者，皆死。

太平興國二年，重定法，務輕減。主吏盜官茶販鬻錢三貫以上，黥面送闕下；茶園户輒毁敗其叢樹者，計所出茶，論如法。

八年，詔禁僞茶。又詔民間舊茶園荒廢者蠲之，當以茶代稅而無茶者，許輸他物。

淳化三年，詔盜官茶販鬻十貫以上，黥面配本州牢城。雍熙後用兵，乏於饋餉，多令商人輸芻糧塞下，酌地之遠近而爲其直〔一七〕，取市價而厚增之〔一八〕，授以要券，謂之交引，至京師給以緡錢，又移文江、淮、荆湖給以顆、末鹽及茶。

端拱二年〔一九〕，置折中倉，聽商人輸粟京師，優其直，給江、淮茶鹽。

三年八月，監察御史薛映、祕書丞劉式等上言：「向者，朝廷制置緣江榷貨八務，以貯南方之茶，便於商人貿易。今四海無外，諸務皆宜廢罷，令商人就出茶州府官場算買，既大省輦運，又商人皆得新茶。」詔從之。遂以三司鹽鐵副使雷有終爲諸路茶鹽制置使，左司諫張觀與映副之，令商榷利害。次年二月〔二〇〕，廢緣江榷貨八務，聽商人就出茶州軍買販，大減榷務茶價。詔既下，商人頗以江路回遠非便，有司以損其直，虧失歲計爲言。七月，復置緣江八務，罷制置使、副。至道初，劉式猶固執前議，西京作坊使楊允恭上言：「商人雜市諸州茶，新陳相糅，兩河、陝西諸州，風土各有所宜，非參以多品，則商旅少利，罷榷務令就茶山買茶不可行。」上欲究其利害之説，令宰相召鹽鐵使陳恕、副使、判官與式、允恭定議，召問商人，皆願如淳化所減之價，不然者，即望仍舊。有司職於出納，既難於減損，皆同允恭之説，式議遂寢。即以允恭爲江南、淮南、兩浙發運兼制置茶鹽使〔二一〕，西京作坊副使李廷遂、著作郎王子輿副之〔二二〕。二年，從允恭等請〔二三〕，禁淮南十二州軍鹽，官鬻之，商人先入金帛京師及揚州折博務者，悉償以茶。自是鬻鹽得實錢，茶無滯積，歲課增五十萬八千餘貫，允恭等皆被賞。

止齋陳氏曰：「乾德時，東南六路閩、浙歸職方，餘尚未平。太祖榷法蓋禁南商擅有中州之利，故置場以買之，自江以北皆爲禁地。太平興國中，樊若水奏，江南諸州茶官市十分之八，其二分量税聽自賣，踰江涉淮，乘時射利，紊亂國法，望嚴禁之，則謂乾德榷法也。自若水建議，其法始密。凡茶之利，一則官賣以實州縣；一則沿邊入中糧草，算請以省餽運；一則榷務入納金銀錢帛算請以贍京師。而河東、北互市，川峽折博，又以所有易所無，而其大者最在邊備。蓋祖宗以西北宿兵供億之費，重困民力，故以茶引走商賈，而虚估加擡以利之。其後理財之臣往往以遺利在民，數務更張，然大概無過李諮、林特二法，二法大概以抑茶商及邊民耳。故林特以見錢買入中賤價交鈔，而以實錢算茶，然猶以五十千或五十五千算茶百千，則是去虚估加擡未遠也。至李諮復祖劉式之意，淳化三年，祕書丞劉式起請，令商旅自就園户買茶〔二四〕，於官場貼射，廢榷貨務。始斷然罷去買納茶本，使客自就山園買茶，而官場坐收貼納之利，行之三年而罷。然當時議者徒咎諮法不能惜留在京見錢，而不及其刻剥商賈之怨。景祐以後，西邊事興，始復行加擡法。嘉祐四年，天下無事，仁皇慨然一切弛禁。

當時詔書曰：『上下征利垂二百年，江、湖之間，幅員數千里，爲陷阱以害吾民。尚慮幸於立異之人，因緣爲姦之黨，妄陳奏議，以惑官司。必寘明刑，用懲狂謬。』自此，茶不爲民害者六七十載矣。此韓琦相業也。至蔡京始復榷法，於是茶利自一錢以上皆歸京師。其子蔡絛自記之曰：『公始說上以茶務，若所入厚，專以奉人主。』此京本意，而西北邊糧草名曰便糴，而均糴、結糴、貼糴、括糴之名起。蓋以官告、度牒之類等第抑配，而邊民不聊生矣。京之誤國類如此。」

凡園户，歲課作茶輸其租，餘則官悉市之。其售於官者，皆先受錢而後入茶，謂之本錢。百姓歲輸稅願折茶者，亦折爲茶，謂之折稅。此收茶之法。

凡民鬻茶者，皆售於官，其以給日用者，謂之食茶，出境則給券。商賈之欲貿易者，入錢若金帛京師榷貨務，以射六務、十三場茶，給券隨所射予之，謂之交引；願就東南入錢若金帛者聽〔二五〕，計直予茶如京師。凡茶入官以輕估，其出以重估，縣官之利甚博，而商賈轉致於西北，以致散於夷狄，其利又特厚。此鬻茶之法。

自西北宿兵既多，饋餉不足，因募人入中芻粟，度地里遠近，增其虛估，給券，以茶償之。後又益以東南緡錢、香藥、象齒，謂之「三說」，而塞下急於兵食，欲廣儲偫〔二六〕，不愛虛估，入中者以虛錢得實利，人競趨焉。及其法既弊，則虛估日益高，茶日益賤，入實錢金帛日益寡。而入中者非盡行商，多其土人，既不知茶利厚薄，且急於售錢，得券則轉鬻於茶商或京師坐賈號交引鋪者，獲利無幾。茶商及交引鋪或以券取茶，或收畜貿易，以射厚利。繇是虛估之利皆入豪商巨賈，券之滯積，雖一二三年茶不足以償，而入中者以利薄不趨，邊備日蹙，茶法大壞。

景德中，丁謂爲三司使，嘗計其得失，以謂邊糴纔及五十萬，而東南三百六十餘萬茶利盡歸商賈。當時以爲至論，厥後雖屢變法以救之，然不能亡弊。

天聖元年，有司請罷三說，行貼射之法。即李諮所陳，見上文。

景祐中，葉清臣上疏言：「嘗計茶利歲入，以景祐元年爲率，除本錢外〔二七〕，實收息錢五十九萬餘緡，天下所售食茶〔二八〕，及本息歲課亦祇及三十四萬緡，而茶商見通行六十五州軍〔二九〕，所收稅錢已及五十七萬緡。若令天下通商，祇收稅錢，自及數倍〔三〇〕，即榷務、山場及食茶之利，盡可籠取。又況不廢度支之本，不置榷易之官〔三一〕，不興輦運之勞，不濫徒黥之辟。臣意議者謂榷賣有定率，征稅無彝準，通商之後，必虧歲計。臣按管氏鹽鐵法，計口受賦，茶爲人用，與鹽鐵均，必令天下通行，以口定賦，民獲善利，又去嚴刑，口出數錢，人不厭取。」時下其議，皆以爲不可行。至嘉祐中，何鬲、王嘉麟上書請罷給茶本錢，縱園户貿易，而官收租錢與所在征算，歸榷貨務以償邊糴之費。時韓琦、富弼等執政，力主其說，乃議弛禁，以三司歲課均賦茶户，謂之租錢，與諸路本錢悉儲以待邊糴。自是唯蠟茶禁如舊，餘茶肆行天下矣。論者猶謂朝廷志於便人〔三二〕，欲省刑罰，其意良善，然茶户困於輸錢，而商賈利薄，販鬻者少，州縣征稅日蹙，經費不充〔三三〕。學士劉敞、歐陽修等頗論其事，略言：「昔時百姓之摘山者，皆受錢於官，今也顧使納錢於官，受納之間，利害百倍；先時百姓冒法販茶者被罰耳，今悉均賦於民，賦不時入〔三四〕，刑亦及之，是良民代冒法者受罪；先時大商賈爲國貿遷，而州郡收其稅，今大商富賈不行，則稅額不登，且乏國用。」時朝廷方排衆論而行之，敞等言不從。

民之種茶者，領本錢於官而盡納其茶，官自賣之，敢藏匿及私賣者有罪。此國初之法。以十三場茶買賣本息并計其數，罷官給本錢，使商人與園户自相交易，一切定爲中估而官收其息，如茶一斤售錢五十有六，其本錢二十有五，官不復給，但使商人輸息錢三十有一，謂之貼射。此天聖之法。園户之種茶者，官收租錢，商賈之販茶者，官收征算，而盡罷禁榷，謂之通商。此嘉祐之法。

治平中，歲入蠟茶四十八萬九千餘斤，散茶二十五萬五千餘斤，茶户租錢三十二萬九千八百五十五緡，又儲本錢四十七萬四千三百二十一緡〔三五〕，而内外總入茶税錢四十九萬八千六百緡，推是可見茶法得失矣。

吴氏能改齋漫録曰：「建茶務，仁宗初，歲造小龍、小鳳各三十斤〔三六〕，大龍、大鳳各三百斤，入香、不入香、京挺共二百斤，蠟茶一萬五千斤。小龍、小鳳，初因蔡君謨爲建漕，造十斤獻之，朝廷以其額外免勘。明年，詔第一綱盡爲之，故東坡志林載温公曰：『君謨亦爲此邪？』」

神宗熙寧七年，始遣三司幹當公事李杞入蜀經畫買茶〔三七〕，於秦鳳、熙河博馬，與成都路漕司議合。事方有端，而王韶言西人頗以善馬至邊，所嗜惟茶，乏茶與市。即詔趣杞據見茶計水陸運至，又以銀十萬兩、帛二萬五千、度僧牒五百付之，假常平及坊場餘錢，以著作佐郎蒲宗閔同領其事。初，蜀之茶園皆民兩税地，不殖五穀，惟宜種茶。賦税一例折輸絹、紬、綿、草，各以其直折輸，役錢亦視其賦。民賣茶資衣食，與農夫業田無異，而税額總三十萬。杞被令經度，即諸州創設官場，歲增息爲四十萬，而重禁榷之令。其輸受之際，往往壓其斤重，侵其價直。既而運茶積滯，歲課不給，乃建議於彭、漢二州歲買布各十萬疋，以折脚費，實以布息助茶利，然茶亦未免積滯〔三八〕。復建議歲易解鹽十萬席，顧運回車船載入蜀〔三九〕，而禁商販。未幾，鹽法復難行，宗閔乃議川峽路民茶息收十之三〔四〇〕，盡賣於官場，更嚴私交易之令，稍重至徒刑，仍没緣身所有物，以待給賞。於是蜀茶盡榷，民始病矣。

知彭州吕陶言：「川峽四路所出茶貨，比方東南諸處〔四一〕，十不及一，諸路既許通商，兩川却爲禁地，虧損治體，莫甚於斯。只如解州有鹽池，民間煎者乃是私鹽；晉州有礬山，民間煉者乃是私礬。今川蜀茶園乃百姓己物，顯與解鹽、晉礬事體不同。恭惟仁聖恤民之心，必不如此。」又言：「國家置市易司籠制百貨，歲出息錢不過十之二，必以一年爲率。今茶場司不以一年爲率，務重立法，盡榷民茶，隨買隨賣，取息十之三，或今日買十千之茶，明日即作十三千賣之客旅，日以官本變轉，殊不休已，比至歲終，不可勝算，豈止三分而已？此於市易之條自相違戾。又客旅及儈人，以榷茶不許私交市，共邀難園户，於外預商計裁價，園户畏法懼罪，且欲變貨營生，窮迫之間，勢不獲已，則一聽客言，斤收實錢七分賣之官，餘三分留爲客人買茶之息。如此則園户有三分之虧，而官中名得其息，自是園户本錢，客人無所費也。乞下本路體量更改。」不報。

自熙寧七年至元豐八年，蜀道茶場四十一，京西路金州爲場六，陝西賣茶爲場三百三十二。稅息至李稷加爲五十萬，及陸師閔爲百萬云。

初，熙寧五年〔四二〕，以福建茶陳積，乃詔福建茶在京、京東西、淮南、陝西、河東仍禁榷，餘路通商。

王子京爲轉運副使，言：「建州蠟茶舊立榷法，自熙寧權聽通商，自此茶户售客人茶甚良，官中所得唯常茶，稅錢極微，南方遺利無過於此，乞仍行榷法〔四三〕。」元祐初，罷子京事任，令福建禁榷州軍仍其舊。

元豐中，宋用臣都提舉汴河堤岸，創奏修置水磨，凡在京茶户擅磨末茶者有禁，並赴官請買，而茶鋪入米豆雜物拌和者有罰，募人告者有賞。訖元豐末，歲獲息不過二十萬，商旅病焉。元豐修置水磨，止於在京及開封府界諸縣，未始行於外路。及紹聖復置，其後遂於京西鄭滑州、潁昌府〔四四〕，河北澶州皆行之。

哲宗元祐二年，熙河、秦鳳、涇原三路茶仍官爲計置，永興、鄜延、環慶許通商，凡以茶易穀者聽仍舊，毋得踰轉運司和糴價，其所博斗斛勿取息。

侍御史劉摯上言：「蜀地榷茶之害，園户有逃以免者，有投死以免者，而其害猶及鄰伍。欲伐茶則有禁，欲增植則加市，故其俗論謂地非生茶也，實生禍也。願選使者考茶法之弊欺，以蘇蜀民。」

右司諫蘇轍上言：「盜賊之法，贓及二貫，止徒一年，出賞五千，今民有以錢八百私買茶四十斤者〔四五〕，輒徒一年，賞三十千，立法苟以自便，不顧輕重之宜。蓋造立茶法，皆傾險小人，不識事體〔四六〕。」且備陳五害。詔遣黄廉等體量。

紹聖元年，陝西復行禁榷，凡茶法並用元豐舊條。

徽宗崇寧元年，右僕射蔡京議大改茶法，奏言：「自祖宗立禁榷之法〔四七〕，歲收净利凡三百二十餘萬，而諸州商税七十五萬貫有奇，食茶之算不在焉，其盛時幾五百餘萬緡。慶曆之後，法制寖壞，私販公行，遂罷禁榷，行通商之法。自後商旅所至，與官爲市，四十餘年，利源寖失。謂宜荆湖、江、淮、兩浙、福建七路所産茶，仍舊禁榷官買，勿復科民，即産茶州縣隨所置場，申商人園户私易之禁。凡置場地，園户皆籍名數，歲鬻於官，吏皆用倉法，園户自前茶租折税仍舊。産茶州軍許其民赴場輸息，量限斤數，給短引，於旁近郡縣便鬻，餘悉聽商人於榷貨務入納金銀、緡錢或並邊糧草，即本務給鈔，取便算請於場，别給長引，從所指州軍鬻之。商税自場給長引，沿路登時批發，至所指地，然後計税盡輸，則在道無苛留。買茶本錢以度牒及鹽鈔、諸色封樁、坊場、常平剩錢通三百萬緡爲率，給諸路，諸路措置，各分命官。」詔悉聽焉。俄定諸路措置茶事官置司：湖南於潭州，湖北於荆南，淮南於揚州，兩浙於蘇州，江東於江寧府，江西於洪州。其置場所在：蘄州即其州及蘄水縣，壽州以霍山、開順，光州以光山、固始，舒州即其州及羅源、太湖，黄州以麻城，廬州以舒城，常州以宜興，湖州即其州及長興、德清、安吉、武康，睦州即其州及青溪〔四八〕、分水、桐廬、遂安，婺州即其州及東陽、永康、浦江，處州即其州及遂昌、青田，蘇、杭、越各即其州，而越之上虞、餘姚、諸暨、新昌、剡縣皆置焉，衢、台各即其州，而温州以平陽。大法既定，其制置節目，不可毛舉。

四年，京復議更革，遂罷官置場，商旅並即所在州縣或京師請長短引，自買於園户。茶貯以籠篰，官爲抽盤，循第叙輸息訖，批引販賣，茶事益加密矣。長引許往他路，限一年。短引止於本路，限一季。

按：京崇寧元年所行乃禁榷之法，是年所行乃通商之法，但請引抽盤商税，苛於祖宗之時耳。

大觀三年，計七路一歲之息一百二十五萬一千九百餘緡，榷貨務再歲一百十有八萬五千餘緡。京專用是以舞智固權，自是歲以百萬緡輸京師所供私奉，掊息滋厚，盜販公行，民滋病矣。

政和二年，大增損茶法。凡請長引再行者，輸錢百緡，即往陝西，加二萬，茶以百二十斤；短引輸緡錢二十，茶以二十五斤。私造引者如川錢引法。歲春茶出，集民户約三歲實直及今價上户部。茶籠篰並官製，聽客買，定大小式，嚴封印之法。長短引輒竄改增減及新舊對帶、繳納申展、住賣轉鬻科條悉具。初，客販茶用舊引者，未嚴斤重之限，影帶者衆。於是又詔凡販長引斤重及三千斤者，須更買新引對賣，不及三千斤者，即用新引以一斤帶二斤鬻之，而合同場之法出矣。場置於産茶州軍，而簿給於都茶場〔四九〕。凡不限斤重茶，委官秤製，毋得止憑批引爲定，有贏數即没官，别定新引限程及重商旅規避秤製之禁，凡十八條，若避匿鈔劄及擅賣，皆坐以徒。復慮茶法猶輕，課入不羨，定園户私賣及有引而所賣踰數，保内有犯不告，並如煎鹽亭户法。短引及食茶關子輒出本路，坐以二千里流，賞錢百萬。

大抵茶、鹽法主於蔡京，務巧掊利，變改法度，前後罷復不常，民聽眩惑。

高宗建炎初，於真州印鈔，給賣東南茶、鹽，以提領真州茶鹽爲名。三年，置行在都茶場，罷合同場一十八處，惟洪州、江州、興國軍、潭州、建州各置合同場，監官一員。罷食茶小引。建炎三年九月旨，别印小引，每引五貫文，許販茶六十斤。比附短引，增添斤重，暗虧引錢，損害茶法，住罷。淳熙二年復置。凡茶、鹽經從而把隘官軍以搜檢姦細爲名而騷擾者，依軍法施行。明年，以罰太重，減徒。

三年，捕私茶賞罰依鹽事指揮。祖宗應犯榷貨並不根究來歷，止以見在爲坐。嘉祐著令，今户部言,不係出産州軍捕獲私販茶、鹽,可以不究來歷,其出産州軍私販者,並係亭、竈、園户爲之,一概不究,無以杜私販之弊。詔自茶、鹽外,其餘榷貨並不根究來歷。他日,都省又言,應犯私茶、鹽,不得信憑供指,妄有追呼。詔從之。

紹興二十七年,令凡商販淮南長引茶,令秤發官司先問客人所指住賣州縣,經由場務及合過官渡,並背批月日姓名,即時放行;如不行批引,縱放私茶,與正犯茶人一等犯罪。蓋自榷場轉入虜中,其利至博,淮河私渡譏禁甚嚴,然民觸犯法禁自若。

寧宗嘉泰四年,知隆興府韓邈奏:「户部茶引,歲有常額,隆興府惟分寧産茶,他縣並無,而豪民武斷者乃請引認租,借官引以窮索一鄉,無茶者使認茶,無食利者使認食利,所至驚擾。乞下省部,非産茶縣並不許人户擅自認租,他路亦比類施行。」從之。

四川茶 建炎元年四月,成都路運判趙開言榷茶買馬五害,請用嘉祐故事,盡罷榷茶,而令漕司買馬;或未能然,亦當減額以蘇園户,輕價以惠行商,如此則私販衰而盜賊息矣。朝廷遂擢開同主管川、陝茶馬。二年十一月,開至成都,大更茶法,倣蔡京都茶場法,印給茶引,使商人即園户市茶,百斤爲一大引,除其十勿算。置合同場以譏其出入,重私商之禁,爲茶市以通交易。每斤引錢春七十、夏五十,市利、頭子在外。所過征一錢,所止一錢五分〔五〇〕,引與茶隨,違者抵罪。自後引息錢至一百五萬緡。紹興復提舉官,又旋增引錢。至十四年,每引收十二道三百文,視開之初又增一倍矣。

自熙、豐來,蜀茶司官權出諸司之上〔五一〕,而其富亦甲天下,時以其歲剩者上供。舊博馬皆以粗茶，乾道末始以細茶遺之。然蜀茶之細者，其品視南方已下，惟廣漢之趙坡、合州之水南、峨眉之白芽、雅安之蒙頂，土人亦珍之。然所産甚微，非江、建比也。

乾道初，川、秦八場馬額共九千餘匹，川馬五千匹，秦馬四千匹。淳熙以後，爲額共萬二千九百九十四匹，自後所市未嘗及焉。

建茶　建炎二年，葉濃之亂，園丁散亡，遂罷歲貢。紹興四年明堂，始命市五萬斤爲大禮賞。十二年興榷場，取蠟茶爲榷場本〔五二〕，禁私販，官盡榷之，上供之餘許通商，官收息三倍。上供龍鳳及京鋌茶歲額，視承平纔半，蓋高宗以錫賚既少，懼傷民力，故裁損其數云。

## 坑冶

周官，卝人掌金玉錫石之地，而爲之厲禁以守之，若以時取之，則物其地，圖而授之，物地〔五三〕，占其形色之鹹淡也。授之，教取者之處。巡其禁令。

齊管仲言鹽鐵之利。　漢桑弘羊建議榷鹽鐵。　東漢以後鹽鐵本末並見鹽鐵門。不再録。

漢武帝行幸回中，詔曰：「往者朕郊見上帝，泰山見金，宜更鑄黄金爲麟趾褭蹄以協瑞焉。」

東坡仇池筆記曰：「王莽敗時，省中黄金六十萬斤。陳平四萬斤間楚。董卓郿塢金亦多。其餘三五十斤者不可勝數。近世金不以斤計，雖人主未有以百金與人者，何古多而今少也？鑿山披沙無虚日，金爲何往哉？頗疑寶貨神變不可知，復歸山澤邪？」

石林葉氏曰：「漢時，賜臣下黄金每百斤、二百斤，少亦三十斤，雖燕王劉澤，以諸侯賜田生金亦二百斤，楚梁孝王死〔五四〕，有金四十餘萬斤。蓋幣輕，故米賤金多也。」

按：如二公之説，則金莫多於漢，然民間之淘取，官府之徵斂，史未嘗言之，度未必如後世之甚也。三代之時，服食器用，下之貢獻有程，上之用度有節，未嘗多取於民。後之言利者，始以爲山海天地之藏，上之人當取其利以富國，而不可爲百姓豪强者所擅。其説發於管仲，而盛於桑弘羊、孔僅之徒，然不過曰鹽、曰鐵，則以其適於民用也，金爲天地之祕寶，獨未聞有征榷之事。漢法，民私鑄鐵者鈦左趾，博士使郡國，矯詔令民鑄農器者罪至死，鐵官凡四十郡，而不出鐵者又置小鐵官，徧於天下，獨未聞有犯金之禁。鐵至賤也，而榷之析秋毫；金至貴也，而用之如泥沙。然則國家之征利，無資於金也。貨殖傳所載蜀卓氏、山東程鄭、宛孔氏、魯丙氏稱爲尤富，然皆言其擅鐵冶之利，而未聞有藏金之事。然則豪强之致富，不由於金也。上下之間，好尚如此，蓋猶有古人不貴難得之貨之遺意云。

後漢明帝永平十一年，漅湖出黄金，廬江太守取以獻。

後魏宣武帝延昌三年，有司奏長安驪山今昭應縣。有銀礦，二石得銀七兩。其秋，恒州今代郡、安邊、馬邑。又上言白登山今馬邑郡界。有銀礦，八石得銀七兩、錫三百餘斤，其色潔白，有踰上品。詔並置銀官，常令採鑄。又漢中舊有金户千餘家，常於漢水沙淘金〔五五〕，年終輸之。後臨淮王彧爲梁州刺史，奏罷之。

按酉陽雜俎：魏明帝時，昆明國貢避寒鳥，常吐金屑如粟。蜀都賦：「金沙銀礫。」注：「永昌有水，出金如糠，在沙中。」南史夷貊傳：林邑國「有金山，石皆赤色，其中生金。金夜則出飛，狀如螢火。」此皆沙金之見於史傳者。昔時遐方裔夷所産，今則東南處處有之矣。

唐，凡金、銀、鐵、錫之冶一百八十六〔五六〕；陝、宣、潤、饒、衢、信五州〔五七〕，銀冶五十八，銅冶九十六，鐵山五，錫山二，鉛山四。汾州礬山七。

貞觀初，侍御史權萬紀上言宣、饒二州銀，大發采之，歲可得數百萬緡。帝曰：「朕之所乏者非財也，但恨無嘉言可以利民耳！卿未嘗進一賢，退一不肖，而專言税銀之利，欲以桓、靈視我邪？」乃黜萬紀還家。

麟德二年，廢峽山銅冶四十八〔五八〕。

開元十五年，初税伊陽五重山銀錫。

天寶五載，李林甫爲相，謂李適之曰：「華山有金鑛，采之可以富國，主上未知也。」他日，適之因奏事言之，上以問林甫，對曰：「臣久知之，但華山陛下本命王氣所在，鑿之非宜，故不敢言。」上以林甫爲愛己，薄適之慮事不熟，適之自是失恩。

德宗時，户部侍郎韓洄建議，山澤之利宜歸王者，自是隸鹽鐵使。

元和時，天下銀冶廢者四十，歲采銀萬二千兩，銅二十六萬六千斤，鐵二百七萬斤，錫五萬斤，鉛無常數。

三年〔五九〕，禁采銀，一兩以上者笞二十，遞出本界，州縣官吏節級科罪。

開成元年，復以山澤之利歸州縣，刺史選吏主之。其後諸州牟利以自殖，舉天下不七萬緡，不能當一縣之茶稅。

宣宗增河、湟戍兵衣絹五十二萬餘疋〔六〇〕，裴休請復歸鹽鐵使以供國用，增銀冶二、鐵山七十一，廢銅冶二十七、鉛山一。天下歲率銀二萬五千兩、銅六十五萬五千斤、鉛十一萬四千斤、錫萬七千斤、鐵五十三萬二千斤。

後唐長興二年敕：「今後不計農器、燒器，動使諸物並許百姓逐便自鑄造，諸道監冶除依常年定數鑄辦供軍熟鐵并器物外，祇管出生鐵，比已前價，各隨逐處見定高低，每斤一例減十文貨賣，雜使熟鐵亦任百姓自鍊。巡檢、節級、勾當賣鐵場官并鋪户，一切並廢。鄉村百姓祇於係省夏秋苗畝上納農器錢一文五分足〔六一〕，隨夏秋二稅送納。」

晉天福六年赦節文：「諸道鐵冶三司，先條流百姓農具破者，須於官場中賣，鑄時却於官場中買鐵。今後許百姓取便鑄造買賣，所在場院不得禁止攪擾。」

宋興，金、銀、銅、鐵、鉛、錫之貨，凡諸軍産金有五，曰：商饒歙撫州、南安軍。至道元年，廢邵武軍院。二年，又廢成州二院。饒州舊禁商人市販，頗致争訟，大中祥符五年，從凌策之請，除其禁，官收算焉。産銀有三監，曰：桂陽、鳳州之開寶，本七房冶，開寶五年賜名。建州之龍焙；又有五十一場，曰饒州之德興，虔州之寶積，信州之寶豐，建昌之馬茨湖、看都，越州之諸暨，衢州之南山、北山、金水，舊又有靈山場，大中祥符二年廢。處州之慶成、望際，道州之黄富，福州之寶興，漳州之興善、毗婆、大深、岩洞，汀州之黄焙、龍門、寶安，南劍州之龍逄、寶應、王豐、杜唐、高才、贍國、新豐岩、梅營、龍泉、順昌，邵武軍之焦阬、龍門、小杉、青女、三溪、黄上、同福、磦磜，南安軍之穩下，廣州之上雲，韶州之樂昌、螺阬、靈源，連州之同官，英州之賢德、蕘山、竹溪，南恩州之梅口〔六二〕，春州之陽江；三務曰秦州隴城、隴州、興元府。太平興國四年，於五臺置冶，後廢。秦州舊有太平監，後去其名。又賀州有寶盈場及杭州務，後並省。產銅有三十五場，饒、處、建、英州各一，信州、南安軍各二，汀州三，漳州四，邵武軍八，南劍州十二；饒州曰興利，建州曰同德，英州曰禮平，信州曰鉛山，南安軍曰南康、城下，汀州曰鍾僚，餘皆與銀場同。一務曰梓州之銅采〔六三〕。國初，坊、隴二州亦置場，後廢。又嘉州亦有採場，咸平六年置。產鐵有四監，曰兗州之萊蕪〔六四〕，萊蕪監領杏山、阜陽、何家、魯東、汶陽、萬家、宜山七冶。舊又有石門、大叔、道士等冶，景德中，以鐵數不登，並廢。汶陽南魯西冶，大中祥符七年廢。徐州之大通〔六五〕、利國，相州之利成；又有十二冶，曰河南之凌雲，虢州之麻莊，同州之韓山，鳳翔之赤谷，磑平，儀州之廣石河，蘄州之回嵐、熋窑，黄州之龍陂，袁州之貴山，興國軍之慈湖，英州之黄石；二十務曰晉、磁、鳳、澧、道、渠、合、梅州各一，陝州之集津，耀州之榆林，坊州之玉華，虔州之上平，符竹、黄平、青堂，吉州之安福，汀州之莒溪、古田、龍興、羅村；二十五場曰信州之丁溪、新溪，鄂州之聖水、荻洲、樊源、安樂、龍興、大雲，建州之晚化，南劍州之亳村、東陽、武夷、平林、塗阬、安福、萬足、桃源、交溪、婁杉、湯泉、立沙、黄溪，邵武軍之萬德、寶積，連州之牛鼻。又有沂州鄫城冶、磁州苑城冶、齊州龍山冶。澤、淄、秦、潭、利、英、白、鬱林州皆舊出鐵，後並廢。產鉛有三十六場、務〔六六〕，曰越、建、連、英、春州各一，韶州、南安軍各二，衢州、汀州各三，漳州四，邵武軍八，南劍州十二。並與銀、銅場同名。產錫有九場，曰河南之長水，虔州之安遠，南安之城下，南康之上猶，道州之黄富，賀州之太平川、石場，潮州之黄岡，循州之大任。舊信州有鉛場，後廢。產水銀有四場，曰秦、階、商、鳳州。產朱砂有三場，曰商宜州、富順〔六七〕。

太祖皇帝開寶三年，詔曰：「古者不貴難得之貨，後代賦及山澤，上加侵削，下益抏敝〔六八〕，每念兹事，深疚於懷，未能捐金於山，豈忍奪人之利！自今桂陽監歲輸課銀宜減三分之一。」

太宗至道二年，有司言鳳州山内出銅卝，定州諸山出銀鑛，請置官署掌其事。上曰：「地不愛寶，當與衆庶共之。」不許。

至道末，天下歲課銀十四萬五千餘兩，銅四百一十二萬二千餘斤，鐵五百七十四萬八千餘斤，鉛七十九萬三千餘斤，錫二十六萬九千餘斤。天禧末，金一萬四千餘兩〔六九〕，銀八十八萬三千餘兩〔七〇〕，銅二百六十七萬五千餘斤，鐵六百二十九萬三千餘斤，鉛四十四萬七千餘斤，錫二十九萬一千餘斤〔七一〕，水銀二千餘斤，朱砂五千餘斤，然金銀除坑冶、丁稅、和市外，課利、折納、互市所得皆在焉。

開寶五年，詔罷嶺南道媚川都採珠。

先是，劉鋹於海門鎮募兵能探珠者二千人，號「媚川都」。凡採珠者必以索繫石，被於體而没焉，深者至五百尺，溺死者甚衆。及平嶺南，廢之，仍禁民採取。未幾，復官取。容州海渚亦産珠，官置吏掌之。

自太平興國二年，貢珠百斤。七年，貢五十斤，徑寸者三。八年，貢千六百一十斤。皆珠場所採。

金、銀、銅、鐵、鉛、錫之冶，總二百七十一。金産登、虢、秦、鳳、商、隴、越、衢、饒、信、虔、郴、衡、漳、汀、泉、福、建、南劍、英、韶、連、春二十三州，南安、建昌、邵武三軍，桂陽監，治八十四。銅産饒、信、虔、建、漳、汀、泉、南劍、韶、英、梓十一州，邵武軍，治四十六。鐵產登、萊、徐、兖、鳳翔、陝、儀、虢、邢、磁、虔、吉、袁、信、澧、汀、泉、建、南劍、英、韶、渠、合、資二十四州，興國、邵武二軍，冶七十七。鉛産越、衢、信、汀、南劍、英、韶、連、春九州，邵武軍，冶三十。錫産商、虢、虔、道、潮、賀、循七州，冶十六。又有丹砂産商、宜二州，冶二；水銀産秦、鳳、商、階四州，冶五。皆置吏主之。然大率山澤之利有限，或暴發輒竭，或採取歲久，所得不償其費，而歲課不足，有司必責主者取盈。

仁宗、英宗每下赦書，輒委所在視冶之不發者，或廢冶，或蠲主者所負歲課，率以爲常，而有司有請，亦輒從之無所吝，故冶之興廢不常，而歲課增損係焉。皇祐中，歲得金萬五千九十五兩，銀二十一萬九千八百二十九兩，銅五百一十萬八百三十四斤，鐵七百二十四萬一千斤〔七二〕，鉛九萬八千一百五十一斤，錫三十三萬六百九十五斤，水銀二千二百斤〔七三〕。其後，以赦書從事，或有司所請，廢冶百餘。既而山澤興發，至治平中，或增冶或復故者，總六十八。是歲，視皇祐金減九千六百五十六，銀增九萬五千三百八十四，銅增一百八十七萬，鐵、錫增百餘萬，鉛增二百萬，獨水銀無增損，又得丹砂二千八百餘斤。今之論次諸冶，以治平中所有云。

天聖中，登、萊採金歲益數千兩。帝命獎官吏，王曾曰：「採金多則背本趨末者衆，不宜誘之。」

景祐中，登、萊民饑，詔弛金禁，聽民自取，俟歲豐然後復故〔七四〕。

吴氏能改齋漫録曰：「登、萊州産金，自太宗時已有之，然尚少，至皇祐中始大發。民廢農桑來掘地採之〔七五〕，有重二十餘兩爲塊者，取之不竭，縣官榷買，歲課三千兩。」

中書備對諸路坑冶金數：萊州金四千一百五十兩。房州金六十六兩。登州金三十九兩。商州金三十九兩。饒州金三十四兩。沅州金一百三十二兩。汀州金一百六十七兩。邕州金七百五十四兩〔七六〕。

神宗熙寧元年，詔：「天下寶貨坑冶，不發而負歲課者蠲之。」

七年，廣西經略司言邕州填乃峒産金，請置金場。後五年，凡得金爲錢二十五萬緡。

元豐四年〔七七〕，以所産薄，詔罷貢金。

八年，知熙州王韶奏本路銀、銅坑發。詔令轉運、市易司共計之，以所入爲熙河糴本。七月，詔近坑冶坊郭鄉村并淘採烹鍊，人並相爲保，保内及於坑冶有犯，知而不糾或停盜不覺者，論如保甲法。

元豐元年，是歲諸路坑冶金總計萬七百一十兩，銀二十一萬五千三百八十五兩，銅千四百六十萬五千九百六十九斤，鐵五百五十萬一千九十七斤，鉛九百十九萬七千三百三十五斤，錫二百三十二萬一千八百九十八斤，水銀三千三百五十六斤，朱砂三千六百四十六斤十四兩有奇。

七年，坑冶凡一百三十六所，領於虞部。

哲宗紹聖二年，江、淮、荆湖等坑冶司言：「新發坑冶，漕司慮給本錢，往往停閉不當，請令本司同遣官詳度。」從之。

湖南漕司言：「潭州益陽縣近發金苗，以碎礦淘金賦榷入官，請修立私出禁地之制。」從之。

徽宗崇寧四年，湖北置旺溪金場監官。以其歲收金千兩，鈐轄司請置官故也。

大觀二年，詔：「金銀坑發，雖告言或方檢視，而私開淘取以盜論。」　九月，銀、銅坑冶舊不隸知縣、縣令者，並令兼監，賞罰減正官一等。

政和元年，張商英言：「湖北產金，非止辰、沅、靖溪洞，其峽州夷陵、宜都縣，荆南府枝江、江陵縣赤湖城至鼎州，皆商人淘採之地。漕司既乏本錢，提舉司買止千兩，且無專司定額。請置專切提舉買金司，有金苗無官監者，許遣部内州縣官及使臣掌幹。」詔提舉官措畫以聞，仍於荆南置司。

政和三年〔七八〕，詔工部以坑冶所收金、銀、銅、鉛、錫、鐵、水銀、朱砂物數，置籍籤注，歲半消補，上之尚書省。　自是，户、工部、尚書省皆有籍鉤考，然所憑惟帳狀，至有有額而無收〔七九〕，有收而無額，乃責之縣丞、監官及曹、部奉行者，而更督遞年違負之數。　九月，措置陝西坑冶蔣彝奏：「本路坑冶收金千六百兩，他物有差。」詔輸大觀西庫，彝增秩，官屬各減磨勘年。

六年，詔：「承買坑冶，歲計課息錢十分蠲一。」以頻年無買者，欲優假之故也。　五月，中書言劉芑計置萬、永州產金，甫及一歲，收二千四百餘兩。　詔特與增秩。

宣和元年，石泉軍江溪沙磧麩金，許民隨金脉淘採，立課額，或以分數取之。

坑冶，國朝舊有之，官置場、監，或民承買，以分數中賣於官。　舊隸諸路轉運司〔八〇〕，本錢亦資焉，其物悉歸之内帑。　崇寧以後，廣搜利穴，榷賦益備。　凡屬之提舉司者，謂之新坑冶，用常平息錢與剩利錢爲本，金銀等物往往皆積之大觀庫，自蔡京始也。　政和間，數罷數復，然告發之處，多壞民田，承買者立額重，或舊有今無而額不爲損。

政和間，臣僚言諸路産鐵多，民資以爲用而課息少，請倣茶、鹽法，榷而鬻之。於是户部言：「詳度官置爐冶，收鐵給引，召人通市。苗脉微者令民出息承買，以所收中賣於官，毋得私相貿易。」從之。

先是，元豐六年，京東漕臣吴居厚奏：「徐、鄆、青等州歲製軍器及上供簡鐵之類數多，而徐州利國、萊蕪二監歲課鐵少不能給。請以鐵從官興煽，計所獲可多數倍。」詔從其請。自是，官榷其鐵，且造器用，以鬻於民，至元祐罷之。其後，大觀初，涇原幹當、皇城使裴絢上言〔八一〕：「石河鐵冶令民自採煉，中賣於官，請禁民私相貿易。農具、器用之類，悉官爲鑄造，其冶坊已成之物，皆以輸官而償其直。」乃詔毋得私相貿易如所奏，而農具、器用勿禁。於是官自賣鐵，唯許鑄鎢户市之。

欽宗靖康元年，諸路坑冶苗礦微，或舊有今無，悉令蠲損，凡民承買金場並罷〔八二〕。

高宗建炎三年，詔：「福建、廣南自崇寧以來，歲買上供銀數浩大，民力不堪，歲減三分之一。」

紹興七年〔八三〕，工部言：「知台州黄岩縣劉覺民乞依熙寧法，以金銀坑冶召百姓採取，自備物料烹煉，十分爲率，官收二分，其八分許坑户自便貨賣。江西運司相度，江州等處金銀坑冶亦乞依熙、豐法。」從之。

十四年，詔：「見今坑冶立酌中課額，委提刑、轉運司不得别有抑勒，拘認虚數，令有力之家計囑幸免，切致下户受弊。」

孝宗隆興二年，鑄錢司言，坑冶監官歲收買金及四千兩、銀及十萬兩、銅錫及四十萬斤〔八四〕、鉛及一百二十萬斤者，各轉一官；知、通、令、丞部内坑冶每年比祖額增剩者〔八五〕，推賞有差。

寧宗嘉定十四年，臣僚言：「産銅之地，莫盛於東南，如括蒼之銅廓、南算、孟春、黄渙峰、長拔、殿山、爐頭、山莊等處，諸暨之天富，永嘉之潮溪，信上之羅桐，浦城之因獎，尤溪之安仁、杜唐、洪面、子坑五十餘所，多係銅銀共産，大場月解净銅萬計，小場不下數千，銀各不下千兩，爲利甚博。至今雙瑞、西瑞、十二岩之坑出銀，繁澣、大定、永興等場銀鉛並産，興盛日久。又信之鉛山與處之銅廓皆是膽水，春夏如湯，以鐵投之，銅色立變。浸銅，以生鐵煉成薄片，置膽水槽中，浸漬數日，上生赤煤，取刮入爐，三煉成銅，大率用鐵二斤四兩，得銅一斤。淳熙元年七月指揮，信州鉛山場浸銅，每發二千斤爲一綱，應副饒州永平監鼓鑄。夫以天地之間顯畀坑冶，而屬吏貪殘，積成蠹弊，諸處檢踏，官吏大爲民殃，有力之家悉務辭避，遂至坑源廢絶，礦條湮閉。間有出備工本，爲官開浚，元佃之家方施工用財，未享其利，而嘩徒誣脅，甚至黥配估籍，冤無所訴，此坑冶所以失陷也。」

## 校勘記

〔一〕嚴峻其法者有之矣　「嚴峻」與「其法」原倒，據讀史管見卷二三乙正。

〔二〕或至於官盡榷之　「或」字原脱，據讀史管見卷二三補。

〔三〕費不可勝計　「可」字原脱，據新唐書卷五四食貨志四補。

〔四〕復置榷茶使自領之　「使」原在「之」下，據新唐書卷五四食貨志四乙正。

〔五〕焚其舊積者　「焚」原作「榷」，據舊唐書卷四九食貨志下、新唐書卷五四食貨志四改。

〔六〕正税者無失利之歎　「歎」原作「欺」，據舊唐書卷四九食貨志下改。

〔七〕私商給自首之帖　「私」原作「税」，據新唐書卷五四食貨志四改。

〔八〕祀爲茶神　「祀」字原脱，據新唐書卷一九六陸羽傳補。

〔九〕廢建安襄復州務　「建安」二字原脱，據宋史卷一八三食貨志下五補。

〔一〇〕又有場十三　按宋會要食貨三〇之三一至三〇之三二所記十三場中有蘄州黄梅場，夢溪筆談卷一二官政二、群書考索後集卷五六財賦門役類再考宋朝茶條無蘄州黄梅場而有光州光山場。

〔一一〕兩浙則杭蘇明越婺處温台湖常衢睦　「湖常衢睦」四字原脱，據宋史卷一八三食貨志下五、長編卷一〇〇天聖元年正月壬午條、群書考索後集卷五六財賦門役類再考宋朝茶條補。

〔一二〕福建則南劍建州　「南劍」二字原倒。按宋無「劍南州」而福建有南劍州，見宋史卷八九地理志五，宋史卷一八三食貨志下五與續資治通鑑長編卷一〇〇天聖元年正月壬午條，本句皆作「福建則建、劍二州」，此處「劍南」顯誤，故乙。

〔一三〕石乳頭乳皆狹片　按正文有石乳、的乳、白乳而無「頭乳」，據下文，「的乳亦有闊片者」，疑此處「頭」爲「的」之誤。

〔一四〕靈川出福州　「出」字原脱，據上下文例補。

〔一五〕蠟茶每斤自三十五錢至一百九十錢　「蠟」下原衍「面」字，據宋史卷一八三食貨志下五删。「三十五錢」，同書作「二十錢」。

〔一六〕唯川峽廣南聽民自買賣　「南」字與「買」字原脱，據宋史卷一八三食貨志下五補。

〔一七〕酌地之遠近而爲其直　「而」原作「不」，據宋史卷一八三食貨志下五改。

〔一八〕取市價而厚增之　「厚」原作「後」，據宋史卷一八三食貨志下五改。

〔一九〕端拱二年　依本書文例，本條當在上文「淳化三年」云云之前，否則下條「三年八月」云云，易被誤爲端拱三年八月，而端拱僅二年。

〔二〇〕次年二月　「二」原作「四」，據元本、慎本、馮本及宋史卷五太宗紀二、宋史卷一八三食貨志下五、宋會要食貨三〇之二改。

〔二一〕即以允恭爲江南淮南兩浙發運兼制置茶鹽使　「淮南」二字原脱，據宋史卷一八三食貨志下五補。

〔二二〕著作郎王子輿副之　「輿」原作「與」，據宋史卷二七七王子輿傳、宋會要食貨三〇之二改。

〔二三〕從允恭等請　「從」原作「遂」，據宋史卷一八三食貨志下五改。

〔二四〕令商旅自就園户買茶　「買」原作「置」，據宋史卷一八三食貨志下五改。

〔二五〕願就東南入錢若金帛者聽　「聽」字原脱，據宋史卷一八三食貨志下五補。

〔二六〕欲廣儲偫　「偫」原作「峙」，據宋史卷一八三食貨志下五改。

〔二七〕除本錢外　「除」原作「實」，據宋史卷一八四食貨志下六改。

〔二八〕天下所售食茶　「售」下原衍「受」字，據宋史卷一八四食貨志下六删。

〔二九〕而茶商見通行六十五州軍　「通」字原脱，據宋史卷一八四食貨志下六補。

〔三〇〕自及數倍　「及」原作「是」，據宋史卷一八四食貨志下六改。

〔三一〕不置榷易之官 「易」原作「場」，據元本、慎本、馮本及宋史卷一八四食貨志下六改。

〔三二〕論者猶謂朝廷志於便人 「猶」原作「尤」，據宋史卷一八四食貨志下六改。

〔三三〕經費不充 「經」原作「給」，據宋史卷一八四食貨志下六改。

〔三四〕賦不時入 「入」字原脱，據宋史卷一八四食貨志下六補。

〔三五〕又儲本錢四十七萬四千三百二十一緡 「本」原作「茶」，據宋史卷一八四食貨志下六改。

〔三六〕歲造小龍小鳳各三十斤 「十」原作「百」，據能改齋漫録卷一五方物建茶改。

〔三七〕始遣三司幹當公事李杞入蜀經畫買茶 「遣」原作「建」，據宋史卷一八四食貨志下六改。

〔三八〕然茶亦未免積滯 「然茶」二字原脱，據宋史卷一八四食貨志下六、續資治通鑑長編紀事本末卷七六李稷等措置川茶補。

〔三九〕顧運回車船載入蜀 「車」原作「東」，據宋史卷一八四食貨志下六改。

〔四〇〕宗閔乃議川峽路民茶息收十之三 「路」原作「略」，據元本、慎本、馮本及宋史卷一八四食貨志下六改。

〔四一〕比方東南諸處 「比」原作「北」，據元本、慎本及宋史卷一八四食貨志下六改。

〔四二〕初熙寧五年 「初熙寧」三字原脱，據宋史卷一八四食貨志下六補。

〔四三〕乞仍行榷法 「乞」字原脱，據宋史卷一八四食貨志下六補。

〔四四〕潁昌府 「潁」原作「穎」，「府」原作「州」，據宋史卷一八四食貨志下六改。

〔四五〕今民有以錢八百私買茶四十斤者 「私」原作「和」，據宋史卷一八四食貨志下六、欒城集卷三六論蜀茶五害狀改。

〔四六〕不識事體　「體」原作「件」，據宋史卷一八四食貨志下六、欒城集卷三六論蜀茶五害狀改。

〔四七〕自祖宗立禁榷之法　「禁」原作「額」，據宋史卷一八四食貨志下六改。

〔四八〕睦州即其州及青溪　「青溪」原作「清溪」，據宋史卷一八四食貨志下六改。

〔四九〕而簿給於都茶場　「場」原作「務」，據宋史卷一八四食貨志下六、建炎以來朝野雜記甲集卷一七榷貨務都茶場改。

〔五〇〕所止一錢五分　「所止一錢」四字原脱，據宋史卷一八四食貨志下六、卷三七四趙開傳補。

〔五一〕蜀茶司官權出諸司之上　上「司」字原脱，「官」下原衍「事」字，據宋史卷一八四食貨志下六、建炎以來朝野雜記甲集卷一四蜀茶(「司」訛作「市」)補刪。

〔五二〕取蠟茶爲榷場本　「茶」原作「場」，據宋史卷一八四食貨志下六、建炎以來朝野雜記甲集卷一四建茶改。

〔五三〕物地　「地」原作「色」，據正文及周禮卝人注改。

〔五四〕楚梁孝王死　按漢書卷四七文三王傳：「孝王未死時，財以巨萬計，不可勝數。及死，藏府餘黄金尚四十餘萬斤。」疑此處「楚」爲「及」之誤。

〔五五〕常於漢水沙淘金　「淘」字原脱，據魏書卷一一〇食貨志補。

〔五六〕凡金銀鐵錫之冶一百八十六　按新唐書卷五四食貨志四作「凡銀銅鐵錫之冶一百六十八」。

〔五七〕陝宣潤饒衢信五州　按州名六而總稱五，必有衍誤。

〔五八〕廢峽山銅冶四十八　「峽山」，新唐書卷五四食貨志四作「陝州」，疑是。

〔五九〕三年　「三」原作「二」，據舊唐書卷一四憲宗紀、唐會要卷八四雜稅、册府元龜卷四九三邦計部山澤一改。

〔六〇〕宣宗增河湟戍兵衣絹五十二萬餘疋　「宗」原作「帝」，據新唐書卷五四食貨志四改。

〔六一〕鄉村百姓秖於係省夏秋苗畝上納農器錢一文五分足　「係省」二字原脱，據五代會要卷二六鐵補。

〔六二〕南恩州之梅口　「南」字原脱，據長編卷九七天禧五年十二月末條補。

〔六三〕一務曰梓州之銅采　「采」，長編卷九七天禧五年十二月末條作「來」。

〔六四〕曰兖州之萊蕪　「兖」上原衍「大通」二字，據長編卷九七天禧五年十二月末條删。

〔六五〕徐州之大通　「大通」二字原脱，據長編卷九七天禧五年十二月末條補。

〔六六〕産鉛有三十六場務　按此下所列各州軍共有三十九場務。

〔六七〕産朱砂有三場曰商宜州富順　長編卷九七天禧五年十二月末條：「朱砂二場，在商、宜州。」李燾注：「三朝志云三場，其稱富順監者誤，今從兩朝志。」

〔六八〕下益抗敝　「抗」原作「抏」，宋史卷一八五食貨志下七作「彫」。按史記卷三〇平準書：「百姓抏弊以巧法。」索隱：「抏者，耗也，消耗之名。」此處「抗」顯爲「抏」之誤，據改。

〔六九〕金一萬四千餘兩　長編卷九七天禧五年十二月末條作「金一萬兩」。

〔七〇〕銀八十八萬三千餘兩　「三」，長編卷九七天禧五年十二月末條作「二」。

〔七一〕錫二十九萬一千餘斤　「二」，長編卷九七天禧五年十二月末條作「一」。

〔七二〕鐵七百二十四萬一千斤　「千」下原衍「一」字，據宋史卷一八五食貨志下七删。

〔七三〕水銀二千二百斤　「百」下原衍「一」字，據宋史卷一八五食貨志下七删。

〔七四〕俟歲豐然後復故　「俟」原作「後」，據宋史卷一八五食貨志下七改。

〔七五〕民廢農桑來掘地採之　「來」原作「采」，據元本、慎本、馮本及能改齋漫録卷一五方物登萊州産金條改。

〔七六〕邕州金七百五十四兩　「五十」二字原脱，據宋會要食貨三三之七補。

〔七七〕元豐四年　「元豐」二字原脱，據宋史卷一八五食貨志下七補。

〔七八〕政和三年　「三」原作「二」，據宋史卷一八五食貨志下七、宋會要食貨三四之一六改。

〔七九〕至有有額而無收　下「有」字原脱，據宋史卷一八五食貨志下七補。

〔八〇〕舊隸諸路轉運司　「隸」原作「例」，據宋史卷一八五食貨志下七改。

〔八一〕涇原幹當皇城使裴絢上言　「原」原作「源」，據慎本及宋史卷一八五食貨志下七改。「幹當」二字原脱，據宋史卷一八五食貨志下七補。

〔八二〕凡民承買金場並罷　「場」原作「銀」，據宋史卷一八五食貨志下七改。

〔八三〕紹興七年　「紹興」二字原脱，據宋會要食貨三四之一六補。

〔八四〕銅錫及四十萬斤　「斤」原作「兩」，據宋會要食貨三四之一六改。

〔八五〕知通令丞部内坑冶每年比祖額增剩者　「祖」原作「租」，據元本、慎本、馮本及宋會要食貨三四之一六改。

# 卷十九　征榷考六

## 雜征斂山澤津渡

周官：委人掌斂野之賦，斂薪芻，凡疏材、木材，凡畜聚之物。野，遠郊以外。所斂野之賦，謂野之園圃、山澤之賦也。凡疏材，草木有實者也。凡畜聚之物，瓜瓠、葵芋禦冬之具也。載師漆林之征，二十而五。疏：漆林特重者，自然所生，非人力所作故也。

漢高祖時，山川、園池、市肆租税之入，自天子至於封君湯沐邑，各自爲奉養，不領於天下之經費。言各收其所賦税以自供，不入國朝之倉庫也。

文帝後六年，弛山澤。

章氏曰：「漢之山澤、園池之税，本以給供養而少府掌之。其後，倣古虞衡之意而置水衡，乃取少府之所謂山林、苑池之税，而付水衡以平之。然他日猶有江海陂池屬少府者，而海丞、主海税。果丞主果實，二者皆少府屬官。猶掌之於少府之下，則亦不盡屬之也。惟文帝時稍弛其賦〔一〕，而後世猶有增益其税而故爲六筦之令，其增損行廢固有時邪？」

武帝元狩四年，初算緡錢。

公卿言：「郡國頗被災害，貧民無産業者，募徙廣饒之地。陛下損膳省用，出禁錢以振元元，而民不齊出南畝，商賈滋衆。貧者畜積無有，皆仰縣官。異時算軺車、賈人之緡錢皆有差，請算如故。諸賈人末作貰貸賣買〔二〕，居邑貯積諸物及商以取利者，雖無市籍，各以其物自占，占，隱度也，各隱度其財物多少，而爲名簿送之於官也。率緡錢二千而算一〔三〕。諸作有租及鑄，以手力所作而賣之者。率緡錢四千算一〔四〕。非吏比者、三老、北邊騎士軺車一算，比，例也。身非爲吏之例，非爲三老，非爲北邊騎士，而有軺車，皆令出一算。商賈人軺車二算，商賈人有軺車，使多出一算，重其賦。船五丈以上一算。匿不自占，占不悉，戍邊一歲，没入緡錢。有能告者，以其半畀之。賈人有市籍，及家屬，皆無得名田，以便農。敢犯令，没入田貨。」是時，豪富皆爭匿財，唯卜式數求入財以助縣官。天子乃超拜式中郎，賜爵左庶長，田十頃，布告天下，以風百姓，而百姓終莫分財佐縣官，於是告緡錢縱矣。縱，放也，放令告言。楊可告緡徧天下，如淳曰：「告緡令楊可所告言也。」師古曰：「此説非也。楊可據令而發動之，故天下皆被告。」中家以上大抵皆遇告，杜周治之，獄少反者。乃分遣御史、廷尉正監分曹往，往即治郡國緡錢，得民財物以億計〔五〕，奴婢以千萬數，田大縣數百頃〔六〕，小縣百餘頃，宅亦如之。於是商賈中家以上大抵破，民媮甘食好衣，不事畜藏之業，而縣官以鹽鐵緡錢之故，用少饒矣。

東萊吕氏曰：「卜式爲小忠而不知大體者也，其願輸家業半助邊，丞相弘以爲此非人情，不軌之臣。然罷報之後，此助縣官之心終不衰，則非矯飾也。惜其未嘗講學，故區區以輸財爲忠。是時，富豪皆爭匿財，惟式獨欲助費，事勢相激，故武帝寵式者日厚，嫉富豪者日深。中家以上大率破，雖假手於桑弘羊輩，苟無式以形之，未必如是之酷也。」

元鼎四年，令民得畜邊縣，得畜牧於邊縣。官假馬母，三歲而歸，及息十一，以除告緡，用充入新秦中。邊有官馬，令民能畜官母馬者，滿三歲，十母馬還一駒，以給用度，得充實秦中人，故除告緡之令也。

先公曰：「按：告緡之令，至是行之五年矣。武帝之聚斂，正爲征伐計也，得馬息遂不告緡，此漢之所以猶愈於秦也。嘗觀文帝時，纔令民實粟塞下，便可以減田租；武帝時，纔令邊民畜馬取息，便可除告緡，蓋一事輒有一事之益。後世厲民之政，一行則與國俱弊，無可哀救，雖復縣官百方措置，徒爲煩擾，而於民間無分毫之益，可嘆也夫！」

宣帝五鳳中，大司農中丞耿壽昌白增海租三倍，天子從其計。御史大夫蕭望之言：「故御史屬徐宮家在東萊，言往年加海租，魚不出。長老皆言武帝時縣官嘗自漁，海魚不出，後復與民，魚乃出。夫陰陽之感，物類相應，萬事盡然。壽昌習於商功分銖之事，其深計遠慮未足任，宜如故。」上不聽。

昭帝元鳳二年〔七〕，令郡國無斂今年馬口錢。往時有馬口出斂錢，今省。武帝時，租及六畜。

王莽初，設六筦之令，諸采取名山澤衆物者稅之。

王莽末，邊兵二十萬人仰縣官衣食，用度不給，數橫賦斂。又一切稅吏民，貲三十而取一〔八〕。又令公卿以下至郡縣黄綬吏皆保養軍馬，師古曰：「保者，不許其死傷。」吏盡復以予民。轉令百姓養。民摇手觸禁，不得耕桑。

後漢和帝永元五年，自京師離宮果園上林廣成囿悉以假貧民，恣得採捕，不收其稅。九月，官有陂池，令得採取，勿收假税二歲。

九年，詔：「山林饒利，陂池魚採，以贍元元，勿取假税。」

十二年、十五年俱有此令，不復録。

順帝時，長吏、二千石聽百姓讁罰者輸贖，號爲「義錢」，託爲貧人儲，而守令因以聚斂。尚書僕射虞詡上疏：「元年以來，貧百姓章言長吏取受百萬以上者，匈匈不絶，讁罰吏人至數千萬，而三公、刺史少所舉奏。尋永平、章和中，州郡以走卒錢給貸貧人，走卒，五伯之類〔九〕，行鞭杖者。此言錢者，令其出資錢，不役身也。司空劾按，州及郡縣皆坐免黜。今宜遵前典〔一〇〕，蠲除權制。」於是詔書下詡章，切責州郡，讁罰輸贖自此而止。

靈帝令刺史、二千石及茂材、孝廉遷除，皆責助軍修宫錢，大郡至二三千萬，餘各有差。當之官者，皆先至西園諧價，然後得去。其守清者乞不之官，皆迫遣之。又令郡國貢獻先輸中府，名爲「導行費」〔一一〕。蓋正貢外别有所獻也。詳見國用門。

晉自渡江以來，至於梁、陳，凡貨賣奴婢、馬牛、田宅，有文券〔一二〕，率錢一萬輸估四百入官。詳見商税門。

宋文帝元嘉二十七年，魏師南侵，軍旅大起，用度不充。王公、妃主及朝士、牧守，各獻金帛等物，以助國用，下及富室小人，亦有獻私財數千萬者。揚、南徐、兖、江四州富有之家貲滿五十萬，僧尼滿二十萬者，並四分借一，過此率計，事息即還。

宋孝武帝大明初，揚州刺史西陽王子尚上言：「山湖之禁，雖有舊科，人俗相因，替而不奉，熂許氣反。山封水，保爲家利。自頃以來，頽弛日甚，富强者兼領而占，貧弱者薪樵無托，至漁採之地，亦又如茲。斯實害理之深弊。請損益舊條，更申常制。」有司檢壬辰詔書：「擅占山澤，强盜律論，贓一丈以上，皆棄市。」左丞羊希以「壬辰之制，其禁嚴刻，事既難遵，理與時弛。而占山封水，漸染復滋，更相因仍，便成先業，一朝頓去，易致怨嗟。今更刊革，立制五條。凡是山澤，先恒熂爈力居反。種竹木、雜果爲林芿〔一三〕，及陂湖江海魚梁鰌鮆場〔一四〕，七由反。即移反。常加工修作者，並不追舊。各以官品占山，見官品、占田門。若先已占山，不得更占；先占闕少，依限占足〔一五〕。若非前條舊業，一不得禁。有犯者，水土一尺以上〔一六〕，並計贓，依常盜律論〔一七〕。除晉壬辰之科。」從之。

齊武帝即位，詔免逋城錢，自今以後，申明舊制。初，晉、宋舊制，受官二十日，輒送修城錢二千。宋太始初，軍役大興，受官者萬計，兵戎機急，事有未遑，自是，令僕以下並不輸送。二十年中，大限不可勝計，文符督切，所在擾亂，至是除蕩，百姓悦焉。

齊武帝時，王敬則爲東揚州刺史，今會稽郡。以會稽邊帶湖海，人無士庶，皆保塘陂，敬則以功力有餘，悉評斂爲錢〔一八〕，以送臺庫，帝納之。

竟陵王子良上表曰：「臣昔忝會稽〔一九〕，粗嫺物俗，塘丁所上，本不入官。良由陂湖宜壅，橋路須通，均夫訂直〔二〇〕，人自爲用。若甲分毀壞，則年一修改；乙限堅牢，則終歲無役。今乃通課此直，悉以還臺，租賦之外，更生一調。致令塘路崩蕪，湖源泄散，害人損政，實此爲劇。建元初，軍用殷廣，浙東五郡，丁税一千，乃質賣妻子，以充此限。所逋尚多，尋蒙蠲原。而此等租課，三分逋一，明知徒足擾人，實自弊國。愚謂課塘丁一條，宜還復舊。」

唐高宗龍朔三年，減百官一月俸，賦雍、同等十五州民錢作蓬萊宫。

唐肅宗即位時，兩京陷没，民物耗弊，乃遣御史鄭叔清等籍江淮富商右族貲畜〔二〕，什收其二，謂之率貸。諸道亦税商賈以贍軍，錢一千者有税。

德宗時，朱滔、王武俊、田悦背叛，國用不給，陳京請借富商錢。度支杜佑以爲軍費纔支數月，幸得商錢五百萬緡，可支半歲。乃以户部侍郎趙贊判度支，代佑行借錢令，約罷兵乃償之。搜督甚峻，民有自經者，家若被盗。然總京師豪人田宅奴婢之估，纔得八十萬緡。又取僦匱納質錢及粟麥糶於市者，四取其一，長安爲罷市，遮邀宰相哭訴。乃以錢不及百緡，粟麥不及五十斛者免，而所獲纔二百萬緡。

時軍用不給，乃税間架、算除陌。其法：屋二架爲間，上間錢二千，中間一千，下間五百。吏執筆握算，入人家計其數，或有宅屋多而無他資者，出錢動數百緡。敢匿一間，杖六十，告者賞錢五萬。除陌法者，公私給與及買賣，每緡官留五十錢；舊算三十，今加爲五十。給他物及相貿易者，約錢爲率算之。市牙各給印紙，人有買賣，隨日署記，翌日合算之。有自貿易不用市牙者，驗其私簿〔三〕，無簿者投狀自集。其有隱錢百者没入，二千杖六十，告者賞十千，出犯人家。法既行，而主人、市牙得專其柄，率多隱盗，公家所入不能半，而怨讟滿天下。

舊制，諸道軍出境，則仰給度支。時討賊兵在外者衆，上優恤士卒，每出境，加給酒肉，本道糧仍給其家，一人兼三人之給。故將士利之，各出軍纔逾境而止。月費錢百三十餘萬緡，常賦不能給，趙贊乃奏行二法，愁怨之聲，盈於遠近。及涇原兵反，大呼長安市中曰：「不奪爾商户僦質，不税爾間架、除陌矣。」於是間架、除陌、竹、木、茶、漆、鐵之税皆罷。

致堂胡氏曰：「當是時，天下税户三百八萬五千餘，户税穀二百一十五萬七千餘斛，而籍兵七十六萬七千餘人，是税户四、穀斛三而養一兵，他用不預焉。被甲荷戈者既不常飽，量入以爲出，國非其國矣。」

今按：德宗之横斂，諉曰軍興乏用也。然瓊林、大盈之積，特不過假軍興之名，而厚賦以實私藏。是以餉賜稍不如意，反使涇原驕横之卒，得藉口以爲作亂之階。然則平時刻剥生民而姑息軍卒，竟何益哉！

唐貞觀初，京司及州縣皆有公廨田，供公私之費。其後以用度不足，京官有俸賜而已。諸司置公廨本錢，以番官貿易取息，計員多少爲月料。

十二年，罷諸司公廨本錢，以天下上户七千人爲胥士，視防閤制而收其課，計官多少而給之。

十五年，復置公廨本錢，以諸司令史主之，號「捉錢令史」。每司九人，補於吏部，所主纔五萬錢以下，市肆販易，月納息錢四千，歲滿受官。諫議大夫褚遂良上疏言：「京七十餘司〔三〕，更一二載，捉錢令史六百餘人受職。太學高第，諸州進士，拔十取五，猶有犯禁罹法者，况廛肆之人，苟得無耻，不可使其居職。」太宗乃罷捉錢令史，復給京官職田。

開元十八年，御史大夫李朝隱奏請藉百姓一年税錢充本，依舊令高户及典正等捉，隨月收利，將供官人料錢，並取情願自捉，不得令州縣牽挽。

乾元元年，敕長安、萬年兩縣各備錢一萬貫，每月收利以充和顧。時祠祭及蕃夷賜宴、别設，皆長安、萬年人吏主辦，二縣置本錢，配納質積户收息以供費。諸使捉錢者，給牒免徭役，有罪，府縣不敢劾治。民間有不取本錢，立虚契，子孫相承爲之。嘗有毆人破首，詣閑廄使納利錢，受牒貸罪〔二四〕。御史中丞柳公綽奏諸司捉錢户，府縣得捕役，給牒者毁之。自是，不得錢者不納利矣。

寶應元年敕：「諸色本錢，比來將放與人，或府縣自取，及貧人將捉，非唯積利不納，亦且兼本破除。今請一切不得與官人及窮百姓并貧典吏，揀擇當處殷富幹了者三五人，均使翻轉回易，仍放其諸色差遣，庶得永存官物，又冀免破人家。」

貞元元年敕：「自今後應徵息利本錢，除主保逃亡轉徵鄰近者放免，餘並準舊徵收。其所欠錢，仍任各取當司闕官職田，量事糶貨，充填本數。」

元和二年，宰臣上言：「聖政惟新，事必歸本，疏理五坊户色役，令府縣却收，萬人欣喜，恩出望外。臣等輒釐革舊弊，率先有司，其兩省納課陪厨户及捉錢人，總一百二十四人，望令歸府縣色役。」從之。

元和十一年，御史中丞崔從奏：「捉錢人等比緣皆以私錢添雜官本，所防耗折，裨補官利〔二五〕。近日訪聞商販富人投身要司，依托官本，廣求私利，可徵索者自充家業，成逋欠者證是官錢，非理逼迫，爲弊非一。今請許捉錢户添放私本，不得過官本錢，勘責有剩，並請没官。」

十四年，御史中丞蕭俛奏：「諸司、諸軍、諸使公廨諸色本利錢等，伏緣臣當司及祕書省等三十二司利錢，準赦文，至十倍者，本利並放，展轉攤保，至五倍者，本利並放。緣前件諸司、諸使、諸軍利錢，節文並不該及，其中有納利百姓，見臣稱訴納利已至十倍者，未蒙一例處分，求臣上達天聽。伏以南北諸司事體無異，納利百姓皆陛下赤子，若恩澤均及，則雨露無偏，乞特賜準赦放免。」

會昌元年正月赦節文：「每有過客衣冠，皆求應接行李，苟不供給，必致怨尤。刺史、縣令但取虚名，不惜百姓，夫畜皆配民户，酒食科率所由。蠹政害人，莫斯爲甚。宜委本道觀察使條流〔二六〕，量縣大小及道路要僻，各置本錢，逐月收利。或觀察使前任臺省官不乘館驛者〔二七〕，許量事供給，其錢便以留州留使錢充，每至季終申觀察使〔二八〕。如妄破官錢，依前科配，並同入己贓論，仍委出使御史糾察以聞。」

按：捉錢之事，惟唐有之。蓋以供諸司公用之費。雖曰官出本錢，令其營運納息，非鑿空之横斂，及其久也，民利於假官之勢〔二九〕，則不請本錢，白納利息；官利於取民之財，則所徵利息數倍本錢，而其爲無藝甚矣。故述其事，附之雜征斂之後。

宋太祖皇帝建隆元年，詔除滄、德、棣、淄、齊、鄆乾渡三十九處所算錢，或水漲，聽民置渡，勿收其算。

五代時，有津渡之算，水或枯涸，改置橋梁，有司猶責主者備償，至是詔除。此後諸州有類是者，多因恩宥蠲除。陳州私置蔡河鎖〔三〇〕，民船勝百斛者取百錢，有所載，倍其征，太平興國中詔除之。

建隆二年，詔：「自今宰相、樞密使、帶平章事、兼侍中、中書令節度使，依故事納禮錢，宰相、樞密使三百千，藩鎮五百千，充中書門下公用，仍於中書刻石記授。上年月已經納者，後雖轉官，不再更納。舊相復入者，納如其數。」時中書門下言「唐制，凡視事於中書者，納禮錢三千緡，近頗隳廢，乞舉行之」故也。

按：朝廷視官制禄，所以養賢。官莫崇於相，則禄賜宜優於百僚，今於上日反徵其錢，以充公用，可乎？今考五代會要，後唐天成元年，門下、中書兩省狀：「準舊例，檢校官合納光省禮錢。近降敕命，除翊衛勳庸、藩垣將佐外，其餘不帶平章事節度使，及防禦、團練、刺史、諸道副使、郎中以下，并三司職掌監院官〔三一〕、縣令、録事參軍、判官等〔三二〕，凡關此例，並可徵收。伏緣省司舊例，别無錢物，祇徵禮錢，以充公廨破使。遭值離亂，致失規繩，乞依元行依例徵理，自防禦、團練、刺史至諸道將校、押衙，各納錢有差。」則爲例已久，且不止於使相而已。又考是年十二月中書奏：「准故事，應諸道藩鎮帶平章事處，各納禮錢五百千，充中書修建公署及添置都堂内鋪陳什物。」敕從之。則納此錢者，似是唐末以來，方鎮據土地，修貢獻，求爲使相之人，恐非盛唐之制。然觀建隆之詔，則在廟堂爲相者皆納矣。又考梁開平五年敕：「食人之食者憂人之事，況丞相位尊，參決大政，而堂封未給，且無餐錢，朕甚愧之。宜令日食萬錢之半。」則當時爲相者，俸廩尚無之，況修公署置什物乎！此所以反有無藝之横取也。

又按：所謂修公署、備什物之類，唐時有諸司捉錢户，捉官本錢，營運納息，以供此費。至五代之時，則不復有之，而令居職者履任之初，自出此錢。國初承五代之法，遂亦有之，故併附於捉錢之後。

太宗淳化元年，詔：「諸處魚池，舊皆省司管係，與民争利，非朕素懷。自今應池塘河湖魚鴨之類，任民採取，如經市貨賣，乃收税。」

先時，淮南、江、浙、荆湖、廣南、福建當僭僞之時，應江湖及池潭陂塘聚魚之處，皆納官錢，或令人户占賣輸課，或官遣吏主持。帝聞其弊，詔除之。

又有橘園、水磑、社酒、蓮藕、鵝鴨、螺蚌、柴薪、地鋪、枯牛骨、溉田水利等名，皆因僞國舊制而未除，前後累詔廢省。

開寶三年，令買撲坊務者收抵當。

止齋陳氏曰：「買撲始見此，至淳化中而買撲酬獎之法次第舉矣。買撲之利歸於大户，酬獎之利歸於役人，州縣坐取其贏以佐經費，以其剩數上供，此其大略也。自熙寧悉罷買撲酬獎之法，官自召買，實封投狀，着價最高者得之，而舊章舉廢矣。」

神宗元豐二年，導洛通汴司言：「綱船爲商人附載，有留阻之弊。今洛水入汴無湍駛，請置堆垛場於泗州，賈物至者，先入官場，官以船運至京，稍輸船算。」從之。

三年，詔近京以通津水門外順成倉爲場。

元豐二年，三司言：「人户買撲官監，及非折酬衙前場務所增收錢〔三三〕，並合入三司帳。而司農寺以謂官監、務外，皆是新法拘收錢，不當入三司。乞留以助募役；兼歲入百萬緡，於市易務封樁，若失此錢，恐不能繼。」争辯久之，乃從司農之請。

七年，府界、諸路坊場錢歲收六百九十八萬六千緡，穀、帛九十七萬六千六百石、疋有奇。

新法既鬻坊場，河渡，司農又并祠廟鬻之，募人承買，收取净利。官既得錢，聽民爲賈區廟中，判應天府張方平言：「管下五十餘祠，百姓盡已承買。閼伯主祀大火，火爲國家盛德所承；微子開國於宋，亦本朝受命建號所因。又有雙廟，乃唐張巡、許遠。今既許承買，小人以利爲事，必於其間營爲招聚，紛雜冗褻。歲收甚微，實損大體。欲乞不賣此三廟，以稱國家嚴恭之意。」上震怒，批出曰：「慢神辱國，無甚於斯！」於是天下祠廟皆得不鬻。明年二月，中丞鄧潤甫言：「興利之臣議前代帝王陵寢皆合請射耕墾，而司農可之。緣此，唐之諸陵悉見芟刈，聞昭陵已剪伐無遺。乞下所屬依舊禁止。」詔從之。

哲宗元祐元年，侍御史劉摯言：「坊場舊法，買户相承，皆有定額，毋得增價。新法乃使實封入狀，唯利價高，有舊纔百緡而益及千緡者，其後類多敗闕。請罷實封之法，令諸路轉運、提舉司會新舊之數，酌取其中，立爲永額，召人承買。」其後，詳定役法所度之事〔三四〕，請下之諸州，若累界有增，以次高一界爲額；增虧不常，以酌中爲額。或前次所負及五分，縣以聞州，州與漕司次第保上之，仍立界滿承買抵當之制，餘皆如舊法。從之。

五年，户部郎中高鑄言：「場務敗闕者請止損净息，其省額如故。」從之。又詔：「無人承買者許自陳，損其錢數，明諭以召人，願增價者聽。若不售，則更減之，減及八分而不售者，提刑司審覈，權停閉。」

徽宗自崇寧來，言利之言殆析秋毫。其最甚，若沿汴州縣創增鎖柵，以牟税利；官賣石炭，增賣二十餘場，而天下市易務炭皆官自賣。名品瑣碎，則有四脚、鋪床、榨磨等錢，水磨錢、侵街房廊錢、廟圖錢、淘沙金錢，不得而盡記也。

大觀三年，臣僚言：「比歲諸郡求以坊場增給公帑，不啻二十餘萬緡，且慮朝廷封樁，寖爲厨傳之費。請考元豐舊制，詳議行之。」詔令户部以所用封樁及坊場錢數申尚書省。

按：坊場即墟市也，商税、酒税皆出焉。今考其明言酒務者入榷酤門，明言貨税者入征商門，而泛言坊場者，則以附雜征榷之後。

牙契　税契始於東晉，歷代相承，史文簡略，不能盡考。宋太祖開寶二年，始收民印契錢，令民典賣田宅輸錢印契，税契限兩月。

止齋陳氏曰：「元降指揮，應典賣物會問鄰至，有不願，即書之於帳，聽即兩月批印，違者依漏税法。所以防姦僞，省獄訟，非私之也。慶曆四年十一月，始有每貫收税錢四十文省之條，至政和無所增。宣和四年，發運使、經制兩浙江東路陳亨伯奏，乞淮、浙、江、湖、福建七路，每貫增收二十文，充經制移用，通舊收錢不得過一百省。紹興五年三月敕：『每貫勘得産人合同錢一十文，入總制名起發。』乾道七年，户部尚書曾懷奏：『人户交易一十貫内正錢一貫，除六百七十五文充經、總制錢外〔三五〕，有三百二十五文，欲存留一半，餘入總制錢帳，另項起發。』至是，牙契今爲州縣利源矣。」

神宗元豐時，令民有交易則官爲之據，因收其息。

徽宗崇寧三年敕：「諸縣典賣牛畜契書，并税租鈔旁等印賣田宅契書，並從官司印賣。除紙筆墨工費外，量收息錢，助贍學用，其收息不得過一倍。」

大觀二年，以出賣鈔旁息錢事涉苛細，罷之。

政和中，應奉事起，乃復行。

宣和五年，詔：「諸路所收鈔旁定帖錢，除兩浙路隸應奉司外〔三六〕，餘路並逐州委通判拘收，與發運司充糴本。」

高宗建炎元年赦：「應今日以前典賣田宅、馬牛之類，違限印契合納倍税者，限百日，許自陳蠲免。」

二年，初復鈔旁定帖錢，靖康時嘗罷之。命諸路提刑司掌之，無得擅用。

紹興二年，右朝奉郎姚沇言：「諸路曾被兵火亡失契書業人〔三七〕，許詣所屬陳理，本縣下鄰保證實，給户帖。」從之。

五年，詔諸路勘合錢每貫收十文足。即鈔旁定帖錢。

初令諸州通判印賣田宅契紙，自今民間競産而執出白契者，毋得行用。從兩浙運副吴革請也。革言：「在法，田宅契書縣以厚紙印造〔三八〕，遇人户有典賣，納紙墨本錢買契書填。緣縣典自掌印板，往往多印私賣，致有論訴。今欲委逐州通判立千字文爲號印造〔三九〕，每月給付諸縣，遇民買契，當官給付。」

冬十一月，詔：「諸路州縣出賣户帖，令民間自行開具所管地宅田畝間架之數而輸其直〔四〇〕，仍立式行下。」時諸路大軍多移屯江北，朝廷以調度不繼，故有是詔。既而中書言恐騷擾稽緩，乃立定價錢，應坊郭鄉村出等户皆三十千，鄉村五等、坊郭九等户皆一千，凡六等，惟閩、廣下户差減，期一季足，計綱赴行在〔四一〕，即旱傷及四分以上，權住聽旨。又用殿中侍御史王縉言，詔州縣止以簿籍見在數目出給户帖，務要簡便不擾，如容縱乞取，重寘於法，令刑獄使者察之。時州縣追呼頗擾，乃命通判職官徧詣諸邑，面付人户，其兩浙下户展限二月。內諸路簿籍不存者，計先納價錢，俟造簿畢日給帖。

二十六年，户部言：「印契違日限者，罪之而没其產，太重難行，徒長告訐。欲並依紹興法舊限六十日投税，再限六十日齎錢請契。」從之。

二十七年，詔：「人户買賣耕牛，並免投納契税。」

孝宗乾道七年，户部言：「每交易一十貫，納正税錢一貫，除六百七十五文充經、總制錢外，三百二十五文存留，一半充州用，餘一半入總制錢帳，如敢隱漏，依上供錢法。人户違限不納，或於契内減落價貫，規免税錢，許牙人併出産户陳首，將物業半給賞，半没官。每正税錢一百文帶納頭子錢二十一文二分，州縣過數拘收、公人邀阻作弊，並重置典憲。」從之。

臣僚言：「乞詔有司，應民間交易並令先次過割，而後税契。凡進産之家，限十日繳，連小契自陳，令本縣取索兩家砧基赤契，并以三色官簿夏税簿、秋苗簿、物力簿。令主簿點對批鑿。如不先經過割，不許投税。」詔：「敕令所參照見行指揮〔四二〕，修立成法。」

八年，詔：「今後遇赦，删去税契違限許免倍自首一節。監司、州郡無得自擅免倍税契，違者坐之。」言者謂今之置産者，未嘗以税契爲意，蓋起於赦恩許其免倍納而自首〔四三〕，况監司、州郡不候朝旨，免倍税契，所收錢不復分隸窠名，一切以資妄用，故有此令。

淳熙六年〔四四〕，敕令所進呈重修淳熙法，上親筆圈記人户内驢、駝、馬、船契書收税，諭輔臣曰：「凡有此條，並令删去，恐後世有筭及舟車之言。」

七年，臣僚言：「民間典賣田産，必使之請官契，輸税錢，其意不徒利也，慮高貲之家兼并日增，下户日益朘削，是亦抑之之微意。今州縣以人户物力科配，空給印紙，名爲預借契錢，殊失法意。」詔禁止之。

寧宗嘉定十三年，臣僚言：「州縣交易，印契所以省詞訟，清税賦，而投報輸直，亦有助於財計。今但立草契，請印紙粘接其後，不經官投報者，不知其幾也。印契具文，過割可廢，間有交易已畢，遷徙他郡，二税茫無所歸，州縣徒費追擾，至於改换等色、减退畝步者，不知其幾也。乞申嚴成法。」從之。

經、總制錢宣和末，陳亨伯以發運兼經制使，因以爲名，廢於靖康，建炎復之。紹興初，孟庾提領措置財用，又因經制之額，增析而爲總制錢。蓋南渡以來，養兵耗財爲夥，不敢一旦暴斂於民，而展轉取積於細微之間，以助軍費，初非强民而加賦也。建炎二年冬，上在維揚，四方貢賦不以期至，於是户部尚書吕頤浩、翰林學士葉夢得等言：「亨伯以東南用兵，嘗設經制司，取量添酒錢及增收一分税錢、頭子、賣契等錢，斂之於細而積之甚衆，求之於所欲而非强其所不欲。如增收印契錢出於兼并之家，無傷於下户；增收賣酒錢合於人情，而無害於民；官吏俸給除頭子錢百分取一。靖康初，相繼遽罷。欲望博延群議，更加討論。及亨伯爲河北轉運使〔四五〕，又行於京東西、河北路〔四六〕，昨來河北、京東西一歲得錢近二百萬緡，所補不細，今若行於兩浙、江東西、荆湖南北、福建、二廣，歲入無慮數百萬計。况邊事未寧，苟不知出此，緩急必致暴斂，與其暴斂於倉卒，曷若取積於細微。」於是除不便於民者，如納免行錢〔四七〕、減罷曹官役人錢、鈔旁定帖錢、院虞候充獄子重禄錢、牛畜等契息錢、契白紙錢。以權添酒錢、添賣糟錢、人户典賣田宅增添牙税錢、官員等請給頭子錢，并樓店務增添三分房錢五項〔四八〕，令東南八路州軍〔四九〕兩浙、江東西、荆湖南北、福建、二廣。收充經制錢，命各路憲臣領之，州委通判拘收，季終起發。紹興五年閏二月，參政孟庾提領措置財用，乞以總制司爲名，而總制錢自此始矣。四月，臣僚言：「賦入之利，莫大於雜税。茶鹽出納之間，每貫增頭子錢五文，歲入不少。」而財用司言：「茶鹽已復鈔價，其頭子錢難以增添，而諸路州縣出納係省錢所收頭子錢，依節次指揮，每貫共收錢二十三文省，内一十文省作經制起發上供，餘一十三文並充本路州縣并漕司支用。今欲令諸路州縣，雜税出納錢於每貫見收頭子錢上，量行增添，共作二十三文足，除漕司并州舊來合得一十三文省外，餘盡併入經制窠名帳内起發，補助軍需。」尚書省又言：「耆、户長雇錢并抵當庫樁四分息錢，轉運司移用錢〔五〇〕、勘合朱墨錢、出賣係官田舍錢，及赦限内典賣牛畜等印契税錢、進獻納貼錢、常平司七分錢、茶鹽司袋息錢，並令諸路州縣樁管，應辦軍期。」而總制司又言：「人户税賦畸零，如析居異財，絹綿零至一寸一錢者，亦收一尺、一兩，米零至一勺、一抄者，亦收一升之類，並與折納。至於二廣、福建、江東西路免役一分寬剩錢，若無災傷減閣，並令發付行在，及兩浙西路役人顧錢，除歲用外，應副大軍支用〔五一〕。」八月，江西提舉司言：「常平錢物，舊例每貫收頭子錢五文足，今合依諸色錢例增作二十三文足〔五二〕，除五文依舊法支費外，餘增到錢與經制錢別作一項窠名起發〔五三〕。」十一月，尚書省言：「經總制錢〔五四〕，監司州郡或以軍期應辦爲名，輒行借兑拘截取撥者。乞依諸路州軍通判已得指揮施行。」州縣輒將經制錢擅行應副借兑拘截取撥〔五五〕，輒有侵支互用者，內所委官并當職及取撥官〔五六〕，並先降兩官放罷，人吏徒二年，各不以去官赦降原減。紹興十六年，户部侍郎李朝正言：「諸路每歲所收經、總制錢〔五七〕，委本路提刑并檢法、幹辦官點磨拘催，歲終欲通行殿最。」

增及一分以上，減三季磨勘；二分、四分以上，議賞。有差虧一分以上，展二年磨勘〔五八〕；二分、四分以上，議罰有差。

二十六年，禮部侍郎賀允中言：「比年經、總制錢以二十六年以前最高者十九年之數立額，其當職官既誘以厚賞，又驅以嚴責，額一不登，每至横斂，民受其弊。望詔有司改立歲額〔五九〕。」既而倉部郎中黄祖舜乞自十九年之外，有稍高年分，或少損其數，詔從之。三十一年，詔諸路州軍未起二十六年、二十七年經、總制錢特與除放，其二十八年以後欠數，令提刑司督責補發。孝宗乾道元年，詔諸路州縣出納，每貫添收錢一十三文省，充經、總制錢，仍將所增錢别項發納左藏西庫，補助經費。自是，公家出納經、總制錢〔六〇〕，每千共收五十六文。光宗登極，從吏部尚書顔師魯奏，減江東西、福建、淮東、浙西路經、總制錢共十七萬一千緡。嘉泰初，除四川外，東南諸州額理經制錢七百八十餘萬。四川九十萬緡。

月樁錢　始於紹興二年也。時韓世忠駐軍建康，宰相呂頤浩、朱勝非共議，令江東漕臣月樁發大軍錢十萬緡，以朝廷上供經制及漕司移用等錢應辦。當時漕司不量州軍之力，一例均拋，既有偏重之弊，又於本司移用錢不肯取撥，止取於朝廷窠名，曾不能給十之二三。上供經制、無額添酒錢，并淨利錢、贍軍酒息錢、常平錢，及諸司封樁不封樁、係省不係省錢，皆是朝廷窠名也。於是州縣橫斂，銖積絲累，僅能充數，一月未畢，而後月之期已逼，江東、西之害尤甚。七年，户部員外郎霍蠡言：「願詔諸路守臣條具所樁實有窠名幾何，臨時措畫者若爲而辦。」八年，侍郎士㒟及參政李光皆言月樁之害，上感動，每諭宰臣：「若得休兵，凡取於民者悉除之。」九年正月復河南州軍赦，務與民休息，令轉運司具逐州見認月樁錢數申朝廷，據實科撥。二月，詔以州縣大小所入財賦，欲斟量適當，易於樁辦。其日後殿進呈，各有窠名，但多爲漕司占留，遂不免敷及百姓。上曰：「若所撥科名錢不足，從朝廷給降應副，不得一毫及民。」紹興十七年，減江東、西月樁錢一十二萬七千緡有奇。光宗登極，用吏部尚書顔師魯奏，減江、浙諸郡月樁錢一十六萬五千緡有奇。

江、浙轉運趙汝愚上言〔六二〕：「臣伏自到任以來，不住詢訪民間利害，及今來巡歷所至，有可以寬裕民利者。本司已隨事斟酌輕重，次第罷行，獨有諸縣措置月樁錢物，其間名色類多違法，最爲一方細民之害。臣試舉其大者，則有曰麴引錢、白納醋錢、賣紙錢、户長甲帖錢、保正牌限錢、折納牛皮筋角錢，兩訟，不勝則有罰錢，既勝則令納歡喜錢，殊名異目，在處非一。臣嘗詢究，蓋已累經朝廷指揮及前後監司約束住罷矣。大抵類能力制於一時，而不能保無於後日，其弊正如鼠穴，左固則右逸矣。至詰其所從出入，則首以月樁無科名，循例措置爲辭。甚者姦贓之吏，又並緣掊克，以濟其私，預於簿書之間，陰爲抵讕之計。有司熟視，不可稽考，其間設有能自植立，整齊紀綱者，則往往窘於調度，拘攣牽制〔六二〕，困不得逞。其豪宗大姓，因得持是數者，挾持官吏，以漁獵細民。流弊萬端，不可殫述，其原則始於月樁太重而已。臣不勝憤懣，因盡考諸縣月樁出納之數，及其初科降之目，與夫先後因革之制觀之。其始緣江、淮用兵，供億數萬，朝廷深恐一時乏事，遂令本路計月樁辦大軍錢物，而月樁之名始立。然其時降到旁通式內，猶許先取無額經制錢；不足，方取上供錢；又不足，則取諸司封樁錢。其後又增置贍軍七分酒息錢，其餘不以有無拘礙錢物，皆許移用，甚至急闕，則朝廷亦時支降茶引、度牒之類以濟之。是時兵火之初，所在皆有餘積，公私未告病也。今諸司封樁固不得用，而無額經制錢州縣皆有定額，不盡分隸月樁，此外所存名目，惟上供錢及七分酒息錢二種而已，其餘蓋盡以取足於州縣也。況夫比年以來，州縣用度日廣，財賦日蹙，所以予之者歲益加少，謂如州縣科撥二稅與州縣贍用之類。而取之者歲益加多，謂如增收頭子錢、勘合錢、閏月坊場錢之類。非作法以取諸民，則何以哉！臣嘗略計本路月樁之數，每歲爲緡錢七十萬，而格外所入者半之，雖其間亦有傅致文法者，大抵法外之斂，什嘗三四也。今朝廷縱未能大有蠲除，以盡掃宿弊，臣謂宜令有司擇其間最重者稍賑恤之。」

板帳錢　亦軍興後所創。嘉定十六年正月五日，兩浙運判耿秉言：「二浙近在日邊，疾苦易於上聞，固宜州縣之間，雍容爲政。今百里之寄，銓曹見缺，至無人願就，是安可不思所以救之。蓋今縣邑之所苦者，不過板帳錢額太重耳！額重而收趁不及，計無所出，則非法妄取。以納斛斗則增收耗剩，交錢帛則多收糜費。幸富人之犯法而重其罰，恣胥吏之受贓而課其入。索到盜贓〔六三〕，不還失主；檢校財産，不及其卑幼。亡僧、絶户，不候覈實而拘籍入官；逃産、廢田，不與銷豁而逼勒填納。遠債之難索者，豪民獻於官，則追催甚於正税；私納之爲罰者，仇家訟於縣，則監納過於贓錢。賒酒不至於公吏，而抑配及保正、户長。檢税不止於商旅，而苛細及於盤合、奩具。今年之税賦已足，而預借於明年；田産之交易未成，而探契以寄納。其他如罰酒、科醋、賣紙、税醬、下拳錢之類，殆不可以偏舉，亦不能徧知，無非違法。州郡利其能辦財賦，佯若不聞，一旦告發，則邑宰坐罪而去，後人繼之，未免循復前例。蓋其太重之額既不減，則亦别無他策爾！且是法創立，經隔已數十年，物價有低昂，户口有息耗，安可不隨時而加損？乞令臣與諸郡從長斟酌，將合減之數開具聞奏，去其太甚而立爲中制，庶幾仰副聖天子惠養斯民之意。」從之。於是鎮江府丹陽、金壇兩縣一歲通減錢二千八百四十四貫有奇，平江府常熟縣每年與減一萬貫，崑山、吴江縣每年合與減發三千貫。自此諸路有陳情，亦優減不一矣。

葉適應詔條奏曰：「何謂經總制錢之患〔六四〕？昔李憲經始熙河，始有所謂經制財用者，其後童貫繼之，亦曰經制，蓋其所措畫，以足一方之用而已，非今之所謂經制也。方臘既平，東南殘破〔六五〕，郡縣事須興復，陳亨伯以大漕兼經制使，移用諸路財計，其時所在艱窘，無以救急，故減役錢，除頭子，賣糟酵〔六六〕，以相補足。靖康召募勤王兵，翁彦國以知江寧兼總制，括民財以數百萬計，已散者視若泥沙，未用者棄之溝壑。維揚駐蹕，國用益困，吕頤浩、葉夢得實總財事，四顧無策，於是議用陳亨伯所收經制錢者。其説以爲征商雖重，未有能强之而使販，賣酒雖貴，未有能强之而使飲。若頭子之類，特取於州縣之餘，而可供猝迫之用。夢得號爲士人，而其言如此，蓋辨目前者不暇及遠，亦無怪也。

然其所取，止於一二百萬而已。其後内則爲户部，外則爲轉運使，不計前後，動添窠名。黄子游、柳約之徒，或以造運船，或以供軍興，遞添酒税，隨刻頭子，趙鼎、張浚相繼督師，悉用取給。而孟庾以執政之重〔六七〕，當總制之名，耆户長、壯丁雇錢始行起發，役法由此大壞。二制並出，色額以數十計。州縣之所趁辦者，本不過數條，瓜剖棊布，皆以分隸，一州則通判掌之，一路則提點刑獄督之，胥吏疲於磨算，屬官倦於催發。酒有柳運副、王祠部、都督府二分本柄，虧折官本；茶有秤頭、篰息、油單、靨面〔六八〕；商税有增添七分，免役有一分寬剩；得産有勘合，典賣有牙契。至於後也，僧道有免丁，截撥有糜費。故酒之爲勝也，幾至於二百；頭子之去貫也，至於五十六。而其所收之多也，以貫計者至於千七百萬。凡今截取以畀總領所之外，户部經常之用，十八出於經、總制。士方其入仕，執筆茫然，莫知所謂，老胥猾吏，從旁而嗤之。上之取財，其多名若是，於是州縣之所以誅求者，江、湖爲月樁，兩浙、福建爲印板帳，其名尤繁，其籍尤雜。上下焦然役役以度日月者，五十年於此。向之學士大夫，猶有知其不善〔六九〕，嘆息而不能拯；今之新進後出者，有智者矜〔七〇〕，有勇者奮，視兩税爲何物，而况遠及先王貢賦之法乎！臣嘗計之，自王安石始正言財利，其時青苗、免役之所入，公上無所用，坊場、河渡、免行、茶湯、水磨、堆垜之額，止以給吏禄而已。前有薛向，後有吴居厚，可謂刻薄矣。蔡京繼之，行鈔法，改錢幣〔七一〕，誘賺商旅，以盗賊之道利其財，可謂甚矣。然未有收拾零細，解落貫陌，飲人以不貲之酒，其患如經、總制之甚者。蓋王安石之法，桑弘羊、劉晏之所不道；蔡京之法，又王安石之所不道；而經、總制之爲錢也，雖吴居厚、蔡京亦羞爲之。至其急迫皇駭，無所措其手足，則雖紹興以來號爲名相如趙、張者皆安焉，又以遺後人。而秦檜權忮，劫脅一世而出其上，及其取於棄餘瑣屑之間以爲國用者〔七二〕，是何其無耻之至是也哉！故總制錢不除，一則人才日衰，二則生民日困，三則國用日乏。陛下誠有意加惠天下，以圖興復，以報仇怨，拔才養民，以振國用，在一出令而已。」

又曰：「何謂人才日衰？本朝人才所以衰弱不逮古人者，直以文法繁密，每事必守程度，按故例，一出意則爲妄作矣。當其風俗之成，名節之厲，猶知利之不當言，財之不當取，蓋處而學與出而仕者雖不能合，而猶未甚離也。今也不然，其平居道先古，語仁義、性與天道者，特雅好耳，特美觀耳，特科舉之餘習耳。一日爲吏，簿書期會迫之於前，而操切無義之術用矣，曰『彼學也，此政也』，學與政判然爲二。縣則以板帳、月椿無失乎郡之經常爲無罪，郡則以經、總制無失乎户部之經費爲有能而已矣。夫置守、令、監司以寄之人民社稷，其所任必有大於此者，而今也推是術以往，風流日散，名節日壞，求還祖宗盛時，豈復可得！是則人才日衰者，經、總制錢使之也。何謂生民日困？俗吏小人之説，必曰『經、總制錢者，朝廷所以取州縣之棄餘，而板帳、月椿，各自以力趁辦，其於民固未嘗明加之賦斂也，贏縮多少，惟人而已』，臣請以事驗之，知州去民尚遠，而知縣去民最近者也。月椿、板帳，多者至萬緡，少者猶不下數千緡。昔之所謂窠名者，强加之名而已，今已失之，所以通融收簇者，用十數爪牙吏，百計罔民，日月消削。蓋昔之號爲壯縣富州者，今所在皆不復可舉手，今之所謂富人者，皆其智足以兼并，與縣官抗衡，及衣冠勢力之家在耳。若夫齊民中產，衣食僅足，昔可以耕織自營者，今皆轉徙爲盗賊餓死矣〔七三〕。若經、總制錢不除〔七四〕，州縣破壞，生民之困未有已也。何謂國用日乏？今歲得緡錢千五百萬，昔三代及漢、唐不能進焉，所以裕國也，而何乏之敢言？陛下知夫博者乎？其驟爲孤注，與不博而丐其贏之一二者，皆其本先竭者也。爲國有大計，自始至末，必有品節條章，豈有左右望而羅其細碎不收之物？且均之爲朝廷出納也，又從而刻削其頭子，賣酒取數倍之息，若此者猶可以爲國乎？使國不貧，宜不至此，既至此矣，何以能富？故經、總制錢不除，則取之雖多，斂之雖急，而國用之乏終不可救也。今欲變而通之，莫若先削今額之半，正其窠名之不當取者罷去。然後令州縣無敢爲板帳、月椿以困民，黜其舊吏刻削之不可訓誨者，而拔用惻怛愛民之人，使稍修牧養之政。其次罷和買，其次罷折帛，最後議茶鹽而寬減之。若此，則人才不衰，生民不困矣。夫財用之所以至此者，兵多使之也。財與兵相爲變通，則兵數少而兵政舉，若此則國用不乏矣。陛下豈有愛於多財多兵哉，直未得其所以去之之道耳！一舉而天下定，王業之所由始也。」

右經總制、月椿、板帳等錢所取，最爲無名。雖曰責辦州縣，不及百姓，然朱文公嘗論其事，以爲「自户部四折而至於縣，如轉圜於千仞之坂，至其址而其勢窮矣。縣何所取之，不過巧爲科目，以取之於民耳，而議者必且以爲朝廷督責官吏補發，非有與於民也，此又與掩耳盜鐘之見無異，蓋其心非有所蔽而不知，特藉此説以詿誤朝聽耳。」此至當之論。昔太史公論桑弘羊之善理財，以爲民不加賦而上用足，而司馬温公謂其不過設法陰奪民利。然弘羊所謂理財，若鹽鐵，則取之山澤也；若酒酤，均輸、舟車之算，則取之商賈逐利者也。蓋山海天地之藏，而商賈坐籠不貲之利，稍奪之以助縣官經費，而不致盡倚辦於農田之租賦，亦崇本抑末之意。然則弘羊所爲，亦理財之良法，未可深訾也。至後世則若茶鹽，若酒酤，若坑冶，若商税，官既各有名額以取之，未嘗有遺利在民間矣，而復别立窠名，以爲取辦州縣，所斂不及民，將以誰欺？此水心所以言非惟桑弘羊、劉晏所不道，雖蔡京、吴居厚之徒亦羞爲之者是也。蓋宋承唐之法，天下財賦除其供輦送京師之外，餘者並留之州郡。至於坊場、坑冶、酒税、商税，則興廢增虧不常，是以未嘗立爲定額。其留州郡者，軍資庫、公使庫、係省錢物，長吏得以擅收支之柄。景德以來，雖屢有拘轄此筭之令，然祖宗法度寬大，未嘗究竟到底。熙、豐以後，驅磨方密，然又有青苗、助役、市易、免行等項錢物，則州郡所入，亦復不少。過江以來，軍屯日盛，國用大困，遂立經、總制等窠名以取之，雖曰增征商之羨餘，減出納之貫陌，而亦所以收州縣之遺利也，然倥偬之際，不暇審訂，故不量州軍之力，一例均抛，而額之重者不可復輕，督迫之餘，州縣遂至别立苛横之法，取之於民。紹興講和以後，至乾、淳之時，諸賢論之屢矣，如趙丞相所奏，及水心應詔所言，最爲詳明。然言其弊而不思所以革弊之方，則亦未免書生之論。蓋經、總制等窠名皆起於建炎、紹興間，而彼何如時也？强敵壓境，歲有薦食吞噬之謀；翠華南巡，未知税駕息肩之所。兵屯日盛，將帥擅命，而却敵之功無歲無之，固非計財惜費之時，則何暇爲寬征薄斂之事？隆興再講和好之後，國勢稍張，敵患亦息。雖曰詰戎兵、討軍實，不當廢弛，然文物禮樂既已粲然承平之舊矣，則無名之征、權宜之法，豈不可講求而蠲削之？議者必曰錢穀數目浩大，而科取各有去着，未易盡捐。然酒價、牙契之利可以增羨，則當於坊場要鬧之地、人物殷實之處而明增之，不當例立此法，而使州縣之凋弊無措者，不免别賦於民以取足也。官員請俸之給可以剗除，則當視其員之太冗者、俸之太優者而明減之，不當指留頭錢而使士大夫之受俸於官者，不免有口惠而實不至之譏也。州郡樁留之財賦可以收取，則當擇其郡計之優厚者，於留州錢内明增上供，而凋弊之郡則不復責取。如此考覈明白之後，則正其名色曰某郡酒坊、牙契錢增羨幾何，某郡增解户部上供錢幾何，諸州減除冗官俸錢幾何，按期申解而盡削經總制、月樁、板帳之名，則是三者之名已去，而三者之利未盡捐也。其未盡捐者，明以增課、減俸等項之所得起解。而其名既去，則州縣不得借鑿空取辦、挨那不敷之説，而違法取財以困民，上下之間，豈不兩利？蓋天下之財皆朝廷之財，遮藏諱避而暗取之，固不若考核名實而明取之。且使牙契、酒坊增羨等項既明屬版曹，則異日或有趁辦不行之處，亦未嘗不可明致蠲減之請。今朝廷之所以取之州縣者，曰經總制、月樁、板帳錢也，而州縣之所藉以辦此錢者，曰酒坊、牙契、頭子錢也。或所取不能及額，則違法擾民以足之，曰輸納斛面、富户詞訟、役人承替、違限科罰之類是也。上下之間，名目各不脗合。州縣以酒坊、牙契不辦訴之版曹，則朝廷曰「吾所取者經、總制錢而已，未嘗及此」，而不知其實取此以辦彼也。百姓以斛面、罰錢等事訴之朝廷，則州縣曰「吾以辦經、總制錢而已，未嘗入己」，而不知上取其一而下取其十也。互相遮覆，文不與而實與，百姓如之何而不困？固不若大行核實，擇其可取者正其名，而使不失經常之賦；其不應取者削其名，而可絶並緣之姦，豈非經久之計！壽皇英主，乾、淳間賢俊滿朝，而計不及此，惜哉！

## 校勘記

〔一〕惟文帝時稍弛其賦　「稍」原作「趙」，據元本、慎本、馮本及群書考索後集卷五三財稅門田賦類漢山澤園池稅改。

〔二〕諸賈人末作貰貸賣買　「貰」原作「貫」，據元本、慎本、馮本及史記卷三〇平準書、漢書卷二四下食貨志下改。

〔三〕率緡錢二千而算一　「千」原作「十」，據史記卷三〇平準書、漢書卷二四下食貨志下改。

〔四〕率緡錢四千算一　「千」原作「十」，據史記卷三〇平準書、漢書卷二四下食貨志下改。

〔五〕得民財物以億計　「物」字原脱，據史記卷三〇平準書、漢書卷二四下食貨志下補。

〔六〕田大縣數百頃　「田」字原脱，據史記卷三〇平準書、漢書卷二四下食貨志下補。

〔七〕昭帝元鳳二年　「昭帝」原作「元帝」，「二」原作「元」，據漢書卷七昭帝紀改。

〔八〕貲三十而取一　「三」原作「二」，據漢書卷九九下王莽傳下、通典卷一一食貨典十一、册府元龜卷五一〇邦計部重斂改。

〔九〕五伯之類　「伯」原作「百」，據後漢書卷五八虞詡傳改。

〔一〇〕今宜遵前典　「今」原作「令」，據後漢書卷五八虞詡傳改。

〔一一〕名爲導行費　「導」原作「道」，「道」通「導」，據元本、慎本、馮本改。

〔一二〕有文券　「有」字原脱，據隋書卷二四食貨志、通典卷一一食貨典十一補。

〔一三〕種竹木雜果爲林芿　「雜」原作「薪」，「芿」原作「仍」，據宋書卷五四羊希傳、南史卷三六羊希傳改。

〔一四〕及陂湖江海魚梁鰌鮆場　「場」字原脱，據宋書卷五四羊希傳、南史卷三六羊希傳補。

〔一五〕先占闕少依限占足　「闕少依限占」五字原脱，據宋書卷五四羊希傳、南史卷三六羊希傳補。

〔一六〕水土一尺以上　「土」原作「上」，據宋書卷五四羊希傳、南史卷三六羊希傳改。

〔一七〕依常盗律論　「律」字原脱，據宋書卷五四羊希傳、南史卷三六羊希傳、册府元龜卷四九五邦計部田制補。

〔一八〕悉評斂爲錢　「評」原作「詳」，據南齊書卷二六王敬則傳、南史卷四五王敬則傳改。

〔一九〕臣昔忝會稽　「昔」字原脱，據南齊書卷二六王敬則傳補。

〔二〇〕均夫訂直　「訂」原作「計」，據南齊書卷二六王敬則傳、通典卷一一食貨典十一改。

〔二一〕籍江淮富商右族貲畜　「畜」原作「富」，據新唐書卷五一食貨志一改。

〔二二〕驗其私簿　「驗」原作「給」，據舊唐書卷一三五盧杞傳、册府元龜卷五一〇邦計部重斂改。

〔二三〕京七十餘司　「京」字原脱，據新唐書卷五五食貨志五補。

〔二四〕受牒貸罪　「貸」原作「貨」，據新唐書卷五五食貨志五改。

〔二五〕裨補官利　「利」原作「吏」，據唐會要卷九三諸司諸色本錢下改。

〔二六〕宜委本道觀察使條流　「委」原作「爲」，據元本、慎本、馮本及唐會要卷九三諸司諸色本錢下改。

〔二七〕或觀察使前任臺省官不乘館驛者　「觀」上原衍「前」字，據唐會要卷九三諸司諸色本錢下删。

〔二八〕每至季終申觀察使　「季」，唐會要卷九三諸司諸色本錢下作「年」。

〔二九〕民利於假官之勢　「於」原作「非」，據元本、慎本、馮本改。

〔三〇〕陳州私置蔡河鎖　「鎖」原作「瑣」，據元本、慎本、馮本及宋史卷一八六食貨志下八改。

〔三一〕并三司職掌監院官　「監」原作「鹽」，據五代會要卷一三門下省改。

〔三二〕判官等　「官」原作「司」，據五代會要卷一三門下省改。

〔三三〕及非折酬衙前場務所增收錢　「折」原作「新」，據長編卷三〇〇元豐二年九月甲午條改。

〔三四〕詳定役法所度之事　按長編卷三七九元祐元年六月癸巳條記：「詳定役法所言：臣僚上言，應坊場乞罷實封投狀之法，立中數爲額，詔韓縝等相度以聞。欲乞以前界買撲錢委本州看詳，若界有增無減，即取累界中次高一界爲額」云云，與此處記事一致，此處「詳定役法所」下疑有脱文。

〔三五〕除六百七十五文充經總制錢外　「七」原作「九」。按：三百二十五文加六百七十五文恰爲一貫，此處「九」顯爲「七」之誤，據上下文改。

〔三六〕除兩浙路隸應奉司外　「司」字原脱，據宋會要食貨七〇之一三七補。

〔三七〕諸路曾被兵火亡失契書業人　「亡」原作「去」，據宋會要食貨七〇之一三九改。

〔三八〕田宅契書縣以厚紙印造　「紙」原作「契」，據宋會要食貨七〇之一四〇改。

〔三九〕今欲委逐州通判立千字文爲號印造　「爲」字原脱，據宋會要食貨七〇之一四〇補。

〔四〇〕令民間自行開具所管地宅田畝間架之數而輸其直　「具」原作「其」，據元本、馮本及建炎以來繫年要録卷九五紹興五年十一月庚午條改。

〔四一〕期一季足計綱赴行在　「季」原作「等」，據建炎以來繫年要録卷九五紹興五年十一月庚午條改。

〔四二〕敕令所參照見行指揮　「敕」原作「赦」，據宋會要食貨七〇之一五〇改。

〔四三〕蓋起於赦恩許其免倍納而自首　「倍」字原脱，據宋會要食貨七〇之一五〇補。

〔四四〕淳熙六年　「淳熙」二字原脱，據皇宋中興兩朝聖政卷五七補。

〔四五〕及亨伯爲河北轉運使　「及」原作「且」，據宋史卷一七九食貨志下一改。

〔四六〕又行於京東西河北路　「河北路」三字原脱，據宋會要食貨六四之八五、建炎以來繫年要録卷一八建炎二年十月癸亥條補。

〔四七〕如納免行錢　「納」字原脱，據宋會要食貨六四之八五補。

〔四八〕并樓店務增添三分房錢五項　「項」原作「省」，據宋會要食貨六四之八五改。

〔四九〕令東南八路州軍　「南」原作「西」，據宋會要食貨六四之八六改。

〔五〇〕轉運司移用錢　「司」字原脱，據宋會要食貨六四之八九補。

〔五一〕除歲用外應副大軍支用　「應副」二字原舛在上「用」下，據宋會要食貨六四之九〇乙正。

〔五二〕今合依諸色錢例增作二十三文足　「色」字原脱，據宋史卷一七九食貨志下一、宋會要食貨六四之九二補。

〔五三〕餘增到錢與經制錢别作一項窠名起發　「經制錢」原作「經制司」，據宋會要食貨六四之九三改。

〔五四〕經總制錢　「總」字原脱，據宋會要食貨六四之九三補。

〔五五〕州縣輒將經制錢擅行應副借兑拘截取撥　「借兑」二字原倒，據宋會要食貨六四之九三乙正。

〔五六〕内所委官并當職及取撥官　「并」原作「所」，據宋會要食貨六四之九四改。

〔五七〕諸路每歲所收經總制錢　「收」原作「取」，據宋會要食貨六四之九四改。

〔五八〕展二年磨勘　「二」原作「三」，據宋會要食貨六四之九五改。

〔五九〕望詔有司改立歲額　「改」字原脱，據宋會要食貨六四之九七補。

〔六〇〕公家出納經總制錢　「錢」字原脱，據宋史卷一七九食貨志下一補。

〔六一〕江浙轉運趙汝愚上言　按歷代名臣奏議仁民載趙汝愚上疏時爲江西轉運判官，宋史卷三九二趙汝愚傳，孝宗時曾任江西轉運判官，與歷代名臣奏議合，故疑「浙」爲「西」之誤。

〔六二〕拘攣牽制　「攣」原作「率」，據歷代名臣奏議仁民改。

〔六三〕索到盜贓　「贓」原作「賊」，據宋史卷一七九食貨志下一改。

〔六四〕何謂經總制錢之患　「謂」下原衍「一曰」二字，據葉適集水心別集卷一一經總制錢一删。

〔六五〕東南殘破　「南」原作「西」，據葉適集水心別集卷一一經總制錢一改。

〔六六〕賣糟酵　「糟」原作「糖」，據葉適集水心別集卷一一經總制錢一改。

〔六七〕而孟庾以執政之重　「執政」原作「職事」，據葉適集水心別集卷一一經總制錢一改。

〔六八〕靨面　「靨」原作「壓」，據葉適集水心別集卷一一經總制錢一改。

〔六九〕猶有知其不善　「猶」原作「尤」，據葉適集水心別集卷一一經總制錢一改。

〔七〇〕有智者矜　「矜」原作「驚」，據葉適集水心別集卷一一經總制錢一改。

〔七一〕改錢幣　「錢」原作「鈔」，據葉適集水心別集卷一一經總制錢一改。

〔七二〕及其取於棄餘瑣屑之間以爲國用者　「用」，葉適集水心別集卷一一經總制錢一作「命」。

〔七三〕今皆轉徙爲盜賊餓死矣　「餓死」，葉適集水心別集卷一一經總制錢一作「凍餓」。

〔七四〕若經總制錢不除　「錢」字原脱，「除」字原作「住」，據葉適集水心別集卷一一經總制錢一補改。

# 卷二十　市糴考一

## 均輸市易和買

周官泉府：掌以市之征布，斂市之不售〔一〕、貨之滯於民用者，以其賈買之，物揭而書之，以待不時而買者。買者各從其抵，都鄙從其主，國人、郊人從其有司，然後予之。凡賒者，祭祀無過旬日，喪紀無過三月。凡民之貸者〔二〕，與其有司辨而授之，以國服爲之息。注見錢幣考。

水心葉氏曰：「熙寧大臣慕周公之理財，爲市易之司，以奪商賈之贏，分天下以債，而取其什二之息，曰：『此周公泉府之法也。』天下之爲君子者，又從而争之曰：『此非周公之法也，周公不爲利也。』其人又從而解之曰：『此真周公之法也。聖人之意、六經之書，而後世不足以知之。』以此嗤笑其辨者。然而其法行而天下終以大敝，故今之君子真以爲聖賢不理財，言理財者必小人而後可矣。夫泉府之法，斂市之不售、貨之滯於民用者，以其賈買之，其賒者祭祀、喪紀皆有數〔三〕，而以國服爲之息。若此者，真周公所爲也。何者？當是時，天下號爲齊民，未有特富者也。開闔、斂散、輕重之權一出於上，均之田而使之耕，築之室而使之居，衣食之具，無不畢與。然而祭祀、喪紀猶有所不足，則取於常數之外。若是者，周公不與，則誰與之？將無以充其用而恤之也〔四〕，則民一切仰上而其費無名，故賒而貸之，使以日數償，而以其所服者爲息。且其市之不售、貨之滯於民用者，民不足於此，而上不斂之，則爲不仁。然則二者之法，非周公誰爲之？蓋三代固行之矣。今天下之民不齊久矣，開闔、斂散、輕重之權不一出於上，而富人大賈分而有之，不知其幾千百年也，而遽奪之，可乎？奪之可也，嫉其自利而欲爲國利，可乎？嗚呼！居今之世，周公固不行是法矣。夫學周公之法於數千歲之後，世異時殊，不可行而行之者，固不足以理財也。謂周公不爲是法，而以聖賢之道不出於理財者，是足爲深知周公乎？且使周公爲之，固不以自利，雖百取而不害，而況其盡與之乎？然則奈何君子避理財之名，苟欲以不言利爲義，坐視小人爲之，亦以爲當然而無怪也！徒從其後頻蹙而議之，厲色而争之耳。然則仁者固如是邪！」

愚論見錢幣考。

漢武帝元封元年，置均輸官。

桑弘羊以諸官各自市相争，物以故騰躍，而天下賦輸或不償其僦費，乃請置大農部丞數十人，分部主郡國，各往往置均輸鹽鐵官，令遠方各以其物如異時商賈所轉販者爲賦，而相灌輸。置平準於京師，都受天下委輸。召工官治車諸器，皆仰給大農。大農諸官盡籠天下之貨物，貴則賣之，賤則買之。如此，富商大賈亡所牟大利，則反本，而萬物不得騰躍。故抑天下之物，名曰「平準」。天子以爲然，而許之，一歲之中，諸均輸帛五百萬匹〔五〕，民不益賦而天下用饒。是時，歲小旱，上令百官求雨。卜式言曰：「縣官當食租衣稅而已，今弘羊令吏坐市列，販物求利，亨弘羊，天乃雨。」

昭帝時，霍光輔政，令郡國舉賢良文學之士，使丞相御史相與語，問以人所疾苦〔六〕。文學曰：「理人之道，防淫佚之原，廣教道之端〔七〕，抑末利而開仁義，無示以利，然後教化可興而風俗可移也。今郡國有均輸，與人争利，散敦厚之樸，成貪鄙之行，是以百姓就本寡而趨末衆。夫末修則人侈，本修則人懿，懿則財用足〔八〕，侈則饑寒生。願罷均輸以進本退末。」大夫曰：「匈奴背叛，數爲寇暴，備之則勞中國，不備則侵盗不止。先帝哀邊人之愁苦，爲虜所俘，乃修障塞、飾烽燧，屯戍以備之。邊用不足，故置均輸，蓄貨長財，以助邊費。今議者欲罷之，是内空府庫之藏〔九〕，外乏執備之用，罷之不便。夫國有沃野之饒，而民不足於食者〔一〇〕，器械不備也。有山海之貨，而民不足於財者〔一一〕，商工不備也。隴蜀之丹砂毛羽，荆揚之皮革骨象，江南之柟梓竹箭，燕齊之魚鹽氈裘，兖豫之漆絲絺紵〔一二〕，養生奉終之具也。待商而通，待工而成。故聖人作爲舟楫之用，以通川谷，服牛駕馬，以達陵陸；致遠窮深，所以交庶物而便百姓也。」文學曰：「有國有家者，不患貧而患不安，故天子不言多少〔一三〕，諸侯不言利害，大夫不言得失。蓄仁義以風之，勵德行以化之，是以近者親附，遠者説德〔一四〕。王者行仁政，無敵於天下，惡用費哉！夫導人以德則人歸厚，示人以利則人俗薄，俗薄則背義而趨利，趨利則百姓交於道而接於市。夫排困市井，防塞利門，而民猶爲非，况上之爲利乎〔一五〕！傳曰：『諸侯好利則大夫鄙，大夫鄙則士貪，士貪則庶人盗。』是開利孔，爲人罪梯也。夫古之賦税於人也，因其所工，不求其拙。農人納其穀，女工效其織〔一六〕。今釋其所有，責其所無，百姓賤賣貨物以便上求。間者郡國或令作布絮，吏恣留難，與之爲市。吏之所入，非獨齊陶之縑〔一七〕、蜀漢之布也，亦人間之所爲耳。行姦賣平，農人重苦，女工再税，未見輸之均也。縣官猥發，闔門擅市，則萬物並收〔一八〕；並收則物騰躍，騰躍則商賈牟利。自市則吏容姦，豪吏富商〔一九〕，積貨儲物，以待其急。輕賈姦吏，收賤以取貴，未見準之平也。蓋古之均輸，所以齊勞逸而便貢輸，非以爲利而賈物。」大夫曰：「往者郡國諸侯，各以其方物貢輸〔二〇〕，往來煩雜〔二一〕，物多苦惡，不償其費。故郡國置輸官〔二二〕，以相給運，而便遠方之貢，故曰均輸。開委府於京師，以籠貨物，賤則買，貴則賣，是以縣官不失實，商賈無所牟利，故命曰『平準』。平準則民不失職〔二三〕，均輸則人不勞，故平準、均輸，所以平萬物而便百姓也。古之立國家者，開本末之塗，通有無之用。故易曰『通其變，使人不倦』。故工不出則農用乏，商不出則寶貨絶。農用乏則穀不殖，寶貨絶則財用匱。故均輸所以通委財而周緩急，是以先帝開均輸以足人財。王者塞天財〔二四〕，禁關市，執準守時，以輕重御人。豐年則貯積以備乏絶，凶年歲儉則行幣物，流有餘而拯不足。往者財用不足〔二五〕，戰士或不得禄。今山東被災，賴均輸之蓄，倉廩之積，戰士以奉，饑人以振，故均輸之蓄，非所以賈萬人而專奉兵師之用，亦所以振困乏而備水旱也。古之賢聖，理家非一室〔二六〕，富國非一道。理家養生必於農，則舜不甄陶，而伊尹不爲庖。故善爲國者，以末易本，以虚易實。今山澤之材，均輸之藏，所以御輕重而役諸侯也。」

先公曰：「今按桑大夫均輸之法，大概驅農民以效商賈之爲也。然農民耕鑿，則不過能輸其所有，必商賈懋遷，乃能致其所無。今驅農民以效商賈，則必釋其所有，責其所無，如賢良文學之説矣。太史公平準書云：『令遠方各以其物貴時商賈所轉販者爲賦，而相灌輸』，此説疑未明。班孟堅採其語曰：『令遠方各以其物如異時商賈所轉販者，而相灌輸』，此説渙然矣。蓋作『如異時』三字，是謂驅農民以效商賈之爲也。東萊呂氏尊遷抑固，是以取書而不用志語。然義理所在，當惟其明白者取之，是以通鑑取志語云。」

水心葉氏曰：「平準書直叙漢事，明載聚斂之罪，比諸書最簡直。然觀遷意，終以爲安寧變故，質文不同，山海輕重，有國之利。按：書『楙遷有無化居』，周譏而不征，春秋通商惠工，皆以國家之力，扶持商賈，流通貨幣，故子產拒韓宣子，一環不與，今其詞尚存也。漢高祖始行困辱商人之策，至武帝乃有算船、告緡之令，鹽鐵、榷酤之入，極於平準，取天下百貨居之。夫四民交致其用而後治化興，抑末厚本，非正論也。使其果出於厚本而抑末，雖偏，尚有義，若後世但奪之以自利，則何名爲抑？恐此意遷亦未知也。」

王莽篡位，於長安及五都立五均官。

莽有所興造，必欲依古經文。劉歆言，周有泉府之官，收不售與欲得，即易所謂「理財正辭，禁民爲非」者也。莽乃下詔曰：「夫周禮有賒貸，樂語有五均，樂語，樂元語。河間獻王所傳，道五均事。言天子取諸侯之土以立五均〔二七〕，則市無二賈，四民常均。傳記各有斡焉。今開賒貸，張五均，設諸斡者，所以齊衆庶，抑并兼也。」遂於長安及五都立五均官，更名長安東西市令〔二八〕及洛陽、邯鄲、臨淄、宛、成都市長皆爲五均司市師〔二九〕。東市稱京，西市稱畿，洛陽稱中，餘四都各用東西南北爲稱，皆置交易丞五人，錢府丞一人。工商能採金銀銅連錫、登龜取貝者〔三〇〕，皆自占司市錢府，順時氣而取之。諸取衆物鳥獸魚鱉百蟲於山林水澤及畜牧者，嬪婦蠶桑織紝紡績補縫，工匠醫巫卜祝及他方技商販賈人坐肆列里區謁舍〔三一〕，居處所在爲區。謁舍，今客舍。皆各自占所爲於其所在之縣官，除其本，計其利，十一分之，而以其一爲貢。敢不自占，占不以實，盡没入所采取，而作縣官一歲。諸司市嘗以四時中月實定所掌，爲物上中下之賈，各自用爲其市平，毋拘他所。衆民賣買五穀布帛絲綿之物，周於民用而不售者，均官有以考檢厥實，用其本賈取之，無令折錢。萬物昂貴，過平一錢，則以平賈賣與民。其賈低賤減平者，聽民自相與市，以防貴庾者。庾，積也。積物待貴。民欲祭祀喪紀而無用者，錢府以所入工商之貢但賒之。祭祀毋過旬日〔三二〕，喪紀毋過三月。民或乏絶，欲貸以治産業者，均授之〔三三〕，除其費，計所得受息，毋過歲什一。

按：古人立五均以均市價，立泉府以收滯貨而時其買賣，皆所以便民也。所謂「國服爲息」者，乃以官物賒貸與民，則取其息耳。今莽借五均、泉府之説，令民採山澤者、畜牧者、紡織者，以至醫巫技藝，各自占所爲，而計其息，十一分之一，以其一爲貢〔三四〕，則是直攫取之耳，周公何嘗有此法乎？噫！古人之立法，惡商賈之趨末而欲抑之；後人之立法，妒商賈之獲利而欲分之。

東漢章帝時，尚書張林上言：「宜因交阯、益州上計吏往來市珍寶〔三五〕，收採其利，武帝時所謂均輸也〔三六〕。」謂租賦并僱運之直，官總取而官轉輸於京，曰均輸。詔議之。尚書僕射朱暉曰：「按王制：『天子不言有無，諸侯不言多少，食禄之家不與百姓争利。』今均輸之法，與賈販無異，非明主所當宜行〔三七〕。」帝不從。其後用度益奢。

齊武帝永明中，天下米穀布帛賤，上欲立常平倉，市積爲儲。六年，詔出上庫錢五千萬，於京師市米，買絲綿綾絹布。詳見糴門。

唐德宗時，趙贊請置常平官，兼儲布帛，於兩都、江陵、成都、揚、汴、蘇、洪置常平輕重本錢，上至百萬緡，下至十萬，積米、粟、布、帛、絲、麻，貴則下價而出之，賤則加估而收之，并榷商賈錢，以贍常平本錢。帝從之〔三八〕。屬軍用迫蹙，亦隨而耗竭，不能備常平之數。

德宗時，宮中取物於市，以中官爲宮市使，置「白望」數十百人，以鹽估敝衣、絹帛〔三九〕，尺寸分裂酬其直。又索進奉門户及脚價錢，有齎物入市而空歸者。每中官出，沽漿賣餅之家皆徹肆塞門。諫官御史言其弊，而中官言京師百姓賴宮市以養，帝以爲然。順宗即位乃罷之。

按：「京師百姓賴宮市以養」之語，出於中官之口。此輩逢君之惡，豈能顧義理之是非，生民之休戚。然王莽之五均，介甫之市易〔四〇〕，亦皆以爲便百姓而行之，且舉周官泉府之法以緣飾其事，然則名爲效周公，而識見乃此閹之流耳！

宋太宗皇帝太平興國七年，詔：「應劍南東西、川峽路從前官市及織錦綺、鹿胎、透背、六銖、欹正、龜殼等〔四一〕，宜令諸州自今只織買綾、羅、紬、絹、布、木綿等，餘並罷之。」

宋朝如舊制，調絹、紬、布、絲、綿以供軍需，又就所産折科、和市。其織麗之物則東京有綾錦院，初，平蜀得錦工百人，始置院，所織有錦綺、鹿胎、花羅、縐縠、綾絁〔四二〕。咸平初，嘗停織機百餘，令織絹。西京、真定府、青益梓州亦有場院，主織錦綺、鹿胎、透背，潭州舊有綾錦務，淳化四年廢。江寧府、潤州有織羅務〔四三〕，江寧歲無定額，潤州萬疋。又婺州歲買萬疋。潤州務舊十二日爲一疋，王子興制置江、淮，疋減一日，歲終不如數，至被笞箠。景德三年，詔復舊。

梓州有綾綺場，又益州市買院〔四四〕，亦織熟色綾，及彭綿漢邛蜀眉陵簡遂資榮普州、懷安軍皆織大小絹、紬疋、花紗〔四五〕。大名府、貝滄德博棣杭越湖婺州和市小綾。廬、壽州折科小綾。乾德四年，蓬州請以租絲配民織綾，給其工直，詔不許。舊齊州有機户十四〔四六〕，歲受直織綾，開寶三年，詔廪給者送闕下，餘罷之。湖州亦有織綾務，太平興國中，從轉運使熊延吉之請，停務，女工五十人悉縱之。至道元年，杭州置織務，歲市諸州絲給其用，後罷。又亳州市縐紗，大名府織縐縠，廬、壽州亦折科白縠。青、齊、鄆、濮、淄、濰、沂、密、登、萊、衡、永、全州市平絁。廬壽濠泗和泰光州、高郵、漣水軍亦折科官絁。又東京榷貨務歲入中平羅、小綾各萬疋，以供服用及歲時賜與。諸州折科、和市，皆無常數，唯内庫所需，則有司下其數，充足而止。

淳化五年〔四七〕，又詔：「官中買物有元不出産處，毋得抑配擾民。」

大中祥符三年，河北轉運使李士衡言：「本路歲給諸軍帛七十萬，民間罕有緡錢，常預假於豪民，出倍稱之息，及期則輸賦之外，先償逋欠，以是工機之利愈薄。請令官司預給帛錢，俾及時輸送，則民獲利，而官亦足用。」從之，仍令優予其直。自是諸路亦如之。或蠶事不登，則許以大小麥折納，仍免其倉耗及頭子錢。

吳氏能改齋漫録曰：「本朝預買紬絹，謂之和買絹。按：玉壺清話與澠水燕談二書，皆以爲始於祥符初。因王旭知潁州，時大饑，出府錢十萬緡，與民約曰：『來年蠶熟，每貫輸一縑，謂之和買。』自爾爲例。而澠水燕談又以爲其後李士衡行之陝西，民以爲便。今行天下，於歲首給之。然予按范蜀公東齋記事，稱是太宗時馬元方爲三司判官，建言方春乏絶時，預給庫錢貸之，至夏秋令輸絹於官。預買紬絹，蓋始如此。以三書考之，當以范説爲是，蓋范嘗爲是官耳〔四八〕。予讀詩人袁陟世弼所爲墓誌，序其當仁宗時，爲太平州當塗知縣。且言江南和市紬絹，豫給民錢〔四九〕。郡縣或以私惠人，而不及農者，當塗尤甚。世弼所爲條約，細民始均得之。乃知太宗之所以惠愛天下多矣。而其後以鹽代錢，以爲縑直。又其後也，鹽亡而額存，然後知左氏所謂『作法於涼』，其説不誣矣。」

國初，凡官所需物，多有司下諸州，從風土所宜及民産厚薄而率買，謂之「科率」。開寶三年，令天下諸州凡絲、綿、紬、絹、麻布、香藥、毛翎、箭笴、皮革、筋角等，所在約支二年之用，不得廣有科市，以致煩民。淳化五年，詔諸州科買物非風土所出，多課民轉市於他處，及調役飛輓不均者，件析以聞，當議均減。

止齋陳氏曰：「和預買始於太平興國七年，然折錢未有定數，如轉運使輒加重，詔旨禁絶之。熙寧理財，多折見錢，而諸郡猶有添起貫陌不等之弊，朝廷隨即行遣。今之困民，莫甚於折帛，而預和市尤爲無名之斂。然建炎初行折帛，亦止二貫，户部每歲奏乞指揮，未爲常率。四年爲三貫省，紹興二年爲三貫五百省，四年爲五貫二百省，五年七貫省，七年八貫省。至十七年，有旨稍損其價。兩浙紬絹每疋七貫文，内和買六貫五百文，綿每兩四百文，江東路紬絹每疋六貫文，則科折之重，至此極矣，不可不務寬之也。」

皇祐中，詔曰：「三司歲下諸路科買，多出倉猝，故物價翔踴傷民。其度民所堪，先期告戒，若府庫有備，勿復收市。」

嘉祐三年，樞密副使張昪請罷民間科率及營造不急之物，其庫務物之闕供者，在所以官分售之。於是置減省司於三司，命韓絳、陳升之等總其事。自是，多所裁損矣。

初，京師有雜買務、雜賣場〔五〇〕，以主禁中貿易。景祐中，嘗詔須庫物有缺，乃聽市於雜買務。皇祐中，帝謂輔臣曰：「國朝懲唐宮市之弊，置務以京朝官、內侍參主之，以防侵擾，而近歲非所急物一切收市，擾人甚矣。」乃申景祐之令，使皆給實直。其後內東門市民間物，或累歲不償錢，有司請自今悉關雜買務，以見錢市之〔五一〕。內出金帛欲易錢者，舊付雜賣場，至是又悉請送左藏庫計直易錢，詔皆可之。至嘉祐中，復詔金帛付雜賣場，以三司判官監視，平估以售，毋抑配小民。

英宗治平四年，三司言：「在京糯米有餘蓄，請令發運司損和糴數五十萬石，市金帛上京，儲之榷貨務，備三路軍需。」從之。

神宗熙寧三年，御史程顥言：「京東漕司王廣淵和買紬絹〔五二〕，增數抑配，率錢千課絹一疋，其後和買并稅絹，疋皆輸錢一千五百。」詔條析以聞。時王安石右廣淵，顥言不行。

祖宗時，官市布帛，依時直以濟用度。其有預給直，俾偕歲賦以輸公上，謂之和預買。然價輕而物重，民力浸困，其後官不給直而賦取益甚矣。

時右正言李常亦言：「廣淵以陳汝義所進羨餘錢五十餘萬緡，隨和買絹錢分配，於常稅折科放買外，更取二十五萬緡，請以顥言付有司行之。」不從。

七月，以京東預買紬絹并息錢五十萬緡賜常平倉司〔五三〕。

按：熙寧初，王介甫秉政，專以取息爲富國之務。然青苗則春散秋斂，是以有賒貸之息；市易則買賤賣貴，是以有貿易之息。至於和買，則官以錢買民之紬絹而已，息錢惡從出？蓋當時言利小人如王廣淵輩，以千錢配民，課絹一疋，其後疋絹令輸錢一千五百，是假和買紬絹之名，配以錢而取其五分之息，如明道所言，可見其刻又甚於青苗矣。

元豐四年〔五四〕，遣李元輔變運川峽四路司農物帛〔五五〕。中書言：物帛至陝西，擇省樣不合者貿之，糴糧儲於邊，期以一年畢。

五年，户部上其數，凡八百十六萬一千七百八十四匹兩〔五六〕，三百四十六萬二千緡有奇。

均輸市易　熙寧二年，制置三司條例司言：「今天下財用無餘，典領之官拘於弊法，内外不相知，盈虚不相補。諸路上供，歲有常數。豐年便道，可以多致而不能贏；年儉物貴，難以供億而不敢不足。遠方有倍蓰之輸，中都有半價之鬻，徒使富商大賈乘公私之急，以擅輕重斂散之權。今發運使實總六路之賦入，而其職以制置茶、鹽、礬、酒税爲事，軍儲國用，多所仰給。宜假以錢貨，資其用度，周知六路財賦之有無而移用之。凡糴買税斂上供之物，皆得徙貴就賤，用近易遠。令預知中都帑藏年支見在之定數，所當供辦者，得以從便變易蓄買，以待上令。稍收輕重斂散之權歸之公上，而制其有亡，以便轉輸，省勞費，去重斂，寬農民。庶幾國用可足，民財不匱。」詔令本司具條例以聞〔五七〕，而以發運使薛向領均輸平準事，賜内藏錢五百萬緡、上供米三百萬石。時議慮其爲擾，多以爲非。向既董其事，乃請置官設屬，帝曰：「兹事鼎新，脱有紛紜，須朝廷堅主之，使得自擇其屬。若委以事而制於朝廷，是教玉人雕琢也。」向於是辟劉忱、衛琪、孫珪、張穆之、陳倩爲屬〔五八〕，又請有司具六路歲所當上供之數、中都歲所用及見儲度可支歲月，凡當計置幾何，皆預降付有司。從之。

權開封府推官蘇軾言：「均輸立法之初，其說尚淺，徒言徙貴就賤，用近易遠。然而廣置官屬，多出緡錢，豪商大賈皆疑而不敢動，以爲雖不明言販賣，然既已許之變易，變易既行，而不與商賈争利，未之聞也。夫商賈之事，曲折難行，其買也先期而予錢，其賣也後期而取直，多方相濟，委曲相通，倍稱之息，由此而得。今官買是物，必先設官置吏，簿書廩禄，爲費已厚，非良不售，非賄不行。是以官買之價，比民必貴，及其賣也，弊復如前，商賈之利，何緣而得？朝廷不知慮此，乃捐五百萬緡以予之，此錢一出，恐不可復。縱使其間薄有所獲，而征商之額所損必多矣。」

諫官李常論均輸不便。他日，帝語宰執曰：「朕問常何以名均輸，常言買賤賣貴而已。朕諭以禹貢納粟、納秸，此即均輸之意，豈買賤賣貴哉！」王安石曰：「常所言乃平準，非均輸也。蓋常亦不曉均輸之名耳。」帝復以手詔褒諭薛向，然均輸後訖不能成。

元豐二年，帝因論薛向建京師買鹽鈔法無成事，語侍臣曰：「新進之人輕議更法，其後見法不可行，猶遂非憚改。均輸之法，如齊之管仲、漢之桑弘羊、唐之劉晏，其智僅能推行，况其下者乎？朝廷措置終始，所當重惜，雖少年所不快意，然於國計甚便，姑静以待之。」

熙寧五年〔五九〕，詔曰：「天下商旅物貨至京，多爲兼并之家所困，宜出内藏庫錢帛，選官於京師置市易務。」先是，有魏繼宗者自稱草澤，上言：「京師百貨所居，市無常價，貴賤相傾。富能奪，貧能與，乃可以爲天下。」於是中書奏：「在京師置市易務監官二〔六〇〕，提舉官一，勾當公事官一。許召在京諸行鋪戶牙人充本務行人、牙人〔六一〕，內行人令供通已所有或借他人產業金銀充抵當，五人已上爲一保〔六二〕。遇有客人物貨出賣不行願賣入官者，許至務中投賣，勾行人、牙人與客人平其價，據行人所要物數，先支官錢買之，如願折博官物者亦聽〔六三〕，以抵當物力多少，許令均分賒請。相度立一限或兩限送納價錢，若半年納，即出息一分；一年納，即出息二分。以上並不得抑勒。若非行人見要物而實可以收蓄變轉，亦委官司折博收買，隨時估出賣，不得過取利息。其三司諸司庫務年計物，若比在外科買省官私煩費，即亦一就收買。」故降是詔。又以贊善大夫、戶部判官呂嘉問提舉在京市易務，仍賜內藏庫錢一百萬緡、京東路錢八十七萬緡爲市易本錢〔六四〕，其餘合用交鈔及折博物令三司應副〔六五〕。

時三司起請市易十三條，其一云：「兼并之家，較固取利，有害新法，令市易務覺察，三司按治〔六六〕。」御批削去此條。

七月，上諭王安石〔六七〕：「聞市易極苛細，人皆怨謗，如榷貨鬻冰則民鬻雪者皆不售，市梳樸則梳樸貴，市脂麻則脂麻貴。」安石皆辯解之，以爲鬻冰由園苑，梳樸爲兼并者欲占，脂麻以不稔，自當貴耳。上又謂：「市易鬻果太煩碎，罷之如何？」安石曰：「立法當論有害於人與否，不當以煩碎廢也。」

七年，詔權三司使曾布、翰林學士呂惠卿同究詰市易事。

先是，帝出手詔付布，謂市易司市物，頗害小民之業，衆言諠嘩。布乃引監市易務魏繼宗之言，以爲呂嘉問多取息以干賞，商旅所有者盡收，市肆所無者必索，率賤市貴鬻，廣裒贏餘，是挾官府爲兼并也。王安石具奏，明其不然。乃更令惠卿偕布究詰之。布即上行人所訴，並疏惠卿姦欺狀，且言：「臣自立朝以來，每聞德音，未嘗不欲以王道治天下，今市易之爲虐，固已凜凜乎間架、除陌之事矣。嘉問奏：『近差官往湖南販茶，陝西販鹽，兩浙販紗，皆未敢計息。』臣以爲如此政事，書之簡牘，不獨唐、虞三代所無，歷觀秦、漢以來衰亂之世，恐未之有也。」五月，乃詔章惇、曾孝寬即軍器監鞫布所究市易事，又令户房會財賦數，與布所陳異，而吕嘉問亦以雜買務多入月息錢不覺，皆從公坐有差。未幾，布褫職，與嘉問皆出守郡，魏繼宗仍奪秩勒停。初，市易之建，布實預之。後揣帝意有疑，遂急治嘉問，而惠卿與布有宿怨，故卒擠之，而市易如故。

九年，中書言：市易息錢并市利錢，總收百三十三萬二千緡有奇。詔吕嘉問等推恩有差。自後凡二年一較。十年，定上界本錢以七百萬緡爲額，不足，以歲所收息益之；其貸内帑錢，歲償以息二十萬緡。

元豐二年，詔市易舊法聽人賒錢，以田宅或金銀爲抵當，無抵當者，三人相保則給之，皆出息十分之二，過期不輸息，外每月更罰錢百分之二。貪人及無賴子弟，多取官貨不能償，積息罰愈滋，囚繫督責，徒存虚數，實不可得。於是都提舉市易王居卿建議：以田宅金銀抵當者，減其息；無抵當徒相保者，不復給。自元豐二年正月一日以前，本息之外所罰錢悉蠲之，凡數十萬緡；負本息者延其半年。衆議頗以爲惬。

按：均輸、市易皆建議於熙寧之初，然均輸卒不能行，市易雖行之而卒不見其利，何也？蓋均輸之説始於桑弘羊，均輸之事備於劉晏，二子所爲雖非知道者所許，然其才亦有過人者。蓋以其陰籠商販之利，潛制輕重之權，未嘗廣置官屬，峻立刑法，爲抑勒禁制之舉，迨其磨以歲月，則國富而民不知，所以史記、唐書皆亟稱之，以爲後之言利者莫及。然則薛向之徒，豈遽足以希其萬一？宜其中道而廢也。然所謂徙貴就賤，用近易遠，則夫祖宗時以賦税而支移、折變，以茶鹽而入中糧草，即其事矣。苟時得能吏以斡運之，使其可以裕國而不至困民，豈非理財之道？固不必親行販易之事，巧奪商賈之利而後爲均輸也。介甫志於興利，苟慕前史均輸之名，張官置吏，廢財勞人，而卒無所成，誤矣。至於市易，則假周官泉府之名，襲王莽五均之迹，而下行黠商豪家貿易稱貸之事，其所爲又遠出桑、劉之下。今觀其法制，大概有三：結保貸請，一也；契要金銀爲抵，二也；貿遷物貨，三也。是三者桑、劉未嘗爲之，然自可以富國，則其才豈後世所能及？然貸息、抵當、貿遷之事，使富家爲之，假以歲月，豈不獲倍蓰千萬之利？今考之熙寧五年賜内藏庫及京東路錢爲市易本，共一百八十七萬緡，至九年，中書言市易息錢并市利錢僅總收百三十三萬二千緡有奇。嗚呼！以縣官而下行黠商豪家之事，且貿遷圖利，且放償取息，以國力經營之，以國法督課之，至使物價騰踴，商賈怨讟，而孳孳五年之間，所得子本蓋未嘗相稱也，然則是豈得爲善言利乎！桑、劉有知，寧不笑人地下？又按鄭介夫熙寧六年進流民圖，狀言自市易法行，商旅頓不入都，競由都城外徑過河北、陝西，北客之過東南者亦然。蓋諸門皆準都市易司指揮，如有商貨入門，並須盡數押赴市易司賣，以此商税大虧。然則市易司息錢所獲，蓋不足以補商税之虧矣。

熙寧三年，王韶置秦鳳市易司於古渭城。

六年，置兩浙市易司於杭州，又置夔路市易司於黔州。十二月，置成都市易司。

八年，置廣州市易司，又置鄆州市易司。

熙寧六年，詳定行户利害所言：「乞約諸行利入厚薄，納免行錢以禄吏，與免行户祗應。自今禁中賣買并下雜賣場、雜買務〔六八〕，仍置市司估市物之低昂〔六九〕，凡内外官司欲占物價，則取辦焉。」皆從之。

鄭俠奏議跋云：「京城諸行，以計利者上言云，官中每所需索，或非民間用物，或雖民間用物間或少缺，率皆數倍其價收買供官。今立法，每年計官中合用之物，令行人衆出錢，官爲預收買，準備急時之用，如歲終不用即出賣，不過收二分之息，特與免行。所貴於行人不至於急時枉用數倍之價，至於破壞錢本〔七〇〕。此法固善，若要深合民心，上等行人多出，中等助之，下等貧乏特與免，官中只取足用，無冀其餘，則善矣。洎至立法，更不辨上、中、下之等，一例出錢，富者之幸，貧者之不幸，其不願者固多，而願者少矣。才立法，隨有指揮：元不係行之人，不得在街市賣易〔七一〕，與納免行錢人争利〔七二〕，仰各自詣官投充，行人納免行錢，方得在市賣易，不赴官自投行者有罪，告者有賞。此指揮行，凡十餘日之間，京師如街市提瓶者必投充茶行，負水擔粥以至麻鞋頭髮之屬，無敢不投行者。適因獻丞相書言及是，又黎東美之前得子細陳述，相次聞已有指揮，些少擎負販賣者免投行，然已踰萬緡之數。三月二十七日聖旨所先放，乃此免行錢也。」

元豐三年，詔免行月納錢不及百者皆除之，凡除八千六百五十四人。

哲宗元祐元年，外内監督市易及坊場净利錢〔七三〕，許以所入息并罰錢比計，若及官本者，並釋之。

紹聖四年〔七四〕，復置市易務，唯以錢交市，收息毋過二分，勿令貸請。

元符三年，市易務改名平準務。

哲宗紹聖元年，户部言兩浙蠶絲薄收〔七五〕，今歲和買并税紬絹，請令四等下户輸錢，易左帑等紬絹用之。

徽宗建中靖國元年，尚書省言預買錢多，人户願請比歲例增給。詔諸路提舉司假本司剩利錢，同漕司來歲市紬絹，計綱赴京。

左司員外郎陳瓘言：「預買之息，重於常平數倍，人皆以爲苦，何謂願請？今復創增，雖名濟乏，實聚斂之術。」

大觀元年，以坊郭户預買，有家至千疋或四五百疋者，令諸路漕司詳度以聞。

政和元年，臣僚言：「兩浙因紹聖中王同老之請，和買并税紬絹，疋有頭子錢，又收市利錢四十〔七六〕，例外約增數萬緡，以分給典吏等，多者千餘緡，少者五百緡。」於是詔罷市利錢。

政和六年，成都路官户預買許減其半，後河北諸路皆如之。既而臣僚言二浙官户猥多，請均和預之數，乃詔舊嘗全科者如舊〔七七〕。

七年，詔：「和預買絹本以利民，比或稍償雜物，或徒給虚券，爲民害多。其令漕司會一路之數，分下州縣經畫，不以錢而以他物，不以正月而以他月給者，以違制論。」

高宗建炎三年，車駕初至杭州，朱勝非爲相。兩浙運副王琮言：「本路上供、和買紬絹，歲爲一百一十七萬疋〔七八〕，每疋折納錢兩千，計三百五萬緡省〔七九〕，以助國用。」詔許之。東南折帛錢自此始。

折帛、和買，非古也。國初二稅輸錢米而已，咸平三年，始令州軍以稅錢、物力科折帛絹，而於夏科輸之，此夏稅折帛之所從始也。大中祥符九年，内帑發下三司預市紬絹，時青、齊間絹疋直八百，紬六百，官給錢率增二百，民甚便之，自後稍行之四方。寶元後改給鹽七分、錢三分，崇寧三年，鈔法既變，鹽不復支，三分本錢亦無。

九月，御筆：「朕累下寬恤之詔，而迫於經費，未能悉如所懷。今聞江南和預買絹，其弊尤甚，可下江、浙減四分之一，以寬民力，仍俵見錢，違寘之法。」

二年〔八〇〕，户部請諸路上供絲帛並半折錢如兩浙例，於是左相呂頤浩視師，右相秦檜奏從之。江、淮、閩、廣、荆湖折帛錢自此始。時江、浙、湖北、夔路歲額紬三十九萬疋，江南、川、廣、湖南、兩浙絹二百七十三萬匹，東川、湖南綾羅絁七萬疋，西川〔八一〕、廣西路布七十七萬疋，成都府錦綺千八百餘疋，皆有奇。

神武右軍統制張俊置到產業，乞蠲免應干和買等事，紹興四年。詔特依。後省言：「國家兵革未息，用度至廣，粒米寸帛，悉出民力。陛下哀憫元元，權俾士大夫及勳戚之家與編户一等科敷，蓋欲寬民力，均有無。今俊獨得免，則當均在餘户，是使爲俊代輸也，人心謂何？兼方今大將不止俊一人，使各援此例求免，何以拒之？望命有司檢會官户科敷及和預買等見行條法，劄俊使知。」詔令以次官書行。

後省又言：「從俊之請，則恩加於將帥而害及於編户，望收還前詔，乃所以安俊。」其命遂寢。越數年，俊乞免歲輸和買絹，俊時爲少傅、淮西宣撫使。三省擬本歲特賜俊絹五千疋，庶免起例。上以示俊，因諭之曰：「諸將皆無此，獨汝欲開例，朕固不惜，但恐公議不可。汝自小官，朕拔擢至此，須當自飭，如作小官時，乃能長保富貴，爲子孫之福。」俊惶悚力辭賜絹。俊喜殖産，其罷兵而歸，歲收租米六十萬斛。諸寺院之多産者，類請求貴臣改爲墳院，冀免科敷，朝廷優禮大臣，特從所請。然官户既不免，墳院豈緣官户得免哉！况今前宰執員數不少，所在僧徒，僥倖干請，使莊産多者獨免，則合科之物歸之下户，非官户同編户之意也。」詔户部申嚴行下。

詔諸路憲臣覈州縣已未支還和買本錢實數來上。初，魏矼在考功，建言州縣和預買絹不給本錢，乞就折民間應納役錢，使官無受給之弊，民無請給之勞。尋下轉運、常平司議，冬十月，兩浙轉運司言：「本路歲用和買本錢七十三萬餘緡，無可那撥。」而常平司言：「此錢既充和買，則役人無以給之。」其議遂止。

按：折帛元出於和買。其始也，則官給錢以買之；其後也，則官不給錢而白取之；又其後也，則反令以每疋之價折納見錢，而謂之折帛。倒置可笑如此，則官價之不給久矣，今乃甫詔諸路憲臣覈州縣已未支和買本錢實數來上，豈其時上之人元未知邪？或官吏肆爲欺蔽，復以和買名色妄有支破邪？魏矼之説固爲當理，然役錢者，應納之物也；折帛者，横取之物也。官惟其乏錢，是以不免横取於民，若其可蠲，則自當明蠲横取之折帛錢，正不必以應納之役錢比折也。

四年十一月，初令江、浙民户悉納折帛錢。

六年，兩浙轉運使李迨始取婺秀湖州、平江府歲計寬剩錢二十二萬八千緡有奇，依折帛錢條限起發。

十七年，詔減折帛錢：江南每疋爲六千，兩浙七千，和買六千五百；綿，江南每兩三百，兩浙四百，自來年始。

孝宗乾道四年，宰執進呈度支郎官劉師尹奏：「江、浙四路折帛錢，紹興初年立價折納，至十一年頓增一倍。十二年九月赦書止令折十之一，十五年又詔兩浙夏税紬絹疋減一貫，和預買減一貫二百，江東西減兩貫。緣州縣不盡遵依，暗有增添，乞裁減以寬民力。」上曰：「朕未嘗妄用一毫，只爲百姓，可從之。」冬十有二月甲辰，詔兩浙、江東西路乾道五年夏税、和買折帛錢並權與減半，輸納一年，如州縣過取一文以上，許人户詣檢、鼓院進狀陳訴。」

淳熙十一年，臣僚言浙東和買紹興府偏重〔八二〕，浙西臨安府偏重。尋詔兩浙漕臣錢冲之、臨安守臣張杓條奏〔八三〕。

又言：「和買科取，人皆規避，田愈多則折户愈不一。其始也，敷及上户而中户不與；其後也，上户巧爲規避而中户不得免。乾道二年，每物力户二十一千敷和買一疋，至淳熙七年，十五千敷一疋，數年後可知也。其弊皆由不以田畝均敷，其害至此，惟平江一郡和買皆畝均，故民之詭名少。望先自浙東西行以畝均敷之法，則民不偏受其害。」

汪義端言：「若和買用畝頭均敷，則上户頓減而下户頓增。蓋下五等人户元不預和買，但每丁有丁絹，有丁綿，有丁鹽錢，今又以畝頭均受上户和買，則是以一小民之身，些小薄瘠之産，而納數項之税賦。合將逐縣浮財物力，只照舊例均敷於四等以上爲是。」

光宗紹熙元年，臣僚言：「廣德軍兩縣物力不多，而和預買絹乃二萬六千餘疋，視他郡十倍其數，民何以堪？户部看詳，紹興三年已減一萬一千一百餘疋，後因守臣胡彦國於經界時妄復元數，民不勝困，於是江東運副林岍奏，增復之數姑減一半，漕司通融，代納三分之一，餘二分倚閣。今本部更與抱認一分，餘一分令本軍措置。」從之。

三年，臣僚言：「今日取民已重，未能蠲除，使之均平，民亦無怨。然有甚不均者，夏税和買之有折帛，官户則多納本色；秋米之有加耗，官户則止納正數；和糴非正賦，不得已而取之，乃止敷民户而不及官户。夫有官君子，居位食禄，正宜率先鄉里，以應公上之需，乃恃勢自私如此，不均孰甚焉！望申嚴諸州縣，應折變、加耗、科敷之類，官民户並一概輸納，違許内外臺劾奏。」從之。

祕書郎孫逢吉言：「和買爲民間白着之賦，雖正月給散本錢之法尚載令甲，而人户鈔旁亦有見錢請給之文，然上下皆知其爲文具也。中興之初，絹價暴增，疋至十貫，高宗念下户重困，乃令上户輸絹，下户輸錢，於是有折帛之名，疋折六貫或七貫。和議既定，物帛稍賤，又令輸紬者以八分折錢，輸絹者以三分折錢，餘輸本色，遂爲定制。朝廷以經費之故，未能裁損，州縣又於此外苛取，民力安得不重困哉！」

侍御史林大中論江、浙四路和買之弊，略謂：「今日東南所入之數，較之祖宗時已不啻數倍，掌計之人倘循中制取之，一歲之入自足以給一歲之用。苟爲國斂怨，所得少而所失多矣。」

時東南諸路歲起紬三十九萬疋，浙東上供八萬，淮衣、福衣八千。浙西上供九萬二千，淮衣萬六千。江東上供九萬，淮、福衣二萬七千。江西上供五萬二千，淮、福衣萬五千。湖北上供三百。皆有奇。絹二百六十六萬疋，浙東上供四十三萬六千，淮、福衣五萬三千，天申、大禮八千。浙西上供三十八萬一千，淮、福衣十三萬八千，天申、大禮萬疋。江東上供四十萬六千，淮、福衣十三萬九千，天申、大禮八千。江西上供三十萬四千，淮、福衣六萬七千，天申、大禮八千已上。皆有奇。淮東天申、大禮五萬九百五十，淮西大禮三千七百，湖南天申、大禮四百，廣東天申、大禮四千六百，廣西天申、大禮六千五百。綾、羅、絁三萬餘疋，浙西綾八千七百，婺州羅二萬，湖南平絁三千。其淮、福衣及天申大禮與綾、羅、紬總五十二萬疋有奇，皆起正色。其紬絹二百五十六萬餘疋，約折錢一千七百餘緡，而綿不與焉。

葉適應詔條奏言：「何謂和買之患也？自州縣而後至於民，民猶怨州縣而後及於朝廷〔八四〕，和買則正取之民而已〔八五〕。國以二稅爲常賦也〔八六〕，豈宜使經用有不足，於二稅之內而復有所求哉？經用不足，則大正其名實可也。承平已前，和買之患尚少，民有以乏錢而須賣，官有以先期而便民。今也舉昔日和買之數委之於民，使與夏稅並輸，民自家力錢之外，浮財營運，生生之具悉從折計。且若此者，上下皆明知其不義，獨困於無策而莫之敢觸耳！陛下斷然出命以號天下，曰：『自今並罷和買之爲上供者所用紬絹，惟軍衣未可裁損，其他宮禁、官吏時節支賜，格令之所應與者，一切不行可也。』

和買既罷，取民之名正，義聲暢於海内矣。」

又曰：「何謂折帛之患？支移、折變，昔者之弊事固多矣，而今莫甚於折帛。折帛之始，以軍興，絹價大踴至十餘千，而朝廷又方乏用，於是計臣始創爲折帛，其説曰『寬民而利公』。其後絹價即平，而民之所納折帛錢乃三倍於本色，既有夏税折帛、又有和買折帛。且本以有所不足於夏税，而和買以足之，今乃使二者均折，於事何名而取何義乎？其事無名，其取無義，平居自治其國且不可，而況欲大有爲於天下乎！雖然，折帛之爲錢多矣，所資此以待用者廣矣，陛下必鈎考其凡目，而後可以有所是正。若經、總制錢不減，和買、折帛不罷，舍目睫之近而游視於八荒，此方、召不能爲將，良、平不能爲謀者也。」

寧宗嘉泰二年，判建康府吴琚奏：「本府在城、上元江寧兩縣，昨因兵火，遂將營運和買綿絹數在外三縣，内句容除元額外，增絹二千一十九疋、綿二萬一百六十兩。繼嘗請減於朝，而時相無田土在句容，謂秦檜。獨不與減。今欲與盡減續增之綿，永除下邑偏重之害，本府自行承認減數。」並可。

嘉定十一年夏五月，臣僚言：「鄱陽爲邑，經界之初，税錢額管八千六百四十二貫有奇，每税錢一百文，敷和買絹六尺四寸八分有畸〔八七〕，吏緣爲姦，有增益，積至嘉定九年，遂及七尺五寸六分。又且見寸收尺，謂之『合零就整』，去年復頓增三寸。以最小崇德一鄉言之，嘉定九年，分額管五百貫文有奇，敷和買絹九百三十餘疋，去年只管九百四十貫有奇，乃增至九百五十五疋，可知其他。乞明詔有司，痛爲革絶。」從之。

市舶互市　宋初，承周制，與江南通市。乾德二年，不許商旅涉江，於建安、漢陽、蘄口置三榷署〔八八〕，通其交市。開寶三年，徙建安榷署於揚州。及江南平，榷署仍舊置，專掌茶貨。

互市者，自漢初與南粤通關市，其後匈奴和親，亦與通市。後漢與烏桓、北單于、鮮卑通交易。後魏之宅中夏，亦於南陲立互市。隋、唐之際，常交戎夷，通其貿易。開元定令，載其條目。後唐復通北戎互市。此外，高麗、回鶻、黑水諸國，亦以風土所產與中國交易。

右宋三朝國史食貨志略言歷代互市之概，今録於此。

開寶四年，置市舶司於廣州，以知州兼使，通判兼判官。

止齋陳氏曰：「是時，市舶雖始置司，而不以爲利。淳化二年，始立抽解二分，然利殊薄。元豐始委漕臣覺察拘攔，已而又置官望舶，而泉、杭、密州皆置司。崇寧置提舉，九年之間，收至一千萬矣〔八九〕。政和四年，施述奏：『市舶之設，元符以前雖有，而所收物貨十二年間至五百萬。崇寧經畫詳備，九年之内收至一千萬。』其後廢置不常，今惟泉、廣州提舉官如故。」

北蕃在太祖時，雖聽緣邊市易，而未有官署。太平興國二年，始令鎮、易、雄、霸、滄州各置榷務，命常參官與内侍同掌，輦香藥、犀象及茶與交市。後有范陽之師，乃罷不與通。

端拱元年，復詔許互市。　二年，復禁之。

淳化二年，置榷如舊制，尋復罷。

景德初，通好北戎，乃復於雄霸州、安肅軍置三榷場。

凡官鬻物如舊，而增綿、漆器、秔糯〔九〇〕，所入有錢、銀、布、羊、馬、橐駝，歲獲四十餘萬。東夷、西戎、南蠻溪洞，皆聽與邊人市易。

景德四年，夏州納款，於保安軍置榷場，以繒帛、羅綺易羊、馬、牛、駝、玉、氈毯、甘草，以香藥、甆漆器、薑桂等物易蜜蠟、麝臍、毛褐、羱羊角、硇砂、柴胡、蓯蓉、紅花、翎毛，非官市者聽與民交易。

仁宗時，詔杭、明、廣三州置市舶司，海船至者，視所載十算其一而市其三。海舶歲入象犀、珠玉、香藥之類，皇祐中，總其數五十三萬有餘。陝西榷場二，天聖中，并代路亦請置場和市，許之。及元昊反，即詔陝西、河東絶其互市，廢保安軍榷場。後又禁陝西並邊主兵官與屬羌交易。久之，元昊請臣，數遣使求復互市。慶曆六年，從其請，復爲置場於保安、鎮戎二軍，歲售馬二千匹、羊萬口。繼言驅羊馬至，無放牧之地，爲徙保安軍場於順寧寨。既而番商卒無至者，朝廷亦不詰。

英宗治平四年，河東經略司言，夏人勾通和市。初，夏人攻慶州大順城，詔罷歲賜，禁邊民毋得私貿易。至是，上章謝罪，復許之。

神宗熙寧八年，市易司請假奉宸庫象、犀、珠直二十萬緡，於榷場貿易，至明年終償其直，從之。九年，詔立與化外人私相貿易罪賞法，河北漕司請也。

河北四榷場，自治平四年，其物貨專掌於三司之催轄司，而度支賞給案判官置簿督之。至是，以私販者衆，故有是命。

哲宗元祐元年〔九一〕，杭、明、廣三州市舶，是年收錢、糧、銀、香、藥等五十四萬一百七十三緡、疋、斤、兩、段、條、箇、顆、臍、隻、粒，支二十三萬八千五十六緡、疋、斤、兩、段、條、箇、顆、臍、隻、粒。

五年，刑部言賈人由海道往外蕃，請令以賈物名數并所詣之地，報所在州召保，毋得參帶兵器或違禁及可造兵器物，官給以文憑。若擅乘船由海入界河，及往高麗、新羅、登萊州境者，罪以徒，往北界者加等〔九二〕。

宣和七年，以度僧牒給舶司爲折博本，廣南、福建、兩浙五百至三百各有差。

高宗紹興三年〔九三〕，邕州守臣言大理請入貢。上諭大臣，令賣馬可也，進奉可勿許。

臣僚言：「邕、欽、廉三州與交阯海道相連，亡賴之徒掠賣人口販入其國，貿易金香以小平錢爲約。」詔監司、守倅巡捕覺察。

四年，詔川、陝即永康軍、威茂州置博易場，移廣西買馬司於邕管，歲捐金帛，倍酬其直。然言語不通，一聽譯者高下其手，吏因緣爲姦，非守倅廉明則弊倖滋甚。凡蠻人將以春二月市馬，必先遣數十騎至寨，謂之「小隊」，如先失其心，則馬不至矣。言者謂當厚其繒綵，待以恩禮。

十二年，盱眙軍建榷場，置官監準平，搭息不得過三分，兑賣入官別搭息；與北商博易〔九四〕，應造軍器之物及犬馬等並禁。其淮西、京西、陝西榷場如之。於是，沿淮上下，東自揚、楚，西際光、壽，禁止私渡，凡南客販到草末茶，止許本場折博，不得令南北客相見，北使所過有博易者，許接送伴使應副。

十九年，罷國信所博易。

二十四年，詔四川茶馬司復置黎州在城〔九五〕，及雅州碉門、靈門兩寨博易場。詳見茶考。

二十九年，詔存盱眙軍榷場外，餘並罷。

建炎元年六月，詔：「市舶多以無用之物枉費國用，取悦權近。自今有以篤耨香、指環、瑪瑙、貓兒眼睛之類博買前來，及有虧蕃商者，皆重寘其罪，令提舉按察〔九六〕。惟宣賜臣僚象笏、犀帶，取材舶司，每令揀選堪用者起發。」凡舶舟之來，最大者爲獨檣舶，能載一千婆蘭，胡人謂三百斤爲一婆蘭也。次曰牛頭舶，比獨檣得三之一。次三木舶〔九七〕，次料河舶，遞得三之一也。

紹興十七年十一月，詔三路舶司，蕃商販到龍腦、沉香、丁香、白豆蔻四色，並抽解一分，餘數依舊法。先是，十四年抽解四分，蕃商訴其太重故也。

上因問御史臺檢法張闡：「舶歲入幾何？」闡奏：「抽解與和買，歲計之約得二百萬緡。」上云：「即此三路所入〔九八〕，皆常賦之外，未知户部如何收附，如何支使。」令輔臣取實數以聞。

隆興二年，臣僚言：「熙寧初，創立市舶以通貨物。舊法抽解有定數，而取之不苛，納税寬其期，而使之待價，懷遠之意實寓焉。邇來抽解名色既多，兼迫其輸納，使之貨滯而價減，所得無幾，恐商旅不行，乞下市舶司約束。」從之。既而市舶司條具利害，謂：「抽解舊法十五取一，其後十取其一。又後，擇其良者，如犀、牙十分抽二，又博買四分；真珠十分抽一，又博買六分。舶户懼抽買數多，所販止是麤色雜物。照得象牙、珠犀比他貨至重，乞十分抽一之外，更不博買。且三路舶船，各有司存，舊法，召保給據起發，回日各於發舶處抽解，近緣兩浙舶司申請隨便住舶變賣，遂壞成法，乞下三路照舊法施行。兼商賈由海道興販，其間或有盜賊、風波、逃亡者，回期難以程限，乞令召物力户充保，自給公憑日爲始，若在五月内回舶，與優饒抽税；如滿一年内，不在饒税之限；滿一年之上，許從本司根究，責罰施行；若有透漏，元保物力户同坐〔九九〕。」從之。

見任官將錢寄附綱首商旅過蕃買物者有罰〔一〇〇〕，舶至，抽解和買入官外，違法抑買，許蕃商越訴，計贓坐罪。

國家三路舶司歲入固不少，然金銀銅鐵，海舶飛運，所失良多，而銅錢之泄尤甚，民用日以枵。法禁雖嚴，姦巧愈密，商人貪利而暮夜貿遷，黠吏受賕而縱釋莫問，其弊卒不可禁矣。

六年，詔諸市舶綱首能招誘舶船，抽解物貨累價及五萬貫補助以上者補官有差，監官推賞。其後監官等止將海商入蕃興販，便作招誘計數，該賞者多，而發到香貨下色者皆充數紐估，乃詔舶司相度措置，毋容僥倖。

## 校勘記

〔一〕掌以市之征布斂市之不售　「征」下「布」原作「市」，「斂」下「市」原作「布」，據馮本及周禮泉府改。

〔二〕凡民之貸者　「貸」原作「貨」，據周禮泉府改。

〔三〕其賒者祭祀喪紀皆有數　「賒」原作「餘」，據葉適集水心别集卷二財計上改。

〔四〕將無以充其用而恤之也　「恤之」，葉適集水心别集卷二財計上作「遂與之」。

〔五〕諸均輸帛五百萬匹　「帛」字原脱，據史記卷三〇平準書、漢書卷二四下食貨志下補。

〔六〕問以人所疾苦　「問以」及「所」三字原脱，據通典卷一一食貨典十一補。

〔七〕廣教道之端　「教道」，鹽鐵論本議作「道德」。

〔八〕本修則人懿懿則財用足　二「懿」字鹽鐵論本議皆作「愨」。

〔九〕是内空府庫之藏　「藏」原作「財」，據鹽鐵論本議改。

〔一〇〕而民不足於食者　「民」字原脱，據鹽鐵論本議補。

〔一一〕而民不足於財者　「民」字原脱，據鹽鐵論本議補。

〔一二〕兖豫之漆絲絺紵　「豫」下原衍「河」字，據鹽鐵論本議删。

〔一三〕故天子不言多少　「不言多少」四字原脱，據鹽鐵論本議補。

〔一四〕遠者説德　「德」，鹽鐵論本議作「服」。

〔一五〕况上之爲利乎　「之爲」二字原倒，據鹽鐵論本議乙正。

〔一六〕女工效其織　「女工」二字原倒，據鹽鐵論本議乙正。

〔一七〕非獨齊陶之縑　「齊」原作「濟」，據鹽鐵論本議改。

〔一八〕則萬物並收　「物」原作「人」，據鹽鐵論本議改。

〔一九〕豪吏富商　「吏」原作「而」，據鹽鐵論本議改。

〔二〇〕各以其方物貢輸　「方」字原脱，據後漢書卷一一劉盆子傳注引鹽鐵論補。

〔二一〕往來煩雜　「雜」原作「難」，據鹽鐵論本議改。

〔二二〕故郡國置輸官　「國」字原脱，據後漢書卷一一劉盆子傳注引鹽鐵論補。

〔二三〕平準則民不失職　「平準」二字原倒，據鹽鐵論本議乙正。

〔二四〕王者塞天財　「天」原作「人」，據鹽鐵論力耕改。

〔二五〕往者財用不足　六字原脱，據鹽鐵論力耕補。

〔二六〕理家非一室　「室」，盧文弨群書拾補疑爲「術」之誤，王利器鹽鐵論校注疑爲「寶」之誤。

〔二七〕言天子取諸侯之土以立五均　「土」原作「書」，據漢書卷二四下食貨志下臣瓚注改。

〔二八〕更名長安東西市令　「更」原作「各」，據漢書卷二四下食貨志下改。

〔二九〕及洛陽邯鄲臨淄宛成都市長皆爲五均司市師　「司市」下原衍「稱」字，據王念孫讀書雜志卷四五均司市稱師條删。

〔三〇〕工商能採金銀銅連錫登龜取貝者　「能」字原脱，據漢書卷二四下食貨志下補。

〔三一〕工匠醫巫卜祝及他方技商販賈人坐肆列里區謁舍　「巫」及「祝」二字原脱，據漢書卷二四下食貨志下補。

〔三二〕祭祀毋過旬日　「祭祀」二字原脱，據漢書卷二四下食貨志下補。

〔三三〕均授之　「授」原作「受」，據漢書卷二四下食貨志下改。

〔三四〕十一分之一以其一爲貢　按上文：「除其本，計其利，十一分之，而以其一爲貢。」疑此處「十一分之一」當作「十一分之」。

〔三五〕宜因交趾益州上計吏往來市珍寶　「因」原作「自」，「往」字原脱，據後漢書卷四三朱暉傳改補。

〔三六〕武帝時所謂均輸也　「時」字原脱，據後漢書卷四三朱暉傳、册府元龜卷四八四邦計部經費補。

〔三七〕非明主所當宜行　「當」字原脱，據後漢書卷四三朱暉傳、册府元龜卷四八四邦計部經費補。

〔三八〕帝從之　「之」字原脱，據元本、慎本、馮本補。

〔三九〕以鹽估敝衣絹帛　「鹽估」原作「藍」，據新唐書卷五二食貨志二改。

〔四〇〕介甫之市易　「市易」二字原倒，據宋史卷三二七王安石傳乙正。

〔四一〕應劍南東西川峽路從前官市及織錦綺鹿胎透背六銖欹正龜殼等　「官」原作「宫」，據元本、慎本、馮本及宋會要食貨三七之二改。

〔四二〕所織有錦綺鹿胎花羅綯縠綾絁　「綺」字原脱，按宋會要食貨六四之一八，綾錦院「舊有錦綺機四百餘」，可見其所織有錦綺，此處顯脱「綺」字，據補。

〔四三〕江寧府潤州有織羅務　「羅」字原脱，據宋史卷一七五食貨志上三、宋會要食貨六四之一八補。

〔四四〕又益州市買院　「益」原作「溢」，據元本、慎本、馮本改。

〔四五〕及彭綿漢邛蜀眉陵簡遂資榮普州懷安軍皆織大小絹欹正花紗　「綿」原作「錦」，據宋史卷八九地理志五改。

〔四六〕舊齊州有機户十四　「齊州」原作「濟州」，據馮本改。

〔四七〕淳化五年　「淳化」二字原脱，據宋會要食貨三七之二補。

〔四八〕蓋范嘗爲是官耳　「是」原作「史」，據能改齋漫録卷一二和買絹條改。

〔四九〕豫給民錢　「民」，能改齋漫録卷一二和買絹作「緡」。

〔五〇〕京師有雜買務雜賣場　「賣」原作「買」，據下文改。

〔五一〕有司請自今悉闢雜買務以見錢市之　「闢」原作「開」，「市」原作「售」，據宋會要食貨六四之四二改。

〔五二〕京東漕司王廣淵和買紬絹　「王廣淵」原作「王廣廉」。按宋史卷一七五食貨志上三與宋史卷三二九王廣淵傳記其和買紬絹事與本書所記全合，而廣廉爲廣淵弟，其行事與本書及宋史所記了無干涉，此處「廉」顯爲「淵」之誤，據改。下同。

〔五三〕以京東預買紬絹并息錢五十萬緡賜常平倉司　「倉」原作「場」，據元本、慎本、馮本改。

〔五四〕元豐四年　「元豐」二字原脱，據宋史卷一七五食貨志上三補。

〔五五〕遣李元輔變運川峽四路司農物帛　「峽四」原作「陜西」，據宋史卷一七五食貨志上三改。

〔五六〕凡八百十六萬一千七百八十四匹兩　「匹」字原脱，據宋史卷一七五食貨志上三補。

〔五七〕詔令本司具條例以聞　「具」原作「俱」，據元本、慎本、馮本及宋史卷一八六食貨志下八改。

〔五八〕向於是辟劉忱衛琪孫珪張穆之陳倩爲屬　「劉忱」原作「置」，據宋史卷一八六食貨志下八改。

〔五九〕熙寧五年　「熙寧」二字原脱，據長編卷二三一熙寧五年三月丙午條、宋會要食貨三七之一四補。

〔六〇〕在京師置市易務監官二　「置」字原脱，據宋會要食貨三七之一五補。

〔六一〕許召在京諸行鋪户牙人充本務行人牙人　「户」字原脱，據宋會要食貨三七之一五補。

〔六二〕五人已上爲一保　「爲」原作「充」，據宋會要食貨三七之一五改。

〔六三〕如願折博官物者亦聽　「博」下原衍「入」字，據宋會要食貨三七之一五删。

〔六四〕仍賜内藏庫錢一百萬緡京東路錢八十七萬緡爲市易本錢　「路」原作「市」，據宋史卷一八六食貨志下八改。

〔六五〕其餘合用交鈔及折博物令三司應副　「用」原作「有」，據宋會要食貨三七之一五改。

〔六六〕三司按治　「三司」二字原脱，「治」原作「置」，據宋史卷一八六食貨志下八補改。

〔六七〕上諭王安石　「上」字原脱，據元本、慎本、馮本補。

〔六八〕自今禁中賣買并下雜賣場雜買務　「賣買」二字原倒，「雜賣場」三字原脱，據宋史卷一八六食貨志下八、長編卷二四六熙寧六年八月丙申條乙補。

〔六九〕仍置市司估市物之低昂　「司」原作「易」，據宋史卷一八六食貨志下八改。

〔七〇〕至於破壞錢本　「錢」原作「鋟」，據馮本及西塘集卷一改。

〔七一〕不得在街市賣易　「易」原作「壞」，據元本、慎本、馮本及西塘集卷一改。

〔七二〕與納免行錢人争利　「與」原作「錢」，據元本、慎本、馮本及西塘集卷一改。

〔七三〕外内監督市易及坊場净利錢　「坊」原作「功」，據馮本及宋史卷一八六食貨志下八改。

〔七四〕紹聖四年　「紹聖」原作「紹興」，據元本、慎本、馮本及宋史卷一八六食貨志下八改。

〔七五〕户部言兩浙蠶絲薄收　「收」字原脱，據宋史卷一七五食貨志上三補。

〔七六〕又收市利錢四十　「利」原作「倒」，據馮本改。

〔七七〕乃詔舊嘗全科者如舊　「詔」原作「照」，據元本、慎本、馮本改。「科」原作「利」，據馮本改。

〔七八〕歲爲一百一十七萬疋　「一百一十七萬」，宋史卷一七五食貨志上三作「一百一十七萬七千八百」，朝野雜記甲集卷一四東南折帛錢作「一百七十餘萬」。

〔七九〕計三百五萬緡省　宋會要食貨六四之三五作「計三百五十萬緡省」。

〔八〇〕二年　按宋史卷一七五食貨志上三載此下所叙事乃紹興二年事，此處失書年號。

〔八一〕西川　「西」原作「四」，據元本、慎本、馮本及宋史卷一七五食貨志上三改。

〔八二〕臣僚言浙東和買紹興府偏重　「府」原作「路」，按宋有紹興府而無「紹興路」，宋史卷一七五食貨志上三載：「乾道九年，祕書郎趙粹中言，兩浙和買，莫重於紹興，而會稽爲最重。」會稽縣屬紹興府，淳熙與乾道同爲宋孝宗年號，此處「路」顯爲「府」之誤，故改。

〔八三〕尋詔兩浙漕臣錢冲之臨安守臣張杓條奏　「詔」原作「論」，據馮本改。

〔八四〕民猶怨州縣而後及於朝廷　「及」原作「又」，據元本、慎本、馮本及葉適集水心別集卷一一財總論二改。

〔八五〕和買則正取之民而已　「已」原作「民」，據馮本及葉適集水心別集卷一一財總論二改。

〔八六〕國以二稅爲常賦也　「國」原作「固」，據馮本及葉適集水心別集卷一一財總論二改。

〔八七〕敷和買絹六尺四寸八分有畸　「絹」字原脱，據上下文義補。

〔八八〕於建安漢陽蘄口置三榷署　「建安」原作「建陽」，據元本、慎本、馮本及宋史卷一八六食貨志下八、宋會要食貨三六之一改。

〔八九〕收至一千萬矣　「至」原作「置」，據下文改。

〔九〇〕而增綿漆器秔糯　「增」字原脱，據宋史卷一八六食貨志下八補。

〔九一〕哲宗元祐元年　按宋史卷一八六食貨志下八載此下史實爲神宗熙寧九年事，下文「五年，刑部言」云云方爲哲宗元祐五年事，疑此處紀年有誤。

〔九二〕及往高麗新羅登萊州境者罪以徒往北界者加等　二「往」字原均作「住」，據宋史卷一八六食貨志下八、宋會要職官四四之八改。

〔九三〕高宗紹興三年　「三」原作「二」，據宋史卷一八六食貨志下八改。

〔九四〕與北商博易　「商」原作「官」，據宋史卷一八六食貨志下八改。

〔九五〕詔四川茶馬司復置黎州在城　「司」字原脱，據宋會要食貨三八之三七補。

〔九六〕令提舉按察　「令」原作「今」，據文義改。

〔九七〕次三木舶　宋史卷一八六食貨志下八無「三」字。

〔九八〕即此三路所入　「三」上原衍「即」字，據元本、慎本、馮本删。

〔九九〕元保物力户同坐　「元」原作「充」，據元本、慎本、馮本及宋會要職官四四之二八改。

〔一〇〇〕見任官將錢寄附綱首商旅過蕃買物者有罰　「商」原作「客」，據宋史卷一八六食貨志下八改。

# 卷二十一　市糴考二

## 常平義倉租税

齊管仲相桓公，通輕重之權，曰：「歲有凶穰，故穀有貴賤；令有緩急，故物有輕重。上令急於求米，則民重米；緩於求米，則民輕米。所緩則賤，所急則貴。人君不理，則畜賈游於市，謂賈人之多蓄積也。乘民之不給，百倍其本矣。給，足也，以十取百。故萬乘之國必有萬金之賈，千乘之國必有千金之賈者，利有所并也。國多失利，則臣不盡忠，士不盡死矣。計本量委則足矣，委，積也。然而民有饑餓者，穀有所藏也。謂富人多藏穀也。民有餘則輕之，故人君斂之以輕；民不足則重之，故人君散之以重。民輕之之時，官爲斂糴；人重之之時，官爲散之。凡輕重斂散之以時，即準平，守準平，使萬室之邑必有萬鍾之藏，藏鏹千萬；六斛四斗爲鍾。鏹，錢貫。千室之邑必有千鍾之藏，藏鏹百萬。春以奉耕，夏以奉耘，奉謂供奉。耒耜、器械、種饟、糧食必取贍焉，故大賈畜家不得豪奪吾民矣。」豪謂輕侮之。管子曰：「夫物多則賤，寡則貴，散則輕，聚則重。人君知其然，故視國之羨羨，餘也，羊見反。不足而御其財物。穀賤則以幣與食，布帛賤則以幣與衣，視物之輕重而御之以準，故貴賤可調，而君得其利，則古之理財賦，未有不通其術焉。」穀賤則以幣與食，布帛賤以幣與衣者，「與」當爲「易」，隨其所賤而以幣易取之，則輕重貴賤由君上也。桓公問管子曰：「終身有天下而勿失，有道乎？」對曰：「請勿施於天下，獨施之於吾國。國之廣狹，壤之肥磽，有數；終歲食餘，有數。彼守國者，守穀而已矣。曰某縣之壤廣若干，某縣之壤狹若干，國之廣狹肥磽，人之所食多少，其數君素皆知之。則必積委幣，委，蓄也。各於州縣里蓄積錢幣，所謂萬室之邑，必有萬鍾之藏，藏鏹千萬；千室之邑，必有千鍾之藏，藏鏹百萬。於是縣州里受公錢。公錢即積委之幣。泰秋，國穀去參之一〔一〕，去，減也，邱吕反。君下令，謂郡縣屬大夫里邑，皆藉粟入若干，穀重一也，以藏於上者，一其穀價而收藏之。國穀三分，則二分在上矣。言先貯幣於縣邑，當秋時，下令收糴也。則魏李悝行平糴之法，上熟糴三捨一，中熟糴二捨一，下熟中分之，蓋出於此。今言去三之一者，約中熟爲準耳。泰春，國穀倍重，數也。泰夏，賦穀以理田土。泰秋，田穀之存子者若干，今上斂穀以幣〔二〕，人曰無幣，以穀，則人之三有歸於上矣。言當春穀貴之時，計其價，以穀賦與人，秋則斂其幣。雖設此令，本意收其穀，人既無幣，請輸穀，故歸於上。重之相因，時之化舉，無不爲國筴。重之相因，若春時穀貴與穀也。時之化舉，若秋時穀賤收穀也。因時之輕重，無不以術權之。則彼諸侯之穀十，吾國穀二十，則諸侯穀歸吾國矣。諸侯穀二十，吾國穀十，則吾國穀歸於諸侯矣。故善爲天下者，謹守重流，重流，謂嚴守穀價，不使流散。而天下不吾洩矣。洩，散也，吾穀不散出。彼重之相歸，如水之就下。吾國歲非凶也，以幣藏之，故國穀倍重。諸侯之穀至也，是藏一分以致諸侯之一分也。利不奪於天下，大夫不得以富侈，以重藏輕〔三〕，國常有十國之筴也。此以輕重御天下之道也。」

魏文侯相李悝曰：「糴甚貴傷人〔四〕，此人謂士工商〔五〕。甚賤傷農。人傷則離散，農傷則國貧。故甚貴與甚賤，其傷一也。善爲國者，使人無傷而農益勸。今一夫挾五口，治田百畝，歲收畝一石半，爲粟百五十石。除十一之稅十五石，餘百三十五石。食，人月一石半，五人歲終爲粟九十石，餘有四十五石。

石三十，爲錢千三百五十。除社閭嘗新春秋之祠用錢三百，餘千五十。衣，人率用錢三百，五人終歲用千五百，不足四百五十。少四百五十，不足。不幸疾病死喪之費及上賦斂，又未與此。此農夫所以常困，有不勸耕之心，而令糴至於甚貴者也〔六〕。是故善平糴者，必謹觀歲有上中下熟。上熟其收自四，餘四百石；平歲，百畝收百五十石，今大熟四倍，收六百石。計人食終歲長四百石〔七〕，官糴三百石，此爲糴三舍一也。中熟自三，餘三百石；自三，四百五十石也。終歲長三百石，官糴二百石，此爲糴二而舍一也。下熟自倍，餘百石。自倍，收三百石，終歲長百石，官糴其五十石，云下熟糴一，謂中分百石之一也〔八〕。小饑則收百石，平歲百畝之收，收百五十石，今小饑收百石，收三分之二也。中饑七十石，收二分之一也。大饑三十石。收五之一也〔九〕。以此推之，大小中饑之率。故大熟則上糴三而舍一，中熟則糴二，下熟則糴一，使人適足，價平則止。小饑則發小熟之所斂，官以斂藏出糴。中饑則發中熟之所斂，大饑則發大熟之所斂而糶之。故雖遇饑饉水旱，糴不貴而人不散〔一〇〕，取有餘以補不足也。」行之魏國，國以富强。

按：古今言糶糴斂散之法，始於齊管仲、魏李悝，然管仲之意兼主於富國，李悝之意專主於濟民。管仲言「人君不理，則畜賈游於市，乘民之不給，百倍其本」，此則桑、孔以來，所謂理財之道，大率皆宗此說。然山海天地之藏，關市物貨之聚，而豪强擅之，則取以富國可也。至於農人服田力穡之贏餘，上之人爲制其輕重，時其斂散，使不以甚貴甚賤爲患，乃仁者之用心。若誘曰國家不取，必爲兼并者所取，遂斂而不復散，而資以富國，誤矣。

漢五鳳中，歲數豐穰，穀至石五錢，農人少利。大司農中丞耿壽昌奏言：「故事，歲漕關東穀四百萬斛以給京師，用卒六萬人，宜糴三輔、弘農、河東、上黨、太原郡穀，足供京師，可省關東漕卒過半〔一一〕。又令邊郡皆築倉，以穀賤時增其價而糴，以利農，穀貴時減價而糶，名曰「常平倉」，民便之。

後漢明帝永平五年，作常平倉。

按：後漢書劉般傳，顯宗欲置常平倉，公卿議者多以爲便。般對以爲常平外有利民之名，而內實侵刻百姓，豪右因緣爲姦，小民不得其平，置之不便。帝乃止。然則豈後來卒置之歟？般所言者，後世常平之弊。常平起於孝宣之時，蓋至東漢而其弊已如此矣。

晉武帝欲平一江表，時穀賤而布帛貴，帝欲立平糴法，用布帛市穀，以爲糧儲。議者謂軍資尚少，不宜以貴易賤。泰始二年，帝乃下詔曰：「古人權量國用，取贏散滯，有輕重平糴之法。此事久廢，希習其宜，而官蓄未廣，言者異同，未能達通其制。更令國寶散於穰歲而上不收，貧人困於荒年而國無備，豪人富商，挾輕資，蘊重積，以管其利，故農夫苦其業〔一二〕，而末作不可禁也。」至四年，乃立常平倉，豐則糴，儉則糶，以利百姓。

齊武帝永明中，天下米穀布帛賤，上欲立常平倉，市積爲儲。六年，詔出上庫錢五千萬，於京師市米，買絲、綿、紋絹、布〔一三〕。揚州出錢千九百一十萬，治建業，今江寧郡。南徐州二百萬，治京口，今丹陽郡。各於郡所市糴。南荊河州二百萬，治壽春。市絲、綿、紋絹、布、米、大麥〔一四〕。江州五百萬，治潯陽。市米、胡麻。荊州五百萬，今江陵。郢州三百萬，治江夏。皆市絹、綿、布、米、大小豆、大麥、胡麻。湘州二百萬，今長沙。市米、布、蠟。司州二百五十萬，治汝南，今義陽郡。西荊河州二百五十萬，治歷陽。南兗州二百五十萬，治廣陵。雍州五百萬，治襄陽。皆市絹、綿、布、米〔一五〕。使臺傳並於所在市易。

後魏孝文時〔一六〕，祕書丞李彪上奏曰：「今山東饑，京師儉，臣以爲宜折州郡常調九分之二，京都度支歲用之餘〔一七〕，各立官司，年豐糴積於倉，時儉則減私之十二糶之。如此，人必力田以買官絹，又務貯錢以取官粟，年豐則常積，歲凶則直給。」明帝神龜正光之際〔一八〕，自徐揚内附之後，收内兵資，與人和糴，積爲邊備也。

北齊河清中，令諸州郡皆别置富人倉。初立之日，准所領中下户口數，得支一年之糧〔一九〕，逐當州穀價賤時，斟量割當年義租充入。齊制，歲每人出墾租二石，義租五斗，墾租送臺，義租納郡，以備水旱。穀貴，下價糶之，賤則還用所糴之物〔二〇〕，依價糴貯。

後周文帝創制六官，司倉掌辨九穀之物，以量國用。國用足〔二一〕，蓄其餘，以待凶荒；不足，則止餘用。足則以粟貸人，春頒秋斂。

隋文帝開皇十四年，關中大旱，人饑。帝幸洛陽，因令百姓就食，從官並准見口賑給，不以官位爲限。

隋文帝開皇三年，衛州置黎陽倉，洛州置河陽倉〔二二〕，陝州置常平倉，華州置廣通倉，轉相灌注。漕關東及汾、晉之粟，以給京師。京師置常平監〔二三〕。五年，工部尚書長孫平奏：「古者三年耕而餘一年之積，九年作而有三年之儲，雖水旱爲災，人無菜色，皆由勸導有方，蓄積先備。請令諸州百姓及軍人勸課當社，共立義倉。收穫之日，隨其所得，勸課出粟及麥，於當社造倉窖貯之。即委社司，執帳檢校，每年收積，勿損敗。若時或不熟，當社有饑饉者，即以此穀賑給。」自是諸州儲峙委積。至十五年，以義倉貯在人間，多有費損，詔曰：「本置義倉，止防水旱，百姓之徒，不思久計，輕爾費損，於後乏絶。又北境諸州，異於餘處，靈、夏、甘、瓜等十一州，所有義倉雜種，並納本州。若人有旱儉少糧，先給雜種及遠年粟。」十六年，又詔秦、渭、河、廓、豳、隴、涇、寧、原、敷、丹、延、綏、銀等州社倉，並於當縣安置。又詔社倉準上中下三等税，上户不過一石，中户不過七斗，下户不過四斗。

致堂胡氏曰：「賑饑莫要乎近其人。隋義倉取之於民不厚，而置倉於當社，饑民之得食也，其庶幾乎？儲備如此，他日關中大旱，民猶不免食粟糠豆屑，帝親帥之如洛陽就食，況素無備乎！百姓知擠於溝壑耳。後世義倉之名固在，而置倉於州郡，一有凶饑，無狀有司固不以上聞也。良有司敢以聞矣，比及報可，委吏屬出，而文移反覆，給散艱阻，監臨、胥吏相與侵没，其受惠者大抵近郭力能自達之人耳，縣邑鄉遂之遠，安能扶攜數百里以就龠合之廩哉！能賑者其弊如此，若逢迎上意，不言水旱，坐視流散，無矜恤之心，則國家大禍由此而起。如王莽之末年，元魏之六鎮，煬帝之四方，魚爛河决，不可收壅矣。必欲有備無患，當以隋文當縣置社倉爲法，而擇長民之官，行恤農之政，其庶有瘳乎！

唐制，凶荒則有社倉賑給，不足，則徙民就食諸州。尚書左丞戴胄建議：「自王公以下，計墾田，秋熟所在爲義倉，歲凶以給民。」太宗善之，乃詔：「畝税二升，粟、麥、秔、稻，隨土地所宜〔二四〕。寬鄉斂以所種，狹鄉據青苗簿而督之。田耗十四者免其半，耗十七者皆免。商賈無田者，以其户爲九等，出粟自五石至五斗爲差。下下户及夷獠不取。歲不登，則以賑民，或貸爲種，至秋而償。」其後，洛、相、幽、徐、齊、并、秦、蒲州又置常平倉，粟藏九年，米藏五年，下濕之地，粟藏五年，米藏三年，皆著於令。

開元七年，敕關內、隴右、河南、河北五道〔二五〕，及荊、揚、襄、夔、綿、益、彭、蜀、資、漢、劍、茂等州，並置常平倉。其本，上州三千貫，中州二千貫，下州一千貫。每糴具本利，與正倉帳同申。

二十二年，敕：「應給貸糧，本州録奏，待敕到，三口以下給米一石，六口以下兩石，七口以下三石；給粟，準米計折。」

二十五年，定式：王公以下，每年户別據所種田，畝別稅粟二升，以爲義倉。其商賈户若無田及不足者，上上户稅五石〔二六〕，上中以下遞減各有差。諸出給雜種準粟者，稻穀一斗五升當粟一斗。其折納糙米者，稻三石折納糙米一石四斗。

天寶八載，凡天下諸色米都九千六百六萬二千二百二十石。

和糴一百一十三萬九千五百三十石：

關內五十萬九千三百四十七石，

河東十一萬二百二十九石，

河西三十七萬一千七百五十石，

隴右十四萬八千二百四石。

諸色倉糧總千二百六十五萬六千六百二十石：

北倉六百六十一萬六千八百四十石，

太倉七萬一千二百七十石，

含嘉倉五百八十三萬三千四百石，

太原倉二萬八千百四十石，

永豐倉八萬三千七百二十石，

龍門倉二萬三千二百五十石。

正倉糧總四千二百一十二萬六千一百八十四石：

關内道百八十二萬一千五百一十六石，

河北道百八十二萬一千五百一十六石，

河東道三千五十八萬九千百八十石〔二七〕，

河西道七十萬二千六十五石，

隴右道三十七萬二千七百八十石〔二八〕，

劍南道二十二萬三千九百四十石，

河南道五百八十二萬五千四百一十四石，

淮南道六十八萬八千二百五十二石，

江南道九十七萬八千八百二十五石，

山南道十四萬三千八百八十二石〔二九〕。

義倉糧總六千三百一十七萬七千六百六十石：

關內道五百九十四萬六千二百一十二石，

河北道千七百五十四萬四千六百石，

河東道七百三十萬九千六百一十石，

河西道三十八萬八千四百三石，

隴右道三十萬三十四石〔三〇〕，

劍南道百七十九萬七千二百二十八石，

河南道千五百四十二萬九千七百六十三石，

淮南道四百八十四萬八百七十二石，

江南道六百七十三萬九千二百七十石，

山南道二百八十七萬一千六百六十八石〔三一〕。

常平倉糧總四百六十萬二千二百二十石：

關內道三十七萬三千五百七十石，

河北道百六十六萬三千七百七十八石，

河東道五十三萬五千三百八十六石，

河西道三萬一千九十石，

隴右道四萬二千八百五十石，

劍南道萬七百十石，

河南道百二十一萬二千四百六十四石，

淮南道八萬一千一百五十二石，

山南道四萬九千一百九十石，

江南道六十萬二千三十石。

二十八年〔三二〕，敕：「諸州水旱，皆待奏報，然後賑給。道路悠遠，往復淹遲，宜令給訖奏聞。」

天寶六載，太府少卿張瑄奏：「准敕節文，貴時賤價出糶，賤時加價收糴。若百姓未辦錢物者，量事賒糴，至粟麥熟時徵納。臣商量，其賒糴者〔三三〕，至納錢日若粟麥雜種等時價甚賤，恐更迴易艱辛，請加價便與折納。」

自太宗時置義倉及常平倉，以備凶荒。高宗以後，稍假義倉以給他費，至神龍中略盡。玄宗復置之。其後，第五琦請天下常平倉皆置庫〔三四〕，以蓄本錢。至是，趙贊又言：「自軍興，常平倉廢垂三十年，凶荒潰散，餧死相食，不可勝計。陛下即位，京城兩市置常平倉官，雖頻年少雨，米不騰貴，可推而廣之。宜兼儲布帛。請於兩都、江陵、成都、揚、汴、蘇、洪置常平輕重本錢，上至百萬緡，下至十萬，積米、粟、布、帛、絲、麻，貴則下價而出之，賤則加估而收之。諸道津會置吏，閱商賈錢，每緡稅二十，竹、木、茶、漆十之一，以贍常平本錢。」德宗納其策。屬軍用蹙迫，亦隨而耗竭，不能備常平之積。

貞觀、開元後，邊土西舉高昌、龜茲、焉耆、小勃律，北抵薛延陀故地，緣邊數十州戍重兵，營田及地租不足以供軍〔三五〕，於是初有和糴。牛仙客爲相，有彭果者獻策〔三六〕，廣關輔之糴，京師糧廩益羨。自是，玄宗不復和糴於東都。

按：唐都關中，而關輔土地所入不足以供軍國之用，故常恃轉漕東南之粟，而東南之粟必先至東都，然後浮河、渭，泝流以入關，是以其至也罙難。故開元以前，歲若不登，天子嘗移蹕就食於東都。自牛仙客獻策和糴，然後始免此行。然肅、代之後，既無東幸之事，東南餽餉稍不至，則上下皇皇，立有菜色之憂。三代以前，京畿千里，自甸服百里賦納穗，至於五百里米，而五百里之外皆諸侯國，不過任土作貢，以輸王府，而賦税米粟則未嘗徵之。當時宗廟百官有司與後世不殊，然賦税取之千里之内而自足，不聞其責餉運於畿外之諸侯，糴米粟於畿内之百姓也。然則不能量入爲出，以制國用，雖竭天下之力以奉之，多爲法以取之，衹益見其不足耳！

天寶中，歲以錢六十萬緡賦諸道和糴〔三七〕，斗增三錢，每歲短遞輸京倉者百餘萬斛〔三八〕，米賤則少府加估而糴，貴則賤價而糶。

貞元初，吐蕃劫盟，召諸道兵十七萬戍邊。關中爲吐蕃蹂躪者二十年，北至河曲，人户無幾。諸道戍兵月給粟十七萬斛〔三九〕，皆糴於關中。宰相陸贄以「關中穀賤，請和糴，可至百餘萬斛。計諸縣船車至太倉，穀價四十餘，米價七十，則一年和糴之數當轉運之二年，一斗轉運之資當和糴之五斗。減轉運以實邊，存轉運以備時要。江、淮米至河陰者罷八十萬斛，河陰米至太原倉者罷五十萬，太原米至東渭橋者罷二十萬。以所減米糶江、淮水災州縣，斗減時價五十以救之。京城東渭橋之糴，斗增時估三十以利農。以江、淮糶米及減運直市絹帛送上都〔四〇〕。」帝乃命度支增估糴粟三十三萬斛，然不能盡用贄議。

貞元四年，詔京兆府於時價外，加估和糴，差清强官先給價直，然後貯納，續令所司自般運載至太倉〔四一〕。先是，京畿和糴多被抑配，或物估踰於時價，或先斂而後給直，追集停擁，百姓苦之。及聞是詔，皆忻便樂輸。

憲宗即位之初，有司以歲豐熟，請畿内和糴。當時府縣配户督限，有稽違則迫蹙鞭撻，甚於税賦，號爲和糴，其實害民。

白居易上疏曰：「和糴之事，以臣所觀，有害無利。何者？凡曰和糴，則官出錢，人出穀，兩和商量，然後交易。今則不然，配户督限，蹙迫鞭撻，甚於税賦，何名和糴！今若令有司出錢，開場自糴，比時價稍有優饒，利之誘人，人必情願。且本請和糴，惟圖利人，人若有利，自然願來。今若除前之弊，行此之便，是真爲和糴利人之道。又必不得已，則不如折糴。折糴者，折青苗税錢，使納斗斛，免令賤糶，别納見錢，在於農人，亦真爲利。况度支比來所支和糴價錢，多是雜色匹段，百姓又須轉賣，然後將納税錢。至於給付不免侵偷，貨易不免損折，所失過本，其弊可知。今若量折税錢，使納斗斛，則既無賤糶麥粟之費，又無轉賣匹段之勞，利歸於人，美歸於上，則折糴之便，豈不昭然？由是而論，則配户不如開場，和糴不如折糴，亦甚明矣。臣久處村閭，曾爲和糴之户，親被迫蹙，實不堪命。臣近爲畿尉，曾領和糴之司，親自鞭撻，所不忍聞。伏望宸衷，俯賜詳察。」

元和六年，制：「京畿舊穀已盡，粟麥未登，宜以常平、義倉粟二十四萬石貸借百姓。諸道州府有乏糧處，依例借貸。淮南、浙西、宣歙等道，元和二年賑貸並停徵，容至豐年，然後填納。」

元和七年，户部奏今年冬諸州和糴貯粟：澤潞四十萬石〔四二〕，鄭、滑、易、定各一十五萬石，夏州八萬石，河陽一十萬石，太原二十萬石，靈武七萬石，振武、豐州、鹽州各五萬石〔四三〕，凡一百六十萬石〔四四〕。令於時價每斗加十文，所冀人知勸農，國有常備。

十二年，詔諸道應遭水州府，以當處義倉斛斗，據所損多少，量事賑給訖，具數聞奏。

十三年，户部侍郎孟簡奏：「天下州府常平、義倉等斛斗〔四五〕，請準舊例減估出糶，但以石數奏申，有司更不收管，州縣得專達〔四六〕，以利百姓。」從之。

長慶元年，以京北、京西和糴擾人，罷之。

四年，詔於關内、關外折糴、和糴一百五十萬石，用備饑歉。

寶曆元年，以兩京、河西大稔，委度支和糴二百萬斛，以備災沴。

開成元年，户部奏：「應諸州府所置常平、義倉，伏請今後通公私田畝別納粟一升，逐年添貯義倉。斂之至輕，事必通濟，歲月稍久，自致盈充，縱逢水旱之災，永絶流亡之慮。」從之。

太和間，以天下回殘錢置常平、義倉本錢，歲增市之。非遇水旱不增者，判官罰俸、書下考，州縣假借，以枉法論。

宋太祖皇帝乾德元年，詔曰：「多事之後，義倉廢寢，歲或小歉，失於豫備。宜令諸州於所屬縣各置義倉，自今官所收二税，石别税一斗貯之，以備凶歉給與民。」

三年，詔民有欲借義倉粟充種食者，令州縣即計口給訖以聞〔四七〕，勿俟報；義倉不足，當發公廩者，奏待報。

四年，詔曰：「諸州義倉，用振乏絶，頗聞重疊輸送，未免勞煩，宜罷之。」

太宗端拱二年，置折中倉，許商人輸粟，優其價，令執券抵江、淮，給其茶、鹽，每一百萬石爲一界，禄仕之家及形勢户不得輒入粟。

淳化三年，京畿大穰，物價甚賤，分遣使臣於京城四門置場，增價以糴，令有司虚近倉以貯之，俟歲饑即減價糶與貧民。

五年，令諸州置惠民倉，如穀稍貴，即減價糶與貧民，不過一斛。

真宗咸平二年，於福建置惠民倉。

真宗景德三年，詔於京東、京西、河北、河東、陜西、淮南、江南、兩浙各置常平倉，惟沿邊州郡則不置。以逐州户口多少，量留上供錢一二萬貫，小州或二三千貫，付司農司係帳，三司不問出入，委轉運使併本州委幕職一員專掌其事。每歲秋夏加錢收糴，遇貴減價出糶，凡收糴比市價量增三五文，出糶減價亦如之，所減不得過本錢。大率萬户歲糴萬石，止於五萬石。或三年以上不經糶，即回充糧廩，别以新粟充數。

天禧四年，詔荆湖、川峽、廣南並置常平倉。

又詔諸州通河及大路人煙繁處多糴，其僻在山險之處，止約本處主客户收糴。

咸平六年，出内府綾羅錦綺，計直百八十萬〔四八〕，與河北轉運使定價市糴粟實邊。

景德元年，内出銀三十萬付河北經度，貿易軍糧。自兵罷後，凡邊州積穀可給三歲，即止市糴。大中祥符初，連歲登稔，乃令河北、河東、陝西增糴，靡限常數。

初，河東既下，減其租賦。是後，有司言其地沃民勤，多積穀，乃請每歲和糴，隨常賦輸送，其直多折色給之。又京東西、河北、陝西切須糧食，則州縣括民家所積糧市之〔四九〕，謂之推置；取上户版籍，酌其輸租而均糴之，謂之對糴，皆非常制。江、淮、湖、浙諸州置場和糴，以裨歲漕。

天聖三年，權三司使范雍言：「天下和買、和糴夏秋糧草，雖逐處開場，多被經販行人小估價例，外面添錢收買。候過時，乘官中急市〔五〇〕，即添價却將糴買者中賣，致糧草怯弱，枉費官錢不少〔五一〕。乞行下及早開場，依見賣時估，趁時糴買，不得容信作弊。」又臣僚言：「入中諸般糧草準備軍需，其中有所定物價高大，所入糧草低弱。蓋因逐處官員，自將收獲職田及月俸餘剩，或糴米買麤弱斗斛支糴，以互相容隱，致虧損官錢。軍人請得惡弱口糧，或形嗟怨。乞嚴禁絶。」從之。

陝西糴穀，歲預給青苗錢，自天聖中罷不復給。

河北舊有便糴之法，聽民輸粟邊州，而京師給以緡錢，錢不足，即移文外州給之，又折以象牙、香藥。景德元年，三司請令河北有輸藁入官者，準便糴粟麥例，給八分緡錢，二分象牙、香藥，其廣信、安肅、北平粟麥〔五二〕，悉以香藥博糴，從之。自有事二邊，戍兵寖廣，師行饋運，仰於博易，有司務優物估，以來輸入。

仁宗留意兵食，發内藏庫金帛以助糴者，前後不可勝數。寶元中，出内庫珠直緡錢三十萬，以賜三司，因諭輔臣曰：「此無用之物，既不欲捐棄，不若散之民間，收其直助邊，亦可紓吾民之斂。」

神宗留意邊備，務廣儲蓄。熙寧五年，詔以銀、絹各二十萬賜河東經略安撫司，聽人賒買，收本息封樁，以備邊費。自是，三路封樁，所給不可勝計，或取之三司，或取之市易務〔五三〕，或取之他路轉運司，或賜常平錢，或鬻爵、給度牒，而出内藏錢帛不與焉。

元豐元年，詔：「河東路十三州歲給和糴錢八萬餘緡，自今罷之，以其錢付轉運司市糧草。」時三司户部副使陳安石言：「十三州二税三十九萬二千餘石，和糴八十二萬四千餘石，所以災傷舊不除免，蓋十三州税輕，又本路恃爲邊儲，理不可闕。其和糴，舊支錢布相半，數既畸零，民病入州縣之費，以鈔貿易於市人，略不收半〔五四〕，公家實費，民間乃得虚名。欲自今罷支糴錢，歲支與沿邊州郡市糧草封樁，遇災傷，據民不能輸數補填，如無災傷，三年一免輸。」朝廷用其議。

五年，詔以開封府界、諸路封樁闕額禁軍及淮、浙、福建等路剩鹽息錢，並輸糴便司爲本。尋詔瀛、定、澶等州各置倉，凡封樁，三司毋關預，委度支副使蹇周輔專其事。

結糴　熙寧八年，劉佐體量川茶，因便結糴熙河路軍儲，得七萬餘石，詔運給焉。未幾，商人王震言：「結糴多散官或浮浪之人，有經年方輸者。」詔措置熙河財用孫迥究治以聞。

寄糴　元豐二年，糴便糧草王子淵論綱舟利害，因言：「商人入中，歲小不登，必邀厚價，故設内郡寄糴之法，以權輕重。」

俵糴　熙寧八年，令中書計運米百萬石費約三十七萬貫，帝怪其多。王安石因言：「俵糴非特省六七十萬緡歲漕之費，且河北入中之價，權之在我，遇斗斛貴住糴，即百姓米無所糶，自然價損，非唯實邊，亦免傷農。」帝以爲然，乃詔歲以末鹽錢鈔〔五五〕、在京粳米總六十萬貫石，付都提舉市易司貿易。度民田入多寡，預給錢物，秋成，於澶州、北京及緣邊糴粟麥封樁。即物價踴，權止入中，聽糴便司兑用，須歲豐補償。

均糴　政和元年，童貫宣撫陝西奏行之，以人户家業田土頃畝均敷，上等則所均斛斗數多，下等數少。五年，言者謂：「均糴之法推行往往不齊，故有不先樁本錢，已糴而不償其直，或不度州縣之力而敷數過多，有一户而糴數百石者。」於是詔諸路毋輒均糴。既而州縣以和糴爲名，裁價低下，轉運司程督愈峻，科率倍於均糴之數，詔約止之。

博糴　熙寧七年，詔河北轉運、提舉司置場，以常平及省倉歲用餘糧，減直聽民以絲、綿、綾、絹增價博買，俟秋成博糴〔五六〕。　崇寧五年，詔陝西錢重物輕，委轉運司措置，以銀、絹、絲、紬之類博糴斛斗，以平物價。

兑糴　熙寧九年，詔淮南常平司於麥熟州郡及時兑糴。　元祐二年，嘗以歲豐麥賤，下諸路廣糴，詔後價若與本相當，即許變轉兑糴。

括糴　元符元年，涇原經略使章楶請並邊糴買，豫牓諭民〔五七〕，毋得與公家争糴〔五八〕，即官儲有乏〔五九〕，括索蓄家，量存其所用，盡糴入官。

按：古之國用，食租衣税而已，毋俟於糴也。平糴法始於魏李悝，然豐則取之於民，歉則捐以濟民，凡以爲民而已，軍國之用未嘗仰此，歷代因之。自唐始以和糴充他用，至於宋而糴遂爲軍餉、邊儲一大事。熙、豐而後，始有結糴、寄糴、俵糴、均糴、博糴、兑糴、括糴等名，何其多也！推原其由，蓋自真宗、仁宗以來，西北用兵，糧儲缺乏，遂以茶鹽貨物召商人入中，而姦商黠賈遂至低價估貨，高價入粟。國家急仰軍儲，又法令素寬，致有此弊。後來懲其弊，所以只糴之於民，而不復墮商人之計。然至於計其家産而均敷之，量其蓄積而括索之，甚至或不償其直，或强敷其數，則其爲民病有不可勝言者。蓋始也官爲商所虧，終也民又爲官所虧，其失一也。

先是，常平倉領於司農寺。景祐初，始詔諸路轉運使與州長吏舉所部官專主常平錢粟。既而淮南轉運副使吴遵路言〔六〇〕：「本路丁口百五十萬，而常平錢粟纔四十餘萬，歲饑不足以救恤。願自經畫爲二百萬，他毋得移用。」從之。不數年間〔六一〕，常平積有餘而兵食不足，乃命司農寺出常平錢百萬緡助三司給軍費〔六二〕。久之，數移用，畜藏無幾。自景祐初畿内饑，詔出常平粟貸中下户，户一斛〔六三〕。慶曆中，詔京西發常平粟以賑貧民，自是數以賑貸，而聚斂者或增舊賈以糶，欲以市恩，詔戒之。又詔歲歉發以濟饑者，不復督取。然常平之積不厚，亦以出多入少故也。

自乾德初置義倉，未久而罷。明道二年，詔議復之，不果。景祐中，集賢校理王琪上疏，行隋唐故事，請復置，大略謂〔六四〕：「宜令五等以上户，隨夏秋二税〔六五〕，二斗别輸一升，隨税以入，水旱減税則免輸。擇便地别置倉貯之，領於轉運使。今以一中郡計之，正税歲入十萬石，則義倉歲得五千石。推而廣之，可備饑歉。兼并之家占田廣，則義倉所入多；中下之家占田狹，則義倉所入少。及水旱賑給，則兼并之家未必待此，而中下之民實受其賜。損有餘，補不足，天下之利。」下其事會議，而議者異同。遂詔止令上三等户輸粟，已而復罷。慶曆初，賈黯又請立民社義倉，然牽於衆論，終不果行。

治平三年，常平入五十萬一千四十八石，出四十七萬一千一百五十七石。

神宗熙寧二年九月，制置三司條例司請：「以常平、廣惠倉見在斗斛，遇貴量減市價糶，遇賤量增市價糴，可通融轉運司苗税及錢斛就便轉易者，亦許兑换。仍以見錢，依陝西青苗錢例，願豫給者聽之。令隨税納斗斛，半爲夏料，半爲秋料，内有願請本色，或納時價貴願納錢者，皆許從便。如遇災傷，許展至次料豐熟日納。非惟足以待凶荒之患，民既受貸，則轉運之家不得乘新陳不接以邀倍息。又常平、廣惠之物，收藏積滯，必待年凶物貴然後出糶，所及不過城市游手之人。今通一路有無，貴發賤斂，以廣蓄積，使農人得以趨時赴事，而兼并不得乘其急。凡以爲民，而公家無所利其入，亦先王散惠興利，以爲耕斂補助之意也。欲量諸路錢穀多少，分遣官提舉，仍先自河北、京東、淮南三路施行，有緒乃推之諸路。其廣惠倉除量留給老疾貧窮人外，餘並用常平轉移法。」並從之。時天下常平錢穀見在一千四百萬貫、石。諸路各置提舉一員，以朝官爲之，管勾一員，京官爲之，或共置二員，開封府界一員，凡四十一人。

按：青苗錢所以爲民害者三：曰徵錢也，取息也，抑配也。今觀條例司所請，曰隨租納斗斛，如以價貴願納錢者聽，則未嘗專欲徵錢也。曰凡以爲民，公家無利其入，則未嘗取息也。曰願給者聽，則未嘗抑配也。蓋建請之初，姑爲此美言，以惑上聽，而厭衆論，而施行之際，實則不然也。

初，王安石欲行青苗法，條例司檢詳文字蘇轍曰：「以錢貸民，使出息二分，本非爲利。然出納之際，吏緣爲姦，法不能禁；錢入民手，雖良民不免非理費用；及其納錢，雖富民不免違限。如此則鞭笞必用，州縣多事矣。唐劉晏掌國計，未嘗有所假貸。有尤之者，晏曰：『使民僥倖得錢，非國之福；使吏倚法督責，非民之便。吾雖未嘗假貸〔六六〕，而四方豐凶貴賤，知之未嘗逾時。有賤則糴，有貴必糶，以此四方無甚貴甚賤之病，安用貸爲？』晏之言，則漢常平法耳，今推行此法，晏之功可立俟也。」安石乃止。會河北轉運司幹當公事召議事，奏乞度牒數千道爲本錢，於陝西轉運司行青苗法，春散秋斂，與安石意合，請施之河北，安石遂行之四方。蘇轍以議不合罷。

熙寧二年，帝閱群臣奏，以儀鸞司官孫思道言坐倉事，善之。坐倉者，以諸軍餘糧願糶入官者計價支錢，復儲其米於倉也。詔條例司條例以聞，條例司請如嘉祐附令敷坐倉故事行之。

曾公亮謂支米有量數不同，難以立價。帝曰：「家各有斗，人自知其所得之多寡，雖定價，庸何傷？然此法第以恤軍班防監人可也。」安石曰：「誠然。今立價自一千至六百，過此則軍人自糶，與民間所定價亦適平，更增數錢，未至傷民。價錢賤於所定，則軍人受患矣。」帝曰：「善。」而司馬光恐其動衆，因經筵進對，爲帝言之。呂惠卿曰：「諸軍糶石米，止得八百。募其願以一千糴之，何以致動衆？」王珪亦曰：「外郡用錢四十，可致斗米至京師。今京師乏錢，反用錢百坐倉糴一斗〔六七〕，此極非計。」異日，帝又謂執政坐倉糴米何如？珪等皆起對曰：「坐倉甚不便，朝廷近罷之，甚善。」帝曰：「未嘗也。」光曰：「坐倉之法，蓋因小郡乏米而庫有餘錢，故反就軍人糴米以給次月之糧，出於一時之急計耳。今京師有七年之儲，而府庫無錢，更糴軍人之米，使積久陳腐，其爲利害，非臣所知也。」惠卿曰：「今京師坐倉得米百萬石，則減東南歲漕百萬石，轉易爲錢，以供京師，何患無錢？」光曰：「臣聞江、淮之南，民間乏錢，謂之錢荒。而土宜粳稻，彼人食之不盡。若官不糴取，以供京師發泄，必甚賤傷農矣。且民有米而官不用米，民無錢而官必使之出錢，豈通財利民之道乎？」元符以後，又有低價抑糴之弊，詔禁之。

三年，詔：「青苗錢不許抑配。令諸路提點刑獄官體量覺察禁止，敢沮遏願請者，按罰亦如之。」

初，敕旨放青苗並聽從便，而提舉司務以多散爲功。又民富者不願取，而貧者乃欲得之，即令隨户等高下分配，又令貧富相兼〔六八〕，十人爲保，以富者爲保首〔六九〕。王廣廉在河北，第一等給十五貫，第二等十貫，第三等五貫，第四等一貫五百，第五等一貫，民喧然以爲不便。而廣廉入奏言民間歌舞聖德，會言者交攻，朝廷不得已，乃降是詔。

判大名府韓琦言：「詳熙寧二年詔書，務在優民，不使兼并乘其急以邀倍息，皆以爲民，公家無所利其入。今乃鄉村自第一等而下，皆立借錢貫陌，三等以上更許增借〔七〇〕，坊郭有物業抵當者，依青苗例支借〔七一〕。且鄉村上三等并坊郭有物業户〔七二〕，乃從來兼并之家也，今皆多得借錢，每借一千，令納一千三百，則是官放息錢，與初詔抑兼并濟困乏之意絶相違戾〔七三〕，欲民信服，不可得也。且愚民一時借請則甚易，納則甚難。故自制下以來，官吏惶惑〔七四〕，皆謂若不抑散，則上户必不願請，下户與無業客户或願請，而將來必難催納。將來必有行刑督索，及勒干係書手、典押、耆户長同保人等均賠之患。朝廷若謂陝西嘗放青苗錢，官有所得而民以爲便，此乃轉運司因軍儲有闕，適自冬涉春雨雪及時，麥苗滋盛，決見成熟，行於一時可也。今乃差官置司，以爲每歲常行之法，而取利三分，豈陝西權宜之比哉？」上乃出琦奏示執政曰：「琦真忠臣，朕始謂利民，不意乃害民如此。且坊郭安得有青苗，而使者强與之乎？」王安石勃然曰：「苟從所欲，雖坊郭何害？」因難琦奏，曰：「陛下修常平法，所以助民，至於收息，亦周公遺法也。」上終以琦說爲疑，與安石問難，安石翌日遂稱疾不出。上諭執政罷青苗法，曾公亮、陳升之即欲奉詔，趙抃獨欲俟安石出，令自罷之，連日不決。上更以爲疑。安石再視事，入謝，上勞問曰：「青苗法，朕誠爲衆論所惑，今思此事，一無所害，極不過失陷少錢物耳，何足恤！」安石曰：「但力行之，勿令小人故意壞法，如預買紬絹行之已久，亦何常失陷錢物？」安石既視事，持之益堅，人言不能入矣。初，安石在告，曾公亮、陳升之等舉行前詔，乃删去毋得抑遏不散之語。安石復視事，志氣愈悍，乃面責曾公亮等，公亮不能抗。

右諫議大夫司馬光言：「彼言青苗錢不便者，大率但知所遣使者或年少位卑，倚勢作威，陵轢州縣，掻擾百姓，止論今日之害耳。臣所憂乃在十年之後，非今日也。夫民之所以有貧富者，由其材性愚智不同。富者智識差長，憂深思遠，寧勞筋骨，惡衣菲食，終不肯取債於人，故其家常有贏餘而不至狼狽也。貧者呰窳偷生，不爲遠慮，一醉日富，無復贏餘，急則取債於人，積不能償，至於鬻妻賣子，凍餒填溝壑，而不知自悔也。是以富者常借貸貧民以自饒，而貧者常假貸富民以自存，雖苦樂不均，然猶彼此相資，以保其生。今縣官乃自出息錢，以春秋貸民，民之富者皆不願取，貧者乃欲得之，提舉官欲以多散爲功，故不問民之貧富，各隨户等抑配與之。富者與債仍多，貧者與債差少，多者至十五緡，少者不減千錢。州縣官吏恐以逋欠爲負，必令貧富相兼，共爲保甲，仍以富者爲之魁首。貧者得錢，隨手皆盡，將來粟麥小有不登，二税且不能輸，况於息錢，固不能償，吏督之急，則散而之四方。富者不去，則獨償數家所負，力竭不逮，則官必爲之倚閣，春債未了，秋債復來。歷年浸深，債負益重，或值凶年，則流轉死亡，幸而豐稔，則州縣之吏并催積年所負之債，是使百姓無有豐凶，長無蘇息之期也。貧者既盡，富者亦貧，臣恐十年之外，富者無幾何矣。富者既盡，若不幸國家有邊隅之警，興師動衆，凡粟帛軍須之費，將誰從取之？臣不知今者天下所散青苗錢凡幾千萬緡，若民力既竭，加以水旱之災，州縣之吏果有仁心愛民者，安得不爲之請於朝廷，乞因郊赦而除之？朝廷自祖宗以來，以仁政養民，豈可視其流亡轉死而必責其所負，其勢不得不從請者之言也，然則官錢幾千萬緡已放散而不反矣。官錢既放散，而百姓又困竭，但使閭胥里長於收督之際有乞取之資，此可以謂之善計乎？且常平倉者，乃三代聖王之遺法，非獨李悝、耿壽昌能爲之也。穀賤不傷農，穀貴不傷民，民賴其食而官收其利，法之善者無過於此，比來所以隳廢者，由官吏不得其人，非法之失也。今聞條例司盡以常平倉錢爲青苗錢，又以其穀换轉運司錢，是欲盡壞常平，專行青苗也。國家每遇凶年，供軍倉自不能足用，固無羨餘以濟饑民，所賴者只有常平倉錢穀耳。今一旦盡作青苗錢散之，向去若有豐年，將以何錢平糴？若有凶年，將以何穀賙贍乎？臣竊聞先帝嘗出内藏庫錢一百萬緡，助天下常平倉作糴本。前日天下常平倉錢穀共約一千餘萬貫石，今無故盡散之，他日若思常平之法，復欲收聚，何時得及此數乎？臣以爲散青苗錢之害猶小，而壞常平倉之害尤大也。」

條例司奏專疏駁韓琦所言，皆王安石自爲之。既而琦又言：「今蒙制置司以臣所言皆爲不當，看詳疏駁，事件多删去臣元奏要切之語，曲爲沮格，及引周禮『國服爲息』之説，文其繆妄，將使無復敢言其非者。且古今異宜，周禮所載不可施於今者，其事非一。况今天下田税已重，又非周禮什一之法，更有農具、牛皮、鹽錢、麯錢、鞋錢之類，凡十餘件，謂之雜錢。每夏秋起納，官中更以紬絹斛斗低估價直，令民以此雜錢折納。又每歲散官鹽與民，謂之蠶鹽，折納絹帛。更有預備收賣紬絹，如此之類，不可悉舉。皆周禮田税什一之外加斂之物，取利已厚，傷農已深，奈何更引周禮『國服爲息』之説，謂放青苗錢乃周公太平已試之法？此則誣汙聖典，蔽惑睿明，老臣得不太息而慟哭也！且坊郭有物力人户，從來不曾見肯零糴常平倉斛斗者，此蓋制置司以青苗爲名，欲多借錢與坊郭有業之人，以望收利之多。假稱周禮太平已試之法，以爲無都邑鄙野之限，以文其曲説，惟陛下深詳其妄。」

翰林學士范鎮言：「陛下初詔云公家無所利其入，今提舉司以户等給錢，皆令出三分之息，物議紛紛，皆云自古未有天子開課場者。」王安石曰：「鎮所言若非陛下略見周禮有此，則豈得不爲愧耻。」

光又言：「青苗錢雖不令抑勒，而使者皆諷令抑配。如開封府界十七縣，惟陳留姜潛張敕榜縣門及四門，聽民自來，請則給之，卒無一人來請。以此觀之，十六縣恐皆不免於抑勒也。」

知青州歐陽修言：「田野之民蠢然，安知周官泉府爲何物，但見官中放債，每錢一百文要二十文利耳。臣愚以爲必若使天下曉然知非爲利，則乞除去二分息，但納本錢。」又言：「夏料錢於春中俵散，猶是青黄不接之時，尚有可説。若秋料於五月俵散，正是蠶麥成熟、人户不乏之時，何名濟闕，直是放債取利耳。若二麥不熟，則夏料尚欠，豈宜更俵秋料錢？以此而言，秋料可罷不散。」中書言修擅止給青苗錢，欲下問罪，詔放罪，改知蔡州。知亳州富弼亦坐論青苗移鎮。

知山陰縣陳舜俞不肯奉行，移狀自劾曰：「方今小民匱乏，願貸之人往往有之。譬如孺子見飴蜜，孰不染指爭食？然父母疾止之，恐其積甘生病。故耆老戒其鄉黨，父兄誨其子弟，未嘗不以貸貰爲不善治生。今乃官自出錢，誘以便利，督以威刑，非王道之舉。況正月放夏料，五月放秋料，而所斂亦在當月，百姓得錢便出息輸納，實無所利。是使民取青苗錢，乃別爲一賦以弊之也。」坐謫監南康鹽酒稅。

七年，上患俵常平官吏多違法，安石曰：「若俵常平稍多縣分專置一主簿，令早入暮出，給納役錢及常平，度不過置五百員，費錢三十萬貫。今歲收息至三百萬，但費三十萬，不爲冗費也。」上從之，至元祐元年罷。

帝以久旱爲憂，翰林承旨韓維言：「畿縣近日督青苗甚急，往往鞭撻取足，民至伐桑爲薪以易錢。旱災之際，重罹此苦。」帝頗感悟。

著作佐郎黄顔言：「給納青苗錢穀，乞詔州縣視年豐荒爲給散多少，毋以元散數爲額。」

七月，帝以諸路旱災，常平司未能賑濟，諭輔臣曰：「天下常平倉若以一半散錢取息，一半減價糶貴，使二者如權衡之相依，不得偏重，民必受賜。」自是詔諸路州縣，據已支見在錢穀通數，常留一半外，方得給散。

九年，詔司農寺自今兩經倚閣常平錢人户，更不得支借錢斛。帝謂「天下常平錢穀，十常七八散在民間。又連歲災傷，倚閣迨半。止務多給計息爲功，不計督索艱難，豈惟虧失官物，兼百姓被鞭撻必衆」故也。

十年，提舉兩浙路常平言：「災傷累年，丁口減耗。凡九年以前逃絶户已請青苗錢斛，見户有合攤填者乞需豐熟日理納外，更有全甲户絶，輸償不足，或同甲内死絶，止存一二貧户難以攤納者，更乞立法。」從之。

元豐元年，詔：「常平倉錢穀，當輸錢而願入穀若金帛者，官立中價示民。物不盡其錢者足以錢，錢不盡其物者還其餘直。又聽民以金帛易穀，而有司少加金帛之直。凡錢穀當給若糴，皆用九年詔書通取，留一半之餘。」

六年，户部言：「準朝旨，諸路散斂常平物可自行法，至今酌三年斂散之中數，取一年爲格，歲終較其增虧。今以錢銀穀帛貫、石、匹、兩定年額〔七五〕：散一千一百三萬七千七百七十二，斂一千三百九十六萬五千四百五十九。比元豐三年散增二百一十四萬八千三百四十二，斂增一百三萬四千九百六十三；四年散增二百七十九萬九千九百六十四〔七六〕，斂虧一百九十八萬六千五百一十五。」詔三年四年散多斂少及散斂俱少處，户部下提舉司具析以聞。

八年八月，詔給散青苗不許抑配，仍不立定額。時哲宗已即位。

哲宗元祐元年二月，詔：「提舉官累年積蓄錢穀財物，盡樁作常平倉錢物，委提點刑獄交割主管，依舊常平倉法。」

左正言朱光庭言：「天下青苗錢除支俵外，見在錢數尚多。乞並用收糴可存留斛斗，凡遇豐年則添價以糴，遇歲饑則減價以糶，大饑則貸之，候豐歲輸還，更不出息。」

門下侍郎司馬光劄子言：「常平之法，公私兩利，此乃三代之良法也。向者有因州縣闕常平糴本錢，雖遇豐歲，無錢收糴。又有官吏怠慢，厭糴糶之煩，雖遇豐歲，不肯收糴。又有官吏不能察知在市斛斗實價，只信憑行人與蓄積之家通同作弊。當收成之初〔七七〕，農人要錢急糶之時，故意小估價例，令官中收糴不得，盡入蓄積之家。直至過時，蓄積之家倉廩盈滿，方始頓添價例〔七八〕，中糶入官。是以農夫糶穀，止得賤價，官中糴穀，常用貴價，厚利皆歸蓄積之家。又有官吏雖欲趁時收糴，而縣申州，州申提點刑獄，提點刑獄司申司農寺取候指揮，比至回報，動涉累月，已是失時〔七九〕，穀價倍貴。是致州縣常平倉斛斗有經隔多年，在市價例終不及元糴之價，出糶不行，堆積腐爛者。此乃法因人壞，非法之不善也。」

四月，詔再立常平穀錢給斂出息之法，限二月或正月以散及一半爲額，民間絲麥豐熟，隨夏稅先納所輸之半，願併納者止出息一分。

左司諫王巖叟、中丞劉摯、右司諫蘇轍等交章言其非。右僕射司馬光劄子乞約束州縣抑配青苗錢曰：「先朝初散青苗，本爲利民，故當時指揮，並取人户情願〔八〇〕，不得抑配。自後因提舉官速要見功〔八一〕，務求多散，諷脅州縣，廢格詔書，名爲情願，其實抑配。或舉縣勾集，或排門抄劄。亦有無賴子弟謾昧尊親，錢不入家；亦有他人冒名詐請，莫知爲誰，及至追催，皆歸本户〔八二〕。朝廷深知其弊，故悉罷提舉官，不復立額考校，訪聞人情安便。昨於四月二十六日有敕令給常平錢斛，限二月或正月，只爲人户欲借者，及時得用。又令半留倉庫，半出給者，只爲所給不得輒過此數。又令取人户情願，亦不得抑配，一遵前朝本意。慮恐州縣不曉朝旨本意，將謂朝廷復欲多散青苗錢穀，廣收利息，勾集抑配，督責嚴急，一切如向日置提舉官時。今欲續降指揮，令諸路提點刑獄司告示州縣，並須候人户自執狀結保〔八三〕，赴縣乞請常平錢穀之時，方得勘會，依條支給，不得依前勾集抄劄，强行抑配。仍仰提點刑獄常切覺察，如有官吏似此違法騷擾者〔八四〕，即時取勘施行，若提點刑獄不切覺察，委轉運、安撫司覺察聞奏。」從之。録黄過中書省〔八五〕，舍人蘇軾奏曰：「臣伏見免役之法已盡革去，而青苗一事乃獨因舊，少加損益，欲行紾臂徐徐，月攘一鷄之道。熙寧之法本不許抑配，而其害至此〔八六〕。今雖復禁其抑配，其害猶在也。昔者，州縣並行倉法，而給納之際〔八七〕，十費二三，今既罷倉法，不免乞取，則十費五六，必然之勢也。又官吏無狀，於給散之際，必令酒務設鼓樂倡優，或關撲賣酒牌，農民至有徒手而歸者。但每散青苗，即酒課暴增，此臣所親見而爲流涕者也。二十年間，因欠青苗，至賣田宅，僱妻女，溺水自縊者，不可勝數，朝廷忍復行之歟？臣謂四月二十六日指揮以散及一半爲額，與熙寧之法初無小異，而今月二日指揮〔八八〕，猶許人户情願請領〔八九〕，未免於設法罔民。使一時非理之用〔九〇〕，而不慮後日催納之患。二者皆非良法〔九一〕，相去無幾也。今者已行常平糶糴之法，惠民之外，官亦稍利，如此足矣，何用二分之息，以賈無窮之怨？臣雖至愚，深爲朝廷惜之。欲乞特降指揮，青苗錢斛今後更不給散〔九二〕，所有已請過者，候豐熟日，分作五年十料，隨二税送納。或乞聖慈念其累歲出息已多，自第四等以下人户並與放免，庶使農民自此息肩，亦免後世有所譏議。兼近日謫降吕惠卿告詞云『首建青苗，次行助役』，若不盡去其法，必致姦臣有詞，流傳四方，所損不細。所有上件録黄，臣未敢書名行下。」初，同知樞密院范純仁以國用不足，建請復青苗錢，四月二十六日指揮，盡純仁意。時司馬光方以疾在告，不與也，已而臺諫共言其非，不報。光尋具劄子乞約束抑配，蘇軾又繳奏，乞盡罷之。光始大悟，遂力疾入對於簾前曰：「近者，不知是何姦邪勸陛下復行此事。」純仁失色却立，不敢言。青苗錢遂罷不復散。

按：元祐初，温公入相，諸賢並進用，革新法之病民者如救頭然，青苗、助役其尤也。然既曰罷青苗錢，復行常平倉法矣，未幾而復有再給散出息之令，而其建請乃出於范忠宣。雖曰温公在告，不預知，然公其時有奏，乞禁抑配，奏中且明及四月二十六日敕令給錢斛之説，則非全不預知也。後以臺諫交章論列，舍人不肯書黄，遂大悟而不復再行耳。至於役法，則諸賢之是熙寧而主僱募者居其半，故差、僱二者之法，雜然並行；免役六色之錢，仍復徵取。然則諸賢雖號爲革新法，而青苗、助役之是非可否，胸中蓋未嘗有一定之見，宜熙、豐之黨後來得以爲辭也。然熙寧之行青苗也，既有二分之息，提舉司復以多散爲功，遂立各郡定額而有抑配之弊。其行助役也，既取一分之寬剩，而復徵頭子錢，民間輸錢日多，而僱人給直日損，遂至寬剩積壓。此皆其極弊處。至紹聖，國論一變，群姦唾掌而起，於紹述故事宜不遺餘力。然考其施行之條畫，則青苗取息止於一分，且不立定額抑配；人户助役錢寬剩亦不得過一分，而蠲減先於下五等人户，則聚斂之意反不如熙寧之甚矣。觀元祐之再行青苗，復徵六色役錢，則知興利之途，雖君子不能盡窒之。觀紹聖之青苗取息，役錢寬剩皆止於一分，則知言利之名，雖小人亦欲少避之。要之，以常平之儲貴發賤斂，以賑凶饑，廣畜儲，其出入以粟而不以金，且不取息，亦可以懲常平積滯不散，侵移他用之弊，則青苗未嘗不可行。晦庵之說如此。以坊場撲買之利及量徵六色助役之錢，以資僱役，所徵不及下户，不取寬剩，亦可以免當役者費用破家之苦，則助役未嘗不可行。二蘇之說如此。介甫狠愎，不能熟議緩行，而當時諸賢又以決不可行之說激之，群憸因得以行其附會媒進之計〔九三〕，推波助瀾，無所不至，故其征利毒民，反出後來章、蔡諸人之上矣。紹聖紹述之事，章惇爲之宗主，然惇元祐時嘗言：「保甲、保馬一日不罷則有一日害。如役法，熙寧初以僱代差，行之太速，故有今弊。今復以差代僱，當詳議熟講，庶幾可行，而限止五日，其弊將益甚矣。」其說不惟切中元祐之病，亦且深知熙、豐之非。然則後來之所以攘臂稱首者，正張商英所謂熱荒要做官，而民間之利病，法度之是非，未嘗不了然胸中也，其姦人之雄歟！

紹聖二年，户部尚書蔡京乞下有司檢會熙寧、元豐青苗條約，參酌增損，立爲定制。淮南轉運副使莊公岳言：「自元祐罷提舉官，錢穀爲他司侵借，所存無幾。欲乞追還向所侵借，令當職官依限給散，以濟乏闕，隨夏秋稅償納，勿立定額，自無抑民失財之弊。」右承議郎董遵言：「青苗之制，乞歲收一分之息，給散本錢，不限多寡，各從人願，仍勿推賞。其出息至寡，則可以抑兼并之家；賞既不行，則可以絶邀功之吏。」詔並送詳定重修敕令所。

徽宗政和八年，御筆：「常平斂散法利天下甚博，而比年以來，諸路欠闕，至未及散而遽取之，甚失神考制法之意。令常平司恪遵條令，斂散必時，違者以大不恭論。」

宣和五年，詔：「州縣每歲支俵常平錢穀，多是形勢户請求，及胥吏詐冒支請。令天下州縣每歲散錢穀既畢，即揭示請人數目，逾月斂之，庶知爲僞冒者得以陳訴。」

高宗建炎二年，臣僚言：「常平和糴，州縣視爲文具。以新易舊，法也，間有損失蠹腐而未嘗問；不許借貸，法也，間有悉充他用而實無所儲。」詔委官徧行按視。

紹興九年，宗正丞鄭鬲乞以常平錢於民輸賦未畢之時〔九四〕，悉數和糴，即詔行之。上因諭宰執曰：「常平法不許他用，惟時賑饑。取於民者還以予民也。」

二十八年，趙令詪言：「州縣義倉米積久陳腐〔九五〕，乞出糶，及水旱災荒，不拘檢放，及七分便許賑濟。」沈該奏：「在法，義倉止許賑濟，若出糶，恐失初意。」乃令量糶三之一，樁收價錢，次年收糴撥還。

孝宗乾道八年，知台州唐仲友言：「鰥寡孤獨、老幼疾病之人，乞依乾道九年依例取撥常平義倉賑給〔九六〕。」上命以常平米低價出糶，以義倉米賑濟。

寧宗慶元四年，臣僚言：「州縣受納苗米，於法，義倉米合於當日支撥，而因循於州用，不復撥還；人户納苗稍及分數，例多折納價錢，其帶義倉錢並不許撥，此因納苗而失陷義倉也。至如紹興府人户就行在省倉送納湖田米，其合納義倉多不催理，此因湖田納米而失陷也。如淮、浙鹽亭户納鹽以折二税，其合納義倉多是不曾拘催，此因納鹽而失陷也。常平失於兑换，因致陳損，此倉庾陳腐之弊也。常平米止許遞留一年，以新納秋苗换易支遣。常平專法，主管官替移，無拖欠失陷方與批書離任，今公然兑借，陽爲自劾，更不補還，此州縣兑移之弊也。常平和糴合專置倉廒，今州縣多因受納，以收到出剩撥歸常平倉，贏落價錢，此收糴官吏之弊也。諸没官産業并户絶、僧、道田賣到錢數及亡僧衣鉢錢，法當拘入常平，州縣侵漁，鮮曾撥正，此出賣官産之弊也。若乃吏胥之禄，合於免役錢内支給，而所催役錢，在州則主管官應副人情，在縣佐以爲公用。已催之數既不以供支遣，又於坊場錢内撥支〔九七〕，未嘗入以爲出。如公吏差出，其本身初不請常平錢，乃詭名借請，或元非差出，而妄作緣故。至於吏胥自有定額，今守倅視常平錢米爲他司錢物，吏額日增，請給日廣，常平司委而不問。若夫借請，在法二分剋納，今或一例借欠，動至數百千，例不除剋，此其弊不一也，倘不爲之隄防懲革，則儲蓄日寡，荒政無備。乞明詔諸路提舉常平官講求措置，亟去前弊，責令逐州每季以本州及屬縣收支常平義倉等錢米逐項細數，申常平司，不得泛言都數。然後參照條法，逐一審訂，稍有失收、失支，勒令填納，或有情弊，必寘於法。」

嘉定十一年五月，臣僚言：「頃歲議臣有請計義倉所入之數，除負郭縣就州輸納外，餘令逐縣置數，自行收受，非惟革州郡侵移之弊，抑亦省凶年轉般之勞。曩時州倉隨苗帶納，同輸一鈔，今正苗輸之州，義倉輸之縣，則輸爲兩輸，鈔爲二鈔矣。曩時鼠雀之耗蠹，吏卒之需求，一切倚辦於正税，而義倉不預焉，今付之於縣，既無正税，獨有此色，耗蠹、需求又不能免矣。於是議臣有請令人户義倉仍舊隨正税，從便就州，作一鈔輸納，而州縣復有侵移之弊。臣聞紹興初，臺臣嘗請通計一縣之數，截留下户苗米，於本縣納。開禧初，議臣之請亦如之。蓋截留下户之税米，以補一縣之義倉，其餘上户則隨正税而輸之州；州得以補償其截留下户之數，州不以爲怨；縣得此米，別項儲之以備賑濟，使窮民不致於艱食，則縣不以爲撓。一舉而三利得，此上策也。惟是負郭之義倉，則就州輸送，自如舊制，至於屬縣之義倉，則令、丞同主之，每歲之終，令、丞合諸鄉所入之數，上之守、貳；守、貳合諸縣所入之數，上之提舉常平；提舉常平合一道之數，上之朝廷。令、丞替移，必批印紙，考其盈虧，以議殿最。」從之。

## 社倉

淳熙八年十一月，浙東提舉朱熹言：「乾道四年間，建民艱食。熹請於府，得常平米六百石，請本鄉土居朝奉郎劉如愚共任賑貸〔九八〕，夏受粟於倉，冬則加二計息以償。自後逐年斂散，或遇少歉，即蠲其息之半，大饑即盡蠲之。凡十有四年，得息米造成倉廒，及以元數六百石還府，見管米三千一百石，以爲社倉，不復收息，每石只收耗米三升，以故一鄉四十五里間，雖遇凶年，人不闕食。請以是行於司倉。」時陸九淵在敕令局，見之嘆曰：「社倉幾年矣，有司不復掛墻壁，所以遠方無知者。」遂編入賑恤門。凡借貸者十家爲甲，甲推其人爲之首，五十甲則本倉自擇一公平曉事者爲社首。正月告示，社首下都結甲，其有藏匿逃軍及作過無行止人，互相覺察。及有税錢衣食不闕者，並不得入甲。仍問人户願與不願入甲，開具一家大人若干口、小兒若干口，大人一石，小兒減半，五歲以下不預請，甲頭加請一倍。社首親自審訂虚實，取各人親手押字，類聚齊備，齎赴本倉。再自審其無弊，然後逐一排定，甲頭寫上都簿，明載某人借若干石，依正簿給，關與甲頭收執請穀。仍分兩時支散，初當下田時。次當耘耨時，秋禾成熟，還穀不得過八月三十日納足，穀有濕惡不實者罰之。

嘉定末，真德秀帥長沙行之。然今所在州縣間有行之者，皆以熹之已行者爲式，凶年饑歲，人多賴之。然事久而弊，或主者倚公以行私，或官司移用而無可給，或拘納息米而未嘗除免，甚者拘催無異正賦。良法美意，胥此焉失，必有仁人君子以公心推而行之，斯民庶乎其有養矣。

朱子建安五夫社倉記曰〔九九〕：「予惟成周之制，縣都各有委積，以待凶荒，而隋、唐所謂社倉者，亦近古之良法也。今皆廢矣，獨常平、義倉尚有古法之遺意，然皆藏於州縣，所恩不過市井惰游輩，至於深山長谷力穡遠輸之民，則雖饑餓致死而不能及也〔一〇〇〕。又其爲法太密，使吏之避事畏法者，視民之殍而不肯發，往往全其封鐍，遞相傳授，或至累數十年不一訾省，一旦甚不獲已，然後發之，則已化爲浮埃聚壤而不可食矣。夫以國家愛民之深，其慮豈不及此？然而未之有所改者〔一〇一〕，豈不以里社不能皆有可任之人〔一〇二〕，欲一聽其所爲，則恐其計私以害公，欲謹其出入，同於官府，則鈎校靡密，上下相遁，其害又必有甚於前所云者〔一〇三〕，是以難之而有弗暇耳。」

又金華社倉記曰：「抑凡世俗之所以病乎此者〔一〇四〕，不過以王氏之青苗爲説耳。以予觀於前賢之論，而以今日之事驗之，則青苗者，其立法之本意固未爲不善也。但其給之也，以金而不以穀；其處之也，以縣而不以鄉；其職之也，以官吏而不以鄉人士君子；其行之也，以聚斂亟疾之意而不以慘怛忠利之心。是以王氏能行之於一邑，而不能行之於天下。子程子嘗極論之，而卒不免於悔其已甚而有激也〔一〇五〕。」

高宗紹興間，於江、浙、湖南博糴，博糴：極邊糧草，每歲自三司抛數下庫務，先封樁緊便鈔，然後召人入中也〔一〇六〕。所謂「緊便鈔」，謂水路緊便處緊便鈔，謂上三山場榷務也。多者給官誥，少者給度牒。於是或以鈔引數多不售，而吏緣爲姦，人情大擾。於是減損其價，勸誘富實積粟之家，不拘官户、編户。至於斗面加擡有禁，專斗乞取有禁，凡朝廷降金銀錢帛和糴，而州縣阻節不即支還者有罰。

四川有對糴米，謂如税户甲家當輸百石，則又科糴百石，所輸倍於正税，皆軍興後科配也。

紹興八年，侍御史蕭振言：「經制司糴米，一例抛降數目與諸州〔一〇七〕，如此則諸州不免抛下諸縣，諸縣科與百姓〔一〇八〕，是百姓比年例又添一番科率〔一〇九〕。經制一司張官置吏，止爲收糴一事，如何只抛與諸州〔一一〇〕？乞别選官置場收糴。」從之。

十五年，詔禁州縣減剋價錢，横斂脚費，如盤量出剩，監官計剩數科罪。

十八年，户部奏免和糴，而命三總領置場糴之。

孝宗乾道三年，詔州縣只以本錢坐倉收糴，毋得强配於民。

四年，糴本不給度牒、關引，只降會子，品搭錢銀〔一一一〕，每石價錢二貫五百文，又令人户自行量概。凡江西、湖南民間不便於關子，令兩路繳回。

淳熙四年，詔四川旱傷處免糴。上諭執政曰：「聞總司糴米皆散在諸處，萬一軍興而屯駐處無米，臨時豈不悞事。大抵賑糴未可歲循環〔一一二〕，以備凶荒；樁積米須留於要害屯軍所在，庶幾軍民皆便。」

## 校勘記

〔一〕泰秋國穀去參之一　「泰」字原脱，據管子山至數補。

〔二〕今上斂穀以幣　「上」原作「土」，據管子山至數改。「今」，戴望管子校正謂「令」之誤。

〔三〕以重藏輕　「輕」原作「經」，據元本、慎本、馮本及管子山至數改。

〔四〕糴甚貴傷人　「糴」原作「糶」，據漢書卷二四上食貨志上、册府元龜卷五〇二邦計部平糴改。「人」原作「民」，通典避唐太宗諱改，本書沿用通典之文，未曾回改。注同。

〔五〕此人謂士工商　「士」原作「糶」，據馮本及漢書卷二四上食貨志上韋昭注改。

〔六〕而令糴至於甚貴者也　「糴」原作「糶」，據慎本及漢書卷二四上食貨志上、册府元龜卷五〇二邦計部平糴改。

〔七〕計人食終歲長四百石　「食」字原脱，「終歲」二字原倒，據漢書卷二四上食貨志上張晏注補乙。

〔八〕謂中分百石之一也　「謂」下原衍「之」字，據漢書卷二四上食貨志上張晏注、册府元龜卷五〇二邦計部平糴删。

〔九〕收五之一也　「五」原作「三」，據漢書卷二四上食貨志上張晏注、通典卷一二食貨典十二改。

〔一〇〕糴不貴而人不散　「糴」原作「糶」，據漢書卷二四上食貨志上、册府元龜卷五〇二邦計部平糴改。

〔一一〕可省關東漕卒過半　「關東」原作「關中」，據漢書卷二四上食貨志上改。

〔一二〕故農夫苦其業　「業」原作「利」，據晉書卷二六食貨志、册府元龜卷五〇二邦計部平糴改。

〔一三〕買絲綿紋絹布　「紋」，册府元龜卷五〇二邦計部常平作「綾」，疑是。

〔一四〕市絲綿紋絹布米大麥　「紋」，册府元龜卷五〇二邦計部常平作「綾」。「大」，同書作「菽」。

〔一五〕皆市絹綿布米　「皆」字原脱，據册府元龜卷五〇二邦計部常平補。同書「米」下有「南兖州兼大麥大豆」八字。

〔一六〕後魏孝文時　「文」原作「莊」，據魏書卷六二李彪傳、册府元龜卷五〇二邦計部常平改。

〔一七〕京都度支歲用之餘　「京」下原衍「師」字，據魏書卷六二李彪傳、册府元龜卷五〇二邦計部常平删。

〔一八〕明帝神龜正光之際　「光」原作「先」，據馮本改。

〔一九〕得支一年之糧　「支」字原脱，據隋書卷二四食貨志、册府元龜卷五〇二邦計部常平補。

〔二〇〕賤則還用所糶之物　「糶」原作「糴」，據隋書卷二四食貨志改。

〔二一〕國用足　「國用」二字原脱，據隋書卷二四食貨志、册府元龜卷五〇二邦計部常平補。

〔二二〕洛州置河陽倉　六字原脱，據隋書卷二四食貨志補。

〔二三〕京師置常平監　「京師」二字原脱，據通典卷一二食貨典十二、册府元龜卷五〇二邦計部常平補。

〔二四〕隨土地所宜　「隨」字原脱，據新唐書卷五一食貨志一補。

〔二五〕敕關内隴右河南河北五道　按此處總言五道而所列僅四道名，其中「河南」，册府元龜卷五〇二邦計部常平作「河東」，疑此處脱「河東」而册府元龜脱「河南」。

〔二六〕上上户税五石　「户」原作「豆」，據通典卷一二食貨典十二改。

〔二七〕三千五十八萬九千百八十石　「三」原作「一」，據通典卷一二食貨典十二改。

〔二八〕三十七萬二千七百八十石　「三」原作「二」，據通典卷一二食貨典十二改。

〔二九〕山南道十四萬三千八百八十二石　按以上十道正倉糧數總計爲四千三百一十六萬七千三百七十石，較前載總數多一百零四萬一千一百八十六石。

〔三〇〕三十萬三十四石　「三十萬」原作「二十萬」，據通典卷一二食貨典十二改。

〔三一〕山南道二百八十七萬一千六百六十八石　按以上十道義倉糧數總計爲六千三百一十六萬七千六百六十石，較前載總數少一萬石。

〔三二〕二十八年　按唐會要卷八八義倉及常平倉載此處所叙乃開元二十八年事，天寶僅十五年。

〔三三〕其賖糴者　「賖」原作「餘」，據馮本及舊唐書卷四九食貨志下、册府元龜卷五〇二邦計部常平改。

〔三四〕第五琦請天下常平倉皆置庫　「琦」原作「畸」，據新唐書卷五二食貨志二改。

〔三五〕營田及地租不足以供軍　「以」字原脱，據新唐書卷五三食貨志三補。

〔三六〕有彭果者獻策　「者」字原脱，據新唐書卷五三食貨志三補。

〔三七〕歲以錢六十萬緡賦諸道和糴　「十」原作「千」，據元本、慎本、馮本及新唐書卷五三食貨志三改。

〔三八〕每歲短遞輸京倉者百餘萬斛　「短」與「萬」二字原脱，據新唐書卷五三食貨志三補。

〔三九〕諸道戍兵月給粟十七萬斛　「戍」原作「代」，據馮本及新唐書卷五三食貨志三改。

〔四〇〕以江淮糴米及減運直市絹帛送上都　「糴」原作「羅」，「送」原作「遺」，據新唐書卷五三食貨志三改。

〔四一〕續令所司自般運載至太倉　「倉」原作「原」，據唐會要卷九〇和糴、册府元龜卷五〇二邦計部平糴改。

〔四二〕澤潞四十萬石　「潞」原作「蔡」，據唐會要卷九〇和糴、册府元龜卷五〇二邦計部平糴改。

〔四三〕振武豐州鹽州各五萬石　「豐州」原作「豐汜」，據册府元龜卷五〇二邦計部平糴改。

〔四四〕凡一百六十萬石　「六」原作「三」，據册府元龜卷五〇二邦計部平糴改。

〔四五〕天下州府常平義倉等斛斗　「斛斗」二字原倒，據册府元龜卷五〇二邦計部常平乙正。
〔四六〕州縣得專達　「達」字原脱，據册府元龜卷五〇二邦計部常平補。
〔四七〕令州縣即計口給訖以聞　「訖」原作「計」，據宋史卷一七六食貨志上四改。
〔四八〕計直百八十萬　「萬」下原衍「貫」字，據宋史卷一七五食貨志上三、宋會要食貨三九之三删。宋史食貨志並於本句下有「銀三十萬兩」五字。
〔四九〕則州縣括民家所積糧市之　「糧」原作「量」，據宋史卷一七五食貨志上三改。
〔五〇〕乘官中急市　「官」原作「宫」，據馮本及宋會要食貨三九之一〇改。
〔五一〕枉費官錢不少　「少」原作「便」，據宋會要食貨三九之一〇改。
〔五二〕其廣信安肅北平粟麥　按宋無「北平」而有陪都北京大名府，此處言三司所定河北輸蒿禾入官者處理辦法，大名府屬河北東路，疑「北平」爲北京之誤。
〔五三〕或取之市易務　六字原脱，據宋史卷一七五食貨志上三補。
〔五四〕略不收半　「收」原作「食」，據馮本及宋史卷一七五食貨志上三改。
〔五五〕乃詔歲以末鹽錢鈔　「末」原作「米」，據元本、馮本及宋史卷一七五食貨志上三改。
〔五六〕俟秋成博糴　「俟」原作「後」，據馮本及宋史卷一七五食貨志上三改。
〔五七〕豫牓諭民　「豫」原作「務」，據宋史卷一七五食貨志上三改。
〔五八〕毋得與公家争糴　「家」字原脱，據宋史卷一七五食貨志上三補。
〔五九〕即官儲有乏　「乏」原作「之」，據馮本及宋史卷一七五食貨志上三改。

〔六〇〕既而淮南轉運副使吴遵路言 「副」與「路」二字原脱，據宋史卷一七六食貨志上四、卷四二六吴遵路傳補。

〔六一〕不數年間 「不」字原脱，據宋史卷一七六食貨志上四補。

〔六二〕乃命司農寺出常平錢百萬緡助三司給軍費 「寺」字原脱，據宋史卷一七六食貨志上四補。

〔六三〕詔出常平粟貸中下户户一斛 「下户」原作「一」，「一」原作「三」，據宋史卷一七六食貨志上四改。

〔六四〕大略謂 「謂」原作「請」，據馮本改。

〔六五〕隨夏秋二税 「隨」原作「計」，「秋二」二字原脱，據宋史卷一七六食貨志上四改補。

〔六六〕吾雖未嘗假貸 「假」字原脱，據宋史卷一七六食貨志上四補。

〔六七〕反用錢百坐倉糴一斗 「反」原作「及」，據宋史卷一七五食貨志上三改。

〔六八〕又令貧富相兼 「令」原作「兼」，據宋史卷一七六食貨志上四、宋會要食貨四之二一改。

〔六九〕以富者爲保首 「以富者爲保」五字原脱，據宋會要食貨四之二一補。

〔七〇〕三等以上更許增借 「借」原作「數」，據宋史卷一七六食貨志上四改。

〔七一〕依青苗例支借 「青苗」，宋史卷一七六食貨志上四作「鄉户」。

〔七二〕且鄉村上三等并坊郭有物業户 「上」字原脱，據宋會要食貨四之二七補。

〔七三〕與初詔抑兼并濟困乏之意絶相違戾 「詔」字原脱，據宋史卷一七六食貨志上四、宋會要食貨四之一九補。

〔七四〕官吏惶惑 「官吏」，宋史卷一七六食貨志上四、宋會要食貨四之二〇作「上下」。

〔七五〕今以錢銀穀帛貫石匹兩定年額 「銀」原作「糧」，據宋史卷一七六食貨志上四、宋會要食貨五三之一三改。

〔七六〕四年散增二百七十九萬九千九百六十四 「二」原作「三」，據宋史卷一七六食貨志上四、宋會要食貨五三之一三改。

〔七七〕當收成之初　「初」原作「時」，據温國文正司馬公文集卷五四乞趁時收糴常平斛斗白劄子改。

〔七八〕方始頓添價例　「例」字原脱，據温國文正司馬公文集卷五四乞趁時收糴常平斛斗白劄子補。

〔七九〕已是失時　「是」原作「至」，據温國文正司馬公文集卷五四乞趁時收糴常平斛斗白劄子改。

〔八〇〕並取人户情願　「並」原作「立」，據宋會要食貨五之一〇、温國文正司馬公文集卷五四約束州縣抑配青苗錢白劄子改。

〔八一〕自後因提舉官速要見功　「見」原作「近」，據宋會要食貨五之一〇、温國文正司馬公文集卷五四約束州縣抑配青苗錢白劄子改。

〔八二〕皆歸本户　「皆」，宋會要食貨五之一〇作「乃」。

〔八三〕並須候人户自執狀結保　「結」原作「納」，據宋會要食貨五之一〇、温國文正司馬公文集卷五四約束州縣抑配青苗錢白劄子改。

〔八四〕如有官吏似此違法騷擾者　「似」原作「以」，據温國文正司馬公文集卷五四約束州縣抑配青苗錢白劄子改。「違」原作「爲」，據馮本及同上書改。

〔八五〕録黄過中書省　「過」下原衍「中」字，「省」字原脱，據宋會要食貨五之一〇、蘇東坡集奏議集卷三乞不給散青苗錢斛狀删補。

〔八六〕而其害至此　「害」原作「言」，據宋會要食貨五之一一、蘇東坡集奏議集卷三乞不給散青苗錢斛狀改。

〔八七〕而給納之際　「給」原作「受」，據蘇東坡集奏議集卷三乞不給散青苗錢斛狀改。

〔八八〕而今月二日指揮　「二」下原衍「十」字，據宋會要食貨五之一一、蘇東坡集奏議集卷三乞不給散青苗錢斛狀删。

〔八九〕猶許人户情願請領　「請領」二字原脱，據宋會要食貨五之一一、蘇東坡集奏議集卷三乞不給散青苗錢斛狀補。

〔九〇〕便一時非理之用　「用」原作「私」，據宋會要食貨五之一一、蘇東坡集奏議集卷三乞不給散青苗錢斛狀改。

〔九一〕二者皆非良法　「二」原作「三」，據宋會要食貨五之一一、蘇東坡集奏議集卷三乞不給散青苗錢斛狀改。

〔九二〕青苗錢斛今後更不給散　「今」字原脱，據宋會要食貨五之一一、蘇東坡集奏議集卷三乞不給散青苗錢斛狀補。

〔九三〕群憸因得以行其附會媒進之計　「媒」原作「謀」，據元本、慎本、馮本改。

〔九四〕宗正丞鄭鬲乞以常平錢於民輸賦未畢之時　「正」字原脱，據宋史卷一七六食貨志上四補。

〔九五〕州縣義倉米積久陳腐　「久」原作「欠」，據宋會要食貨五三之二七、繫年要録卷一八〇紹興二十八年九月乙酉條改。

〔九六〕乞依乾道九年依例取撥常平義倉賑給　按上「依」字在此難解，唐仲友亦不能於乾道八年言「依乾道九年」之例，疑上「依」字爲「於」字之誤。

〔九七〕又於坊場錢内撥支　「坊」原作「方」，據元本、慎本、馮本改。

〔九八〕請本鄉土居朝奉郎劉如愚共任賑貸　「貸」原作「濟」，據元本、慎本、馮本改。

〔九九〕朱子建安五夫社倉記曰　「建安」，朱文公文集卷七七建寧府崇安縣五夫社倉記作「崇安」。

〔一〇〇〕則雖饑餓致死而不能及也　「致」，朱文公文集卷七七建寧府崇安縣五夫社倉記作「瀕」。

〔一〇一〕然而未之有所改者　「之」字原脱，據朱文公文集卷七七建寧府崇安縣五夫社倉記補。

〔一〇二〕豈不以里社不能皆有可任之人　「有」字原脱，據朱文公文集卷七七建寧府崇安縣五夫社倉記補。

〔一〇三〕其害又必有甚於前所云者　「必」字原脱，據朱文公文集卷七七建寧府崇安縣五夫社倉記補。

〔一〇四〕抑凡世俗之所以病乎此者　「之」字原脱，據朱文公文集卷七九婺州金華縣社倉記補。

〔一〇五〕而卒不免於悔其已甚而有激也　「於」字原脱，據朱文公文集卷七九婺州金華縣社倉記補。

〔一〇六〕然後召人入中也　「中」原作「糴」，據慎本、馮本改。

〔一〇七〕一例抛降數目與諸州　「與諸州」三字原脱，據宋會要食貨四〇之二三補。

〔一〇八〕諸縣科與百姓　「諸縣」二字原脱，據宋會要食貨四〇之二三補。

〔一〇九〕是百姓比年例又添一番科率　「是百姓比」四字原脱，據宋會要食貨四〇之二三補。

〔一一〇〕如何只抛與諸州　「只」字原脱，據宋會要食貨四〇之二三補。

〔一一一〕品搭錢銀　「銀」原作「糧」，據宋會要食貨四〇之四七改。

〔一一二〕大抵賑糴未可歲循環　疑「未」爲「米」之誤。